Einlagen obligatorischer Nutzungsrechte in Kapitalgesellschaften

Europäische Hochschulschriften
Publications Universitaires Européennes
European University Studies

Reihe II
Rechtswissenschaft

Série II Series II
Droit
Law

Bd./Vol. 3825

PETER LANG
Frankfurt am Main · Berlin · Bern · Bruxelles · New York · Oxford · Wien

Malte J. Hiort

Einlagen obligatorischer Nutzungsrechte in Kapitalgesellschaften

Problemfall nach Gesellschaftsrecht, Handelsbilanzrecht und Steuerrecht

PETER LANG
Europäischer Verlag der Wissenschaften

Bibliografische Information Der Deutschen Bibliothek
Die Deutsche Bibliothek verzeichnet diese Publikation in der Deutschen Nationalbibliografie; detaillierte bibliografische Daten sind im Internet über <http://dnb.ddb.de> abrufbar.

Zugl.: Hamburg, Univ., Diss., 2003

Gedruckt auf alterungsbeständigem, säurefreiem Papier.

D 18
ISSN 0531-7312
ISBN 3-631-51908-7

Printed in Germany 1 2 3 4 5 7

www.peterlang.de

Gewidmet meinen Eltern

Für Gulia

Vorwort

Diese Arbeit wurde im Wintersemester 2002/03 vom Fachbereich der Rechtswissenschaften der Universität Hamburg als Dissertation angenommen.

Nachdem die Anfertigung der Doktorarbeit feststand, habe ich in vielfältiger Weise Unterstützung erfahren, für die ich mich an dieser Stelle bedanken möchte.

Besonderer Dank gilt meinem Doktorvater Herrn Prof. Dr. W. Rainer Walz, LL.M. für die Anregungen und Hinweise sowie die sehr gute Betreuung bei der Anfertigung der Arbeit und für die Übernahme des Erstgutachtens. Herrn Prof. Dr. Reinhard Bork danke ich für die Übernahme und zügige Anfertigung des Zweitgutachtens.

Danken möchte ich meiner Schwester Dr. rer. nat. Tina Büßer für das Korrekturlesen.

Für die nötige seelische Unterstützung und das Korrekturlesen möchte ich meiner Freundin Dipl.–Kff. Gulia Issakovitch danken.

Schließlich gilt mein Dank meinen Eltern, die mir nicht nur meine Ausbildung ermöglicht haben, sondern mich bei der Entstehung der Arbeit in jeder Weise tatkräftig unterstützt haben. Hervorheben möchte ich besonders die jederzeitige Bereitschaft meiner Mutter, sich meine Gedanken zu einzelnen Themen der Arbeit anzuhören und kritisch zu hinterfragen.

Frankfurt am Main, September 2003 *Malte J. Hiort*

Inhaltsübersicht

Literaturverzeichnis

A/D/S	Adler/Düring/Schmalz, Rechnungslegung und Prüfung der Unternehmen, Kommentar zum HGB AktG, GmbHG, PublG nach den Vorschriften des Bilanzrichtlinien-Gesetzes, 6. Aufl., neu bear. u.a. von Karl-Heinz Forster, Teilbd. 5 §§ 264-274, 274a, 275-283 HGB, Stuttgart 1997. (zit.: A/D/S, § Rn.)
A/D/S	Adler/Düring/Schmalz, Rechnungslegung und Prüfung der Unternehmen, Kommentar zum HGB AktG, GmbHG, PublG nach den Vorschriften des Bilanzrichtlinien-Gesetzes, 6. Aufl., neu bear. u.a. von Karl-Heinz Forster, Teilbd. 6 Vorbem. §§ 238-241 HGB, §§ 238-251 HGB, Stuttgart 1998. (zit.: A/D/S, § Rn.)
A/D/S	Rechnungslegung und Prüfung der Aktiengesellschaft, Handkommentar, 4. Aufl., bearb. u.a. von Kurt Schmaltz, Bd. 1 §§ 148-160, 311-313 AktG 1965, § 14 EG, Stuttgart 1968.
Alternativ-Entwurf	Alternativ-Entwurf eines Strafgesetzbuches, Besonderer Teil, Straftaten gegen die Wirtschaft, vorgelegt u.a. von Ernst-Joachim Lampe, Tübingen 1977.
Baetge, Jörg	Bilanzen, 4. überarb. und erw. Aufl., Düsseldorf 1996.
Baetge, Jörg	Grundsätze ordnungsmäßiger Buchführung, in: Handbuch der Rechnungslegung, hrsg. von Karlheinz Küting und Claus-Peter Weber, 3. grundlegend überarb. u. wesentl. erw. Auf., Stuttgart, 1990. (zit: Baetge in: Küting/Weber, Kap II, Rn.)
Baetge, Jörg	Möglichkeit der Objektivierung des Jahreserfolges, Bd. 2 der Schriftenreihe des Institutes für Revisionswesen der Westfälischen Wilhelms-Universität Münster, hrsg. von Ulrich Leffson, 1970.

Baetge, Jörg — Rechnungslegungszwecke des aktienrechtlichen Jahresabschlusses in: Bilanzfragen – Festschrift zum 65. Geburtstag von Ulrich Leffson, hrsg. von Jörg Baetge, Adolf Moxter und Dieter Schneider, Düsseldorf 1976, S. 11-30.

Baier, Carl G. — Bilanzierung schwebender Verträge und einer „verlorenen" Vorleistung, DB 1991, 2349-2351.

Ballerstedt, Kurt — Kapital, Gewinn und Ausschüttung bei Kapitalgesellschaften – Eine gesellschaftsrechtliche Betrachtung, Tübingen 1949.

Ballerstedt, Kurt — Rezension zu Gadow-Heinichen, Großkommentar zum Aktiengesetz, 2. neubearb. Aufl., ZHR 127 (1965), 92 ff.

Ballerstedt, Kurt — Zur Bewertung von Vermögenszugängen aufgrund kapitalgesellschaftsrechtlicher Vorgänge in: Festschrift für Ernst Geßler, hrsg. von Kurt Ballerstedt und Wolfgang Hefermehl, München 1971, S. 69-80.

Ballwieser, Wolfgang — Bilanzansatz in: Handwörterbuch des Rechnungswesens, Bd. 3, hrsg. u.a. von Klaus Chmielewicz, 3. völlig neue gestaltete und erg. Aufl. Stuttgart, 1993, Sp. 221-229.

Barth, Christopher — Die Zurechnung von Leasingobjekten im Jahresabschluß nach Handelsrecht, Steuerrecht und den International Accounting Standards, unter besonderer Berücksichtigung der Aktivierbarkeit eines Nutzungsrechts als immateriellen Vermögensgegenstand, Diss., Otto-Friedrich Universität Bamberg, 1999.
(zit: Barth, Die Zurechnung von Leasingobjekten, S.)

Bartke, Günther — Vermögensbegriffe in der Betriebswirtschaftslehre. Eine Untersuchung der Vermögensbegriffe in der betriebswirtschaftlichen Literatur, BFuP 1958, 327-341.

Barz, Carl Hans	Know how als Einbringungsgegenstand in: Aktuelle Probleme aus dem Gesellschaftsrecht und andere Rechtsgebiete – FS für Walter Schmidt zum 70. Geburtstag, Benvenuto Samson (Hrsg.), Berlin 1959, S. 157 ff.
Baumbach/Hueck	GmbH-Gesetz, begr. von Adolf Baumbach, fortg. von Alfred Hueck, 17. Aufl., München 2000. (zit: Bearb. in Baumbach/Hueck, § Rn.)
Baur, Fritz	Lehrbuch des Sachenrechts, 13. Aufl., München 1985.
Beck`scher Bilanz-Kommentar	Handels- und Steuerrecht - §§ 238 bis 339 HGB, bearb. u.a. von Wolfgang Dieter Budde und Hermann Clemm, 3. völlig neubearb. Aufl., München 1995. (zit: Bearbeiter in: BeBiKom, §, Rn.)
Beiser, Reinhold	Gesellschaftereinlage und Leistungsaustausch?, StuW 1996, 62-66.
Beisse, Heinrich	„True and fair view" in der Steuerbilanz? – Keine Anrufung des EuGH in steuerbilanzrechtlichen Fragen, DStZ 1998, 310-317.
Beisse, Heinrich	Die Generalnorm des neuen Bilanzrechts in: Handelsrecht und Steuerrecht, Festschrift für Georg Döllerer, hrsg. von Brigitte Knobbe-Keuk, Franz Klein und Adolf Moxter, Düsseldorf 1988, S. 25-44.
Beisse, Heinrich	Handelsbilanzrecht in der Rechtsprechung des Bundesfinanzhofs – Implikationen des Maßgeblichkeitsgrundsatzes, BB 1980, 637-647.
Beisse, Heinrich	Zum Verhältnis von Bilanzrecht und Betriebswirtschaftslehre, StuW 1984, 1-14.
Bieg, Hartmut	Schwebende Geschäfte in Handels- und Steuerbilanz, Frankfurt/M. 1977.

Bieg, Hartmut	Wider den Ausschließlichkeitsanspruch der Bewertungsvorschriften bei der Bestimmung des Inhalts der Handelsbilanz, StuW 1976, 339-350.
Biener, Herbert	Auswirkungen der Vierten Richtlinie der EG auf den Informationsgehalt der Rechnungslegung deutscher Unternehmen, BFuP 1979, 1-16.
Biener, Herbert Berneke, Wilhelm	Bilanzrichtlinien-Gesetz – Textausgabe des Bilanzrichtlinien-Gesetzes vom 19. 12. 1985 (Bundesgesetzbl. I S. 2355); mit Begründung d. Regierungsentwurfs, Bericht d. Rechtsausschusses d. Dt. Bundestages, Richtlinien mit Begründung, Verweisungen, Düsseldorf 1986.
Biener, Herbert	Diskussionsbeiträge in: Die Unternehmensbilanz auf dem Prüfstand des neuen Bilanzrechts – Handels- und Steuerrecht, JbFSt 1986/87, 387 ff., 432 f. zu 7. Ausweis von Kapitalrücklagen, insbesondere der Begriff der „anderen Zuzahlungen" i.S.v. § 272 Abs. 2 Nr. 4 HGB.
Boehme, Matthias	Kapitalaufbringung durch Sacheinlagen – insbesondere obligatorische Nutzungsrechte, Köln 1999; zugl.: Berlin, Freie Univ., Diss., 1998. (zit: Boehme, Kapitalaufbringung durch Sacheinlagen, S.)
Boehme, Matthias	Sacheinlagefähigkeit von Lizenzen – Zugleich Besprechung des „adidas"-Urteils des BGH v. 15.5.2000 – II ZR 359/98, GmbHR 2000, 841- 850.
Borchers, Hans-Jürgen	Untersuchung über die Abgrenzung des Bilanzvermögens, unter besonderer Berücksichtigung der Bilanzierung fremden Eigentums, Mannheim 1964.
Bordewin, Arno	Aktuelle Steuerfragen – Einlage immaterieller Anlagegüter, Erwerb im Rahmen der Erbauseinandersetzung, Rückstellungsfragen – , DStZ 1985, 11-17.

Bordewin, Arno	Zur Einlage von Nutzungen – Beschluß des Großen Senats des BFH vom 26. 10. 1987, DStR 1988, 227-234.
Bork, Reinhard	Die Einlagefähigkeit obligatorischer Nutzungsrechte, ZHR 154 (1990), 205-236.
Brandes, Helmut	Die Behandlung von Nutzungsüberlassungen im Rahmen einer Betriebsaufspaltung unter Gesichtspunkten des Kapitalersatzes und der Kapitalerhaltung, ZGR 1989, 244-254.
Brezing, Klaus	Zur ertragsteuerlichen Problematik von offenen und verdeckten Einlagen in eine Kapitalgesellschaft, GmbHR 1972, 129-137.
Büchele, Ernst	Die verdeckte Einlage im Brennpunkt von Bilanz- und Gesellschaftsrecht, DB 1999, 2336-2340.
Büchele, Ernst	Offene und verdeckte Einlagen im Bilanz- und Gesellschaftsrecht, DB 1997, 2337-2344.
Castan, Edgar	Vermögen in: Handwörterbuch des Rechnungswesens, Bd. 3, hrsg. u.a. von Klaus Chmielewicz, 3. völlig neue gestaltete und erg. Aufl. Stuttgart, 1993, Sp. 2034-2045.
Castedello, Marc	Freiwillige („verdeckte“) Einlagen im handelsrechtlichen Jahresabschluß von Kapitalgesellschaften, u.a. Frankfurt am Main, 1998, zugl.: Augsburg, Univ., Diss., 1997. (zit: Castedello, Freiwillige Einlagen, S.)
Cattelaens, Heiner Gottstein, Siegfried Stegmüller, Hubert Zenthöfer, Wolfgang	Körperschaftsteuer, 11., völlig überarb. Aufl., Stuttgart 1995.
Clausen, Uwe	Aktivierung und Abschreibung von Nutzungsrechten, DStZA 1976, 371-380.

Clausen, Uwe — Zur Bilanzierung von Nutzungsverhältnissen (insbesondere Miete, Pacht, Nießbrauch, Lizenzen), JbFSt 1976/77, 120-145.

Clemm, Hermann — § 264 HGB und Wahlrechte in: Festschrift für Wolfgang Dieter Budde, hrsg. von Gerhart Förschle, Klaus Kaiser und Adolf Moxter, München 1995, S. 135-156.

Costede, Jürgen — Die Aktivierung von Wirtschaftsgütern im Einkommensteuerrecht, StuW 1995, 115-123.

Creifelds — Rechtswörterbuch, begr. von Carl Creifelds, hrsg. von Hans Kauffmann, bearb. von Dieter Guntz ..., 11., neubearb. Aufl., München 1992.

Crezelius, Georg — Das sogenannte schwebende Geschäft in Handels-, Gesellschafts- und Steuerrecht in: FS für Georg Döllerer, Hrsg. von Brigitte Knobbe-Keuk, Franz Klein, Adolf Moxter, Düsseldorf 1988, 81-95.

Dinkuth, Henrik — Die Kapitalrichtlinie – Mindest- oder Höchstnorm?, Köln 1998; zugl.: Bielefeld, Univ., Diss., 1997.

Döllerer, Georg — Aktienrecht und Steuerrecht, WPg 1969, 333-340.

Döllerer, Georg — Buchbesprechung zum Beck`schen Bilanzkommentar, München 1986, WPg 1986, 678 f.

Döllerer, Georg — Das Kapitalnutzungsrecht als Gegenstand der Sacheinlage bei Kapitalgesellschaften in: FS für Hans-Joachim Fleck zum 70. Geburtstag, hrsg. von Reinhard Goerdeler, Peter Hommelhoff, Marcus Lutter, Herbert Wiedemann, Berlin New York 1988, S. 35 ff.

Döllerer, Georg — Die Maßgeblichkeit der Handelsbilanz für die Steuerbilanz, BB 1969, 501-507.

Döllerer, Georg — Droht eine neue Aktivierungswelle?, BB 1980, 1333-1337.

Döllerer, Georg — Einlagen bei Kapitalgesellschaften nach Handelsrecht und Steuerrecht, BB 1986, 1857-1863.

Döllerer, Georg — Gläubigerschutz und Aktionärsschutz im neuen Aktiengesetz – ein Scheingegensatz, BB 1966, 629-633.

Döllerer, Georg — Grundsätze ordnungsmäßiger Bilanzierung, deren Entstehung und Ermittlung, BB 1959, 1217-1221.

Döllerer, Georg — Grundsätze ordnungswidriger Bilanzierung, BB 1982, 777-781.

Döllerer, Georg — Handelsbilanz und Steuerbilanz – nach den Vorschriften des Bilanzrichtlinien-Gesetzes, Beilage 12 zu BB 1987.

Döllerer, Georg — Leasing – wirtschaftliches Eigentum oder Nutzungsrecht?, BB 1971, 535-540.

Döllerer, Georg — Verdeckte Einlagen bei der Aktiengesellschaft, BB 1971, 1245-1253.

Döllerer, Georg — Verdeckte Einlagen bei Kapitalgesellschaften – das Spiegelbild der verdeckten Gewinnausschüttung?, Festschrift für Hugo von Wallis, hrsg. von Franz Klein und Klaus Vogel, Bonn 1985.

Döllerer, Georg — Verdeckte Gewinnausschüttungen und verdeckte Einlagen bei Kapitalgesellschaften, 2., neubearb. und erw. Aufl., Heidelberg 1990. (zit: Döllerer, Verdeckte Gewinnausschüttungen ..., S.)

Döllerer, Georg — Verdeckte Gewinnausschüttungen, verdeckte Einlagen – neue Rechtsprechung, neue Fragen, DStR 1989, 331-338.

Döllerer, Georg — Zur Bilanzierung des schwebenden Vertrags, BB 1974, 1541-1548.

Döllerer, Georg — Zur Bilanzierung dinglicher Rechtsverhältnisse, BB 1984, 2034-2039.

Dötsch/ Thielemann/ Witt	Die Körperschaftsteuer, Kommentar zum Körperschaftsteuergesetz, Umwandlungsteuergesetz und zu den einkommen-steuerlichen Vorschriften des Anrechnungsverfahrens, von Ewald Dötsch, Horst Eversberg, Werner F. Jost und Georg Witt, 41. Erg. Lief. Juli 2001, Ordner 1, Stuttgart.
Dulkeit, Gerhard	Die Verdinglichung obligatorischer Rechte, Tübingen 1951.
Düll, Alexander Fuhrmann, Gerd Eberhard, Martin	Unternehmenssteuerreform 2001: Die Neuregelung des § 6 Abs. 5 Satz 3 EStG – sog. Wiedereinführung des Mitunternehmererlasses, DStR 2001, 1713-1718.
Dziadkowski, Dieter	Die Diskussion über das Verhältnis von Handels- und Steuer-bilanz – Alter Wien in neuen Schläuchen?, DStZ 2001, 9-16.
Ebenroth, Carsten Thomas Kräutter, Thomas	Der Einfluß der 2. gesellschaftsrechtlichen EG-Richtlinie auf die Lehre von der verdeckten Sacheinlage bei der Aktiengesellschaft, DB 1990, 2153-2157.
Ekkenga, Jens	Zur Aktivierungs- und Einlagefähigkeit von Nutzungsrechten nach Handelsbilanz- und Gesellschaftsrecht, ZHR 161 (1997), 599-627.
Engels, Wolfram	Bemerkungen zu den Bilanztheorien von Moxter und Stützel, in: Bilanzfragen, Festschrift zum 65. Geburtstag von Prof. Dr. Ulrich Leffson, hrsg. von Jörg Baetge, Adolf Moxter und Dieter Schneider, Düsseldorf 1976, S. 31-48.
Erfmeyer, Klaus	Die Nutzungseinlage im Steuerrecht – Bestandsaufnahme und Kritik der BFH-Rechtsprechung, Köln 1991; zugl.: Bochum, Univ., Diss., 1990. (Erfmeyer, Die Nutzungseinlage, S.)
Fabri, Stephan	Grundsätze ordnungsmässiger Bilanzierung entgeltlicher Nutzungsverhältnisse, Bergisch Gladbach 1986. (zit: Fabri, GoB entgeltlicher Nutzungsverhältnisse, S.)

Fabritius, Andreas	Die Überlassung von Anlagevermögen an die GmbH durch Gesellschafter, Heidelberg 1988, zugl.: Bonn, Univ., Diss., 1986.
Fahrholz, Bernd	Leasing in der Bilanz – Die bilanzielle Zurechnung von Leasing-Gütern und die Frage der Aktivierbarkeit des Nutzungsrechtes des Leasing-Nehmers, Köln, Berlin, Bonn, München 1979; zugl. Diss., Universität Hamburg, 1977. (zit: Fahrholz, Leasing in der Bilanz, S.)
Federmann, Rudolf	Bilanzierung nach Handelsrecht und Steuerrecht, 8. Aufl., Berlin 1990.
Fendt, Hans-Joachim	Der Nießbrauch in betriebswirtschaftlicher und steuerrechtlicher Sicht, Diss. iur., Würzburg 1966.
Förschle, Gerhart Kropp, Manfred	Wechselwirkungen zwischen Handels- und Steuerbilanz beim Anlagevermögen nach dem Bilanzrichtlinien-Gesetz, WPg 1986, 152-161.
Fröhlich, Karl	Die erbbaurechtlichen Tatbestände im Ertragsteuerrecht, DStR 1974, 748-756.
Frotscher	Einkommensteuergesetz, Praxiskommentar, hrsg. von Gerrit Frotscher, bear. u.a. von Heinz-Rudolf Baldi, Band 2, § 5 – § 9b, Stand: 105. Lfg. 7/2001.
Frotscher, Gerrit	Die körperschaftsteuerliche Übergangsregelung nach dem Steuersenkungsgesetz, BB 2000, 2280-2292.
Frotscher/Maas	KStG – UmwStG Kommentar, hrsg. von Gerrit Frotscher, Ernst Maas, Loseblatt 65. Lfg. 10/2001, Freiburg 1978 ff.
Ganssmüller, H.	Gewinnanteil und Leistung der Einlage, DB 1970, 285-288.
Gast de Haan, Brigitte	Bilanzierung von Erbbaurechten, DB 1976, 1347-1349.

Geßler/Hefermehl	Aktiengesetz, Kommentar u.a. von Ernst Geßler, Wolfgang Hefermehl, Band I §§ 1- 75, München 1984. (zit: Bearb. in: Geßler/Hefermehl, § Rn.)
Geßler/Hefermehl	Aktiengesetz, Kommentar u.a. von Ernst Geßler, Wolfgang Hefermehl, Band III, §§ 148-178, München 1973. (zit: Bearb. in: Geßler/Hefermehl, § Rn.)
Glade, Anton	Rechnungslegung und Prüfung nach dem Bilanzrichtlinien-Gesetz, Herne/Berlin 1986.
Gocke, Rudolf	Unentgeltliche Nutzungsüberlassungen im Körperschaftsteuerrecht – Zugleich eine Besprechung des BFH-Urteils vom 24. 5. 1984 I R 166/78, FR 1984, 606-609.
Goerdeler, Reinhard Müller, Welf	Die Behandlung von nichtigen oder schwebend unwirksamen Anschaffungsgeschäften, von Forderungsverzichten und Sanierungszuschüssen im Jahresabschluß – zugleich Besprechung der Entscheidung BGHZ vom 31. Oktober 1978, KZR 5/77 –, WPg 1980, 313-322.
Groh, Manfred	Anschaffungskosten aus Sacheinlagen, FR 1990, 528-531.
Groh, Manfred	Einlegung und Ausschüttung immaterieller Wirtschaftsgüter, StbJb 1988/89, 187-205.
Groh, Manfred	Gesellschafterbeitrag und Gesellschaftsgewinn, in: FS Werner Flume, hrsg. v. Horst Heinrich Jakobs, Brigitte Knobbe-Keuk, Eduard Picker u. Jan Wilhelm, Bd. 2, Köln 1978, S. 71-82.
Groh, Manfred	Ist die verdeckte Einlage ein Tauschgeschäft? – Anmerkungen zum BFH-Beschluß vom 9. 6. 1997 GrS 1/94 –, DB 1997, 1683-1688.

Groh, Manfred	Nutzungseinlage, Nutzungseinlage und Nutzungsausschüttung (Teil I) – Zum Beschluß des Großen Senats vom 26. 10. 1987 GrS 2/86, DB 1988 S. 529, DB 1988, 514-524.
Groh, Manfred	Nutzungseinlagen im Handels- und Steuerrecht, BB 1982, 133-142.
Groh, Manfred	Verdeckte Einlagen unter dem Bilanzrichtlinien-Gesetz, BB 1990, 379-382.
Großfeld, Bernhard	Generalnorm (ein den tatsächlichen Verhältnissen entsprechendes Bild der Vermögens-, Finanz- und Ertragslage) in: Handwörterbuch unbestimmter Rechtsbegriffe im Bilanzrecht des HGB, hrsg. von Ulrich Leffson, ..., Köln 1986, 192-204.
Haarmann, Wilhelm	Die Unternehmensbilanz – Ausweis von Kapitalrücklagen, insbesondere der Begriff der „anderen Zuzahlungen" i.S.v. § 272 Abs. 2 Nr. 4 HGB (Aussprache), JbFSt 1986/87, 427-442.
Haas, Franz Josef	Gesellschaftsrechtliche Kriterien zur Sacheinlagefähigkeit von obligatorischen Nutzungsrechten in: FS für Georg Döllerer, Hrsg. von Brigitte Knobbe-Keuk, Franz Klein, Adolf Moxter, Düsseldorf 1988, 169-183.
Hachenburg	Gesetz betreffend die Gesellschaften mit beschränkter Haftung (GmbHG), Großkommmentar, Erster Band, hrsg. von Peter Ulmer, 8. neubearb. Aufl., Berlin New York 1992. (zit: Hachenburg/Bearb., § Rn.)
Havermann, Hans	Zur Passivierung von Pensionsverpflichtungen – Anmerkungen zum BGH-Urteil vom 27. 2. 1961 – II ZR 292/59, DB 1961, 985-989.

Heidelberger Kommentar zur Insolvenzordnung	von Dieter Eickmann, Axel Flessner, Friedrich Irschlinger, Hans-Peter Kirchhof, Gerhart Kraft, Hans-Georg Landfermann, Wolf-gang Marotzke, Heidelberg 1999. (zit: HK-InsO Bearb., § Rn.)
Helmrich, Herbert	Bilanzrichtlinien-Gesetz: amtl. Texte u. Entwürfe, Begründungen, Stellungnahmen u. Protokolle, München 1986.
Herlinghaus, Andreas	Forderungsverzichte und Besserungsvereinbarungen zur Sanierung von Kapitalgesellschaften – zivilrechtliche Grundlagen, Bilanz- und Steuerrecht, Köln 1994, zugl. Bonn, Univ., Diss., 1994. (zit: Herlinghaus, Forderungsverzichte ..., S.)
Herzig, Norbert Förster, Guido	Vorteilsgewährung zwischen verbundenen Kapitalgesellschaften, WPg 1986, 289-299.
Hess, Harald	InsO – Kommentar zur Insolvenzordnung (mit EG InsO), Band 1 Insolvenzordnung, Heidelberg 1999.
Heymann	Handelsgesetzbuch (ohne Seerecht), Kommentar, hrsg. von Norbert Horn, bearb. von Peter Balzer ..., Bd. 3, §§ 238-342a, neubearb. und erw. Aufl., Berlin 1999. (zit: Bearb. in: Heymann, § Rn.)
HFA 2/1996	Zur Bilanzierung privater Zuschüsse, Hauptfachausschuß – Stellungnahme (HFA) 2/1996 in: Die Fachgutachten und Stellungnahmen – das Instituts der Wirtschaftsprüfer auf dem Gebiet der Rechnungslegung und Prüfung, Erg. Lfg. März 2000, Düsseldorf 2000.
Hirte, Heribert	Kapitalgesellschaftsrecht, 3. neubear. Aufl., Köln 2001.
Hirte, Heribert	Kapitalschutz (Gläubiger- und Eignerschutz) im Europäischen Recht in: Systembildung und Systemlücken in Kerngebieten des Europäischen Privatrechts, hrsg. von Stefan Grundmann, 2000.

Hoffmann, Wolf-Dieter	Der Schneider-Konkurs als Exerzitium des Bilanzrechts, DStR 1994, 1208-1210.
Hoffmann, Wolf-Dieter	Übertragung von Wirtschaftsgütern im Rahmen des neuen § 6 Abs. 6 EStG – Gewollte und ungewollte (?) Besteuerungseffekte, GmbHR 1999, 452-462.
Hoffmann, Wolf-Dieter	Verzicht und Einlage, BB 1995, 614 f.
Hommel, Michael	Bilanzierung immaterieller Anlagewerte, Stuttgart 1998.
Hommelhoff, Peter	Europäisches Bilanzrecht im Aufbruch, RabelsZ 62 (1998), 381- 404.
Hopt, Klaus J.	Handelsgesetzbuch: mit GmbH & Co., Handelsklauseln, Bank- u. Börsenrecht, Transportrecht (ohne Seerecht)/ erl. von Klaus J. Hopt, begr. von Adolf Baumbach, 29., neubearb. u. erw. Aufl., München 1995.
Hörger, Helmut Mentel, Thomas Schulz, Andreas	Ausgewählte Fragen zum Steuerentlastungsgesetz 1999/2000/2002: Unternehmensstrukturierungen, DStR 1999, 565-576.
Huber, Ulrich	Vermögensanteil, Kapitalanteil und Gesellschaftsanteil an Personalgesellschaften des Handelsrechts, Heidelberg 1970.
Hueck, Alfred	Recht der offenen Handelsgesellschaft, 4. Aufl., Berlin New York 1971.
Hueck, Götz	Die Behandlung von Nutzungsüberlassungen im Rahmen einer Betriebsaufspaltung als Gesellschafterdarlehen?, ZGR 1989, 216-243.
Hüffer, Uwe	Harmonisierung des aktienrechtlichen Kapitalschutzes, NJW 1979, 1065-1070.
Hundertmark, Dedo Herms, Volkmar	Die verdeckte Nutzungseinlage im Ertragsteuerrecht, BB 1976, 80-82.

Janssen, Friedrich Carl	Überlegungen zum „Going concern concept", WPg 1984, 341-348.
Joost, Detlev	Generalanwalt bei EuGH zur verdeckten Sacheinlage, ZIP 1990, 1033-1036.
Joost, Detlev	Verdeckte Sacheinlagen, ZIP 1990, 549-566.
Killat, Gerhard	Bewertung und Preisfindung bei Neuemissionen in: Gerrit Volk (Hrsg.), Going Public – Der Gang an die Börse, 2. Aufl., Stuttgart 1998, S. 233 ff.
Kindler, Peter	Die sachliche Rechtfertigung des aktienrechtlichen Bezugsrechtsausschlusses im Lichte der Zweiten Gesellschaftsrechtlichen Richtlinie der Europäischen Gemeinschaft, ZHR 158 (1994), 339-370.
Kirchhof	EStG KompaktKommentar, hrsg. von Paul Kirchhof, bearb. u.a. Hans-Jochem von Beckerath, Heidelberg 2001. (zit: Bearb. in Kirchhof, EStG § Rn.)
Knobbe-Keuk, Brigitte	Bilanz- und Unternehmenssteuerrecht, 9. völlig überarb. und erw. Auf., Köln 1993.
Knobbe-Keuk, Brigitte	Die Bilanzierung unentgeltlich erworbener Vermögensgegenstände in Handels- und Steuerbilanz, StuW 1978, 226-231.
Knobbe-Keuk, Brigitte	Die Verpachtung von Anlagevermögen des Gesellschafters an die GmbH und § 32a GmbHG, BB 1984, 1-5.
Knobbe-Keuk, Brigitte	Die wesentliche Beteiligung i. S. d. § 17 EStG im Wechsel zwischen Erwerb, Veräußerung und Gewinnausschüttung, JbFSt 1990/91, Beitrag i.R.d. Aussprache, 387, 394.
Knobbe-Keuk, Brigitte	Obligatorische Nutzungsrechte als Sacheinlagen in Kapitalgesellschaften?, ZGR 1980, 214-224.
Köhlertz, Klaus	Bilanzierung von Leasing, München 1989.

Kölner Kommentar zum AktG	Band 1 §§ 1 – 75, hrsg. Wolfgang Zöllner, 2. Auf., Köln Bonn Berlin München 1988. (zit: KK-Bearb., § Rn.)
Kölner Kommentar zum AktG	Band 5/1 §§ 179 – 240, hrsg. Wolfgang Zöllner, 2. neubearb. und erw. Aufl., Köln Bonn Berlin München 1995. (zit: KK-Bearb., § Rn.)
Korn, Klaus	Praktische Bedeutung des § 6 Abs. 6 Satz 2 für verdeckte Einlagen, KÖSDI 3/2000, 12352 f.
Kornblum, Udo	Rechtstatsachen zum Unternehmens- und Gesellschaftsrecht im Langzeitvergleich des Leonberger Handelsregisters 1980, 1988 und 1996, GmbHR 1997, 630-639.
KPMG	International Accounting Standards – Eine Einführung in die Rechnungslegung nach den Grundsätzen des IASC, Deutsche Treuhand-Gesellschaft (Hrsg.), 1999 Stuttgart.
Kropff, Bruno	Aktiengesetz – Textausgabe des Aktiengesetzes vom 6. 9. 1965 und des Einführungsgesetzes zum Aktiengesetz vom 6. 9. 1965 mit u.a. Begründung des Regierungsentwurfs, Düsseldorf 1965.
Kropff, Bruno	Leitgedanken der Bewertungsvorschriften des künftigen Aktienrechts, WPg 1964, S. 565-575.
Kübler, Friedrich	Institutioneller Gläubigerschutz oder Kapitalmarkttransparenz, ZHR 159 (1995), 550-566.
Kupsch, Peter	Sind Zuschüsse und Abstandszahlungen immaterielle Anlagewerte (Wirtschaftsgüter)?, WPg 1977, 663-671.
Kußmaul, Heinz	Bilanzierung von Nutzungsrechten an Grundstücken, StuW 1988, 46-60.

Kußmaul, Heinz Klein, Nicole	Maßgeblichkeitsprinzip bei verdeckter Einlage und verdeckter Gewinnausschüttung? – Gleichzeitig Analyse der handels- und steuerrechtlichen Wirkungen von verdeckter Einlage und verdeckter Gewinnausschüttung, DStR 2001, 189-194.
Kußmaul, Heinz	Nutzungsrechte an Grundstücken in Handels- und Steuerbilanz, Hamburg 1987, zugl. Habil., Univ. des Saarlandes, 1986/87. (Zit.: Kußmaul, Nutzungsrechte an Grundstücken, S.).
Kußmaul, Heinz	Sind Nutzungsrechte Vermögensgegenstände bzw. Wirtschaftsgüter? – Auch eine Stellungnahme zu den Beitrag von D. E. Meyer-Scharenberg BB 1987, S. 874-877, BB 1987, 2053-2065.
Küting, Karlheinz Ulrich, Andreas	Abbildung und Steuerung immaterieller Vermögensgegenstände (Teil I) – Werttreiber im normativen Zwangskorsett, DStR 2001, 953-958.
Küting, Karlheinz Kessler, Harald	Die Problematik der „anderen Zuzahlungen“ gem. § 272 Abs. 2 Nr. 4 HGB, BB 1989, 25-37.
Küting, Karlheinz Weber, Claus-Peter	Handbuch der Rechnungslegung – Kommentar zur Bilanzierung und Prüfung, 2. Aufl., Stuttgart 1986.
Lamers, Alfons	Aktivierungsfähigkeit und Aktivierungspflicht immaterieller Werte, München 1981; zugl. Diss., Uni., Bamberg. (zit: Aktivierungsfähigkeit und Aktivierungspflicht)
Lang, Joachim	Grundsätze ordnungsmäßiger Buchführung I in: Handwörterbuch unbestimmter Rechtsbegriffe im Bilanzrecht des HGB, hrsg. von Ulrich Leffson, ..., Köln 1986, 221-240.
Lang, Joachim	Verdeckte Gewinnausschüttungen bei verbundenen Unternehmen – Steuerrecht, JbFSt 1984/85, 515-541.
Lange, Joachim	Lehrbuch der Körperschaftsteuer, 7., völlig überarb. Aufl., Herne Berlin 1994.

Larenz, Karl	Methodenlehre der Rechtswissenschaft, 6. neubearb. Aufl., Berlin 1991.
Leffson, Ulrich	Die Darstellung von Leasingverträgen im Jahresabschluß (II), DB 1976, 685-690.
Leffson, Ulrich	GoB, 7. Aufl., München 1987.
Leipziger Kommentar	StGB Großkommentar, hrsg. v. Burkhard Jähnke, Heinrich Wilhelm Laufhütte, Walter Odersky, 11., neubearb. Aufl., 21. Lief. §§ 283 – 283 d, Bearb. Klaus Tiedemann, Berlin New York 1996. (zit: LK-Tiedemann, StGB, § Rn.)
Ley, Ursula	Der Begriff „Wirtschaftsgut" und seine Bedeutung für die Aktivierung, Bd. 6 der Reihe: Steuer, Wirtschaft und Recht, Hrsg. von Johannes Georg Bischofs, 2. Aufl., Köln 1987.
Littmann, Eberhard Bitz, Horst Meinicke, Jens-Peter	Das Einkommensteuerrecht, Band 1 (§§ 1-7g EStG), (Loseblatt), Stand: Juni 1990.
Lutter, Marcus	Die entgeltliche Ablösung von Anfechtungsrechten – Gedanken zur Gleichbehandlung im Aktienrecht, ZGR 1978, 347-372.
Lutter, Marcus	Kapital, Sicherung der Kapitalaufbringung und Kapitalerhaltung in den Aktien- und GmbH-Rechten der EWG, Karlsruhe 1964. (zit: Lutter, Kapital, S.)
Lutter/Hommelhoff	GmbH-Gesetz: Kommentar, von Marcus Lutter und Peter Hommelhoff, 15. Aufl., Köln 2000. (zit: Lutter/Hommelhoff, § Rn.)
Lutz, Günter	Der Gegenstand der Aktivierung und seine Zurechnung im Handels- und Steuerrecht in: Handbuch des Jahresabschlusses in Einzeldarstellung (HdJ), Abt. I/4, hrsg. von Klaus Wysocki und Joachim Schulze-Osterloh, Loseblatt. Mai 1998, Köln 1998.

Märkle, Rudi	Neue Beratungssignale der Rechtsprechung zur Mitunternehmerschaft, DStR 2000, 797-808.
Martens, Klaus-Peter Röttger, Robert	Aktivierung des Geschäfts- oder Firmenwerts bei Umwandlung einer Personenhandelsgesellschaft in eine GmbH nach §§ 46 ff. UmwG?, DB 1990, 1097-1102.
Martin, Walter	Das Erbbaurecht in der Bilanz, DB 1982, 1077-1082.
Marx, Franz Jürgen	Verdeckte Einlagen als Problemfälle der Rechnungslegung und Besteuerung, FR 1995, 453-460.
Matschke, Manfred J.	Kommentierung zu § 272 in: Bonner Handbuch der Rechnungslegung, hrsg. u.a. von Max Hofbauer und Peter Kupsch, bearb. u.a. von Helmut Ammannn, Bd. 2, Loseblatt. 21. Lfg. 9/2001.
Maul, Karl-Heinz	Die §§ 283 ff. StGB als Grundlage für die Ableitung von Grundsätzen ordnungsmäßiger Buchführung, DB 1979, 1757-1762.
Maul, Karl-Heinz	Offene Probleme der Ermittlung von Grundsätzen ordnungsmäßiger Buchführung, ZfbF 1974, 726-745.
Meilicke, Wienand	Obligatorische Nutzungsrechte als Sacheinlage, BB 1991, 579-587.
Meyers Lexikon	Meyers großes Taschenlexikon – in 24 Bänden, Bd. 13. Las-Mals, hrsg. und bearb. von Meyers Lexikonredaktion, 5. überarb. Aufl., Mannheim ... 1995.
Meyer-Scharenberg, Dirk E.	Sind Nutzungsrechte Wirtschaftsgüter?, BB 1987, 874-877.
Moxter, Adolf	Aktivierungsgrenzen bei „immateriellen Anlagewerten“, BB 1978, 821-825.
Moxter, Adolf	Bilanzlehre – Band I: Einführung in die Bilanztheorie, 3., vollst. umgearb. Aufl., Wiesbaden 1984.

Moxter, Adolf — Bilanzlehre – Band II Einführung in das neue Bilanzrecht, 3., vollst. umgearb. Aufl., Wiesbaden 1986.

Moxter, Adolf — Bilanzlehre, 1. Aufl., Wiesbaden 1974. (zit: Moxter, Bilanzlehre, 1. Aufl.)

Moxter, Adolf — Bilanzrechtsprechung, 5. erg. Aufl., Tübingen 1999.

Moxter, Adolf — Die Aktivierungsvoraussetzung „entgeltlicher Erwerb" im Sinne von § 5 Abs. 2 EStG, DB 1978, 1804-1809.

Moxter, Adolf — Die Geschäftswertbilanzierung in der Rechtsprechung des Bundesfinanzhofs und nach EG-Bilanzrecht, BB 1979, 741-747.

Moxter, Adolf — Die handelsrechtlichen Grundsätze ordnungsmäßiger Buchführung und das neue Bilanzrecht, ZGR 1980, 254-276.

Moxter, Adolf — Die Jahresabschlußaufgaben der EG-Bilanzrichtlinie: Zur Auslegung von Art. 2 EG-Bilanzrichtlinie, AG 1979, 141-146.

Moxter, Adolf — Immaterielle Anlagewerte im neuen Bilanzrecht, BB 1979, 1102-1109.

Moxter, Adolf — Ist bei drohendem Unternehmenszusammenbruch das bilanzrechtliche Prinzip der Unternehmensfortführung aufzugeben?, WPg 1980, 345-351.

Moxter, Adolf — Selbständige Bewertbarkeit als Aktivierungsvoraussetzung, BB 1987, 1846-1851.

Moxter, Adolf — Wirtschaftliche Gewinnermittlung und Bilanzsteuerrecht, StuW 1983, 300-307.

Moxter, Adolf — Zum Sinn und Zweck des handelsrechtlichen Jahresabschlusses nach neuem Recht in: Bilanz- und Konzernrecht, Festschrift zum 65. Geburtstag von Reinhard Goerdeler, hrsg. von Hans Havermann, Düsseldorf 1987, 361-374.

MüKommBGB	Münchener Kommentar zum Bürgerlichen Gesetzbuch, Band 1 Allgemeiner Teil (§§ 1-240, AGB-Gesetz), hrsg. von Kurt Rebmann ..., Red. Franz Jürgen Säcker, 4. Aufl., München 2001.
MüKommBGB	Münchener Kommentar zum Bürgerlichen Gesetzbuch, Band 6 Sachenrecht (§§ 854-1296), hrsg. von Kurt Rebmann ..., 3. Aufl., München 1997.
Müller, Hans-Peter Haas, Ulrich	Bilanzierungsprobleme bei der Erstellung eines Überschuldungsstatus nach § 19 Abs. II InsO in: Kölner Schrift zur Insolvenzordnung – Das neue Insolvenzrecht in der Praxis, 2. erw. und aktual. Aufl., Arbeitskreis für Insolvenz- und Schiedsgerichtswesen e.V. (Hrsg.), Herne Berlin 2000.
Müller, Welf	Zur Rangordnung der in § 252 Abs. 1 Nr. 1 bis 6 HGB kodifizierten allgemeinen Bewertungsgrundsätze, in: Bilanz- und Konzernrecht – Festschrift zum 65. Geburtstag von Reinhard Goerdeler, hrsg. Hans Havermann, Düsseldorf 1987, 397-410.
Müller-Dahl, Frank P.	Betriebswirtschaftliche Probleme der handels- und steuerrechtlichen Bilanzierungsfähigkeit, Betriebswirtschaftliche Forschungsergebnisse Band 82, Berlin 1979; zugl.: Bochum, Ruhr-Universität, Diss. 1977/78.
Münchner Kommentar zum AktG	Band 1 §§ 1 – 53, hrsg. von Bruno Kropff, Johannes Semler, 2. Aufl., München 2000. (Bearbeiter in: MüKom zum AktG, § Rn.)
Mutze, Otto	Grundsatzfragen der Bilanzierung und Aktienrechtsreform, WPg 1965, 169-178.
Niemann, Ursula	Immaterielle Wirtschaftsgüter in Handels- und Steuerrecht, Bielefeld 1999.
Noack, Ulrich	Gesellschaftsrecht, InsO, Kommentar zur Insolvenzordnung, hrsg. von Bruno M. Kübler und Hanns Prütting, Sonderband 1, Köln 1999. (zit: Noack in: Kübler/Prütting (Hrsg.), Sonderbd. 1, Rn.)

O.V.	Matter Glanz im Jubiläumsjahr – Deutsche-Centralboden/ Schwacher Start, Handelsblatt 7./8.04.1995 (Nr. 70), S. 24.
O.V.	Hilmer Kopper: Die Risikovorsorge wird 1994 unter der des Vorjahres liegen, Handelsblatt v. 20./21.05.1994 (Nr. 97), S. 14.
Obermüller/Hess	InsO – Eine systematische Darstellung des neuen Insolvenzrechts, von Manfred Obermüller/Harald Hess, 3. überarb. Aufl., 1999 Heidelberg. (zit: Obermüller/Hess, InsO, Rn.)
Ordelheide, Dieter Hartle, Joachim	Rechnungslegung und Gewinnermittlung von Kapitalgesellschaften nach dem Bilanzrichtlinien-Gesetz (I), GmbHR 1986, 9-19.
Orth, Manfred	Neue Aspekte zum Schütt-aus-hol-zurück-Verfahren – Abflußtheorie, Kapitalrücklage, GmbHR 1987, 195-201.
Palandt	Bürgerliches Gesetzbuch – Kurzkommentar, bearb. u.a. von Bassenge, 60., neubearb. Aufl., München 2001. (zit.: Palandt-Bearb., § Rn.)
Parczyk, Wolfgang	Verdeckte Einlagen sind wegen des Trennungsprinzips das Pendant zu verdeckten Gewinnausschüttungen, BB 1998, 924-928.
Paus, Bernhard	Verdeckte Einlagen in Kapitalgesellschaften – Gedanken zu dem Vorlagebeschluß des I. Senats vom 20. 08. 1986, DStZ 1987, 535-540.
Pezzer, Heinz Jürgen	Zur körperschaftsteuerrechtlichen Problematik der verdeckten Einlage im Konzern, StuW 1975, 222-232.
Pfeiffer, Thomas	Begriffsbestimmung und Bilanzfähigkeit des immateriellen Wirtschaftsgutes, StuW 1984, 326-339.
Pfeiffer, Thomas	Das immaterielle Wirtschaftsgut, Begriffsbestimmung und steuerliche Bilanzierung dem Grunde nach, § 5 Abs. 2 EStG, Augsburg 1982.

Priester, Hans-Joachim | Verdeckte Sacheinlagen: Tatbestand, Rechtsfolgen, Heilungsmöglichkeiten, DStR 1990, 770-776.

Quack, G. Engelbert | Die Einlage immaterieller Wirtschaftsgüter des Anlagevermögens im Einkommensteuerrecht, Körperschaftsteuerrecht und im Umwandlungsteuergesetz 1969, DStR 1972, 131-135.

Quantschnigg, Peter | Bilanzierungsprobleme im Zusammenhang mit verdeckter Gewinnausschüttung und verdeckten Einlagen, in: Probleme des Steuerbilanzrechts, hrsg. von Werner Doralt, DStJG 14 (1991), 47-64.

Raupach, Arndt | Die verdeckte Nutzungseinlage in Kapitalgesellschaften, ein unbewältigtes Problem bei der Besteuerung nationaler und internationaler Konzerne? in: Der Bundesfinanzhof und seine Rechtsprechung, Grundfragen – Grundlagen, Festschrift für Hugo von Wallis, hrsg. von Franz Klein und Klaus Vogel, Bonn 1985, 309-326.

Röhricht, Volker | AktG – Großkommentar, begr. v. W. Gadow und E. Heinichen, hrsg. v. Klaus J. Hopt, Herbert Wiedemann, Bearbeiter 7. Lieferung: §§ 23 – 40, 4. neubearb. Aufl., Berlin New York 1997. (zit: Röhricht in: Großkommentar zum AktG, § Rn.)

Roland, Helmut | Der Begriff „Wirtschaftsgut“ künftig auch im Handelsrecht, DB 1981, 173-177.

Roland, Helmut | Der Begriff des Vermögensgegenstandes im Sinne der handels- und aktienrechtlichen Rechnungslegungsvorschriften, Diss. rer. pol., Göttingen 1980.

Roser, Frank | Gesellschaftereinlagen im Lichte des Beschlusses des Großen Senats des BFH v. 9. 6. 1997 – R GrS 1/94, GmbHR 1998, 301-307.

Roth/Altmeppen	GmbHG – Gesetz betreffend die Gesellschaften mit beschränkter Haftung, von Holger Altmeppen und Günter H. Roth, 3. neubearb. Aufl., München 1997. (Roth/Altmeppen, § Rn.)
Rückle, Dieter	Vorsicht in: Handwörterbuch unbestimmter Rechtsbegriffe im Bilanzrecht des HGB, hrsg. von Ulrich Leffson, ..., Köln 1986, S. 403-416.
Scheldbauer, Hans	Kapitaleinlage oder Periodenaufwand?, DB 1990, 997-1001.
Schildbach, Thomas	Der handelsrechtliche Jahresabschluß, Herne/Berlin 1987.
Schiller, Andreas	Die Gründungsbilanz der Aktiengesellschaft, BB 1991, 2403-2412.
Schmalenbach, Eugen	Dynamische Bilanz, 13. Aufl., bearb. von Richard Bauer, Köln/Opladen 1962.
Schmalenbach, Eugen	Grundsätze ordnungsmäßiger Bilanzierung, ZfhF 1933, 225 zit. nach Tiedchen (Zeitschrift für historische Forschung)
Schmidt, Karsten	Gesellschaftsrecht, 3. völlig neu bearb. und erw. Auf., Köln Berlin Bonn München 1998. (zit: K. Schmidt, Gesell § I 1 a (S.))
Schmidt, Karsten	Handelsrecht, 5., völlig neu bearb. Aufl., Köln Berlin Bonn München 1999. (zit.: K. Schmidt, Handelsrecht, § .... (S.))
Schmidt, Karsten	Obligatorische Nutzungsrechte als Sacheinlagen, ZHR 154 (1990), 237-258.
Schmidt, Ludwig	Anm. zu BFH v. 27. 7. 1988 – I R 147/83, FR 1989, 113 f.

Schmidt, Ludwig	EStG – Einkommensteuergesetz Kommentar, hrsg. von Ludwig Schmidt, erl. von Ludwig Schmidt ..., 20., völlig neubearb. Aufl., München 2001. (zit: Schmidt-Bearb., § Rn.)
Schneeloch, Dieter	Verdeckte Vorteilszuwendungen an Kapitalgesellschaften, BB 1987, 481-491.
Schneider, Dieter	Rechtsfindung durch Deduktion von Grundsätzen ordnungsmäßiger Buchführung aus gesetzlichen Jahresabschlußzwecken, StuW 1983, 141-160.
Schneider, Dieter	Vermögensgegenstände und Schulden in: Handwörterbuch unbestimmter Rechtsbegriffe im Bilanzrecht des HGB, hrsg. von Ulrich Leffson, ..., Köln 1986, S. 335-343.
Scholz	Kommentar zum GmbHG, I. Band §§ 1 – 44, 9. neubearb. und erw. Aufl., Köln 2000. (zit: Scholz-Bearb., § Rn.)
Schön, Wolfgang	Entwicklung und Perspektiven des Handelsbilanzrechts: vom ADHGB zum IASC, ZHR 161 (1997), 133-159.
Schuhmann, Helmut	Zu den verdeckten Einlagen bei Kapitalgesellschaften, StBP 1998, 34-38.
Schulze zur Wiesche, Dieter	Sacheinlagen in Kapitalgesellschaften, insbesondere GmbH, GmbHR 1988, 31-37.
Schulze-Osterloh, Joachim	Deutsches Bilanzrecht und Ertragssteuerrecht vor dem Europäischen Gerichtshof, DStZ 1997, 281-286.
Schulze-Osterloh, Joachim	Die anderen Zuzahlungen nach § 272 Abs. 2 Nr. 4 HGB, Festschrift für Carsten Peter Claussen, hrsg. von Klaus-Peter Martens, Harm Peter Westermann, Wolfgang Zöllner, Köln Bonn Berlin München 1997.
Schulze-Osterloh, Joachim	Handels- und Steuerbilanz, ZGR 2000, 594-603.
Seibold, Felix	Die ertragsteuerliche Behandlung sogenannter verdeckter Einlagen, DStR 1990, 719-724.

Sieger, Dirk — Die verdeckte Einlage immaterieller Wirtschaftgüter – Ansatz in der Steuerbilanz und Gewinnrealisierung?, Diss. Rheinische Friedrich-Wilhelms-Universität, Bonn 1992.

Siegers, Dirk — Die verdeckte Einlage immaterieller Wirtschaftgüter – Ansatz in der Steuerbilanz und Gewinnrealisierung, Diss., Rheinischen Friedrich-Wilhelms-Universität Bonn, 1992.

Simon, Herman Veit — Die Bilanzen der Aktiengesellschaften und der Kommanditgesellschaften auf Aktien, 4. Aufl. (Neudruck der zweiten umgearbeiteten Auflage), Berlin 1910.

Skibbe, Manfred — Dienstleistungen als Sacheinlage bei der GmbH, GmbHR 1980, 73-75.

Slomma, Hans — Zur Bilanzierung von Erbbaurechten, DB 1977, 1021-1023.

Soergel — Bürgerliches Gesetzbuch: mit Einführungsgesetz und Nebengesetzen, Bd. 1 Allgemeiner Teil (§§ 1-103), Kommentar, begr. von Hs. Th. Soergel, neu hrsg. von W. Siebert und Jürgen F. Baur, 13., völlig überarb. und erw. Aufl., Stand Frühjahr 2000, Stuttgart Berlin Köln 2000. (zit.: Soergel/Bearbeiter, § Rn.)

Soergel/Baur — Bürgerliches Gesetzbuch mit Einführungsgesetz und Nebengesetzen, begr. von Hs. Th. Soergel, neu hrsg. von w. Siebert, bearb. v. H.-J. Abraham u.a., Band 5: Sachenrecht, zweiter bis achter Abschnitt, bear. von Fritz Baur, 11. Aufl. Stuttgart, Berlin, Köln, Mainz 1978.

Söffing, Andreas — Nutzungsüberlassungen im Ertragsteuerrecht, DB 1989, 399-403.

Sonderbilanzen — Von der Gründungs- bis zur Liquidationsbilanz, bearb. von Wolfgang Dieter Budde und Gerhart Förschle, 2., vollst. überarb. und erw. Aufl., München 1999.

Stapperfend, Thomas	Die Bilanzierung entgeltlicher Nutzungsverhältnisse bei Einmalzahlung, FR 1993, 525-532.
Stapperfend, Thomas	Die steuer- und bilanzrechtliche Behandlung von Software, Köln 1991.
Steinbeck, Anja Verena	Obligatorische Nutzungsüberlassung als Sacheinlage und Kapitalersatz, ZGR 1996, 116-141.
Stüdemann, Klaus	Grundlagen zur Unterscheidung von materiellen und immateriellen Gütern und zu ihrer Aktivierung in der Bilanz, DB 1985, 345-352.
Thiel, Jochen	Die Bilanzierung von Nutzungsrechten, in: Probleme des Steuerbilanzrechts, hrsg. von Werner Doralt, DStJG 14 (1991), 161-198.
Thiel, Jochen	Einlagen in Kapitalgesellschaften – Aktuelle Steuerfragen bei der Gesellschaft und beim Gesellschafter, DStR 1992, 1-7.
Tiedchen, Susanne	Der Vermögensgegenstand im Handelsbilanzrecht, Köln 1992; zugl.: Diss., Freie Universität Berlin, 1991. (zit: Tiedchen, Vermögensgegenstand, S.)
Tipke/Kruse	Abgabenordnung Finanzgerichtsordnung von Klaus Tipke und Heinrich Wilhelm Kruse, 16. Aufl., 96. Lfg. 11/2001, Köln (1996).
Tipke/Lang	Steuerrecht, begr. von Klaus Tipke, fortgef. von Joachim Lang, 15. völlig überarb. Aufl., Köln 1996.
v. Wallis, Hugo	Anm. zu BFH-Urt. v. 11. Juli 1972 I R 205/70, DStZ/A 1973, 71.
v. Wallis, Hugo	Zum Einkommensbegriff bei Kapitalgesellschaften, FR 1968, 460-463.

van Hulle, Karel — „True and Fair View", im Sinne der 4. Richtlinie in: Rechenschaftslegung im Wandel, Festschrift für Wolfgang Dieter Budde, hrsg. von Gerhart Förschle, Klaus Kaiser und Adolf Moxter, München 1995, 313-326.

van Hulle, Karel — Die Zukunft der europäischen Rechnungslegung im Rahmen einer sich ändernden internationalen Rechnungslegung, WPg 1998, 138-153.

Walz, Rainer — Stille Rücklagen II in: Handwörterbuch unbestimmter Rechtsbegriffe im Bilanzrecht des HGB, hrsg. u.a. von Ulrich Leffson, Köln 1986, S. 287-297.

Walz, W. Rainer — Der Einfluß von Globalisierung und Europäisierung auf die Auslegung des geltenden Bilanzrechts (Einzelabschluß) in: Rechnungslegung und Steuern international – Tagung des Ausschusses Unternehmensrechnung im Verein für Socialpolitik, hrsg. von Wolfgang Ballwieser und Thomas Schildbach, Düsseldorf 1998, Zfbf Sonderheft 40.

Walz, W. Rainer — Die Stellung des Leasingnehmers beim Finanzleasing beweglicher Anlagegüter in sachen-, vollstreckungs- und konkursrechtlicher Hinsicht, WM 1985, Sonderbeilage Nr. 10/1985 zu Nr. 48.

Walz, W. Rainer — Einl. - § 263 HGB in: Heymann, Handelsgesetzbuch, Band 3, §§ 238-342a, Kommentar, hrsg. von Norbert Horn, bearb. u.a. von Peter Balzer, 2. Aufl., Berlin New York 1999.

Walz, W. Rainer — Strategien zur Überwindung des bilanzrechtlichen Anpassungsbedarfs in: Wirtschafts- und Medienrecht in der offenen Demokratie, Freundesgabe für Friedrich Kübler, hrsg. von Heinz-Dieter Assmann, Thomas Brinkmann, Georgios Gounalakis, Helmut Kohl, Rainer Walz, Heidelberg1997, S. 557-581.

Wassermeyer, Franz — Einlagen in Kapital- und Personengesellschaften und ihre ertragsteuerliche Behandlung, StbJb 1985/86, 213-235.

Wassermeyer, Franz	Tausch und Einlage von Anteilen an Kapitalgesellschaften über die Grenze, DB 1990, 855-859.
Wassermeyer, Franz	Verdeckte Gewinnausschüttungen und verdeckte Einlagen, DStR 1990, 158-164.
Weber-Grellet, Heinrich	Bilanzrecht im Lichte, Bilanzsteuerrecht im Schatten des EuGH, DB 1996, 2089-2092.
Weber-Grellet, Heinrich	Die verdeckte Einlage, DB 1998, 1532-1538.
Weber-Grellet, Heinrich	Drittaufwand – Konsequenzen aus dem Beschluß des Großen Senats vom 30. 1. 1995 GrS 4/92, DB 1995, 2550-2560.
Weber-Grellet, Heinrich	Verdeckte Gewinnausschüttung und verdeckte Einlage – Neuerungen, Entwicklungen, Grenzfälle, StB 2000, 122-127.
Werndl, Josef	Wirtschaftliches Eigentum – Grundsätzliche Betrachtungen über die Zurechnung von Wirtschaftsgütern im Steuerrecht in der Schriftenreihe: Steuerwissenschaft, Band 16, hrsg. u.a. Wolfgang Freericks, Köln 1983.
Westerfelhaus, Herwarth	Zwei-Stufen-Ermittlung zum bilanzierungsfähigen Vermögensgegenstand, DB 1995, 885-889.
Westermann, Harry	Sachenrecht – Ein Lehrbuch, 5. Aufl., Karlsruhe 1973 (Nachdruck von Ausgabe 1966).
Wichmann, Gerd	Die Bedeutung des Paragraph 149 Absatz 1 Satz 2 AktG für die Bilanzierung der Aktiengesellschaft, WPg 1977, 290-294.
Wilhelm, Jan	Die Vermögensbindung bei der Aktiengesellschaft und der GmbH und das Problem der Unterkapitalisierung in: Festschrift für Werner Flume, in Gem. mit Kurt Ballerstedt u. F. A. Mann hrsg. von Horst Heinrich Jakobs, Bd. 2 , Köln 1978, S. 337-397.

Wilstorf, Fred	Rechnungslegungszwecke der Handelsbilanz und Steuerbilanz nach Inkrafttreten des Bilanzrichtlinien-Gesetzes, Frankfurt am Main 1988.
Winnefeld, Robert	Bilanzhandbuch: Handels- und Steuerbilanz, rechtsreformspezifisches Bilanzrecht, bilanzielle Sonderfragen, Sonderbilanzen, München 2000.
Wismeth, Siegfried	Ertragsteuerliche Auswirkungen von offenen und verdeckten Sacheinlagen in eine Kapitalgesellschaft – am Beispiel einer wesentlichen Beteiligung im Sinne von § 17 EStG, FR 1990, 275-279.
Woerner, Lothar	Die Gewinnrealisierung bei schwebenden Geschäften – Vollständigkeitsgebot, Vorsichts- und Realisationsprinzip -, BB 1988, 769-777.
Woerner, Lothar	Grundsatzfragen der Bilanzierung schwebender Geschäfte, FR 1984, 489-496.
Wöhe, Günter	Bilanzierung und Bilanzpolitik, 8. Aufl., München 1992.
Wolter, Claudia E.	Gesellschafterfremdfinanzierung – verdeckte Einlagen, verdecktes Stammkapital, Dirttaufwandseinlage, Schriften zum Steuerrecht, Bd. 54, Berlin 1997; zugl. Berlin, Freie Univ., Diss., 1995.
WP-Handbuch 1985/86	Wirtschaftsprüfer-Handbuch 1985/86, Band II, bearb. u.a. von Wolfgang Dieter Budde, hrsg. vom Institut der Wirtschaftsprüfer in Deutschland e.V., 9. Aufl., Düsseldorf 1986.

Rechtsprechungsverzeichnis

Entscheidungen des RFH

v. 25.03.1925, VI A 67, 68, 69/25, RStBl. 1925, 166;
v. 21.09.1927, VI A 383/27, StuW II 1927, 803;
v. 27.03.1928, I A 470/27, StuW II 1928, 705 = RStBl. 1928, 260;
v. 28.02.1930, III A 84/28, RStBl. 1930, 287;
v. 21.10.1931, VI A 2002/29, RFHE 30, 142 = RStBl. 1932, 305.

Entscheidungen des BFH

v. 26.01.1956, IV 566/54, BFHE 62, 305 = BStBl. III 1956, 113;
v. 28.02.1956, I 92/54 U, BFHE 62, 416 = BStBl. III 1956, 154;
v. 16.12.1958, I D 1/57 S, BFHE 68, 78 = BStBl. III 1959, 30;
v. 29.04.1965, IV 403/62 U, BFHE 82, 461 = BStBl. III 1965, 414;
v. 12.05.1966, IV 472/60, BFHE 86, 118 = BStBl. III 1966, 372 = BB 1966, 927;
v. 22. 8. 1966, GrS 2/66, BFHE 86, 792 = BStBl. II 1966, 672;
v. 04.10.1966, I 1/64, BFHE 87, 31 = BStBl. III 1966, 690;
v. 31.05.1967, I 208/63, BFHE 89, 191 = BStBl. III 1967, 607 = BB 1967, 1155;
v. 29.05.1968, I 187/65, BStBl. II 1968, 722.
v. 03.02.1969, GrS 2/68, BFHE 95, 31 = BStBl. II 1969, 291 = BB 1969, 501;
v. 13.02.1970, III 156/65, BFHE 98, 273 = BStBl. II 1970, 369;
v. 19.02.1970, I R 24/67, BFHE 98, 254 = BStBl. II 1970, 442;
v. 02.03.1970, GrS 1/69, BFHE 98, 360 = BStBl. II 1970, 382;
v. 27.05.1970, IV R 222/69, BFHE 99, 474 = BStBl. II 1970, 743;
v. 07.08.1970, III R 119/67, BFHE 100, 122 = BStBl. II 1970, 842;
v. 16.09.1970, I R 184/67, BFHE 100, 443 = BStBl. II 1971, 85;
v. 17.02.1971, I R 121/69, BFHE 101, 513 = BStBl. II 1971, 391;
v. 13.07.1971, VIII 15/65, BFHE 103, 61 = BStBl. II 1971, 731;
v. 12.07.1972, I R 205/70, BFHE 107, 186 = BStBl. II 1973, 59;
v. 14.08.1974, I R 168/72, BFHE 114, 41 = BStBl. II 1975 123;
v. 28.08.1974, I R 66/72, BFHE 113, 448 = BStBl. II 1975, 56;
v. 29.01.1975, I R 135/70, BFHE 115, 107 = BStBl. II 1975, 553;
v. 26.02.1975, I R 72/73, BFHE 115, 243 = BStBl. II 1976, 13 = BFH NJW 93, 222;
v. 18.06.1975, I R 24/73, BFHE 116, 474 = BStBl. II 1975, 809;
v. 27.02.1976, III R 64/74, BFHE 119, 77 = BStBl. II 1976, 529;
v. 31.03.1976, I R 85/74, BFHE 118, 456 = BStBl. II 1976, 475;
v. 15.07.1976, I R 17/74, BFHE 119, 285 = BStBl. II 1976, 748;
v. 12.01.1977, I R 157/74, BFHE 121, 417 = BStBl. II 1977, 439;

v. 17.03.1977, IV R 218/72, BFHE 122, 70 = BStBl. II 1977, 595;
v. 16.11.1977, I R 83/75, BFHE 124, 501 = BStBl. II 1978, 386;
v. 14.02.1978, VIII R 158/73, BFHE 124, 447 = BStBl. II 1979, 99;
v. 23.06.1978, III R 22/76, BFHE 125, 297 = BStBl. II 1978, 521 ;
v. 06.12.1978, I R 35/78, BFHE 126, 549 = BStBl. II 1979, 262;
v. 28.05.1979, I R 1/76, BFHE 128, 367 = BStBl. II 1979, 734;
v. 05.10.1979, III R 78/75, BFHE 128,575 = BStBl. II 1980, 16;
v. 22.01.1980, VIII R 74/77, BFHE 129, 485 = BStBl. II 1980, 244;
v. 12.02.1980, VIII R 114/77, BFHE 130, 378 = BStBl. II 1980, 494;
v. 03.07.1980, IV R 138/76, BFHE 131, 57 = BStBl. II 1980, 648;
v. 20.11.1980, IV R 117/79, BFHE 131, 516 = BStBl. II 1981, 68;
v. 20.11.1980, IV R 126/78, BFHE 132, 418 = BStBl. II 1981, 398;
v. 26.11.1980, I R 52/77, BFHE 132, 72 = BStBl. II 1981, 181;
v. 23.06.1981, VIII R 102/80, BStBl. II 1982, 245;
v. 19.01.1982, VIII R 21/77, BFHE 135, 282 = BStBl. II 1982, 456;
v. 10.03.1982, I R 75/79, BFHE 135, 383 = BStBl. II 1982, 426;
v. 19.05.1982, I R 102/79, BFHE 136, 105 = BStBl. II 1982, 631;
v. 26.05.1982, I R 180/80, BFHE 136, 222 = BStBl. II 1982, 695;
v. 25.08.1982, I R 130/78. BFHE 136, 409 = BStBl. II 83, 38;
v. 16.11.1982, VIII R 95/81, BFHE 137, 427 = BStBl. II 1983, 361;
v. 20.01.1983, IV R 158/80, BFHE 138, 53 = BStBl. II 1983, 413;
v. 09.03.1983, I R 182/78, BFHE 139, 139 = BStBl. II 1983, 744;
v. 11.04.1984, I R 175/79, BFHE 141, 38 = BStBl. II 1984, 535;
v. 30.05.1984, I R 146/81, BFHE 141, 509 = BStBl. II 1984, 825;
v. 14.11.1984, I R 50/80, BFHE 142, 453 = BStBl. II 1985, 227;
v. 18.07.1985, IV R 135/82, BFHE 144, 166 = BStBl. 1985, 635;
v. 27.02.1986, IV R 52/83, BFHE 146, 383 = BStBl. II 1986, 552;
v. 09.06.1986, I R 218/82, BFHE 147, 412 = BStBl. II 1987, 14;
v. 20.08.1986, I R 41/82, BFHE 147, 502 = BStBl. II 1987, 65;
v. 20.08.1986, I R 150/82, BFHE 149, 25 = BStBl. II 1987, 455;
v. 20.08.1986, I R 151/82, BFH/NV 1987, 468;
v. 24.03.1987, I R 202/83, BFHE 149, 542 = BStBl. II 1987, 705;
v. 13.05.1987, I B 179/86, BFHE 150, 136 = BStBl. II 1987, 777;
v. 03.07.1987, III R 7/86, BFHE 150, 259 = BStBl. II 1987, 728;
v. 26.10.1987, GrS 2/86, BFHE 151, 523 = BStBl. II 1988, 348;
v. 22.07.1988, III R 175/85, BFHE 154, 218 = BStBl. II 1988, 995;
v. 27.07.1988, I R 147/83, BFHE 155, 52 = BStBl. II 1989, 271;
v. 02.09.1988, III R 117/86, BFH/NV 1990, 20;
v. 13.09.1988, VIII R 236/81, BFHE 154, 358 = BStBl. II 1989, 37;
v. 23.11.1988, II 209/82, BFHE 155, 132 = BStBl. II 1989, 82;
v. 14.12.1988, I R 44/83, BFHE 155, 368 = BStBl. II 1989, 323;
v. 22.03.1989, II R 15/86, BFHE 157, 211 = BStBl. II 1989, 644;

v. 10.08.1989, X R 176-177/87, BFHE 158, 53 = BStBl. II 1990, 15;
v. 21.09.1989, IV R 115/88, BFHE 158, 397 = BStBl. II 1990, 86;
v. 16.02.1990, III B 90/88, BFHE 160, 364 = BStBl. II 1990, 794;
v. 04.07.1990, GrS 1/89, BFHE 160, 466 = BStBl. II 1990, 830;
v. 01.08.1990, II R 17/87, BFHE 161, 168 = BStBl. II 1990, 879;
v. 08.08.1990, X R 149/88, BFHE 162, 251 = BStBl. II 1991, 70;
v. 06.12.1990, IV R 3/89, BFHE 163, 126 = BStBl. II 1991, 346;
v. 18.12.1990, VIII R 17/85, BFHE 163, 352 = BStBl. II 1991, 512;
v. 20.05.1992, X R 49/89, BFHE 168, 182 = BStBl. II 1992, 904;
v. 26.08.1992, I R 24/91, BFHE 169, 163 = BStBl. II 1992, 997;
v. 03.02.1993, I R 37/91, BFHE 170, 247 = BStBl. II 1993, 441;
v. 03.08.1993, VIII R 37/92, BFHE 174, 31 = BStBl. II 1994, 444;
v. 25.10.1995, I R 104/94, BFHE 179, 265 = DStR 1996, 617;
v. 09.06.1997, GrS 1/94, BFHE 183, 187 = BStBl. II 1998, 307;
v. 23.06.1997, GrS 2/93, BFHE 183, 199 = BStBl. II 1997, 735;
v. 09.07.1997, VIII B 40/97, BFH/NV 1998, 23;
v. 29.07.1997, VIII R 57/94, BFHE 184, 63 = BStBl. II 1998, 652;
v. 19.10.1998, VIII R 69/95, BFHE 187, 434 = BStBl. II 2000, 230 = BFH/NV 1999, 849 = DStR 1999, 366;
v. 20.08.1999, VB 74/99, BFH/NV 2000, 243.
v. 27.04.2000, I R 58/99, BStBl. II 2001, 168;

Bundesministerium der Finanzen

v. 09.02.1998, BStBl. I 1998, 163;
v. 29.03.2000, BStBl. I 2000, 462.

Entscheidungen des BGH

v. 16.02.1959, II ZR 170/57, BGHZ 29, 300 = NJW 1959, 934;
v. 27.02.1961, II ZR 292/59, BGHZ 34, 324;
v. 14.10.1963, VII ZR 33/62, BGHZ 40, 156;
v. 02.05.1966, II ZR 219/63, BGHZ 45, 338;
v. 10.06.1966, V ZR 170/63, WM 1966, 1022;
v. 10.02.1981, 1 StR 625/80, bei Holtz, MDR 1981, 454;
v. 27.10.1982, VIII ZR 187/81, NJW 1983, 676;
v. 16.12.1985, II ZR 38/85, ZIP 1986, 301;
v. 16.10.1989, II ZR 307/88, BGHZ 109, 55 = BB 1989, 2350 = DB 1989, 2470;
v. 15.01.1990, II ZR 164/88, BGHZ 110, 47 = ZIP 1990, 156 = NJW 1990, 982 = DB 1990, 311;

v. 13.04.1992, II ZR 277/90, BGHZ 118, 83 = NJW 1992, 2222;
v. 13.07.1992, II ZR 269/91, BGHZ 119, 201 = NJW 1992, 2891;
v. 21.02.1994, II ZR 60/93, BGHZ 125, 141 = NJW 1994, 1477;
v. 11.07.1994, II ZR 146/92, BGHZ 127, 1 = ZIP 1994, 1261;
v. 30.01.1995, II ZR 132/93, ZIP 1995, 372;
v. 11.01.1999, II ZR 170/98, BGHZ 140, 248 = DB 1999, 520;
v. 15.05.2000, II ZR 359/98, BGHZ 144, 290 = NJW 2000, 2356 = GmbHR 2000, 870.

Entscheidungen der Oberlandesgerichte

HansOLG v. 31.10.1986, 2 Ss 98/86, NJW 1987, 1342;
HansOLG v. 28.05.1953, 2 U 70/53, MDR 1953, 613;
KG v. 30.04.1909, 1a X 328/09, KGJ 38A, 161 ff. = OLGR 22, 25.

Entscheidungen des EuGH

v. 13.11.1990, C 106/89, Slg. 1990, S. I 4156 ff.;
v. 16.07.1992, C 83/91, Slg. 1992, S. I 4871 ff. = ZIP 1992, 1076 ff.;
v. 02.07.1996, C 42/95, Slg. 1996, S. I 6017 ff. = ZIP 1996, 1825 ff.

Entscheidungen anderer Gerichte

RG v. 29.04.1911, I ZR 160/10, RGZ 76, 276;
BVerfG v. 08.04.1987, BVerfGE 75, 223;
LG Hannover v. 15.01.1991, WM 1991, 407;
LG Dresden v. 16.11.2000, GmbHR 1/2001, 29.

Abkürzungsverzeichnis

a.A.	Andere Ansicht
Tipke/Lang	Steuerrecht, begr. von Klaus Tipke, fortgef. von Joachim Lang, 15. Aufl. 1996.
a.F.	alte Fassung
A/D/S	Adler/Düring/Schmalz
aaO.	am aufgeführten Ort
ABL EG	Amtsblatt der Europäischen Gemeinschaft
Abs.	Absatz
Abschn.	Abschnitt
AfA	Absetzungen für Abnutzungen
AG	Aktiengesellschaft Auch "Die Aktiengesellschaft" (Zeitschrift)
AktG	Aktiengesetz
Anm. d. Verf.	Anmerkungen des Verfassers
AO	Abgabenordnung
Art.	Artikel
Aufl.	Auflage
Baumbach/Hueck	GmbH-Gesetz, begr. von Adolf Baumbach, fortg. von Alfred Hueck, 17. Aufl., München 2000
BB	Der Betriebs-Berater
Bd.	Band
BeBiKom	Handels- und Steuerrecht - §§ 238 bis 339 HGB, bearb. u.a. von Wolfgang Dieter Budde und Hermann Clemm, 3. völlig neubearb. Aufl., München 1995
BewG	Bewertungsgesetz
BFH	Bundesfinanzhof
BFH/NV	Sammlung amtlich nicht veröffentlichter Entscheidungen des Bundesfinanzhofs
BFHE	Sammlung der Entscheidungen des Bundesfinanzhofs, hrsg. Von den Mitgliedern des BFH
BFuP	Betriebswirtschaftliche Forschung und Praxis (Zeitschrift)
BGB	Bürgerliches Gesetzbuch
BGBl.	Bundes-Gesetzblatt
BGH	Bundesgerichtshof
BGHZ	Entscheidungen des Bundesgerichtshofs in Zivilsachen
BiRiLiG	Bilanz-Richtliniengesetz
BMF	Bundesminister der Finanzen
BR-Drucks.	Bundesrats-Drucksache
bspw.	beispielsweise

BStBl	Bundes-Steuerblatt
BT-Drucks.	Bundestags-Drucksache
Buchst.	Buchstabe
bzw.	beziehungsweise
ca.	circa
dag.	dagegen
DB	Der Betrieb
ders.	derselbe
Diss.	Dissertation
DM	Deutsche Mark
DR	Deutsches Recht
DStJG	Deutsche Steuerjuristische Gesellschaft e.V.
DStR	Deutsches Steuerrecht
DStZ	Deutsche Steuer-Zeitung
DStZA	Deutsche Steuer-Zeitung, Ausgabe A
Einl.	Einleitung
ErbbauVO	Verordnung über das Erbbaurecht
ErbStG	Erbschaftsteuer- und Schenkungssteuergesetz
EStG	Einkommensteuergesetz
EStR	Einkommensteuerrichtlinie
EuGH	Europäischer Gerichtshof
EWG	Europäische Wirtschaftsgemeinschaft
f.	folgend
ff.	folgende
FG	Freundesgabe Finanzgericht
Fn.	Fußnote
FR	Finanz-Rundschau (Zeitschrift)
FS	Festschrift
GE	Geldeinheiten
GmbH	Gesellschaft mit beschränkter Haftung
GmbHG	Gesetz betreffend der GmbH
GmbHR	GmbH-Rundschau (Zeitschrift)
GoB	Grundsätze ordnungsgemäßer Buchführung
GrS	Großer Senat
h.M.	herrschende Meinung
Habil.	Habilitationsschrift
HansOLG	Hanseatisches Oberlandesgericht
Heymann	Handelsgesetzbuch (ohne Seerecht), Kommentar, hrsg. von Norbert Horn, bearb. von Peter Balzer ..., Bd. 3, §§ 238-342a, neubearb. und erw. Aufl., Berlin 1999
HFR	Höchstrichterliche Finanzrechtsprechung

HGB	Handelsgesetzbuch
HGB-E	Handelsgesetzbuch-Entwurf
HK-InsO	Heidelberger-Kommentar zur Insolvenzordnung, von Dieter Eickmann, Axel Flessner, Friedrich Irschlinger, Hans-Peter Kirchhof, Gerhart Kraft, Hans-Georg Landfermann, Wolfgang Marotzke, Heidelberg 1999
Hrsg.	Herausgeber
hrsg.	herausgegeben
Hs.	Halbsatz
HuRB	Handbuch unbestimmter Rechtsbegriffe, Handwörterbuch unbestimmter Rechtsbegriffe im Bilanzrecht des HGB, hrsg. von Ulrich Leffson, ..., Köln 1986
i.d.F.	in der Fassung
i.e.S.	im engeren Sinne
i.R.d.	im Rahmen des/der
i.S.d.	im Sinne des
i.S.v.	im Sinne von
i.w.S.	im weiteren Sinne
IAS	International Accounting Standards
InsO	Insolvenzordnung
JbFSt	Jahrbuch der Fachanwälte für Steuerrecht
Kap.	Kapitel
KG	Kammergericht Kommanditgesellschaft
KK	Kölner Kommentar zum Aktiengesetz
KO	Konkursordnung
KÖSDI	Kölner Steuerdialog (Zeitschrift)
krit.	kritisch
KStG	Körperschaftsteuergesetz
KStR	Körperschaftsteuerrichtlinien
Leits.	Leitsatz
Lfg.	Lieferung
LG	Landgericht
Lutter/Hommelhoff	GmbH-Gesetz: Kommentar, von Marcus Lutter und Peter Hommelhoff, 15. Aufl., Köln 2000
m.Nachw.	mit Nachweisen
m.w.Nachw.	mit weiteren Nachweisen
MarkenG	Gesetz über den Schutz von Marken und sonstigen Kennzeichen
MDR	Monatsschrift für Deutsches Recht
Mio.	Million(en)

Mot.	Motive
MüKomm	Münchener Kommentar
Nachw.	Nachweise
NJW	Neue Juristische Wochenschrift
Nr.	Nummer
o.V.	ohne Verfasser
OHG	offene Handelsgesellschaft
OLG	Oberlandesgericht
PatG	Patentgesetz
PKW	Personenkraftwagen
PublG	Gesetz über die Rechnungslegung von bestimmten Unternehmen und Konzernen (Publizitätsgesetz)
RAP	Rechnungsabgrenzungsposten
RegEntw	Regierungsentwurf
RFH	Reichsfinanzhof
RFHE	Sammlung der Entscheidungen und Gutachten des Reichsfinanzhofs
RG	Reichsgericht
Rn.	Randnummer
Rspr.	Rechtsprechung
S.	Seite
s.	siehe
s.o.	siehe oben
s.u.	siehe unten
Scholz	Kommentar zum GmbHG, I. Band §§ 1 – 44, 9. neubearb. und erw. Aufl., Köln 2000
Slg.	Sammlung
sog.	sogenannt
Sonderbd.	Sonderband
StbJb	Steuerberater Jahrbuch
StBP	Die steuerliche Betriebsprüfung (Zeitschrift)
StGB	Strafgesetzbuch
StuW	Steuer und Wirtschaft (Zeitschrift)
u.a.	unter anderem
u.U.	unter Umständen
Überbl v	Überblick vor
UmwStG	Umwandlungs-Steuergesetz
Univ.	Universität
UrhG	Urhebergesetz
v.	von
VG	Vermögensgegenstand
vgl.	vergleiche

WEG	Gesetz über das Wohnungseigentum und das Dauerwohnrecht
WiKG	Gesetz zur Bekämpfung der Wirtschaftskriminalität
WM	Wertpapiermitteilungen (Zeitschrift)
WPg	Die Wirtschaftsprüfung (Zeitschrift)
WZG	Warenzeichengesetz
z.B.	zum Beispiel
Zfbf	Zeitschrift für betriebswirtschaftliche Forschung
ZfhF	Zeitschrift für historische Forschung
ZGR	Zeitschrift für Unternehmens- und Gesellschaftsrecht
ZHR	Zeitschrift für das gesamte Handels- und Wirtschaftsrecht
ZIP	Zeitschrift für Wirtschaftsrecht
zit.	zitiert
ZPO	Zivilprozeßordnung
Zugl.	zugleich
zust.	zustimmend
ZVG	Gesetz über die Zwangsversteigerung und Zwangsverwaltung

A. Einleitung

I. Problemaufriß

Immaterielle Vermögenswerte sind aus der heutigen Wirtschaftswelt nicht wegzudenken. Ohne das Know-how über einen Produktionsprozeß oder das Patent für ein neue Erfindung können viele Unternehmen gar nicht tätig sein. Eine besondere Stellung unter den immateriellen Vermögenswerten nehmen die rein schuldrechtlichen Rechte zur Nutzung ein, die sog. obligatorischen Nutzungsrechte (z.B. einfache Lizenz, Miete und Pacht).

Diese bilden den Gegenstand zahlreicher Probleme im Gesellschaftsrecht, Handelsbilanzrecht und Steuerrecht insbesondere, wenn es sich um solche obligatorischen Nutzungsrechte handelt, die ein Gesellschafter seiner Kapitalgesellschaft mit oder ohne Gewährung von Gesellschafterrechten aufgrund seiner Gesellschafterstellung gewährt. Auffällig ist dabei, daß es an einer konsequenten, alle Rechtsgebiete umfassenden Behandlung bisher fehlt. Dies ist um so überraschender, als sich insbesondere für den Bereich der Einlagen die Rechtsgebiete nicht voneinander trennen lassen. Aus diesem Grund könnten sich unter anderem aus einer abweichenden gesellschaftsrechtlichen Behandlung weitreichende Konsequenzen für das Handelsbilanz- und Steuerrecht ergeben.

Während die h.M. im Gesellschaftsrecht die Einlagefähigkeit obligatorischer Nutzungsrechte im Rahmen von Gründung und Kapitalerhöhung einer Kapitalgesellschaft bejaht, versagt die h.M. im Handelsbilanzrecht den obligatorischen Nutzungsrechten weitgehend die Vermögensgegenstandseigenschaft und damit auch die Fähigkeit, überhaupt in der Handelsbilanz aktiv erfaßt zu werden. Eine Überschneidung beider Fragenkreise ergibt sich für die bilanzielle Erfassung von gesellschaftsrechtlichen Einlagen. Hier anerkennt auch die h.M. im Handelsbilanzrecht das Erfordernis einer Aktivierung der obligatorischen Nutzungsrechte, überwiegend sogar als Vermögensgegenstand. Handelt es sich dagegen um sonstige Vermögenswertzuführungen des Gesellschafters ohne Gegenleistung, wird die Aktivierung obligatorischer Nutzungsrechte verneint. Im Steuerrecht ist die Lage sogar noch differenzierter. Folgt man der Rechtsprechung, so haben die zuletzt beschriebenen Vermögenswertzuführungen (steuerrechtliche verdeckte Einlagen) zwar die Eigenschaft von Wirtschaftsgütern (= Vermögensgegenstände) und sind sogar grundsätzlich einlagefähig, jedoch werden sie steuerlich aus Fiskalüberlegungen nicht anerkannt.

Zumindest auf den ersten Blick erscheint es wenig überzeugend, daß Handelsbilanz- und Steuerrecht die gesellschaftsrechtlichen Einlagen bilanzieren, Einlagen obligatorischer Nutzungsrechte außerhalb gesellschaftsrechtlicher Einlagen die

Erfassung im Handelsbilanzrecht oder Steuerrecht aufgrund grundsätzlicher Überlegungen aber ausschließen wollen. Deshalb soll dieses verwirrende Meinungsbild zum Anlaß für eine grundlegende Untersuchung der Rechtsgebiete bzgl. der mit Einlagen obligatorischer Nutzungsrechte verbundenen Fragenkreise genommen werden. Dabei kommt der Definition des Vermögensgegenstandsbegriffs, die auch heute noch als ungeklärte Bilanzrechtsfrage gelten kann, eine zentrale Bedeutung zu. Unmittelbar mit einer möglichen Pflicht zur aktiven Erfassung ist sowohl handelsrechtlich als auch steuerlich die Frage nach der erfolgsneutralen Erfassung verbunden.

Im Handelsrecht geht es in Bezug auf Gesellschafterzuführungen vor allem darum, ob sie in der Handelsbilanz verpflichtend mit ihrem wirklichen Wert auf der Passivseite erfolgsneutral zu erfassen sind. Dabei steht im Mittelpunkt der im Rahmen des Bilanzrichtlinien-Gesetzes eingeführte § 272 Abs. 2 Nr. 4 HGB, der nach h.M. die erfolgsneutrale Erfassung von Gesellschafterzuführungen zwar ermöglicht, nicht aber dazu verpflichtet. Dieses Normverständnis bewirkt ein faktisches Wahlrecht und ermöglichte folgenden Fall:

Die Deutsche Bank AG erwarb 1994 von einer Tochtergesellschaft eine Forderung zum Nennwert in Höhe von ca. 1 Milliarde DM, obwohl diese Forderung – als Folge des Konkurses der Eheleute Schneider („Schneiderkonkurs“) – nur einen Wert von 600 Mio. DM hatte. Damit gewährte die Deutsche Bank ihrer Tochtergesellschaft also faktisch einen Barzuschuß in Höhe von 400 Mio. DM. Während die Tochtergesellschaft den Zuschuß erfolgswirksam verbuchte und damit sich die vorher vorgenommene Wertberichtigung nicht auswirkte, aktivierte die Deutsche Bank die erworbene Forderung mit ihrem tatsächlichen Wert und in Höhe des Zuschusses nachträgliche Anschaffungskosten auf ihre Beteiligung an ihrer Tochter, so daß sich hier keine Auswirkungen auf das Ergebnis ergaben. Als Folge der Bilanzierung des Zuschusses stellt sich die bilanzielle Lage so dar, als hätte gar keine Wertberichtigung auf die Forderung der Tochtergesellschaft stattgefunden.

Sowohl durch die mangelnde erfolgsneutrale Passivierung von gegenleistungsfreien Vermögenswertzuführungen insgesamt, als auch durch die fehlende Erfassung von Nutzungsrechtsüberlassungen kann es zu einer erheblichen Verzerrung der Ertragskraft einer Gesellschaft kommen, so daß sich grundsätzlich die Frage stellt, inwieweit das Handelsbilanzrecht den „richtigen“ Gewinnausweis fordert oder Informationsdefizite zuläßt. Dasselbe Ertragsverzerrungspotential ergibt sich auch für das Steuerrecht, soweit der ermittelte Gewinn nicht um unentgeltliche oder teilweise unentgeltliche Nutzungsrechtsüberlassungen korrigiert wird. Bei der verdeckten Einlage geht es hier um das Problem, in welchen Fällen der steuerrechtlich ermittelte Gewinn um Vermögenswertzuführungen des Gesellschafters zu korrigieren ist, um das Ziel einer an der Leistungsfähigkeit orientierten Besteuerung zu erreichen. Nachdem der Große Senat (GrS) des BFH im Jahre 1987 obligatorischen Nutzungsrechten aus steuerlichen Gründen die Fähigkeit aberkannt hat, Gegenstand einer solchen verdeckten Einlage zu sein, könnte eine Entscheidung des GrS des BFH 1997 zu den Forderungsverzichten als Gegenstand einer verdeckten Einlage Einfluß auf die Behandlung der verdeckten Nutzungsrechtseinlagen haben. Diese Entscheidung, und nicht zuletzt die Ablösung des Anrechnungsverfahrens durch das Halbeinkünfteverfahren im Körperschaftsteuerrecht durch die Steuerreform, geben Anlaß, auf ihre Auswirkungen auf die Nutzungsrechtseinlage untersucht zu werden.

Die bisher veröffentlichten Einzeldarstellungen haben die auftretenden Probleme im Wesentlichen entweder nur jeweils unter dem Aspekt des Gesellschaftsrechts,[1] des Handels(bilanz)rechts[2] oder des Steuerrechts[3] betrachtet, oder aber die Probleme der obligatorischen Nutzungsrechte insgesamt ausgeklammert.[4]

In der Arbeit werden die mit den obligatorischen Nutzungsrechten verbundenen Fragenkreise im Zusammenhang dargestellt. Im Interesse einer Vereinfachung wird der Versuch unternommen, die erwähnten Fragenkreise einem in sich stringenten Gesamtkonzept zuzuführen und so auch eine Annäherung zwischen Handels- und Steuerrecht zu erreichen. Unterstellt
man einmal die gesellschaftsrechtliche Einlagefähigkeit von obligatorischen Nutzungsrechten, lautet die Frage sowohl in Bezug auf die Handelsbilanz wie auch auf die Steuerbilanz, ob „verdeckt muß eingelegt werden können, was auch offen gegen Gewährung von Gesellschafterrechten eingelegt werden kann."[5] Hiermit ist unmittelbar die Frage verknüpft, ob diese Einlagen zwingend und mit ihrem tatsächlichen Wert in den Bilanzen zu erfassen sind.

---

1 Boehme, Kapitalaufbringung durch Sacheinlagen – insbesondere obligatorische Nutzungsrechte, Köln 1999, zugl.: Berlin, Freie Univ., Diss., 1998.

2 Kußmaul, Nutzungsrechte an Grundstücken in Handels- und Steuerbilanz, Hamburg 1987, zugl.: Univ. des Saarlandes, Habil., 1986/87; Fahrholz, Leasing in der Bilanz, u.a. Köln 1979, zugl.: Hamburg, Univ., Diss. 1977. Allgemeiner Hommel, Bilanzierung immaterieller Anlagewerte, Stuttgart 1998, zugl.: Frankfurt, Johann Wolfgang Goethe-Univ., Habil., 1996.

3 Erfmeyer, Die Nutzungseinlage im Steuerrecht, Köln 1991, zugl.: Bochum, Univ., Diss., 1990; Siegers, Die verdeckte Einlage immaterieller Wirtschaftgüter – Ansatz in der Steuerbilanz und Gewinnrealisierung, Diss., Rheinischen Friedrich-Wilhelms-Universität Bonn, 1992.

4 Castedello, Freiwillige („verdeckte") Einlagen im handelsrechtlichen Jahresabschluß von Kapitalgesellschaften, u.a. Frankfurt am Main, 1998, zugl.: Augsburg, Univ., Diss., 1997).

5 U.a. bejahend BFH v. 24. 3. 1987, I R 202/83, BFHE 149, 542 = BStBl. II 1987, 705, 706.

II. Gang der Untersuchung

Im Anschluß an die Darstellung des Ganges der Untersuchung wird in **Teil B** zur Konkretisierung des Themas auf den Begriff des obligatorischen Nutzungsrechts eingegangen. Daneben wird eine Abgrenzung von Gesellschaftsrecht, Steuerrecht und Handelsrecht sowie ihrer jeweiligen Einlagebegriffe erforderlich.

Im **Teil C** wird die Einlagefähigkeit obligatorischer Nutzungsrechte im Kapitalgesellschaftsrecht dargestellt. Detailliert werden die einzelnen Voraussetzungen der Einlagefähigkeit vor dem Hintergrund der Anforderungen des Kapitalaufbringungsgrundsatzes sowie des Europarechts untersucht. Auch die handelsbilanzielle Erfassung der Einlagen sowie die Zulässigkeit von Unterbewertungen werden kurz behandelt.

Teil D geht auf die handelsbilanziellen Bezüge von obligatorischen Nutzungsrechten sowie die Besonderheiten aufgrund des Einlagencharakters ein. Dafür werden zunächst die Handelsbilanzzwecke als Hintergrund der Verständnisses des Vermögensgegenstandsbegriffs unter besonderer Berücksichtigung der Bedeutung des Gläubigerschutzes und des § 264 Abs. 2 HGB (true and fair view) untersucht. Anschließend werden die bestehenden Definitionen des Vermögensgegenstandsbegriffs kritisch hinterfragt. Nachdem diese abstrakte Aktivierungsfähigkeit geklärt ist, soll auf die konkrete Aktivierungsfähigkeit eingegangen werden und zwar auf den entgeltlichen Erwerb immaterieller Vermögensgegenstände (§ 248 Abs. 2 HGB) sowie das Verbot der Bilanzierung schwebender Geschäfte. Abschließend wird untersucht, ob eine Pflicht zur erfolgsneutralen Einstellung in die Kapitalrücklage nach § 272 Abs. 2 Nr. 4 HGB für Vermögenswertzuführungen des Gesellschafters außerhalb gesellschaftsrechtlicher Einlagen besteht. Hier wird auch auf die Wertansätze der Einlagen bei der Gesellschaft und dem Gesellschafter eingegangen.

In **Teil E** wird schließlich untersucht, ob entgegen der bisherigen Rechtsprechung obligatorische Nutzungsrechte Gegenstand sog. verdeckter Einlagen sein können.

Die Schlußbetrachtung sowie die Zusammenfassung der gefundenen Ergebnisse erfolgt in **Teil F**. Hier wird auch die Frage nach einer Annäherung der untersuchten Rechtsgebiete für den Bereich obligatorischer Nutzungsrechte beantwortet.

B. Begriffsbestimmungen

I. Gegenstand obligatorischer Nutzungsrechte

1. Abstrakte Eingrenzung des Untersuchungsgegenstandes

Eine Orientierung für den Gegenstand der obligatorischen Nutzungsrechte könnte § 100 BGB geben, der Nutzungen legal definiert als „die Früchte einer Sache oder eines Rechtes sowie die Vorteile, welche der Gebrauch der Sache oder des Rechts gewährt." Während es z.B. bei der Miete an einer Fruchtziehungsmöglichkeit fehlt[6] und damit die Fruchtziehung als notwendige und gleichzeitig hinreichende Voraussetzung eines Nutzung untauglich ist, könnte das Merkmal des Gebrauchsvorteils dafür geeignet sein. „Gebrauchsvorteile einer Sache oder eines Rechts sind die Vorteile, welche der Gebrauch der Sache oder des Rechts gewährt, ohne daß es sich dabei um Früchte i.S.v. § 99 (BGB) handelt."[7] Die Gebrauchsvorteile einer Sache werden regelmäßig durch ihren Besitz vermittelt,[8] so z.B. der Vorteil des Wohnens durch den Gebrauch einer im Besitz befindlichen Wohnung. Worin der Gebrauchsvorteil eines Rechts besteht, „ergibt der gesetzlich oder vertraglich bestimmte Inhalt des Rechts." So kann ein Fußballklub z.B. einem Sportartikelhersteller für Trikots das Recht zur Benutzung des Firmensymbols einräumen.

Damit ist deutlich, daß unter Nutzungen im hier interessierenden Zusammenhang die Gebrauchsvorteile zu verstehen sind. Allerdings muß der Untersuchungsgegenstand weiter eingegrenzt werden, und zwar muß das Nutzungsrecht von der tatsächlichen Nutzung abgrenzt werden. Letztere erfolgt ohne rechtliche Verpflichtung und ihr Wesen liegt im gegenwärtigen Verbrauch, so daß sie nach allgemeiner Ansicht nicht bilanzierbar ist.[9] Nutzungs*rechte*[10] zeichnen sich dagegen dadurch aus, daß eine durch *Rechtsgeschäft* begründete Gebrauchsmöglichkeit einer Sache oder eines Rechts besteht. Diese Nutzungsrechte können eingeteilt werden in dingliche und obligatorische Nutzungsrechte. Die dinglichen Nutzungsrechte (ausschließliche Lizenz[11], Erbbaurecht[12] und Dienstbarkei-

---

6 Fabri, GoB entgeltlicher Nutzungsverhältnisse, S. 6.

7 MüKommBGB/Holch, § 100 Rn. 2 (Klammerzusatz nicht im Original).

8 HansOLG v. 28. 5. 1953, 2 U 70/53, MDR 1953, 613, 614; Soergel/Marly, § 100 Rn. 3.

9 Z.B. Erfmeyer, Die Nutzungseinlage im Steuerrecht, S. 8 m.Nachw. in Fn. 18.

10 Der Begriff des Nutzungsrechts ist für das Urheberrecht in § 31 Abs. 1 S. 1 UrhG legaldefiniert: „Der Urheber kann einem anderen das Recht einräumen, das Werk auf einzelne oder alle Nutzungsarten zu nutzen (Nutzungsrecht). Das Nutzungsrecht kann als einfaches oder ausschließliches Recht eingeräumt werden."

11 Deutlich § 31 Abs. 3 UrhG; § 30 Abs. 1 MarkenG. Hierzu ausführlicher S. 7 f.

12 § 9 Abs. 1 ErbbauVO geht von einem (Nutzungs-) Entgelt in „wiederkehrenden Leistungen" aus.

ten, bei letzteren zu unterscheiden nach Grunddienstbarkeit,[13] Nießbrauch,[14] beschränkt persönliche Dienstbarkeit,[15] Dauerwohn- und Dauernutzungsrecht[16]) sind absolute Rechte und wirken damit gegen jedermann.[17] Soweit diese dinglichen Rechte reichen, schließen sie das Herrschaftsrecht des Hauptrechtsinhabers aus.[18] Diese Rechte trennen „mit dinglicher Kraft das Nutzungsrecht von der belasteten Sache und verselbständig(en) es weitgehend."[19] Dagegen begründet das obligatorische Nutzungsrecht „lediglich schuldrechtliche Ansprüche des Berechtigten gegen den Verpflichteten und wirkt grundsätzlich nur zwischen den Vertragsbeteiligten."[20] Dieser Unterschied sollte allerdings nicht überbewertet werden, da auch durch schuldrechtliche Vereinbarung von der Nutzungsmöglichkeit her dieselben Befugnisse für den Nutzungsberechtigten geschaffen werden können wie durch die Einräumung eines dinglichen Rechts.[21]

---

13 § 1018 BGB besagt ausdrücklich, daß der Eigentümer des herrschenden Grundstücks das andere Grundstück „in einzelnen Beziehungen *benutzen* darf".

14 Nach § 1030 Abs. 1 BGB ist der Nießbraucher berechtigt, „die Nutzungen der Sache zu ziehen".

15 Nach § 1090 Abs. 1 BGB gilt für derjenigen, zu dessen Gunsten ein Grundstück belastet ist, daß er „berechtigt ist, das Grundstück in einzelnen Beziehungen zu benutzen".

16 Nach § 31 Abs. 1 S 1 WEG (Dauerwohnrecht) und § 31 Abs. 2 WEG (Dauernutzungsrecht) kann ein Grundstück in der Weise belastet werden, daß der Begünstigte das Recht hat „unter Ausschluß des Eigentümers eine bestimmte Wohnung ... zu bewohnen oder in anderer Weise zu nutzen" sowie nicht zu Wohnzwecken dienende Räume zu nutzen.

17 Palandt-Bassenge, Einl, Überbl v § 854 Rn. 2.

18 Palandt-Bassenge, aaO., Rn. 5; Clausen, JbFSt 1976/77, 120, 133.

19 In Bezug auf das Nießbrauchrecht MüKommBGB/Petzoldt, Vor § 1030 Rn. 12. (Im Original im Singular.) Bzgl. dieser beschränkten dinglichen Rechte spricht Westermann, Sachenrecht, § 28 I, S. 115 auch von „Eigentumssplittern", die vom Eigentum abgelöst und verselbständigt werden. Fabri, aaO., S. 7 trennt scharf die Nutzung der Substanz und die Substanz selbst. Folgt man dagegen der dargestellten „Abspaltungstheorie", so verringern zumindest dingliche Nutzungsrechte die Substanz und lassen damit die Substanz als Anknüpfungspunkt für ein allgemeines Merkmal aller Nutzungsrechte ausscheiden, so daß auch an dieser Stelle auf dieses Kriterium verzichtet wird. Auf diese Ansichten ist im Zusammenhang mit den Auswirkungen der Einräumung eines Nutzungsrechts auf den Wertansatz des Eigentums zurückzukommen. Siehe D. I. 1. c) bb) ccc).

20 MüKommBGB/Petzoldt, ebenda.

21 BGH v. 10. 6. 1966, V ZR 170/63, WM 1966, 1022, 1. Leits. bzgl. einer Grunddienstbarkeit.

2. Konkrete obligatorische Nutzungsrechte

Zu den im Wirtschaftsverkehr am häufigsten vorkommenden obligatorischen Nutzungsrechten gehören das Mietrecht, das Pachtrecht und auch das Nutzungsrecht des Leasing-Nehmers sowie die einfache Lizenz. Im Kontext dieser Arbeit stellt sich allerdings die Frage, ob diese Schuldvertragstypen ohne weiteres auf Einlagevorgänge (in Kapitalgesellschaften) übertragen werden können. Die genannten Rechte zielen alle auf die Gewährung des Nutzungsrechts gegen Geld. Einlagen werden entweder gegen Gewährung von Beteiligungsrechten eingeräumt oder teilweise bzw. vollständig unentgeltlich. Im ersten Fall geht die h.M. von einem Vertrag sui generis[22] aus. In der Arbeit wird sich an späterer Stelle zeigen, daß die Gewährung der Beteiligungsrechte nicht als Entgelt aufgefaßt werden kann.[23] Auch im zweiten Fall scheidet die Einordnung unter die genannten Vertragstypen aus. Auf den ersten Blick könnte man in der unentgeltlichen Gewährung von Vermögenswerten eine Schenkung sehen. Der Rechtsgrund liegt hier allerdings im gesellschaftsrechtlichen Verhältnis, so daß eine Schenkung aufgrund der Widerrufsmöglichkeit nach § 528 BGB sowie des Formerfordernisses nach § 518 BGB ausscheidet.[24] Ohne die Frage nach dem Dauerschuldcharakter der obligatorischen Nutzungsrechtseinlagen zu beantworten, ist bei Einlagen die periodische Erbringung der Gegenleistung durch die empfangende Kapitalgesellschaft jedenfalls ausgeschlossen, denn die Anteile entstehen automatisch vollständig und können deshalb auch nicht periodisch an den Gesellschafter durch die Gesellschaft „geleistet" werden.[25] Auch andere zivilrechtliche Schuldvertragstypen passen nicht für Einlagen. Charakteristisches Merkmal der Einlagen ist, daß sie aufgrund der gesellschaftsrechtlichen Verbindung geleistet werden, auf die die zivilrechtlichen Normen der Schuldvertragstypen nicht ohne weiteres übertragbar sind. Zwar sollen auch die in dieser Arbeit zu behandelnden Einlagen als obligatorische Nutzungsrechte bezeichnet werden, jedoch muß klar sein, daß sie nicht mit den üblicherweise darunter verstandenen Schuldvertragstypen identisch sind.

---

22 BGH v. 11. 1. 1999, II ZR 170/98, BGHZ 140, 248 = DB 1999, 520 zur Kapitalerhöhung; Büchele, DB 1999, 1336, 2337: „...Die gesellschaftsrechtliche Einlage beruht vielmehr auf einem Vertrag mit körperschaftlichem Charakter, weil das vom Übernehmer der Einlage erstrebte Mitgliedschaftsrecht nicht von der Gesellschaft „geliefert" wird, sondern auf der Grundlage der Satzung und des Übernahmevertrags kraft Gesetzes mit der Eintragung im Handelsregister entsteht."

23 A.A. z.B. Groh, FS Flume (1978) Bd. 2, 71, 73. Dazu ausführlich s. D. I. 2. a).

24 Meilicke/Meilicke, DB 1977, 927, 928. Eine Schenkung könnte allerdings im Verhältnis zu den Mitgesellschaftern vorliegen, die anteilig in den Genuß einer solchen Zuführung durch einen Gesellschafter kommen. Ebenso Budde/Müller in: BeBiKom, § 272 Rn. 201: Das Körperschaftsteuerrecht sieht hierin keine Schenkung sondern eine Einlage; Küting/Kessler, BB 1989, 25, 26.

25 Später ausführlich im Zusammenhang mit schwebenden Geschäften s. D. I. 2. b).

Aus der Perspektive der Kapitalgesellschaft können die Nutzungsrechte nach den eingeräumten Rechtsbefugnissen bzw. Nutzungsgegenständen eingeteilt werden. Zum einen kann sich die Gebrauchsüberlassung auf bewegliche oder unbewegliche Sachen beziehen. So kann der Gesellschafter der Kapitalgesellschaft einen PKW aufgrund eines Rechtsgeschäfts unentgeltlich für 5 Jahre überlassen oder ihr Gewerberäume für die Dauer von 10 Jahren überlassen. Etwas genauer muß allerdings die Gebrauchsüberlassung von Rechten dargestellt werden. Hier kommt nur die einfache Lizenz in Frage. Eine Lizenz ist „die vom Inhaber eines Patents, Gebrauchsmusters, Sortenschutzes oder vom Urheber erteilte Erlaubnis, sein Recht ... ganz oder teilweise zu benutzten."[26] Unterschieden werden muß zwischen der einfachen und der ausschließlichen Lizenz.[27] Die ausschließliche Lizenz räumt dem Erwerber nicht nur das Recht zur Vornahme von Benutzungshandlungen, sondern auch zum Ausschluß von Benutzungshandlungen durch Dritte ein.[28] Aufgrund seiner alleinigen und umfassenden Nutzungsbefugnis, auch zur Erteilung von Unterlizenzen und der Geltendmachung von Lizenzverletzungen aus eigenem Recht, handelt es sich hier um ein dingliches oder zumindest quasi-dingliches Recht, jedenfalls um ein absolutes Recht.[29] Dagegen umfaßt die einfache Lizenz nur die Benutzungsbefugnis, hindert den Lizenz*geber* aber nicht an der Erteilung weiterer Lizenzen. Zudem verbleibt das Klagerecht wegen Lizenzverletzungen beim Lizenzgeber. Auch bei der einfachen Lizenz handelt es sich um ein obligatorisches Nutzungsrecht.[30]

Eine besondere Stellung nimmt bei den Nutzungsrechten das Darlehen ein. Wegen der nahezu einzigen wirtschaftlichen Bedeutung für Einlagevorgänge soll hier nur auf das Gelddarlehen eingegangen werden. Da am Markt ein Zins für die Geldnutzungsmöglichkeit gezahlt wird, stellt sich im Zusammenhang mit Einlagen die Frage, ob die Zinslosigkeit bzw. die unentgeltliche Geldnutzungsmöglichkeit als obligatorisches Nutzungsrecht eingeordnet werden kann. Es geht also um die Zinslosigkeit selbst als obligatorisches Nutzungsrecht. Während bei den anderen, bis jetzt dargestellten, obligatorischen Nutzungsrechten das Vollrecht beim Nutzungsüberlassenden verbleibt, besteht beim Darlehen die Besonderheit, daß hier das Nutzungsobjekt zu Eigentum übertragen wird.[31] Jedoch

---

26 Meyers Lexikon, Stichwort „Lizenz". Ausdrücklich auch § 31 Abs. 1 S. 2 UrhG sowie in Abs. 2 und 3 zu den Befugnissen aus einfachem und ausschließlichem Nutzungsrecht.

27 Vgl. auch Lamers, Aktivierungsfähigkeit und Aktivierungspflicht, S. 217.

28 Creifelds, Rechtswörterbuch, Stichwort „Lizenzvertrag" (S. 734).

29 S. Fahrholz, Leasing in der Bilanz, S. 136; ebenso Lamers, Aktivierungsfähigkeit und Aktivierungspflicht, S. 276 ff. spricht auch von „absoluten Nutzungsrechten", um den Charakter als absolutes Recht besonders zu betonen.

30 Creifelds, ebenda; Fahrholz, ebenda; mit Verweis auf diese Einordnung nach der h.M. Clausen, JbFSt 1976/77, 120, 135; Lamers, aaO., S. 279; ebenso Fabri, aaO., S. 12.

31 Bei Fabri, aaO., S. 8 führt dieser Umstand zum Ausschluß des Darlehens aus der Gruppe der Nutzungsrechte.

sollte der Blick weniger auf diese Besonderheit, die im Nutzungsobjekt „Geld“ begründet liegt, gerichtet werden, sondern vielmehr auf dasjenige, worin der eigentliche Gebrauchsvorteil liegt. Der Zins beim Darlehen ist auch nichts anderes als die Miete bei der Wohnungsüberlassung, nämlich ein Entgelt für die Gebrauchsmöglichkeit.[32] Daher besteht kein Grund, die Zinslosigkeit, um die es bei Einlagevorgängen gehen wird, aus dem Bereich der obligatorischen Nutzungsrechte auszuklammern.

3. Zwischenergebnis: Vorläufiger Untersuchungsgegenstand

Unter obligatorischen Nutzungsrechten werden damit nur solche Gebrauchsmöglichkeiten verstanden, die sich auf schuldrechtliche Ansprüche des Berechtigten gegen den Verpflichteten richten und damit gerade keine absoluten Rechte darstellen. Gegenstand der folgenden Untersuchung werden damit die Gebrauchsüberlassung von beweglichen und unbeweglichen Sachen sein, die einfache Lizenz sowie die Zinslosigkeit eines Darlehens (Vorteil der Zinslosigkeit), soweit sie die Voraussetzungen des obligatorischen Nutzungsrechts erfüllen. Da die Schuldvertragstypen des BGB nicht ohne weiteres auf Einlagenvorgänge übertragen werden können, muß im Zusammenhang mit obligatorischen Nutzungsrechten immer beachtet werden, ob der Schuldvertragstyp allgemein oder die Einlage eines solchen Rechts gemeint ist.

II. Der Begriff der Einlage

Im Zentrum dieser Arbeit sollen die obligatorischen Nutzungsrechte als Gegenstand von Einlagen im Gesellschaftsrecht, Handelsrecht und Steuerrecht stehen. Bevor auf die damit verbundenen Problemkreise konkret eingegangen werden kann, muß klargestellt werden, welcher Regelungsbereich mit jedem dieser Rechtsgebiete gemeint sein soll und was jeweils unter dem Begriff der Einlage zu verstehen ist.[33] Diese Ausführungen werden erforderlich, da weder die Abgrenzungen der Rechtsgebiete noch das Verständnis des jeweiligen Einlagebegriffs eindeutig sind. Im Vordergrund soll nicht eine neue theoretische Konzeption der Begriffe stehen, sondern eine möglichst klare Begriffsverwendung.

---

32 Clausen, JbFSt 1976/77, 120, 122.

33 Dazu ausführlich Castedello, Freiwillige Einlagen, S. 17 ff.

1. Gesellschaftsrechtliche Einlagen

a) Begriff des Gesellschaftsrechts

Bevor auf den Begriff der Einlage eingegangen werden kann, muß zunächst klargestellt werden, worum es im Gesellschaftsrecht abstrakt geht. Nach der weiten, funktionsbeschreibenden Definition von *Karsten Schmidt*[34] ist „Gesellschaftsrecht ... das Recht der privatrechtlichen Zweckverbände und der kooperativen Vertragsverhältnisse." Eindeutig werden hiervon die zu untersuchenden Kapitalgesellschaften AG und GmbH erfaßt.

b) Abgrenzung von Beitrag und Einlage

Das Problem bei der Bestimmung des Begriffs der *Einlage* im Gesellschaftsrecht[35] besteht darin, daß es an einer Legaldefinition fehlt. Zudem fehlt eine stringente Verwendung der Begriffe „Beitrag" und „Einlage" im Gesetz. So ist insbesondere im Personengesellschaftsrecht ein „recht willkürlich(er)" Gebrauch der Begriffe zu beklagen.[36] Die früher h.M. faßte Beiträge auf als noch zu bewirkende und Einlagen als schon erbrachte Gesellschafterleistungen.[37] Diese Unterscheidung ist bei der Gesellschaft bürgerlichen Rechts unschädlich, für das gesamte Gesellschaftsrecht jedoch ungeeignet,[38] denn dort wird der Begriff der

---

34 K. Schmidt, Gesellschaftsrecht, § 1 I 1. a) (S. 4).

35 Meilicke/Meilicke, DB 1977, 923 sprechen diesbezüglich vom Handelsrecht. Ähnlich Döllerer, BB 1986, 1857: „Einlagen kannte das Handelsrecht bisher nur in Form von Gründung und Kapitalerhöhung".

36 K. Schmidt, Gesellschaftsrecht, § 20 II 1. a) (S. 567). Der Begriff des Beitrags findet sich in §§ 58 Nr. 2, 705, 706, 707, 722 Abs. 1, 735 S. 2 BGB und der Begriff der Einlage in § 707, 733 Abs. 2 und 3, 734, 735 S. 1 BGB. Das Kapitalgesellschaftsrecht spricht nur in § 24 S. 2 GmbHG von „Beiträgen".

37 RG v. 29.04.1911, I ZR 160/10, RGZ 76, 276, 278; Alfred Hueck, Recht der OHG, 4. Aufl. S. 205; Ganssmüller, DB 1970, 285; Wassermeyer, StbJb 1985/86, 213, 216; heute z.B. Palandt-Sprau, § 706 Rn. 1.

38 Huber, Vermögensanteil, Kapitalanteil und Gesellschaftsanteil an Personalgesellschaften des Handelsrechts, 1970, S. 191 f.; K. Schmidt, ebenda; ders., ZHR 154 (1990), 237, 240; Bork, ZHR 154 (1990), 205, 206.

Einlage auch für noch nicht erbrachte Gesellschafterleistungen verwendet.[39] So könnte es die in § 272 Abs. 1 S. 2 HGB[40] erwähnten „ausstehenden Einlagen“ begriffslogisch nicht geben.[41] Folglich kann es für die Unterscheidung zwischen Einlage und Beitrag nicht darauf ankommen, ob die Leistung schon erbracht ist.

Eine andere Ansicht sieht dagegen in dem *Beitrag* den Oberbegriff, der entsprechend § 705 BGB jedes zweckfördernde Tun oder Unterlassen des Gesellschafters an seine Gesellschaft umfaßt, das seine Ursache im Gesellschaftsverhältnis hat.[42] Danach können auch obligatorische Nutzungsrechte ohne weiteres Gegenstand eines Beitrags sein.[43] *Einlagen* sind danach nur diejenigen Beiträge, die geeignet sind, das Eigenkapital einer Gesellschaft aufzubringen, so daß sich der Inhalt des Einlagebegriffs nach den speziellen Anforderungen der gesetzlichen Kapitalaufbringungsregeln richtet.[44] Diese Ansicht unterscheidet demnach nach den Gegenständen des Beitrags sowie seiner Verwendung für das Eigenkapital. Da es spezielle Anforderungen an die Einlagen nur für die Kapitalgesellschaften

---

39 Auf die Ansicht von Groh, FS Flume (1977) Bd. 2, 71, 72 f. kann hier nur am Rande hingewiesen werden. Danach ist der Beitrag der Oberbegriff. Einlagen sind nur die erfolgsneutral erfaßten Beiträge, während die sonstigen Beiträge Gesellschaftsgewinn darstellen. Für die jeweilige Einordnung soll der Wille des Gesellschafters entscheidend sein. Diese Auffassung läßt also die bilanzielle Erfassung darüber entscheiden, ob eine Einlage vorliegt. Damit käme dem Handelsbilanzrecht die Funktion zu, über einen gesellschaftsrechtlichen Begriff zu entscheiden. Ob und wie ein Vermögenswert in der Handelsbilanz zu erfassen ist, richtet sich nach den Rechnungslegungsvorschriften (§§ 238 - 342a HGB) und hier vorrangig nach den Grundsätzen ordnungsgemäßer Buchführung. Dabei ist nicht zu leugnen, daß die erfolgsneutrale Erfassung einer gesellschaftsrechtlichen Einlage die Folge ihrer Bejahung ist. Jedoch ist für diese handelsbilanzielle Erfassung Voraussetzung, was überhaupt eine gesellschaftsrechtliche Einlage ist. Damit liegt hier ein Zirkelschluß vor, der nur durch eine gesellschaftsrechtsautonome Begriffsbestimmung beseitigt werden kann. Ebenso schon Castedello, Freiwillige Einlagen, S. 19 f.

40 Ebenso bereits in § 151 Abs. 1 AktG i.d.F. von 1965.

41 Castedello, Freiwillige Einlagen, S. 19.

42 K. Schmidt, Gesellschaftsrecht, § 20 II 2. a) (S. 569); Küting/Kessler, BB 1989, 25, 26.

43 K. Schmidt, Gesellschaftsrecht, § 20 II 2. c) (S. 569); Bork, ZHR 154 (1990), 205, 207; Baumbach/Hopt, § 109 Rn. 7 f.; Meilicke/Meilicke, DB 1977, 927 m.w.Nachw.

44 Bork, aaO., 206 f. Enger Baumbach/Hopt, HGB, 29. Aufl., § 109 Rn. 6; K. Schmidt, Gesellschaftsrecht, aaO., S. 567 f und ders., ZHR (1990), 240 f. Er sieht als Einlagen nur diejenigen Vermögenswerte an, die Gegenstand der *haftenden* Vermögens werden. Dieser Ansicht kann hier nicht gefolgt werden, da sie das Ergebnis der Untersuchung des Inhalts des Kapitalaufbringungsgrundsatzes vorwegnimmt. Der Begriff der Haftungsmasse in Verbindung mit dem Ziel des Gläubigerschutzes kann wohl nur so verstanden werden, daß hier für den Gläubiger in irgendeiner Form verwertbare Zugriffsobjekte zugeführt werden sollen. Ob dies tatsächlich so ist, wird i.R.d. gesellschaftsrechtlichen Einlagefähigkeit untersucht.

und den Kommanditisten bei der KG gibt, [45] wird deutlich, daß auch bei diesen Gesellschaften Probleme bzgl. der möglichen Einlagegegenstände – insbesondere der hier in Frage stehenden obligatorischen Nutzungsrechte - entstehen können. Dieser Ansicht ist zuzustimmen, weil sie eine sinnvolle Trennung von Einlagen und Beiträgen ermöglicht und auch zwei unterschiedliche Begriffe rechtfertigt. Wichtig ist festzuhalten, daß alle Beiträge (also auch die Einlagen) auf einer gesellschaftsrechtlichen *Verpflichtung* beruhen.[46] Die hier klassifizierten Einlagen sollen im folgenden als *gesellschaftsrechtliche Einlagen* bezeichnet werden.[47]

c) Gewährung von Gesellschaftsanteilen: Keine Voraussetzung der gesellschaftsrechtlichen Einlage

Spricht man von gesellschaftsrechtlichen Einlagen, wird zumeist die Leistung von Einlagen im Rahmen von Gründung und Kapitalerhöhung gemeint.[48] Hier soll nur der Vollständigkeit halber kurz darauf eingegangen werden, ob tatsächlich die Gewährung von Gesellschaftsanteilen Voraussetzung einer gesell-

---

[45] Die Erfordernisse der Kapitalaufbringung stellen einen Ausgleich für das Fehlen einer persönlichen Haftung dar, deswegen besteht auch die *Pflicht*, hier Vermögenswerte aufzubringen. Ist den Vorschriften, die insbesondere bei Sacheinlagen besondere Sicherungen vorsehen, damit die Sacheinlage vollwertig ist und nicht vorzeitig wieder entzogen wird (§§ 172 ff. HGB; §§ 9 ff. GmbHG; §§ 46 - 49 AktG.) - Genüge getan, scheidet eine persönliche Inanspruchnahme des Gesellschafters vollständig aus. In diesem Zusammenhang ist einheitlich im Gesetz von „Einlagen" die Rede: Z.B. §§ 5 GmbHG, 27 AktG und bzgl. des Kommanditisten §§ 162 Abs. 1, 2, 167 Abs. 2, 3, 169 Abs. 1 S. 2, 171 Abs. 1 sowie § 171 Abs. 1, 2. Hs. HGB, wonach der Kommanditist nicht mehr haftet, „soweit die Einlage geleistet ist".

[46] Wassermeyer, StbJb 1985/86, 213, 216; bzgl. der Einlagen: Ellrott/Gutike in: BeBiKom, § 255 Rn. 144; Marx, FR 1995, 453, 455.

[47] Anders Küting/Kessler, BB 1989, 25, 26, die bzgl. der Einräumung von Gesellschafterrechten von „Kapitalzuführungen i.e.S." sprechen.

[48] So z.B. Marx, ebenda; wohl auch Herzig/Förster, WPg 1986, 289, 294, die Bezug auf den Kapitalaufbringungsgrundsatz nehmen; Büchele, DB 1999, 2336, 2337; Kußmaul/Klein, DStR 2001, 189. Völlig unklar Schneeloch, BB 1987, 481, 486, wenn er die Frage aufwirft, ob unter „§ 272 Abs. 2 Nr. 4 nur gesellschaftsrechtliche Einlagen oder auch verdeckte Einlagen zu verstehen sind". Zum einen fehlt es den Einlagen i.S.d. § 272 Abs. 2 Nr. 4 HGB an dem hier – und fast allgemein – geforderten Verpflichtungscharakter, zum anderen wird durch diese Aussage erwogen, daß auch verdeckte Einlagen in § 272 Abs. 2 Nr. 4 HGB ausgewiesen werden können. Dann würde Schneeloch auch auf das hier verneinte Kriterium der erfolgsneutralen Erfassung verzichten, so daß nach seinem Begriffsverständnis eine sinnvolle Abgrenzung der „gesellschaftsrechtlichen Einlagen" nicht möglich ist.

schaftsrechtlichen Einlage ist.[49] Das Verständnis des Umfangs gesellschaftsrechtlicher Einlagen geht teilweise sehr weit. So sollen für eine gesellschaftsrechtliche Einlage alle Leistungen des Gesellschafters ausreichen, für die er im Gegenzug gesellschaftsrechtliche Ansprüche erhält.[50] Während sich die Behandlung von Nachschüssen, die gem. § 26 Abs. 1 GmbHG aufgrund gesellschaftsvertraglicher Bestimmung zum Beschluß der Einforderung weiterer Einzahlungen berechtigen, nicht verändert hat,[51] hat sich die Rechtslage durch die Einführung des § 272 Abs. 2 Nr. 1-3 HGB[52] vereinfacht. Nach § 272 Abs. 2 Nr. 1-3 HGB gilt jetzt einheitlich für alle Kapitalgesellschaften, daß das Aufgeld bei der Ausgabe von Anteilen (Nr. 1), „der Betrag, der bei der Ausgabe von Schuldverschreibungen für Wandlungsrechte und Optionsrechte zum Erwerb von Anteilen erzielt wird" (Nr. 2) und „der Betrag von Zuzahlungen, die Gesellschafter gegen Gewährung eines Vorzugs für ihre Anteile leisten" (Nr. 3) als Kapitalrücklage auszuweisen sind. Der besonderer Status der Nummern 1-3 des § 272 Abs. 2 HGB wird durch die Einbeziehung in die gesetzliche Rücklage bei der Aktiengesellschaft gem. § 150 Abs. 2-4 AktG deutlich. Diese Leistungen des Gesellschafters ermöglichen erst den Erwerb mitgliedschaftlicher Rechte (Agio nach § 272 Abs. 2 Nr. 1 HGB) oder verstärken sie.[53] Gegen die Erfassung als gesellschaftsrechtliche Einlagen bestehen i.R.d. Arbeit zumindest keine Bedenken,[54] allerdings werden damit im folgenden nur die Einlagen im Rahmen von Grün-

---

49 Dafür wohl Herzig/Förster, WPg 1986, 289, 294: „Das Gesellschaftsrecht kennt jedoch neben der Einlage auch *andere Leistungen* des Gesellschafter an die Kapitalgesellschaft (§§ 55 I AktG, 272 II Nr. 3, 4 HGB)." (Hervorhebung nicht im Original). Dies deutet darauf hin, daß diese „anderen Leistungen" eben gerade keine Einlagen sind.

50 Castedello, Freiwillige Einlagen, S. 23 ff.; S. Küting, K./ Kessler, H., BB 1989, 25, 26 f., insbes. Fn. 16, 23 sowie Übersicht 2: Die Ausführungen sind wohl so zu verstehen, daß die hier als „gesellschaftsrechtliche Einlage" bezeichneten Vermögenswerte mit den „Kapitalzuführungen i. e. S." bei Küting/Kessler identisch sind. Insbesondere fällt hierunter das Aufgeld bei der Ausgabe von Anteilen, sowie bei der AG die Beträge, die für Wandlungs- und Optionsrechte erzielt wurden sowie die Zuzahlungen der Aktionäre gegen Gewährung eines Vorzugs. (Zu den konkreten Vorschriften nach altem Recht siehe dort Fn. 19-22).

51 Umfassende Nachw. bei Castedello, S. 24 Fn. 47.

52 Zur Einordnung von Zuzahlungen der Aktionäre gegen Gewährung eines Vorzugs für ihre Aktien und die Gewährung von Nachschüssen der Gesellschafter einer GmbH (§§ 26, 27 GmbHG) als *gesellschaftsrechtliche Einlagen* nach der Rechtslage vor Einführung des Bilanzrichtlinien-Gesetzes siehe Döllerer, BB 1986, 1857; ebenso Küting, K./Kessler, H., BB 1989, 25, 26 f.; in diese Richtung bzgl. der Nachschüsse auch K. Schmidt, Gesellschaftsrecht, § 35 I. 1.2. c) (S. 1035): „Nachschüsse sind Einlagen auf das haftende Kapital".

53 Ebenso Döllerer, BB 1986, 1857 zu alten Rechtslage und S. 1858 ausdrücklich zum Aufgeld nach neuer Rechtslage; ders., Verdeckte Gewinnausschüttungen ..., S. 183; Küting/Kessler, BB 1989, 25, 29 Übersicht 3.

54 Die § 272 Abs. 2 Nr. 1-3 HGB werden in der folgenden Untersuchung höchstens am Rande eine Rolle spielen.

dung und Kapitalerhöhung gemeint sein. Ein praktischer Vorteil dieses weiten Verständnisses des Begriffs der gesellschaftsrechtlichen Einlage besteht darin, daß kein weiter Begriff für diese besonderen Gesellschafterverpflichtungen erforderlich wird.

d) Zwischenergebnis

Damit lassen sich gesellschaftsrechtliche Einlagen abschließend als alle vom Gesellschafter an die Gesellschaft geleisteten feststellbaren Vermögenswerte definieren, für welche er gesellschaftsrechtliche Ansprüche erlangt.[55] Weder unter den Begriff des Beitrages noch den der Einlage fallen die vom Gesellschafter *freiwillig* – also ohne gesellschaftsrechtliche Verpflichtung – zugeführten Leistungen.

e) Klarstellung: Verschleierte Sacheinlage

Im Kontext dieser Arbeit besteht eine gewisse Verwechslungsgefahr zwischen der steuerlich verdeckten Einlage[56] und der gesellschaftsrechtlichen „verschleierten“ oder „verdeckten Sacheinlage“[57]. Bei letzterer wird eine Bareinlage in der Weise mit einem Verkehrsgeschäft verknüpft, daß wirtschaftlich der Erfolg einer Sacheinlage erreicht wird. Diese Vorgehensweise ist gesellschaftsrechtlich unzulässig, weil die erhöhten Anforderungen an Sacheinlagen, insbesondere die Sachgründungsprüfung, die Festlegung in der Satzung, bzw. im Kapitalerhöhungsbeschluß, und die Differenzhaftung bei fehlender Vollwertigkeit umgangen würden. Rechtsfolge dieses Umgehungstatbestands ist, daß der Gesellschafter noch einmal leisten muß, „weil weder seine Geldleistung noch seine Sachleistung als befreiend anerkannt wird.“[58] Um von der steuerlichen „verdeckten Einlage“ abzugrenzen und eine Verwechslung der beiden Fragenkreise zu ver-

---

55 Dieses ist, leicht modifiziert - nämlich unter Verzicht auf den Begriff der Haftungsmasse - auch die von Castedello, Freiwillige Einlagen, S. 24 entwickelte Definition. Der Unterschied wird sich auf den Bereich der Nutzungseinlagen auswirken. Ähnlich anscheinend Wassermeyer, StbJb 1985/86, S.213, 217, der die Rechtsgrundlage im Gesellschaftsvertrag sowie den Verpflichtungscharakter betont.

56 Dazu sogleich.

57 Nachweise zu diesen beiden Begriffen sowie insgesamt zu diesem Thema Priester, DStR 1990, 770 Rn. 1 und 2. Beide Begriffe auch bei Schmidt, Gesellschaftsrecht, § 29 II 1. c) (S. 892). S. auch Joost, ZIP 1990, 549 ff., 1033 ff.

58 Schmidt, ebenda (S. 895); ständige Rechtsprechung BGH v. 13. 4 1992, BGHZ 118, 83 = NJW 1992, 2222.

meiden,[59] soll in Bezug auf das gesellschaftsrechtliche Problem von der „verschleierten Sacheinlage“ die Rede sein.

2. Steuerrecht

a) Allgemeine Funktion der Einlage im Steuerrecht

Um die Bedeutung des Begriffs der Einlage im Steuerrecht zu verstehen, muß man sich den Anknüpfungspunkt des Steuerrechts vor Augen führen. Besteuert werden soll nach dem sog. Prinzip der Leistungsfähigkeit nur der Gewinn, der das Resultat der betrieblichen Tätigkeit ist.[60] Nach § 4 Abs. 1 S. 1 EStG ist der Gewinn „der Unterschiedsbetrag zwischen dem Betriebsvermögen am Schluß des Wirtschaftsjahrs und dem Betriebsvermögen am Schluß des vorangegangenen Wirtschaftsjahrs, vermehrt um den Wert der Entnahmen und vermindert um den Wert der Einlagen.“ Nach § 4 Abs. 1 S. 5 EStG sind Einlagen „alle Wirtschaftsgüter, die der Steuerpflichtige dem Betrieb im Laufe des Wirtschaftsjahrs zugeführt hat.“ Die Korrektur um Einlagen und Entnahmen dient der Abgrenzung des betrieblichen vom privaten Bereich des Steuerpflichtigen.[61] Es soll nur dasjenige als Einkommen besteuert werden, was der Betrieb selbst erwirtschaftet hat, nicht dagegen dasjenige, was seine Ursache in der außerbetrieblichen Sphäre hat.[62] Würde man die Korrektur um Einlagen nicht vornehmen, käme es zu einer Besteuerung von bereits versteuertem oder nicht zu versteuerndem Vermögen als Gewinn.[63] Der Abzug der Einlagen bewirkt also die Neutralisierung von auf ihnen beruhenden Vermögensveränderungen in der steuerlichen Gewinnermittlung.

b) Einlagen im Körperschaftsteuerrecht

Ein eigenständiger Einlagenbegriff fehlt im Körperschaftsteuerrecht.[64] Hier ist zunächst auf die Rechtslage nach dem KStG 1977 (Anrechnungsverfahren) einzugehen. Erwähnt werden Einlagen lediglich in § 30 Abs. 2 Nr. 4 KStG bzgl.

---

59 Dazu auch Büchele, DB 1999, 2336, 2337.
60 Gocke, FR 1984, 606, 609; Groh, BB 1990, 379.
61 Raupach, FS v. Wallis (1985), 309, 317 f; Schulze zur Wiesche, GmbHR 1988, 31, 33; in Bezug auf Kapitalgesellschaft und Gesellschafter BFH v. 24. 3. 1987, I R 202/83, BFHE 149, 542 = BStBl. II 1987, 705, 706.
62 Crezelius in: Kirchhof, EStG, § 4 Rn. 66.
63 Heinicke in: Schmidt, EStG, 17. Aufl., § 4 Rn. 300.
64 Thiel, DStR 1992, 1.

der Gliederung des verwendbaren Eigenkapitals.[65] Hierbei geht es um Vermögensmehrungen, die nicht der Körperschaftsteuer unterliegen und die aus „Einlagen der Anteilseigner, die das Eigenkapital erhöht haben", stammen. Dieses sog. Eigenkapital 04 (EK 04) ist deswegen gesondert zu erfassen, weil weder auf Seiten der Körperschaft eine Ausschüttungsbelastung hergestellt wird (§ 40 S. 1 Nr. 2 KStG), noch auf Seiten des Gesellschafters eine Besteuerung aus Einkünften aus Kapitalvermögen stattfindet (§ 20 Abs. 1 Nr. 1 S. 3, Nr. 2 S. 2 EStG),[66] soweit bei der Ausschüttung das EK 04 als verwendet gilt.[67] Aus der Nichtbesteuerung der Einlagen auf Seiten der Körperschaft ergibt sich auch ohne weiteres, daß auch nach dem geltenden Körperschaftsteuerrecht Einlagen insgesamt nicht den (steuerlichen) Gewinn der Gesellschaft erhöhen dürfen.[68]

Während nach dem Anrechnungsverfahren – vereinfacht gesagt – die Ausschüttungsbesteuerung der Kapitalgesellschaft auf der Ebene des Gesellschafters wieder rückgängig gemacht wurde und die Einkünfte nach dem individuellen Steuersatz des Gesellschafters besteuert wurden, gilt seit Veranlagungszeitraum 2002[69] das sog. Halbeinkünfteverfahren. Danach werden auf der Ebene der Körperschaft alle Gewinne, unabhängig davon, ob sie thesauriert oder ausgeschüttet werden, gem. § 23 Abs. 1 KStG mit 25 % besteuert. Um die damit einhergehende Doppelbesteuerung abzumildern, sind auf der Ebene des Gesellschafters die

---

65 Cattelaens/Gottstein/Stegmüller/Zenthöfer, Körperschaftsteuer, Rn. 404 (S. 123).

66 Lange, Lehrbuch der Körperschaftsteuer, Rn. 691 (S. 509).

67 Nach § 28 Abs. 3 S. 1 KStG gilt das EK 04 als zuletzt verwendet, weil es in der Reihenfolge des § 30 KStG als letztes aufgeführt ist.

68 Ebenso Raupach, FS v. Wallis (1985), 309, 319. Er weist auf folgendes hin: Nach § 6 Nr. 9 KStG 1922 waren Einlagen des Gesellschafters steuerfrei. Das Körperschaftsteuerrecht von 1925 verzichtete auf die Übernahme dieser Regelung, da solche Einlagen ohnehin nicht unter den auch für das Körperschaftsteuerrecht geltenden Einkommensbegriff fallen würden. Umfassende Nachweise in Fn. 49.

69 Diese Aussage ist etwas pauschal: Das neue Recht gilt für offene Gewinnausschüttungen auf Grund eines Gewinnverteilungsbeschlusses bei in 2001 endendem Wirtschaftsjahr ab 2002 bzw. bei abweichendem, in 2002 endendem Wirtschaftsjahr ab 2003 gem. § 34 Abs. 1, 1a, 10a S. 1 Nr. 1 KStG, für sonstige Gewinnausschüttungen ein Jahr früher gem. § 34 Abs. 10a S. 1 Nr. 2 KStG. S. auch ausführlich Frotscher, BB 2000, 2280 ff.

Kapitaleinkünfte gem. § 3 Nr. 40 EStG zur Hälfte steuerfrei.[70] Da nach dem neuen Recht alle Gewinne einheitlich besteuert werden, ist auch die Gliederung des Eigenkapitals weggefallen. Die nicht in das Nennkapital geleisteten Einlagen sind in einem besonderen Konto, dem steuerlichen Einlagenkonto, gem. § 27 Abs. 1 S. 1 KStG auszuweisen. Dieses übernimmt gem. § 39 KStG als Anfangsbestand einen positiven Endbestand des EK 04. Bezüglich der Nichtbesteuerung der Einlage bei der Gesellschaft sowie der Nichtbesteuerung für den Fall der Rückgewähr der Einlagen hat der Systemwechsel grundsätzlich[71] nichts geändert.[72] Dieses ergibt sich aus § 20 Abs. 1 Nr. 1 S. 3 EStG, der Ausschüttungen, für die das steuerliche Einlagenkonto als verwendet gilt, ausdrücklich aus dem Einnahmenbegriff herausnimmt. Insbesondere sollte die Nichtbesteuerung der Einlagenrückgewähr, die als eine der Errungenschaften der Einführung des Anrechnungsverfahrens gesehen werden kann, beibehalten werden.[73]

Soweit es an einer Regelung bzgl. der Bestimmung und Ermittlung des Einkommens fehlt, bestimmt § 8 Abs. 1 KStG die entsprechende Anwendung des Einkommensteuergesetzes. Nach § 8 Abs. 2 KStG sollen bei nach Handelsrecht buchführungspflichtigen Steuerpflichtigen alle Einkünfte als solche aus Gewer-

---

70 Damit stellt sich die Lage für einen Gesellschafter bei einem persönlichen Steuersatz von 40 % gleich dar. Für Einkommen mit einer höherer Steuerbelastung hat die Reform eine Erleichterung gebracht, für niedrigere Einkommen eine Erhöhung. Beispiel: Nach dem Anrechnungsverfahren richtete sich die Besteuerung nur nach dem individuellen Steuersatz des Gesellschafter, hier also 40 %. Damit wäre auf einen Gewinn von 100 ein Betrag von 40 Steuern zu zahlen gewesen, also 60 übrig geblieben. Nach dem Halbeinkünfteverfahren wird ein Gewinn von 100 auf der Ebene der Gesellschaft mit 25 % besteuert, es verbleiben also 75. Diese werden zur Hälfte, also im Betrag 37,5, mit dem individuellen Steuersatz von 40 besteuert. Dies macht 15. Auch hier verbleiben dem Gesellschafter im Ergebnis 60.

71 Während es bei einer im Privatvermögen gehaltenen Beteiligung, die die Wesentlichkeitsgrenze des § 17 Abs. 1 S. 1 EStG von 1 % nicht erreicht, bei diesem Ergebnis bleibt, muß für die übrigen Fälle differenziert werden. Schon nach bisheriger Ansicht der Rechtsprechung führte die Einlagenrückzahlung bei einer Beteiligung nach § 17 EStG zu einer Verringerung der Anschaffungskosten der Kapitalbeteiligung. Ein die Anschaffungskosten übersteigender Betrag führt gem. § 17 Abs. 4 S. 1 EStG i.V.m. § 3 Nr. 40 Buchst. c EStG zu einem Gewinn, der nach dem Halbeinkünfteverfahren besteuert wird. Nach der Ansicht von Dötsch/Thielemann/Witt, KStG, § 27 Rn. 2 unterliegt auch bei einer im Betriebsvermögen gehaltenen Beteiligung (ausgenommen der Anwendungsbereich des § 8b KStG, also der Anteilseigner ist selber ein Körperschaft) der den Buchwert der Beteiligung übersteigende Betrag der Besteuerung nach dem Halbeinkünfteverfahren (str.).
Übersteigt die Einlagenrückgewähr den aktuellen Wertansatz der Beteiligung, so zeigt dies, daß der Wertansatz unterhalb des wirklichen Wertes lag. Die Lage ist also vergleichbar mit einem Veräußerungsvorgang, so daß außerhalb des Anwendungsbereichs des § 20 Abs. 1 Nr. 1 S. 3 EStG eine Besteuerung zu erwägen ist.

72 S. Gesetzes-Begründung BT-Drs. 14/2683, S. 125.

73 Dötsch/Thielemann/Witt, KStG, § 27 Rn. 1.

bebetrieb behandelt werden, so daß es einkommensteuerrechtlich nur um solche Gewinneinkünfte gehen kann, die durch Betriebsvermögensvergleich gem. § 4 Abs. 1 S. 1 EStG ermittelt werden. Damit würden auch die Vorschriften über Einlagen und Entnahmen Anwendung finden. Den allgemeinen Entnahmeregeln geht der § 8 Abs. 3 S. 2 KStG (1977) vor, der für die sog. verdeckten Gewinnausschüttungen eine besondere Regelung trifft.[74] Damit kommt eine Anwendung des § 4 Abs. 1 EStG nur auf Einlagen in Frage. Teilweise wird gegen eine Anwendung des § 4 Abs. 1 EStG auf Einlagen angeführt, daß es sich bei der direkten Anwendung um zwei Vermögensbereiche *desselben Steuerpflichtigen* handele, während es sich bei der Gesellschaft und dem Gesellschafter um *zwei Steuerpflichtige* handelt.[75] Inhaltlich ist dagegen nichts einzuwenden, jedoch gibt diese Argumentation nichts für die Anwendung des § 4 Abs. 1 EStG her, weil auch im Körperschaftsteuerrecht das erwähnte Prinzip der Leistungsfähigkeit gilt, so daß auch hier Einlagen des Gesellschafters den Gewinn unberührt lassen müssen.[76] Zudem bedeutet der Verweis auf das Einkommensteuerrecht nur, „daß die Vorschriften über die Einlage unter den besonderen Verhältnissen der Kapitalgesellschaft anwendbar sind".[77] Deswegen spricht nichts gegen die Anwendung des § 4 Abs. 1 EStG i.V.m. § 8 Abs. 1 KStG.[78] Der Begriff der *steuerlichen Einlage* dient also „der Abgrenzung der betrieblichen von der außerbetrieblichen Sphäre der Kapitalgesellschaft".[79] Während in § 4 Abs. 1 EStG nur von „Einlagen" die Rede ist und eine Unterscheidung üblicherweise für die unmittelbare Anwendung nicht vorgenommen wird,[80] findet zur weiteren Sys-

74 Zu dem gleichlautenden § 6 Abs. 1 S. 2 KStG 1969: BFH v. 26. 10. 1987, GrS 2/86, BFHE 151, 523 = BStBl. II 1988, 348 unter C. I. 3. a). Heinicke in: Schmidt, EStG, § 4 Rn. 360 Stichwort „Verdeckte Einlagen und Gewinnausschüttungen".

75 Dazu BFH v. 26. 10. 1987, GrS 2/86, ebenda; BFH v. 9. 6. 1997, GrS 1/94, BFHE 183, 187 C. I. 1. = BStBl. II 1998, 307; Frotscher in: Frotscher/Maas, KStG, § 8 Rn. 68; Thiel, DStR 1992, 1; Schulze zur Wiesche, GmbHR 1988, 31, 33; Groh, FS f. Flume, S. 71, 79.

76 Marx, FR 1995, 453, 455; Beiser, StuW 1996, 63.

77 BFH v. 26. 10. 1987, GrS 2/86, ebenda.

78 Abschn. 27 Abs. 1 KStR; ständige Rechtsprechung BFH, ebenda; dem folgend BFH v. 9. 6. 1997, GrS 1/94, BFHE 183, 187, C. I. 1. = BStBl. II 1998, 307; Frotscher in: Frotscher/Maas, KStR, § 8 Rn. 83 b.

79 Hundertmark/Herms, BB 1976, 80, 81; Herzig/Förster, WPg 1986, 289, 294 m.w.Nachw. Rn. 55.

80 Eigentlich wurde die Unterscheidung für Kapitalgesellschaften entwickelt, wird mittlerweile aber auch teilweise für Personengesellschaften angewendet. Insbes. BFH v. 19. 10. 1998, VIII R 69/95, BFHE 187, 434 = BStBl. II 2000, 230 = BFH/NV 1999, 849 = DStR 1999, 366; Hoffmann, GmbHR 1999, 452, 453; Heinicke, ebenda: Es ist überflüssig beim Einzelunternehmer zu differenzieren.

tematisierung der Fälle der Einlagen in Kapitalgesellschaften eine weitere Einteilung in offene und verdeckte Einlagen statt.[81]

aa) Offene Einlagen

Teilweise werden unter *offenen Einlagen* im Steuerrecht solche Einlagen verstanden, die hier als gesellschaftsrechtliche Einlagen bezeichnet wurden, also solche, die gesellschaftsrechtliche Ansprüche begründen,[82] insbesondere Einlagen in Kapitalgesellschaften gegen die Gewährung von Beteiligungsrechten.[83] Andere meinen dagegen, daß auch alle sonstigen Kapitalzuführungen durch den Gesellschafter als offene Einlagen zu bezeichnen sind, die eindeutig die gesellschaftsrechtliche Ursache der Mittelzuführung „auf der Stirn tragen", also ohne weiteres als vom Gesellschafter stammend identifiziert werden können.[84] Folgt man letzterem Begriffsverständnis, so geht der Begriff der offenen Einlage noch über den Begriff der gesellschaftsrechtlichen Einlage hinaus, da auch z.B. freiwillige Leistungen des Gesellschafters, die in die Kapitalrücklage gem. § 272 Abs. 2 Nr. 4 HGB eingestellt wurden, eindeutig als vom Gesellschafter stammend identifiziert werden können,[85] obwohl aus ihnen keine gesellschaftsrechtlichen Ansprüche resultieren. Daraus ergibt sich gleichzeitig, wenn es keine Überschneidungen von steuerlichen offenen und verdeckten Einlagen geben soll, daß verdeckte Einlagen nur solche sein können, die nicht in der Handelsbilanz ausgewiesen werden. Unbefriedigend erscheint an diesem Begriffsverständnis, daß die steuerliche Einordnung von der handelsrechtlichen Erfassung abhängig sein soll, obwohl sich der Maßgeblichkeitsgrundsatz nur auf die Vermögensermittlung, nicht jedoch auf die erfolgsneutrale Erfassung in der Han-

---

81 Frotscher in: Frotscher/Maas, KStG, § 8 Rn. 69 verwendet für beide als Oberbegriff die Bezeichnung der „gesellschaftsrechtlichen Einlagen", ansonsten nimmt er auch eine Unterteilung in offene und verdeckte Einlagen vor.

82 S. o. B. II. 1. d).

83 Mit Hinweis auf die Übereinstimmung mit speziellen gesellschaftsrechtlichen Vorschriften: Herzig/Förster, WPg 1986, 289, 295; Scheldbauer, DB 1990, 997, 999; Weber-Grellet in: Schmidt, EStG, § 5 Rn. 636 (gegen Gewährung von Gesellschafterrechten); Glanegger in: Schmidt, EStG, § 6 Rn. 440 Stichwort „Gesellschaftsrechtliche Einlagen" sowie „Verdeckte Einlage".

84 So ähnlich Frotscher in: Frotscher/Maas, KStG, § 8 Rn. 69; Thiel, DStR 1992, 1: Nur bei erfolgsneutraler Erfassung handelt es sich um eine offene Einlage.

85 So in der Tat Thiel, DStR 1992, 1, 2.

delsbilanz bezieht.[86] Damit sollen unter offenen Einlagen dieselben Einlagen verstanden werden, die im Rahmen dieser Arbeit als gesellschaftsrechtliche Einlagen dargestellt wurden.

bb) Verdeckte Einlagen

Die andere Kategorie der Einlagen bilden im Steuerrecht die „verdeckten Einlagen", wobei es sich um einen steuerlichen Begriff handelt.[87] Bis vor kurzem fanden sie nicht einmal eine Erwähnung im Gesetz. Mittelweile findet sich der Begriff in §§ 6 Abs. 6 S. 2,[88] 17 Abs. 1 S. 2,[89] § 23 Abs. 1 S. 5 Nr. 2 EStG, § 21 Abs. 2 S. 1 Nr. 4 UmwStG und § 8b Abs. 1 S. 3 KStG. Eine gesetzliche Definition der verdeckten Einlage fehlt. Jedoch enthält § 36a Abs. 1 KStR eine Definition: „Eine verdeckte Einlage liegt vor, wenn ein Gesellschafter oder eine ihm nahestehende Person der Kapitalgesellschaft einen einlagefähigen Vermögensvorteil zuwendet und diese Zuwendung durch das Gesellschaftsverhältnis veranlaßt ist. ... Der Vermögensvorteil kann in einer Vermehrung von Aktiven oder einer Verminderung von Schulden bestehen. ... Die Veranlassung durch das Gesellschaftsverhältnis ist gegeben, wenn ein Nichtgesellschafter bei Anwendung der Sorgfalt eines ordentlichen Kaufmanns den Vermögensvorteil der Gesellschaft nicht eingeräumt hätte."[90] [91] Ob diese Definition in jeder Hinsicht über-

---

86 Frotscher in: Frotscher/Maas, KStG, § 8 Rn. 83 b: Grundsatz der Maßgeblichkeit gilt nicht für Einlagen gem. § 5 Abs. 6 EStG, der nach § 8 Abs. 1 KStG auch für die Kapitalgesellschaft gilt. Noch anders Castedello, Freiwillige Einlagen, S. 29 f.: Maßgeblichkeitsgrundsatz nach § 5 Abs. 1 S. 1 EStG gilt nur für die Betriebsvermögensermittlung aber nicht für den handelsrechtlichen Gewinn, vielmehr ist die steuerliche Gewinnermittlung eigenständig.

87 Nicht zu verwechseln mit der gesellschaftsrechtlichen „verschleierten Sacheinlage". S.o. B. II. 1. d).

88 Eingefügt gem. Art. 1 Nr. 8 Steuerentlastungsgesetz 1999/2000/2002 v. 24. 3. 1999 (BGBl. I, 402).

89 Eingefügt durch Art. 1 Nr. 27 Steuerentlastungsgesetz 1999/2000/2002 (BGBl. I, 402).

90 In § 36a Abs. 1 S. 6 wird diesbezüglich auf zahlreiche BFH-Urteile verwiesen: BFH v. 28. 2. 1956, I 92/54 U, BFHE 62, 416 = BStBl. III 1956, 154; v. 19. 2. 1970, I R 24/67, BFHE 98, 254 = BStBl. II 1970, 442; v. 14. 8. 1974, I R 168/72, BFHE 114, 41 = BStBl. II 1975, 123; v. 26. 11. 1980, I R 52/77, BFHE 132, 72 = BStBl. II 1981, 181; v. 9. 3. 1983, I R 182/78, BFHE 139, 139 = BStBl. II 1983, 744; v. 11. 4. 1984, I R 175/79, BFHE 141, 38 = BStBl. II 1984, 535; v. 14. 11. 1884, I R 50/80, BFHE 142, 453 = BStBl. II 1985, 227; v. 24. 3. 1987, I R 202/83, BFHE 149, 542 = BStBl. II 1987, 705); v. 26. 10. 1987, GrS 2/86, BFHE 151, 523 = BStBl. II 1988, 348; eine Übersicht über die entschiedenen Fälle der vE findet sich bei Frotscher § 8 Rn. 83a.

91 Kritisch hierzu Thiel, DStR 1992, 1: Diese Definition sei so weit geraten, daß sie ohne weiteres auch offene Einlagen umfaßt, so daß das Wort „verdeckt" eigentlich gestrichen werden könnte.

zeugen kann, kann an dieser Stelle offenbleiben. Entsprechend zu der zur offenen Einlage vertreten Mindermeinung sollen verdeckte Einlagen nur solche sein können, die nicht bereits in der Handelsbilanz ausgewiesen sind, sondern sich nur in der Gewinn- und Verlustrechnung niederschlagen.[92] Dem liegt das dem normalen Sprachgebrauch entsprechende Verständnis von „verdeckt" im Sinne von „versteckt" oder „nicht unmittelbar sichtbar" zugrunde. Der Gesellschafter kann der Gesellschaft Vermögensgegenstände zu einem unangemessen niedrigen Entgelt übertragen oder von ihr Lieferungen oder Leistungen zu einem unangemessen hohen Entgelt abnehmen. In diesen Fällen „versteckt" sich der Zuwendungscharakter in der Tat hinter einem zivilrechtlichen Geschäft, das unter Umständen den Anschein der Angemessenheit trägt, obwohl es zu Lasten des Gesellschafters geht. Daß hierin aber keineswegs ein Merkmal der „verdeckten Einlage" liegt, wird z.B. in § 17 Abs. 1 S. 2 EStG deutlich. Dort werden im Privatvermögen gehaltene Anteile an einer Kapitalgesellschaft *als solche* in eine andere Kapitalgesellschaft ohne Gegenleistung eingelegt. Hier geht es um die Fallgruppe der verdeckten Einlage, in der ganze Vermögensgegenstände ohne Gegenleistung in eine Kapitalgesellschaft eingelegt werden. So kann der Gesellschafter der Gesellschaft aufgrund seiner Gesellschafterstellung z.B. Geld oder andere Sachen unentgeltlich übertragen. Hier kann eine gewisse „Verdecktheit" höchstens durch eine erfolgswirksame Erfassung in der Handelsbilanz erzielt werden. Weder die Definition in § 36a KStR, noch die gesetzliche Verwendung des Begriffs der verdeckten Einlage geben Anhaltspunkte dafür, Heimlichkeiten zu verlangen, vielmehr kann die Einlage auch offen zutage treten.[93] Auch wenn eine gewisse Verwirrung durch den Begriff „verdeckt" entsteht, kommt diesem Begriff nur Bedeutung als Unterscheidungsmerkmal von den offenen Einlagen, nicht jedoch in seinem eigentlichen Wortsinn zu. Damit handelt es sich bei der verdeckten Einlage um einen Vermögenswert, den der Gesellschafter seiner Kapitalgesellschaft aufgrund seiner Gesellschafterstellung außerhalb offener (= gesellschaftsrechtlicher) Einlagen zuwendet.

3. Handelsbilanzrecht

Nachdem eine Darstellung des gesellschaftsrechtlichen und des steuerlichen Einlagebegriffs vorgenommen wurde, soll auf die Bedeutung von Einlagen im Handelsrecht eingegangen werden.

---

[92] Thiel, DStR 1992, 1, 2.

[93] So auch BFH v. 19. 10. 1998, VIII R 69/95, BFHE 187, 434 = BStBl. II 2000, 230 = BFH/NV 1999, 849 = DStR 1999, 366, 367 f.; Groh, BB 1990, 379; Döllerer, BB 1986, 1857, 1858.

a) Begriff des Handelsrechts

Geht man allgemein vom Begriff des Handelsrechts aus, so umfaßt es das „Sonderprivatrecht der Kaufleute".[94] In dieser Arbeit soll es dagegen um das Handels*bilanzrecht* gehen, also die Rechnungslegungsvorschriften des Dritten Buches des HGB (§§ 238 – 342a HGB).[95] Dies ermöglicht eine klare Abgrenzung von dem als Gesellschaftsrecht bezeichneten Themenbereich. Die durch das Handelsbilanzrecht umfaßten Normen haben nicht zivilrechtlichen, sondern öffentlich-rechtlichen Charakter.[96]

b) Bedeutung von Einlagen vor Einführung des BiRiLiG

Im Handelsbilanzrecht fehlte und fehlt vollständig der Begriff der Einlage. Vor Einführung des Bilanzrichtlinien-Gesetzes (BiRiLiG) stellte sich die Rechtslage folgendermaßen dar. Die hier als gesellschaftsrechtliche Einlagen klassifizierten Vorgänge waren nach dem AktG 1965 bei Gründung und Kapitalerhöhung in das „Grundkapital" bei der AG bzw. in das „Stammkapital" bei der GmbH einzustellen.[97] Dagegen bestand für die übrigen gesellschaftsrechtlichen Einlagen nur bei der AG eine Regelung, nämlich die Verpflichtung zur Bildung der gesetzlichen Rücklage (§ 150 Abs. 2 Nr. 2-4 AktG a.F.)[98]. Sonstige Vermögenswertzuführungen des Gesellschafters waren damit zwingend – soweit eine Aktivierung erfolgte - zunächst als außerordentlicher Ertrag auszuweisen,[99] da es an einer Vorschrift zur erfolgsneutralen Erfassung fehlte. Diese Rechtslage erklärt auch, warum sich steuerlich der Begriff der *verdeckten* Einlage für diese Vorgänge herausbildete, es handelte sich nämlich um Vermögenserhöhungen, die sich in der Handelsbilanz im Gewinn niederschlugen und damit versteckt waren. Deswegen wird die steuerlich verdeckte Einlage auch als Produkt des Handelsbilanzrechts angesehen.[100] Zum alten Recht machte *Jan Wilhelm* als erster den Vorschlag, auch Zuschüsse zu den (handelsrechtlichen) Einlagen zu zählen. Würden die Vorzüge nach § 150 Abs. 2 Nr. 4 AktG a.F.

---

94 Schmidt, Handelsrecht, § 1 I. 1. (S. 3).

95 Walz in: Heymann, HGB, § 238 Rn. 1; Meilicke/Meilicke, DB 1977, 927, 928 f.

96 Beisse, BB 1980, 637, 643.

97 Vgl. §§ 151 Abs. 1 „Auf der Passivseite": I., 152 Abs. 3 S. 1 AktG 1965 i.d.F. vor Einführung des BiRiLiG; §§ 5, 42 Nr. 4 GmbHG i.d.F. vor Verabschiedung des BiRiLiG.

98 Entspricht im wesentlichen § 272 Abs. 2 Nr. 1-3 HGB. Eine entsprechende Regelung für die GmbH fehlte.

99 Dazu Küting/Kessler, BB 1989, 25, 27. Eine Ausnahme war die freie Rücklage gem. § 151 Abs. 1 „Auf der Passivseite": II. 3.

100 Groh, DB 1997, 1683, 1686; a.A. Weber-Grellet, DB 1998, 1532, 1535 f.: Steuerliches Institut.

den Einlagen zugerechnet, dann müßte für sonstige Zuschüsse dasselbe gelten, denn auch diese würden keineswegs unentgeltlich, sondern der causa societatis geleistet, nämlich um der Beteiligung zugute zu kommen.[101]

c) Einfluß der Einführung des § 272 Abs. 2 Nr. 4 HGB

Hier ist zu unterteilen nach der Behandlung der Gegenstände der oben als gesellschaftsrechtliche Einlagen bezeichneten Vorgänge und nach den Gegenständen der steuerlichen verdeckten Einlage.

aa) Offene Einlagen

Die Behandlung der gesellschaftsrechtlichen Einlagen stellt handelsbilanziell keine Schwierigkeit (mehr) dar, da hier eine zwingende Erfassung im gezeichneten Kapital oder in den Kapitalrücklagen nach § 272 Abs. 2 Nr. 1-3 HGB *für alle Kapitalgesellschaften* zu erfolgen hat.[102] Wie im Steuerrecht wird auch im Handelsbilanzrecht hierfür der Begriff der *offenen Einlage* verwendet. Allerdings ist im Handelsrecht die Verwendung dieses Begriffs wesentlich weniger einheitlich als im Steuerrecht. Teilweise wird angenommen, daß sich dieser Begriff nur auf die (geleisteten) Einlagen gegen Gewährungen von Beteiligungsrechten beziehen soll.[103] Nach anderer Ansicht soll der Begriff der handelsrechtlichen offenen Einlage dagegen auch auf alle durch Passivierung offen ausgewiesenen Vorgänge bezogen werden, also auch auf die Einstellungen in die Kapitalrücklage nach § 272 Abs. 2 Nr. 4 HGB.[104] Während die erste Ansicht – wie schon für den Begriff der gesellschaftsrechtlichen Einlage dargestellt – wohl

---

101 Wilhelm, FS f. Flume, S. 337, 367. Noch früher aber weniger deutlich Meilicke/Meilicke, DB 1977, 927, 929, wenn sie trotz der Erfassung als außerordentlichem Ertrag von der „verdeckten Einlage im Bilanzrecht" sprechen. Erste Tendenzen, daß es, über die gesellschaftsrechtlichen Vorschriften hinausgehend, aber außerhalb der Steuerrechts einen weiteren Einlagebegriff gibt, sind in BFH v. 12. 7. 1972, I R 205/70, BFHE 107, 186 = BStBl. II 1973, 59, 62 zu erkennen. Hier führte der BFH in einem Fall, in dem ein zu 91% beteiligter Gesellschafter einer AG einen Zuschuß leistete, aus: „Der Begriff der Einlage im Sinne des AktG ist nicht identisch mit dem des Ertragsteuerrechts. Im vorliegenden Zusammenhang mag dahingestellt bleiben, ob die Gewährung eines Zuschusses durch einen Aktionär an die AG aktienrechtlich als Einlage zu verstehen ist. Selbst wenn ein solcher Zuschuß – wie es in der Praxis geschieht – auch im Bereich des Aktienrechts als Einlage zu bezeichnen sein sollte, so handelte es sich doch nicht um eine den gesellschaftsrechtlichen Vorschriften entsprechende Einlage."

102 Die Sonderbehandlung der Nachschüsse im GmbHG wird hier ausgeklammert.

103 Ellrott/Gutike in: BeBiKom, § 255 Rn. 144.

104 So wohl Quantschnigg, DStJG 14, 47, 61; Büchele, DB 1999, 2333, 2337.

einfach übersieht, daß die gesellschaftsrechtlichen Einlagen über die Einlagen bei Gründung und Kapitalerhöhungen hinausgehen, liegt im Zentrum der zweiten Ansicht der Gedanke, daß nicht als *verdeckte* Einlage bezeichnet werden könne, was offen – insbesondere in der Kapitalrücklage - ausgewiesen werde. Vorausgesetzt, in § 272 Abs. 2 Nr. 4 HGB gäbe es entsprechend der h.M. ein Wahlrecht zur erfolgsneutralen oder erfolgswirksamen Erfassung, dann hinge die Grenzziehung zwischen offener und verdeckter Einlage im Handelsrecht von dem Willen des Gesellschafters ab. Abzulehnen ist diese Ansicht aus zwei Gesichtspunkten. Zum einen liegt der Nachteil in der Verminderung der Aussagekraft des Begriffs. Stellt man nur auf die objektiven Vorgänge zur Unterscheidung der Begriffe ab, wie dies im Steuerrecht geschieht, dann ist durch die Verwendung des Begriffs der „offenen Einlage" deutlich, daß es nach allgemeiner Ansicht um die zwingende Erfassung im Stammkapital oder der Kapitalrücklage (§ 272 Abs. 2 Nr. 1-3 HGB) geht, also um die gesellschaftsrechtlichen Einlagen. Zum anderen bestünde eine Verwechslungsgefahr mit den steuerlich offenen Einlagen, weil dort ein anderes Begriffsverständnis vorherrscht. Daher werden im folgenden die gesellschaftsrechtlichen Einlagen, entsprechend der steuerlichen Begrifflichkeit, im Handelsrecht als *offene Einlagen* bezeichnet.

bb) „Verdeckte Einlagen" im Handelsrecht und andere Begriffsvorschläge

Problematischer als die Behandlung der offenen Einlagen ist die Behandlung derjenigen Zuführungen des Gesellschafters, die im Steuerrecht als verdeckte Einlage bezeichnet werden. Ihr zentrales Merkmal besteht gerade darin, daß sie *nicht* auf einer Verpflichtung des Gesellschafters beruhen. Ausgelöst wurde die Diskussion im Handelsbilanzrecht durch die Einführung des § 272 Abs. 2 Nr. 4 HGB im Rahmen des BiRiLiG, der lautet:[105] „Als Kapitalrücklage ist auszuweisen der Betrag von anderen Zuzahlungen, die Gesellschafter in das Eigenkapital leisten." Danach wurde erstmals im Handelsbilanzrecht die Möglichkeit geschaffen, „causa societatis" geleistete Vermögenswertzuführungen (außerhalb gesellschaftsrechtlicher Einlagen) erfolgsneutral zu erfassen, soweit ein feststellbarer Vermögenswert[106] besteht. Die Diskussion knüpft an eine Äußerung

[105] Gesetz zur Durchführung der Vierten, Siebten und Achten Richtlinie des Rates der Europäischen Gemeinschaften zur Koordinierung des Gesellschaftsrechts v. 19. 12. 1985, BGBl. I 2355. Die Vorschrift befand sich noch nicht in § 248 Abs. 3 HGB-E (BT-Drucks. 10/317), der der Vorschrift des § 150 Abs. 2 Nr. 2 - 4 AktG a.F. entsprach. Sie wurde erst auf eine Anregung von Biener im Rahmen der öffentlichen Anhörung (dazu Helmrich, Bilanzrichtliniengesetz, S. 126) in den § 272 HGB aufgenommen.

[106] Dieses Kriterium ergibt sich zwingend aus dem Erfordernis, einen konkreten Wert anzusetzen.

des Rechtsausschusses an,[107] wonach die Leistung in das Eigenkapital gewollt sein muß, „so daß verdeckte Einlagen oder auch verlorene Zuschüsse nicht ohne weiteres erfaßt werden.“ Inwieweit dieser Stellungnahme für das Verständnis des § 272 Abs. 2 Nr. 4 HGB Bedeutung zukommt und wie die Norm insgesamt verstanden werden muß, soll erst an späterer Stelle untersucht werden. Die Äußerung des Rechtsausschusses macht aber deutlich, daß die im § 272 Abs. 2 Nr. 4 HGB zu erfassenden Zuführungen des Gesellschafters nicht ohne weiteres deckungsgleich mit den steuerlich verdeckten Einlagen sind.

Damit ergibt sich die Frage, wie die „causa societatis“ erfolgten Vermögenszuführungen zu bezeichnen sind. In Betracht kommt der Begriff der „verdeckten Einlage“ entsprechend der steuerlichen Begriffsverwendung, also unabhängig von einer möglichen erfolgsneutralen Erfassung in § 272 Abs. 2 Nr. 4 HGB.

Eigentlich ist dieser Begriff dem Handelsbilanzrecht fremd,[108] jedoch wird er auch häufig im Handelsrecht – allerdings mit unterschiedlichem Inhalt – verwendet. Teilweise sollen damit die tatsächlich mit dem Willen des Gesellschafters erfolgsneutral in die Kapitalrücklage gem. § 272 Abs. 2 Nr. 4 HGB eingestellten Beträge gemeint sein.[109] Gegen diese Ansicht kann nicht, entsprechend der Argumentation bei den offenen Einlagen, eingewendet werden, „verdeckt“ könne nur sein, was nicht unmittelbar aus der Bilanz ablesbar ist.[110] Allerdings ist diese Ansicht abzulehnen, weil für die verbleibenden „causa societatis“ geleisteten Vermögensmehrungen kein Begriff zur Verfügung stände, weil leicht Verwechslungen mit dem steuerlichen Begriff stattfinden könnten und schließlich, weil hierdurch die Untersuchung im Rahmen des § 272 Abs. 2 Nr. 4 HGB präjudiziert würde.

Es gibt aber auch Ansätze, die von einem eigenständigen handelsrechtlichen Einlagebegriff ausgehen und dabei versuchen, die offenen (gesellschaftsrechtlichen)[111] von den sonstigen Einlagen abzugrenzen. Diesbezüglich sind insbesondere *Castedello* und *Küting/Kessler* zu nennen.

---

107 BT-Drucks. 10/4268 (§ 272 HGB); auch Helmrich, Bilanzrichtlinien-Gesetz, § 272 HGB, S. 124.

108 Ellrott/Gutike, aaO., Rn. 162.

109 Döllerer, DStR 1989, 331, 335; Herlinghaus, Forderungsverzichte ..., S. 14; Scheldbauer, DB 1990, 997, 999.

110 Zu den oben genannten auch Castedello, Freiwillige Einlagen, S. 58. Diese Argumentation ist aus den oben genannten Gründen abzulehnen.

111 Dabei muß hierfür nicht notwendig dieser Begriff verwendet werden. So sprechen Küting/Kessler, BB 1989, 25, 26 f. von „Kapitalzuführungen im engeren Sinne“.

Besonders *Castedello* bemüht sich um einen eigenständigen, von den bisher genannten Begriffen losgelösten, handelsrechtlichen Einlagebegriff, um eine klare Abgrenzung zu den steuerlich verdeckten Einlagen zu erreichen. Dafür führt er den Begriff der „freiwilligen Einlage" ein. Zum Zwecke der Objektivierung hält er, anders als bei den offenen Einlagen, als zusätzliches Kriterium „die Möglichkeit der Wertsteigerung der Beteiligung" für erforderlich,[112] [113] um eine Abgrenzung zu den steuerlich verdeckten Einlagen zu ermöglichen. Keine Rolle spielt für die „freiwilligen Einlagen", ob sie offen in der Handelsbilanz ausgewiesen werden oder verdeckt geleistet werden.[114] Das „eigentliche Problem" sei festzustellen, ob überhaupt ein wirtschaftlicher Wert zugeführt worden sei. Fraglich ist, ob hierin ein Informationsgewinn liegt. *Castedello* unterstellt die Möglichkeit der Wertsteigerung immer bei normaler wirtschaftlicher Lage,[115] so daß hier steuerlich verdeckte Einlage und freiwillige Einlage „immer parallel vorliegen".[116] Wenn es der Gesellschaft wirtschaftlich schlecht geht, so kann dieses Kriterium zu einem Auseinanderfallen von steuerlicher und handelsrechtlicher Betrachtung führen,[117] tut dies unter Berücksichtigung der neuen Rechtsprechung aber nur in Ausnahmefällen.[118] An dieser Ansicht ist zu kritisieren, daß unter der Voraussetzung bestimmter Wertansätze ein Gleichlauf zwischen steuerlich verdeckter und handelsrechtlich „freiwilliger" Einlage erzielt wird, der diese Begriffsunterscheidung letztlich überflüssig macht. Meines Erachtens ist zwar gegen diese Zielsetzung nichts einzuwenden, ein völlig neuer Begriff schafft allerdings unnötig neue Unsicherheiten. Zudem kommt bei diesem Begriff nicht hinreichend zum Ausdruck, daß es um die erfolgsneutrale Erfassung i.R.d § 272 Abs. 2 Nr. 4 HGB geht.

---

112 Castedello, Freiwillige Einlagen, S. 49-73.

113 Weitere Voraussetzung ist allerdings nach Castedello die Bejahung der abstrakten Aktivierungsfähigkeit eines Vermögensgegenstandes, die er restriktiv beurteilt. So klammert er die Frage der Vermögensgegenstandseigenschaft obligatorischer Nutzungsrechte grundsätzlich aus seiner Arbeit aus, verneint sie allerdings mit oberflächlicher Begründung. Castedello, aaO., S. 310 f. und S. 75 f.

114 Castedello, aaO., S. 58.

115 Castedello, aaO., S. 312 f., während im Falle einer wirtschaftlichen Notlage nur teilweise eine Wertsteigerung bejaht wird.

116 Castedello, aaO., S. 315.

117 Dazu siehe Castedello, ebenda.

118 Für diese hält Castedello, aaO., S. 318 auch einen Gleichlauf der freiwilligen und der verdeckten Einlage für möglich, daß sich insgesamt ein Gleichlauf zwischen Handels- und Steuerrecht ergäbe (S. 320). Zuzustimmen ist Castedello (S. 311) insoweit, als er Verlustübernahmen aufgrund eines Unternehmensvertrages aus dem Bereich der freiwilligen Einlage vollständig ausschließt. Diese sind gem. § 277 Abs. 3 S. 2 HGB erfolgswirksam zu erfassen. Diese zwingende Regelung geht einer Beurteilung nach § 272 Abs. 2 Nr. 4 HGB vor. Beim Fehlen der Organschaftsvoraussetzungen wird hier im Steuerrecht allerdings eine verdeckte Einlage angenommen. Zur umstrittenen steuerlichen Beurteilung s. S. 292 f.

Ähnlich ist der Ansatz von *Küting/Kessler*[119], die alle aufgrund der Gesellschafterstellung erfolgten, bewertbaren Vermögenszuführungen als „Kapitalzuführungen im weiteren Sinne" bezeichnen, die außerhalb offener (= gesellschaftsrechtlicher) Einlagen geleistet werden. Gegen diese Begriffsverwendung bestehen keine grundsätzlichen Einwände, allerdings folgen Küting/Kessler ihrer eigenen Begriffsbestimmung insoweit nicht konsequent, als sie im Zusammenhang mit der Einstellung in die Kapitalrücklage nach § 272 Abs. 2 Nr. 4 HGB nicht ausschließlich - wie im übrigen Teil ihrer Ausführungen - auf das Bestehen eines feststellbaren Wertes abstellen, sondern hier strengere Anforderungen anlegen. Möglichen Risiken soll nicht nur eine bewertungsmindernde, sondern sogar eine die Rechte vollständig ausschließende Wirkung zukommen.[120] Diese restriktive Behandlung ist inkonsequent. Dem Begriff der Kapitalzuführung i.w.S. haftet damit trotz des richtigen Begriffsumfangs ein falsches Begriffsverständnis an, so daß er ebenfalls abzulehnen ist.

Damit ist der Begriff der verdeckten Einlage auch für das Handelsbilanzrecht zu verwenden, weil die alternativen Vorschläge nicht überzeugen können und ein Bedürfnis auch im Handelsbilanzrecht besteht, alle im Steuerrecht unter diesem Begriff erfaßten Vorgänge zu erfassen. Nach diesem Verständnis hat die handelsrechtlich verdeckte Einlage also nichts mit dem Willen des Gesellschafters zur erfolgsneutralen Erfassung zu tun, sondern bezeichnet alle „causa societatis" veranlaßten Vermögenszuführungen außerhalb offener (= gesellschaftsrechtlicher) Einlagen. Ob nämlich handelsrechtlich eine Einlage vorliegt oder nicht, kann nach diesem Verständnis nicht davon abhängig gemacht werden, ob sich der Gesellschafter zur erfolgsneutralen Erfassung entschließt oder nicht. Nach außen hin, stellt sich der Vorgang unabhängig vom Willen als ein in beiden Fällen identischer Lebensvorgang dar: Der Gesellschafter führt der Gesellschaft Vermögenswerte zu, was ein Nichtgesellschafter nicht getan hätte. Versteht man die handelsrechtlich verdeckte Einlage wie hier, so besteht allerdings das Bedürfnis nach einem weiteren Begriff, um das Verhältnis zu § 272 Abs. 2 Nr. 4 HGB klarzustellen. Die dort erfaßten Kapitalrücklagen sollen in dieser Arbeit als *Gesellschafterzuführungen* bezeichnet werden. Dieser Begriff lehnt sich an den Wortlaut des § 272 Abs. 2 Nr. 4 HGB an.[121] Unter dem im § 272 Abs. 2 Nr. 4 HGB verwendeten Begriff der „Zuzahlung" wird zwar nicht nur Geld verstanden, jedoch legt er diese Assoziation nahe. Das Wort „Zuführung" scheint besser geeignet, auch sonstige zu berücksichtigende Wertzuführungen zu erfassen

---

119 Bereits oben Küting/Kessler, BB 1989, 25, 27, 29 Übersicht 2 und 3. Abzugrenzen sind sie nach Küting/Kessler von den sog. Erfolgsbeiträgen, die sich dadurch auszeichnen, daß sie keinen feststellbaren Vermögenswert haben. Aus diesem praktischen Grund können sie nicht in die Kapitalrücklage eingestellt werden.

120 Besonders im Zusammenhang mit der Einlage obligatorischer Nutzungsrechte, S. 36.

121 § 272 Abs. 2 Nr. 4 HGB: „...der Betrag von anderen Zuzahlungen, die Gesellschafter...".

wie z.B. die Veräußerung einer Sache unter Marktwert (Unterpreislieferung). Der Begriff „Gesellschafterzuführung" scheint mir deswegen am besten geeignet, klar und ohne umfassende Erklärung die gemeinte Bedeutung auszudrücken. Je nachdem, ob diese Gesellschafterzuführungen alle verdeckten Einlagen erfassen oder ob aufgrund des Willens des Gesellschafters nur einige verdeckte Einlagen als Gesellschafterzuführungen in die Handelsbilanz einzustellen sind, handelt es sich bei der Gesellschafterzuführung entweder um ein Synonym für die verdeckte Einlage oder nur um eine Teilmenge. Der eigenständige Begriff ermöglicht, in die Diskussion um die Anwendungsfälle des § 272 Abs. 2 Nr. 4 HGB ohne vorgefaßte Meinung einzutreten. Das Verständnis der Anwendungsfälle des § 272 Abs. 2 Nr. 4 HGB als Teilmenge des Oberbegriffs der verdeckten Einlage befindet sich auch in Übereinstimmung mit der oben angegebenen Äußerung des Rechtsausschusses, wonach die verdeckten Einlagen nicht „ohne weiteres" in § 272 Abs. 2 Nr. 4 HGB zu erfassen sind. Ergibt sich eine Identität, so bringt auch die handelsrechtliche Behandlung der Einlagen insgesamt mehr Klarheit in die Trennung von Gewinn und Kapital.[122]

d) Fazit

Auch im Handelsbilanzrecht besteht ein Bedürfnis, eindeutige Bezeichnungen für die durch das Gesellschaftsverhältnis veranlaßten Vermögenszuführungen zu finden. Damit muß der Begriff der handelsrechtlichen Einlage – unabhängig von der tatsächlichen bilanziellen Erfassung – genauso weit gehen wie der Begriff der steuerlichen Einlage. Auch die erfolgsneutrale Erfassung ist also kein notwendiges Merkmal der handelsrechtlichen Einlage. Ob bei diesem handelsrechtlichen Einlagebegriff auch zwingend, z.B. im Interesse einer Ermittlung des „richtigen" handelsbilanziellen Gewinns und besserer Information der Bilanzadressaten, eine erfolgsneutrale Erfassung geboten ist, wird erst an späterer Stelle dargestellt. Die am Anfang gewählte Begriffsverwendung darf ein solches Ergebnis jedenfalls nicht von vornherein verstellen. Um Begriffsverwechslungen zu vermeiden, ist im Handelsrecht ebenso wie im Steuerrecht zwischen offenen und verdeckten Einlagen zu unterscheiden. Ebenso wie im Steuerrecht geben diese Begriffe keine Auskunft über „Sichtbarkeit" oder „Erkennbarkeit" eines Vorgangs, sondern bezeichnen einerseits die gesellschaftsrechtlichen Einlagen und andererseits die übrigen „causa societatis" veranlaßten Vorgänge. Da mit dem Begriff der verdeckten Einlage die Frage nach der erfolgsneutralen Erfassung in der Kapitalrücklage offen gelassen ist, wird der Begriff der Gesellschafterzuführung für die in die Kapitalrücklage nach § 272 Abs. 2 Nr. 4 HGB einzu-

---

[122] Dieses Ziel wird mit unterschiedlicher Konsequenz auch bei folgenden Autoren verfolgt: Döllerer, BB 1986, 1858; Groh, BB 1990, 381; Marx, FR 1995, 455.

stellenden Vermögenswertzuführungen verwendet. Hierdurch wird ermöglicht, die Untersuchung, ob alle verdeckten Einlagen auch zwingend in die Kapitalrücklage einzustellen sind, offen zu gestalten.

4. Zusammenfassung

Einheitlich werden im Gesellschafts-, Handelsbilanz- und Steuerrecht unter gesellschaftsrechtlichen oder offenen Einlagen alle vom Gesellschafter an die Gesellschaft geleisteten feststellbaren Vermögenswerte verstanden, für welche er gesellschaftsrechtliche Ansprüche erlangt. Der Begriff der verdeckten Einlage umfaßt einheitlich für Handels- und Steuerrecht die „causa societatis" veranlaßten Zuführungen feststellbarer Vermögenswerte, die nicht offene Einlagen sind. Für das Handelsrecht wird zudem der Begriff der Gesellschafterzuführungen erforderlich, der die erfolgsneutral in § 272 Abs. 2 Nr. 4 HGB zu erfassenden verdeckten Einlagen im Handelsbilanzrecht umfaßt.

C. Obligatorische Nutzungsrechte als (Sach-)Einlagen im Gesellschaftsrecht – Testfall für das handelsrechtliche Aktivierungsverständnis

I. Bedeutung der Fragestellung im Gesamtzusammenhang

In diesem Teil soll die gesellschaftsrechtliche Einlagefähigkeit untersucht werden. Diese Betrachtung soll u.a. Aufschluß über die Stringenz der vorwiegend vorgenommenen handelsrechtlichen Aktivierungskonzeption bringen. Ganz vordergründig betrachtet hat die gesellschaftsrechtliche Frage der Einlagefähigkeit nicht besonders viel mit der allgemeineren und zudem bilanzrechtlichen Frage nach der allgemeinen Aktivierungsfähigkeit zu tun. Es fällt aber auf, daß gerade im Bereich der obligatorischen Nutzungsrechte im jeweiligen Rechtsgebiet Streit besteht, wobei das Ergebnis der herrschenden Meinungen unterschiedlich ausfällt: Während die h.M. im Gesellschaftsrecht die Einlagefähigkeit obligatorischer Nutzungsrechte unter unterschiedlichen Voraussetzungen bejaht, wird die Aktivierungsfähigkeit dieser Rechte in der Handelsbilanz grundsätzlich abgelehnt.[123] Eine Verbindung der beiden Fragestellungen[124] ergibt sich aber genau für den Bereich der gesellschaftsrechtlichen Einlage von obligatorischen Nutzungsrechten. Trotz der grundsätzlichen Verneinung der Aktivierungsfähigkeit bejaht die herrschende Bilanzrechtsmeinung im Bereich der gesellschaftsrechtlichen Einlagen die Aktivierung obligatorischer Nutzungsrechte und läßt damit (letztlich) eine Ausnahme von den allgemeinen Bilanzierungsgrundsätzen zu. Der Ausnahmeregelung haftet der Verdacht an, daß das Gesamtkonzept doch nicht ganz stimmig ist, weil eben ein scheinbarer Widerspruch zu den Grundannahmen zugelassen werden muß. Dieser mögliche Widerspruch entsteht aber nur dann, wenn der Einlagefähigkeit obligatorischer Nutzungsrechte im Gesellschaftsrecht überhaupt zu folgen ist. Ansonsten bestünde ein Gleichlauf beider Rechtsgebiete, so daß eine gegenseitige Beeinflussung beider Gebiete nicht weiter zu untersuchen wäre. Nur wenn die Einlagefähigkeit zu bejahen ist, muß weiter gefragt werden, ob eine Ausnahmeregelung für diesen Fall im Handelsbilanzrecht sich in das herrschende Bilanzrechtsverständnis einfügen läßt. Bestehen unlösbare Konflikte zwischen der *Verneinung* der (abstrakten) Aktivierungsfähigkeit von obligatorischen Nutzungsrechten auf der einen und der *Aktivierung* dieser Rechte – falls es sich um gesellschaftsrechtliche Einlagen handelt

---

123 S. Knobbe-Keuk, ZGR 1980, 214, 217 f.; Ekkenga, ZHR 161 (1997), 599, 618 f. bezeichnet dieses Meinungsbild als „geradezu paradox"; Hommel, aaO., sieht ebenfalls in der Behandlung der gesellschaftsrechtlichen Einlagefähigkeit und dem allgemeinen Bilanzrecht konkurrierende Regelungen. Zu den einzelnen Ansichten s.u. D. I. 1. c) aa).

124 Döllerer, BB 1986, 1857, 1861 geht davon aus, daß alles was Gegenstand einer gesellschaftsrechtlichen Einlage sein kann, auch Gegenstand einer verdeckten Einlage in der Handelsbilanz sein kann. Dies hat eine Aktivierung als Vermögensgegenstand und eine gleichzeitige erfolgsneutrale Erfassung in § 272 Abs. 2 Nr. 4 zur Folge.

– auf der anderen Seite, muß erwogen werden, das gesamte Bilanzverständnis zu überdenken. Erst an dieser Stelle kann eine Verbindung zu dem übergeordneten Thema der Gesellschafterzuwendungen insgesamt und damit auch der verdeckten Einlage hergestellt werden.

II. Die Einlagefähigkeit nach Gesellschaftsrecht

Bevor genauer auf die gesetzlichen Vorschriften bzgl. der Einlagefähigkeit und auf die einzelnen Voraussetzungen der Sacheinlagefähigkeit eingegangen wird, soll präzisiert werden, wann die Sacheinlagefähigkeit überhaupt problematisch ist. Nach einhelliger Meinung können dingliche Nutzungsrechte, wie z.B. Grundpfandrechte, Erbbaurechte, Dienstbarkeiten[125] oder Nießbrauch, zum Zwecke der Einlage durch den Gesellschafter bestellt werden.[126] Darüber hinaus werden auch seit jeher Immaterialgüter – entgegen der bilanziellen Behandlung immaterieller Vermögensgegenstände im Rahmen des § 248 Abs. 2 HGB – als einlagefähig angesehen, wie z.B. Urheberrechte, Geschmacks- und Gebrauchsmusterrechte, Patente, nicht patentierte Erfindungen, Fabrikationsgeheimnisse und Know-how[127].[128] Dagegen reicht die bloß faktische Nutzungsmöglichkeit der Gesellschaft, also ohne vertragliche Bindung, für eine Sacheinlage nicht aus.[129] „ Da man „sich nicht gleich eine Kuh zu kaufen braucht, wenn man ein Glas Milch trinken will“, begnügen sich viele Gesellschaften damit, für das Unternehmen benötigte Grundstücke, bewegliche Anlagegüter oder gewerbliche Schutzrechte von einem Gesellschafter auf der Grundlage eines schuldrechtlichen Vertrages zeitlich beschränkt zu nutzen.“[130] Des weiteren kann es sich auch um die Überlassung von Kapital zur zinsfreien Nutzung handeln. Bei diesen Nutzungsüberlassungen im Rahmen spricht man – wie bereits oben dargestellt – von obligatorischen Nutzungsrechten.[131] Im Rahmen der obligatorischen Nut-

---

125 BGH v. 2. 5. 1966, II ZR 219/63, BGHZ 45, 338, 345.

126 Bork, ZHR 154 (1990), 205, 207; Boehme, Kapitalaufbringung durch Sacheinlagen, S. 2; Röhricht in: Großkommentar zum AktG, § 27 Rn. 39 m. umfassenden Nachw. Fn. 36; Lutter/Hommelhoff, § 5 Rn. 18; Hachenburg/Ulmer, § 5 Rn. 40.

127 Schon Barz in: FS für W. Schmidt (1959), S. 157 ff.; ebenso Lutter, Kapital, S. 232 unter der Voraussetzung des Drittzugriffs.

128 Hueck/Fastrich in: Baumbach/Hueck, § 5 Rn. 26; Lutter/Hommelhoff, § 5 Rn. 18.

129 Bork, ZHR 154 (1990), 205, 207; Boehme, Kapitalaufbringung durch Sacheinlagen; Röhricht in: Großkommentar zum AktG, § 27 Rn. 54. Ebenso BFH v. 16. 11. 1977, I R 83/75, BFHE 124, 501 = BStBl. 1978 II, 386, 387 bzgl. eines Kiesausbeuterechts. Der Grund liegt darin, daß der Wert der Einlage bei jederzeitiger Entzugsmöglichkeit nicht feststellbar ist.

130 Meilicke, BB 1991, 579.

131 Herleitung der Bestandteile der Terminologie bei Röhricht in: Großkommentar zum AktG, § 27 Rn. 51; nach Haas, FS für Döllerer, S. 169, 170.

zungsrechte muß allerdings differenziert werden.[132] Überläßt z.B. ein Dritter einem Gesellschafter aufgrund eines schuldrechtlichen Vertrages ein Kiesausbeuterecht, das der Gesellschafter in die Kapitalgesellschaft (gegen Gewährung von Gesellschaftsrechten) einlegt, so wird die Einlagefähigkeit nach ganz h.M. bejaht.[133] Allgemein formuliert stellt die Einlage eines Anspruchs des Einlegers *gegenüber einem Dritten* auf miet- oder pachtweise Überlassung nach ganz h.M. kein Problem dar.[134] Dagegen ist die Einlagefähigkeit von einem *gegen den Einleger* selbst gerichteten obligatorischen Nutzungsrecht sehr umstritten. Nur das letztgenannte Recht soll Gegenstand der folgenden Untersuchung sein, weil es sich hier um den problematischen Grenzfall handelt. Dabei werden die allgemeinen Voraussetzungen der Sacheinlagefähigkeit herausgearbeitet und das obligatorische Nutzungsrecht anhand dieser Kriterien überprüft.

1. Die gesetzlichen Vorschriften bzgl. der Sacheinlagefähigkeit

Sowohl die Gründung als auch die Kapitalerhöhung können durch Bareinlagen oder auch durch Sacheinlagen erfolgen. Regelungen bzgl. der hier interessierenden Sacheinlagefähigkeit enthalten nur § 27 Abs. 2 AktG und § 7 Abs. 3 GmbHG sowie § 36a Abs. 2 AktG. Während die letztgenannten Vorschriften Aussagen darüber enthalten, wann und wie die Sacheinlage zu bewirken ist, beschäftigt sich allein § 27 Abs. 2 AktG konkreter mit dem Gegenstand der Sacheinlagen. Die genannten Vorschriften sind kurz darzustellen und auf ihre Bedeutung für die Sacheinlagefähigkeit obligatorischer Nutzungsrechte zu untersuchen.

---

[132] BFH v. 16.11. 1977, I R 83/75, BFHE 124/501 = BStBl. II 1978, 386 bzgl. eines Kiesausbeuterechts. KK-Kraft, § 27 Rn. 26; Röhricht in Großkommentar § 27 Rn. 56, Fn. 55; auch einige Autoren, die der Einlagefähigkeit obligatorischer Nutzungsrechte gegenüber dem Einleger verneinen, bejahen hier die Einlagefähigkeit: Knobbe-Keuk, ZGR 1980, 214, 219, 223: „... hat niemand Bedenken, die Einlagefähigkeit dieses obligatorischen Nutzungsrechts ... anzunehmen ...“; K. Schmidt GesR § 20 II 3 cc) S. 575 allerdings nur, „wenn das Gebrauchsüberlassungsrecht seitens des Verpflichteten nicht vorzeitig gekündigt werden kann und der Gesellschaft im Liquidations- bzw. Insolvenzfall ein Verwertungsrecht gibt“; ders., ZHR 154 (1990), 253; gänzlich ablehnend Eckardt in: Geßler/Hefermehl, § 27 Rn. 17.

[133] Der Fall ist BFH v. 16. 11. 1977, I R 83/75, BFHE 124/501 = BStBl. II 1978, 386 nachgebildet, der sich auf die Einlage eines Kiesausbeuterechts in eine oHG bezog. Vom Sachverhalt war hier unklar, ob ein Recht oder nur eine jederzeit entziehbare Nutzungsmöglichkeit eingeräumt war. Nur bei Einräumung eines Nutzungsrechtes sollte ein abschreibares Wirtschaftsgut vorliegen, mit den entsprechenden ertragsmindernden Folgen.

[134] Dafür muß er vor allem in der Lage sein, dieses Recht der Gesellschaft zu übertragen. Röhricht in: Großkommentar zum AktG, § 27 Rn. 56 mit dem Hinweis, daß dies nicht immer der Fall sein muß.

a) § 27 Abs. 2 AktG

Der § 27 Abs. 2 AktG lautet: „Sacheinlagen oder Sachübernahmen können nur Vermögensgegenstände sein, deren wirtschaftlicher Wert feststellbar ist; Verpflichtungen zu Dienstleistungen können nicht Sacheinlagen oder Sachübernahmen sein."
Stellt man alleine auf den Wortlaut ab, könnte man aus der expliziten Nennung der Nichteinlagefähigkeit von Dienstleistungen schließen, daß im Umkehrschluß alle anderen möglichen Gegenstände zur Sacheinlage fähig sind.[135]

Der § 27 Abs. 2 AktG wurde durch das Kapitalrichtlinie-Gesetz vom 13.12.1978[136] eingefügt und entspricht Art. 7 der 2. Richtlinie des Rates der Europäischen Gemeinschaft zur Koordinierung des Gesellschaftsrechts.[137] Ausweislich der Gesetzesbegründung hat der Gesetzgeber darauf verzichtet, durch die Neufassung bestehende Streitfragen klären zu wollen.[138] In scheinbarem Widerspruch zu dieser Absicht steht seine Äußerung, daß sich „nach herrschender Meinung ... im deutschen Recht die Zulässigkeit von Sacheinlagen nach der Feststellbarkeit des wirtschaftlichen Wertes" bestimmt.[139] Daß es sich hierbei nicht um die abschließende Bestimmung der Voraussetzung der Sacheinlage handelt, wird aus mehreren Umständen deutlich. Zum einen wollte der Gesetzgeber, wie direkt im nächsten Absatz der Regierungsbegründung dargestellt wird, nur „Anhaltspunkte für eine positive Bestimmung der Sacheinlage" geben.[140] Es war also keinesfalls klar, daß alles, was nicht Dienstleistung ist und einen feststellbaren Wert hat, ohne weiteres Sacheinlage sein könnte. Zum anderen handelte es sich zur Zeit der Umsetzung der Kapitalrichtlinie in deutsches

---

[135] So in der Tat Groh, BB 1982, 133 der sich auf die Begründung des Regierungsentwurfs zu § 27 Abs. 2 AktG n.F stützt. Dag. K. Schmidt, ZHR 154 (1990), 237, 244; Boehme, Kapitalaufbringung durch Sacheinlagen, S. 10.

[136] BGBl. I S. 1959.

[137] Zweite Richtlinie des Rates des vom 13.12.1976 (77/91/EWG) ABl EG vom 31.01.1977 Nr. L 26 S. 1 (abgedruckt bei Lutter, Europäisches Gesellschaftsrecht, 1979, S. 55 ff.). Regelungsgegenstand war nur das AktG.

[138] BT-Drucks. 8/1678, III. (S. 10); K. Schmidt, ZHR 154 (1990), 237, 244 lehnt das Stützen von Argumenten auf die Regierungsbegründung grundsätzlich ab, weil der Beweis fehlt, daß die Bemerkungen des Gesetzgebers „Gegenstand der verbindlichen Regelung geworden" sind und ebenfalls nicht gezeigt ist, daß es sich hierbei um einen Fehlgriff handelt. Schmidts Argumentation ist allerdings entgegenzuhalten, daß der Beweis fehlt, daß die Begründungen nicht Bestandteil der endgültigen Regelung geworden sind, und daß zunächst zu untersuchen wäre, ob eine Auslegung der Regierungsbegründung nicht zu demselben Ziel führen kann.

[139] BT-Drucks. 8/1678, zu Nummer 4 Buchstabe b (S. 12).

[140] BT-Drucks., aaO.; ebenso im Ergebnis Knobbe-Keuk, ZGR 1980, 214, 215 sowie Fn. 5, die darauf hinweist, daß verbindlich („positiv") nur die Frage entschieden ist, daß Dienstleistung nicht Gegenstand von Sacheinlagen sein können.

Recht am 13.12.1978 bei der Einlagefähigkeit von obligatorischen Nutzungsrechten um eine umstrittene Frage,[141] so daß sich der Gesetzgeber mit einer endgültigen Klärung der Streitfrage zu seinem erklärten Ziel, keine Streitfragen zu klären, klar in Widerspruch gesetzt hätte.

Jedoch wirft die Regierungsbegründung ein weiteres Problem auf, denn in der Begründung zu dem ebenfalls neuen § 36a Abs. 2 AktG wird „ein Anspruch auf pacht- oder mietweise Überlassung eines Grundstücks" als Beispiel für eine Sacheinlage genannt. Auch diese Formulierung könnte dahingehend mißverstanden werden, daß jegliche obligatorische Nutzungsüberlassung als Einlage geeignet sei. Dabei würde aber außer acht gelassen, daß der Gesetzgeber keine streitigen Fragen durch die Änderung klären wollte. Zudem handelt es sich bei der Einlage eines obligatorischen Nutzungsrechts gerade nicht um einen miet- bzw. pachtrechtlichen Anspruch, sondern nur um die Pflicht aus der Einlageleistung.[142] Damit ging es in der Regierungsbegründung bei dem Hinweis auf die miet- und pachtrechtlichen Ansprüche ausschließlich um die Einlage bereits begründeter Ansprüche gegen Dritte.[143]

Nach alledem ist davon auszugehen, daß sich die Rechtslage durch die Neuformulierung „weder verändert noch Klarheit gebracht" hat.[144] Die in § 27 Abs. 2 AktG niedergelegten Voraussetzungen der Sacheinlagefähigkeit entsprachen bereits der h.M. im Kapitalgesellschaftsrecht vor der Neueinführung und sind als

---

141 So im 1. Jahr vor Inkrafttreten des Gesetzes BFH v. 16. 11. 1977, I R 83/75, BFHE 124, 501 = BStBl. II 1978, 386 f.: „Die Frage, ob obligatorische Nutzungsrechte handelsrechtlich Gegenstand einer Sacheinlage sein können, ist nicht unumstritten." Zum aktuellen Streitstand siehe unten 2. b) bb) und dd).

142 Überwiegend wird die Einlage wohl als kooperationsrechtlicher Vertrag eingeordnet. In keinen Fall liegt bei einer gesellschaftsrechtlichen Einlage ein obligatorischer Vertrages aus Pacht oder Miete vor. Dazu Röhricht in: Großkommentar zum AktG, § 27 Rn. 56; ebenso Boehme, Kapitalaufbringung durch Sacheinlagen, S. 6.

143 Davon geht wohl auch Röhricht in: Großkommentar zum AktG, § 27 Rn. 56 Rn. 55 a.E. Da die explizite Zulassung von Sacheinlagen wirklich etwas Neues gebracht hätte, wäre wohl auch eine Erwähnung im Zusammenhang mit den Gegenständen der Sacheinlagen (BT-Drucks. 8/1678, Zu Nummer 4 Buchstabe b - S. 12) und nicht im Zusammenhang mit der Vollzugsregelung des § 36a Abs. 2 AktG (BT-Drucks. 8/1678, Zu Nummer 6 und 7 - S. 13) erfolgt. Im Zusammenhang mit der Sacheinlagefähigkeit wurden aber nur die - ohnehin anerkannte - Einlagefähigkeit von Know-how und good will positiv festgestellt (BT-Drucks. Zu Nummer 4, Buchstabe b, S. 12).

144 So Boehme, Kapitalaufbringung durch Sacheinlagen, S. 11; ebenso Knobbe-Keuk, ZGR 1980, 214, 215.

Mindestanforderungen an die Einlagefähigkeit auch nicht umstritten,[145] so daß die Regelung ebenfalls für die GmbH anwendbar ist.[146] [147]

b) Das Merkmal der „freien Verfügung"

Als weitere Voraussetzung der Einlagefähigkeit ist das Merkmal der freien Verfügung kurz darzustellen. Hierbei ist zwischen der Rechtslage bei der GmbH und derjenigen bei der AG zu differenzieren.

Eine eindeutige Regelung enthält § 7 Abs. 3 GmbHG, der fordert, daß Sacheinlagen vor der Anmeldung der Gesellschaft zur Eintragung endgültig zur freien Verfügung der Geschäftsführer geleistet werden müssen. Bei dieser Regelung handelt es sich nicht um eine bloße Vollzugsregelung, sondern um eine selbständige Einlagevoraussetzung.[148]

Fraglich ist allerdings, ob die freie Verfügung auch bei der Aktiengesellschaft Einlagevoraussetzung ist. Das Erfordernis „endgültig zur freien Verfügung" besteht nach dem Gesetzeswortlaut gem. § 36 Abs. 2 S. 1 AktG nur für Bareinlagen. *Boehme* schlägt vor, die Vorschrift auch auf Sacheinlagen zu erstrecken, da

---

145 Der trotzdem diesbezüglich bestehende Streit bezieht sich auf die Interpretation der Voraussetzungen, läßt aber die Voraussetzungen als allgemeine Anforderungen unberührt. Dazu unter 2. b) cc) und dd).

146 Knobbe-Keuk, ZGR 1980, 214 f. m.w.Nachw. Fn. 4; ebenso Boehme, Kapitalaufbringung durch Sacheinlagen, S. 10; im Ergebnis auch Meilicke, BB 1991, 579; Scholz-Winter, GmbHG, § 5 Rn. 42; in diese Richtung auch Steinbeck, ZGR 1996, 116, 118. Auch die Nichteinlagefähigkeit von Dienstleistung gilt nach h.M. für die GmbH, s. Schmidt, Gesellschaftsrecht, § 20 II 3. a) bb) (S. 574).

147 Die Nichteinlagefähigkeit von Dienstleistungen kann allgemein kritisiert werden. Dazu Hirte, Kapitalschutz (Gläubiger- und Eignerschutz) im Europäischen Recht in: Systembildung und Systemlücken in Kerngebieten des Europäischen Privatrechts, S. 211, 228 m.w.Nachw. in Fn. 70; Hirte, Kapitalgesellschaftsrecht, 1999, S. 202 f., Rn. 650: Der Ausschluß von Dienstleistungen „beruht ... auf der überholten Annahme, Dienstleistungen seien nicht bewertbar. Jeder Arbeitsvertrag – zumindest mit Dritten – ist der schlagende Beweis des Gegenteils." Auf dieser Grundlage kann die Erstreckung der Nichteinlagefähigkeit von Dienstleistungen auf die GmbH zweifelhaft sein. Für Sacheinlagefähigkeit von Dienstleistungen, Skibbe, GmbHR 1980, 74 f. Während bei der AG hier keine Zweifel bestehen können, scheinen die Bedenken gegen die Sacheinlagefähigkeit von Dienstleistungen nicht berechtigt. Eine Bewertbarkeit ist sogar u.U. leichter gegeben als bspw. bei dem zweifellos einlagefähigen Patent. Dies zeigen auch die zahlreichen Bücher über angemessene Geschäftsführergehälter.

148 Steinbeck, ZGR 1996, 116, 119; Schmidt, ZHR 154 (1990), 237, 248 – was nicht zur freien Verfügung geleistet werden kann, kann auch nicht Gegenstand der Sacheinlage sein; Bork, ZHR 154 (1990), 205, 224 spricht davon, daß es sich nur vordergründig um eine „Frage der Einlage*leistung*, nicht der Einlage*fähigkeit*" handelt.

es sich bei ihnen letztlich um ein Substitut für die Bareinlage handelt.[149] Mit dem bereits erwähnten Richtliniengesetz[150] wurde der neue § 36a Abs. 2 S. 1 AktG eingefügt, der erstmalig für Sacheinlagen im Aktienrecht bestimmt, daß diese „vollständig zu leisten" sind.[151] Allerdings läßt § 36a Abs. 2 S. 2 eine Bewirkung der Leistung innerhalb von fünf Jahren zu, wenn „die Sacheinlage in der Verpflichtung, einen Vermögensgegenstand auf die Gesellschaft zu übertragen," besteht. Um das Verhältnis der beiden Sätze des § 36a Abs. 2 AktG zueinander hat sich ein Streit entwickelt. Dabei geht es darum, in welchen Fällen eine Sacheinlage sofort, bzw. erst im Rahmen der Fünfjahresfrist, zu leisten ist.[152] An dieser Stelle darf man allerdings nicht den Fehler machen, den eigentlichen *Vollzug* der Einlageleistung mit der *Einlagefähigkeit* zu verwechseln und zu dem Schluß kommen, daß bei der AG eine Leistung zur freien Verfügung keine Einlagevoraussetzung ist.[153] Ebenso wie bei der GmbH muß auch bei der AG im Eintragungszeitpunkt die Einlagefähigkeit geprüft werden. Der Unterschied zur GmbH besteht nur darin, daß die tatsächliche Einlageleistung nach § 36 Abs. 2 S. 2 AktG in einigen Fällen später erfolgen kann. Da aber auch hier der Leistungszeitpunkt kommt – spätestens nach fünf Jahren – muß die Einlage derart sein, daß sie von der Gesellschaft voll genutzt werden kann. Die eingetragen Einlagen müssen hier also ebenfalls *abstrakt* zur freien Verfügung geeignet sein, d.h. derart beschaffen sein, daß die Gesellschaft die freie Verfügung erlangen kann. Nur der Zeitpunkt der Einlageleistung selber kann im Gegensatz zur GmbH auch noch nach dem Eintragungszeitpunkt liegen.[154] Damit kommt es auf den Streit um die Abgrenzung der Anwendungsfälle von § 36a Abs. 2 S.1 und S.2 AktG nicht an. Die freie Verfügung ist also bei der AG *nicht Eintragungs*voraussetzung, sehr wohl aber *Einlage*voraussetzung.

Trotz eines u.U. unterschiedlichen Leistungszeitpunktes ist damit festgestellt, daß sowohl bei der GmbH als auch bei der AG die Sacheinlage so zu bewirken

---

[149] Boehme, Kapitalaufbringung durch Sacheinlagen, S. 12.

[150] BGBl. I S. 1959.

[151] S. BT-Drucks. 8/1678 IV (S. 10) erwähnt ausdrücklich, daß durch diese Neueinführung, die auf Art. 9 Abs. 2, 27 Abs. 1 der Richtlinie zurückgeht, Sacheinlagen „tatsächlich voll zu erbringen" sind.

[152] Zum Meinungsstand Röhricht in: Großkommentar zum AktG, § 36a Rn. 4 ff. Nach der wohl h.M. gilt für obligatorische Nutzungsrechte gegen den Einleger ohnehin § 36a Abs. 2 S. 1 mit der Folge, daß vor der Eintragung die Einlage zu leisten ist: Eckardt in: Geßler/Hefermehl, § 36a Rn. 15; KK-Kraft, § 36aRn. 10 ff.; Röhricht, ebenda, Rn. 11.

[153] So aber wohl Meilicke, BB 1991, 579, 581.

[154] Ähnlich K. Schmidt, ZHR 154 (1990), 237, 248, der allgemein für die Kapitalgesellschaften sagt: „Nur was „zur freien Verfügung" der Gesellschaft geleistet werden *kann*, ist tauglicher Einlagegegenstand; nur was „zur freien Verfügung" geleistet *ist*, befindet sich als erbrachte Einlage im haftenden Gesellschaftsvermögen." (Hervorhebungen nicht im Original.)

ist, daß sie endgültig zur freien Verfügung der Gesellschaft steht. Damit ist aber noch keine Aussage über die konkreten Anforderungen getroffen, die das Merkmal der freien Verfügung fordert.

c) Zwischenergebnis

Damit läßt sich die Frage nach der Einlagefähigkeit obligatorischer Nutzungsrechte weder eindeutig aus den gesetzlichen Vorschriften noch aus dem Willen des Gesetzgebers ableiten. Zumindest ergibt sich aber als Rahmen der weiteren Untersuchung, daß sowohl ein feststellbarer wirtschaftlicher Wert als auch die Eignung der Sacheinlage, zur freien Verfügung überlassen zu werden, unabdingbare Voraussetzungen der Sacheinlage für alle Kapitalgesellschaften sind.

2. Bilanzierungsfähigkeit

Wie § 246 Abs. 1 S. 1 HGB sprechen auch § 27 Abs. 1 S. 1[155] und Abs. 2 AktG von „Vermögensgegenstände(n)“. [156] Daraus ergibt sich die Frage, ob sich das gesellschaftsrechtliche Begriffsverständnis dem handelsrechtlichen unterordnet und damit die handelsrechtliche Aktivierbarkeit Voraussetzung der gesellschaftsrechtlichen Einlagefähigkeit ist.

a) Bilanzierungsfähigkeit als Einlagevoraussetzung

Nach der früher h.M. ist die Bilanzierungsfähigkeit Voraussetzung der gesellschaftsrechtlichen Einlagefähigkeit.[157] [158] Dabei kann sich diese Ansicht ober-

---

155 Bereits das AktG vom 30. Januar 1937 sprach in § 20 AktG von „Vermögensgegenstände“ und entsprach dem heutigen § 27 Abs. 1 AktG.

156 Wie bereits oben gesehen, findet § 27Abs. 2 AktG auch bei der GmbH Anwendung.

157 Knobbe-Keuk, ZGR 1980, 214, 216 f.; Bordewin, DStR 1988, 227, 231; Schiller, BB 1991, 2403, 2407; Eckardt in: Geßler/Hefermehl, § 27 Rn. 7 f.; KK-Kraft, § 27 Rn. 14, 17; umfangr. Nachw. Röhricht in: Großkommentar zum AktG, § 27 Rn. 21 Fn. 17, der darauf verweist, daß die noch überwiegende Meinung im aktienrechtlichen Schrifttum anders als im GmbH-Schriftum die Bilanzierungsfähigkeit fordert, „obwohl sich die Frage im GmbH-Recht nicht anders stellt als im Aktienrecht.“

158 Die folgenden Autoren fordern zusätzlich zur Bilanzierungsfähigkeit noch, daß ein vorsichtiger Kaufmann den Vermögenswert bilanzieren dürfe. Danach ist die Bilanzierbarkeit hiernach die „unterste Schwelle“ der gesellschaftsrechtlichen Einlagefähigkeit. Lutter, Kapital, S. 229 ff; KK-Lutter, § 183 Rn. 10; Ballerstedt, ZHR 127 (1965), 92, 97; zustimmend Knobbe-Keuk, ZGR 1980, 214, 217; ähnlich Ekkenga, ZHR 161 (1997), 599, 618: Den bilanzrechtliche Ansatzvorschriften kommt die Funktion einer „untersten gesellschaftsrechtlichen Zulässigkeitsgrenze“ zu. Unklar bleibt hier, inwieweit sich aus der

flächlich betrachtet auf den Wortlaut des § 27 Abs. 2 AktG stützen, der ebenso wie § 246 Abs. 1 HGB von Vermögensgegenständen spricht. Auch der historische Gesetzgeber ging 1884 davon aus, daß nur aktivierungsfähige Vermögensgegenstände einlagefähig sind.[159] Als materielles Argument wird die Aktivierungsfähigkeit im Rahmen der Eröffnungsbilanz (§ 242 Abs. 1 HGB) herangezogen. Fehle die handelsrechtliche Aktivierungsfähigkeit, käme es bereits in der Eröffnungsbilanz zu einer Unterbilanz,[160] also würden in einem Vermögensstatus der Gesellschaft die Aktiva nicht mehr die Summe aus Verbindlichkeiten und Stammkapital decken.[161] Folglich wäre die Einlagefähigkeit im Gesellschaftsrecht zu verneinen, weil eine solche Gesellschaft nicht lebensfähig sei und deshalb sofort Konkurs- bzw. Insolvenzantrag stellen müßte.[162] Ein Beispiel für obligatorische Nutzungsrechte sind Miet- und Pachtverträge, die nicht bilanzierbar seien, so daß die gesellschaftsrechtliche Einlagefähigkeit zu verneinen wäre.[163]

b) Ausrichtung allein nach Gesellschaftsrecht

Nach der heute wohl h.M.[164] spielt die Bilanzierbarkeit für die Einlagefähigkeit keine Rolle.

Auch der BGH hat bereits 1959 bzgl. der Einlagefähigkeit des Urheberrechts an einer Operette ausgeführt, „daß das Merkmal der Bilanzierungsfähigkeit nicht wörtlich zu nehmen sei. Vielmehr sei maßgebend, ob ein übertragbarer Vermögenswert vorhanden sei.“[165] Häufig wird die Bilanzierungsfähigkeit als Indiz für

---

Pflicht zur vorsichtigen Bilanzierung tatsächliche Einschränkungen des Wertansatzes ergeben.

159 Eckardt in: Geßler/Hefermehl, § 27 Rn. 7 mit Verweis auf die Begründung der Aktienrechtsnovelle von 1884: „Als Einlage läßt der Entwurf jeden Wertgegenstand zu, welcher als Aktivum in die Bilanz aufgenommen werden kann.“

160 Eckardt in: Geßler/Hefermehl, § 27 Rn. 8.

161 Zu dieser Definition Hueck/Fastrich in: Baumbach/Hueck, § 30 Rn. 7.

162 KK-Kraft, § 27 Rn. 14.

163 Haas, FS Döllerer, 169, 177 „nach traditioneller Auffassung“ seien obligatorische Nutzungsrechte nicht aktivierungsfähig. Lutter, Kapital, S. 229 Fn. 48 f. m.w.Nachw.

164 Zum Gesellschaftsrecht: Hueck in: Baumbach/Hueck, § 5 Rn. 23; Lutter/Hommelhoff, § 5 Rn. 14; Scholz-Winter, § 5 Rn. 43 „wohl h.M“ s. Fn. 94; Steinbeck, ZGR 1996, 116, 121 f.; Pentz in: MüKomm AktG, § 27 Rn. 19; offenlassend Bork, ZHR 154 (1990), 205, 232 f., bleibt aber trotzdem ohne Einfluß auf die Einlagefähigkeit, da § 248 Abs. 2 HGB und das Verbot der Bilanzierung schwebender Geschäfte für gesellschaftsrechtliche Einlagen nicht gelten. Schon Groh, FS f. Flume, 71, 73.

165 BGH v. 16. 2. 1959, II ZR 170/57, BGHZ 29, 300, 304 = NJW 1959, 934.

die Einlagefähigkeit genannt.[166] Die Einlagefähigkeit ist hiernach nur durch Kriterien einschränkbar, die der Kapitalaufbringungsgrundsatz fordert.[167] Überwiegend geht diese Ansicht aber noch über die Unabhängigkeit der Einlagefähigkeit von der Bilanzierungsfähigkeit hinaus und dreht die Forderung nach der Bilanzierungsfähigkeit um. Danach folge aus der Einlagefähigkeit die Aktivierbarkeit.[168] Auch das Aktivierungsverbot des § 248 Abs. 2 HGB stehe dem nicht entgegen, weil es sich bei den Einlagen um einen entgeltlichen Vorgang handele.[169] Eine Unterbilanz könne i.R.d. Eröffnungsbilanz gem. § 242 Abs. 1 HGB nicht entstehen, weil hier eine Pflicht zur Aktivierung bestehe.[170]

c) Stellungnahme

Der Bereich der möglichen Einlagegegenstände wird unterschiedlich weit gefaßt, je nachdem welcher Ansicht man folgt. Um festzustellen, ob die Bilanzfähigkeit ein taugliches Kriterium für die Bestimmung der gesellschaftsrechtlichen Einlagefähigkeit ist, soll hier genauer auf die einzelnen Argumente eingegangen werden.

Teilweise wird das Erfordernis der Bilanzierungsfähigkeit auf den gleichen Gebrauch des Wortes „Vermögensgegenstand“ in § 246 Abs. 1 HGB und § 27 Abs. 2 AktG gestützt. Nach der allgemeinen juristischen Auslegungslehre bildet der *Wortlaut* die äußerste Grenze der zulässigen Auslegung, ein gleiches Verständnis desselben Begriffes in mehreren Gesetzen ist dagegen keinesfalls geboten. Man denke nur an das vielleicht prominenteste Beispiel des Sachbegriffs in § 90 BGB und § 303 StGB. Im ersten Fall sind durch § 90a S. 1 BGB Tiere ausdrücklich aus dem Sachbegriff ausgeklammert, während Tiere strafrechtlich unter den Sachbegriff fallen, und damit der Tatbestand der Sachbeschädigung einschlägig sein kann.[171] Das richtige Verständnis eines Begriffes läßt sich nur aus

---

166 Lutter/Hommelhoff, § 5 Rn. 14; Hachenburg/Ulmer, § 5 Rn. 33 hilft dabei, welchen Gegenständen der Wirtschaftsverkehr einen Vermögenswert zuordnet.

167 Scholz-Winter, § 5 Rn. 43; Hachenburg/Ulmer, § 5 Rn. 31f. Maßstab für die Einlagefähigkeit ist die „funktionale Äquivalenz der Sacheinlage mit dem Geldbetrag“.

168 Hachenburg/Ulmer, § 5 Rn. 32; ausführlich Boehme, Kapitalaufbringung durch Sacheinlagen, S. 14 ff., 19; im Ergebnis auch Meilicke, BB 1991, S. 580 f.; offenlassend K. Schmidt, ZHR 154 (1990), 237, 240 sagt aber, daß die bilanzielle und gesellschaftsrechtliche Behandlung „zusammenpassen muß“; Steinbeck, ZGR 1996, S. 116, 122 Fn. 28.

169 Hachenburg/Ulmer, § 5 Rn. 32; ebenso Bork, ZHR 154 (1990), 205, 232 m.w.Nachw. Rn. 142.

170 Döllerer, FS Fleck, S. 35, 37.

171 Es soll hier allerdings nicht verschwiegen werden, daß auch im Strafrecht die Ansicht vertreten wird, daß sich das unterschiedliche Verständnis in den beiden Gesetzen vom Grundsatz her nicht rechtfertigen läßt. S. dazu Lackner, StGB, § 242 Rn. 2.

dem Kontext eines Gesetzes ersehen, wobei das Begriffsverständnis in einem anderen Gesetz ein Indiz für ein mögliches Verständnis bilden kann. Verbindlichkeit kommt dem gesetzesfremden Begiffsverständnis dagegen nicht zu.

Auch der Verweis auf den Willen des *historischen Gesetzgebers* in der Aktienrechtsnovelle von 1884[172] - der in der Tat die Aktivierbarkeit der Einlagen gefordert hat – bildet unter Auslegungsgesichtspunkten nur ein schwaches Argument, da sich die Sichtweise auch bei wortgleichen Vorschriften gewandelt haben kann. Seit der erstmaligen Niederschrift eines Aktiengesetzes in Deutschland ist der Gesetzgeber im Aktienrecht mehrfach sowohl umfassend[173] als auch durch die Veränderung einzelner Vorschriften – zuletzt im hier interessierenden Zusammenhang mit der Einführung des § 27 Abs. 2 AktG – tätig geworden. Der „neuerlich" geäußerte gesetzgeberische Wille läßt schon viel eher Schlüsse über das geltende Gesetzesverständnis zu. *Eckardt*[174] meint, daß der Gesetzgeber in der Regierungsbegründung zum Kapitalrichtlinie-Gesetz vom 13.12.1978 an diesem historischen Verständnis festhalten wollte. Ziel der 2. Richtlinie zur Harmonisierung des Gesellschaftsrechts war, die Schutzbestimmungen für Gläubiger und Dritte in den Mitgliedstaaten der EU gleichwertig zu gestalten.[175] Insbesondere sollte Art. 7 der Richtlinie bzw. die ihm entsprechende Vorschrift des § 27 Abs. 2 AktG die Voraussetzungen der Einlagefähigkeit vereinheitlichen. Zum Zeitpunkt der Verabschiedung der Richtlinie am 13.12.1976 war allerdings das Bilanzrecht in den Mitgliedstaaten noch nicht harmonisiert.[176] Eine Verweisung auf die Bilanzierungsfähigkeit wäre mangels diesbezüglicher Harmonisierung in den einzelnen Mitgliedsstaaten unterschiedlich ausgefallen.[177] Damit wären die Einlagevoraussetzungen in den Mitgliedstaaten unterschiedlich gewesen, so daß das Vereinheitlichungsziel der Richtlinie verfehlt worden wäre.[178] Da sich aber die deutsche Regierungsbegründung diesem Ziel ausdrücklich angeschlossen hat, ist nach dem aktuellen „Willen des Gesetzgebers" nicht von dem Erfordernis der Bilanzfähigkeit für die Einlagefähigkeit auszugehen.[179] Folgt man dieser Argumentation nicht, so sollten jedenfalls ausweislich der Re-

172 S.o. Fn. 34.

173 Das Aktiengesetz in seiner heutigen Grundkonzeption stammt vom 6. September 1965 (BGBl. I S. 1089). Das vorherige Aktiengesetz stammt vom 30. Januar 1937. Beide Gesetze enthalten keine Definition zur Sacheinlagefähigkeit.

174 Eckardt in: Geßler/Hefermehl, § 27 Rn. 8.

175 BT-Drucks. 8/1678 A. (S. 1).

176 Dies geschah erst zwei Jahre später mit der 4. EGRL - Meilicke, BB 1991, 579, 581.

177 Meilicke, BB 1991, 579, 580 f; Röhricht in: Großkommentar zum AktG, § 27 Rn. 22.

178 S. Hüffer, NJW 1979, 1065, 1067; Röhricht in: Großkommentar zum AktG, § 27 Rn. 22.

179 Meilicke, BB 1991, 579, 581 „keine Anhaltspunkte dafür, daß der deutsche Gesetzgeber für die Einlagefähigkeit ... die Bilanzierbarkeit als weitere Voraussetzung statuieren wollte."

gierungsbegründung bestehende Streitigkeiten unangetastet bleiben,[180] zu denen auch das Erfordernis der Bilanzierbarkeit gezählt werden muß.[181] Folglich spricht dies eindeutig gegen eine positive Entscheidung des Gesetzgebers für das Kriterium der Bilanzierungsfähigkeit.

Letztlich dient die Ermittlung der Einlagekriterien insgesamt der Bestimmung der Anforderungen, die der *Kapitalaufbringungsgrundsatz* an die Einlagen stellt. Deswegen kann die Bilanzierungsfähigkeit auch nicht auf den Kapitalaufbringungsgrundsatz ohne weitere Erklärung gestützt werden, da die Vereinbarkeit mit diesem Grundsatz gerade in Frage steht. Damit liegt hier ein Zirkelschluß vor, der die gesellschaftsrechtliche Frage mit der bilanzrechtlichen vermengt.[182]

Besonders gravierend scheint im Zusammenhang mit dem Erfordernis der Bilanzierungsfähigkeit das Argument zu sein, daß im Fall der Einlagefähigkeit obligatorischer Nutzungsrechte eine *Unterbilanz* entstünde und die Gesellschaft deshalb u.U. sogar einen Insolvenzantrag stellen müßte.[183] Dabei stellt sich die Frage, ob im Falle einer Unterbilanz tatsächlich ein Konkurs- bzw. Insolvenzverfahren sofort nach der Gründung – zumindest nach ersten Anlaufverlusten – eröffnet werden müßte, weil ein nicht bilanzierungsfähiger Vermögenswert eingelegt wurde. Weil diese Frage erneut bei dem Kriterium der „freien Verfügung" auftritt[184] und hier nicht entscheidend ist, soll sie an dieser Stelle weitgehend zurückgestellt werden.

Scheinbar schwer wiegt der grundsätzliche *Normenkonflikt*[185] zwischen der gesellschaftsrechtlichen Einlagefähigkeit auf der einen Seite und dem Verbot der Bilanzierung nicht entgeltlich erworbener Vermögensgegenstände gem. § 248 Abs. 2 HGB sowie dem aus den Grundsätzen ordnungsgemäßer Buchführung hergeleitetem Verbot der Bilanzierung schwebender Geschäfte auf der anderen Seite. Dabei muß beachtet werden, daß das Handelsrecht bzgl. der Kapitalgesellschaften weitgehend auf dem Bilanzrichtlinien-Gesetz vom 19.12.1985 und damit auf Europarecht beruht,[186] während zumindest das GmbHG weitgehend noch auf nationalem Recht beruht.[187] An dieser Stelle wird nur auf die Beson-

---

180 Dazu schon oben.

181 Boehme, Kapitalaufbringung durch Sacheinlagen, S. 16.

182 Zu dieser petitio principii Pentz in: MüKomm AktG, § 27, Rn. 19.

183 Dazu s.o. 2. b) bb) aaa).

184 S. C. II. 4. e) bb) ccc) (S. 54 ff.).

185 Röhricht in: Großkommentar zum AktG, § 27 Rn. 25 f.

186 Gesetz zur Durchführung der Vierten, Siebenten und Achten Richtlinie des Rates der Europäischen Gemeinschaften zur Koordinierung des Gesellschaftsrechts, BGBl. I 2355.

187 Im Gegensatz dazu ist das AktG bereits harmonisiert. S. das Kapitalrichtlinie-Gesetz vom 13. 12. 1978, BGBl. I 1959, das die 2. Richtlinie zur Koordinierung des Gesellschaftsrechts umgesetzt hat.

derheiten gesellschaftsrechtlicher Einlagen eingegangen, dagegen folgt eine ausführliche Darstellung der Bilanzierungsverbote im handelsrechtlichen Teil der Arbeit.[188]

Für einen Vorrang des Bilanzrechts könnte das Verbot der Bilanzierung nicht entgeltlich erworbener immaterieller Anlagewerte gem. § 248 Abs. 2 HGB sprechen. Die ratio legis des § 248 Abs. 2 HGB besteht darin, „die Aktivierung von Werten (zu) verhindern, die mangels einer Objektivierung am Markt nur schwer schätzbar und daher i.d.R. unsicher sind."[189] Seit jeher ist allerdings die Einlagefähigkeit von Patent-, Urheber-[190], Verlags-, Geschmacks- und Gebrauchsmusterrechten und Lizenzen an solchen Rechten sowie des rechtlich nicht geschützten sog. Know-how[191] und des Firmenwerts[192] anerkannt, soweit sie die sonstigen Voraussetzungen der Einlagefähigkeit erfüllen.[193] Es besteht allerdings Einigkeit darüber, daß § 248 Abs. 2 HGB für gesellschaftsrechtliche Einlagen nicht anwendbar ist.[194] Aufgrund der Nichtgeltung des § 248 Abs. 2 HGB für gesellschaftsrechtliche Einlagen stellt damit das Erfordernis der Bilanzierungsfähigkeit (in Bezug auf den entgeltlichen Erwerb), da es allgemein für alle gesellschaftsrechtlichen Einlagen gilt, *keine zusätzliche Anforderung* für die Sacheinlagefähigkeit auf. Jedenfalls kann es auf Grundlage des § 248 Abs. 2 HGB nicht zu einer Unterbilanz kommen. Der oben angesprochene *Normenkonflikt* zwischen Gesellschaftsrecht und Handelsrecht tritt also an dieser Stelle

---

188 S. D. I. 2.

189 Bork, ZHR 154 (1990), 205, 232 m.w.Nachw. Fn. 140.

190 Bereits oben erwähnte Entscheidung v. 16. 2. 1959, II ZR 170/57, BGHZ 29, 300, 304.

191 S. Regierungsbegründung BT-Drucks. 8/1678 zu Nummer 4 Buchstabe b (S. 12); Röhricht in: Großkommentar zum AktG, § 27 Rn. 25, 40: Z.B. nicht angemeldete Erfindungen, Geheimverfahren, besondere Fertigungstechniken.

192 Dieser kann aus praktischen Gründen allerdings nur zusammen mit dem Unternehmen übertragen werden. S. dazu Röhricht, § 27 Rn. 43 „fehlt regelmäßig an der selbständigen Übertragbarkeit"; ebenso Knobbe-Keuk, ZHR 1980, 214, 219.

193 Zu all diesen Vermögenswerten Röhricht in: Großkommentar zum AktG, § 27 Rn. 40 f. Fn. 38 bezeichnet dies als „allgM"; Eckardt in: Geßler/Hefermehl, § 27 Rn. 13; KK-Kraft, § 27 Rn. 35; Döllerer, Verdeckte Gewinnausschüttungen und ..., S. 190.

194 Röhricht in: Großkommentar zum AktG, § 27 Rn. 25 „von keiner Seite in Zweifel gezogene Sacheinlagefähigkeit sog Immaterialgüterrechte"; Bork, ZHR 154 (1990), 205, 232 „besteht Einigkeit"; selbst Lutter, der im Zusammenhang mit dem Erfordernis der Bilanzierungsfähigkeit die strengsten Anforderungen aufstellt, hält § 248 Abs. 2 HGB hier nicht für anwendbar, KK-Lutter, § 183 Rn. 10; Döllerer, Verdeckte Gewinnausschüttungen und ..., S. 191 – keine Entgeltlichkeit nur Gleichstellung damit.

gerade *nicht* auf,[195] so daß auch auf das grundsätzliche Verhältnis von europarechtlich bestimmtem Handelsrecht und überwiegend national bestimmtem GmbH-Recht hier nicht eingegangen werden muß. Sieht man als Problem der obligatorischen Nutzungsrechte die Norm des § 248 Abs. 2 HGB an, so ist dem entgegenzuhalten, daß hier auch nichts anderes gelten kann als bei den sonstigen gesellschaftsrechtlichen Einlagen.[196] Entweder entscheidet man sich für die generelle Geltung des § 248 Abs. 2 HGB auch bei gesellschaftsrechtlichen Einlagen – soweit ersichtlich befürwortet dies niemand – oder der § 248 Abs. 2 HGB wird einheitlich auf alle zu untersuchenden Vermögenswerte im Rahmen von Sacheinlagen nicht angewendet. Ein selbständiges Argument gegen die Aktivierungsfähigkeit obligatorischer Nutzungsrechtseinlagen läßt sich hieraus jedenfalls nicht ableiten. Damit ist allerdings noch nicht gesagt, daß obligatorische Nutzungsrechte den sonstigen Anforderungen an Einlagen genügen.

Damit könnte nur noch das aus dem Vorsichtsprinzip hergeleitete *Verbot der Bilanzierung schwebender Geschäfte* eine Aktivierung der gesellschaftsrechtlichen Einlagen – insbesondere für den Fall obligatorischer Nutzungsrechte – verhindern[197] und damit eine Dominanz des Handelsbilanzrechts herstellen. Danach sollen synallagmatische Forderungen erst nach Erbringung der Gegenleistung aktiviert werden. Einerseits stammt die Einlageforderung aber nicht aus einem synallagmatischen Vertrag, sondern nach h.M. aus einem kooperationsrechtlichen Vertrag, der als Teil der Satzung die Voraussetzungen für die Entstehung der Mitgliedschaft regelt.[198] Andererseits hätte die Gesellschaft mit „Gewährung" der Einlage bereits ihre Leistungsverpflichtung erfüllt, so daß einer Aktivierung nichts mehr im Wege stünde.[199]

Damit ergibt sich aus allen hier angestellten Überlegungen, daß eine Beeinflussung der gesellschaftsrechtlichen Einlagefähigkeit durch das Handelsbilanzrecht nicht stattfindet. Die Frage der gesellschaftsrechtlichen Einlagefähigkeit wird also „autonom" vom Gesellschaftsrecht entschieden. Damit sind alle gesellschaftsrechtlichen Einlagen aktivierbar. In welchem Posten sie auf der Aktivseite zu erfassen sind, kann an dieser Stelle noch offen bleiben. Nachdem gezeigt

---

195 Röhricht in: Großkommentar zum AktG, § 27 Rn. 25: „Auf der (ausdrücklichen oder stillschweigenden) Anerkennung der Nichtanwendbarkeit des § 248 Abs. 2 HGB, die geradezu als paradigmatisch für einen vernünftigen Vorrang gesellschaftsrechtlicher Normen vor rein bilanzrechtlichen Regelungen gelten kann, beruht die von keiner Seite in Zweifel gezogene Sacheinlagefähigkeit sog Immaterialgüterrechte, ...".

196 Röhricht in: Großkommentar zum AktG, § 27 Rn. 25.

197 Hierzu Bork, ZHR 154 (1990), 205, 232 f.

198 Meinungsstand bei KK-Kraft, § 27 Rn. 6 ff.

199 Haas, FS Döllerer, 169, 178; Bork, ZHR 154 (1990), 205, 233.

wurde, daß die Bilanzierungsfähigkeit keine Voraussetzung der Einlagefähigkeit ist, muß nun auf die tatsächlichen Voraussetzungen näher eingegangen werden.

3. Feststellbarer wirtschaftlicher Wert

Als notwendige Voraussetzung für die Einlagefähigkeit ergibt sich aus § 27 Abs. 2 AktG für die AG und – nach dem oben Gesagten[200] – auch für die GmbH, daß nur ein Vermögensgegenstand mit feststellbarem wirtschaftlichen Wert einlagefähig ist.[201] Dabei kann „feststellbar" nicht bedeuten, daß eine beweisbar richtige und gleichzeitig eindeutige Wertbestimmung stattfinden kann.[202] So kann z.B. bei der Bestimmung des Geschäftswerts, aber auch bei Patenten oder Know-how, eine Bewertung nur auf der Grundlage von betriebswirtschaftlich anerkannten Bewertungsverfahren stattfinden,[203] die eine *eindeutig richtige* Wertbestimmung gerade nicht ermöglichen. Man muß sich bei der Behandlung der Bewertbarkeit darüber im klaren sein, daß es eine eindeutig richtige Wertfeststellung nicht gibt und geben kann. Das Kriterium läßt sich demnach nur dann verneinen, wenn sich tatsächlich überhaupt kein konkreter Wert finden läßt.[204]

Während die oben bereits abgelehnten bloß tatsächlichen Nutzungen, also solche ohne gesicherte Rechtsposition, wegen der jederzeitigen Entziehungsmöglich-

---

200 Fn. 23.

201 Der Ausschluß von Dienstleistungen aus dem Anwendungsbereich der Vorschrift ist nicht ohne Kritik geblieben: Skibbe, GmbHR 1980, 73 ff. befürwortet eine Einlagefähigkeit von Dienstleistungen bei der GmbH nach geltendem Recht. Insbesondere hält er Dienstleistungen auch für bewertbar. Nichts anderes wird ja auch bei jedem Arbeitsvertrag gemacht. Ebenso Hirte, Kapitalschutz (Gläubiger- und Eignerschutz) im Europäischen Recht in: Systembildung und Systemlücken in Kerngebieten des Europäischen Privatrechts, S. 211, 228 m.w.Nachw. in Fn. 70.

202 In diese Richtung auch K. Schmidt, ZHR 154 (1990), 237, 249: „ Sacheinlagen von garantiertem und beständigem Wert gibt es nicht."

203 Döllerer, Verdeckte Gewinnausschüttungen und ..., S. 191. Besonders augenscheinlich wird das Bewertungsproblem im Zusammenhang mit Unternehmensbewertungen. Unter Anwendung unterschiedlicher anerkannter Bewertungsverfahren wurde für den Börsengang der Deutschen Telekom 1996 ein Emissionspreis zwischen 0 und 60 DM ermittelt. Dies beruht hauptsächlich darauf, daß alle Unternehmensbewertungsverfahren auf Schätzungen bzgl. der zukünftigen Unternehmensentwicklung beruhen. Damit fehlt es hier an einem „richtigen" Ergebnis. Killat, Bewertung und Preisfindung bei Neuemissionen in: Volk (Hrsg.): Going Public, S. 233, 240, 242.

204 Nach Bork, ZHR 154 (1990), 205, 210 stellt sich die Frage, ob es „typischerweise" an einem feststellbaren wirtschaftlichen Wert fehlt.

keit eindeutig keinen feststellbaren wirtschaftlichen Wert besitzen,[205] muß bei den obligatorischen Nutzungsrechten differenziert werden.

a) Vereinbarung einer Mindestdauer

Vom Bewertungsaspekt[206] her unproblematisch ist die Überlassung der Sache für eine feste Nutzungsdauer oder zumindest für eine Mindestdauer. Für diesen Fall ist es möglich, bei Grundstücken Vergleichsmieten und bei beweglichen Sachen sonstige Marktvergleiche heranzuziehen und so den jeweiligen Wert zu ermitteln.[207] Der Wert ergibt sich hier aus der Kapitalisierung des sonst für die Nutzung zu zahlenden Entgelts.[208] Inwieweit die bei der Bewertung zugrunde gelegte Nutzungszeit durch die Gesellschaft ausgeschöpft werden kann, weil sich Risiken bzgl. der Nutzungsmöglichkeit realisieren, wird hier nicht als Frage der Bewertbarkeit, also der Bestimmbarkeit eines konkreten Wertansatzes aufgefaßt. Diese Frage wird i.R.d. freien Verfügbarkeit behandelt.[209]

b) Bewertbarkeit beim Fehlen einer zeitlichen Vereinbarung

Fehlt es dagegen an einer solchen zeitlichen Vereinbarung, lehnt die h.M. die Bewertbarkeit ab mit der Folge, daß das Nutzungsrecht nicht einlagefähig ist. Dagegen zieht *Bork* zunächst die Auslegung zu Rate und kommt zu dem Ergebnis, daß ein „unbefristet" gewährtes Nutzungsrecht nur für die Dauer der Zugehörigkeit zur Gesellschaft gelten soll.[210] Danach sei der tatsächliche Wert der Einlage erst im Zeitpunkt des Ausscheidens des Gesellschafters zu ermitteln. Falls sich der ursprüngliche Wertansatz zu diesem Zeitpunkt als zu hoch erweisen sollte, also der tatsächliche Wert hinter der übernommenen Haftsumme zurückbliebe, könne die Gesellschaft einen Anspruch in Geld auf die Differenz geltend machen.[211] Allerdings hat auch *Bork* selbst Bedenken bzgl. der Unsi-

---

205 Ebenso der BFH v. 16. 11. 1977, I R 83/75, BFHE 124,501 = BStBl. II 1978, 386 in der bereits erwähnten Entscheidung zum Kiesausbeuterecht.

206 In welchem Umfang hier Risiken aus der Sphäre des Gesellschafter drohen und inwieweit diese relevant sind, soll erst später untersucht werden.

207 Steinbeck, ZGR 1996, 116, 124.

208 Knobbe-Keuk, ZHR 1980, 214, 221; Fabritius, Die Überlassung von Anlagevermögen, S. 165.

209 Anders Fabritius, ebenda, S. 165 ff. (S. 167) verneint für die Fälle bestehender Risiken einen „gegenwärtig faßbaren Wert", denn die Gesellschaft könne nicht sicher sein, ob sie die Sache auch über die Nutzungszeit zur Verfügung hat. Im Rahmen dieser Arbeit soll dieses Problem bei der „freien Verfügbarkeit" untersucht werden.

210 Bork, ZHR 154 (1990), 205, 214.

211 Bork, ebenda, 215.

cherheit der Bewertung, so daß es seiner Meinung nach bei unbefristeten Nutzungsrechten „nach Lage des Einzelfalls" an einem feststellbaren wirtschaftlichen Wert fehlen kann.[212]

Hiergegen sind zahlreiche Bedenken anzuführen. Zunächst ist aber anzumerken, daß die folgenden Ausführungen unter der Prämisse geschehen, daß die Überlassung tatsächlich nur für die Zeit der Gesellschaftszugehörigkeit gewollt ist.[213] Wie *Bork* selber durch die mögliche Begründung eines Differenzhaftungsanspruchs[214] der Gesellschaft sowie die Möglichkeit der Unbewertbarkeit zugesteht, stellt sich der wirkliche Wert eines unbefristet überlassenen Nutzungsrechts hier erst nach Ausscheiden des Gesellschafters heraus. Die Wahrscheinlichkeit, daß zum Einlage- und damit auch zum Bewertungszeitpunkt die Dauer der Gesellschaftszugehörigkeit und damit der Einlagewert richtig zugrunde gelegt wird, ist extrem gering und würde eine bloße Schätzung darstellen. Die Gefahr der Überbewertung ist also erheblich. Aufgrund von § 7 Abs. 3 GmbHG sowie § 36a Abs. 2 S. 1 AktG sind Sacheinlagen „endgültig zur freien Verfügung" zu leisten.[215] Nach der Lösung von Bork ist u.U. aber sogar über einen längeren Zeitraum unklar, ob es je zu dieser vollständigen Erbringung kommen wird. Nach *Bork* bleibt die Forderung unerfüllt, daß der tatsächliche Wert der Einlage im Zeitpunkt der Eintragung feststellbar sein muß.[216] Nur wenn der Wert im Eintragungszeitpunkt feststellbar ist, ist die Richtigkeit des Wertansatzes einer präventiven Kontrolle durch die Gründungsprüfer und das Registergericht zugänglich[217] und überhaupt sinnvoll.[218] Darüber hinaus ist die erfolgreiche Geltendmachung eines Differenzhaftungsanspruchs von der fortwährenden Solvenz des Gesellschafters (oder seiner Mitgesellschafter wegen § 24 GmbHG) abhängig. Der Differenzhaftungsanspruch ist als „Auffangtatbestand" gedacht, der die *nachträglich* deutlich werdende mangelnde Werthaltigkeit beseitigen soll. Er beseitigt aber nicht das Merkmal der endgültigen freien Verfügung. Falsche Wertansätze in Bezug auf die Laufzeit lassen sich u.U. nicht vermeiden. Das ist aber kein Grund, schon die Voraussetzungen für die Einlage eines obligatorischen Nutzungsrechts von Anfang an so auszugestalten, daß sich eine Fehlbewertung (fast) gar nicht beseitigen läßt. Damit sind nicht nur die Überlassung für die Zeit der Gesellschaftszugehörigkeit, sondern auch alle sonstigen

---

[212] Bork, ebenda, 224.

[213] Falls dagegen eine andere Auslegung der Vereinbarung in Frage kommt, läßt sich die Nutzungsdauer u.U. wieder genau bestimmen. S. dazu Röhricht in: Großkommentar zum AktG, § 27 Rn. 64.

[214] § 9 GmbHG, § 27 Abs. 3 S. 3 AktG.

[215] S.u. C. II. 4. sowie schon oben C. II. 1. b).

[216] So auch Boehme, Kapitalaufbringung durch Sacheinlagen, S. 100.

[217] Röhricht in: Großkommentar zum AktG, § 27 Rn. 64.

[218] Hat eine unseriöse Gesellschaft ihren Geschäftsbetrieb aufgenommen, kommt u.U. jede Kontrolle zu spät.

„automatische(n)" Beendigungsgründe des Nutzungsverhältnisses nicht hinnehmbar.[219] Außerdem kommt auch diese Ansicht nicht darum herum, im Gesellschaftsvertrag einen konkreten Wert festzulegen, der im Sachgründungsbericht nur durch eine konkrete Nutzungszeit plausibel gemacht werden kann.

Darüber hinaus ist aus praktischer Sicht nicht verständlich, warum einem Gesellschafter nicht zugemutet werden soll, eine Mindestdauer zu vereinbaren. Auch wenn die Vereinbarung nur vergessen wurde, so sollte diesbezüglich die Kontrolle durch Notar[220] und Registergericht funktionieren und die Einlagefähigkeit in dieser Form abgelehnt werden oder auf die Vereinbarung einer Mindestnutzungszeit gedrängt werden. Nach alledem ist Voraussetzung der Einlagefähigkeit obligatorischer Nutzungsrechte jedenfalls die Vereinbarung einer Mindestüberlassungsdauer,[221] wobei damit die Einlagefähigkeit selbst noch nicht geklärt ist.

4. Freie Verfügbarkeit

Nach einheitlicher Meinung muß eine Sacheinlage bei GmbH und AG derart beschaffen sein, daß sie *abstrakt* zur freien Verfügung der Geschäftsführer der Gesellschaft geleistet werden kann.[222] Wegen der in § 36a Abs. 2 S. 2 AktG geregelten Fünfjahresfrist muß allerdings nur bei der GmbH gem. § 7 Abs. 3 GmbHG die konkrete Sacheinlageleistung stets vor der Anmeldung zur Eintragung erfolgen.[223] Die Einlage muß derart beschaffen sein, daß sie an die Gesellschaft übertragen werden kann, da nur so der Gegenstand für die Zwecke der Gesellschaft von Wert sein kann.[224] Nicht verwechselt werden darf diese Frage dagegen mit der umstrittenen Frage, ob auch die Gesellschaft in der Lage sein muß, die Einlage weiter an Dritte zu übertragen.[225] Letztere Frage kann nur in Abhängigkeit von den weiteren Anforderungen der „freien Verfügbarkeit" beantwortet werden.

Die Anerkennung der Einlagefähigkeit obligatorischer Nutzungsrechte vorausgesetzt, wird einheitlich die Übertragung des Besitzes bei beweglichen und un-

---

219 K. Schmidt, ZHR 154 (1990), 237, 250; Röhricht in: Großkommentar zum AktG, § 27 Rn. 65.

220 Haas, FS Döllerer, S. 169, 182.

221 So auch Brandes, ZGR 1989, 244, 247; Steinbeck, ZGR 1996, 116, 124 m.w.Nachw. Fn. 40.

222 Das Wort „vollständig" in § 36a Abs. 2 S. 1 AktG hat – wie oben bereits dargelegt – dieselbe Bedeutung wie „zur freien Verfügung".

223 Zu dem teilweise späteren Leistungszeitpunkt bei der AG siehe bereits oben 2. b) aa).

224 Allg. Meinung Röhricht in: Großkommentar zum AktG, § 27 Rn. 28.

225 Zur Übersicht Scholz-Winter § 5 Rn. 44.

beweglichen Sachen auf die Gesellschaft verlangt[226], teilweise wird auch hierfür der Begriff der Aussonderung verwendet,[227] da die Gesellschaft nur so eine hinreichend gesicherte Rechtsposition erhalte. Scheinbar handelt es sich bei dem Erfordernis der Besitzübertragung um eine eigens für die obligatorischen Nutzungsrechte konstruierte Anforderung, weil sie in anderem Zusammenhang nicht erwähnt wird. Zieht man allerdings den Vergleich mit anderen derartigen Sacheinlagen heran, wird sofort deutlich, daß dieses Erfordernis immer – ohne besondere Prüfung – ohnehin vorliegt: Wird z.B. ein PKW in eine Gesellschaft eingelegt, so setzt das Verfügungsgeschäft nach §§ 929 ff. BGB die Verschaffung irgendeiner Besitzform voraus. Weitgehend ungeklärt ist dagegen, welche konkreten Anforderungen an die Sacheinlagen sich über die bereits genannten hinaus aus dem Merkmal der freien Verfügbarkeit ableiten lassen.

a) Ausschluß jeglicher Risiken aus der Gesellschaftersphäre

Nach einer in der Literatur vertretenen Ansicht muß die Sacheinlage so ausgestaltet sein, daß für die Gesellschaft keine Risiken mehr aus der Sphäre des Einlegenden drohen.[228] Gestützt wird diese Forderung auf die aus dem Grundsatz der realen Kapitalaufbringung hergeleitete Äquivalenz von Geld und Sacheinlage, eine Sacheinlage sei eben nur ohne Risiken „so gut wie Geld".[229]

Die Funktionen der Kapitalaufbringung könnten in einen Betriebsfond, der die Lebensfähigkeit der Gesellschaft sichern soll, und einen Haftungsfond, der Befriedigungsobjekte für die Gläubiger zur Verfügung stellt, unterteilt werden.[230] Nur wenn die Lebensfähigkeit der Gesellschaft durch die Einlageleistung gewährleistet sei, wäre ein Verzicht auf die Zugriffsmöglichkeit der Gläubiger auf die Einlagegegenstände gerechtfertigt. Die Eigenkapital*aufbringung* müßte dann

---

226 Hueck in: Baumbach/Hueck, GmbHG, § 5 Rn. 25; Scholz-Winter, § 5 Rn. 46; umfassende Nachw. Röhricht in: Großkommentar zum AktG, § 27 Rn. 59 Fn. 57; Bork, ZHR 154 (1990), 205, 225; bei beweglichen Sachen auch K. Schmidt, ZHR 154 (1990), 237, 255.

227 Entgegen der hier zugrunde gelegten Verwendung wird oft unter dem Merkmal der „Aussonderung" dasselbe diskutiert, was in dieser Arbeit unter dem Begriff der „freien Verfügung" untersucht wird. So versteht Boehme, Kapitalaufbringung durch Sacheinlagen - ..., S. 53 darunter, „daß die Einlage nicht mehr am Schicksal des Einlegervermögens teilnimmt." Dies bedeutet, daß „für die Gesellschaft keine Risiken aus der Sphäre des Einbringenden" drohen.

228 Knobbe-Keuk, ZGR 1980, 214, 221 f.; Fabritius, Überlassung von Anlagevermögen, S. 165 ff.; Boehme, Kapitalaufbringung durch Sacheinlagen, S. 53 f.

229 Knobbe-Keuk, aaO., 222; Boehme, ebenda, S. 20 f.: Boehme meint darüber hinaus, daß die Geldeinlage gegenüber der Sacheinlage vorrangig ist, weil letztere an zusätzliche Voraussetzungen geknüpft ist.

230 Boehme, ebenda, S. 22.

also am Eigenkapital*bedarf* orientiert sein, da nur dann zuverlässig die Lebensfähigkeit der Gesellschaft gesichert werden könnte.[231] Dagegen ist die gesetzliche Kapitalaufbringung nicht am tatsächlichen Kapitalbedarf orientiert, sondern fordert nur ein Mindestkapital. Weil also die Lebensfähigkeit der Gesellschaft gesetzlich nicht ausreichend durch Kapital abgesichert sei, könne auf einen Haftungsfond nicht verzichtet werden. Es müßten deswegen Gegenstände zugeführt werden, die in einem Überschuldungsstatus im Eintragungszeitpunkt angesetzt werden könnten, dies seien aber nur die verwertbaren Bestandteile der Masse.[232] Auch die Verwertung der Einlagen i.R. einer Unternehmensveräußerung sei nicht ausreichend, weil es sich bei der Fortführung des Unternehmens nicht um den Regelfall handele.[233]

Allerdings würde „durch den Grundsatz der Kapitalaufbringung und Kapitalerhaltung ... ein dauerhafter Vermögensbestand nicht garantiert."[234] Die „Nennkapitalfunktion als Haftungsfond (dient) also nicht der Bildung einer dauerhaften Reserve für den Vollstreckungsfall".[235] Die Einlagegegenstände müßten also nicht im Vermögen gehalten werden, sondern dienten nur dazu, vor baldigem Konkurs zu schützen. Sonst würden bereits kleinste Verluste zur Überschuldung führen,[236] weil nicht verwertbare Rechte im Überschuldungsstatus nicht angesetzt werden könnten. Deswegen wählt Boehme als Testsituation für die Einlagefähigkeit den sog. *gründungsnahen Konkurs*, wonach nur Gegenstände einlagefähig sind, in die vollstreckt werden kann.[237]

In Bezug auf die obligatorischen Nutzungsrechte gebe es drei mögliche Risikogruppen, die dem Einleger zuzurechnen sind und alle im Interesse des Gläubigerschutzes auszuschließen seien: Risiken durch sein eigenes Verhalten, durch das Verhalten seiner Rechtsnachfolger und durch Zwangsvollstreckungsmaßnahmen gegen den Einleger.[238] Unter Berücksichtigung dieser Risiken kommt Boehme zum Ergebnis, daß mit Ausnahme des Kapitalnutzungsrechts die obligatorischen Nutzungsrechte „permanent durch den Sacheinleger selbst und dessen Gläubiger bedroht" sind.[239]

---

231 Boehme, ebenda, S. 27.
232 Boehme, ebenda, S. 34 f.
233 Boehme, ebenda, S. 43 ff.
234 Fabritius, Die Überlassung von Anlagevermögen, S. 168; Boehme, ebenda, S. 25, S. 32 f.
235 Fabritius, ebenda.
236 Fabritius, ebenda, S. 169 m.w.Nachw. Fn. 74; Boehme, ebenda, S. 33 f.
237 Boehme, ebenda, S. 48.
238 Boehme, ebenda, S. 99.
239 Knobbe-Keuk, ZHR 1980, 214, 221.

b) Beschränkung auf die Zuführung eines Vermögenswertes

Nach einer stark in der Literatur vertretenen Ansicht,[240] kommt es für die Einlagefähigkeit einheitlich nur auf die Zuführung eines feststellbaren Wertes in Höhe des Nennwerts der ausgegebenen Anteile an.

Auch nach dieser Ansicht können die Funktionen des Eigenkapitals in einen Betriebs- und einen Haftungsfond unterteilt werden.[241] Der Gläubigerschutz resultiere jedoch nicht daraus, daß den Gläubigern Vollstreckungsobjekte zur Verfügung gestellt würden, sondern daraus, daß die Gesellschaft mit Hilfe von Eigenmitteln „aus eigener Kraft agieren kann".[242] Nur für den Zeitpunkt der Einlageleistung könne festgestellt werden, ob ein Vermögenswert zugeführt wurde, da danach frei über die zugeführten Werte verfügt werden könne. Es mache keinen Unterschied, ob das Nutzungsrecht wegen Zeitablaufs erloschen oder übereignetes Bargeld ausgegeben worden sei.[243] Ein pfändbares Wirtschaftsgut könne jederzeit in ein nicht pfändbares ausgetauscht werden.[244] Damit könne es auf die Vollstreckbarkeit nicht ankommen.

Nach dieser Ansicht müssen Einlagen von obligatorischen Nutzungsrechten gegen den Einleger mit allen sonstigen anerkannten Einlagen gleich behandelt werden. Da nicht alle dinglichen Nutzungsrechte an Dritte übertragbar seien (§§ 1059 ff., 1092 BGB)[245] und Personengesellschaftsanteile trotz ihrer regelmäßigen Nichtübertragbarkeit trotzdem zum Verkehrswert angesetzt würden,[246] könne die Übertragbarkeit keine Voraussetzung der Einlagefähigkeit sein. Darüber hinaus komme es bei der Einlage auf die Perspektive der Gesellschaft an, so daß es keinen Unterschied mache, ob das Nutzungsrecht gegen den Einleger oder einen Dritten begründet würde.[247]

---

240 Bork, ZHR 154 (1990), 205, 228 f.; Röhricht in: Großkommentar zum AktG, § 27 Rn. 30 ff.; Scholz-Winter, § 5 Rn. 44; Meilicke, BB 1991, 579 ff. Auch schon Groh, FS f. Flume, 71, 73: „Entscheidend ist danach, ob der Gesellschaft überhaupt ein Vermögenswert zugeführt worden, nicht ob er auch gesondert bilanzierbar ist."

241 Bork, ZHR 154 (1990), 205, 212 – Das Begriffsverständnis entspricht dem oben unter 2. b) dd) aaa) dargestellten in seiner Grunddefinition. Röhricht in: Großkommentar zum AktG, § 27 Rn. 30.

242 Zitat von Bork, ZHR 154 (1990), 205, 228 f., 231 Fn. 123 f.; Röhricht in: Großkommentar zum AktG, § 27 Rn. 31: „..., daß die Gesellschaft ihre Verbindlichkeiten aus eigener Kraft bedienen kann."

243 Bork, ZHR 154 (1990), 205, 229 Fn. 124.

244 Röhricht in: Großkommentar zum AktG, § 27 Rn. 30.

245 Bork, ZHR 154 (1990), 205, 227.

246 Meilicke, BB 1991, 579, 580.

247 Meilicke, BB 1991, 579, 582.

Aus dem Bereich der verschleierten Sacheinlage wird ein zusätzliches Argument angeführt: Für diejenigen Fälle, in denen die Sacheinlagefähigkeit verneint würde, entfiele die präventive Werthaltigkeitskontrolle durch Gründungsprüfer und Registergericht.[248] Zudem könne auch die verschleierte Sacheinlage keine Anwendung finden, weil von einer Umgehung der Einlagevoraussetzungen nur dann die Rede sein könne, wenn ein Vermögenswert tatsächlich einlagefähig sei.[249]

Weiter wird ein europarechtliches Argument gegen die Zulässigkeit von Voraussetzungen genannt, die über den Wortlaut des § 27 Abs. 2 AktG hinausgehen. Mit der Fassung des § 27 Abs. 2 AktG wurde der wortgleiche Art. 7 der 2. EG-Richtlinie zur Koordinierung des Gesellschaftsrechts[250] in deutsches Recht übernommen. Im Rahmen des Verfahrens zur Formulierung des Art. 7 seien die Kriterien der Übertragbarkeit, Vollstreckbarkeit und der Verwertbarkeit ausdrücklich abgelehnt worden, weil diese zu einem unterschiedlichem Verständnis der Begriffe in den Mitgliedsstaaten und zu Auslegungs- und Bewertungsschwierigkeiten geführt hätten.[251] Diesem Willen habe auch das deutsche Normverständnis zu folgen und dürfe keine zusätzlichen Anforderungen aufstellen.[252]

Damit kommt es nach dieser Ansicht nur auf die Zuführung eines feststellbaren Vermögenswerts an, weitere Voraussetzungen sind weder erforderlich noch zulässig.

c) Vermittelnde Ansichten

Zusätzlich zu den bereits dargestellten Ansichten bestehen einige vermittelnde Konzepte bzgl. der Anforderungen an die Einlagefähigkeit, die aber jeweils nur von sehr wenigen Vertretern befürwortet werden. Interessanterweise finden sich die selben Ansichten zu den Voraussetzungen des Vermögensgegenstands wieder.[253]

---

248 Röhricht in: Großkommentar zum AktG, § 27 Rn. 24.

249 Meilicke, BB 1991, 579, 585 f.

250 ABlEG Nr. L 26/1 vom 31.1.1977.

251 Meilicke, BB 1991, 579, 580 m.Nachw. zur Entstehungsgeschichte Fn. 17 - 19; Röhricht in: Großkommentar zum AktG, § 27 Rn. 34; allg. zur neuen Regelung Hüffer, NJW 1979,1065 ff.

252 Meilicke, BB 1991, 579, 580; Röhricht in: Großkommentar zum AktG, § 27 Rn. 4, 18 f.; 34. Kritisiert, daß die Diskussion fast ausschließlich auf der Grundlage des innerstaatlichen Rechts stattfindet, ohne die EuGH Entscheidungen zu berücksichtigen.

253 S. unten.

Die strengste Ansicht fordert die Einzelveräußerbarkeit.[254] Etwas weniger restriktiv ist die Ansicht von *Haas*.[255] Danach muß die Einlage so ausgestaltet sein, daß die Gesellschaft zur Übertragung des Nutzungsrechts an Dritte ausdrücklich befugt ist, denn eine Gleichstellung mit der Bareinlage setze die Möglichkeit voraus, den „eingelegten Vermögenswert umzuschichten". Nach anderer Ansicht reicht es aus, wenn das Einlagegut zumindest mit dem Gesamtbetrieb übertragen werden kann.[256]

Eine Modifikation der Ansicht, die jegliches Risiko ausschließen will, ist die Ansicht von *Schmidt*. Danach kommt es für die Einlagefähigkeit darauf an, ob der Vermögenswert in Liquidation und Konkurs verwertbarer Bestandteil der Haftungsmasse ist.[257] Dazu gehören obligatorische Nutzungsrechte an beweglichen Sachen wegen §§ 986 Abs. 2 BGB, 846 ZPO und insbesondere Lizenzen im Patentrecht seit der Einführung des § 15 Abs. 3 PatG, nicht aber obligatorische Nutzungsrechte an Grundstücken.[258]

d) Standpunkt der Rechtsprechung

Bis auf eine Entscheidung des Kammergerichtes[259] fehlte es lange an ausdrücklichen Aussagen der Rechtsprechung zur Einlagefähigkeit obligatorischer Nutzungsrechte. In seinen Entscheidungen „Lagergrundstück III"[260] und „Lagergrundstück IV"[261] zum Eigenkapitalersatz durch Nutzungsüberlassung orientierte sich der BGH nur bzgl. der Rechtsfolge bei § 32a Abs. 3 GmbHG daran, wie eine Sacheinlage behandelt wird. Die Frage nach der Sacheinlagefähigkeit von Nutzungsrechten ließ er dagegen ausdrücklich offen und löste sie damit von der

---

254 Ekkenga, ZHR 161 (1997), 599, 620; zu weiten Nachw. s. bei Pentz in: MüKomm AktG, § 27 Rn. 21.

255 Haas, FS Döllerer, 169, 180 f.

256 Hachenburg/Ulmer, § 5 Rn. 35; Lutter/Hommelhoff, § 5 Rn. 14, 20.

257 K. Schmidt, ZHR 154 (1990), 237, 251.

258 K. Schmidt, ZHR 154 (1990), 237, 255 ff. Bezüglich der Einlage einer Lizenz, geht Schmidt davon aus, daß die Gesellschaft zur Weiterübertragung berechtigt ist.

259 KG v. 30. 4.1909, 1a X 328/09, KGJ 38A, 161 ff. = OLGR 22, 25 ff. zit. nach Boehme, Kapitalaufbringung durch Sacheinlagen, S. 4 Fn. 22.

260 BGH v. 11. 7. 1994, II ZR 146/92, BGHZ 127, 1, 9 = ZIP 1994, 1261, 1264: „Dabei muß das im einzelnen umstrittene Problem, ob und unter welchen Voraussetzungen obligatorische Nutzungsrechte Gegenstand einer zulässigen Sacheinlage sein können, außer Betracht bleiben."

261 BGH v. 11. 7. 1994, II ZR 162/92, BGHZ 127, 1, 18, 25 = ZIP 1994, 1261, 1441, 1443: „Dabei muß das im einzelnen umstrittene Problem, ob und inwieweit obligatorische Nutzungsrechte Gegenstand einer zulässigen Sacheinlage sein können, ebenso außer Betracht bleiben, wie die damit eng zusammenhängende Frage nach dessen (möglicherweise) fehlender Verwertbarkeit im Konkurs der Gesellschaft."

Sacheinlagefähigkeit nach Gesellschaftsrecht.[262] Auch die Entscheidung des Großen Senats des BFH vom 26. 10. 1987[263] zur Einlagefähigkeit von Nutzungsrechten nach § 4 Abs. 1 EStG beschränkte sich ausdrücklich auf die steuerliche Frage, so daß hieraus keine Schlußfolgerungen für die gesellschaftsrechtliche Sacheinlagefähigkeit gezogen werden konnten. Dagegen sprach sich der BFH im seiner Entscheidung vom 16. 11. 1977[264] zum Kiesausbeuterecht eindeutig für die Sacheinlagefähigkeit eines obligatorischen Nutzungsrechts im Gesellschaftsrecht und im Steuerrecht aus. Ausdrücklich äußert der Senat, daß obligatorische Nutzungsrechte dann „als Einlagen geeignet sind, wenn sie einen feststellbaren wirtschaftlichen Wert haben." Damit muß bis dahin die Rechtsprechung als uneinheitlich bezeichnet werden.

Aufgrund des Beruhens des § 27 Abs. 2 AktG auf Art. 7 der 2. EG-Richtlinie hätte eine EuGH-Entscheidung Klärung bringen können. Einer Vorlage beim EuGH bei der Auslegung der 2. EG-Richtlinie hätte die sog. Mindestnormtheorie entgegenstehen können, nach der die 2. EG-Richtlinie die Anwendung strengeren nationalen Rechts nicht ausschließe, soweit Vorschriften der Richtlinie keine Höchstmaßregelung treffen.[265] Ob an dieser Theorie vom BGH festzuhalten ist, ist aus Sicht des BGH nicht relevant,[266] da der BGH ausdrücklich den Art. 7 der 2. EG-Richtlinie als eine solche Höchstnorm einstufte, so daß der

262 Boehme, Kapitalaufbringung durch Sacheinlagen, S. 6 f.: Danach hätten durch § 32a Abs. 3 GmbHG auch solche Leistungen erfaßt werden können, die nicht die Voraussetzung der Sacheinlage erfüllen. Sonst hätte zunächst positiv die Sacheinlagefähigkeit als Voraussetzung des Eigenkapitalersatzes geprüft werden müssen.

263 BFH v. 26. 10. 1987, GrS 2/86, BFHE 151, 523 ff. = BStBl. II 1988, 348 ff.

264 BFH v. 16. 11. 1977, I R 83/75, BFHE 124, 501 = BStBl. II 1978, 386 f. Diese Einlagen werden auch steuerlich als Einlagen i.S.d. § 4 Abs. 1 EStG anerkannt.

265 BGH v. 15. 1.1990, II ZR 164/88, BGHZ 110, 47, 68 ff. = ZIP 1990, 156 ff. = NJW 1990, 982 ff. = DB 1990, 311 ff.; zu umfassenden Literaturnachweisen zur Mindestnormtheorie s. Meilicke, BB 1991, 579 Fn. 9; Kindler, ZHR 1994, 339, 351 ff. m. Nachw. in Fn. 79 ff; Dinkuth, Die Kapitalrichtlinie – Mindest- oder Höchstnorm, 26 ff. (Rspr.), 48 ff. (Lit.).

266 Vorlagebeschluß BGH v. 30. 1.1995, II ZR 132/93, ZIP 1995, 372. Es ging darum, ob die Grundsätze der Inhaltskontrolle bei einem Kapitalerhöhungsbeschlusses gegen Sacheinlagen unter Ausschluß des Bezugsrechts anwendbar sind. Die Richtlinie sieht in Art. 29 Abs. 1 und Abs. 4 nur ein Bezugsrecht der Aktionäre bei Kapitalerhöhung gegen Sacheinlagen vor. EuGH v. 2. 7. 1996, C 42/95 (*Henry Nold/Siemens)* Slg. 1996, S. I 6017, 6034 f. = ZIP 1996, 1825 ff. sah in seinem Urteil eine strengere Handhabung des Bezugsrechtsausschlusses nach nationalem Recht als zulässig an, weil so ein besserer Schutz der Aktionäre entsprechend dem Richtlinienziel gewährleistet würde. Damit wurde der Mindestnormtheorie jedenfalls keine Absage erteilt. Vorher lag schon - aufgrund der Vorlageentscheidung des LG Hannover v. 15. 1.1991, WM 1991, 407 - die Frage nach der Zulässigkeit der Mindestnormtheorie dem EuGH vor. In EuGH v. 16. 7. 1992, C 83/91 (*Meilicke*) Slg. 1992, S. I 4871 ff. = ZIP 1992, 1076 ff. wurde die Sache als unzulässig an das LG zurückverwiesen.

Mindestnormtheorie jedenfalls nach BGH ohnehin hier keine Geltung zukommt.[267]

Mit Entscheidung vom 15. 5.2000 hat der BGH[268] ausdrücklich zu den Voraussetzungen der Sacheinlagefähigkeit Stellung genommen. Bei der Frage der Einlagefähigkeit von Nutzungsrechten an bekannten Namen und Logos von Sportvereinen stellte er nur auf den feststellbaren wirtschaftlichen Wert ab. Dieser solle dann vorliegen, wenn zumindest eine Mindestdauer für die Nutzung festgelegt sei. Eine Vorlage an den EuGH wurde abgelehnt, weil er keine Auslegung des Art. 7 der Richtlinie, sondern nur „eine Frage der Rechtsanwendung" sei, wann und ob ein „wirtschaftlicher Wert feststellbar" im Einzelfall vorliege.[269] Mittlerweile hat das LG Dresden[270] in einem Fall der verdeckten Sacheinlage von Mietzinszahlungen für Gewerberäume ausgeführt, daß „die Befreiung von der Mietzahlungspflicht bei Gründung der Gesellschaft als Sach(ein)lage hätte erbracht werden können. Obligatorische Nutzungsrechte, wie die Gebrauchsüberlassung an Gebäuden, sind als Sacheinlage jedenfalls dann einlagefähig, wenn das Sachnutzungsrecht der Gesellschaft nicht durch eine Kündigung jederzeit oder kurzfristig wieder entzogen werden kann." Insbesondere nach der Entscheidung des BGH ist davon auszugehen, daß die Rechtsprechung von der grundsätzlichen Einlagefähigkeit ausgeht.[271]

e) Stellungnahme

Im Hinblick auf die einzelnen Voraussetzungen der Sacheinlagefähigkeit – insbesondere anhand des kritischen Falls der Einlagefähigkeit obligatorischer Nutzungsrechte – gehen die Ansichten stark auseinander. Im Interesse der Übersichtlichkeit sollen die einzelnen Argumente bzgl. der Anforderungen der freien Verfügbarkeit getrennt dargestellt werden. Wegen ihres unmittelbaren Zusammenhangs ergeben sich teilweise Überschneidungen in den einzelnen Aspekten. Trotzdem erscheint so eine Entflechtung der einzelnen Gesichtspunkte am besten möglich. Dabei soll hier zunächst auf die nationalen Argumente bzgl. der

---

267 BGH v. 15. 1. 1990, II ZR 164/88, BGHZ 110, 47, 70 = NJW 1990, 982, 987 = DB 1990, 311, 315.

268 BGH v. 15. 5. 2000, II ZR 359/98, BGHZ 144, 290 = NJW 2000, 2356 ff. = GmbHR 2000, 870 ff. (sog. Adidas-Entscheidung). Krit. Boehme, GmbHR 2000, 841 ff.

269 BGH, ebenda; ebenso schon BGH v. 15. 1. 1990, II ZR 164/88, BGHZ 110, 47, 71 f. = DB 1990, 311, 315.

270 LG Dresden v. 16.11.2000, GmbHR 1/2001, 29 f.

271 BGH v. 15. 5. 2000, II ZR 359/98, NJW 2000, 2356, 2357: Bzgl. des feststellbaren Wertes des obligatorischen Nutzungsrechtes an der Verwertung der bekannten Namen und Logos, wird auf dessen „grundsätzlich(e)" Bejahung mit Verweis auf die Ansicht von Bork und Röhricht (s.o. 2. b) dd) bbb)) verwiesen.

Sacheinlagefähigkeit obligatorischer Nutzungsrechte eingegangen werden, bevor zu dem europarechtlichen Verständnis Stellung genommen wird.

aa) Trennung von Gewinn und Kapital

Ein altes Argument von Döllerer[272] gegen die Einlagefähigkeit obligatorischer Nutzungsrechte war die fehlende Trennung von Gewinn und Kapital. „Durch die Einräumung eines obligatorischen Nutzungsrecht(es) werde der Gesellschaft kein Kapital zugeführt, vielmehr handele es sich um die – unzulässige – Vorwegnahme der von der Gesellschaft selbst in Zukunft erst zu erwirtschaftenden Erträge.“[273]

Diese Bedenken müssen jedoch auf Ablehnung stoßen. Zum einen werden diese Einwände nicht gegen obligatorische Nutzungsrechte gegen Dritte geltend gemacht.[274] Zum anderen handelt es sich bei der Kapitalisierung zukünftiger Erträge um ein allgemeines Prinzip bei der Bewertung von Sacheinlagen.[275] Besonders deutlich wird dies bei der Bewertung eines eingebrachten Betriebes. Hier fließt im Rahmen der betriebswirtschaftlichen Unternehmensbewertung in den Posten „Firmenwert“ hauptsächlich der Ertragswert des Unternehmens ein[276] ebenso wie bei der als Sacheinlage anerkannten Einbringung von Know-how.[277] Die Kapitalisierung künftiger Erträge ist also keine Besonderheit der Einlage von obligatorischen Nutzungsrechten gegen den Einleger, so daß diese ihr auch nicht entgegengehalten werden kann.

---

[272] Döllerer, BB 1971, 1251; seit der Einfügung des § 27 Abs. 2 AktG ist er allerdings der Auffassung, daß die Frage jetzt positiv durch die Regierungsbegründung zu § 36a AktG zugunsten der Einlagefähigkeit entschieden ist; ders., Verdeckte Gewinnausschüttungen und ..., S. 194; ders., FS Fleck, 35, 39. Zu der Fehlerhaftigkeit dieser Argumentation siehe schon oben.

[273] In dieselbe Richtung zielt - trotz der unterschiedlichen Bezeichnung - letztlich auch die Meinung von Ekkenga, ZHR 161 (1997), 599, 625 Nutzungseinlage bloße „Aufwandseinlage“.

[274] Knobbe-Keuk, ZGR 1980, 214, 219.

[275] Döllerer, FS Fleck, 35, 39.

[276] Dazu Knobbe-Keuk, ZGR, 214, 219. S. Fn. 83: Dabei sind alle gängigen Unternehmensbewertungsverfahren von Schätzungen über die zukünftige Unternehmensentwicklung abhängig.

[277] Döllerer, FS Fleck, 35, 39.

bb) Die Haftungsfunktion des Kapitalaufbringungsgrundsatzes

Obwohl die Ansichten sehr unterschiedliche Anforderungen an die Sacheinlagefähigkeit stellen, besteht Einigkeit, daß sich die Sacheinlagefähigkeit am Kapitalaufbringungsgrundsatz zu orientieren hat.[278] Der Kapitalaufbringungsgrundsatz leitet sich aus der Summe der bestehenden gesetzlichen Regelungen zur Kapitalaufbringung und Kapitalerhaltung ab,[279] gilt aber im Prinzip einheitlich für GmbH und AG.[280] Der Sinn der Kapitalaufbringung besteht im Interesse der Gesellschaftsgläubiger darin, ihnen einen Ausgleich für die mangelnde persönliche Haftung der Gesellschafter in Höhe des aufzubringenden Stammkapitals zu gewähren.[281] Während nahezu unumstritten die Betriebsfunktion des Kapitalaufbringungsgrundsatzes auf die gegebene Lebensfähigkeit der Gesellschaft zielt und diese auch hinreichend durch obligatorische Nutzungsrechte erfüllt werden kann,[282] bestehen weiterhin Unterschiede bzgl. der Beurteilung der Haftungsfunktion. Dabei stellt die die Einlagefähigkeit verneinende Ansicht die möglichen Risiken des Entzugs des Nutzungsrechts, die aus der Sphäre des Einlegers drohen, in den Vordergrund.

Die bestehenden Risiken sind kurz darzustellen, und dann ist jeweils zu untersuchen, inwieweit sich eine Verneinung der Einlagefähigkeit in das bestehende System von anerkannten Nutzungsrechten einfügt und inwieweit Risiken insgesamt eine Verneinung der Sacheinlagefähigkeit fordern.

aaa) Kapitalnutzungsrecht

Eine besondere Stellung nimmt in diesem Zusammenhang die Einlage *eines Kapitalnutzungsrechtes* ein, so daß es separat darzustellen ist. Die Einlage bestünde

---

278 Bork, ZHR 154 (1990), 205, 209 Fn. 19 m.w.Nachw.; Steinbeck, ZGR 1996, 116, 119.

279 Scholz-Winter, § 5 Rn. 42 Rn. 11: Ausfluß davon insbes. Regelungen bzgl. Gesellschafterbeitrag §§ 5, 7 II und III, 8 I und II, 9 ff., 19 ff., 33 I, 43 III, 55 ff., 82, 84 GmbHG.

280 § 36 Abs. 2 S. 2 zeigt, daß vom Grundsatz eine Sacheinlage nicht frei von Risiken sein muß. Entgegen Pentz in: MüKomm AktG, § 27 R. 5 liegt darin auch keine partielle Durchbrechung des Grundsatzes der Kapitalaufbringung, da auch diese Vorschrift ein Teil des Grundsatzes ist.

281 Haas, FS Döllerer (1988), 169, 171; Röhricht in: Großkommentar zum AktG, § 27 Rn. 2: „Preis oder Äquivalent für den Haftungsausschluß". Haas, ebenda, 180 f. und Steinbeck, ZGR 1996, 116, 120 sehen eine weitere wichtige Funktion in der Verschaffung von Liquidität. Nur wenn die Sacheinlage diese Voraussetzung erfülle, wäre sie mit der Bareinlage gleichwertig.

282 Anders Fabritius, Die Überlassung von Anlagevermögen, S. 165 ff., der teilweise die Risiken aus der Gesellschaftersphäre schon als Beeinträchtigung des Betriebsmittelfonds auffaßt.

hier in der kapitalisierten Zinsersparnis, nicht in der Darlehnsvaluta. Ein vermögenswerter Vorteil liegt ohne weiteres vor. Schmidt[283] erblickt in der Bejahung der Einlagefähigkeit einen unzulässigen Eingriff in den „der Geschäftsführung zustehenden operativen Bereich". Gegen diese Sichtweise spricht jedoch, daß die Gesellschaft beliebig über die gleichzeitig zur Verfügung gestellten Darlehnsvaluta verfügen kann und der Gesellschaft hier tatsächlicher Handlungsspielraum bleibt. Die Sonderstellung des Kapitalnutzungsrechts besteht darin, daß sowohl mögliche Erwerber des Rückzahlungsanspruches ebenso wie mögliche Gläubiger des Gesellschafters sich allen Einwendungen der Kapitalgesellschaft gegen den Gesellschafter ausgesetzt sehen (§ 404 BGB, §§ 829, 835, 836 ZPO). Hier bestehen aus Sicht der Gesellschaft überhaupt keine Risiken,[284] die Zinslosigkeit für die vereinbarte Zeit zu nutzen. Deswegen kann die Sacheinlagefähigkeit, soweit die Gesellschaft durch die Übertragung der Darlehnsvaluta eine gesicherte Rechtsposition erhält, nicht zweifelhaft sein.

bbb) Risiken der sonstigen obligatorischen Nutzungsrechte

Bei Nutzungsrechten könnte das Eigentum am Nutzungsgegenstand durch den Sacheinleger an einen Dritten übertragen werden. Während die Gesellschaft gegenüber einem Erwerber bei beweglichen Sachen gem. § 986 Abs. 2 BGB bis zum Ablauf der Nutzungsdauer hinreichend geschützt ist,[285] könnte die Gesellschaft bei unbeweglichen Sachen dem Erwerber höchstens §§ 566[286], 581 Abs. 2, 593b BGB analog entgegenhalten. Eine direkte Anwendung dieser Normen scheitert schon daran, daß es sich um eine Einlageverpflichtung und nicht um Miete handelt, schließlich zahlt die Gesellschaft gerade keinen Mietzins. Gegen eine Analogie zu diesen Vorschriften spricht aber, daß dem Erwerber nur für

---

283 K. Schmidt, ZHR 154 (1990), 237, 249. Dies liegt bei den von Schmidt bejahten Nutzungsrechten an beweglichen Sachen (S. 255) auch nicht anders.

284 Boehme, Kapitalaufbringung durch Sacheinlagen, S. 85 ff.; Döllerer, FS Fleck (1988), 35, 44 ff.

285 Haas, FS Fleck (1988), 169, 181.

286 Entspricht dem § 571 BGB i.d.F. vor dem MietRRG v. 19. 6. 2001 (BGBl. I, S. 1149).

den Fall des Erhalts von Mietzins ein Schutz des Mieters zumutbar ist.[287] Dagegen kann er die Herausgabe des Nutzungsobjekts von der Gesellschaft verlangen, wenn sie keinen Mietzins zahlt, was bei Einlage obligatorischer Nutzungsrechte der Fall wäre. Ein Vergleich mit dem unbestritten einlagefähigen Nutzungsrecht gegen einen Dritten hilft in diesem Zusammenhang nicht weiter, da § 566 BGB hier direkte Anwendung findet. Es wird nämlich ein bereits bestehendes Nutzungsrecht gegen einen Dritten in die Gesellschaft eingelegt, der vorherige Abschluß eines Miet- oder Pachtvertrages ist damit hier erforderlich. Damit besteht für die unbeweglichen Sachen kein Schutz vor den Rechten des Erwerbers. Trotzdem sollten diese Risiken nicht überbewertet werden, denn eine Beeinträchtigung des Nutzungsrechts durch Veräußerung an einen Dritten setzt eine „doppelte Pflichtwidrigkeit" des Gesellschafters voraus, nämlich gegenüber dem Erwerber, der von dem Bestehen des Nutzungsrechts keine Kenntnis haben darf, und gegenüber der Gesellschaft, der gegenüber die Überlassungsverpflichtung eingegangen wurde. Diese Umstände sind nicht sehr wahrscheinlich, und deshalb ist grundsätzlich eine vertragsgerechte Abwicklung zu unterstellen.[288]

Ähnlich liegen die Risiken, wenn ein Gläubiger des Gesellschafters die *Einzelzwangsvollstreckung* betreibt. Der Pfändung einer beweglichen Sache kann die Gesellschaft §§ 808, 809 ZPO entgegenhalten, der Pfändung des Herausgabeanspruchs §§ 846, 836 ZPO, 404, 412 BGB.[289] Ebenso, wie eben schon bei § 566 BGB, finden auch §§ 57, 57a ZVG bei unbeweglichen Sachen keine Anwendung, so daß der Ersteher in der Zwangsvollstreckung ihre Herausgabe verlangen kann.[290] Aus der Bejahung der Einlagefähigkeit des Firmenwertes ergibt sich aber, daß die Nutzungsrechte anscheinend nicht generell als Risiko eingestuft werden. Eindeutig fließen nämlich in den Firmenwert obligatorische Nut-

---

287 Boehme, Kapitalaufbringung durch Sacheinlagen, S. 118 ff. im Ergebnis genauso, allerdings meint er (S. 128 ff.), daß i.R.d. direkten Anwendung des § 571 BGB die Angemessenheit der Mietzinszahlung keine Rolle spiele und sich der Erwerber gegenüber dem Veräußerer schadlos halten könne. Allerdings verneint er die Regelungslücke, weil ein dingliches Recht bestellt werden könne. Bork, ZHR 154 (1990), 205, 217 f.; Fabritius, Überlassung von Anlagevermögen, S. 166 Fn. 61; Schmidt, ZHR 154 (1990), 237, 257 Fn. 126 mit Verweis auf Mot., in: Mugdan II, S. 218; a.A. Döllerer, FS Fleck (1988), 35, 43 berücksichtigt nur die Perspektive der Gesellschaft, während die Rechtsstellung des Erwerbers überhaupt nicht berücksichtigt wird; unentschieden Haas, FS Döllerer (1988), 169, 181 f.

288 Bork, ZHR 154 (1990), 205, 222; Steinbeck, ZGR 1996, 116, 126.

289 Fabritius, Überlassung von Anlagevermögen, S. 166; Bork, ZHR 154 (1990), 205, 218.

290 Bork, ebenda; Boehme, Kapitalaufbringung durch Sacheinlagen, S. 149 ff.; Fabritius, ebenda, S. 167.

zungsrechte ein.[291] Da es den Betrieb als solchen nicht als Gegenstand des Rechtsverkehrs gibt, kann es keinen Unterschied machen, ob das Nutzungsrecht in den Posten „Firmenwert“ mit einfließt oder selbständig eingelegt wird. Eine solche Privilegierung des Firmenwertes wäre nicht nur systemwidrig, sondern würde auch das angestrebte Ziel der Risikovermeidung durch die Eingrenzung der möglichen Einlagegegenstände verfehlen.

Damit ist anhand einiger Risiken gezeigt, daß insbesondere obligatorische Nutzungsrechte an unbeweglichen Sachen dem Risiko ihrer Entziehung durch Dritte ausgesetzt sind. Bei der Beurteilung von Risiken ist anzuraten, sich nicht allein an ein formal-juristisches Auffinden von Risiken zu klammern, sondern vielmehr offen die Wahrscheinlichkeit des Eintritts eines solchen Risikos in die Überlegungen miteinzubeziehen. Sehr anschaulich sagt dazu *Döllerer*[292], daß die Zwangsvollstreckungsgefahr teilweise nicht größer sei, als „daß in ein zur Nutzung überlassenes Gebäude der Blitz einschlägt und es zerstört.“ Bei diesem Risiko handelt es sich zwar – im Unterschied zum Risiko der Zwangsvollstreckung – nicht um ein „vermeidbares“, sondern um ein allgemeines Risiko aller Sacheinlagen, aber die Wahrscheinlichkeit des Eintritts ist genauso hoch. Wie auch § 9 GmbHG zeigt, gehört es zur „Natur“ der Sacheinlagen, daß sich die mangelnde Werthaltigkeit einer Sacheinlage erst später herausstellen kann, etwa wenn ein übereigneter PKW bereits im Eintragungszeitpunkt einen unentdeckt gebliebenen Motorschaden hatte, so daß auch das Erfordernis der freien Verfügung letztlich zu einem Geldanspruch führt.

Die Forderung, die Sacheinlage solle „so gut wie Geld“ sein, trägt nicht zur Lösung dieser Probleme bei. Diese Formulierung legt nahe, daß bei einer Bareinlage keine Risiken drohen. Allerdings ist gem. § 7 Abs. 2 S. 1 GmbHG nur ein Viertel der Bareinlage vor der Anmeldung zu leisten.[293] Aus der Sphäre des Gesellschafters droht das Risiko seiner Insolvenz, das aufgrund der möglichen Insolvenz der anderen Gesellschafter auch nicht durch eine Aufbringung von Fehlbeträgen gem. §§ 24 GmbHG risikofrei abgesichert ist. In Höhe der ausstehenden Bareinlage (höchstens 75 %) besteht nur eine Verpflichtung zur Geldeinlage, deren Wert von der nicht prüfungspflichtigen Solvenz des Einlegers ab-

---

291 Meilicke, BB 1991, 579, 583. Für eine Gesellschaft, die 10 Jahre ein Betriebsgrundstück nutzen kann, dessen Nutzungswert z.B. 1 Million beträgt, wird mit Sicherheit mehr gezahlt, als für eine Gesellschaft, die ein solches nicht hat.

292 Döllerer, FS Fleck (1988), 35, 44.

293 Hierzu enthält § 7 Abs. 2 S. 3 GmbHG eine Ausnahme: Bei der Einmanngesellschaft muß der Gesellschafter für den nicht geleisteten Teil eine Sicherung bestellen.

hängt.[294] Unterstellt man den Ausfall der ausstehenden Einlagen, wird deutlich, daß letztlich nur eine vollständige Leistung vor Eintragung in Form einer Bareinlage eine Zuführung der gesamten Einlagen sicherstellen kann. Eine vollständige Beseitigung aller Risiken aus der Sphäre des Gesellschafters sieht das Gesetz aber auch nach dem Kapitalaufbringungsgrundsatz gerade nicht vor.[295] Vielmehr bleibt keine andere Möglichkeit, als auf die Solvenz des Gesellschafter zu vertrauen, bzw. auf die Funktionsfähigkeit der sonstigen Sicherungsinstrumente. Damit ist es dann aber kein Systembruch, auch einen Differenzhaftungsanspruch gem. § 9 GmbHG bzw. einen Ausgleichsanspruch gem. § 27 Abs. 3 S. 3 AktG genügen zu lassen, falls ein obligatorisches Nutzungsrecht doch vor Ende der vereinbarten Nutzungszeit entzogen wird.

ccc) Übertragbarkeit und Pfändbarkeit

Wäre die *Pfändbarkeit* durch die Gesellschaftsgläubiger Voraussetzung der Einlagefähigkeit, so würde die Funktion des Grundkapitals als Haftungsmasse tatsächlich am stärksten geschützt.[296] Ob es sich hierbei aber um eine Einlagevoraussetzung handelt ist umstritten.[297]

Gem. §§ 851, 857 Abs. 1 und 3 ZPO ist die *Übertragbarkeit*, oder zumindest die Überlassung zur Ausübung, Voraussetzung der Pfändbarkeit. Teilweise wird die freie Übertragbarkeit und Pfändbarkeit gefordert,[298] so daß zu prüfen wäre, welche Einlagen diese Voraussetzungen erfüllen. Nach anderer Ansicht soll dagegen ausreichen, im Rahmen der Verwertung des gesamten Unternehmens die Einlage im Interesse der Gläubiger nutzbar zu machen.[299] Letztlich dienen die Anforderungen einer wie auch immer gearteten Verwertbarkeit dazu, die Einlagen für die Gläubiger im Krisenfall zu Geld machen zu können.

---

294 Hirte in: Systembildung und Systemlücken in Kerngebieten des Europäischen Privatrechts, S. 211, 228: Entscheidend sei vielmehr der Verwendungszweck der zugeführten Mittel, der aber ebenfalls nicht prüfungs- oder offenlegungspflichtig sei.

295 Ein weiteres Beispiel für diesen Gedanken stellt § 36a Abs. 2 S. 2 AktG dar. Danach muß eine Einlage, die in der Verpflichtung, einen Vermögensgegenstand zu übertragen, besteht, erst „innerhalb von fünf Jahren nach der Eintragung der Gesellschaft in das Handelsregister zu bewirken sein."

296 So Röhricht in: Großkommentar zum AktG, § 27 Rn. 30.

297 Scholz-Winter, § 5 Rn. 44 mit Nachw. zum Meinungsstand.

298 Fabritius, Die Überlassung von Anlagevermögen, S. 167; Lutter, Kapital, S. 232.

299 Döllerer, FS Fleck (1988), 35, 42; Haas, FS Döllerer (1988), 169, 171; Hachenburg/Ulmer, § 5 Rn. 35; KK-Lutter, § 183, Rn. 13.

Obwohl dingliche Nutzungsrechte unumstritten[300] sacheinlagefähig sind, sind sie im Falle von §§ 1059 ff., 1092 BGB nicht übertragbar und auch nach § 857 Abs. 3 ZPO nicht in jedem Fall *pfändbar.*[301] Damit ist deutlich, daß die Pfändbarkeit als *einheitliches Sacheinlagekriterium* nicht taugt. Zudem kann der zusammen mit dem Unternehmen einlagetaugliche Geschäftswert ebenfalls nicht einzeln übertragen werden oder Gegenstand einer Pfändung sein.[302] [303] Ein weiteres Argument gegen das Kriterium der Übertragbarkeit ergibt sich aus dem Beispiel der Einlage von Personengesellschaftsanteilen, denen regelmäßig die Weiterübertragbarkeit fehlt. [304] Hat der Konkurs des Gesellschafters das Ausscheiden aus der Gesellschaft – wie es üblich ist – zur Folge, wäre eigentlich nur eine Einlage in Höhe des Auseinandersetzungsguthabens gerechtfertigt, weil nur in dieser Höhe der eingelegte Anteil Gläubigern zu Gute kommen könnte. Tatsächlich wird aber der Verkehrswert der Anteile der Bewertung zugrunde gelegt, denn es wäre wohl niemand zur Einbringung dieser Anteile zu Liquidationswerten bereit.

Um einerseits den Geschäfts- oder Firmenwert in die allgemeinen Einlagevoraussetzungen zu integrieren und gleichzeitig andererseits doch am Kriterium der Verwertbarkeit festhalten zu können, wird auch die *Übertragung mit dem Gesamtunternehmen* als Verwertungsart für ausreichend gehalten. Die Unternehmensveräußerung oder Sanierung stellen zwar mögliche Verfahren dar, den Geschäfts- oder Firmenwert im Interesse der Gläubiger nutzbar zu machen, aber sie stellen keinesfalls die Regel dar.[305] Damit liegt hierin keine zuverlässige Alternative, den good will oder auch andere, nur mit dem Gesamtunternehmen übertragbare Rechte in der Insolvenz für die Gläubiger nutzbar zu machen.[306] Wegen der Unsicherheit der Verwertungsmöglichkeit erfüllt das Erfordernis der Über-

---

300 S. oben 2. a).

301 S. Bork, ZHR 154 (1990), 205, 227.

302 Nur der Deutlichkeit halber Knobbe-Keuk, ZHR 1980, 214, 219: „Der good will selbst freilich ist, da er von dem Unternehmen nicht trennbar ist, auch nicht Gegenstand der Sacheinlage, sondern Gegenstand ist der Betrieb;" Röhricht in: Großkommentar zum AktG, § 27 Rn. 43. Diese Einschränkung bleibt aber ohne Auswirkungen auf die hier behandelte Frage, da der good will ohne weiteres der einzige Vermögenswert sein kann, der sich in einem Unternehmen befindet.

303 Boehme, Kapitalaufbringung durch Sacheinlagen, S. 46 erkennt zwar diesen Widerspruch, meint aber, der Unterschied bestände darin, daß es sich beim Unternehmen „um eine verkehrsfähige und i.R.d. Einlage bereits bewertete Einheit handelt." Warum das aufgestellte Kriterium der Pfändbarkeit deswegen nicht gelten soll, vermag nicht einzuleuten.

304 Hierzu und zum Folgenden Meilicke, BB 1991, 579, 580.

305 Boehme, Kapitalaufbringung durch Sacheinlagen, S. 43.

306 Döllerer, FS Fleck (1988), S. 42 nennt Warenzeichen und Bierlieferungsrecht einer Brauerei, die wie der Geschäftswert weder einzeln veräußert noch gepfändet werden können.

tragung mit dem Gesamtunternehmen die selbst gestellte Anforderung nicht, nämlich Gewähr für einen Gläubigerzugriff zu leisten.

Wenn die Gläubiger tatsächlich in den „Genuß“ der Vollstreckungsfähigkeit der Einlagen kommen sollen, ist auf die Situation der Vollstreckung abzustellen. Nachdem die Gesellschaft ihre Tätigkeit aufgenommen hat, kann sie aber unbestittenermaßen frei über die geleisteten Einlagen verfügen.[307] Auch der Gesellschaft zu Eigentum übertragene Gegenstände können ohne weiteres weiter veräußert werden oder gegen nicht vollstreckungstaugliche Vermögenswerte eingetauscht werden.[308] Geldeinlagen sind diesbezüglich sogar noch unsicherer, da sie erfahrungsgemäß als erste aus dem Gesellschaftsvermögen ausscheiden.[309] Damit wird deutlich, daß die Einlageleistung nicht der „Bildung einer dauerhaften Reserve für den Vollstreckungsfall“ dienen kann.[310] Es wird auch deutlich, daß von Sacheinlagen nicht erwartet werden kann, daß sie zur immerwährenden Schuldendeckung zur Verfügung stehen.[311] Die „Testsituation“[312] Vollstreckungsfall prüft nur hypothetisch, wie die Rechtslage *wäre*, wenn die Einlagen noch da *wären*. Das tatsächliche Vorhandensein der Einlagen noch im Insolvenzfall kann nicht gewährleistet werden. Deshalb kann die Pfändbarkeit insgesamt nicht Voraussetzung der Einlagefähigkeit sein.

Obwohl der Verbleib der Einlagen im Gesellschaftsvermögen nicht gesichert werden kann, wird neuerdings von *Boehme* versucht, das Vollstreckungsverfahren als „Testsituation“ für die Einlagefähigkeit wieder fruchtbar zu machen.[313] Wie bei der Diskussion um das Merkmal der Bilanzierungsfähigkeit der Einlagen, wird auch im Zusammenhang mit dem Merkmal der freien Verfügbarkeit auf die Gefahr des Entstehens einer Überschuldung hingewiesen.[314] Damit nicht

---

[307] Das wird sogar von denjenigen zugestanden, die die Pfändbarkeit fordern: Fabritius, Die Überlassung von Anlagevermögen, S. 168; Boehme, Kapitalaufbringung durch Sacheinlagen, S. 33. Überdies ergibt sich dieses ja auch eindeutig aus dem Wortlaut des § 7 Abs. 3 GmbHG.

[308] Röhricht, ebenda.

[309] Ebenso Boehme, ebenda.

[310] Boehme, ebenda.

[311] Döllerer, FS Fleck (1988), 35, 47 bezieht dies auch auf Vermögensgegenstände im allgemeinen. Auch in diese Richtung Groh, FS Flume, S. 71, 73.

[312] Dieser Begriff in diesem Zusammenhang von Schmidt, ZHR 154 (1990), 237, 251.

[313] Boehme, ebenda, S. 33 ff.; der Ansatz auf einen Überschuldungsstatus im Gründungszeitpunkt abzustellen stammt von Fabritius, Die Überlassung von Anlagevermögen, S. 169.

[314] Boehme, ebenda, S. 32 ff., insbes. S. 34. Dies obwohl Boehme die Bilanzierungsfähigkeit als Voraussetzung der Einlagefähigkeit ausdrücklich ablehnt, S. 14 ff. Zu dem „Überschuldungsargument“ bereits in Ansätzen S. 11. Wegen der Bedeutung für den Kapitalaufbringungsgrundsatz soll hier noch einmal vertieft darauf eingegangen werden; Fabritius, ebenda.

bereits kleinste Anlaufverluste zur Überschuldung und damit zur Insolvenz der Gesellschaft führen würden,[315] dürften nur solche Vermögenswerte Gegenstand von Sacheinlagen sein, die „in einem auf den Zeitpunkt der Handelsregistereintragung aufgestellten (hypothetischen) Überschuldungsstatus ein(en) Aktivsaldo" in ihrer satzungsmäßigen Höhe ausweisen.[316] Dazu gehörten aber nur die verwertbaren Bestandteile der Masse,[317] also wären nur Sacheinlagen, die dem Gläubigerzugriff unterliegen, sacheinlagefähig. Tatsächlich erschiene es merkwürdig, wenn ein im Eintragungszeitpunkt erstellter Überschuldungsstatus die gewährten Einlagen nicht auswiese und damit bereits im Eintragungszeitpunkt eine Insolvenzantragspflicht bestände. Deshalb ist die Richtigkeit dieser Aussage zu untersuchen.

Die Insolvenzantragspflicht wegen Überschuldung wird mit Hilfe eines sog. Überschuldungsstatus ermittelt. Dabei ist nicht auf die Handelsbilanz abzustellen, so sind z.B. auch Aktivierungsverbote wie § 248 Abs. 2 HGB nicht notwendig zu beachten[318]. Ein zutreffendes Bild über die Lage der Gesellschaft kann nur in Unabhängigkeit von der Handelsbilanz erlangt werden.[319]

Bis zur Einführung der InsO wurde nach h.M. die Überschuldung zweistufig ermittelt. Sie lag vor, „wenn das Vermögen bei Ansatz von Liquidationswerten die bestehenden Verbindlichkeit nicht decken würde (rechnerische Überschuldung) und die Finanzkraft mittelfristig nicht zur Fortführung des Unternehmens ausreicht(e) (Überlebens- oder Fortbestehensprognose)."[320] Nach dieser Rechtslage konnte nach h.M. eine *rechnerische Überschuldung* noch durch eine positive Fortbestehensprognose *überwunden* werden, weil die Voraussetzungen kumulativ vorliegen mußten.[321] Der Überschuldungsstatus entschied also gar nicht für sich – wie es bei Fabritius und Boehme den Anschein hat – über die Konkursantragspflicht. Der Verweis auf die Rechtsprechung und Literatur[322] bzgl.

---

315 Fabritius, Überlassung von Anlagevermögen, S. 169 m.w.Nachw. Fn. 169.

316 Boehme, ebenda, S. 34.

317 Boehme, ebenda, S. 35 Fn. 150 bezeichnet dies als h.M. mit Verweis auf Rechtsprechung und Literatur vor Einführung der InsO.

318 Statt aller Schulze-Osterloh in: Baumbach/Hueck, § 64 Rn. 14.

319 Noack in: Kübler/Prütting (Hrsg.), InsO, Sonderbd. 1, Rn. 73.

320 BGH v. 13. 7. 1992, II ZR 269/91, BGHZ 119, 201 = NJW 1992, 2891, Leitsatz der Entscheidung; v. 21. 2. 1994, II ZR 60/93, BGHZ 125, 141 = NJW 1994, 1477, 1479; ebenso K. Schmidt, Gesellschaftsrecht, § 11 VI 3. b) (S. 332 f.). In diese Richtung auch schon: BGH v. 27.10.1982, VIII ZR 187/81, NJW 1983, 676, 677. Weitere Nachw. bei Boehme, Kapitalaufbringung durch Sacheinlagen, S. 35 Fn. 150; Noack in: Kübler/Prütting (Hrsg.), InsO, Sonderbd. 1 Rn. 71.

321 Nachw. dazu bei Schulze-Osterloh in: Baumbach/Hueck, GmbHG, § 64 Rn. 11.

322 Boehme, Kapitalaufbringung durch Sacheinlagen, S. 35 Fn. 150; ebenso Fabritius, Die Überlassung von Anlagevermögen, S. 169 Fn. 74.

der zweistufigen Prüfung hätte also genauer Ausführungen bzgl. einer negativen Fortbestehensprognose der Gesellschaft nach Zuführung der nicht vollstreckungstauglichen Einlagen bedurft, denn nur dann bestand die Konkursantragspflicht. Solche Ausführungen fehlen aber vollständig. Zum Gründungszeitpunkt einer Gesellschaft kann es keine negative Fortführungsprognose geben, weil der Gesellschaft gerade Vermögenswerte zugeführt wurden und diese im Eintragungszeitpunkt noch nicht verwirtschaftet sein können.

In dem neuen § 19 Abs. 2 S. 2 InsO ist der Gesetzgeber ausdrücklich von diesem zweistufigen Überschuldungstatbestand abgerückt.[323] Danach ist entscheidend, ob die „Fortführung des Unternehmens ... überwiegend wahrscheinlich ist." Ist diese Fortführungsprognose negativ, können im Überschuldungsstatus in der Tat nur die verwertbaren Bestandteile der Masse zu Liquidationswerten angesetzt werden[324]. Bzgl. der negativen Fortführungsprognose wird auch oft auf die Einzelveräußerbarkeit abgestellt.[325] Ist dagegen die Prognose positiv, fließt dieser Umstand in die Vermögensbewertung im Rahmen des Überschuldungsstatus ein.[326] *Ansatz* und *Bewertung* richten sich hier nach der positiven Fortführungsprognose.[327] Dazu gehören nach einer in der Literatur vertretenen Ansicht z.B. auch günstigere Mietverträge – hierbei ist die Differenz zu einem marktüblichen Mietvertrag auf der Aktivseite zu erfassen.[328] Für die Erfassung aller Vermögenswerte, nicht nur der verwertbaren, spricht auch, daß entgegen der alten Rechtslage jede Überschuldung (im Überschuldungsstatus) zur einer Insolvenzantragspflicht führt. Deshalb müssen bei einer positiven Fortführungsprognose alle Vermögenswerte erfaßt werden, die die mittelfristige Überlebensfähig-

---

[323] Bericht Rechtsausschuß BT-Drucks. 12/7302, S. 157.

[324] Hess in: Obermüller/Hess, InsO, Rn. 104. Dies meint auch Boehme, Kapitalaufbringung durch Sacheinlagen, S. 35.

[325] Müller/Haas in: Kölner Schrift zur Insolvenzordnung – Das neue Insolvenzrecht in der Praxis, Arbeitskreis für Insolvenz- und Schiedsgerichtswesen e.V. (Hrsg.), Bilanzierungsprobleme bei der Erstellung eines Überschuldungsstatus nach § 19 Abs. II InsO, Rn. 28. Bei positiver Fortführungsprognose wird auf die Einzelveräußerbarkeit verzichtet. Die Frage der Einzelveräußerbarkeit stellt sich ja auch im Zusammenhang mit den Anforderungen des Vermögensgegenstandsbegriffs sowie den Voraussetzungen der gesellschaftsrechtlichen Einlagefähigkeit.

[326] Noack in: Kübler/Prütting (Hrsg.), Sonderbd. 1, Rn. 76.

[327] Hess in: Obermüller/Hess, InsO, Rn. 101; ders., Kommentar zur Insolvenzordnung, Bd. 1, § 19 Rn. 23. Dies sind auch die Auswirkungen des Fortführungsprinzips im Handelsrecht, s.u. D. I. 1. b) bb) bbb).

[328] Hess in: Obermüller/Hess, InsO, Rn. 103; ders., Kommentar zur Insolvenzordnung, Bd. 1, § 19 Rn. 26. Auch z.B. Unternehmens Know-how, Firmenwert; a.A. Schulze-Osterloh in: Baumbach/Hueck, GmbHG, § 64 Rn. 14 m.w.Nachw., der auch bei positiver Fortbestehensprognose die Schuldendeckungsfähigkeit für entscheidend hält und deswegen auch hier nur die verwertbaren Bestandteile der Masse für ansatzfähig hält; ebenso HK-InsO Hans-Peter Kirchhof, § 19 Rn. 18.

keit des Unternehmens sichern.[329] Unabhängig von der Darstellung in der Handelsbilanz werden also auch nicht verwertbare Nutzungsrechte unter der Voraussetzung der positiven Fortbestehensprognose im Überschuldungsstatus angesetzt. Stellt man hier – mit *Boehme* – auf einen hypothetischen Überschuldungsstatus im Gründungszeitpunkt ab, so sind also entgegen *Boehme* alle zugeführten Vermögenswerte anzusetzen und zwar unabhängig von ihrer Verwertbarkeit,[330] denn eine Fortführungsprognose im Gründungszeitpunkt muß positiv ausfallen – es können noch keine das Vermögen negativ beeinflussenden Geschäftsentscheidungen getroffen worden sein. Deshalb bestände keine Insolvenzantragspflicht. Damit ist deutlich, daß ein hypothetischer Überschuldungsstatus im Eintragungszeitpunkt keine Überschuldung ausweist, auch wenn z.B. obligatorische Nutzungsrechte eingelegt werden und damit auch *keine* Insolvenzantragspflicht wegen Überschuldung besteht. Daher führt auch *Boehmes* Ansatz – konsequent fortgesetzt – nicht zur Bejahung der Verwertbarkeit als Kriterium der Einlagefähigkeit. Selbst wenn der Argumentation bzgl. des Ansatzes der Beurteilung in der Überschuldungsbilanz nicht gefolgt werden kann, ändert sich an der Beurteilung der Voraussetzungen der Einlagefähigkeit nichts. *Boehme* stellt mit der Situation der Überschuldung im Gründungszeitpunkt auf eine sehr konstruierte „Testsituation" ab, denn die Gesellschaft ist wirtschaftlich nicht gefährdet. Der Überschuldungsstatus dient der Einschätzung der Gläubigergefährdung. Deshalb ist seine Aufstellung zum Zeitpunkt der Gründung, wenn es regelmäßig noch keine Gläubiger gibt, nicht angezeigt. Abstrakt gesagt: Es wird auf das *Krisen*prüfungsinstrument „Überschuldungsstatus" abgestellt, obwohl eine *Krise* gerade *fehlt*. Damit ist die „Testsituation" für den eigentlichen Anwendungsfall ungeeignet, so daß aus dem Abstellen auf einen Überschuldungsstatus nichts für die Einlagefähigkeit gewonnen werden kann.[331] Zudem können vollstreckungstaugliche Gegenstände – wie oben gesehen – in der Minute nach der Eintragung in nicht vollstreckungstaugliche Objekte getauscht werden. Damit ist gezeigt, daß sich aus der Haftungsfunktion des Grundkapitals nicht ergeben kann, daß vollstreckungstaugliche Vermögensgegenstände zugeführt werden müssen.

Nach Boehme ist dieses Verständnis der Haftungsfunktion nur dann gerechtfertigt, wenn sich die Eigenkapitalaufbringung auch am Eigenkapitalbedarf orientieren würde.[332] Auch bei Verwertbarkeit ist die Überlebensfähigkeit nicht gesichert, so daß kein Grund ersichtlich ist, warum die Verwertbarkeit die mangeln-

---

329 Röhricht in: Großkommentar zum AktG, § 27 Rn. 26.

330 Röhricht in: Großkommentar zum AktG, § 27 Rn. 26.

331 Der Überschuldungsstatus ist für eine Situation konstruiert, in dem eine Gefährdung der Rechte der Gläubiger zu befürchten steht.

332 Boehme, Kapitalaufbringung durch Sacheinlagen, S. 27.

de Sicherung der Überlebensfähigkeit kompensieren können soll, während die mangelnde Verwertbarkeit die Einlagefähigkeit gerade verhindern soll.

Da der Fortbestand der Einlage im Gesellschaftsvermögen nicht gewährleistet werden kann, kann der durch die Haftungsfunktion des Kapitalaufbringungsgrundsatzes beabsichtigte Gläubigerschutz nur dadurch gewährleistet werden, daß durch die Einlage der Gesellschaft ein Vermögenswert zufließt und die Gesellschaft dadurch „aus eigener Kraft agieren kann."[333]

cc) Gleichbehandlung mit eigenkapitalersetzender Nutzungsüberlassung

Auch im Bereich des Eigenkapitalersatzes stellt die Nutzungsüberlassung einen umstrittenen Problemkreis dar.[334] Falls eine Beeinflussung zwischen der Nutzungseinlage und der eigenkapitalersetzenden Nutzungsüberlassung bestünde, könnten hieraus auch Schlußfolgerungen für die Sacheinlagefähigkeit gezogen werden.[335] In seinen Entscheidungen „Lagergrundstück III" und „Lagergrundstück IV" hat der BGH bewußt eine Aussage zu der Sacheinlagefähigkeit obligatorischer Nutzungsrechte unterlassen und damit auch eine Entkoppelung der beiden Fragenkreise betrieben.[336] Konsequenz einer solchen Entkoppelung wäre, daß etwas zwar Eigenkapitalersatz sein könnte, aber nicht als Eigenkapital zugeführt werden könnte.[337] Obwohl die Entscheidungen des BGH zur eigenkapitalersetzenden Nutzungsüberlassung weit vor der Entscheidung zur Einlagefähigkeit ergingen,[338] sind diese nicht für eine Bejahung der Sacheinlagefähigkeit fruchtbar gemacht worden. Soweit ersichtlich ging der Blick immer in die umgekehrte Richtung: Aus der Bejahung der Sacheinlagefähigkeit obligatorischer Nutzungsrechte wurde versucht, Aussagen über die Behandlung obligatorischer

---

[333] Bork, ZHR 154 (1990), 205, 228 f.; Scholz-Winter, § 5 Rn. 44; Röhricht in: Großkommentar zum AktG, § 27 Rn. 31.

[334] Auf die hier auftretenden Fragestellungen kann nur am Rande eingegangen werden.

[335] Insgesamt ist die Frage nur in Ansätzen diskutiert. Ausführlicher Steinbeck, ZGR 1996, 116 ff; Knobbe-Keuk, BB 1984, 1, 4; Hueck, ZGR 1989, 216, 231 f.; Brandes, ZGR 1989, 244, 247 f. Dazu K. Schmidt, ZHR 154 (1990), 237, 244 f.

[336] S.o. 2. b) dd) ddd).

[337] So auch Boehme, Kapitalaufbringung durch Sacheinlagen, S. 6 f.: Durch § 32a Abs. 3 GmbHG könnten auch solche Leistungen erfaßt werden, die nicht die Voraussetzungen der Sacheinlage erfüllten.

[338] K. Schmidt, ZHR 154 (1990), 237, 244 f. zu den von ihm befürchten Auswirkungen von BGH v. 16. 10. 1989, II ZR 307/88, BGHZ 109, 55 ff. = BB 1989, 2350 = DB 1989, 2470 – „Lagergrundstück I". Zu „Lagergrundstück III" und „Lagergrundstück IV" siehe schon Fn. 134 f.

Nutzungsrechte zu bekommen.[339] Inwieweit eine separate Behandlung der beiden Themenkreise möglich ist, soll kurz untersucht werden.

Im Zentrum der Diskussion um § 32a Abs. 3 GmbHG steht dabei nicht die grundsätzliche Zulässigkeit der Erstreckung des § 32a Abs. 3 GmbHG auf die Nutzungsüberlassung an sich,[340] sondern die Frage nach der Rechtsfolge der entsprechenden Anwendung des § 32a Abs. 1 GmbHG: Geht die Substanz am zur Nutzung überlassenen Gegenstand auf die Gesellschaft über und wird damit die dingliche Zuordnung durchbrochen, oder erhält die Gesellschaft nur den *Nutzungs*wert der Sache.[341] Dagegen, daß die Substanz übergeht, spricht, daß es beim Kapitalersatz nur um die Bindung der zugeführten Mittel für die Zeit der Krise und nicht um die nachträgliche rechtliche Korrektur einer nicht zu Eigentum erfolgten Zuführung geht.[342] Im Rahmen des § 32a Abs. 3 GmbHG wird z.B. einem mit dem Gesellschafter geschlossenen Pachtvertrag nur sein „schuldrechtliches Gewand“ genommen, weil er causa societatis geschlossen wurde oder nicht sofort bei Eintreten der Krise gekündigt wurde. An seiner Natur als Nutzungsrechtsüberlassung ändert sich durch das Eintreten der Krise nichts. Aufgrund der gleichen wirtschaftlichen Beurteilung der Nutzungseinlage und der Gebrauchsüberlassung außerhalb der Kapitalaufbringung – nämlich Nutzungsmöglichkeit durch die Gesellschaft – rechtfertigt sich eine unterschiedliche Behandlung in den Folgen nicht.[343] Legt man diese Annahme zugrunde, kann man das Problem sowohl aus der Perspektive der Bejahung der Einlagefähigkeit obligatorischer Nutzungsrechte als auch aus der Perspektive der eigenkapitalersetzenden Nutzungsüberlassungen betrachten. Einerseits hat für die Nutzungseinlage bisher noch niemand die Forderung erhoben, daß der Gesellschaft der Nutzungsgegenstand in der Gesellschaftskrise zu Eigentum übertragen werden müßte.[344] Andererseits folgt aus der Behandlung einer Leistung „wie Eigenkapi-

---

[339] Steinbeck, ZGR 1996, 116, 117, 127; Brandes, ZGR 1989, 244, 247 – Brandes schickt die Einlagefähigkeit obligatorischer Nutzungsrechte vorweg, um dann aus ihrer Bejahung heraus auszuführen, daß niemand auf die Idee käme, für einen zum Gebrauch überlassene Einlage den Eigentumsübergang in der Krise zu fordern und dies damit auch für die eigenkapitalersetzende Nutzungsüberlassung nicht sachgerecht sei. Hueck, ZGR 1989, 216, 231 f.: Bezieht § 32a Abs. 3 GmbHG tatsächlich die Substanz mit ein, so müsse dies auch für die Nutzungs*einlage* gelten, damit würde sich hier auch die dingliche Zuordnung ändern und damit wäre „die Sacheinlage quoad usum tot.“

[340] Hueck, ZGR 1989, 216, 221 f. sowie die Nachw. in Fn. 9 zur gegenteiligen Ansicht.

[341] Zu dieser zentralen Fragestellung im § 32a Abs. 3 GmbHG: G. Hueck, ZGR 1989, 216, 221 ff. mit zahlreichen Nachw. zu den beiden Ansichten in Fn. 10.

[342] Ähnlich Brandes, ZGR 1989, 244, 246; auch Knobbe-Keuk, BB 1984, 1, 4: § 32a Abs. 3 GmbHG „nur andere Bewertung des tatsächlichen Geschehens“, „nicht aber Fiktion eines ganz anderen Geschehens“.

[343] Brandes, ZGR 1989, 244, 247 f.

[344] Brandes, ZGR 1989, 244, 247.

tal“ i.R.d. § 32a Abs. 3 GmbHG, daß diese Leistung auch die *Funktion* des Eigenkapitals übernehmen kann. Damit kann eine Behandlung „wie Eigenkapital“ nicht überzeugen, wenn dieses nicht als solches im Rahmen einer Kapitalmaßnahme zugeführt werden kann. Umgekehrt überzeugt es nicht, daß etwas zwar Eigenkapital sein kann, aber nicht außerhalb von Einlagen Eigenkapitalersatz darstellen kann. Eine Entkoppelung der beiden Fragestellungen ist damit nicht möglich, vielmehr handelt es sich um ein „geschlossenes System“. Damit folgt meines Erachtens schon aus der Anerkennung der eigenkapitalersetzenden Nutzungsüberlassung, daß auch eine Einlage obligatorischer Nutzungsrechte möglich sein muß. Darüber hinausgehende Argumente lassen sich hieraus für die Einlagefähigkeit obligatorischer Nutzungsrechte nicht ableiten.

dd) Auswirkungen der verschleierten Sacheinlage

Bei den Grundsätzen zur verschleierten Sacheinlage[345] geht es darum, eine Umgehung der Sachgründungs- bzw. Sachkapitalerhöhungsvorschriften zu verhindern. Dem Gesellschafter soll der Weg verschlossen werden, zunächst Geld in die Gesellschaft einzulegen, das dann dem Erwerb eines von vornherein ins Auge gefaßten Gegenstandes durch die Gesellschaft von dem Gesellschafter dient. Der BGH hat in seinem Urteil vom 15. 1.1990[346] offen gelassen, ob „das Bestehen eines zeitlichen und sachlichen Zusammenhangs mit einer Leistung auf das Gesellschaftskapital dafür ausreicht“ oder ob zusätzlich noch eine entsprechende „Abrede zwischen dem Bareinleger und dem Vertretungsorgan (der Gesellschaft) getroffen werden muß“. Auch ohne eine Absicht, die Sachgründungsvorschriften zu umgehen, soll eine verschleierte Sacheinlage vorliegen können. In demselben Urteil wurde die Anwendung der Grundsätze der verschleierten Sacheinlage auch für die AG bejaht, so daß hierauf nicht weiter einzugehen ist.[347] Im Zusammenhang mit der Einlagefähigkeit nach Gesellschaftsrecht stellt sich die Frage, ob das Verbot der Umgehung der Sacheinlagevorschriften auch für nicht einlagefähige Gegenstände gelten kann.[348] Können diese Grundsätze *nicht* für nicht einlagefähige Vermögenswerte angewendet werden, so könnte dasselbe wirtschaftliche Ergebnis einer unzulässigen Sacheinlage dadurch er-

---

[345] Zur Vermeidung der Verwechslung mit der steuerlichen „verdeckten Einlage“ soll im Folgenden nur der Begriff „verschleierte Sacheinlage“ verwendet werden, wie dies schon in den Begriffsbestimmungen festgelegt wurde.

[346] BGH v. 15. 1. 1990, II ZR 164/88, BGHZ 110, 47, 68 ff. = ZIP 1990, 156 ff. = NJW 1990, 982 ff. = DB 1990, 311 ff.

[347] BGH, ebenda. Die Frage war, ob die Nachgründungsvorschriften (§ 52 f. AktG) und § 27 Abs. 1 S. 2 AktG die Anwendung der Grundsätze über die verdeckte Sacheinlage ausschließen.

[348] Diese Fragestellung bei Meilicke, BB 1991, 579, 585.

reicht werden, daß zunächst eine Bareinlage geleistet würde und dann mit dem eingelegten Geld der nicht einlagefähige Vermögenswert erworben würde, wie dies u.U. von Anfang an beabsichtigt war. Eine Aufspaltung in Bareinlage und Nutzungsgeschäft böte sich also an. Daraus schließen *Ebenroth/Kräuter*, wenn einem Gegenstand die Sacheinlagefähigkeit fehle, so könne er erst recht nicht mittels Bareinlage und darauf folgendem Erwerbsgeschäft auf die Gesellschaft übertragen werden.[349] Würde dieser Erst-recht-Schluß gelten, so könnten mit Gesellschaftern im Zusammenhang mit Gründung oder Kapitalerhöhung keine entgeltlichen Geschäftsführerverträge mehr geschlossen werden.[350] Ebenso wenig wäre die Vereinbarung von entgeltlichen Nutzungsrechten – ihre Nichteinlagefähigkeit hier einmal unterstellt – zu diesem Zeitpunkt möglich.[351] Insgesamt wären jegliche Geschäfte mit den Gesellschaftern stark risikobehaftet, da immer das „Damoklesschwert" der verschleierten Sacheinlage über der Wirksamkeit des Geschäfts schweben würde.[352] Überwiegend werden dagegen die Grundsätze über die verschleierte Sacheinlage wohl nur angewendet, wenn die Sacheinlage überhaupt möglich ist.[353]

Während die Grundsätze über die verschleierte Sacheinlage nicht bestimmte Sacheinlagen an sich verbieten, sondern nur die tatsächlich mögliche Einhaltung des Sachgründungsverfahrens vorschreiben, sähe die Sachlage bei der Erweiterung dieser Grundsätze auf nicht einlagefähige Vermögenswerte anders aus. Dort kann dem am Geschäft beteiligten Gesellschafter ein Umgehungsvorwurf gerade nicht gemacht werden. Vielmehr würde das Geschäft an sich – jedenfalls im zeitlichen und sachlichen Zusammenhang – verboten, ohne daß hierfür ein solcher gesetzgeberischer Wille erkennbar ist. Darüber hinaus wäre dies in der praktischen Anwendung ökonomisch unsinnig. Gerade die Zurverfügungstellung von entgeltlichen Dienstleistungen durch den Gesellschafter entspringt einem praktischen Bedürfnis gerade der kleineren Gesellschaften. Ein allgemeiner Schutz gegenüber Geschäften mit Gesellschaftern, die einem Drittvergleich nicht standhalten, ist schon hinreichend über §§ 30 f. GmbHG sowie durch das Steuerrecht über die verdeckte Gewinnausschüttung § 8 Abs. 3 S. 2 KStG gewährleistet. Statt den Gesellschafter in die verschleierte Sacheinlage zu drän-

---

349 So Ebenroth/Kräutter, DB 1990, 2153, 2157; zu den EuGH-Entscheidungen zur Vereinbarkeit der Grundsätze der verdeckten Sacheinlage mit der 2. EG-Richtlinie s. bereits Fn. 139.

350 § 27 Abs. 2 AktG: „...; Verpflichtungen zu Dienstleistungen können nicht Sacheinlagen oder Sachübernahmen sein."

351 Meilicke, BB 1991, 579, 586.

352 Deshalb rät Meilicke, ebenda, dem Rechtsberater „von entgeltlichen Nutzungsüberlassungen in einem wie auch immer gearteten sachlichen und zeitlichen Zusammenhang mit einer Bar- oder Sachkapitaleinlage Abstand zu nehmen."

353 Meilicke, ebenda.

gen,[354] ist die Anerkennung der Einlagefähigkeit auch von obligatorischen Nutzungsrechten vorzuziehen, da nur so eine *präventive* Kontrolle über die Werthaltigkeit der Einlagen gewährleistet werden kann.[355] Ist dagegen die Sacheinlagefähigkeit zu verneinen, ist zwar eine besondere Gefährdung der Gläubiger durch unangemessen hohe Vergütung gegeben, diese kann aber nicht durch eine Anwendung der Grundsätze der verschleierten Sacheinlage kompensiert werden.

Soll also eine Aufspaltung in Bareinlage und darauf folgende Nutzungsüberlassung vermieden werden, kann dies nur im Wege der Anerkennung der Einlagefähigkeit obligatorischer Nutzungsrechte geschehen. Allein hierdurch kann auch eine gewisse Kontrolle der Werthaltigkeit durch die zuständigen Stellen gewährleistet werden.

ee) Europarechtliche Einflüsse

Schließlich soll auf den Einfluß des Europarechts eingegangen werden. Besteht hier schon eine klare und national bindende gesetzliche Lage, so kommt es auf die nationale Argumentation eigentlich nicht an. Die Argumentation unter Ausblendung europarechtlicher Aspekte behält aber ihre Berechtigung, da sie eher dazu geeignet ist, eine breite Übereinstimmung zu erzielen. Dies wird auch dadurch bestätigt, daß die europarechtlichen Bezüge in der Diskussion um die Sacheinlagefähigkeit auch in neuerer Zeit fast vollständig fehlen.[356] Nicht zu zweifeln ist daran, daß sich der Richtliniengesetzgeber bei der Formulierung des Art 5 der 2. EG-Richtlinie bewußt gegen die Merkmale der Verwertbarkeit, Vollstreckbarkeit und Übertragbarkeit entschieden hat, weil eine unterschiedliche Handhabung der Begriffe in den einzelnen Mitgliedsstaaten das Vereinheitlichungsziel der Richtlinie gefährdet hätte.[357] Außerdem würden zusätzlich nationale Anforderungen zur Behinderung des Rechtsverkehrs führen, weil die Einlagefähigkeit eines Gegenstandes unsicher bliebe.[358] Damit kann kein Zweifel darüber bestehen, daß nach der Richtlinie, entsprechend dem Wortlaut des § 27

---

354 Röhricht in: Großkommentar zum AktG, § 27 Rn. 24: „Es hat auch keinen Sinn, die Gründer ohne Not in die verdeckte Sacheinlage zu treiben."

355 Röhricht in: Großkommentar zum AktG, § 27 Rn. 24.

356 Einzige Ausnahmen soweit ersichtlich Röhricht in: Großkommentar zum AktG, § 27 Rn. 4, 34, 192; Meilicke, BB 1991, 579 f.; Dinkuth, Die Kapitalrichtlinie – Mindest – oder Höchstnorm, S. 138 ff.

357 Zu den Nachweisen zur Entstehungsgeschichte s. Meilicke, BB 1991, 579, 580 Fn. 17 – 19; ebenso Röhricht in: Großkommentar zum AktG, § 27 Rn. 34 „geht es nicht an, das abgelehnte Kriterium ... nachträglich wieder in das Gesetz hineinzulesen."

358 Dinkuth, Die Kapitalrichtlinie – Mindest- oder Höchstnorm, S. 140.

Abs. 2 S. 1 AktG, nur ein feststellbarer wirtschaftlicher Wert Sacheinlagevoraussetzung sein sollte.[359]

Wie dargelegt hat der BGH in seinem Urteil vom 15. 1.1990 die Ansicht vertreten, daß die 2. EG-Richtlinie den „Fortbestand nationalen Rechtes, das strengere Voraussetzungen enthält, nicht aus(schließt), soweit Vorschriften der Richtlinie keine Höchstmaßregelung treffen."[360] Mehrfach wurde eine grundsätzliche Klärung der Zulässigkeit dieser Mindestnormtheorie[361] durch den EuGH mit der Hoffnung verknüpft,[362] daß dadurch auch abschließend über die Voraussetzungen der Sacheinlage entschieden wird. Jedoch ist eine grundsätzliche Entscheidung dazu bisher ausgeblieben,[363] denn die Entscheidungen betrafen jeweils Richtlinienvorschriften, die zu den jeweils vorgelegten Sachfragen keine Aussage enthielten. Die Sachlage bei Art. 7 der 2. EG-Richtlinie ist anders: Hier besteht in Übereinstimmung mit dem BGH eine „Höchstmaßregelung", denn für eine Normierung weiterer Voraussetzungen ist kein Raum, so daß die Mindestnormtheorie schon keine Anwendung findet. Dieser Umstand wird anscheinend von den Autoren verkannt, die sich von einer Entscheidung über die Mindestnormtheorie Klärung für den Bereich der Sacheinlagen erhoffen. Der BGH hat die Frage der Wertfeststellung i.R.d. Einlage nicht als Frage der „Auslegung, sondern (der) Anwendung der Richtlinie im Einzelfall" bezeichnet und diese Beurteilung erneut mit der Entscheidung vom 15. 5. 2000 bestätigt.[364] Damit ist sowohl nach dem Willen des Richtliniengesetzgebers als auch nach der Interpretation der deutschen Rechtsprechung aus europarechtlichen Gründen ausschließlich auf einen feststellbaren wirtschaftlichen Wert als Voraussetzung der Sacheinlagefähigkeit abzustellen.

---

359 Auch mit Verweis auf die Entstehungsgeschichte BGH v. 15. 1. 1990, II ZR 164/88, BGHZ 110, 47, 68 ff. = DB 1990, 311, 315.

360 Leitsatz der Entscheidung des BGH, ebenda.

361 Umfangreiche Nachw. zu den einzelnen Vertretern der Mindestnormtheorie s. bereits Fn. 138.

362 Meilicke, BB 1991, 579 in Fn. 12 mit Verweis auf den Vorlagebeschluß des LG Hannover v. 15. 1. 1991, WM 1991, 407, der durch EuGH v. 16.07.92, C 83/91 (*Meilicke*) Slg. 1992, S. I 4871 ff. = ZIP 1992, 1076 ff. als unzulässig zurückgewiesen wurde. Röhricht in: Großkommentar zum AktG, § 27 Rn. 4 mit Verweis auf den Vorlagebeschluß des BGH v. 30. 1. 1995, II ZR 132/93, ZIP 1995, 372, in dem der EuGH v. 2. 7. 1996, C 42/95 (*Henry Nold/Siemens*) Slg. 1996, S. I 6017 ff. = ZIP 1996, 1825 ff. jedenfalls in diesem Fall eine strengere nationale Regelung zuließ, aber keine grundsätzliche Aussage über die Mindestnormtheorie fällte.

363 Zudem betrafen die EuGH-Entscheidungen nie Art. 7 der 2. EG-Richtlinie, s. Fn. 139.

364 S. schon Fn. 142. Den Umstand, daß es sich bei Art. 7 der Richtlinie nach BGH ohnehin nicht um eine solche Mindestnorm handelt, verkennen anscheinend sowohl Röhricht als auch Meilicke, denn eine Diskussion dieser Theorie würde sich eigentlich erübrigen.

III. Zwischenergebnis

Als Zwischenergebnis ergibt sich, daß Voraussetzungen der gesellschaftsrechtlichen Einlagefähigkeit nur ein feststellbarer wirtschaftlicher Wert und die endgültige freie Verfügbarkeit der Sacheinlage sind. Dies bedeutet für obligatorische Nutzungsrechte die Vereinbarung einer Mindestdauer sowie die Besitzübertragung des Nutzungsgegenstandes. Sowohl aus dem Europarecht als auch aus dem Kapitalaufbringungsgrundsatz ergibt sich, daß weitere Erfordernisse weder erforderlich noch zulässig sind. Ergibt sich eine Verkürzung der Nutzungsüberlassungszeit für die Gesellschaft, steht ihr ein Ausgleichsanspruch in Geld gem. §§ 9 GmbHG,[365] 27 Abs. 3 S. 2 AktG zu. Das Ergebnis der Sacheinlagefähigkeit obligatorischer Nutzungsrechte läßt sich ebenfalls aus den hiermit verwandten Fragenbereichen der eigenkapitalersetzenden Nutzungsüberlassung gem. § 32a Abs. 3 GmbHG sowie der verschleierten Sacheinlage herleiten.

IV. Gesellschaftsrechtliche Nutzungseinlage: Vermögensgegenstand, aktivischer RAP oder Bilanzierungshilfe

Nachdem einmal feststeht, daß es zu einer Aktivierung der obligatorischen Nutzungsrechte in der Handelsbilanz kommt, muß geklärt werden, in welchem Posten sie auf der Aktivseite erfaßt werden sollen. Dafür werden eine Erfassung als Vermögensgegenstand, als aktivischer Rechnungsabgrenzungsposten (RAP) oder als Bilanzierungshilfe vorgeschlagen.

Eingehende Stellungnahmen zur bilanziellen Erfassung der gesellschaftsrechtlich zulässigen Sacheinlagen fehlen in der Literatur. Einigkeit besteht aber insoweit, als die Einlageleistung bilanziell auf der Aktivseite erfaßt werden muß.[366]

1. Erfassung als Bilanzierungshilfe

Nach der Ansicht von *Tiedchen*[367] können als Vermögensgegenstände nur die übertragbaren Nutzungsrechte aktiviert werden. Da aber ein aktiver Ansatz von Einlagen in jedem Fall geboten sei, müßten auch Nicht-Vermögensgegenstände auf der Aktivseite erfaßt werden. Hierfür schlägt sie den Ausweis einer Bilanzierungshilfe vor, weil es für „eine Bilanzierungshilfe ... gerade typisch (sei), daß sie eigentlich den bestehenden Bilanzierungsregeln ... widerspricht.“ Diese Lö-

---

365 Döllerer, FS Fleck (1988), 35, 47.
366 Bork, ZHR 154 (1990), 205, 235.
367 Tiedchen, Vermögensgegenstand, S. 140.

sung ist der Kompromiß aus dem einerseits für richtig befundenen Ergebnis, daß alle Einlagen auf der Aktivseite nach der Einlageleistung auftauchen müssen, und anderseits aus der Ansicht, daß ein Ansatz als Vermögensgegenstand nur bei der Übertragbarkeit des obligatorischen Nutzungsrechts in Frage kommt. Es entsteht der Eindruck, daß bei einem derartigen Konflikt einfach zusätzliche Bilanzpositionen erfunden werden können, falls das bestehende Bilanzkorsett sonst nicht paßt. Ausdrücklich sieht das Gesetz nur für die „Aufwendungen für die Ingangsetzung und Erweiterung des Geschäftsbetriebs" (§ 269 S. 1 HGB) und in der Höhe voraussichtlicher künftiger Steuerentlastungen (§ 274 Abs. 2 S. 1 HGB) die Möglichkeit des Ansatzes einer Bilanzierungshilfe vor. Ob das gesetzliche Aktivierungswahlrecht für den derivativ erworbenen Geschäfts- oder Firmenwert gem. § 255 Abs. 4 HGB ebenfalls als Bilanzierungshilfe einzuordnen ist, ist sehr zweifelhaft. Jedenfalls handelt es sich bei den Bilanzierungshilfen um extra kodifizierte und damit auch stark in ihrem Anwendungsbereich eingeschränkte Ausnahmen von dem Grundsatz, daß nur Vermögensgegenstände und aktive Rechnungsabgrenzungsposten aktiviert werden können. Deshalb ist es nicht möglich, „nach Bedarf" zusätzliche Aktivierungsmöglichkeiten zu schaffen, so daß der Ansatz von Einlageleistungen als Bilanzierungshilfe insgesamt ausscheidet.

2. Erfassung der Einlage als aktiver Rechnungsabgrenzungsposten

Verneint man die Vermögensgegenstandseigenschaft von obligatorischen Nutzungsrechten oder jedenfalls ihre Fähigkeit, als Vermögensgegenstand aktiviert zu werden,[368] könnte auch ein *aktiver Rechnungsabgrenzungsposten* angesetzt werden, der über die Dauer der Nutzung zu vermindern wäre.[369] Nach § 250 Abs. 1 S. 1 HGB „sind auf der Aktivseite Ausgaben vor dem Abschlußstichtag auszuweisen, soweit sie Aufwand für eine bestimmte Zeit nach diesem Tag darstellen." Dabei stellt sich die Frage des Verhältnisses des Rechnungsabgren-

---

[368] Diese Differenzierung ergibt sich aus der später darzustellenden Unterscheidung zwischen abstrakter und konkreter Aktivierungsfähigkeit.

[369] Vgl. Fabri, GoB entgeltlicher Nutzungsverhältnisse, S. 160 ff. weist darauf hin, daß es in Bezug auf die Ertragsermittlung einen erheblichen Unterschied macht, ob ein aktiver RAP oder ein Vermögensgegenstand angenommen wird. Der RAP ist um das jährlich veranschlagte Nutzungsentgelt zu vermindern, während der Vermögensgegenstand nach seiner betriebsgewöhnlichen Nutzungsdauer abzuschreiben ist. Diese kann auch unter der vereinbarten Nutzungszeit liegen, so daß sich beim Ansatz eines Vermögensgegenstandes eine höhere Ertragsminderung als beim aktiven RAP ergibt. (S. 162 f.); Meyer-Scharenberg, BB 1987, 874, 877; aber auch Döllerer, FS Fleck, S. 41.

zungspostens zu den Vermögensgegenständen.[370] Durch die Bilanzaufstellung zu einem Stichtag entsteht das Bedürfnis, Ausgaben und Einnahmen, denen noch keine Aufwendungen und Erträge gegenüber stehen, im Sinne einer periodengerechten Gewinnermittlung noch nicht erfolgswirksam werden zu lassen.[371] Als Grundlage für den Ansatz eines aktiven RAP wird der Grundsatz des Nichtausweises schwebender Geschäfte genannt, der gerade die Aktivierung von Vermögensgegenständen ausschließt, und dem Erfordernis Rechnung trägt, Vorleistungen erst in der zugehörigen Periode erfolgswirksam als Aufwand zu erfassen.[372] Verhindert das Verbot des Ausweises schwebender Geschäfte die Aktivierung als Vermögensgegenstand, so sind Vorleistungen als aktiver RAP zu erfassen. Hiermit ist auch deutlich, daß der aktive RAP ein „aliud" und „nicht etwa im Sinne eines Stufenverhältnisses ein (wesensgleiches) Minus" darstellt,[373] daß die aktiven RAP also nicht selber Vermögensgegenstände darstellen.[374] Im RAP wird nicht das erworbene Nutzungsrecht, sondern die Vorauszahlung erfaßt.[375]

Unter einer Ausgabe sind alle Geschäftsvorfälle zu verstehen, die zu einer Verminderung des Geldvermögens führen, also zur Verminderung der Summe aus Zahlungsmittelbestand und Bestand an sonstigen Geldforderungen abzüglich des Bestandes an Geldvermögen.[376] Es wird vertreten, daß auch Nicht-Zahlungsvorgänge wie z.B. Tauschgeschäfte die Bildung eines Rechnungsabgrenzungspostens erforderlich machen können.[377] Gemeinsam ist allen hier aufgezählten RAPs, daß sie vor der Ausgabe auf der Aktivseite als Vermögensgegenstand erfaßt waren und mit ihnen ein zukünftiger Aufwand „bezahlt" wurde. Bei oberflächlicher Betrachtung spricht für die Behandlung der gesellschaftsrechtlichen, obligatorischen Nutzungsrechtseinlagen als RAP die Ähnlichkeit mit dort zu erfassenden Vorauszahlungen auf Miet- und Pachtzinsforderungen. Eine Zahlung der Gesellschaft für eine zukünftige Periode würde voraussetzen, daß die Gesellschaft eine Ausgabe geleistet hat. In Betracht kommt bei den obligatorischen Nutzungsrechtseinlagen als Ausgabe nur die Gewährung der Antei-

370 Zwischen RAP und geleisteten Anzahlungen gem. § 266 Abs. 2 HGB entsteht kein „unmittelbares Konkurrenzverhältnis". Sie erlangen „in erster Linie Bedeutung für Vorleistungen aus schwebenden Verträgen, die nicht auf zeitraumbezogene Leistungen gerichtet sind und daher keinen Zeitbezug aufweisen, oder für Vorleistungen, bei denen mit der Ausführung der Gegenleistung noch nicht begonnen worden ist." S. Weber-Grellet in: Schmidt, EStG, § 5 Rn. 244.

371 Freericks, Bilanzierungsfähigkeit und Bilanzierungspflicht, S. 211.

372 Fabri, aaO., S. 168.

373 Fahrholz, Leasing in der Bilanz, S. 138. (Erste Klammer nicht im Original.)

374 Weitere Nachw. aus dem älteren Schrifttum Freericks, aaO., S. 212 Fn. 440.

375 Fabri, GoB entgeltlicher Nutzungsverhältnisse, S. 167.

376 A/D/S, § 250 Rn. 25: Insbesondere Kasse und jederzeit verfügbare Bankguthaben.

377 A/D/S, § 250 Rn.25 m.w.Nachw.

le: Die Gesellschaft müßte nach dieser Betrachtung also als „Bezahlung“ für das Nutzungsrecht die (neuen) Anteile gewähren. Alternativ könnte man auch das Erlöschen der aktivierten Einlageforderung als „Bezahlung“ der Sacheinlage betrachten. Dagegen spricht jedoch, daß die Einlageforderung strenggenommen gar nicht in der Eröffnungsbilanz der Gesellschaft stehen kann (bei der GmbH), weil die Sacheinlage ja vor Eintragung zu leisten ist. Damit paßt insgesamt die Vorstellung einer Bezahlung auf Einlagevorgänge nicht. Der aktive RAP ist auf Vorleistungen aus einem gegenseitigen Vertrag beschränkt, wie es schon die amtliche Begründung zur Vorläufervorschrift des § 152 Abs. 9 AktG 1965 vorsah.[378] An einem gegenseitigen Vertrag fehlt es aber gerade bei Sacheinlagen.

Ist es aber richtig, daß § 250 Abs. 1 HGB *schwebende Geschäfte* erfaßt, so steht und fällt die Beurteilung an dieser Stelle mit der Einordnung der Nutzungsrechtseinlagen. Ausführlich soll auf die schwebenden Geschäfte an späterer Stelle eingegangen werden, jedoch spricht gegen ein schwebendes Geschäft, daß dieses ein synallagmatisches Austauschverhältnis voraussetzt, an dem es bei Einlagen gerade fehlt. Zudem hat die Gesellschaft mit der Gewährung der Anteile die Gegenleistung[379] ebenso erbracht wie der Gesellschafter mit der Einlageleistung. Die Annahme, daß der Gesellschafter die Nutzungsüberlassung erst nach und nach erbringt, ist nicht mit der Verpflichtung in Einklang zu bringen, die Sacheinlage endgültig zur freien Verfügung leisten zu müssen (§ 7 Abs. 3 GmbHG). Von der die Einlagefähigkeit des obligatorischen Nutzungsrechts bejahenden Meinung wird für die freie Verfügbarkeit eben nur die Besitzübertragung gefordert, nicht etwa der Ablauf des Nutzungsverhältnisses. Damit haben aber beide Seiten vollständig ihre Leistung erbracht, so daß ein schwebendes Geschäft ausscheidet.

Zudem verbietet es sich meines Erachtens, die Anteile als Aufwand für eine zukünftige Periode aufzufassen, so daß auch von daher eine Erfassung als aktiver RAP bei der Gesellschaft scheitern würde. Zudem ist es aus Praktikabilitätsgründen dem Bilanzleser kaum zuzumuten, bereits vollständig aufgebrachtes Kapital in dem aktiven RAP zu suchen, während alle anderen Einlagen sich im (Anlage- oder Umlauf-) Vermögen befinden.

3. Groh: Ungleichbehandlung bei Gesellschaft und Gesellschafter

Nach der Ansicht von *Groh* ist in dem Empfang der Anteile die Vorleistung in einem *schwebenden Geschäft* zu sehen, so daß der buchführende Gesellschafter

---

378 Dazu Döllerer, BB 1980, 1333.
379 Hierzu Bork, ZHR 154 (1990), 205, 233.

einen passiven Rechnungsabgrenzungsposten bilden muß, den er parallel zu seiner eigenen Leistungserbringung gewinnerhöhend auflöst.[380] Dagegen wird bei der Gesellschaft wegen der Gewährung der Gesellschaftsbeteiligung eine Behandlung als Vorleistung und eine entsprechende Bildung eines aktiven RAP nicht vorgenommen, weil dies „ungewohnt" sei. Vielmehr wird ein Nutzungsrecht aktiviert, das auf die Dauer der Nutzungszeit abgeschrieben wird.[381]

Denkt man an die unbestrittene Nichtgeltung des § 248 Abs. 2 HGB für gesellschaftsrechtliche Einlagen, so wäre die Stellungnahme zu dieser Norm logisch nicht verständlich, wenn man nicht ohnehin die Vermögensgegenstandseigenschaft voraussetzen würde. Damit müßten alle Autoren, die von der Einlagefähigkeit obligatorischer Nutzungsrechte ausgehen und den § 248 Abs. 2 HGB zwar diskutieren, aber nicht als Hindernis auffassen, auch von der Vermögensgegenstandseigenschaft von obligatorischen Nutzungsrechten ausgehen. Zudem überzeugt der Ansatz der Vorleistung in einem *schwebenden Geschäft* nicht, denn bei der Gesellschaft wird dieses Geschäft ja gerade nicht als schwebend behandelt, sondern als Vermögensgegenstand vollständig aktiviert. Es ist aber inkonsequent, ein und dasselbe Geschäft auf der einen Seite als schwebend (Gesellschafter) und auf der anderen Seite als nicht schwebend zu behandeln. Die Aktivierung bei der Gesellschaft spricht vielmehr dafür, daß beide Seiten ihren Verpflichtungen vollständig nachgekommen sind. Damit ist deutlich, daß die Einstellung der geleisteten Einlage in einen aktiven RAP nicht in Betracht kommt, aber nicht weil dies „ungewohnt" ist, sondern weil es inhaltlich nicht paßt.[382]

Dagegen kann die Bildung eines passiven RAP beim Gesellschafter durchaus in Betracht kommen. Jedoch ist zu beachten, daß die Verteilung der „Erträge" auf die zukünftigen Perioden nur beim bilanzierenden Gesellschafter funktioniert. Geschieht die Einlage nämlich aus dem Privatvermögen und wird auch dort die Beteiligung an der Gesellschaft gehalten, besteht keine Möglichkeit der Verteilung der Erträge. Darin muß aber keine Inkonsequenz gesehen werden, denn ei-

---

380 So Groh, BB 1982, 133, 135; ders., StbJb 1988/89, 187, 192. Zu der Behandlung als schwebendes Geschäft wird später noch ausführlich Stellung genommen.

381 Groh, ebenda; Kußmaul, Nutzungsrechte an Grundstücken, S. 231 sowie Fn. 3 bezeichnet diese inkonsequente Behandlung als „gängige Verfahrensweise". Diese ist wahrscheinlich darauf zurückzuführen, daß man sich auf der Seite der Gesellschaft nicht vorstellen kann/will, daß das aufgebrachte Kapital in einem Rechnungsabgrenzungsposten besteht.

382 Groh, StbJb 1988/89, 187, 192 scheint in der Bejahung eines aktivierbaren Vermögensgegenstandes und einem aktiven RAP keinen Unterschied zu sehen: „Die Aktivierung des Nutzungsrechts und seine Abschreibung über die Nutzungsdauer bedeutet also nichts anderes als die Aktivierung eines Rechnungsabgrenzungspostens und seine Abschreibung über denselben Zeitraum."

ne Ertragsverteilung auf verschiedene Rechnungsperioden kann nur vorgenommen werden, wenn eine Periodenzurechnung überhaupt stattfindet.

4. Ergebnis

Aufgrund der für richtig befundenen gesellschaftsrechtlichen Einlagefähigkeit verbleibt als einzig konsequente Lösung[383] nur die Bejahung der Vermögensgegenstandseigenschaft des (obligatorischen) Nutzungsrechts[384] und die Verneinung eines schwebenden Geschäfts für gesellschaftsrechtliche Einlagen. Trotzdem muß dieses Ergebnis als vorläufig betrachtet werden, bis es auf eine eigenständige handelsrechtliche Grundlage gestellt wird.

V. Zulässigkeit der Unterbewertung

Während Unterpari-Emissionen sowohl nach GmbHG (§§ 9 Abs. 1, 9c Abs. 1 S. 2 GmbHG)[385] als auch nach AktG (§ 9 Abs. 1 AktG) unzulässig sind, stellt sich die Frage, ob Überpari-Emissionen zulässig sind. Im handelsrechtlichen Teil der Arbeit soll die vollständige erfolgsneutrale Erfassung der Zuführung von Vermögensgegenständen durch den Gesellschafter außerhalb gesellschaftsrechtlicher Einlagen in der Handelsbilanz (durch § 272 Abs. 2 HGB)[386] untersucht werden. Diese wäre nur dann wirklich überzeugend, wenn auch im Rahmen von gesellschaftsrechtlichen Einlagen Unterbewertungen unzulässig wären, denn nur so könnte das Handelsbilanzergebnis einheitlich befreit werden von Vermögenswertzuführungen, die aus der Gesellschaftersphäre stammen.[387] Die Erfolgswirkung der Unterbewertung ergibt sich daraus, daß stille Reserven gebildet werden, die später durch eine Veräußerung oberhalb des Buchwertes aufgelöst werden oder durch zu niedrige Abschreibungen einen zu hohen Gewinnausweis ermöglichen. „Es erscheinen dann Gewinne, die in Wirklichkeit darauf

---

383 Konsequent ist auch die Lösung von Weber-Grellet, DB 1995, 2550, 2557, der die Einlagefähigkeit der Nutzungsrechte entgegen der ganz h.M. insgesamt verneint. Dadurch werden die Schwierigkeiten der Erfassung als aktiver RAP vermieden. Richtig ist hier aber wegen der gesellschaftsrechtlichen Beurteilung nur die Bejahung der Nutzungsrechtseinlage, so daß nur auf dieser Grundlage ein Lösungsmodell entwickelt werden kann.

384 Z.B. Döllerer, BB 1986, 1857, 1861; Bordewin, DStZ 1985, 11, 13.

385 Scholz-Winter, § 5, Rn. 56.

386 Dazu ausführlich noch später.

387 Genau umgekehrt, aber die Bedeutung dieser Frage im Gesamtzusammenhang deutlich machend Quantschnigg, DStJG 14 (1991), 47, 61: Befürwortet man einen Ansatzzwang in § 272 Abs. 2 Nr. 4 HGB wäre auch „die nach herrschender Ansicht zum dtHGB bestehende Wahlmöglichkeit zur Unterbewertung von Sacheinlagen ausgeschlossen“.

beruhen, daß die eingebrachten Gegenstände nicht richtig bewertet worden sind."[388] Die Nähe dieser Frage zur verdeckten Einlage wird besonders deutlich, wenn man sich klar macht, daß jede Überpari-Emission ohne weiteres in zwei Kapitalzuführungen unterteilt werden kann, die auch zusätzlich noch zeitlich voneinander getrennt werden können: Zuerst erfolgt „eine Ausgabe zu pari ... und anschließend eine nochmalige Kapitalzuführung ohne nominale Kapitalerhöhung."[389] Damit müßte die verdeckte Einlage eigentlich genauso behandelt werden wie ein in der Sacheinlage enthaltenes Aufgeld, so daß dessen Einordnung hier darzustellen ist. Zwingend muß in diesem Zusammenhang auch auf den Wertansatz der Einlage bei der Gesellschaft eingegangen werden.

1. Kein Einfluß gesellschaftsrechtlicher Vorschriften

Wird eine Sacheinlage bei der Kapitalgesellschaft unterbewertet, so erhält die Kapitalgesellschaft einen Wert, der über den Nennbetrag der durch sie gewährten Anteile hinausgeht. Eine Gefährdung der Kapitalaufbringung scheidet als Motiv für ein Verbot der Unterbewertung also aus, denn durch die Unterbewertung erhält die Gesellschaft sogar „mehr", als ihr aufgrund der Sacheinlagevereinbarung zustand, und sie kann stille Reserven bilden.[390] Der Schwerpunkt der gesellschaftsrechtlichen Regelungen liegt in Bezug auf die Sacheinlagen darin, Höchstbewertungsgrenzen festzulegen, damit kein zu hoher Wertansatz ausgewiesen wird.[391]

Während zumindest die früher h.M.[392] Unterbewertungen als unproblematisch ansah, wurde teilweise dagegen angeführt, daß die Verteilung des ausgeschütteten Gewinns bei Unterbewertung eine Ausschüttung aus der Substanz bedeute.[393] Während das Umwandlungssteuergesetz bei der Einbringung eines Unternehmens in eine Kapitalgesellschaft früher die Fortführung zu Buchwerten an eine entsprechende Unterbewertung im Handelsrecht koppelte, ist nach § 20

---

388 Meilicke/Meilicke, DB 1977, 927.

389 S. Brezing, GmbHR 1972, 129.

390 Röhricht in: Großkommentar zum Aktiengesetz, § 27 Rn. 88. Wenn Ellrott/Gutike in: BeBiKom, § 255 Rn. 145 das Problem in der Aufdeckung einer „im bisherigen Buchwert ... enthaltenen stille(n) Reserve" erblicken, so verkennen sie, daß sich auch bei Einlagen aus dem Privatvermögen die Frage stellt, ob bei der Gesellschaft *neue* stille Reserven gebildet werden dürfen.

391 Hachenburg/Ulmer, § 5 Rn. 66; Quack, DStR 1972, 131, 132.

392 So auch Meilicke/Meilicke, DB 1977, 927; Quantschnigg, DStJG 14 (1991), 47, 61.

393 So Ballerstedt, Kapital, Gewinn und Ausschüttung bei Kapitalgesellschaften, 1949, S. 51 ff., 69 ff.; ders., in: FS Geßler, 1971, S. 69, 71 ff.; Eckardt, in: Geßler/Hefermehl, § 27 Rn. 36; Kropff, ebenda, § 150 Rn. 13; Döllerer, WPg 1969, 333. Neuerdings ebenso: Röhricht, ebenda.

Abs. 2 S. 2 UmwStG 1994 (ebenso schon in der Fassung von 1977) die steuerbilanzielle Fortführung zu Buchwerten von dem handelsbilanziellen Wertansatz unabhängig.[394] Ein allgemeiner Schutz der sich im Unternehmen befindenden Substanz vor Ausschüttung ist aber sowohl dem GmbHG, das durch § 30 Abs. 1 GmbHG nur das Stammkapital vor Ausschüttung schützt,[395] als auch dem AktG unbekannt, das nur die Einlagen mit ihren ausgewiesenen Werten durch §§ 57 Abs. 1, 58 Abs. 4 Akt schützt.[396] Von einer Rückgewähr der Sacheinlage kann nur insoweit gesprochen werden, als der als Einlage in der Bilanz angesetzte Wert angetastet wird. Davon kann aber bei Unterbewertungen gerade keine Rede sein.

Für ein Verbot der Unterbewertung könnte aber die Norm des § 150 AktG sprechen, nach der über den Nennbetrag erzielte Beträge bei der Ausgabe von Aktien verpflichtend in die Kapitalrücklage gem. § 272 Abs. 2 Nr. 1 HGB einzustellen sind. Der § 150 AktG könnte leerzulaufen drohen, wenn ein Ausweis des Agio in der Kapitalrücklage einfach durch eine Unterbewertung der Sacheinlage umgangen werden könnte.[397] Dieses kann aber zumindest kein allgemeiner Gedanke des Kapitalgesellschaftsrechts sein, weil es für die GmbH an einer gesetzlichen Rücklage ganz fehlt.[398]

Damit ergibt sich zwar aus den gesellschaftsrechtlichen Vorschriften kein Verbot der Unterbewertung von Sacheinlagen, aber es bestehen zugunsten der Unterbewertung auch keine schutzwürdigen Interessen der Gesellschaft oder der Gesellschafter. Ob und in welchem Umfang stille Reserven vorhanden sind, ist gerade nicht erkennbar, so daß niemand auf ihr Vorhandensein vertrauen kann.[399] Damit kann die Zulässigkeit von Unterbewertungen von Sacheinlagen nur anhand des Handelsbilanzrechts entschieden werden.

---

394 S. Groh, BB 1990, 379, 381.

395 Scholz-Winter, GmbHG, § 5 Rn. 56; Hachenburg/Ulmer, GmbHG, § 5 Rn. 61.

396 Groh, BB 1990, 379, 381.

397 So für die Aktiengesellschaft Röhricht in: Großkommentar zum Aktiengesetz, § 27 Rn. 88.

398 Döllerer, BB 1986, 1857, 1860. Zudem weist er darauf hin, daß es auch im Zusammenhang mit dem für verdeckte Einlagen interessanten § 272 Abs. 2 Nr. 4 HGB an einer Kapitalbindung fehlt.

399 S. dazu D. I. 1. b) bb) ddd).

2. Der Einfluß des Handelsrechts

Durch § 279 Abs. 1 S. 1 i.V.m. § 253 Abs. 4 HGB wird das Verbot der Bildung stiller (Willkür-) Reserven geregelt, das auch für Einlagevorgänge gilt.[400] Zwar ergeben sich in der Handelsbilanz zulässigerweise, z.B. aufgrund des Anschaffungskostenprinzips, oder durch das Erfordernis des entgeltlichen Erwerbs immaterieller Vermögensgegenstände, zahlreiche stille Reserven, jedoch verlangt das ihnen zugrundeliegende Vorsichtsprinzip gerade nicht, daß ein Phantasiewert angesetzt wird.[401] Eine vorsichtige Bewertung darf dagegen nicht als Unterbewertung klassifiziert werden. Das Wertaufholungsgebot gem. § 280 Abs. 1 HGB würde merkwürdig erscheinen, wenn zwar eine zu hohe Abschreibung (auch bei Einlagegegenständen) korrigiert werden müßte, dagegen ein zu niedriger Wertansatz keine Rolle spielen soll. Das Verbot der Bildung stiller Reserven und das Wertaufholungsgebot bezwecken, „die Vermögenslage zutreffender darzustellen."[402]

Zudem kann die Unterbewertung der Sacheinlage eine Ausweisung erhöhter Gewinne zur Folge haben, weil durch den niedrigeren Wertansatz auch die Abschreibungsbeträge niedriger ausfallen[403] oder „Buchgewinne bei der Veräußerung des Wirtschaftsgutes überhöht ausgewiesen werden."[404] Kann durch das Verbot der Unterbewertung der Sacheinlage die Ertrags- und Vermögenslage richtiger dargestellt werden, so ist damit viel erreicht. Wie sich noch bei der Untersuchung der Bilanzzwecke zeigen wird, kann sich ein solches Verständnis auch auf den Grundsatz des „true and fair view" (§ 264 Abs. 2 HGB) stützen.[405]

Interessant ist in diesem Zusammenhang die steuerliche Behandlung der Unterbewertung. Nach der Entscheidung des BFH v. 19. 10. 1998[406] hat die empfangende Gesellschaft „als „Anschaffungskosten" für das eingebrachte Wirtschaftsgut dessen gemeinen Wert zu aktivieren." Ausdrücklich geht die Entscheidung auch auf die Folgen einer Unterbewertung ein. Ist der Wertansatz zu

---

400 Dazu Döllerer, ebenda; Röhricht in: Großkommentar zum AktG, § 27 Rn. 88; unentschlossen Hachenburg/Ulmer, GmbHG, § 5 Rn. 66; A.A. Scholz-Winter, § 5, Rn. 56.

401 A.A. Büchele, DB 1997, 2337, 2342.

402 Budde/Karig in: BeBiKom, § 280 Rn. 1.

403 Ähnlich Röhricht in: Großkommentar zum Aktiengesetz, § 27 Rn. 88.

404 Aus steuerlicher Sicht Quack, DStR 1972, 131.

405 Ebenso wohl Haarmann, JbFSt 1986/87, 427, 431.

406 Leitsatz von BFH v. 19.10.1998, VIII R 69/95, BFHE 187, 434 = BStBl. II 2000, 230 = BFH/NV 1999, 849 = DStR 1999, 366. Die Entscheidung bezieht sich auf die Einlage in eine Personengesellschaft aus dem Privatvermögen des Gesellschafters gegen Gewährung eines Mitunternehmeranteils. Für den Einlagevorgang wird ein sog. tauschähnliches Geschäft bejaht und auf die entsprechende Behandlung bei der Kapitalgesellschaft verwiesen.

niedrig, „so hat dies in Höhe der Differenz zum objektiven Wert der Sacheinlage ... eine verdeckte Einlage des Gesellschafters zur Folge." Daraus ergibt sich, daß auch im Zusammenhang mit Sacheinlagen Unterbewertungen steuerlich nicht anerkannt werden und damit die Erfolgsermittlung unberührt lassen. Die Annahme einer verdeckten Einlage ist letztlich die logische Konsequenz aus dem Ansatz eines Vermögensgegenstandes zum gemeinen Wert (= Verkehrswert, § 9 Abs. 2 BewG). Insgesamt akzeptiert das Steuerrecht nicht die Wertansätze des Handelsrechts bei Sacheinlagen, sondern setzt bei der Gesellschaft – korrespondierend zum Wertansatz beim Gesellschafter – unter dem Begriff des tauschähnlichen Geschäfts[407] den Verkehrswert des eingelegten Gutes an, um den ermittelten Gewinn um diesen Betrag zu korrigieren. Folglich sind im Steuerrecht Unterbewertungen nicht zulässig.

Aus den dargestellten Überlegungen ergibt sich die Unzulässigkeit der Unterbewertung von Sacheinlagen. Sie sind mit ihrem Zeitwert anzusetzen.[408] Bei den hier interessierenden Gegenständen des Anlagevermögens ist dies „der Beschaffungs- oder Herstellungswert, also der Preis, den die Gesellschaft für die Anschaffung des Gegenstandes aufwenden müßte".[409]

Aufgrund des hier befürworteten Ansatzes, nämlich der Bewertung des eingelegten Gutes zum Zeitwert aus dem Interesse der richtigen Erfolgsdarstellung, ist bei der Gesellschaft der Betrag in die Rücklage gem. § 272 Abs. 2 Nr. 1 HGB einzustellen, der den Nennbetrag der gewährten Anteile übersteigt. Durch die Einstellung in die Rücklage kommt es also zur Aufdeckung des partiellen Zuschußcharakters der Sacheinlage, auch wenn es an einer ausdrücklichen Vereinbarung fehlt.[410]

---

407 S. ausführlich D. I. 2. a) cc) bbb) (b).

408 Röhricht in: Großkommentar zum AktG, § 27 Rn. 89; ähnlich Quack, DStR 1972, 131, 132 spricht von „wirklichem Wert"; Bork, ZHR 154 (1990), 205, 233 klammert in Fn. 151 dieses Problem allerdings aus.

409 Röhricht, ebenda.

410 Lutter/Hommelhoff, GmbHG, § 5 Rn. 22: Bei Überschreitung des vertretbaren Bewertungsrahmens; zweifelnd Baumbach/Hueck, GmbHG, § 5 Rn. 33; zum stillen Aufgeld s. Förschle/Kropp in: Budde/Förschle, Sonderbilanzen, Kapitel B, Rn. 16.

VI. Ergebnis

Allein die Aktivierung des obligatorischen Nutzungsrechts als Vermögensgegenstand entspricht der handelsrechtlichen Systematik sowie den gesellschaftsrechtlichen Anforderungen. Die Sacheinlage ist bei der Gesellschaft mit dem Zeitwert zu aktivieren. Bleibt der Nennbetrag der gewährten Anteile hinter dem Zeitwert des eingelegten Vermögensgegenstandes zurück, so ist dieses Aufgeld in die Kapitalrücklage nach § 272 Abs. 2 Nr. 1 HGB verpflichtend einzustellen.

D. Die Behandlung offener und verdeckter Einlagen obligatorischer Nutzungsrechte in der Handelsbilanz

Zunächst ist zu klären, unter welchen Voraussetzungen Vermögenswerte überhaupt in der Bilanz erfaßt werden können. Nur auf dieser Grundlage kann ermittelt werden, inwieweit sich Besonderheiten für die *handelsrechtlichen Einlagen* ergeben. Wie im vorangegangenen Teil gesehen, können obligatorische Nutzungsrechte Gegenstand gesellschaftsrechtlicher Einlagen sein und sind in der Handelsbilanz auf der Aktivseite zu erfassen. Weil der aktive RAP für eine solche Aktivierung ungeeignet ist, drängt sich die Erfassung als Vermögensgegenstand auf. Diese steht jedoch unter dem Vorbehalt der Vereinbarkeit mit dem handelsrechtlichen Ansatz. Es soll die These untersucht werden, ob wirklich alles, was Gegenstand einer gesellschaftsrechtlichen Einlage sein kann, auch Gegenstand einer handelsrechtlichen Einlage sein kann, mit der Folge der Aktivierung als Vermögensgegenstand. Schließlich ist auf die Voraussetzungen für die erfolgsneutrale Erfassung von Vermögenswertzuführungen durch den Gesellschafter insgesamt einzugehen, sowie auf die handelsbilanziellen Auswirkungen beim bilanzierenden Gesellschafter.

I. Aktivierungsfähigkeit insbesondere von obligatorischen Nutzungsrechtseinlagen

An dieser Stelle soll untersucht werden, ob handelsrechtliche (offene und verdeckte) Einlagen obligatorischer Nutzungsrechte aktivierbar sind, oder ob dem allgemeine Bilanzierungsprinzipien entgegenstehen. Damit geht es also nicht um die Bilanzierung obligatorischer Nutzungsrechte insgesamt, sondern nur um einen Teilbereich. Die Aktivierung von obligatorischen Nutzungsrechten gehört zu den umstrittensten Problemen des Bilanzrechts. Dies liegt insbesondere daran, daß die obligatorischen Nutzungsrechte im Spannungsverhältnis von möglichst vollständigem und sicherem Bilanzausweis stehen.[411] Dabei lehnt die wohl h.M. im Handelsbilanzrecht die Aktivierung grundsätzlich ab. Sehr deutlich wird die Kritik an dieser Sichtweise durch folgende Aussage von *Stützel*[412]: „Ist es im Hinblick auf die rechtspolitischen Zwecke etwa des aktienrechtlichen Jahresabschlusses sinnvoll, eigene Anlagen durchgängig zu bilanzieren, bestehende Pacht- und Kaufkontrakte aber, auch wenn sie möglicherweise dasselbe Bündel

---

411 Thiel, DStJG 14, 161, 167 f.

412 Stützel, Entscheidungstheoretische Elementarkategorien als Grundlage einer Begegnung von Wirtschaftswissenschaft und Rechtswissenschaft in: Das Verhältnis der Wirtschaftswissenschaft zur Rechtswissenschaft, Soziologie und Statistik, Bd. 33, N.F. der Schriften des Vereins für Socialpolitik, hrsg. von Ludwig Raiser, Heinz Sauermann und Erich Schneider, Berlin 1964, S. 38 und 50, zit. nach Bieg, Schwebende Geschäfte, S. 237.

von Chancen und Risiken involvieren, oder Bestände an Dauerabnahme- oder Dauerlieferverpflichtungen durchgängig nicht in Bilanzen aufzunehmen?“

Sieht man von der aktivischen Rechnungsabgrenzung (§ 250 Abs. 1, 3 HGB) und den Bilanzierungshilfen (§§ 269, 274 Abs. 2 HGB)[413] ab, hängt die Aktivierung von dem Vorliegen eines Vermögensgegenstandes ab. Entsprechend der Einteilung von *Freericks*[414] soll bzgl. der Vermögensgegenstände zwischen abstrakter und konkreter Aktivierungsfähigkeit unterschieden werden.[415] Im Rahmen der *abstrakten* Aktivierungsfähigkeit wird nur geprüft, unter welchen Voraussetzungen es sich um einen Vermögensgegenstand handelt. Ob dieser Vermögensgegenstand dann tatsächlich in der Bilanz erscheint, ist eine Frage der *konkreten* Aktivierungsfähigkeit. Diese Einteilung wird auch durch den Wortlaut des § 248 Abs. 2 HGB bestätigt, der von (immateriellen) Vermögensgegenständen spricht, die *nur* bei entgeltlichem Erwerb aktiviert werden dürfen.[416] Es muß demnach Vermögensgegenstände geben, die nicht aktiviert werden können. Damit ist schon deutlich, daß die Vermögensgegenstandseigenschaft und die tatsächliche (konkrete) Aktivierung zwei zu trennende Probleme sind.

1. Abstrakte Aktivierungsfähigkeit: Der Vermögensgegenstandsbegriff

In der Bilanz hat der Kaufmann zu einem bestimmten Stichtag „das Verhältnis seines Vermögens und seiner Schulden“ darzustellen (§ 242 Abs. 1 S. 1 HGB). Dabei sind – soweit gesetzlich nichts anderes bestimmt ist – gem. § 246 Abs. 1 S. 1 HGB nach dem sog. Vollständigkeitsprinzip „sämtliche Vermögensgegenstände“ zu erfassen. Eine Definition des Begriffs des Vermögensgegenstands findet sich allerdings nicht im Gesetz. Was ein Vermögensgegenstand ist, bestimmt sich nach bisherigem Verständnis im wesentlichen nach den handelsrechtlichen

---

413 Teilweise wird hierzu auch der Geschäfts- oder Firmenwert gem. § 255 Abs. 4 HGB gezählt. So z.B. Baetge in: Küting/Weber, Kap. II Rn. 155. Intensiver soll hierauf erst später eingegangen werden. Während der Gesetzgeber allerdings in §§ 269, 274 Abs. 2 HGB ausdrücklich von einer „Bilanzierungshilfe“ spricht, fehlt dieser Ausdruck in § 255 Abs. 4 HGB.

414 Freericks, Bilanzierungsfähigkeit, S. 141; Lamers, Aktivierungsfähigkeit, S. 226.

415 Interessant ist hier vor dem Hintergrund der zunehmenden Bedeutung der internationalen Rechnungslegungsprinzipien, daß auch nach den International Accounting Standards für die Bestimmung der auf der Aktivseite ansatzfähigen Vermögenswerte ein zweistufiges Konzept zugrunde gelegt wird: Grundsätzlich als Vermögenswerte aktivierungsfähige Gegenstände (assets) sind erst bei zusätzlichem Bestehen weiterer Kriterien (regognition criteria) konkret im Abschluß zu berücksichtigen. S. dazu KPMG, IAS, S. 28.

416 Ebenso zur Vorläufervorschrift (§ 153 Abs. 3 AktG a.F.) Knobbe-Keuk, StuW 1978, 226, 227.

Grundsätzen ordnungsgemäßer Buchführung (GoB).[417] Damit ist zunächst eine Klärung des Inhalts der GoB notwendig. Dem vorgelagert ist die Frage nach der Ermittlung der GoB. Ohne Bedeutung für die Frage nach der abstrakten Aktivierungsfähigkeit ist dagegen, daß es in der vorliegenden Untersuchung um Einlagen geht, weil auch bei Einlagen das Vorliegen eines Vermögensgegenstandes grundsätzlich Aktivierungsvoraussetzung ist.[418]

a) Ermittlung der GoB

Die Bedeutung der GoB für die Ermittlung der Voraussetzungen des Vermögensgegenstandsbegriffs wird unmittelbar durch einen Blick in § 238 Abs. 1 S. 1 HGB[419] deutlich: „Jeder Kaufmann ist verpflichtet, ... die Lage seines Vermögens nach den Grundsätzen ordnungsgemäßer Buchführung ersichtlich zu machen." Bei den GoB handelt es sich um einen Normbefehl in der Form eines unbestimmten Rechtsbegriffs,[420] der der Ausfüllung bedarf. Durch das BiRiLiG hat erstmalig – insbesondere durch die §§ 242 - 256 HGB – ein umfangreiches System gesetzlich normierter GoB Eingang in das HGB gefunden.[421] Soweit GoB bereits gesetzlich niedergelegt sind, kann höchstens noch über ihren genauen Inhalt, nicht dagegen über ihr Bestehen an sich diskutiert werden. Neben diesen kodifizierten GoB bestehen aber weitere ungeschriebene GoB, die nach h.M. zusammen mit den geschriebenen (u.U.) ein einheitliches System bilden.[422] Heute kommt den Ermittlungsmethoden keine Bedeutung für die bereits gesetzlich klar geregelten GoB zu, sondern nur noch für die nicht eindeutig geregelten Fra-

---

417 Moxter, Bilanzlehre Bd. 2, S. 20; Tiedchen, Vermögensgegenstand, S. 9 Rn. 12 m.w.Nachw.; a.A. Knapp, DB 1971, 1121, 1125 sowie 1129, die diese Bedeutung der GoB für die Ermittlung des Vermögensgegenstandsbegriffs verneint. GoB könnten nur die Funktion der Registrierung von ohnehin schon gegebenen Sachverhalten übernehmen.

418 Castedello, Freiwillige Einlagen, S. 49 spricht bzgl. der Voraussetzungen der Einlagefähigkeit im Handelsrecht auch von *abstrakter Einlagefähigkeit*, macht diese dann aber von der abstrakten Aktivierungsfähigkeit in Form der Voraussetzungen des Vermögensgegenstands abhängig, so daß in diesem Begriff kein Informationsgewinn liegt und deswegen besser nur von Vermögensgegenständen gesprochen wird.

419 Die Bezugnahme auf die GoB war vor Einführung des BiRiLiG in § 38 Abs. 1 HGB, § 29 Abs. 1 AktG 1937 und § 41 GmbHG niedergelegt. S. Döllerer BB 1959, 1217.

420 Leffson, GoB, S. 21 m.w.Nachw. Fn. 1; Freericks, Bilanzierungsfähigkeit, S. 35. Bei den GoB handelt es sich um Rechtsnormen und nicht um Handelsbräuche oder Gewohnheitsrecht. Dazu Döllerer, BB 1959, 1217 f.; Beisse, StuW 1984, 1, 6 Fn. 42.

421 Budde/Raff in: BeBiKom, § 243 Rn. 4; eine Übersicht über die wichtigsten normierten GoB in Rn. 31.

422 Leffson, GoB, S. 26 f.

gen.[423] Zu letzteren zählt auch der Inhalt des Vermögensgegenstandsbegriffs.[424] Für die Ermittlung der GoB werden unterschiedliche Methoden vorgeschlagen. Bei den unterschiedlichen Ansichten geht es letztlich darum, welche der betroffenen Gruppen die „Macht“ zur Entscheidung über den Inhalt der GoB haben soll.[425] Da die Ermittlungsmethoden im unmittelbaren Zusammenhang mit der Bedeutung der Bilanzzwecke für streitige Bilanzfragen stehen, soll hier auf sie etwas ausführlicher eingegangen werden.

aa) Induktive Methode

Die *induktiven* Methode[426] fußt vor allem auf einer Denkschrift zum HGB. Danach bestimmt sich „nach den Gepflogenheiten sorgfältiger Kaufleute“, „wie die Bücher zu führen sind.“[427] Zentrales Problem dieses Ansatzes ist, daß er keine Hilfestellung bei der Abgrenzung von sorgfältigen und nicht sorgfältigen Kaufleuten bietet.[428] Darüber hinaus wurde z.T. mangels entgegenstehender Anhaltspunkte die „Mehrheitsübung“ als ordnungsgemäß eingeordnet.[429] Auch die Feststellung der überwiegenden Bilanzierungspraxis stellt den Rechtsanwender vor schwierige bis unlösbare Probleme.[430] Gerade bei neu auftretenden Bilanzierungsfragen bleibt unklar, wer Einfluß auf die Praxis der GoB haben soll,[431] denn eine tatsächliche Übung fehlt ja gerade noch. Eine Modifikation des induk-

423 In diese Richtung Heymann/Walz, HGB, Einl. Rn. 26 f.: „Das Gebot der Aufstellung nach den GoB enthält für die kodifizierten GoB eine bloße Selbstverständlichkeit.“ Die geschriebenen „GoB sind unmittelbarer Teil des positiven Rechts“.

424 S. nur A/D/S, § 246 Rn. 9: „Der Inhalt dieses unbestimmten Recht(s)begriffs muß daher weithin als *nicht eindeutig geklärt* gelten.“ (Hervorhebungen auch im Original.)

425 Moxter, ZGR 1980, 254, 256.

426 Umfassende Nachw. zum älteren Schrifttum Tiedchen, Vermögensgegenstand, S. 10 Fn. 13.

427 Entwurf eines Handelsgesetzbuches nebst Denkschrift in der Fassung der dem Reichstag gemachten Vorlage, Berlin, 1897, S. 48 (der Denkschrift); zitiert nach Moxter, ZGR 1980, 254, 257, Fn. 7.; dazu auch Döllerer, BB 1959, 1217. Der BGH verfolgte ebenfalls zunächst die induktive Methode: BGH v. 27. 2. 1961, II ZR 292/59, BGHZ 34, 324, 327. Schon früh kritisierte Havermann, DB 1961, 985, 986, „ daß die Grundsätze ordnungsgemäßer Bilanzierung nicht davon bestimmt werden, was der Kaufmann tatsächlich tut, sondern davon, was er sollte oder tun muß, um eine sachgerechte Bilanz aufstellen zu können.“

428 Schildbach, Jahresabschluß, S. 81.; Moxter, ebenda.

429 Moxter, ZGR 1980, 254, 257 f.: Eine Infragestellung der grundsätzlichen Ordnungsgemäßheit „wäre um die Jahrhundertwende von den Betroffenen noch als ein *unerhörte Provokation* empfunden worden“.

430 Döllerer, BB 1959, 1217, 1221 mit einem Beispiel zu den Pensionsrückstellungen, die von zwei unterschiedlichen Spitzenverbänden genau entgegengesetzt beurteilt wurden.

431 Wilstorf, S. 64; Kropf in: Geßler/Hefermehl, § 149 Rn. 10.

tiven Ansatzes wurde durch *Schmalenbach* unternommen: Es soll nicht auf die Praxis insgesamt, sondern nur auf die „Praxis ordentlicher und ehrenwerter Kaufleute" abgestellt werden.[432] Neben den hier ebenfalls entstehenden Abgrenzungsproblemen zwischen den Gruppen der Kaufleute, spricht gegen den induktiven Ansatz insgesamt, daß die Gruppe, die mit den GoB überprüft werden soll, selbst den Prüfungsmaßstab beeinflussen kann.[433]

bb) Deduktive Methode

Um diesen Problemen aus dem Weg zu gehen, werden nach der h.M. die GoB *deduktiv*[434] ermittelt. Sie sollen also nicht auf statistischen Erhebungen, sondern auf „Nachdenken" beruhen.[435] Nach dieser Ansicht ist es vorrangig, den Sinn und Zweck der Bilanz zu ermitteln.[436] Den GoB kommt in diesem Konzept eine „dienende" Funktion zu, denn sie sollen die Erreichung der mit der Bilanz verfolgten Zwecke sichern. Danach bilden die Bilanzzwecke also den Rahmen der GoB. Keineswegs werden nach dieser Ansicht die Einflüsse des Gesetzes, der Rechtsprechung, des Schrifttums sowie nicht zuletzt auch der praktischen Übung außer acht gelassen.[437] Vielmehr werden alle zur Verfügung stehenden Hilfsmittel herangezogen, um zu einem sachgerechten Ergebnis zu kommen, nur die Entscheidung, ob ein GoB letztlich vorliegt, wird durch die Bilanzzwecke determiniert.

---

[432] Schmalenbach, ZfhF 27. Jg. (1933), 225, 232; in diese Richtung auch BFH v. 12. 5. 1966, IV 472/60, BFHE 86, 118, 119 f. = BStBl. III 1966, 372 = BB 1966, 927.

[433] Moxter, ZGR 1980, 254, 258.

[434] Bereits BFH v. 31. 5. 1967, I 208/63, BFHE 89, 191, 194 = BStBl. III 1967, 607 = BB 1967, 1155 stellt auf eine „dem gesetzlichen Zweck entsprechende Bilanz ab"; ständige Rechtsprechung seit BFH v. 3. 2. 1969, GrS 2/68, BFHE 95, 31, 34 = BStBl. II 1969, 291 = BB 1969, 501. Döllerer, BB 1959, 1217, 1220. Im Anschluß daran A/D/S, 4. Aufl., Bd. 1 1968, § 149 Rn. 20; Kropff in: Geßler/Hefermehl, § 149 Rn. 11; Beisse, BB 1980, 637, 645. Leffson, GoB, S. 29 ff.; Lang, HuRB (Stichwort: Grundsätze ordnungsmäßiger Buchführung I), 236; wohl auch dem deduktiven Verständnis folgend Walz in: Heymann, § 246 Rn. 9: „Dem Streit um die Voraussetzungen des Vermögensgegenstandes liegt letztlich ein Dissens über die maßgeblichen Bilanzierungszwecke zugrunde"; Baetge in: FS für Leffson (1976), S. 13; weitere Nachw. Tiedchen, Vermögensgegenstand, S. 11 Fn. 24.

[435] Dieser Ansatz stammt von Döllerer, BB 1959, 1217, 1220.

[436] Döllerer, BB 1959, 1217, 1220: „...; sie (die Bilanzzwecke; Anmerkung des Verf.) bilden aber für die Ermittlung der Grundsätze ordnungsmäßiger Bilanzierung eine *Vorfrage*." (Hervorhebung nicht im Original); Kropff in: Geßler/Hefermehl, 3. Bd., 1973, § 149 Rn. 11. Auch nach BFH ist der gesetzliche Zweck entscheidend, ohne daß er sich aber auf einen konkreten Zweck festlegt. S. dazu Moxter, ZGR 1980, 254, 255.

[437] Döllerer, ebenda.

Kritisiert wird an der deduktiven Methode, daß sie nur „zu einer Verlagerung des Problems" führt.[438] Ihre Ermittlung sei nämlich wegen der unterschiedlichen Bilanzzwecke zu unbestimmt, so daß es weiterhin der Beeinflussung durch die induktive Methode bedarf. Damit könne nicht einer Auffassung allein der Vorzug gegeben werden, sondern vielmehr vollziehe „sich die Entwicklung und Bestimmung der GoB in einem Prozeß ständiger gegenseitiger Beeinflussung".[439] Befürwortet man deswegen ein kombiniertes System von induktiver und deduktiver Methode, bedarf es einer weiteren Regelung, wie im Konfliktfall zu verfahren ist.[440] Die induktive Methode müßte der tatsächlichen Übung den Vorrang einräumen, die deduktive würde sich dagegen an den Bilanzzwecken orientieren. Um hier eine eindeutige Regelung zu finden, ist nach dieser Meinung für den Konfliktfall[441] der deduktiven Methode der Vorrang einzuräumen.[442] Dies bedeutet aber nichts anderes als eine richtige Anwendung der deduktiven Methode: Sie setzt sich nämlich immer durch, allerdings wird dies nur im Konfliktfall wirklich deutlich.[443] Nur durch die deduktive Methode kann gesichert werden, daß sich ein stringentes Gesamtsystem von Regeln ergibt.[444]

Auf grundsätzlicher Ebene liegt die Kritik von *Schneider*,[445] nach der „es an deduktionsfähigen gesetzlichen Jahresabschlußzwecken im Bilanzrecht fehlt". Nach seiner Meinung sind Bilanzierungszwecke wie z.B. „Gewinnermittlung" ungeeignet, daraus logisch GoB abzuleiten, denn durch Deduktion kann nur ein im Jahresabschlußzweck „bereits enthaltenes Wissen" ermittelt werden,[446] hier ginge es aber um „neues Wissen über die Erfahrungswelt".[447] Tatsächlich lassen

---

438 Budde/Raff in: BeBiKom, § 243 Rn. 17.

439 Budde/Raff, ebenda.

440 A.A. anscheinend Budde/Raff in: BeBiKom, § 243 Rn. 17 wenn sie meinen, daß „nicht im Sinne *einer* Auffassung entschieden zu werden" braucht. (Hervorhebungen im Original.)

441 Richtig ist allerdings, daß sich ein solcher Konfliktfall in der Regel nur bei einem klar „mißbräuchlichen Handelsbrauch" ergeben wird. Dazu Moxter, ZGR 1980, 254, 262.

442 Döllerer, WPg 1986, 679.

443 Damit ist auch klar, daß Döllerer, ebenda, keinen Schritt von der deduktiven Methode abrückt.

444 Beisse, StuW 1984, 1, 7 bezeichnet dies als „institutionelles Kriterium"; Lang, HuRB (Stichwort: Grundsätze ordnungsmäßiger Buchführung I), S. 236 nennt als weiteren Grund für die Abwendung von der induktiven Methode die umfassende Kodifikation von GoBs durch das BiRiLiG: „Das neue Bilanzrecht schließt die Entwicklung von der induktiven zur deduktiven Methode endgültig ab, denn es legt das GoB-Normensystem so konkret gesetzlich fest, daß für eine Methode, die sich nicht an den gesetzlichen Zwecken orientiert, kein Raum mehr ist"; Lamers, Aktivierungsfähigkeit, S. 123 „nur so ein widerspruchsfreies System".

445 Schneider, StuW 1983, 141.

446 Es ist unbestritten, daß dies die Grundlage der Deduktion ist unbestritten.

447 Schneider, StuW 1983, 141, 144.

sich aber deduktionsfähige Bilanzzwecke finden.[448] Wie später deutlich wird, ist das Auffinden eines alle geschriebenen und ungeschriebenen Bilanznormen verbindenden Bilanzierungszwecks nicht möglich. Wie schon in der Einleitung angedeutet wurde, besteht aber keine Notwendigkeit einen solchen Zweck zu finden, da mit dem BiRiLiG viele GoB bereits gesetzlich kodifiziert sind. Für die noch offenen Fragen läßt sich dagegen ein einheitlicher Zweck finden, so sich auf dieser Grundlage im Rahmen der gesetzlichen Regelungen sehr wohl Antworten auf die offenen Fragen entwickeln lassen.

cc) Hermeneutische Methode

In neuerer Zeit wird auch teilweise die sog. *hermeneutische Methode*[449] zur Ermittlung der GoB vorgeschlagen. Danach soll die deduktive Methode nur einen Einflußfaktor unter vielen darstellen, denn es sollen alle nur denkbaren Einflüsse auf die Rechnungslegung erkannt und verarbeitet werden.[450]
In dem Verständnis von *Baetge* ist das Erfordernis einer neuen Methode letztlich die Folge der weitgehenden gesetzlichen Kodifikation von GoB.[451] Für diese Fälle müßten die allgemeinen juristischen Auslegungsmethoden nach Wortlaut, Entstehungsgeschichte, Systematik und Sinn und Zweck angewendet werden.[452] Deswegen könne nicht mehr nur eine am Zweck orientierte Konkretisierung und Ermittlung des GoB-Systems stattfinden.[453]

Zu kritisieren ist an der hermeneutischen Methode, daß die Methode der Ermittlung der GoB auf die Beschreibung der Komplexität des Ermittlungsprozesses hinausläuft und dem Anwender keine konkrete Handhabe zur Verfügung stellt, wie vorzugehen ist. Allein die Aussage, daß alles Relevante zu berücksichtigen ist, hilft im Problemfall nicht weiter.

---

448 Moxter, StuW 1983, 300, 307: „Plastischer kann eine gesetzliche Deduktionsbasis gar nicht hervortreten". Worin diese genau besteht, soll erst im folgenden Teil ermittelt werden. Nach Moxter ist sie so zu charakterisieren: „ Der Kaufmann hat unter Beachtung von Vorsicht und Objektivierungsrestriktionen sein (Fortführungs-) Vermögen zu ermitteln und damit „das Verhältnis zwischen Eigenkapital und Fremdkapital", seine so verstandene Schulddeckungsfähigkeit" zu ermitteln; ders., ZGR 1980, 254, 276: „gläubigerschützende Schuldendeckungskontrolle"; ähnlich Tiedchen, Vermögensgegenstand, S. 12 f.

449 Geht u.U. auf die Kritik von Beisse, StuW 1984, 1, 7 f. an der deduktiven Methode zurück. Mit dieser Bezeichnung ausführlich Baetge in: Küting/Weber, Kap. II, Rn. 84 ff.

450 S. Budde/Raff in: BeBiKom, § 243 Rn. 18. Deutlich auch die Grafik bei Baetge, ebenda, Rn. 92 Übersicht 2.

451 Baetge, aaO., Rn. 84.

452 Baetge, aaO., Rn. 85.

453 Baetge, aaO., Rn. 92.

dd) Bedeutung der GoB-Ermittlungsmethoden unter dem BiRiLiG

Soweit eine gesetzliche Kodifikation von GoB im Rahmen des BiRiLiG vorgenommen wurde, versteht sich von selbst, daß zu ihrer Ermittlung nun nicht mehr die indikative oder deduktive Methode herangezogen werden können, denn die kodifizierten GoB müssen ja gerade nicht mehr ermittelt werden.[454] In diesem Zusammenhang wird meines Erachtens der Bilanzzweck tatsächlich nicht mehr benötigt, vielmehr stehen die GoB insoweit fest.[455] Ursprünglich dienten die Ermittlungsmethoden nicht dazu, für eindeutig bestehende gesetzliche Regelungen eine gemeinsame dogmatische Grundlage in Form eines Bilanzzwecks zu finden, sondern diese *Regelungen selber* an Hand der Ermittlungsmethode *aufzufinden*. Auf die Suche nach der „Grundidee" in Form eines Bilanzzwecks, der die gesetzlichen und die ungeschriebenen Regeln verbindet, kann meines Erachtens heute verzichtet werden. Für eine solche Beschränkung der Bedeutung des Bilanzzwecks spricht auch, daß es bis heute nicht gelungen ist, sich auf einen einheitlichen Zweck zu einigen.[456] Danach übernimmt der *Bilanzzweck* nur noch die Funktion der *Klärung* noch *streitiger Fragen*. Gerade die noch bestehenden Zweifelsfragen können nur mit Hilfe des Bilanzzwecks und damit der deduktiven Methode ermittelt werden.

ee) Ergebnis

Die Beantwortung der noch offenen Bilanzfragen wird mittels der deduktiven Methode, also anhand der Bilanzzwecke vorgenommen. Eine zu detaillierte gesetzliche Ausgestaltung aller Bilanzfragen fehlt, damit eine Weiterentwicklung

---

454 Dies räumt interessanter Weise auch Baetge, aaO., Rn. 74 ein: Induktive und deduktive Methode sind „bestenfalls für die Suche nach gesetzlich noch nicht kodifizierten GoB geeignet".

455 Falls es Auslegungsprobleme gibt, gewinnt erneut der Bilanzzweck an Bedeutung. Auch Baetge, aaO., Rn. 85 verweist auf die Bedeutung der „Buchführungs- und Jahresabschlußzwecke" im Rahmen der teleologischen Auslegung, so daß auch nach der hermeneutischen Methode ihre Ermittlung erforderlich bleibt.

456 Ein ganz zentraler Grund hiervon wird deutlich, wenn man von der deduktiven Methode ausgeht. Zwar ist anerkannt, daß die einzelnen *Bilanzzwecke* von der *Rechtsform abhängig* sein sollen, aber nach h.M. sollen die *GoB rechtsformneutral* sein. Da nach der deduktiven Methode die Bilanzzwecke die Grundlage der GoB-Ermittlung bilden, kommen als Deduktionsbasis von vornherein eigentlich nur solche Bilanzzwecke in Frage, die rechtsformübergreifend gelten, weil sonst aus rechtsformspezifischen Bilanzzwecken rechtsformneutrale GoB abgeleitet werden müßten. Diesen Konflikt löst *Leffson* dadurch, daß er die Bilanzzwecke in Haupt- und Nebenzwecke einteilt, und nur die Hauptzwecke (Rechenschaft und Dokumentation) als Deduktionsbasis wählt. Zu diesem Problem s. Moxter, ZGR 1980, 254, 264 f.

der GoB anhand neuer Erkenntnisse und wirtschaftlicher Entwicklungen ermöglicht wird.[457] In dieser gewollten Flexibilität der GoB ist ihre besondere Stärke zu sehen. Die Suche nach einem deduktionsfähigen Bilanzzweck dient also dem Auffinden des geltenden Orientierungsmaßstabes für ungeklärte Fragen. Soweit dagegen eine eindeutige gesetzliche Regelung eines GoB im Gesetz besteht, erscheint es müßig und auch hinderlich, den dahinter stehenden Bilanzzweck zu ermitteln. Einerseits findet nämlich die Ermittlung der Bilanzzwecke nicht zum Selbstzweck statt, so daß sie für geklärte Fragen überflüssig ist, anderseits stellt die Berücksichtigung bereits gesetzlich eindeutig geklärter Fragen bei der Ermittlung eines dominierenden Bilanzzwecks nur unnötigen „Ballast" dar, der bei der Klärung dieser ohnehin schwierigen Frage nur behindert. Da der Begriff des Vermögensgegenstands allerdings zu den ungeklärten Fragen gehört, die eindeutig von der Geltung und dem Verständnis des dominierenden Bilanzzwecks abhängig sind, muß dieser weiter untersucht werden.

b) Bilanzierungszwecke als Rahmen für den Vermögensgegenstandsbegriff

Die Bilanzzwecke[458] wurden als Vorfrage für die Ermittlung der GoB oder zumindest als Vorfrage der Lösung problematischer Bilanzfragen dargestellt. Die Inhalte der Bilanzzwecke sind kurz darzustellen und sodann auf ihre Deduktionsfähigkeit zu untersuchen. Zentrale Bedeutung kommt der Frage nach den Bilanzzwecken auch für die Voraussetzungen des Vermögensgegenstandes zu. Dazu führt *Walz* aus: „Dem Streit um die Voraussetzungen des Vermögensgegenstandes liegt letztlich ein Dissens über die maßgeblichen Bilanzierungszwecke zugrunde."[459] Bevor also auf die vorgeschlagenen Definitionen des Vermö-

---

457 Budde/Raff in: BeBiKom, § 243 Rn. 19; Castedello, Freiwillige Einlagen, S. 6.

458 Hier soll einheitlich von Bilanzzwecken gesprochen werden. Teilweise wird dagegen zwischen Bilanz*zwecken* und *-zielen* unterschieden. Freericks, Bilanzierungsfähigkeit, S. 58: Danach sind die Zwecke die im Interesse der Bilanz*empfänger* ausgeübten Funktionen der Bilanz, die Ziele stellen dagegen auf die vom Bilanz*ersteller* erstrebten Ergebnisse ab. Tiedchen, Vermögensgegenstand, S. 15 f., sieht dagegen in den Zielen die „Mittel zur Erreichung der weitergehenden Jahresabschlußzwecke". (Schon rein sprachlich ist auch die Begriffsdifferenzierung verwirrend. Sowohl Ziele als auch Zwecke sind dasjenige, was mit einer Sache erreicht werden soll. Das Vehikel dazu bilden Mittel. Das Ziel hat zudem noch einen Bezug zu einem menschlichen Willen. Hier geht es aber darum, was eine Sache, die Bilanz, erreichen soll. Deswegen ist die Rede hier nur von Zwecken.)

459 Walz in: Heymann, § 246 Rn. 9; Freericks, Bilanzierungsfähigkeit und Bilanzierungspflicht, S. 163; in diese Richtung auch A/D/S, § 246 Rn. 13, die darauf hinweisen, daß die divergierenden Auffassungen über die Voraussetzungen des Vermögensgegenstandes zum Teil „auf einer unterschiedlichen Gewichtung der Bilanzzwecke beruhen." Ebenso auch Erfmeyer, Die Nutzungseinlage im Steuerrecht, S. 49 ff., der in Bezug auf die Zwecke der „Konkursvorsorge" und des „Gläubigerschutzes" auf die Auswirkungen des Verständnisses für den Vermögensgegenstandsbegriff hinweist.

gensgegenstandsbegriffs eingegangen werden kann, muß geklärt werden, welchen Zwecken die Bilanz dienen soll. Nur so können die hinter den aufgestellten Kriterien stehenden Überzeugungen aufgedeckt werden und ein Herangehen an dieses Problem mit einer vorgefaßten Meinung vermieden werden.[460] Nur diese grundsätzliche Herangehensweise ermöglicht später, das Verhältnis von steuerlichem Wirtschaftsgutsbegriff zum handelsrechtlichem Vermögensgegenstand zu klären[461]. Zentral ist das Verständnis der Bilanzzwecke auch für die Frage, ob und in welchem Umfang Nutzungsrechte, insbesondere obligatorische Nutzungsrechte, Vermögensgegenstände sein können.

Die besondere Schwierigkeit bei der Bestimmung, aber auch bei der Rangordnung der Bilanzzwecke untereinander, besteht darin, daß es an einer explizierten Regelung der Bilanzzwecke im Gesetz fehlt und auch die Gesetzesmaterialien hierzu schweigen.[462] Wegen dieser Unklarheit werden nicht nur ganz unterschiedliche Bilanzzwecke genannt, sondern es wird auch die Vorrangstellung einzelner Zwecke unterschiedlich beantwortet.[463] Das Erfordernis, sich im Kollisionsfalle mehrerer Bilanzzwecke für die *Dominanz eines* zu entscheiden, ergibt sich aus der Pflicht zur Aufstellung nur einer einzigen Bilanz (sog. Bilanz im Rechtssinne).[464] Würde man dagegen jeweils einen anderen Zweck in den Vordergrund stellen, käme man zu jeweils unterschiedlichen Bilanzinhalten.[465]

Wie schon bei der Frage nach der Ermittlung der GoB angedeutet,[466] geht es heute ausschließlich um einen überzeugenden Orientierungsmaßstab in Form eines Bilanzzwecks zur Beantwortung der noch offenen Fragen. Eine zentrale Rolle spielt der Bilanzzweck bei der Bestimmung der Grundlage für das heutige Verständnis des Vermögensgegenstandes. Als Bilanzzwecke werden Dokumentation,[467] Rechenschaft (gegenüber sich selbst und Dritten), [468] Information,[469]

---

460 Ähnlich Bieg, Schwebende Geschäfte, S. 233 f.

461 Von unterschiedlichen Zwecken von Handelsrecht und Steuerrecht und ihrer Bedeutung für die beiden Begriffe geht Erfmeyer, Die Nutzungseinlage im Steuerrecht, S. 29 f., aus.

462 Baetge in: Küting/Weber, Kap. II, Rn. 96 f.

463 Dazu gleich.

464 Moxter, Bilanzlehre, Bd. I, S. 156.

465 Moxter, ebenda.

466 Siehe oben C. I. 1. a) aa) ccc).

467 Bieg, Schwebende Geschäfte, S. 79; Leffson, GoB, S. 111; Moxter, Bilanzlehre Bd. I, S. 81 f.; Baetge in: Küting/Weber, Kap II, Rn. 95; Federmann, Bilanzierung, S. 48; Winnefeld, Bilanzhandbuch, Einf. Rn. 1; Tiedchen, Vermögensgegenstand, S. 16.

468 Bieg, aaO., S. 6, 75; Leffson, ebenda,; Budde/Karig, BeBiKom, § 264 Rn. 35; Baetge, aaO., Rn. 100 ff.; 109; Federmann, ebenda; Winnefeld, ebenda; Tiedchen, ebenda.

469 Budde/Karig, ebenda: „insbesondere durch § 264 Abs. II großes Gewicht"; Winnefeld, ebenda. A.A. Baetge, aaO., Rn. 99; Federmann, ebenda, der Information als Oberprinzip von Rechenschaft und Dokumentation ansieht.

Ausschüttungsbemessung[470] und Gewinnermittlung[471] und als besonders wichtig für die Bestimmung des Vermögensgegenstandsbegriffs der gesondert zu behandelnde Gläubigerschutz[472] genannt.

aa) Inhalt und Deduktionsfähigkeit von Dokumentation, Rechenschaft, Information, Ausschüttungsbemessung und Gewinnermittlung

aaa) Dokumentation

Der Zweck „*Dokumentation* der Vermögenslage" stützt sich auf § 238 Abs. I HGB.[473] Die Dokumentation schafft eine beweiskräftige Grundlage für das Vorbringen in gerichtlichen Verfahren.[474] Dokumentation muß aber nicht zwingend in Form eines Jahresabschlusses geschehen, sondern kann auch in Form eines periodischen Kontenabschlusses mit einer Zusammenfassung dieser Konten in einer Abschlußübersicht geschehen.[475] Zudem ist dieser Zweck wegen seiner Allgemeinheit zur Deduktion von GoB ungeeignet.

---

470 Budde/Karig, ebenda; Moxter, aaO., S. 93 ff.. Teilweise wird wohl für den gleichen Inhalt auch der Begriff „Kapitalerhaltung" verwendet: Leffson, ebenda; Baetge, aaO, Rn. 99 ff.; Federmann, aaO., S. 49 (als Element des Gläubigerschutzes).

471 Budde/Karig, ebenda; Engels, FS für Leffson (1976), 31, 46; Freericks, Bilanzierungsfähigkeit, S. 64; Kußmaul, Nutzungsrechte, S. 18.

472 Deutlich ist, daß dem Gläubigerschutz häufig eine besondere Bedeutung beigemessen wird. Leffson, aaO., S. 111 f. bezeichnet Gläubigerschutz als das Oberziel von Dokumentation, Rechenschaft und Kapitalerhaltung, das selber zu unbestimmt ist, um daraus „operationale Regelungen" herzuleiten; Moxter, aaO., S. 82, 89, 93, 106 nennt den Gläubigerschutz zwar nicht als eigenständigen Zweck, erwähnt ihn aber im Zusammenhang mit nahezu allen von ihm aufgestellten Zwecken, zudem gebe es einen eng mit dem Gläubigerschutz verbundenen Bilanzzweck „Schuldendeckungskontrolle"; Budde/Karig, ebenda, Gläubigerschutz „dominierend"; Baetge, aaO., Rn. 100; Winnefeld, aaO.

473 Baetge in: Küting/Weber, aaO., Rn. 95; zust. Tiedchen, aaO., S. 14.

474 Federmann, Bilanzierung, S. 48.

475 Lamers, Aktivierungsfähigkeit, S. 185.

bbb) Rechenschaft und Information

Rechenschaft[476] bedeutet, daß die Bilanz die Funktion übernimmt, die Verwendung des dem Kaufmann überlassenen Kapitals zu erläutern.[477] Durch die Darstellung der Ein- und Auszahlungen, Einnahmen und Ausgaben sowie insbesondere des Vermögens und der Schulden soll den Adressaten[478] der Rechnungslegung ermöglicht werden, sich ein eigenes Bild über das verwaltete Vermögen und die damit erzielten Erfolge zu machen. Die Bilanz dient hier dem Nachweis, daß der Bilanzierungspflichtige die erforderliche Sorgfalt bei der Besorgung fremder Angelegenheiten angewendet hat. Gesetzliche Grundlage der Rechenschaft bildet die Pflicht zur Aufstellung des Vermögens und der Schulden (§ 242 Abs. 1 HGB)[479] und der übersichtlichen und klaren Darstellung (§ 243 Abs. 2 HGB)[480].

Während die Kapitalgesellschaften, wie schon die Pflicht zur Offenlegung des Jahresabschlusses gem. § 325 Abs. 1 HGB deutlich macht, auch Rechenschaft gegenüber Dritten ablegen müssen, schulden die sonstigen Kaufleute grundsätzlich[481] nur sich selber Rechenschaft[482]. Dabei ist schon häufig nachgewiesen worden, daß die Informationsinteressen von Gläubigern und Anteilseignern einer Kapitalgesellschaft durchaus kompatibel sind, so daß hier keine Differenzierung nach Gruppen erforderlich ist.[483] In dieser Arbeit soll als eigenständiger Zweck der Bilanz die *Information* behandelt werden. Teilweise wird diese nur als Ausprägung einer umfassenden Rechenschaft begriffen.[484] Ob diese beiden Zwecke in einem Über-/Unterordnungsverhältnis stehen oder nebeneinander ist hier nicht wichtig. Die inhaltliche Komponente soll zumindest in einem eigenen

---

476 Teilweise ist auch von „Rechenschaftslegung“ die Rede. So z.B. Wöhe, Bilanzierung und Bilanzpolitik, S. 379 und Fahrholz, Leasing in der Bilanz, S. 31. Zuzustimmen ist Leffson, GoB, S. 64 wenn er dieses Wort für ein „falsch gebildetes Wortungetüm“ hält und nur von „Rechenschaft“ spricht. Ebenso Barth, Die Zurechnung von Leasingobjekten, S. 78 Fn. 263.

477 Winnefeld, Bilanzpolitik, Einf. Rn. 45.

478 Dazu sogleich.

479 Tiedchen, Vermögensgegenstand, S. 14.

480 Leffson, GoB, S. 65. Sieht als Grundlage für die Rechenschaft die Lage des Unternehmens gem. § 238 Abs. 1 S. 1 an.

481 Ausnahmsweise kann auch der Einzelkaufmann (§ 3 Abs. 1 PublG) nach § 1 Publizitätsgesetz (PublG) wegen § 9 Abs. 1 S. 1 PublG unter sinngemäßer Anwendung des §§ 325 Abs. 1, 2, 4, 5, 328 HGB zur Offenlegung verpflichtet sein. Dies ist dann der Fall, wenn er zwei der drei Größenmerkmale des § 1 Abs. 1 PublG erfüllt.

482 Lamers, Aktivierungsfähigkeit, S. 186; Roland, Vermögensgegenstand, S. 62; Fabri, GoB entgeltlicher Nutzungsverhältnisse, S. 25.

483 Lamers, Aktivierungsfähigkeit, S. 163 ff.

484 Konkret im Hinblick auf § 264 Abs. 2 HGB: Leffson, GoB, S. 65; ebenso Baetge, Bilanzen, S. 57.

Abschnitt[485] betrachtet werden, so daß die Frage nach der Deduktionsfähigkeit einstweilen offen bleibt.

Teilweise wird (wohl) von der Eigenständigkeit der Informationsfunktion ausgegangen.[486] Aufgetaucht ist dieser Ansatz vermehrt in Verbindung mit der Einführung des § 264 Abs. II HGB. Da sich die Vorschrift im Abschnitt der ergänzenden Vorschriften für Kapitalgesellschaften befindet, kann sie nicht unmittelbar für Nicht-Kapitalgesellschaften Anwendung finden. Auf die hier auftretenden Fragen wird im Zusammenhang mit dem Gläubigerschutz detailliert eingegangen.

ccc) Ausschüttungsbemessung

Auch die *Ausschüttungsbemessung* wird als Zweck der Bilanz eingeordnet.[487] Bei Unternehmen, bei denen es eine Haftungsbeschränkung auf das Gesellschaftsvermögen gibt, sind nur beschränkte Ausschüttungen an die Anteilseigner zulässig. Damit kann jedoch nicht die Aufzehrung des Gesellschaftsvermögens durch auftretende Verluste verhindert werden. Grund der Ausschüttungssperre ist, daß nur dasjenige ausgeschüttet werden soll, was über die Deckung des gezeichneten Kapitals, die gesetzlichen[488] oder gesellschaftsvertraglichen Pflichtrücklagen sowie die Schulden hinausgeht. Teilweise wird ausgeführt, daß die gesetzliche Ausschüttungssperre den Sinn habe, „den Gläubigern für den Fall der Konkurslage ein gewisses Mindestzugriffsvermögen zu sichern."[489] Dagegen spricht schon, daß nur die Ausschüttung an die Gesellschafter, nicht dagegen die Aufzehrung des Kapitals als solchem verhindert wird. Zudem müßte nach dieser Auffassung das bilanzielle Vermögen insgesamt nur Haftungsmasse ausweisen, die zur Befriedigung von Gläubigeransprüchen durch Liquidierung geeignet ist. Eine Beschränkung der Konkurszugriffsfähigkeit nur auf die Höhe der Ausschüttungssperre würde verkennen, daß es sich hierbei ebenso wie beim Begriff des Kapitals nicht um konkrete Gegenstände, sondern um eine bloße Rechnungsziffer handelt. Damit hat dieser Ansatz unmittelbaren Einfluß auf das Ver-

---

485 S.u. D. I. 1. b) cc).

486 Budde/Karig in: BeBiKom, § 264 Rn. 35 sprechen im Zusammenhang mit der Einführung des § 264 Abs. 2 HGB davon, daß der „Informationsfunktion ... großes Gewicht gegeben worden" ist. Im Ergebnis wohl auch Walz, FG Kübler, 557, 574; ders., Zfbf Sonderheft 40 (1998), 83, 96.

487 Siehe ausführlich Moxter, Bilanzlehre Bd. 1, S. 93 ff.

488 § 150 AktG.

489 Moxter, Bilanzlehre Bd. 1, S. 94; ebenso Lamers, Aktivierungsfähigkeit, S. 181 ff.

ständnis des Vermögensgegenstandes. *Sieben*[490] sagt dazu: „ An den ausschüttungsoffenen Betrag wird nicht die Forderung gerichtet, unter Liquidationsgesichtspunkten ausschüttungsfähig zu sein." Ob diese Aussage richtig ist, ist aber keine Frage der Ausschüttungssperre, sondern sie ist abhängig von dem sonstigen Verständnis der Bilanz. Damit ist der Begriff der Ausschüttungssperre „akzessorisch" zum sonstigen Bilanzverständnis, also ungeeignet, eigene Anforderungen insbesondere im Hinblick auf die Vermögensermittlung aufzustellen.

Neben den Argumenten gegen das Verständnis des Vermögens als liquidierbare Haftungsmasse,[491] die sich noch aus den Betrachtungen zum Gläubigerschutz folgen werden, ergibt sich aber auch ein starkes Argument aus dem Gesellschaftsrecht. Die Ausschüttungssperrfunktion erfüllt nur dann ihren Sinn, wenn bereits das gesperrte Vermögen nur aus verwertbarer Haftungsmasse besteht. Wie sich im gesellschaftsrechtlichen Teil der Arbeit gezeigt hat, können aber auch nicht verwertbare obligatorische Nutzungsrechte Gegenstand von gesellschaftsrechtlichen Einlagen sein. Eine ordnungsgemäße, vollständige *Kapitalaufbringung* ist damit von der Zurverfügungstellung möglicher *Haftungsobjekte unabhängig*. Eine Funktion der Ausschüttungssperre ist aber der Schutz des aufgebrachten Stammkapitals vor der Ausschüttung an Gesellschafter. Wird hier etwas geschützt, das selber gar nicht Verwertungsobjekt sein kann (obligatorische Nutzungseinlagen), kann das Verständnis von der Funktion der Ausschüttungssperre als Sicherung des *liquidierbaren* Mindesthaftungsvermögens zugunsten der Gläubiger nicht richtig sein. Vielmehr muß man davon ausgehen, daß das Stammkapital am stärksten geschützt wird. Ist dies nicht einmal selbst verwertbar, kann die Verwertbarkeit erst recht nicht für die sonstigen Gegenstände auf der Aktivseite als Maßstab herangezogen werden. Die Betrachtung zum Gesellschaftsrecht hat gezeigt, daß sich auch nichts anderes aus den Vorschriften zum Schutz der Vollwertigkeit der Sacheinlagen im Gesellschaftsrecht ergibt.

Auch der im Rahmen der gesellschaftsrechtlichen Einlagefähigkeit im Zentrum stehende Zweck der Kapitalerhaltung (, der von seiner Intention der der Ausschüttungssperre entspricht,) führt nicht zu einer Begrenzung der zur Gläubigerbefriedigung zur Verfügung stehenden Gegenstände. Wenn aber nicht einmal das Gesellschaftsrecht, das in seinen Schutzvorschriften allein am Kapitalerhaltungszweck ausgerichtet ist, eine solche Beschränkung vornimmt,[492] wäre es merkwürdig, wenn das Handelsrecht insoweit strenger wäre.

---

490 Sieben, Günter, Kritische Würdigung der externen Rechnungslegung unter besonderer Berücksichtigung von Scheingewinnen, JfbF 1974, 153-168, 157; zit. nach Baetge, FS Leffson, 27.

491 Dazu sogleich.

492 Dazu noch unten.

ddd) Gewinnermittlung

Nicht behandelt wurde bis jetzt der Bilanzzweck der *Gewinnermittlung*. „Primärer Bilanzzweck ist immer die Messung des Erfolges der Vergangenheit. In einigen Zusammenhängen kommt es nicht darauf an, daß die Messung sehr genau ist, oder es kommt nur darauf an, daß das Ergebnis nicht zu groß ist. Eine vollständigere Bilanz aber wird es immer ermöglichen, daß man damit auch die Zwecke der einfacheren erreicht."[493] Wird der Bilanzzweck der Gewinnermittlung angesprochen, so ist die Gefahr groß, daß dieser sofort mit den Forderungen der dynamischen Bilanztheorie vermengt wird. Nach diesem von *Schmalenbach* entwickelten Ansatz steht die Ermittlung einer vergleichbaren Gewinngröße im Vordergrund.[494] Ziel dieses Ansatzes ist es, den Gewinn von aperiodischen Einflüssen freizuhalten, um möglichst unverzerrte Aussagen über den Erfolg der Periode zu erhalten zum Zwecke der Betiebssteuerung. Um außergewöhnlich hohe Forderungsverluste einer Periode zu kompensieren, befürwortete *Schmalenbach* z.B. auch Rückstellungen für Wertberichtigungen auf Forderungen selbst, wenn keine Forderungen bestanden.[495] Nach dieser Ansicht steht also die Ermittlung eines scheinbar richtigen Gewinns im Vordergrund und nicht die Ermittlung des Vermögens.[496] Die so verstandene Dynamik läßt sich aber *nicht* mit der nach dem Gesetz vorgeschriebenen und der aus den praktischen Erfordernissen einer Bilanz im Rechtssinne einzig möglichen Gewinnermittlung aufgrund der Veränderung des Buchvermögens vereinbaren.[497] Gewinn kann nach dem gesetzlichen Bilanzsystem nur durch *Vermögens*vergleich ermitteltet werden. Zweifelhaft ist aber erneut die Deduktionsfähigkeit.[498] Der Gewinn ist die Maßzahl für den Erfolg der vergangenen Periode. Aus den bereits beschriebenen Vorsichts- und Objektivierungsgesichtspunkten ist es erforderlich, ihn durch Vermögensvergleich zu ermitteln. Nicht zweifelhaft kann sein, daß es sich bei der Gewinnermittlung um einen ganz zentralen Zweck der Handelsbilanz handelt. Allerdings ist die Gewinnermittlung nur in dem vorhandenen Rahmen möglich.[499] Dominieren Informationsinteressen die Entscheidung strittiger Fragen, wie der Frage nach den Voraussetzungen des Vermögensgegenstandsbegriffs, so kommt es unter Umständen zu einem anderen Gewinn als bei einer Do-

---

493 Engels, FS für Leffson, S. 31, 46. Dem folgend Kußmaul, Nutzungsrechte, S. 18.

494 Dazu Moxter, StuW 1983, 300.

495 Schmalenbach, Dynamische Bilanz, S. 49. Dazu Moxter, StuW 1983, 300, 301.

496 Die in der vorangegangenen Fußnote dargestellte Wertberichtigung ist mit einer richtigen Vermögensermittlung nicht vereinbar.

497 Moxter, WPg 1980, 345, 346 meint, daß auch nur so der dynamische Gewinn ermittelt werden kann.

498 Verneinend Lamers, Aktivierungsfähigkeit, S. 126.

499 Damit ist auch der für verdeckte Einlagen wesentliche § 272 Abs. 2 Nr. 4 HGB angesprochen. Nur soweit diese Norm eine Erfassung von Vermögenswertzuführungen des Gesellschafters zwingend vorschreibt, kann auch die Gewinnermittlung richtig sein.

minanz des Gläubigerschutzes. Deswegen muß erst die – das Gewinnverständnis prägende – Bedeutung dieser beiden wichtigen Bilanzzwecke geklärt werden, um vor diesem Hintergrund eine Aussage darüber zu treffen, was mit Gewinnermittlung im Handelsrecht gemeint ist.[500]

bb) Gläubigerschutz als zentraler Zweck der Bilanz?

Häufig wird der Gläubigerschutz als der zentrale Bilanzzweck zur Ableitung der GoB angesehen.[501] Der Gläubigerschutz hat im Gesetz durch das Vorsichtsprinzip (§ 252 Abs. 1 Nr. 4 HGB), das seinerseits durch das Imparitäts- und das Realisationsprinzip konkret ausgestaltet wird, einen Niederschlag gefunden.[502] Weitere Ausprägungen des Vorsichtsprinzips[503] und damit mittelbar auch des Gläubigerschutzes bilden u.a. das Verbot der Bilanzierung von Aufwendungen für die Gründung des Unternehmens sowie das Verbot der Aktivierung unentgeltlich erworbener immaterieller Wirtschaftsgüter (§ 248 Abs. 2 HGB) sowie der Ansatz zu historischen Anschaffungskosten/Herstellungskosten.[504] Durch den zunehmenden Einfluß internationaler Rechnungslegung im nationalen Recht stellt sich im nationalen Recht immer mehr die Frage nach der Zurückdrängung des institutionellen Gläubigerschutzes[505] zugunsten von mehr Informationen über die Finanz-, Ertrags- und Vermögenslage. Angesprochen ist damit die Einführung des „den tatsächlichen Verhältnissen entsprechenden Bildes“ in § 264 Abs. 2 HGB sowie die Zulassung eines von der nationalen Rechnungslegung befreienden Konzernabschlusses gem. § 292 a HGB, der nach internationalen Rechnungslegungsprinzipien aufgestellt werden kann.

---

500 Auch wenn es in dieser Arbeit um die erfolgsneutrale Erfassung von Einlagevorgängen geht, von denen der Gewinn grundsätzlich unberührt bleibt, kann dieser Untersuchung grundsätzliche Bedeutung für die Frage der von der h.M. für zulässig erachteten Unterbewertung zukommen.

501 Moxter, Bilanzlehre Bd. 2 1986, 67; ders., StuW 1983, 300, 303; ders., ZGR 1980,254, 268 zur Rechtslage vor Einführung des BiRiLiG; Beisse, StuW 1984, 1, 7; Budde/Karig, BeBiKom, § 264 Rn. 35; Lamers, Aktivierungsfähigkeit, S. 189; andere Ansicht z.B. Leffson, GoB, S. 59, wonach sich aus dem Gläubigerschutz sich keine Bilanzregeln ableiten lassen.

502 Winnefeld, Bilanzhandbuch, Einf. 42; a.A. Leffson, GoB, S. 59: Die genannten Prinzipien „bauen auf vielerlei Überlegungen auf, nicht direkt auf dem Gläubigerschutz.“

503 Moxter, StuW 1983, 300, 303: Plakativer ausgedrückt geht es darum, „sich nicht reich zu rechnen“.

504 Walz, Freundesgabe für Kübler, 557, 561: Historisch ist der Gläubigerschutz auf den Einfluß der Hausbanken zurückzuführen: Eine Kapitalbeschaffung nur durch Kredite oder Eigenmittel lag hauptsächlich in ihrem Interesse.

505 Dazu insbesondere im Vergleich zum amerikanischen Recht sowie zum fehlenden Gläubigerschutz durch stille Reserven: Kübler, ZHR 159 (1995), 550 ff.

Diese Untersuchung beschränkt sich auf die geltende Rechtslage. Dabei soll es zunächst um die Frage gehen, ob der Bilanzzweck „Gläubigerschutz" deduktionsfähig ist. Hier wird nicht die Bedeutung des Gläubigerschutzes in Form der gesetzlichen Ausprägungen des Vorsichtsprinzips in Frage gestellt. Es wird nur die Frage untersucht, ob sich aus dem Gläubigerschutz über die gesetzliche Ausprägung hinaus weitere Restriktionen insbesondere für den Vermögensgegenstand herleiten lassen.

Die Bedeutung des Gläubigerschutzes auch für den Jahresabschluß des Einzelkaufmanns wird besonders klar, wenn man sich deutlich macht, daß die Verpflichtung zur Aufstellung des Jahresabschlusses nicht vorrangig im Interesse des Aufstellenden geschehen kann. Dies ergibt sich schon aus der öffentlichrechtlichen Natur der handelsrechtlichen Vorschriften.[506] Durch die Pflicht zur Selbstinformation wird eben nicht nur der Kaufmann vor der falschen Einschätzung seiner geschäftlichen Lage geschützt, sondern ebenfalls externe Unternehmensbeteiligte. Bliebe diese Verpflichtung für den Fall ihrer Verletzung allerdings sanktionslos, so wäre die Aufstellungspflicht praktisch bedeutungslos.[507] Durch die §§ 283 - 283 b StGB[508] ist die Verletzung der allgemeinen handelsrechtlichen Buchführungs- und Bilanzierungsvorschriften (§§ 238 ff. HGB) sanktionsbewährt und dient letztlich dem Schutz derjenigen, die durch die Insolvenz oder Zahlungseinstellung „Vermögensnachteile erleiden können".[509] Dabei tritt die Strafbarkeit[510] zwar nur für die Fälle der Zahlungseinstellung oder für den Insolvenzfall ein, jedoch ist ihr eine Präventivwirkung[511] zuzumessen. Der

---

506 S. dazu Großkommentar Handelsgesetzbuch, begr. von. H. Staub, 3. Aufl., Berlin 1967, Vorbem. 4 zu § 38: „dem liberalen Gesetzgeber von 1897 lag nichts ferner, als dem Kaufmann die Pflicht zur Buchführung zu seinem eigenen Wohl aufzuerlegen". Zit. nach Lamers, Aktivierungsfähigkeit, S. 186.

507 Maul, ZfbF 1974, 726, 733;dem folgend Lamers, Aktivierungsfähigkeit, S. 187.

508 § 283 StGB: Bankrott; § 283 b StGB: Verletzung der Buchführungspflicht. Die Vorschriften wurden durch das Gesetz zur Bekämpfung der Wirtschaftskriminalität (1. WiKG) vom 29. Juli 1976 (BGBl. I 1976, S. 2034) ins Strafgesetzbuch eingefügt. Entsprechende Vorläufervorschriften gab es bereits vor der Einführung des Handelsgesetzbuchs am 10. Mai 1897: So in §§ 281 – 283 RStGB vom 15. Mai 1971 sowie in der Reichskonkursordnung vom 10. Februar 1877 (§§ 209 f. RKO). Bis zum 1. WiKG befanden sich die Vorschriften (ab 1898) in den §§ 239 f. KO. Zur historischen Entwicklung s. weiterführend Maul, DB 1979, 1757, 1758.

509 So Moxter, Bilanzlehre, 1. Aufl., S. 25 f.

510 Auf Vorsatz kommt es nicht an, da in §§ 283 Abs. 4, 5, 283 b Abs. 2 StGB die Strafbarkeit der fahrlässigen Begehung geregelt ist. Die Fahrlässigkeit wird regelmäßig bei nicht ordnungsgemäßer Erfüllung der gesetzlichen Buchführungs- und Bilanzierungspflichten vorliegen. Vgl. dazu Maul, DB 1979, 1757.

511 LK-Tiedemann, StGB, Vor § 283 Rn. 43; Fabri, GoB entgeltlicher Nutzungsverhältnisse, S. 26 ordnet der Dokumentation und Selbstinformation eine Prophylaxe- oder Kompaßfunktion in Bezug auf die mögliche Strafbarkeit zu.

Kaufmann will der Strafbarkeit auch für unvorhergesehene zukünftige Entwicklungen entgehen und wird durch die Sanktion motiviert, fortlaufend seine Bücher ordnungsgemäß zu führen.[512] Die Strafbarkeit zeigt, daß die §§ 238 ff. HGB dem Schutz derjenigen dienen, die durch die Zahlungseinstellung oder Insolvenz „Vermögensnachteile" erleiden.[513] Damit ist aber nur gezeigt, daß der Gläubigerschutz auch für nicht zur externen Rechnungslegung verpflichtete Kaufleute eine Rolle spielt.[514] Häufig wird aber versucht, die strafrechtlichen Normen für den Zweck des Gläubigerschutzes fruchtbar zu machen, weil ohne weitere Konkretisierung der Gläubigerschutz zu unbestimmt ist.[515] Dabei hat insbesondere *Moxter* früher aus den Strafvorschriften eine Konkurs- bzw. Insolvenzorientierung hergeleitet, wonach das bilanzielle Vermögen das so verstandene „Schuldendeckungspotential" darstelle.[516] *Maul* meint sogar, daß die Gegenüberstellung von Vermögen und Schulden nur unter Zugrundelegung dieses Verständnisses sinnvoll sei.[517] Vermögensgegenstand könne nur sein, was die Fähigkeit habe, Bestandteil des Zerschlagungsvermögens zu sein.[518] Zwar würde so die Aussagefähigkeit der Bilanz beschränkt, aber die „Gläubigerschutzwirkung" könne optimiert werden.[519] Ausgangspunkt dieser Überlegungen ist, daß die strafrechtlichen Vorschriften zumindest die Mindestziele der Rechnungsle-

---

512 Ähnlich Maul, DB 1979, 1757, 1759: „Konkurs grundsätzlich nicht auszuschließen, auch nicht vorhersehbar, ... muß der Kaufmann zur Vermeidung der Bestrafung nach den §§ 283 ff. StGB immer und regelmäßig seinen Pflichten nach den §§ 38 ff. HGB (entsprechen im wesentlichen den §§ 238 ff. HGB n.F.; Anm. des Verfassers) nachkommen, nicht nur in der Krise."

513 Moxter, Bilanzlehre, 1. Aufl. 1974, S. 26.

514 Die Orientierung am Gläubigerschutz für den Einzelkaufmann besonders betonend auch, Moxter, BB 1978, 821, 822.

515 Lamers, Aktivierungsfähigkeit, S. 187.

516 Moxter, Bilanzlehre, 2. Aufl., S. 216; ders., ZGR 1980, 254, 276; ders., WPg 1980, 345, 346. Erfmeyer, Die Nutzungseinlage im Steuerrecht, S. 30 m.w.Nachw. Fn. 48, 51: „Der handelsbilanzielle Zweck der Konkursvorsorge ist deswegen nicht der einzigen, er ist aber vorhanden und spiegelt sich insbesondere in der von der herrschenden Meinung geforderten selbständigen Verkehrsfähigkeit des Vermögensgegenstandes." Für den Aspekt der Schuldendeckungsfähigkeit heute z.B. A/D/S, § 246 HGB Rn. 27 f.: „Entscheidend ist also das Vorhandensein eines wirtschaftlich verwertbaren Potentials zu Deckung der Schulden des Unternehmens." Dagegen geht Heymann/Walz, HGB, Einl. Rn. 33 Fn. 24 davon aus, daß dieser Bilanzzweck überholt ist: „Allg. Meinung". Dies könnte nahelegen, das die Untersuchung hier überflüssig ist. Es wird sich aber zeigen, daß sowohl im Zusammenhang mit § 264 Abs. 2 HGB als auch mit den hier in Frage stehenden Voraussetzungen des Vermögensgegenstandsbegriffs die Literatur trotz der teilweise vorherrschenden Erkenntnis, daß das Verständnis des Gläubigerschutzes als Schuldendeckungsfähigkeit überholt sei, noch von einem so restriktiven Verständnis des Gläubigerschutzes geprägt ist.

517 Maul, DB 1979, 1757, 1760.

518 Z.B. Moxter, WPg 1980, 345, 346 f.

519 Moxter, ebenda, 347.

gungsvorschriften der §§ 238 ff. HGB enthalten müßten, da nur unter ihrer Beachtung bei der Erstellung einer Bilanz der drohenden Strafbarkeit aus dem Weg gegangen werden könne.[520]

Der Ansatz, von den Strafvorschriften auszugehen, kann aus mehreren Gründen nicht überzeugen, obwohl zunächst der Charme dieser Lösung in der Simplifizierung der mit der Bilanz verfolgten Aufgaben liegt.

aaa) Strafvorschriften: Keine Grundlage des Inhalts des Gläubigerschutzes

Letztlich liegt den Strafvorschriften der Gesichtspunkt des „Zwanges zur Selbstinformation im Gläubigerinteresse" zugrunde.[521] „Wer ohne Übersicht über seinen Vermögensstand wirtschaftet, kann auf Dauer unmöglich den Erfordernissen einer ordnungsgemäßen Wirtschaftsführung gerecht werden und läuft Gefahr, über kurz oder lang in Konkurs (heute: Insolvenz) zu geraten."[522] Damit ist aber auch deutlich, was aus den Strafvorschriften für den Gläubigerschutz abgeleitet werden kann und was nicht. Der Kaufmann soll „motiviert" werden, *sich selber* in die Lage zu versetzen, seine geschäftliche Situation richtig zu beurteilen. Durch die Strafbarkeit wird letztlich allen handelsrechtlichen Normen des Dritten Buches des HGB zu Wirksamkeit verholfen, weil jeder handelsrechtliche Normverstoß „die Übersicht über seinen Vermögensstand" erschwert. Die Vorschriften können und wollen dagegen nicht sichern, daß hinreichend Zugriffsobjekte für die Gläubiger vorhanden sind. Strafbewährt soll nur die schuldhafte Herbeiführung oder Nichterkennung der schlechten wirtschaftlichen Lage sein, nicht dagegen, daß Gläubiger im Insolvenzverfahren nur eine geringe Befriedigungsquote erhalten oder sogar leer ausgehen. Sollte tatsächlich der Jahresabschluß direkt die Gläubiger schützen, ist nicht einzusehen, warum die geschützte Gruppe keine Möglichkeit hat, in den Abschluß des Einzelkaufmanns Einblick zu nehmen. Wie sich auch schon im Zusammenhang mit der gesellschaftsrechtlichen Kapitalaufbringung gezeigt hat, dienen Jahresabschlüsse nicht dem Ausweis oder der Erhaltung[523] einer Haftungsmasse. Damit läßt sich schon aus den separat betrachteten strafrechtlichen Vorschriften eine Interpretation des Gläubigerschutzes als Schuldendeckungskontrolle (= Ansatz zu Zerschlagungswerten) nicht herleiten. Zudem zeigen insbesondere die Straf- und Bußgeldvor-

---

520 Maul, DB 1979, 1757; ebenso Lamers, Aktivierungsfähigkeit, S. 187.

521 BGH v. 10. 2. 1981, 1 StR 625/80, bei Holtz, MDR 1981, 454; HansOLG, v. 31.10. 1986, 2 Ss 98/86,NJW 1987, 1342, 1343; so auch amtl. Begründung zum 1. WiKG (BT Drucks. 7/3441, S. 38); ebenso Hopt, HGB, Anm. II 2 A vor § 238.

522 Alternativ-Entwurf eines Strafgesetzbuches, Besonderer Teil, Straftaten gegen die Wirtschaft, S. 83.

523 Leffson, GoB, S. 59.

schriften für Kapitalgesellschaften (§§ 331 - 334 HGB), daß dem Gesetzgeber nahezu alle wichtigen HGB-Vorschriften so zentral erschienen, daß er für einen Verstoß ein Bußgeld für sie vorgesehen hat. Daß diese Vorschriften nicht auch für den Einzelkaufmann gelten, kann mit seiner unbeschränkten persönlichen Haftung begründet werden.

bbb) Unvereinbarkeit mit dem Fortführungsprinzip: Auswirkungen auf die Bewertung und den Ansatz

Sieht man entgegen dem bisherigen Ergebnis den Gläubigerschutz nur durch die Ermittlung der Schuldendeckungsfähigkeit hinreichend konkretisiert, stellt sich die Frage, ob dieses Verständnis mit dem Fortführungsprinzip (going-concern-concept) gem. § 252 Abs. 1 Nr. 2 HGB vereinbar ist. Das unter Anwendung des Fortführungsprinzips ermittelte Vermögen (Fortführungsvermögen) darf nicht mit dem tatsächlichen oder Effektivvermögen[524] des Bilanzierenden verwechselt werden. Aufgrund des Grundsatzes der Einzelbewertung (§ 252 Abs. 1 Nr. 3 HGB) ist ein solches Effektivvermögen nicht feststellbar, sondern nur ein „Buchvermögen".[525] Darüber hinaus bestehende Werte[526] sind mit einer formalisierten und deswegen auch von Dritter Seite überprüfbaren Vermögensaufstellung nicht ermittelbar. Ist hier also die Rede vom Fortführungsprinzip, so ist darunter nicht im Sinne der dynamischen Bilanz die Ermittlung des Effektivvermögens gemeint, sondern nur eine Darstellung des Vermögens der Gesellschaft anhand von Fortführungswerten und u.U. auch Fortführungsansätzen.[527]

Nach dem Wortlaut des Gesetzes ist bei der *Bewertung* grundsätzlich von der Fortführung des Unternehmens auszugehen.[528] Nach dem Gesetzeswortlaut ist davon so lange auszugehen, wie keine „rechtlichen oder tatsächlichen Gegebenheiten entgegenstehen."[529] Es wäre also contra legem, grundsätzlich von einer

---

524 Mit Effektivvermögen ist hier entsprechend Moxter, StuW 1983, 300, 302 Fn. 13 ein potentieller Preis des ganzen Unternehmens gemeint.

525 Moxter, BB 1978, 821, 823.

526 Dadurch erlangt im Rahmen eines Unternehmenskaufes das Entgelt für den Geschäfts- oder Firmenwert so überragende Bedeutung, weil er letztlich als Auffangbecken für alle nicht bilanziell erfaßten (oder erfaßbaren) Werte dient.

527 Fabri, GoB entgeltlicher Nutzungsverhältnisse, S. 46 f. hat Schwierigkeiten, den Begriff des Fortführungsprinzips und die Inhalte der Dynamik voneinander zu trennen.

528 Das so ermittelte Fortführungsvermögen kann nicht mit dem Effektivvermögen übereinstimmen, d.h. solange das Prinzip der Einzelbewertung angewendet wird, handelt es sich bei den angesetzten Werten um vereinfachende Objektivierungen. Aus diesem Umstand ergibt sich auch die Bedeutung der Unternehmensbewertung in der Praxis.

529 Zur Frage, wann das Fortführungsprinzip aufzugeben ist, Janssen, WPg 1984, 341 ff.

Zerschlagungsfiktion bzw. Liquidationsfiktion auszugehen.[530] Allein das Fortführungsprinzip bildet für die Ermittlung der Bilanzzwecke eine tragfähige Grundlage. Unter konsequenter Anwendung der Liquidationsfiktion wäre auch die Behandlung der anerkannten Fälle wirtschaftlichen Eigentums nicht erklärbar.[531] Dabei übt ein anderer als der zivilrechtliche Eigentümer die tatsächliche Herrschaft über einen Vermögensgegenstand in der Weise aus, daß er den Eigentümer im Regelfall für die gewöhnliche Nutzungsdauer von der Einwirkung auf den Vermögensgegenstand wirtschaftlich ausschließen kann.[532] Nach der Regelung des § 246 Abs. 1 S. 2 HGB in der Fassung des Bankbilanzrichtliniegesetzes[533] sind unter Eigentumsvorbehalt erworbene oder zur Sicherheit übereignete Vermögensgegenstände „in die Bilanz des Sicherungsgebers aufzunehmen." Dies bedeutet also beim Erwerb unter Eigentumsvorbehalt, daß der Käufer den Gegenstand in seiner Bilanz zu aktivieren hat, obwohl er das Eigentum erst mit vollständiger Kaufpreiszahlung erwirbt. Diese Norm regelt also die persönliche Zurechnung von Vermögensgegenständen abweichend vom zivilrechtlichen Eigentum. Obwohl aber der Bilanzierende nicht die Rechte des Eigentümers inne hat und auch, z.B. beim Erwerb unter Eigentumsvorbehalt aufgrund ausbleibender Ratenzahlungen, der Eigentumserwerb scheitern kann, soll hier „der normale Lauf der Dinge" unterstellt werden[534]. Auf eine besondere Kennzeichnung, z.B. des Eigentumsvorbehalts in der Bilanz oder im Anhang, wird verzichtet, weil es sich hier um Haftungsverhältnisse handelt, mit denen der Verkehr ohne weiteres rechnet.[535] Durch diese Zurechnung von Vermögensgegenständen beim wirtschaftlichen Eigentümer werden für Dritte nicht erkennbar Vermögensgegenstände ausgewiesen, die in einer möglichen Krisensituation nicht oder nur unter Aufwendung weiterer Mittel zur Gläubigerbefriedigung zur Verfügung stehen. Damit ist auch von daher das Verständnis des Gläubigerschutzes als Ausweis der Schuldendeckungsfähigkeit eines Unternehmens ausgeschlossen.

Gilt das Fortführungsprinzip nicht nur für die Bilanzierung der Höhe nach, sondern auch für die Bilanzierung dem Grunde nach, kann insgesamt in der Bilanz die Möglichkeit des „zu-Geld-machens" im Insolvenzfall (Zerschlagungsfiktion) keine Rolle spielen.

---

530 So auch der BFH, Nachweis bei Moxter, StuW 1983, 300, 307.
531 Fabri, GoB entgeltlicher Nutzungsverhältnisse, S. 58 f. Zur Einordnung wirtschaftlichen Eigentums noch später.
532 Formulierung angelehnt an § 39 Abs. 2 Nr. 1 S. 1 AO.
533 Bankbilanzrichtliniegesetz v. 30. 11. 1990, BGBl. 2570.
534 Budde/Karig in: BeBiKom, § 246 Rn. 6.
535 Ellrott in: BeBiKom, § 251 Rn. 5, § 268 Rn. 126; ebenso Budde/Karig, ebenda, zu Sicherungsübereignungen und -abtretungen.

Formal wird geltend gemacht, daß der Wortlaut des § 252 Abs. 1 Nr. 2 HGB sich ausdrücklich nur auf die Bewertung von Vermögensgegenständen beziehe und somit die Erstreckung auf den Ansatz von Vermögensgegenständen ausgeschlossen sei.[536] Genauso gut kann aber argumentiert werden, daß der Gesetzgeber stillschweigend vom Fortführungsprinzip ausgegangen ist und in § 252 HGB nur eine klarstellende Regelung schaffen wollte.[537] Zudem erstreckt sich – wie § 248 Abs. 2 HGB zeigt – auch das in § 252 Abs. 1 Nr. 4 HGB geregelte Vorsichtsprinzip nicht nur auf Bewertungs-, sondern auch auf Ansatzfragen.[538]

Im Zusammenhang mit dem Gläubigerschutz geht es um die Frage, ob die Vermeidung des Ansatzes von nur nach dem Fortführungsprinzip aktivierbaren Gegenständen ein wesentliches – über die Anwendung des Fortführungsprinzips bei der Bewertung hinausgehendes – Risiko beinhaltet, so daß ein solcher Ansatz nicht vertretbar scheint. Die Beschränkung des Fortführungsprinzips nur auf die Bewertung hat nur eine *scheinbare Sicherheit* der in der Bilanz an

gesetzten Gegenstände und ihrer Werte zur Folge. Hierzu ein Beispiel,[539] um zu zeigen, daß der die Höhe des in der Bilanz angesetzten Wertes genauso starken Einfluß hat wie der Ansatz eines Vermögensgegenstandes überhaupt:[540]

Die Volkswagen AG (VWAG) kauft eine Maschine zum Pressen von Karosserieteilen für den New Beetle für 10 Mio. DM. Die Maschine hat eine voraussichtliche Lebensdauer von 10 Jahren, über die sie linear abgeschrieben werden

---

536 W. Müller in: FS Goerdeler 1987, 397, 403; Lutz in: Handbuch des Jahresabschlusses in Einzeldarstellung, S.12, 13. Für die Beschränkung auf die Bewertung auch Kupsch, WPg 1977, 663, 665; Lamers, Aktivierungsfähigkeit und Aktivierungspflicht, S. 201 ff.; Erfmeyer, Die Nutzungseinlage im Steuerrecht, S. 30.

537 S. Fabri, GoB entgeltlicher Nutzungsverhältnisse, S. 41.

538 Tiedchen, Vermögensgegenstand, S. 33.

539 Zur fehlenden wirtschaftlichen Verwertbarkeit von Spezialmaschinen bereits Kropff in: Geßler/Hefermehl, § 149 Rn. 53. Auch Fabri, aaO., S. 44 Fn. 2 denkt das Beispiel der nur im bilanzierenden Unternehmen verwertbaren Maschinen an, denkt dieses für die Voraussetzungen des Vermögensgegenstandes allerdings nicht konsequent fort. In Bezug auf selbsterstellte Vermögensgegenstände gibt es ein ähnliches Beispiel bei Freericks, Bilanzierungsfähigkeit und Bilanzierungspflicht, S. 380.

540 Ebensogut kann auch erworbene Spezialsoftware als – wohl wirtschaftlich heute bedeutsameres – Grundbeispiel dienen. Dieses Beispiel soll jedoch zeigen, daß es sich keineswegs um einen neu aufgetretenen Fall handelt. Das Beispiel dient der starken Vereinfachung. Es kommt nur darauf an, daß ein solcher Fall häufig vorkommen kann und niemand auf die Idee kommt, aus Liquidationsgesichtspunkten einem Unternehmen einen solchen Erwerb untersagen zu wollen. In diese Richtung auch Budde/Raff in: BeBiKom, § 312 Rn. 77 im Zusammenhang mit abweichenden Bewertungsmethoden in assoziierten Unternehmen gem. § 312 Abs. 5 S.1 HGB: „Von Bilanzansatz und Bewertung gehen jedoch die gleichen Auswirkungen ... aus“.

soll. Nach einem Jahr wird die Produktion des New Beetles an diesem Standort wegen mangelnder Nachfrage eingestellt. Ein Verkauf der Maschine scheidet insgesamt aus, weil die VWAG die Produktion ihrer Fahrzeugteile nicht in Lizenz vergibt. Damit ergibt sich ein Abschreibungsbedarf nach Jahr 1 in Höhe von 9 Mio. DM.[541]

Das Beispiel zeigt, daß eine zuverlässige Aussage über die zukünftige Verwertungstauglichkeit auch bei materiellen Vermögensgegenständen nicht getroffen werden kann. Der Wert ist zwar dem Vermögen der VWAG zugeflossen, jedoch bedeutet er kein Schuldendeckungspotential, denn zu *keinem Zeitpunkt*, an dem dieser Wert im Vermögen der Gesellschaft vorhanden ist, handelt es sich um einen *in Geld transferierbaren Wert*. Im Zeitpunkt des Ankaufs der Maschine ist also endgültig entschieden worden, daß dieser Wert nur dadurch dem Unternehmen dienen kann, daß er dort *verbleibt* und den für ihn beabsichtigten Zweck fortlaufend wahrnimmt. Allein diese Überlegungen rechtfertigen jedoch nicht einen unterhalb der historischen Anschaffungskosten liegenden Wertansatz. Nicht nur im möglichen Insolvenzfall, sondern auch in jedem anderen Veräußerungsfall kann die VWAG keinen Wert realisieren.[542] Ein häufiger weiterer Anwendungsfall ist der Erwerb von Spezialsoftware, die so abgestimmt ist, daß sie nur für dieses Unternehmen von Bedeutung ist.[543] Dadurch wird deutlich, daß es hier keineswegs um besondere Ausnahmefälle geht, sondern daß es sich vielmehr um typischerweise ganz erhebliche Werte in einem Großteil der Unternehmen handelt.

Das Beispiel der nur durch das Unternehmen selbst nutzbaren Spezialmaschine zeigt, daß die Bilanz nur objektiviert den Zugang von Werten abbilden kann. Im Interesse der Gläubiger kann immer nur festgestellt werden, ob ein entsprechender Wert *zugegangen* ist, nicht dagegen, ob er *in Zukunft* auch geeignet ist, offene Gläubigerforderungen zu bedienen. Ob ein Vermögensgegenstand nun deswegen nicht verwertet werden kann, weil er rechtlich so ausgestaltet ist, daß er nicht an Dritte übertragen werden kann, oder ob er zwar rechtlich übertragen werden kann, aber (wie von vornherein absehbar war) seiner Natur nach nur für das Unternehmen selbst einen wirtschaftlichen Vorteil darstellen kann und des-

---

541 U.U. höchstens abzüglich des Materialwerts von z.B. Schrottmetall. Dieser ist aber im Verhältnis zu den Anschaffungskosten der Maschine zu vernachlässigen.

542 Denkbar wäre höchstens die Übertragung im Rahmen der Veräußerung des gesamten Unternehmens. Dann müßte allerdings die Produktion des New Beetle wieder aufgenommen werden.

543 EDV-Software gehört grds. zu den immateriellen Vermögensgegenständen. BFH v. 3. 7. 1987, III R 7/86, BFHE 150, 259 = BStBl. II 1987, 728. Die hier angesprochenen Individualprogramme stellen unbestritten immaterielle Vermögensgegenstände dar. S. BFH v. 5. 10. 1979, II R 78/75, BFHE 128,575 = BStBl. II 1980, 16; ebenso Schnicke/Reichmann, BeBiKom, § 247 Rn. 378.

halb in der Insolvenz keinen Wert für die Gläubiger hat, kann keine Rolle spielen.[544]

Damit ist auch deutlich, daß das Fortführungsprinzip nicht nur bei der Bilanzierung der Höhe nach, sondern auch bei der Bilanzierung dem Grunde nach gilt,[545] solange nicht andere, tatsächliche oder rechtliche Anhaltspunkte gegeben sind. Notwendige Konsequenz hieraus kann nur sein, daß die Vermögensgegenstandseigenschaft von der Verwertbarkeit in der Insolvenz unabhängig sein muß, es sei denn, aus Objektivierungsgesichtspunkten ergibt sich etwas anderes.

ccc) Objektivierungsgesichtspunkte als „Ersatz" für die Schuldendeckungsfähigkeit

Da sich – aufgrund der Wichtigkeit des Fortführungsprinzips – die GoB nicht auf die fiktive Situation einer Unternehmenszerschlagung beziehen, wird versucht, dieselben Ergebnisse, die bisher auf die Zerschlagungsfiktion gestützt wurden, mit dem Objektivierungserfordernis beim Ansatz von Vermögenswerten zu rechtfertigen.[546] Dafür werden die Begriffe „moderierte(s)

---

544 Ein weiteres Argument für die Bedeutung des Fortführungsprinzips auch für Ansatzfragen ergibt sich aus dem Fallenlassen des Fortführungsprinzips. Allerdings geht es hier zum einen um Positionen auf der Passivseite, zum anderer sind sie solange das Fortführungsprinzip gilt gerade nicht anzusetzen, sondern erst bei seiner Aufgabe. So sind etwa Sozialplanverpflichtungen erstmals nach Aufgabe des Fortführungsprinzips anzusetzen. Federmann, Bilanzierung, S. 121; Moxter, WPg 1980, 345, 351; Tiedchen, ebenda.

545 Bieg, Schwebende Geschäfte, S. 234; Fabri, GoB entgeltlicher Nutzungsverhältnisse, S. 59; Federmann, Bilanzierung, S. 121; Tiedchen, Vermögensgegenstand, S. 32 f.; Hommel, Bilanzierung immaterieller Anlagewerte, S. 42 sieht darin sogar Gewohnheitsrecht.

546 Besonders deutlich zeigt sich dieser Wandel bei Moxter. Während z.B. in WPg 1980, 345, 346 f. noch eindeutig das „moderierte Zerschlagungsprinzip" als Folge der statischen Bilanzauffassung propagiert wird, werden dieselben Ergebnisse in, StuW 1983, 300, 302 f. jetzt auf Objektivierungserfordernisse gestützt; letztere ebenfalls betonend Fabri, GoB entgeltlicher Nutzungsverhältnisse, S. 44, 46 ff.

Zerschlagungsprinzip"[547] und neuerdings auch „Fortführungsstatik"[548] verwendet.[549] Niederschlag hat dieses Objektivierungserfordernis im Gesetz insbesondere im Verbot der Aktivierung nicht entgeltlich erworbener Vermögensgegenstände sowie im Grundsatz der Einzelbewertung gefunden.[550] *Moxter* meint, daß das Fortführungsprinzip aufgrund des Objektivierungserfordernisses durch die Aufstellung restriktiver Vermögensgegenstandsvoraussetzungen „empfindlich relativiert" würde.[551] Dies veranlaßt ihn zu der Bemerkung, ob sich die aus der Zerschlagungsstatik ergebenden Restriktionen von den aus dem Objektivierungserfordernis ergebenden Restriktionen wirklich so stark unterscheiden, „mag hier auf sich beruhen".[552] Es erscheint schon auf den ersten Blick verdächtig, daß – trotz der vollständigen Ablehnung der Konzeption der Ermittlung des Zerschlagungsvermögens[553] – dieselben Ergebnisse jetzt unter der Überschrift des Erfordernisses der Objektivierung erreicht werden sollen. Mit dem Objektivierungserfordernis ist gleichzeitig auch die Ausschüttungssperrfunktion der Bilanz angesprochen: Es soll vermieden werden, daß durch einen zu hohen Vermögensausweis nicht nur Gewinne, sondern auch das Eigenkapital ausgeschüttet werden. Um diese Gefahren zu vermeiden, dienen die Objektivierungsanforderungen der erforderlichen Klarheit und Rechtssicherheit[554] und ermöglichen, daß der Jahresabschluß intersubjektiv nachprüfbar ist.[555] Die Objektivierung dient

---

547 Moxter, WPg 1980, 345, 347. In diesem Begriff ist das Fortführungsprinzip noch überhaupt nicht berücksichtigt. Das Fortführungselement führt nämlich nur dazu, daß planmäßige Abschreibungen zulässig sein sollen und konkursspezifische Vermögensbelastungen noch nicht bilanziell erfaßt werden müssen.

548 Moxter, StuW 1983, 300, 302. Damit ist gemeint „eine an der Unternehmensfortführung orientierte Vermögensermittlung." Diese Begriffsbildung ist abzulehnen, weil mit dem Begriff der Statik aufgrund der Entwicklung der Bilanztheorien zu sehr das Erfordernis der Ermittlung des Vermögens anhand der Zerschlagungsfiktion verknüpft ist. Für den nicht „eingeweihten" Leser muß dieser Begriff deswegen als Widerspruch in sich selbst empfunden werden.

549 Dem folgend Fabri, GoB entgeltlicher Nutzungsverhältnisse, S. 47.

550 S. Moxter, Bilanzlehre Bd. I, S. 21; zur Bedeutung der Einzelbewertung s. Fabri, ebenda.

551 Insbesondere verweist Moxter, ebenda, auf das Kriterium der Einzelveräußerbarkeit, das damals noch h.M. war. Hier erliegt er einem Zirkelschluß: Geht es um die Bestimmung des Inhalts des (mittlerweile gesetzlich niedergelegten) Fortführungsprinzips kann nicht auf die h.M. zum Vermögensgegenstand verwiesen werden. Vielmehr müßte überprüft werden, ob diese h.M. überhaupt mit dem Fortführungsprinzip vereinbar ist, denn es ist ohne weiteres vorstellbar, daß sie gerade dieses Prinzip außer Acht läßt.

552 Moxter, aaO., S. 303.

553 Der sich scheinbar auch Moxter anschließt in: Moxter, Bilanzlehre Bd. II, S. 21, wo er meint, für das Fortführungsprinzip spreche auch § 266 Abs. 2 HGB.

554 Beisse, FS Moxter (1994), S. 15 f.

555 Baetge, Möglichkeiten der Objektivierung des Jahreserfolges, S. 16 und S. 19-21; Leffson, GoB, S. 197.

letztlich dazu, auftretende Bewertungsprobleme zu lösen.[556] Wenn *Moxter* auf die restriktiven Anforderungen des Vermögensgegenstandsbegriffs verweist, dann erliegt er einem Zirkelschluß. Eine über die genannten Ausprägungen des Objektivierungsprinzips weitere Einschränkung des Fortführungsprinzips ist im Gesetz nicht explizit angelegt. Das Objektivierungsprinzip bildet damit den zusammenfassenden Oberbegriff für die gesetzlichen Regelungen, ein darüber hinausgehender Inhalt kann ihm dagegen nicht zuerkannt werden. Wie schon die gerade zitierte Äußerung von *Moxter*[557] zeigt, dient das Erfordernis der Objektivierung letztlich, ebenso wie das Kriterium der Konkursvorsorge, der Sicherung des Zerschlagungsvermögens und damit dem Verständnis des Bilanzvermögens als Schuldendeckungspotential.[558] Die dazu geäußerte Kritik gilt auch hier.

ddd) Stille Reserven zum Schutz der Gläubiger

Auch die Bildung stiller Rücklagen stellt keine eigenständige Ausprägung des Gläubigerschutzes dar.[559] Die gläubigerschützende Wirkung stiller Reserven wurde früher darauf gestützt, daß man glaubte, stille Reserven würden ebenso wie offene Rücklagen die Periodengewinne begrenzen. Nach diesem Verständnis würden sie also insbesondere die Ausschüttungen begrenzen mit der Folge der verstärkten Substanz im Unternehmen. Stille Reserven ergeben sich insbesondere aus dem Anschaffungskostenprinzip, dem Vorsichtsprinzip und der Nichtaktivierung nicht entgeltlich erworbener Vermögensgegenstände. Die Bildung stiller Reserven resultiert also aus der „Überbewertung von Risiken und der Unterbewertung von Chancen".[560] Die Auflösung der stillen Reserven vollzieht sich ebenfalls „still". Wenn z.B. bei einem Anlagegegenstand in der Rechnungsperiode ein Wertverlust eingetreten ist, aber deswegen keine Abschreibung erfolgt, weil schon vorher ein zu niedrigerer Wert angesetzt wurde, können

---

556 Dieser Gedanke liegt auch § 248 Abs. 2 HGB zugrunde, nämlich „daß immaterielle Vermögensgegenstände – weil unkörperliche – unsichere Güter darstellen, deren Vorhandensein als Vermögensvorteil und deren Wert ohne einen entgeltlichen Erwerb nur schwierig oder überhaupt nicht nachzuweisen sind." S. Budde/Karig, BeBiKom, § 248 Rn. 7.

557 Moxter, aaO., S. 303.

558 So auch Roland, Vermögensgegenstand, S. 21.

559 Zu diesem Ansatz Leffson, GoB, S. 84; Kropff, WPg 1964, 565, 569 f.; Walz, HuRB (Stichwort: Stille Rücklagen II), S. 287, 293 f.; Kübler, ZHR 159 (1995), 550, 561; Tiedchen, Vermögensgegenstand, S. 25 m.w.Nachw. Fn. 118. Interessant zum Umfang stiller Reserven: Vor der Notierung von Daimler an der NYSE (New York Stock Exchange) 1995 wurden stille Reserven in Höhe von 10 Mrd. DM festgestellt. S. Kübler, aaO., 550, 551 und dort Fn. 4 Verweis auf Aeppel, Daimler-Benz Discloses Hidden Reserves of $ 4.45 Billion, Wall Street Journal vom 25. Mai 1993, S. 10.

560 Kübler, ZHR 159 (1995), 550, 552 f.

Verluste verschleiert werden.[561] Wird ein mit einem zu niedrigen Buchwert angesetzter Vermögensgegenstand veräußert, entsteht ebenfalls der falsche Eindruck einer nicht vorhandenen Ertragskraft. Stille Reserven ermöglichen eine Verschleierung von Verlusten und sind im Konkurs- bzw. Insolvenzfall regelmäßig nicht mehr vorhanden.[562] Es entsteht für den Fall ihrer Auflösung der Eindruck einer tatsächlich fehlenden Ertragskraft.[563] Dagegen ist die Bekämpfung der stillen Auflösung von stillen Reserven nur sehr eingeschränkt möglich[564] und „kein Gläubiger kann sich auf ihr Vorhandensein ... verlassen.“[565] Damit haben zwar die stillen Reserven ihre Grundlage im geltenden Recht, sie können jedoch die Ertragskraft einer Periode verschleiern und sollten deshalb nicht als gläubigerschützend verstanden werden und über das gesetzlich zwingend angelegte Maß hinaus ausgedehnt werden.

eee) Praktische Bedenken

Aus praktischer Hinsicht bestehen erhebliche Bedenken gegen das Verständnis des Gläubigerschutzes als Darstellung des Schuldendeckungspotential. Diese Betrachtungsweise geht letztlich davon aus, daß der normale Gläubiger nicht nur gewillt, sondern auch in der Lage ist, aus der Bilanz die für ihn relevanten Informationen abzuleiten. Wie die Darstellung des Beispiels zu den Spezialmaschinen zeigt, reicht es für eine Ermittlung des Schuldendeckungspotentials auch nach dem restriktivsten Vermögensgegenstands- und damit Bilanzverständnis nicht aus, im Unternehmen vorhandene Gegenstände aus der Bilanz abzulesen. Sehr anschaulich führt dazu *Kleinert* aus: „ Der kleine Handwerker wird sich ... ebensowenig wie der Verbraucher in die Bilanz vertiefen, wenn er einen Auftrag bekommen hat, sondern er wird sich freuen, wird den Auftrag ausführen ... und wird denken, es werde schon gutgehen. Bilanzlesen ist da nicht zu erwarten. Das zu erwarten ist ein absoluter Aberglaube.“ Banken verlassen sich bei ihrer Kreditvergabeentscheidung kaum auf die Bilanz, sondern „machen sich selbst klug“[566] oder (und) lassen sich Sicherheiten bestellen. Ist die Bilanz ohnehin nur für den Fachkundigen von Nutzen, drängt es sich auf, daß dieser auch ein Interesse an Informationen hat, die nicht aus Gläubigergesichtspunkten beeinträchtigt sind.

---

561 Tiedchen, aaO., S. 25.

562 Walz, HuRB (Stichwort: Stille Rücklagen II), S. 287, 293 f.; Kübler, ZHR 159 (1995), 550, 561: „wenn die Gesellschaft pleite ist, sind die stillen Reserven längst aufgelöst.“

563 S. Walz, ebenda, m.w.Nachw. Fn. 22.

564 Döllerer, BB 1966, 629, 632.

565 Kropff, WPg 1964, 565, 570.

566 Abgeordneter Kleinert (FDP), 2./3. Beratung des Bundestages zum Bilanzrichtlinien-Gesetz in: Biener/Berneke, Bilanzrichtlinien-Gesetz, S. 775.

fff) Zwischenergebnis

Das traditionelle Verständnis des Gläubigerschutzes, wonach die Bilanz die tatsächlichen Schuldendeckungsmöglichkeiten insbesondere im Konkurs darstellen soll, ist nicht mit dem Fortführungsprinzip vereinbar, das sowohl für den Ansatz als auch die Bewertung von Vermögensgegenständen gilt. Dieses Verständnis kann auch deswegen nicht überzeugen, weil unstreitig in der Bilanz mit den fortgeschriebenen Anschaffungskosten anzusetzende Vermögensgegenstände tatsächlich (Spezialmaschinen/-software) oder rechtlich (gerade unter Eigentumsvorbehalt erworbene Sache) von vornherein für eine Verwertung und damit zur Schuldendeckung völlig ungeeignet sein können, so daß in ihrem Ansatz und (oder) ihrer Bewertung ein Widerspruch zu den traditionell erstrebten Informationen über die Schuldendeckungsfähigkeit zu sehen ist. Zwar haben Objektivierungsgesichtspunkte im Gesetz ihren Niederschlag gefunden, nur kann hieraus ebenfalls nicht ein Verständnis des Gläubigerschutzes als Ausweis der tatsächlichen Schuldendeckungsmöglichkeiten hergeleitet werden. Folglich fehlt es an der erforderlichen Konkretisierung des Gläubigerschutzes. Zwar kommt in zahlreichen Vorschriften die Wichtigkeit des Gläubigerschutzes zum Ausdruck. Er selber ist aber zu unbestimmt,[567] um eine Deduktionsbasis für ungeklärte Bilanzfragen und damit auch für die Bestimmung des Vermögensgegenstandsbegriffs zu bilden.

Diesem Ergebnis kommt auch Bedeutung für das Verhältnis von handelsrechtlichem Vermögensgegenstand und steuerlichem Wirtschaftsgut zu.[568] Da die bisher untersuchten Bilanzzwecke nicht als Grundlage für die Beantwortung problematischer Fragen in Frage kommen, verbleibt nur noch die Informationsfunktion als letzter vorgeschlagener Bilanzzweck übrig, der im bestehenden gesetzlichen Rahmen zur Beantwortung dieser Fragen zur Verfügung steht. Die Zurückdrängung des traditionellem Verständnisses von der Bilanz als zentralem Mittel zum Gläubigerschutz und eine Betonung der bis jetzt nicht behandelten Informationsfunktion könnte sich aus § 264 Abs. 2 HGB ergeben.

---

567 Leffson, GoB, S. 59: „Aus dem Ziel Gläubigerschutz lassen sich ... keine direkten Bilanzierungsregeln ableiten. Dazu müßte erst festgelegt werden, welche gläubigerschützende Wirkung ein Jahresabschluß überhaupt haben kann."

568 Zu dieser Bedeutung der Zwecke von Handelsrecht und Steuerrecht s. Erfmeyer, Die Nutzungseinlage im Steuerrecht, S. 29 f., der allerdings entgegen der hier vertretenen Ansicht die Bedeutung des Gläubigerschutzes im Sinne der „Konkursvorsorge" bejaht.

cc) Zurückdrängung des Gläubigerschutzes durch § 264 Abs. 2 HGB und Betonung der Informationsfunktion der Handelsbilanz: „True and fair view" zur Lückenfüllung

Die Vorschrift des § 264 Abs. 2 HGB wurde auf der Grundlage des Art. 2 Abs. 3-5 der Vierten Richtlinie des Rates der Europäischen Gemeinschaften[569] im Zuge des Bilanzrichtlinien-

Gesetzes (BiRiLiG) vom 19. 12. 1985[570] in das Handelsgesetzbuch eingefügt. Danach hat der Jahresabschluß einer Kapitalgesellschaft „unter Beachtung der Grundsätze ordnungsmäßiger Buchführung ein den tatsächlichen Verhältnissen entsprechendes Bild der Vermögens-, Finanz- und Ertragslage zu vermitteln. Führen besondere Umstände dazu, daß der Jahresabschluß ein den tatsächlichen Verhältnissen entsprechendes Bild im Sinne des Satzes 1 nicht vermittelt, so sind im Anhang zusätzliche Angaben zu machen."

An dieser Stelle soll es um die Frage gehen, im welchem Umfang dieser Grundsatz des „true and fair view" bereits nach geltender Gesetzeslage zu einer Zurückdrängung des Gläubigerschutzes im Rahmen der Bilanz führt,[571] und es soll erläutert werden, inwieweit dies für die Definition des Vermögensgegenstandes Bedeutung haben kann.

aaa) Beschränkung der Reichweite des „true and fair view" aufgrund der Konzeption der Vierten EG-Richtlinie

Bevor auf die Probleme der Auslegung und damit auf die Frage der praktischen Bedeutung des § 264 Abs. 2 HGB für den Jahresabschluß eingegangen werden kann, müssen einige kurze Bemerkungen zu der Konzeption der Richtlinie vorangestellt werden, um bereits am Anfang der Betrachtung weitreichenden Fehlinterpretationen vorzubeugen. Zwar nimmt die Darstellung der „tatsächlichen Verhältnisse" durch die explizite Erwähnung in der Präambel und durch die Ausgestaltung in Art. 2 Abs. 3-5 der Richtlinie[572] als Generalnorm eine ganz zentrale Rolle ein. Jedoch zeigt ein Blick in die Einzelvorschriften, daß auch solche Vorschriften mit dem Prinzip des „true and fair view" im Einklang ste-

569 ABL EG Nr. L 222 vom 14. 08. 1978, S. 11 ff.

570 BGBl. I S. 2355.

571 Eine Entwertung des Gläubigerschutzgedankens durch den „true and fair view" fürchtete bereits Moxter, ZGR 1980, 254, 273.

572 ABL EG Nr. L 222 vom 14. 08. 1978, S. 11 f.

hen, die einen Einblick z.B. in die Vermögenslage eher erschweren.[573] Die Hauptverzerrungen der Vermögenslage resultieren aus den „gesetzlichen Zwangsreserven“[574], die sich aus dem Anschaffungskostenprinzip, dem Vorsichtsprinzip (konkretisiert durch das Realisationsprinzip und das Imparitätsprinzip) und dem Verbot der Aktivierung nicht entgeltlich erworbener immaterieller Vermögensgegenstände ergeben.[575] All diese Beeinträchtigungen des Einblicks in die Vermögenslage finden ihre Grundlage nicht nur im traditionellen deutschen Bilanzverständnis, sondern auch in der Vierten EG-Richtlinie.[576] Zwar läßt Art. 2 Abs. 5 der Richtlinie ein Abweichen von Einzelvorschriften zugunsten des besseren Einblicks zu, aber nur „in Ausnahmefällen“.[577] Grundsätzlich ist damit davon auszugehen, daß sich die Einzelvorschriften der Richtlinie im Einklang mit der Generalnorm befinden. Auch wenn im Einzelfall von einer der Einzelnormen abgewichen werden darf, um das Gesamtbild der tatsächlichen Verhältnisse zutreffend darzustellen,[578] bilden also die gesetzlichen Vorschriften „die Brille“, durch die die tatsächlichen Verhältnisse zu betrachten sind.[579] Aufgrund dieser Überlegungen geht es hier nicht um die Frage, was absolut unter „true and fair“ zu verstehen ist, sondern um die *eigene europarechtliche Ausprägung* dieses Grundsatzes.[580] Damit kann die europarechtliche und damit auch die deutsche Ausprägung des „true and fair view“ keineswegs im Sinne des angelsächsischen Verständnisses ausgelegt werden, nach dem die

---

573 Z.B. Clemm, FS für Budde, 135, 137; in diese Richtung auch Lamers, Aktivierungsfähigkeit, S. 316.

574 Budde/Karig, BeBiKom, § 264 Rn. 44.

575 Hierzu schon eben bei den Bemerkungen zu stillen Reserven.

576 Hier einige Regelungen der 4. EG-Richtlinie: Anschaffungskostenprinzip: Art. 32, 34 – 42 (In Art. 33 ist als mögliche Alternative eine Bewertung zum Wiederbeschaffungswert vorgesehen. Hierdurch würde der Einblick erheblich verbessert. Die ausführliche Ausgestaltung des Anschaffungskostenprinzips zeigt aber, daß dessen Umsetzung im Hinblick auf die Darstellung der tatsächlichen Verhältnisse jedenfalls nicht nachrangig ist.); Vorsichtsprinzip: Art. 31 Abs. 1 c); bzgl. immaterieller Vermögensgegenstände enthält die Richtlinie ein Mitgliedstaatenwahlrecht: Art. 9 C I 2. b) läßt eine Nichtaktivierung nach einzelstaatlichen Vorschriften ausdrücklich zu. Anderseits ist aber auch die Bilanzierung selbst erstellter immaterieller Vermögensgegenstände zulässig.

577 Art. 2 Abs. 5 S. 1 der Vierten Richtlinie: „Ist in Ausnahmefällen die Anwendung einer Vorschrift dieser Richtlinie mit der in Absatz 3 vorgesehenen Verpflichtung unvereinbar, so muß von der betreffenden Vorschrift abgewichen werden, um sicherzustellen, daß ein den tatsächlichen Verhältnissen entsprechendes Bild im Sinne des Absatzes 3 vermittelt wird.“

578 Hierbei geht es um die Frage inwieweit Art. 2 Abs. 5 der Vierten Richtlinie auch nach deutschem Recht gilt. Dazu s. unten.

579 Zitat aus A/D/S, 5. Aufl., § 264 Rn. 94; ebenso Clemm, FS Budde (1995), 135, 138; Betonung der Bedeutung der Einzelvorschriften Biener, BFuP 1979, 1, 3.

580 Wird im folgenden von „true and fair view“ gesprochen, so ist dieses und insbesondere das deutsche Verständnis gemeint.

Rechnungslegung ausschließlich auf die Informationsbedürfnisse der Investoren abgestimmt ist.[581] Die *genannten* Ausprägungen des Gläubigerschutzes (z.B. Vorsichtsprinzip)[582] stellen also keinen Verstoß gegen das den „tatsächlichen Verhältnissen entsprechende Bild“ dar, sondern sind *integraler Bestandteil* der Richtlinie.[583]

Mit diesen Vorbemerkungen ist auch der Rahmen für die weitere Untersuchung gesteckt. Es geht um die Frage, ob die Ausprägung des „true and fair view“ in § 264 Abs. 2 HGB den Gläubigerschutz in der Bilanz zurückdrängt. Die Vorüberlegungen haben gezeigt, daß sich weitreichende Auswirkungen nur in dem Bereich ergeben können, in dem nach geltendem Recht Unklarheiten bestehen (z.B. Vermögensgegenstand) bzw., in dem das geltende Recht noch Spielräume offen läßt.[584] Ob sich u.U. das traditionelle Bilanzverständnis „revolutionierende“ Auswirkungen ergeben, hängt von dem Verständnis der Generalnorm der Vierten EG-Richtlinie ab. Während nach einer Ansicht durch Beeinträchtigung des Einblicks in die „tatsächlichen Verhältnisse“ (§ 264 Abs. 2 S. 1 HGB) nur zu korrigierende Angaben im *Anhang* der Bilanz erforderlich werden (so die sog. Abkopplungsthese), sehen andere Autoren in dieser Abkopplungsthese einen Richtlinienverstoß[585] und sehen Auswirkungen auf die *Bilanz* selbst. Im Zentrum dieses Streits steht die Frage, welches Verständnis des § 264 Abs. 2 HGB richtlinienkonform ist.

Das Gebot, den nationalen Umsetzungsakt einer europäischen Richtlinie europarechtskonform auszulegen, ergibt sich aus dem Willen des nationalen Gesetzge-

---

581 KPMG, IAS, S. 19. Diese Entwicklung hat auch vor deutschen Unternehmen nicht haltgemacht. Um deutschen Unternehmen der Zugang zu den internationalen, insbesondere dem amerikanischen Kapitalmarkt zu erleichtern, wurde durch das Kapitalaufnahmeerleichterungsgesetz (in KapAEG) v. 20. 4. 1998 (BGBl I S. 1242) § 292 a HGB ein befreiender Konzernabschluß nach international anerkannten Rechnungslegungsgrundsätzen zugelassen. Weitere Erleichterungen bringt § 264 Abs. 3 HGB (BGBl. I S. 707).

582 S.o. D. I. 1. b) bb).

583 Budde/Karig, BeBiKom, § 264 Rn. 47: Es sind unter den tatsächlichen Verhältnissen „nur die gem. den Bestimmungen des HGB relevanten“ nicht die absoluten tatsächlichen Verhältnisse zu verstehen.

584 In diese Richtung auch Walz, FG Kübler (1995), 557, 574; ders., Zfbf Sonderheft 40, 83, 96. Der Unterschied zur Argumentation hier besteht darin, daß sich dort diese Beschränkung erst aus einer europarechtskonformen Auslegung und nicht schon aufgrund der Regelungsgegenstände der Richtlinie ergibt.

585 Van Hulle, WPg 1998, 138, 142; ders., FS Budde, 1995, S. 313 ff.; Walz, FS Kübler, 557, 574 f.; Schön, ZHR 161 (1997), 133, 153; Hommelhoff, RabelsZ 62 (1998), 381, 400; auch in diese Richtung Kübler, ZGR 2000, 550, 560: „Es fällt zunehmend schwer zu verstehen, warum wir uns weiter mit dieser Kontroverse belasten.“

bers, seiner Verpflichtung aus der Richtlinie nachzukommen.[586] Ein bspw. richtlinienwidriger Wille des Gesetzgebers – z.B. in den Gesetzesmaterialien geäußert – muß also gegenüber einer richtlinienkonformen Auslegung zurücktreten, wobei der Wortlaut der nationalen Regelung die äußerste Auslegungsgrenze bildet.[587]

bbb) Widerlegung der „Abkopplungstheorie"

Die *Abkopplungstheorie*[588] stützt sich hauptsächlich auf die Gesetzesmaterialien, den Wortlaut des § 264 Abs. 2 HGB sowie darauf, daß auch der Anhang ein vollwertiger Teil des Jahresabschlusses ist.

(1) Der Wille des deutschen Gesetzgebers

In der Vorläufernorm, in § 149 Abs. 1 AktG 1965, bezog sich der „möglichst sichere Einblick in die Ertrags- und Vermögenslage der Gesellschaft" nur auf die „Bewertungsvorschriften", während von dieser Beschränkung im Rahmen des § 264 Abs. 2 HGB und dem ihm zugrundeliegenden Art. 2 Abs. 3 der 4. Richtlinie bewußt Abstand genommen wurde.[589] Dabei ging der Gesetzgeber allerdings davon aus, daß sich aus dieser Neufassung „keine grundsätzlichen Änderungen ergeben".[590] Hier wird deutlich, daß der Gesetzgeber tendenziell den Anwendungsbereich des § 264 Abs. 2 S. 1 HGB möglichst gering halten wollte. Nach dem vorher Gesagten wäre einer abweichenden europarechtskonformen Auslegung der Vorrang einzuräumen.[591] Damit verbleibt als Zwischen-

---

586 EuGH v. 13. 11. 1990, C 106/89, Slg. 1990, S. I 4156 ff.; BVerfG v. 8. 4. 1987, BVerfGE 75, 223, 237 m.w.Nachw.; Großfeld, HuRB, S. 192, 194 (Stichwort: Generalnorm); Beisse, DStZ 1998, 310, 311.

587 Walz, FG Kübler (1997), 557, 574.

588 Moxter, Bilanzlehre Bd. 2, S. 67 f.; ders., BB 1978, 1629, 1630; Lamers, Aktivierungsfähigkeit, S. 315; Knobbe-Keuk, Bilanz- und Unternehmenssteuerrecht, S. 43; Beisse, FS Döllerer, 25, 33 f.; Winnefeld, Bilanzhandbuch, D 411; a.A. z.B. Weber-Grellet, DB 1996, 2089.

589 Dazu Schön, ZHR 161 (1997), 133, 151 f.; Großfeld, HuRB (Stichwort: Generalnorm), 192, 195. Zu § 149 Abs. 1 AktG 1965 siehe ausführlich Wichmann, WPg 1977, 290 ff.

590 BT-Drucks. 10/317, S. 76 oder BR-Drucks. 257/83, S. 76: „Trotz der anspruchsvollen Formulierung ist davon auszugehen, daß sich für die Praxis, soweit § 149 AktG bisher im Einzelfall nicht zu großzügig angewendet wurde, keine grundsätzlichen Änderungen ergeben."; in diese Richtung tendiert auch der Rechtsausschuß, wenn er meint, daß das geltende Recht nicht „wesentlich verschärft" werde. S. Bericht der Abgeordneten Helmrich, Kleinert und Stiegler, DT- Drucks. 10/4268 S. 91.

591 S. unter (1).

ergebnis die subjektive Tendenz des Gesetzgebers zur *restriktiven Anwendung* der Vorschrift.

(2) Bedeutung der Nichtumsetzung des Art. 2 Abs. 5

Ein restriktives Verständnis der „true and fair view“ Norm läßt sich allerdings nicht darauf stützen, daß der Gesetzgeber mit § 264 Abs. 2 HGB nur Artikel 2 Abs. 3 und 4 der Richtlinie, *nicht* aber die Regelung des Art. 2 Abs. 5 umgesetzt habe. Art. 2 Abs. 5 räumt der Generalnorm einen Vorrang vor den Einzelvorschriften ein und sieht ausdrücklich ein Abweichen von den Einzelvorschriften vor.[592] Es entspricht einem allgemeinen Grundsatz, daß Gesetze immer so anzuwenden sind, wie es ihrem Sinn und Zweck entspricht. Danach ist die Nichtanwendung einer Norm ohnehin geboten, wenn sich anders ihr gesetzlicher Zweck nicht erreichen läßt,[593] so daß eine eigenständige Umsetzung des Art. 2 Abs. 5 der Vierten EG-Richtlinie ohnehin nur deklaratorische Bedeutung gehabt hätte und daher nicht notwendig war. Damit kommt es hier darauf an, ob der „true and fair view“ eine Grundlage der gesetzlichen Vorschriften bildet und damit „hinter“ ihnen steht, so daß der Zweck einer Norm nur unter Berücksichtigung dieses Grundsatzes erreicht werden kann. Darauf, ob dem „true and fair view“ diese Bedeutung zukommt, wird sogleich eingegangen.

(3) Begrenzung des „true and fair view“ auf nationales GoB-Verständnis

Auf ein restriktives Verständnis des „true and fair view“ könnte auch die Formulierung „*unter Beachtung der Grundsätze ordnungsgemäßer Buchführung*“ deuten, die § 264 Abs. 2 HGB entgegen der Formulierung der Richtlinie in Art. 2 Abs. 3 enthält. Aufgrund des § 243 Abs. 1 HGB gelten die GoB für Kapitalgesellschaften bereits. Ein Verständnis dieses Zusatzes als Begrenzung auf die nationalen GoB würde bedeuten, daß § 264 Abs. 2 HGB keine eigenständige, über § 243 Abs. 1 HGB hinausgehende Regelung enthielte. Damit wären die tatsächlichen Verhältnisse inhaltsgleich mit der Aufstellung nach den handelsrechtlichen GoB.[594] Dieses Ergebnis könnte auslegungstechnisch dadurch erreicht werden, daß die Erwähnung der GoB als Leitlinie für die Bestimmung des Wortes „tatsächlich“ in § 264 Abs. 2 HGB verstanden würde, da die Regelung sonst

---

592 Zum Wortlaut siehe Fn. 221.

593 Biener/Berneke, Bilanzrichtlinien-Gesetz, Art. 1 Nr. 8 - § 264 (S. 132); ebenso Großfeld, HuRB (Stichwort: Generalnorm), S. 192, 201; a.A. Budde/Karig, BeBiKom, § 264 Rn. 28: Vorrang der Einzelvorschriften.

594 Kritisch dazu bereits Moxter, ZGR 1980, 254, 273.

zu unbestimmt wäre.[595] Nach dem oben Ausgeführten gilt der Inhalt des Art. 2 Abs. 5 der Richtlinie (Abweichen von Einzelbestimmungen) auch in Deutschland.[596] Dann kann aber das „letzte Wort" bei der Beurteilung einer problematischen Rechtsfrage nicht bei den GoB, sondern muß bei „den tatsächlichen Verhältnissen" liegen. Würde man diese Frage anders beurteilen, wäre die Regelung des § 264 Abs. 2 HGB mit § 243 Abs. 1 HGB inhaltsgleich und damit *überflüssig*.

(a) Betonung der Informationsfunktion der Bilanz

Um dem § 264 Abs. 2 HGB im Sinne der Richtlinie einen eigenen Inhalt zu erhalten, bleibt nur die Möglichkeit, die Erwähnung der GoB in § 264 Abs. 2 HGB sowie die „tatsächlichen Verhältnisse" in Einklang zu bringen.[597] Wenn hier ein Anwendungsbereich für „true and fair view" bleiben soll, kommt nur dort eine Dominanz gegenüber dem traditionell anerkannten GoB in Frage, wo in der gesetzlichen Regelung Fragen offen gelassen sind.[598] In diese Richtung deutet auch die Regierungsbegründung: „Die Generalklausel ist deshalb nur heranzuziehen, wenn Zweifel bei der Auslegung und Anwendung einzelner Vorschriften entstehen oder um Lücken in der gesetzlichen Regelung zu schließen."[599] Dazu führt *Walz* aus: Eine europarechtskonforme Auslegung sei nur dann möglich, wenn „man bei der Auslegung und Fortbildung bilanzrechtlicher Normen bereit ist, den deutschrechtlichen Nachdruck auf das Gläubigerschutzprinzip durch den angelsächsischen Nachdruck auf die Relevanz der Bilanzinformation für den Investor ... zu relativieren. Das Ziel der nützlichen Investorinformation korrigiert also innerhalb der Grundsätze ordnungsmäßiger Buchführung dort, wo gesetzliche Spielräume bestehen, das Gläubigerschutzprinzip, ohne seine prinzipielle Bedeutung in Frage zu stellen."[600] Diese Ansicht erklärt sich aus der Erkenntnis, daß sich auf lange Sicht eine Beschränkung der international anerkannten Rechnungslegungsgrundsätze auf den Konzernabschluß nicht

---

595 Großfeld, aaO., S. 199 meint wohl dasselbe, wenn er fragt: „Was ist schon „tatsächlich" ..." und wenn er meint, daß die beiden Teilformulierungen des § 264 Abs. 2 HGB aufeinander bezogen sind.

596 S. auch Heymann/Walz, HGB, Einl. Rn. 109.

597 Vgl. Walz, FG Kübler, 557, 574; auch in diese Richtung Großfeld, HuRB (Stichwort: Generalnorm), S. 192.

598 Damit ergibt sich eine Deckungsgleichheit mit dem Bereich der Bedeutung der Bilanzzwecke. Auch sie entfalten nach gelten Rechtslage nur bei noch ungeklärten Fragen eine Bedeutung.

599 BR-Drucks. 257/83, S. 76.

600 Walz, ebenda; ders., Zfbf Sonderheft 40 (1998), 83, 96.

durchhalten läßt[601] und deswegen schon jetzt die gesetzlichen Möglichkeiten auszuschöpfen sind, um bereits Schritte einer unvermeidbaren Entwicklung vorzunehmen.[602] Deutlich wird in der Äußerung von *Walz* auch, daß den GoB – entsprechend der bereits hier bei der Untersuchung der Bilanzzwecke vertretenen Auffassung – nach geltendem Recht im wesentlichen insoweit Bedeutung zukommt, als die Bilanzzwecke gesetzlich niedergelegt sind. Ebenso kann aber auch dem Gläubigerschutzprinzip über seine gesetzlichen Ausprägungen hinaus keine Bedeutung mehr zukommen, da ungeklärte Fragen vielmehr von dem Bilanzzweck der Information dominiert werden. Auch die Gegner dieser Ansicht erkennen eine *„Priorität des Informationszwecks"* an, meinen jedoch, daß dieses auf die Aktivierungskonzeption ohne Einfluß bleibt.[603] Ob dies richtig ist, hängt letztlich davon ab, ob sich die Spielräume durch zusätzliche Angaben im Anhang ausfüllen lassen.

(b) Keine Verdrängung in den Anhang

Im Vordergrund steht bei der Verdrängung zusätzlicher Angaben in den Anhang wohl nicht ein besserer Einblick, sondern die Abwehr zusätzlicher Informationen.[604] Dies erklärt, daß diese Ansicht die Verbesserung des „Bildes" über die tatsächlichen Verhältnisse nicht wirklich ernst nimmt[605] und auch, daß der Grundsatz des „true and fair view" in der Judikatur bis jetzt keine Rolle gespielt hat.[606] Die Verdrängung der zusätzlichen Angaben in den Anhang kann darauf gestützt werden, daß der *Anhang* nach § 264 Abs. 1 S. 1 HGB mit der Bilanz

601 Walz, ebenda, S. 567. Allerdings ist darauf hinzuweisen, daß die IAS und US-GAPP keine Rolle für die Besteuerung spielen. Dazu KPMG, IAS, S. 19. Winnefeld, 2. Aufl.; Einf. 305, Rn. 329. Auch die EU verfolgt unter dem Stichwort „neue Strategie" das Ziel, stärker im Rahmen der internationalen Rechnungslegungsgremien mitzuarbeiten und weniger die Rechnungslegung durch Richtlinien zu beeinflussen. Außerdem besteht der Entwurf einer Verordnung der EU-Kommission, nach der die EU-Staaten die Möglichkeit erhalten, die IAS auch für Konzernabschlüsse der nicht börsennotierten Unternehmen und für die Einzelabschlüsse aller Unternehmen vorzuschreiben oder zuzulassen. Für börsennotierte Unternehmen soll eine Aufstellung nach IAS sogar Pflicht werden.

602 Walz in: Heymann, HGB, Einl. 135.

603 Lamers, Aktivierungsfähigkeit, S. 315.

604 In diese Richtung deutet auch eine Äußerung von Moxter, ZGR 1980, 254, 272 f.: Es empfehle sich keinesfalls, in den „tatsächlichen Verhältnissen" einen „Ausdruck handelsrechtlicher GoB zu sehen." „Vordergründig ist sie (diese These, Anm. des Verfassers) freilich verführerisch: Alles bleibt (scheinbar) beim Hergebrachten, ..." Dieser Verführung sind anscheinend mit der Abkopplungsthese einige erlegen.

605 Walz, FG Kübler, 557, 563.

606 Beisse, DStZ 1998, 310 f.; Weber-Grellet, DB 1996, 2089 spricht diesbzgl. von einen „Dornröschenschlaf dieses Grundsatzes"; Walz, Zfbf Sonderheft 40 (1998), S. 91 „völlige Vernachlässigung des „true and fair view"-Grundsatzes".

und der Gewinn- und Verlustrechnung (GuV) eine Einheit bildet und damit Teil des Jahresabschlusses insgesamt ist. Das den „tatsächlichen Verhältnissen" entsprechende Bild solle nur der Jahresabschluß insgesamt darstellen, also unter Einschluß des Anhangs.[607] Der flexiblere Anhang allein sei geeignet, Bilanz und GuV „in das richtige Licht" zu stellen.[608] Diese Ansicht legt nahe, daß der Anhang geeignet sei, selbständig sogar eigene Positionen aufzunehmen. Tatsächlich hat der Anhang nach § 284 Abs. 1 HGB (die Ausübung von Wahlrechten einmal ausgenommen) die Funktion, die in der Bilanz und GuV *aufgeführten* Positionen zu erläutern und damit transparenter zu machen. Seine Funktion ist nicht, z.B. ein selbständiges Bild über die Vermögenslage zu entwerfen, obwohl zuzugeben ist, daß es nach deutschem Verständnis sehr praktisch ist, die Bedeutung des „true and fair view" zu minimalisieren.

Dem teilweise von Vertretern der Abkopplungstheorie gemachten Vorschlag, zusätzliche Positionen erstmalig in dem Anhang aufzunehmen, kann damit nicht gefolgt werden. Findet schon kein Ansatz gewisser Vermögenswerte in der Bilanz statt, ist es allein konsequent, auch im Anhang auf entsprechende Angaben zu verzichten. Selbst wenn man diese Argumentation als zu formalistisch abtut, spricht gegen die ausschließliche Verdrängung der Bedeutung des § 264 Abs. 2 HGB in den Anhang der bereits erwähnte Art. 2 Abs. 5: Ein *Abweichen von Einzelvorschriften* muß sich *notwendig auch auf die Bilanz* selbst auswirken. Damit ist eine generelle Beschränkung der Richtlinie nur auf den Anhang nicht vereinbar mit dem Ziel der Richtlinie, das den „tatsächlichen Verhältnissen" entsprechende Bild in der Bilanz darzustellen. Ebenso kommt auch die Auslegung von Spielräumen im Sinne des „true and fair view" zu einem notwendigen Einfluß des Grundsatzes auf die Bilanz. Aus praktischer Hinsicht ist schließlich die Grundthese dieser Ansicht nicht haltbar, Angaben im Anhang seien genauso gut oder wichtig wie konkrete Ansätze in der Bilanz. Zwar stellen Anhang und Lagebericht auch (Zusatz-) Informationsquellen über die Gesellschaft dar, aber der erste Blick geht in die Bilanz, der das größte Gewicht zukommt. Damit kann keinesfalls davon die Rede sein, daß Angaben im Anhang gleichwertig mit Angaben in der Bilanz seien. Folglich kann der Abkopplungstheorie insgesamt nicht gefolgt werden.

---

[607] Moxter, AG 1979, 141 f.; Budde/Karig, BeBiKom, § 264 Rn. 31; Lamers, Aktivierungsfähigkeit, S. 315.

[608] Statt vieler Hopt, HGB, § 264, Rn. 9; Moxter, FS Goerdeler (1987), 361, 371.

ccc) Lückenfüllungsfunktion des „true and fair view" und Möglichkeit der Begrenzung der Auswirkungen auf Kapitalgesellschaften

Hier wird der Ansicht[609] gefolgt, daß der „true and fair view" die Auslegung des deutschen Bilanzrechts infiltriert, indem er zur Ausfüllung bestehender Lücken herangezogen wird,[610] und es somit zu einer Zurückdrängung des traditionellen Verständnisses des Gläubigerschutzes und der Betonung des Bilanzzwecks der Information kommt. Damit bleibt aber die Frage der konkreten Anwendungsfälle des „true and fair view" offen. Im Rahmen dieser Arbeit muß eine Beschränkung auf die abstrakte Bilanzierungsfähigkeit stattfinden, also auf die Frage, was geeignet ist, Vermögensgegenstand zu sein. Wegen der fehlenden Definition des Vermögensgegenstandes kann die *Auslegung* dieses Begriffs unter Berücksichtigung des „true and fair view" erhebliche Auswirkungen auf die abstrakte Aktivierungsfähigkeit haben.[611] Ohne schon an dieser Stelle auf die konkreten Auswirkungen für die Definition des Vermögensgegenstands einzugehen, ergibt sich durch die Dominanz des „true and fair view" jedenfalls eine Erweiterung der abstrakt aktivierungsfähigen Gegenstände[612] sowie u.U. ein weniger strenges Verständnis des entgeltlichen Erwerbs (§ 248 Abs. 2 HGB).[613] Die richtlinienkonforme Auslegung schlägt sich also im Verständnis des Vermögensgegenstandes nieder und führt zu seiner Erweiterung. Die grundsätzliche Pflicht zur Aufführung aller Vermögensgegenstände in der Bilanz ergibt sich allerdings aus § 246 Abs. 1 S. 1 HGB, der für alle Kaufleute gilt. Damit handelt es sich um eine für alle Kaufleute geltende Vorschrift, die zumindest für den Bereich der Kapitalgesellschaften unter dem Einfluß des „true and fair view" steht. Obwohl die Richtlinie und deren deutsche Umsetzung nach dem Willen des Gesetzgebers eindeutig auf Kapitalgesellschaften beschränkt sein sollten, würde die Auslegung des „true and fair view" i.S.d. § 264 Abs. 2 HGB Einfluß auch außerhalb der Kapitalgesellschaften entfalten.

---

609 Walz, FG Kübler, 557, 575 ff. Van Hulle, FS Budde (1995), 313, 319 ff. wird eine Einteilung des „true and fair view" in drei Bereiche vorgenommen, und zwar in eine Erläuterungsfunktion (Verstärkung der Tranzparenzgebote), eine Auslegungsfunktion (setzt an inhaltlich unklaren Begriffen an) und eine Korrekturfunktion (dient schon der vorsichtigen Korrektur geltenden Bilanzrechts). Ebenso Weber-Grellet, DB 1996, 2090; Walz, ebenda.

610 Weber-Grellet in: Schmidt, EStG, § 5 Rn. 83 bezeichnet dies sogar als „hM". Dabei hat er aber wohl nicht im Blick, welchen großen Einfluß dieses Verständnis auf die Aktivierungskonzeption haben muß. Denn z.B. in Bezug auf obligatorische Nutzungsrechte vertritt er eine sehr restriktive Auffassung. S. schon Fn. 381.

611 In diese Richtung Walz, Zfbf Sonderheft 40 (1998), 83, 99 f.

612 S. auch Döllerer, BB 1980, 1333; ders., BB 1982, 777.

613 Zu diesen Konsequenzen s. Moxter, FS Budde (1995), 419, 420, der auf S. 421 eine völlige Rückkehr zu dynamischen Bilanz fürchtet.

An dieser Stelle stellt sich die Frage, ob es *zwei verschiedene Vermögensgegenstandsbegriffe* im Handelsrecht gibt, einen für Kapitalgesellschaften und einen anderen für die sonstigen Kaufleute. Letztlich resultiert dieses Problem aus der Regelungstechnik des deutschen Gesetzgebers, der das 3. Buch des HGB in einen allgemeinen Abschnitt für alle Kaufleute und einen weiteren mit ergänzenden Vorschriften für Kapitalgesellschaften eingeteilt hat. Genaugenommen haben die Vorschriften des allgemeinen Abschnitts (§§ 238 ff. HGB), soweit sie auf der Vierten Richtlinie beruhen, einen Doppelcharakter:[614] Im Hinblick auf Nicht-Kapitalgesellschaften sind sie nationalen Ursprungs, und in Bezug auf die Kapitalgesellschaften stellen die Vorschriften die Umsetzungsmasse der Richtlinie dar. Wegen des unterschiedlichen Ursprungs ein und derselben Norm, droht eine sog. „*Normspaltung*", d.h. eine Spaltung der Norm in zwei verschiedene Normanwendungsbereiche und –verständnisse.[615] Konkret für den Begriff des Vermögensgegenstandes würde dies ein vom „true and fair view" beeinflußtes Verständnis der Vermögensgegenstandes für Kapitalgesellschaften und ein anderes, engeres für Nicht-Kapitalgesellschaften bedeuten.

Obwohl man sich eine solche Normspaltung abstrakt vorstellen kann, meint *Schulze-Osterloh*[616], daß jedenfalls im Hinblick auf die Grundfragen des Handelsbilanzrechts, wie der Grundfrage nach dem Vermögensgegenstandsbegriffs: „Insoweit ist das Handelsbilanzrecht einheitlich auszulegen." Zudem deutet die Zusammenfassung der allgemeinen Vorschriften im ersten Abschnitt des Dritten Buches auf das Gebot einheitlicher Interpretation hin.[617] Folgt man dieser Prämisse, so verbleibt entweder die Orientierung an dem HGB-Verständnis auch für Kapitalgesellschaften, ohne daß sich der „true and fair view" auswirkt, oder die Beeinflussung der Bilanz durch den „true and fair view" auch bei den Nicht-Kapitalgesellschaften. Dabei zeigt sich, daß beide Lösungsmöglichkeiten erhebliche Schwächen aufweisen.

Wenn die oben gefundene europarechtskonforme Auslegung ignoriert würde und europarechtswidrig dem „true and fair view" im deutschen Recht keine Bedeutung zugemessen würde, würde zwar ein einheitlicher Vermögensgegenstandsbegriff erzielt. Aber diese Lösung wurde oben bereits abgelehnt. Diese Auswirkung der Erweiterung des „true and fair view" auf Nicht-Kapitalgesellschaften hätte ein überraschendes Ergebnis: Eine richtlinienkonforme Auslegung würde dann zu einer Erstreckung der Richtlinie über ihren eigenen Anwendungsbereich hinaus bewirken. Denn während noch im Regie-

---

614 Beisse, FS Döllerer (1988), 25, 31 ff.; ders., DStZ 1998, 310, 314; Schulze-Osterloh, DStZ 1997, 281, 283.

615 Schulze-Osterloh, aaO., 284.

616 Schulze-Osterloh, DStZ 1997, 281, 285.

617 Beisse, FS Döllerer (1988), 25, 31.

rungsentwurf[618] zum Bilanzrichtlinien-Gesetz in § 237 HGB-E vorgesehen war, daß die heutige Vorschrift des § 264 Abs. 2 HGB für alle Kaufleute gelten sollte, wurde mit der endgültigen Fassung in § 264 Abs. 2 HGB eine Begrenzung auf Kapitalgesellschaften entsprechend dem Umfang der Richtlinie ausdrücklich angestrebt.

Problematisch an beiden Lösungen ist auch, daß sich für auf der Richtlinie beruhende Vorschriften eine Zuständigkeit des EuGH für Konfliktfälle ergibt, die Kapitalgesellschaften betreffen, während für die nationale Auslegung über die Verkoppelung durch den Maßgeblichkeitsgrundsatz letztinstanzlich der BFH im Regelfall zuständig wäre.[619] Es könnte hier zu einem unterschiedlichen Begriffsverständnis des Vermögensgegenstands der Gerichte kommen, so daß ein Interesse bestünde, solche grundsätzlichen Fragen eindeutig einem Gericht zuzuordnen. Diese Gefahr ist aber, jedenfalls für den Bereich des Handelsbilanzrechts, als nicht sehr gravierend einzuschätzen, weil einer Rechtsfortbildung durch den EuGH wohl im Interesse der einheitlichen Auslegung auch das allgemeine Bilanzrecht folgen wird.[620]

In Deutschland hat das Problem der Reichweite des „true and fair view" aber noch eine weitere Dimension. Durch das Maßgeblichkeitsprinzip gem. § 5 Abs. 1 EStG wirken handelsrechtliche Entscheidungen auch auf die Steuerbilanz.[621] Diese Bedeutung ist dagegen den anglo-amerikanischen Abschlüssen fremd, da die Besteuerung dort nicht auf die der Investoreninformation dienende Rechnungslegung gestützt wird. Zudem besteht für das Handelsbilanzrecht die Zuständigkeit des EuGH, die sich auch auf die Steuerbilanz auswirken kann, obwohl es sich beim Steuerrecht um nicht harmonisiertes Recht handelt. Grundsätzlich besteht die Vorlagepflicht deutscher Gerichte für richtliniengeprägtes Handelsbilanzrecht, solange der EuGH nicht selbst immanente Grenzen aus der Richtlinie heraus anerkennt.[622] Unter anderem aus dieser Gefahr heraus sieht sich das Maßgeblichkeitsprinzip starker Kritik ausgesetzt. Die Frage der Fortgeltung des Maßgeblichkeitsprinzips[623] gehört jedoch in den Bereich der Rechtspolitik, während hier der geltende Rechtszustand ermittelt werden soll.

---

618 RegEntw 1982, BR-Drucks. 61/82, BT-Drucks. 9/878; RegEntw 1983, BR-Drucks. 257/83, BT-Drucks. 10/317, S. 76 f.

619 Dazu Beisse, DStZ 1998, 310, 315.

620 Beisse, FS Döllerer (1988), 25, 32; ders., DStZ 1998, 310, 315: „Entscheidungen des EuGH kommt, obschon es sich („nur") um Richterrecht handelt, in der Rechtswirklichkeit eine *gesetzesgleiche Wirkung* zu, die sie in den Rechtsordnungen der Mitgliedstaaten entfaltet." (Hervorhebungen nicht im Original.)

621 Dazu Heymann/Walz, HGB, Einl. Rn. 113.

622 S. vorherige Fn.

623 S. umfassende Nachweise bei Dziadkowski, DStZ 2001, 1 ff. S. zudem unten E. III. 2.

Die dargestellten Argumente sind ziemlich ausgewogen, jedoch wird hier der erweiterten Auslegung des Vermögensgegenstandsbegriffs der Vorzug eingeräumt, nicht zuletzt im Hinblick auf die verstärkte Hinwendung zur internationalen Rechnungslegung.

ddd) Dogmatische Einordnung des hier vertretenen Verständnisses des „true and fair view" im Verhältnis zu den GoB

Während die tatsächlichen Auswirkungen des „true and fair view" insbesondere auch für den Vermögensgegenstandsbegriff deutlich geworden sind, fehlt bis jetzt noch eine Aussage über die Einordnung dieses Grundsatzes. Auf den ersten Blick könnte man ihn selber für einen Grundsatz ordnungsgemäßer Buchführung halten.[624] Diese Einordnung ist aus mehreren Gründen abzulehnen. Zwar bewirkt die europarechtskonforme Auslegung und die bei grundlegenden Fragen vertretene einheitliche Auslegung, daß es nicht zu rechtsformspezifischen Regelungen kommt,[625] so daß der Streit um die Existenz rechtsformspezifischer GoB hier keine Rolle spielt.[626] Die Natur der GoB liegt jedoch darin, daß sie relativ konkrete Handlungsanweisungen an den Bilanzierenden enthalten, dagegen führt der „true and fair view" zu einer allgemeinen Betonung der Informationsfunktion. Der „true and fair view" entspricht also eher einem Bilanzzweck, steht also im Rahmen der deduktiven Methode einer Ermittlungsgrundlage der GoB

---

624 Zu Literaturnachweisen s. Weber-Grellet in: Schmidt, EStG, § 5 Rn. 83.

625 A.A. auch Beisse, StuW 1984, 1 7: Daran solle auch § 237 Abs. 2 HGB-Entwurf nichts ändern. Es sollte auch durch die Einführung des § 237 Abs. 2 HGB-Entwurf (Vorläufernorm des § 264 Abs. 2 HGB, die nicht auf Kapitalgesellschaften beschränkt war) „nicht zu einer Umfunktionierung der klassischen GoB" kommen.

626 Das eigentliche Problem besteht darin, daß zwar anerkannt ist, daß die Bilanzzwecke, die hier als Deduktionsbasis dienen sollen, rechtsformspezifisch sind. So macht beim Einzelkaufmann die Ausschüttungssperre keinen Sinn. Über den Maßgeblichkeitsgrundsatz in § 5 Abs. 1 S. 1 HGB und dessen Verweisung auf die handelsrechtlichen GoB ergibt sich aber das Erfordernis, alle GoB einheitlich zu verstehen, um die Gleichmäßigkeit der Besteuerung zu gewährleisten. Dazu BFH v. 4. 7. 1990, GrS 1/89, BFHE 160, 466 = BStBl. II 1990, 830; Winnefeld, Bilanzhandbuch, D Rn. 413; ausführlich Moxter, ZGR 1980, 254, 264 ff. m.Nachw. zu den Ansichten.

gleich. Die Bilanzzwecke und die GoB sind nach der hier vertretenen Auffassung strikt zu trennen.[627]

dd) Ergebnis

Die Bilanzzwecke haben nach dem hier vertretenen Ansatz nur Bedeutung für die Klärung gesetzlich offengelassener Fragen. Sowohl die Untersuchung des traditionellen Verständnisses des Gläubigerschutzes als Bilanzzweck als auch die Betrachtung vor dem Hintergrund des „true and fair view" haben gezeigt, daß dem Gläubigerschutz über seine gesetzlichen Ausprägungen hinaus keine Bedeutung zukommt. Statt dessen führen beide Wege dazu, daß die Informationsfunktion die Grundlage für die Beantwortung problematischer Bilanzfragen bildet. Die Informationsfunktion bildet den gesuchten dominierenden Bilanzzweck.

Der Grundsatz des „true and fair view" muß bereits in der Bilanz Auswirkungen entfalten. Durch den „true and fair view" hinzukommende Informationen können also nicht in den Anhang verdrängt werden. Dadurch, daß der „true and fair view" Einfluß auf problematische Bilanzfragen entfaltet und diese einheitlich für Kapitalgesellschaften und Nicht-Kapitalgesellschaften zu beantworten sind, wirkt sich der „true and fair view" auch auf Nicht-Kapitalgesellschaften aus. Damit kommt es wegen der Auslegung des § 264 Abs. 2 HGB für den hier untersuchten Bereich des Vermögensgegenstandes zu einer Betonung der Informationsfunktion der Bilanz. Auf dieser Grundlage erlangt auch die Gewinnermittlungsfunktion Bedeutung, weil bei Dominanz der Informationsfunktion der Bilanz gegenüber dem Gläubigerschutz ein umfassenderer Ansatz von Vermögensgegenständen zu erwarten ist. Damit ist die daraus resultierende Gewinnermittlung präziser.

Selbst wenn man diesen Einfluß des „true and fair view" auf das deutsche Bilanzrecht verneint, ergibt sich kein anderes Ergebnis. Die Untauglichkeit des Gläubigerschutzes zur Beantwortung problematischer Bilanzfragen bewirkt, daß – nachdem bereits alle anderen Bilanzzwecke ebenfalls ausscheiden mußten –

[627] In dieselbe Richtung geht auch die bereits zitierte Auffassung von *Walz*: „Das Ziel der nützlichen Investorinformation korrigiert also innerhalb der Grundsätze ordnungsmäßiger Buchführung dort, wo gesetzliche Spielräume bestehen, das Gläubigerschutzprinzip..." Walz, ebenda; ders., Zfbf Sonderheft 40 (1998), 83, 96. Der Ansatz in dieser Arbeit ist ein etwas anderer. Den Bilanzzwecken und der Ermittlung von GoB kommt nur dort Bedeutung zu, wo gesetzliche Spielräume bestehen. Hier ist entsprechend der deduktiven Methode der dominierende Bilanzzweck entscheidend. Eine Beeinflussung der klar gesetzlich geregelten Fragen kommt ohnehin nicht in Betracht.

nur die Informationsfunktion als Deduktionsgrundlage für die GoB verbleibt. Zwar ist die Informationsfunktion insgesamt sehr weit gefaßt, jedoch darf nicht verkannt werden, daß dieser Bilanzzweck nur dort Wirkung entfaltet, wo es an gesetzlichen Regelungen fehlt. Daher wird weder der Einzelbewertungsgrundsatz, noch werden die gesetzlich niedergelegten Ausprägungen des Vorsichtsprinzips angetastet. Damit stellt die Informationsfunktion eben wirklich nur einen „Orientierungsmaßstab" dar und zwar dort, wo gesetzliche Spielräume bestehen, so daß auch die Deduktionsfähigkeit gegeben ist.

Folglich führen beide Argumentationsstränge zu dem Bilanzzweck der *Informationsfunktion*. Der „Dissens über die maßgeblichen Bilanzierungszwecke" als Grundlage des Streits um die Voraussetzungen des Vermögensgegenstandsbegriffs[628] ist also aufgelöst, und die Betonung der Informationsfunktion ist im folgenden zu berücksichtigen.

c) Die Merkmale des Vermögensgegenstandsbegriffs im Lichte der Bilanzierungszwecke

Vor dem Hintergrund, daß viele wesentliche Fälle des Vermögensgegenstands durch Gesetz, Rechtsprechung, Theorie und Praxis geklärt sind, könnte man der Meinung sein, die Beschäftigung mit den allgemeinen Voraussetzungen des Vermögensgegenstandsbegriff sei nur eine wissenschaftliche Spielerei, die keine praktische Relevanz aufweist. Diese Ansicht wäre aber falsch. Bei dem Begriff „Vermögensgegenstand" handelt es sich um einen Rechtsbegriff, so daß schon das Erfordernis der Rechtssicherheit seine Auslegung und konkrete Bestimmung gebietet.[629] Nur die abstrakten Voraussetzungen helfen bei der Behandlung von problematischen Fällen weiter. Die Bestimmung der Vermögensgegenstandskriterien gehört nach Jahrzehnten der Diskussion immer noch zu einem der umstrittensten Fragenkreise des Bilanzrechts.[630] Falls sich Fehler in die Überlegungen um den Vermögensgegenstandsbegriff eingeschlichen haben, können diese anhand der ihm zugrundeliegenden Bilanzzwecke ausgemacht werden. Denn in den Bilanzzwecken liegt die Basis für die hierzu korrespondierend entwickelten Vermögensgegenstandsvoraussetzungen.[631] Auch heute noch stützen sich alle restriktiveren Ansichten darauf, daß der Gläubigerschutz der wichtigste Bilanzzweck im Sinne von „Schuldendeckungsfähigkeit" oder „Konkursvorsorge" sei. Da dieser Ausgangspunkt aber teilweise nicht offen zu Tage tritt, muß ein erheblicher Aufwand betrieben werden, um diese Wurzeln offenzulegen.

---

628 Dazu Walz in: Heymann, § 246 Rn. 9.
629 Ähnlich Freericks, Bilanzierungsfähigkeit und Bilanzierungspflicht, S. 163.
630 Nachw. bei Westerfelhaus, DB 1995, 885.
631 Wie bereits im vorangegangenen Abschnitt gezeigt wurde.

Schwerpunkt dieser Untersuchung ist es zu überprüfen, ob obligatorische Nutzungsrechte Vermögensgegenstände sind. Die Bejahung der Vermögensgegenstandseigenschaft z.B. von Miet- und Pachtrechten stünde im Widerspruch zu der herrschenden Bilanzierungspraxis.[632] Wird im Rahmen der verdeckten Einlage auf die Aktivierung von immateriellen Vermögensgegenständen verzichtet, so liegt dies am Begriff des Vermögensgegenstands.[633] Eine besondere Aktualität bekommt diese Frage im Zusammenhang mit der Einfügung des § 272 Abs. 2 Nr. 4 HGB i.R.d. BiRiLiG. In vielen Darstellungen in der Literatur[634] gewinnt man den Eindruck, daß § 272 Abs. 2 Nr. 4 HGB Einfluß auf die Gegenstände der Aktivierung haben könnte, insbesondere auf die Frage, ob obligatorische Nutzungsrechte im Rahmen verdeckter Einlagen aufgrund des § 272 Abs. 2 Nr. 4 HGB zu aktivieren sind. Zwar kann – wie später noch genauer gezeigt wird – eine Passivnorm keinen Einfluß auf die Aktivierung haben. Das Aufwerfen der Frage im Zusammenhang mit § 272 Abs. 2 Nr. 4 HGB zeigt aber, wie schnell die ablehnende Haltung gegenüber der Aktivierung von obligatorischen Nutzungsrechten über Bord geworfen wird. Gerade in bezug auf obligatorische Nutzungsrechte muß noch einmal besonders darauf hingewiesen werden, daß die Bejahung der Vermögensgegenstandseigenschaft lediglich die abstrakte Aktivierungsfähigkeit zur Folge hätte, die konkrete Aktivierungsfähigkeit wäre dagegen vom zusätzlichen Nichteingreifen von Bilanzierungsverboten abhängig.[635] Im Zusammenhang mit den obligatorischen Nutzungsrechten wird der Nichtausweis schwebender Geschäfte eine wichtige Rolle spielen.

Unbestritten ist, daß ein Vermögensgegenstand abgrenzbar von anderen Werten und darüber hinaus selbständig bewertbar sein muß. Die erste Voraussetzung betrifft den Nachweis, daß ein wirtschaftliches Gut vorhanden ist, während die zweite Voraussetzung auf den Einzelbewertungsgrundsatz zielt (§ 252 Abs. 1 Nr. 3 HGB). Der Streit um die Voraussetzungen des Vermögensgegenstandes dreht sich darum, ob weitere Eigenschaften zu fordern sind. Die Ansichten sollen unter der jeweiligen Überschrift kritisch überprüft werden, und es soll

---

632 S. Freericks, Bilanzierungsfähigkeit und Bilanzierungspflicht, S. 174; ebenso Fabri, GoB entgeltlicher Nutzungsverhältnisse, S. 55. Allerdings beziehen sich diese Autoren auf die konkrete Aktivierungsfähigkeit, während hier die abstrakte Aktivierungsfähigkeit diskutiert werden soll.

633 Schacht, Sonderbilanzen, G 40.

634 In diese Richtung z.B. Glanegger in: Schmidt, EStG, 17. Aufl., § 6 Rn. 440 Stichwort „Gesellschaftsrechtliche Einlagen“: „Ungeklärt ist ferner, ob unentgeltliche Nutzungsrechte unter § 272 II Nr. 4 HGB fallen ...“; in dieselbe Richtung deuten auch die jeweils selbständigen Untersuchungen, ob auch Nutzungsrechte in den Anwendungsbereich des § 272 Abs. 2 Nr. 4 HGB fallen, so z.B. Döllerer, BB 1986, 1857, 1860 ff.; Küting/Kessler, BB 1989, 25, 35 f.; Schneeloch, BB 1987, 481, 486 f.: „ ..., ob unter Zuzahlungen im Sinne des § 272 Abs. 2 Nr. 4 HGB ... gegebenenfalls auch Nutzungen hierunter fallen.“

635 Dazu schon oben.

schließlich die Vereinbarkeit der Ansichten mit den anerkannten Fällen des wirtschaftlichen Eigentums diskutiert werden.

aa) Kritische Darstellung der Ansichten zu den Voraussetzungen des Vermögensgegenstands

aaa) Konkrete Einzelveräußerbarkeit

Nach einer im wesentlichen früher vertretenen Auffassung[636] muß ein Gut *konkret einzelveräußerbar bzw. selbständig verkehrsfähig*[637] sein, um die Vermögensgegenstandseigenschaft zu erlangen.[638] Hiernach muß der Bilanzierende also tatsächlich in der Lage sein, ein Gut zu veräußern. Folge dieser Ansicht ist, daß unübertragbare Rechte von der Aktivierung ausgeschlossen sind, egal ob die fehlende Übertragbarkeit gesetzlich angeordnet ist (wie der Nießbrauch gem. § 1059 S. 1 BGB)[639] oder vertraglich bestimmt ist (wie bei der Vereinbarung eines Abtretungsverbotes gem. § 399 Alt. 2 BGB), oder ob sie sich einfach aus der tatsächlichen Notwendigkeit wie beim Firmenwert ergibt. Nach dieser Definition wäre von den möglichen Nutzungsrechten lediglich das Erbbaurecht immer ein Vermögensgegenstand.[640] Zwar können auch obligatorische Nutzungsrechte konkret einzelveräußerbar sein, jedoch kommt diese Ansicht nicht zu die-

---

636 Schon Simon, Die Bilanzen der Aktiengesellschaft und der Kommanditgesellschaften auf Aktien, S. 166: Vermögensgegenstand ist, „was dem Rechtssubjekt als Gegenstand des Erwerbs gegenübersteht". Knapp, DB 1971, 1121, 1123, 1129 spricht zwar hier von „Verwerten", meint damit aber im wesentlichen das „Verfügungsrecht über die Substanz für eigene Rechnung"; Freericks, Bilanzierungsfähigkeit und Bilanzierungspflicht, S. 141 ff. m.w.Nachw. Fn. 5; Kupsch, WPg 1977, 663, 670; Moxter, BB 1978, 821, 823; ders., WPg 1980, 347; ders., StuW 1983, 302 ff. mit neuer Begründung; Schneider in HuRB, S. 340; Ordelheide/Hartle, GmbHR 1986, 9, 14; Erfmeyer, Die Nutzungseinlage im Steuerrecht, S. 30; umfassende weitere Nachw. Tiedchen, Vermögensgegenstand, S. 28 f. Fn. 1.

637 Teilweise wird auch der Begriff der „Einzelverkehrsfähigkeit" benutzt, der aber dasselbe meint. Z.B. Tiedchen, ebenda.

638 Interessant ist hier, daß es auf eine Einzelveräußerbarkeit nach US-GAPP nicht ankommt. Vermögensgegenstände werden danach nur als zukünftige Nutzenpotentiale gesehen. Dazu Winnefeld, Bilanzhandbuch, Einf. 305.

639 Früher war auch das in § 8 WZG a.F. geregelte Veräußerungsverbot für Warenzeichen ein Beispiel dafür, daß Vermögensgegenstandseigenschaft fehlt. Dieses ist aber mit der Regelung in § 27 Abs. 1 MarkenG (Übertragbarkeit) entfallen. S. dazu auch A/D/S, § 246 Rn. 19.

640 Zu dieser Subsumption auch Kußmaul, BB 1987, 2053, 2058. S. Palandt-Bassenge, BGB, ErbbRVO 1 Rn. 1: Veräußerlichkeit (§ 1 Abs. 1 ErbbauVO) ist nicht abdingbar, allerdings einschränkbar gem. §§ 2 Nr. 4, 5 ErbbauVO (Heimanfall und Zustimmungsbedürftigkeit der Übertragung).

sem Ergebnis, obwohl es die konsequente Folge der Anwendung des Kriteriums der Einzelveräußerbarkeit wäre.

Ein Vorzug dieser Ansicht liegt in der klaren Bestimmung des Vermögensgegenstandsbegriffs.[641] Allerdings ist sie stark geprägt von dem Zweck der konkursorientierten Schuldendeckungskontrolle,[642] der hier insbesondere wegen des Verstoßes gegen das Fortführungsprinzip schon im Rahmen der Untersuchung der Bilanzzwecke abgelehnt wurde.[643] Auch die Versuche, dieselben Ergebnisse durch Rekurrieren von Objekivierungserfordernissen unter dem Begriff der „Fortführungsstatik" zu erreichen,[644] muß - wie bereits oben erfolgt - abgelehnt werden. Auch hierhinter verbirgt sich der „Gedanke der Konkursvorsorge durch Sicherung des Zerschlagungsvermögen und damit die Interpretation des Bilanzvermögens als Schuldendeckungspotential."[645]

Auch die weiteren Argumente für diese Ansicht können nicht überzeugen. Sie sah zunächst in der Nennung von nicht einzelveräußerbaren Gütern in der Gliederung des § 151 Abs. 1 Aktivseite II. A. Nr. 8 AktG a.F. (§ 266 Abs. II A. I. 1. HGB) keinen Widerspruch zu dem allgemeinen Vermögensgegenstandskriterium der Einzelveräußerbarkeit, weil ein Verweis auf die fehlende Einzelveräußerbarkeit „kleinlich" wäre.[646] Später setzte sich auch bei den Autoren dieser Ansicht unter dem Regime der EU-Richtlinien zunehmend die Erkenntnis durch, daß eine Argumentation an der Gliederungsvorschrift vorbei nicht richtig sei;[647] und daß auch eine Berücksichtigung des Fortführungsprinzips erforderlich sei.[648] Zwar kommt der Gliederungsvorschrift keine konstitutive Bedeutung für die Voraussetzungen des Vermögensgegenstandes zu,[649] jedoch erscheint es sehr merkwürdig, wenn der Gesetzgeber in der Gliederungsvorschrift einen Vermö-

---

641 Ähnlich Tiedchen, aaO., S. 30.

642 Z.B. Kupsch, WPg 1977, 663, 670; Erfmeyer, Die Nutzungseinlage im Steuerrecht, S. 30 m.w.Nachw. Fn. 51.

643 Z.B. Müller-Dahl, Betriebswirtschaftliche Probleme der handels- und steuerrechtlichen Bilanzierungsfähigkeit, S. 101.

644 Moxter, StuW 1983, 302 ff.

645 Roland, Vermögensgegenstand, S. 21.

646 Moxter, BB 1978, 821, 823.

647 Moxter, BB 1979, 1102, 1103; zustimmend Lamers, Aktivierungsfähigkeit und Aktivierungspflicht, S. 313.

648 Moxter, aaO., S. 1107; ders., WPg 1980, 347, 350; ders., StuW 1983, 302 ff.; Lamers, aaO.; S. 314.

649 Fabri, GoB entgeltlicher Nutzungsverhältnisse, S. 119. Die Vorschrift droht auch nicht ohne Anwendungsbereich zu verbleiben, weil er in einigen Fällen (s. dort S. 148-157) doch eine Aktivierungsmöglichkeit gäbe.

genswert nennt, der dann tatsächlich kein Vermögensgegenstand sein soll.[650] So werden in § 266 Abs. 2 A. I. 1. HGB „Konzessionen" genannt. Diese sind teilweise durch das Gesetz so ausgestaltet, daß sie nicht oder jedenfalls nicht alleine übertragen werden können.[651]

Diese Ansicht kann auch nicht die – allerdings bestrittene[652] – Vermögensgegenstandseigenschaft des Geschäfts- oder Firmenwertes[653] erklären. Der (derivative) Firmenwert[654] ist in der Gliederung unter der Überschrift „Immaterielle Vermögensgegenstände" (§ 266 Abs. 2 A. I. Nr. 2 HGB) aufgeführt. Zudem ist er nach § 255 Abs. 4 S. 2 HGB abzuschreiben, worin eine typische Eigenschaft von (abnutzbaren) Vermögensgegenständen besteht. Allerdings sind aufgrund des Vollständigkeitsprinzips (§ 246 Abs. 1 S. 1 HGB) Vermögensgegenstände zwingend zu aktivieren, während für den Firmenwert gem. § 255 Abs. 4 S. 1 HGB ein Wahlrecht eingeräumt wird. Für die Beurteilung des Firmenwerts als Bilanzierungshilfe spricht allerdings, daß sich aufgrund der überwiegend am Ertragswert orientierten Unternehmensbewertungsmethoden die Bewertungsdifferenz zwischen Substanzwert und Gesamtwert des Unternehmens auf zukünftig

---

650 Die teilweise vorgenommene Rekurrierung der Nennung der „Lizenzen" in § 266 Abs. 2 A. I. 1. HGB überzeugt dagegen nicht vollständig. Wie unter B. I. 2 dargestellt, beinhaltet die ausschließliche Lizenz das Recht, Unterlizenzen einzuräumen. Damit kann sie zwar nicht selber übertragen werden, aber die Übertragung der Unterlizenzen ist dem schon stark angenähert. Eine Bezugnahme auf die einfache Lizenz kann schon nicht dem Wortlaut entnommen werden. Ähnlich zur Lizenz (einfacher und ausschließlicher) Fahrholz, Leasing in der Bilanz, S. 139. Allerdings wird auf S. 138 deutlich, daß eine Auslegung doch so möglich ist, daß ein Anwendungsbereich für die Nennung der „Lizenzen" verbleibt.

651 Zu Güterkraftverkehrskonzessionen § 11 GüKG: Danach können die Konzessionen nur mit dem ganzen Unternehmen bzw. einem Zweig des Unternehmens übertragen werden. Dazu Schnicke/Reichmann in: BeBiKom, § 247 Rn. 390; BFH v. 23. 6. 1978, III R 22/76, BFHE 125, 297 = BStBl. II 1978, 521, 522.

652 Teilweise wird der Firmenwert auch als Bilanzierungshilfe angesehen. Z.B. Freericks, Bilanzierungsfähigkeit und Bilanzierungspflicht, S. 144; Moxter, BB 1979, 741, 747; Roland, DB 1981, 173, 174 f.; Knobbe-Keuk, Bilanz- und Unternehmenssteuerrecht, S. 95; Förschle/Kropp, WPg 1986, 152, 155 .

653 S. Schnicke/Reichmann in: BeBiKom, § 272 Rn. 400; Heinicke in: Schmidt, EStG, § 4 Rn. 262; Weber-Grellet in: Schmidt, EStG, § 5 Rn. 222; ebenso Castan in: HdRw, Sp. 2033, 2034; BFH v. 26. 2. 1975, I R 72/73, BFHE 115, 243 = BStBl. II 1976, 13, 14; v. 24. 3. 1987, I R 202/83, BFHE 149, 542/5 = BStBl. II 1987, 705, 706. Als Gegenstand der verdeckten Einlage: BFH v. 24. 3. 1987, I R 202/83, ebenda; v. 25. 10. 1995, I R 104/94, BFHE 179, 265 = DStR 1996, 617; v. 14. 2. 1978, VIII R 158/73, BFHE 124, 447 = BStBl. II 1979, 99; v. 19. 1. 1982, VIII R 21/77, BFHE 135, 282 = BStBl. II 1982, 456 unter 3 c.

654 Teilweise wird bewußt die Bezeichnung „goodwill" vorgezogen, „weil so ... die Differenzentwicklung aus Unternehmenswert und Substanzwert deutlicher angesprochen wird." So Westerfelhaus, DB 1995, 885 Fn. 11.

zu erwartende Einnahmenüberschüsse bezieht, die „als Bestandteile des Vermögens des Erwerbers am Bilanzstichtag angesehen würden.“[655] Gegen eine Bilanzierungshilfe spricht allerdings, daß der Gesetzgeber in den Fällen der Bilanzierungshilfe ausdrücklich diesen Begriff verwendet (§ 269 S.1, 274 Abs. 2 S. 1 HGB).

Schließlich ist an dieser Ansicht zu kritisieren, daß auch unter der Dominanz des Gläubigerschutzes eine Beschränkung auf die Einzelveräußerbarkeit *zu weit geht*, denn dieses Ziel der Verwertungsfähigkeit in der Insolvenz ließe sich auch mit einer Beschränkung auf die sonstige Verwertbarkeit erreichen.[656] So wird z.B. das Nießbrauchrecht aus dieser Aktivierungskonzeption ausgeschlossen, obwohl durch die Möglichkeit zur Ausübungsüberlassung gem. § 1059 S. 2 BGB das Nießbrauchrecht ohne weiteres einem Dritten überlassen werden kann und damit zu Geld gemacht werden kann.[657] Auch ohne weiteres aktivierungsfähige, nicht abtretbare Geldforderungen können durch diese Ansicht nicht erklärt werden. „So gibt es im Zivilrecht zahlreiche Rechtspositionen, die nicht übertragbar sind (vgl. §§ 399, 413, 1059 BGB), deren Bilanzierung im Vermögen des Rechtsinhabers dennoch außer Zweifel steht.“[658]

Diese Ansicht kann zahlreiche anerkannte Vermögensgegenstände nicht erklären, sie schießt durch das Merkmal der Einzelveräußerbarkeit über das selbst gewählte Ziel der Verwertungsfähigkeit hinaus und vermag sich schließlich nicht vollständig von ihren Wurzeln, die im Zerschlagungsprinzip liegen, zu lösen. Mit der wohl heute h.M. wird die Orientierung an der Einzelveräußerungsfähigkeit als zu eng angesehen[659] und ist abzulehnen.

---

655 Roland, DB 1981, 173, 175.

656 Ebenso Tiedchen, aaO., S. 33.

657 Z.B. Fabri, GoB entgeltlicher Nutzungsverhältnisse, S. 51.

658 BFH v. 30. 5. 1984, I R 146/81, BFHE 141, 509 = BStBl. II 1984, 825, 827.

659 Ballwieser in: HdRw, Stichwort „Bilanzansatz“ Sp. 221, 223. In diese Richtung auch schon BFH v. 26. 2. 1975, I R 72/73, BFHE 115, 243 = BStBl. II 1976, S. 13, 14 (Bierlieferungsrecht).

bbb) Abstrakte Einzelveräußerbarkeit

Nach einer anderen Ansicht wird nur eine *abstrakte Einzelveräußerbarkeit* bzw. *selbständige Verkehrsfähigkeit*[660] von Vermögensgegenständen gefordert. Danach hindern gesetzliche oder vertragliche Veräußerungsverbote die Vermögensgegenstandseigenschaft ebensowenig wie das „Fehlen konkreter Interessenten“[661], so daß sich z.B. Zessionsverbote nicht auswirken. Hinzu kommt bei dieser Ansicht das Merkmal der selbständigen Bewertbarkeit. In bezug auf die hier in Frage stehenden obligatorischen Nutzungsrechte wäre nach diesen Kriterien bei abstrakter Verkehrsfähigkeit und Bewertbarkeit die Vermögensgegenstandseigenschaft wahrscheinlich zu bejahen.[662]

Diesem Ansatz liegt die Erkenntnis zugrunde, daß eine Veräußerungsbeschränkung die grundsätzliche Veräußerbarkeit voraussetzt, der Gegenstand also gattungsmäßig grundsätzlich verkehrsfähig ist. Zu begrüßen ist an dieser Ansicht, daß nicht die Vermögensgegenstandseigenschaft ein und desselben Gutes unterschiedlich behandelt wird, je nachdem ob es übertragbar ist oder nicht. Nicht anerkannt werden kann nach dieser Ansicht der Firmenwert als Vermögensgegenstand, weil seine Einzelveräußerung auch nicht abstrakt vorstellbar ist.[663] Funktion dieses Merkmals der abstrakten Einzelveräußerbarkeit sei, selbständig erfaßbare Vorteile vom Firmenwert abzugrenzen, der nur eine Auffangposition für alle sonstigen nicht faßbaren Vorteile sei.[664]

Zu kritisieren ist, daß ein Merkmal als Anknüpfungspunkt gewählt wird, das gerade nicht vorliegen muß, nämlich die Einzelveräußerbarkeit. Überzeugend weist *Tiedchen*[665] nach, daß nach dieser Ansicht keine allgemeine Einigkeit besteht, ob einzelne Vermögenswerte als abstrakt veräußerungsfähig eingestuft werden, so daß unterschiedliche Bilanzierende die Vermögensgegenstandseigenschaft unterschiedlich beurteilen könnten. Dieses Ergebnis ist nicht weiter

---

660 Vgl. Kropff in: Geßler/Hefermehl, AktG, § 149 Rn. 47; insbesondere Roland, Vermögensgegenstand, S. 155; ders., DB 1981, 173, 175 m.w.Nachw.; Förschle/Kropp, WPg 1986, 152, 156; Schnicke/Reichmann, § 247 Rn. 290; ähnlich auch Fahrholz, Leasing in der Bilanz, S. 118 und Döllerer, JbFSt 1979/1080, 195, 199, die meinen auch eine nicht abtretbare Forderung sei ohne weiteres zu aktivieren; weitere Nachw. bei Tiedchen, Vermögensgegenstand, S. 34 Fn. 37.

661 Kropff, ebenda.

662 Ebenso Kußmaul, BB 1987, 2053, 2058.

663 Dazu Förschle/Kropp, aaO.,

664 Tipke/Lang, § 9, F III, Abschn. 7.21, Rn. 340 (S. 322 f.).

665 Tiedchen, Vermögensgegenstand, S. 35 f. z.B. bei Güterfernverkehrskonzessionen. Ebenso Hommel, Bilanzierung immaterieller Anlagewerte, S. 94: Er weist für Forderungsrechte, Konzessionsrechte und das Nießbrauchrecht nach, daß eine einheitliche Behandlung durch die Vertreter dieser Ansicht fehlt.

verwunderlich, denn auch für die obligatorischen Nutzungsrechte gelingt es nur schwer, auf die abstrakte Aktivierungsfähigkeit abzustellen: Ist es etwa ausreichend, daß ein Nutzungsrecht, wie z.B. ein Mietrecht, überlicherweise nicht verkehrsfähig ist, aber als verkehrsfähig ausgestaltet werden kann, oder ist die Ansicht nur bemüht, das Nießbrauchrecht und vertraglich nicht abtretbare Forderungen in den Kreis der Vermögensgegenstände mit aufzunehmen? Falls letzteres gewollt ist, sind die Vermögensgegenstandskriterien zu weit geraten. Da es sich beim Vermögensgegenstand um eine Rechtsbegriff handelt, an dessen Nichtbeachtung Sanktionen geknüpft sind, sind solche Unsicherheiten nicht tragbar. Sieht man einmal von dem Firmenwert ab, so läßt sich nahezu jede rechtliche Position auch übertragbar ausgestalten. Damit ist diese Ansicht konturenlos.[666]

ccc) Selbständige Verwertungsfähigkeit

Eine immer stärker werdende Ansicht in der Literatur stellt ab auf die selbständige Verwertungsfähigkeit als Determinationskriterium für den Vermögensgegenstandsbegriff. Als Vertreter dieser Ansicht soll insbesondere auf Ausführungen ihres Begründers *Lamers* und auf die Modifikationen von *Fabri*[667] eingegangen werden. Da die Autoren in Bezug auf die für das Vermögensgegenstandsbegriffsverständnis vorentscheidende Frage des dominierenden Bilanzzwecks unterschiedliche Ausgangspunkte haben, sollen die Ansätze getrennt dargestellt und diskutiert werden.

(1) Die Ansicht von Lamers

Nach der von *Lamers*[668] vertretenen Ansicht folgt aus der Funktion des handelsrechtlichen Vermögens, daß nur solche Werte in der Bilanz angesetzt werden dürfen, die einzelverwertbar sind. Entscheidend sei, entsprechend der Konkursorientierung der handelsrechtlichen Bilanzierungsvorschriften, „daß die Vermögensgegenstände im Zerschlagungsfalle in Geld transformierbar sind, das zur Schuldendeckung verwendet werden kann."[669] Diese Ansicht steht unter der Dominanz des Gläubigerschutzes.[670] Zur weiteren Konkretisierung des Begriffs

---

666 Ähnlich Fabri, GoB entgeltlicher Nutzungsverhältnisse, S. 39; ablehnend wegen mangelnder Eindeutigkeit auch Kußmaul, BB 1987, 2053, 2058.

667 Für diese Ansicht auch A/D/S, § 246 Rn. 28: „Entscheidend ... das Vorhandensein eines wirtschaftlich verwertbaren Potentials zur *Deckung der Schulden*".

668 Lamers, Aktivierungsfähigkeit und Aktivierungspflicht, S. 205.

669 Lamers, aaO., S. 205 f.

670 Lamers, aaO., S. 191.

des „Einzelverwertbarkeit" soll die „Erfolgsrealisation analog als Kriterium" heranzuziehen sein. Es dürfen keine Gegenstände in die Bilanz aufgenommen werden, die auf unsicheren Erfolgsaussichten basieren.[671] Es muß eine Verwertung des Vermögensgegenstandes selbst möglich sein, denn auch aus § 153 Abs. 3 AktG a.F. (§ 248 Abs. 2 HGB) folge, daß nur sichere Werte aktiviert werden dürfen. Zudem strebt *Lamers* einen Gleichlauf von gesellschaftsrechtlicher Sacheinlagefähigkeit und handelsrechtlichem Vermögensgegenstand an, der auch nach dem Merkmal der Einzelverwertbarkeit möglich sei.[672]

Entgegen der Ansicht der konkreten Einzelveräußerbarkeit sind hiernach auch nicht abtretbare *Geld*forderungen und auch das Nießbrauchrecht Vermögensgegenstände. Bei der Forderung sei ein Geldfluß zu erwarten und das Nießbrauchrecht könne gem. § 1059 S. 2 BGB einem Dritten zur Ausübung überlassen werden, so daß beide Rechte Schuldendeckungsmöglichkeiten beinhalten.[673] Bzgl. der Behandlung von Nutzungsrechten kommt *Lamers* zu dem Ergebnis, daß ausschließliche Lizenzen durch die Einräumung von einfachen Nutzungsrechten verwertbar sind[674] und deshalb Vermögensgegenstände sind. Dagegen scheidet die Aktivierungsfähigkeit obligatorischer Nutzungsrechte grundsätzlich aus, weil sie grundsätzlich nicht übertragbar sind und damit eine Verwertung nicht möglich ist.[675] Wird allerdings eine entsprechende Übertragbarkeit oder ein Weiterüberlassungsrecht, z.B. zur Untervermietung, eingeräumt, steht der Verwertbarkeit und damit der Vermögensgegenstandseigenschaft nichts im Wege. „Entscheidend für die Beurteilung der Vermögensgegenstandseigenschaft sind ... die diesbezüglichen vertraglichen Vereinbarungen."[676]

---

671 Lamers, aaO., S. 210 f.
672 Lamers, aaO., S. 214.
673 Lamers, aaO., S. 207 f.
674 Lamers, aaO., S. 276 ff. zu Lizenzen und obligatorischen Nutzungsrechten. Hier S. 280.
675 Dies liege aber weder daran, daß die Nutzungsrechte erst fortlaufend entstehen, weil dieses fälschlicherweise den Zahlungsmodalitäten die Entscheidung über die Aktivierungsfähigkeit einräumen würde (Lamers, aaO., S. 281 f., 284, noch an der grundsätzlichen Unterscheidung zwischen dinglichen und obligatorischen Rechten Lamers, aaO., S. 283. Die hiermit angesprochene Nichtbilanzierung schwebender Geschäfte soll ausführlich im Rahmen der konkreten Aktivierungsfähigkeit besprochen werden. S.u. D. I. 2. b).
676 Lamers, aaO., S. 292.

(2) Die Ansicht von Fabri

Im Gegensatz zu Lamers geht *Fabri* von dem in § 252 Abs. 1 Nr. 2 HGB niedergelegten Grundsatz des Unternehmensfortführung aus.[677] Weil der „in der Rechnungsperiode ausgewiesene erwirtschaftete Erfolg um so größer ist, je weiter der Begriff des Vermögensgegenstandes gefaßt wird" und „an den erwirtschafteten Erfolg Zahlungsansprüche gestellt werden", „folgt inzidenter, daß die aktivierten Beträge im Fortführungsfall in Geld transformierbar sein müssen."[678] Deswegen könne die Vermögensgegenstandseigenschaft nur bejaht werden, „wenn etwas zur Begleichung von Schulden herangezogen werden könne."[679] Für diesen Zweck sei – im Anschluß an Lamers – auf die selbständige Verwertungsfähigkeit abzustellen.[680] Zusätzlich hat nach *Fabri* dieser Ansatz aber auch eine Stütze im Gläubigerschutzgedanken, der verbiete, daß sich der Bilanzierende reicher rechnet, als er ist. Insbesondere bei Kapitalgesellschaften käme es bei einer zu weiten Auslegung zu einer „Aufzehrung des Haftungskapitals".[681]

(3) Stellungnahme

Die Ansichten wurden getrennt voneinander dargestellt, weil Lamers von Konkursorientierung der Bilanz, Fabri dagegen vom Fortführungsprinzip ausgeht. Interessanterweise besteht ansonsten aber zwischen beiden Ansichten Einigkeit.

Lamers[682] erkennt die möglichen Konflikte mit dem Fortführungsprinzip durch die Orientierung am Zerschlagungsvermögen, meint aber im Anschluß an *Moxter*, daß eine enge Interpretation des Fortführungsprinzips im Sinne eines „moderierten Zerschlagungsprinzips" erforderlich sei. Würde man in diesem Verständnis „einen Widerspruch zur Fortführungsfiktion sehen, so würden letztlich die gläubigerschutzbezogenen Bilanzierungsregeln (z.B. Anschaffungswertprinzip, Realisationsprinzip) in toto gegen das going concern-Prinzip versto-

---

677 Fabri, GoB entgeltlicher Nutzungsverhältnisse, S. 45 ff.: Spricht im Anschluß an Moxter von „fortführungsstatischem Vermögen" aus der Erkenntnis heraus, daß die Darstellung des von dem dynamischen Bilanzverständnis geprägten Fortführungsvermögen nicht mit der Bilanz im Rechtssinne sowie insbesondere dem Einzelbewertungsgrundsatz in Einklang zu bringen ist (S. 42-48). Diese Sichtweise entspricht vollständig dem hier bereits dargelegten Verständnis. Die Ausführungen gegen die sog. „Fortführungsstatik" bezogen sich allein darauf, diesen Begriff nicht als „Zerschlagungsprinzip unter neuer Bezeichnung" zu verwenden.

678 Fabri, aaO., S. 48 f.

679 Fabri, aaO., S. 49.

680 Fabri, aaO., S. 50.

681 Fabri, ebenda.

682 Lamers, aaO., S. 204.

ßen."[683] Damit wären das Fortführungsprinzip und die an der Schuldendeckungsfähigkeit orientierte Abgrenzung des Vermögensgegenstandes miteinander vereinbar.[684]

Wie oben gezeigt, wird durch die Betonung der Informationsfunktion der Bilanz der Gläubigerschutz nicht in seiner gesetzlichen Ausprägung beseitigt, sondern nur auf die gesetzlichen Fälle beschränkt. Ein „moderiertes Zerschlagungsprinzip", das inhaltlich über den gesetzlich niedergelegten Einzelbewertungsgrundsatz hinausgeht, gibt es nicht. Das Fortführungsprinzip läßt sich mit dem Willen, jeden Vermögensgegenstand zu Geld machen zu können, nicht vereinbaren. Stellt man nämlich auf die in einem Gut vorhandenen „Geldreserven" ab, die von einem Dritten erzielt werden können, so ist dieser Wert anzusetzen, der letztlich ein Zerschlagungswert ist. Dagegen stellt das Fortführungsprinzip gerade auf den meist höheren Wert bei normalem Geschäftsfortgang ab. Diese – jedenfalls teilweise – unterschiedlichen Wertansätze lassen sich nicht in Einklang bringen. *Es gibt keine mögliche Konstruktion, die das Fortführungsprinzip und das Zerschlagungsprinzip bzw. die Schuldendeckungskontrolle in Einklang bringen kann, ohne die Grundwertungen eines der beiden Bilanzzwecke vollständig zu mißachten.* Dem Gläubigerschutz kommt über die gesetzlichen Regelungen hinaus keine Bedeutung zu.

Zwar distanziert sich *Fabri* oberflächlich sowohl von dem Zerschlagungsprinzip als auch von der Bilanzfunktion der Schuldendeckung, jedoch zeigen seine Ausführungen zum wirtschaftlichen Eigentum, daß er letztlich doch dem Zerschlagungsprinzip verhaftet bleibt.

Bereits im Zusammenhang mit den Bilanzzwecken wurde die Unfähigkeit der Bilanz nachgewiesen, dem Bilanzleser über die Schuldendeckungsmöglichkeit und damit Verwertungsmöglichkeit einzelner Positionen Auskunft zu geben. Die Richtigkeit dieser Aussage wird sich besonders deutlich im Zusammenhang mit der gesonderten Darstellung der Fälle des wirtschaftlichen Eigentums zeigen.[685] Eine gute Zusammenfassung der Argumente findet sich bei *Kropff*[686],: „Namentlich weiß der Gläubiger, daß die Bilanz ihm ohnehin nicht zeigt, auf welche Gegenstände er zugreifen kann. Denn das ausgewiesene Vermögen kann durch Eigentumsvorbehalt oder Sicherungsübereignung oder durch Ereignisse nach dem Bilanzstichtag seinem Zugriff entzogen sein. Selbst Gegenstände, die rechtlich für Rechnung des Unternehmens verwertet werden könnten, sind oft wirtschaft-

683 Lamers, aaO., S. 204.
684 Lamers, ebenda; auch Kupsch, WPg 1977, 663, 665, der aber – anders als in dieser Arbeit vertreten – dem Fortführungsprinzip nur bei der Bewertung Bedeutung zumißt.
685 S.u. D. I. 1. c) bb).
686 Kropff in: Geßler/Hefermehl, AktG, § 149 Rn. 53.

lich nicht verwertbar." Die mit der Verwertbarkeit letztlich erstrebte Sicherheit für die Gläubiger kann die Bilanz also in keinem Fall gewähren.

Auch der These, daß sich aus dem Kapitalaufbringungsgrundsatz ein besonderer Gläubigerschutz herleiten lasse, ist zu widersprechen. Das Haftkapital ließe sich nur dann durch strenge Voraussetzungen des Vermögensgegenstandsbegriffs schützen, wenn für die Sacheinlagefähigkeit im Kapitalgesellschaftsrecht ähnlich strenge Anforderungen gelten würden. Tatsächlich aber beinhaltet der Kapitalaufbringungsgrundsatz keine solchen Beschränkungen, sondern fordert nur einen feststellbaren wirtschaftlichen Wert sowie bei Sacheinlagen die freie Verfügbarkeit.

Schließlich verfehlen die Ansichten von *Lamers* und *Fabri* auch die mit dem Merkmal der Einzelverwertbarkeit angestrebte Objektivierung, da sie dem Bilanzierenden erhebliche Gestaltungsspielräume einräumen.[687] Je nachdem, ob dem Bilanzierenden an dem Ansatz eines Vermögensgegenstandes gelegen ist oder nicht, kann er vertraglich die Abtretbarkeit der Forderung vereinbaren oder ausschließen.[688] Insbesondere bei obligatorischen Nutzungsrechten wären somit „für die Beurteilung der Vermögensgegenstandseigenschaft" „die diesbezüglichen vertraglichen Vereinbarungen" entscheidend.[689] Hier läge also ein *faktisches Ansatzwahlrecht* vor. Dieses könnte insbesondere im Verhältnis von Gesellschafter und Gesellschaft wegen ihrer häufig gleichgelagerten Interessen als Gestaltungsinstrument benutzt werden. Gerade wenn – wie in dieser Arbeit – die Informationsfunktion der Bilanz als zentraler Bilanzzweck angesehen wird, müssen Ansatzwahlrechte soweit wie möglich zurückgedrängt werden.[690] Ähnlich wie bei stillen Reserven[691] weiß der Bilanzadressat nicht, ob nicht abtretbare Vermögenswerte vorhanden sind oder nicht. Daher kann die beabsichtigte Transparenz der Bilanz nur durch eine eindeutige Aktivierungspflicht hergestellt werden, auf die der Bilanzierende nicht einwirken kann. Diese Forderung steht auch im Einklang mit der Forderung des Schrifttums, die Bilanz von der „subjektiven Willkür" des Bilanzierenden" frei zu halten.[692]

687 Kußmaul, Nutzungsrechte, S. 430; hierzu und zum folgenden: Tiedchen, Vermögensgegenstand, S. 43.

688 Dies gilt auch für das Recht zur Ausübungsüberlassung gem. § 1059 S. 2 BGB, das vertraglich ebenfalls ausgeschlossen werden kann. S. Palandt-Bassenge, BGB, § 1059 Rn. 2.

689 Lamers, Aktivierungsfähigkeit und Aktivierungspflicht, S. 292.

690 Gegen handelsbilanzielle Wahlrechte vor dem Hintergrund des Einflusses der internationalen Rechnungslegung s. Walz in: Heymann, HGB, Einl. Rn. 136.

691 S.o. D. I. 1. b) ddd).

692 Tiedchen, ebenda, m.w.Nachw. Fn. 103. Diesem handelsbilanziellen Grundsatz wird noch besondere Bedeutung im Zusammenhang mit der Auslegung des § 272 Abs. 2 Nr. 4 HGB zukommen. S.u. D. II.

Die Ansicht der Verwertbarkeit hat ebenfalls ihre Wurzeln in einem falsch verstandenen Gläubigerschutz und erreicht nicht die angestrebte Objektivierung. Diese Einschätzung wird noch im Zusammenhang mit dem wirtschaftlichen Eigentum gestützt werden.

ddd) Selbständige Vollstreckungsfähigkeit

Nach der Ansicht von *Tiedchen*[693] liegt dann ein Vermögensgegenstand vor, „wenn auf das fragliche Gut im Wege der Einzelzwangsvollstreckung wegen Geldforderungen zugegriffen werden kann." Dieses Verständnis leitet *Tiedchen* nicht – wie bei dieser Frage üblich – aus den Zwecken der Bilanz, sondern aus denen des Inventars her, weil dieser Weg einfacher und einleuchtender sei:[694] „Weil das Inventar ausnahmslos alle Vermögensgegenstände, aber auch nur diese, aufführt, ist es besser als die Bilanz geeignet, Grundlage für die Bestimmung des Begriffs Vermögensgegenstand zu sein."[695] Zentraler Zweck des Inventars sei die Gläubigerschutzfunktion, weil das Inventar Aufschluß über die Zusammensetzung einzelner Bilanzpositionen gebe und im Falle des Konkurses bzw. der Insolvenz verhindere, daß Teile des Vermögens dem Zugriff der Gläubiger entzogen würden.[696] Der Vorteil der Betonung des Gläubigerschutzes bestünde darin, „daß nicht wertlose Posten, die *im Krisenfall nicht zur Befriedigung der Ansprüche der Gläubiger beitragen* können, als Aktiva ausgewiesen" würden.[697] Allerdings enthielte „das HGB für das Inventar ebensowenig wie für die Bilanz Anhaltspunkte .., was als Vermögensgegenstand anzusehen ist".[698] Deshalb sei auf die Einzelzwangsvollstreckung wegen Geldforderungen abzustellen, weil diese ebenfalls dem Gläubigerschutz diene und darauf ausgerichtet sei – wie die Bilanz und das Inventar – das gesamte Vermögen einer Person zu erfassen.[699] Die Einzelzwangsvollstreckung könne in bewegliche und unbewegliche Sachen, Forderungen und andere Rechte betrieben werden. Besonderes Augenmerk wird auf die „anderen Rechte" i.S.v. § 857 Abs. 1 ZPO gelegt. Der Gläubiger müsse

---

693 Insbesondere Tiedchen, Vermögensgegenstand, S. 55 ff. (57). Diese Ansicht wird auch von Lutz vertreten in: Handbuch des Jahresabschlusses in Einzeldarstellungen, S. 14 ff.

694 Tiedchen, aaO., S. 45. Ein zentraler Vorteil des Inventars gegenüber der Bilanz sei darin zu erblicken, daß beim Inventar nur die Darstellung der Vermögenslage im Vordergrund stehe und nicht auch die Ertrags- und Finanzlage (S. 47). Alle Vermögensgegenstände würden mengen- und wertmäßig erfaßt und es finde nicht nur ein Gruppenausweis statt (S. 46). Zudem würden Bilanzierungsverbote für das Inventar nicht gelten und keine RAP oder Bilanzierungshilfen ausgewiesen, also nur die Vermögensgegenstände (S. 46 f.).

695 Tiedchen, aaO., S. 48.

696 Tiedchen, aaO., S. 50 f.

697 Tiedchen, aaO., S. 52. (Hervorhebungen nicht im Original.)

698 Tiedchen, ebenda.

699 Tiedchen, aaO., S. 52 f.

hier gem. § 857 Abs. 1, 3 ZPO das Recht „zwecks Befriedigung seiner Forderung aus dem Vermögen des Schuldners herauslösen" können.[700] Dieses sei dann der Fall, wenn das Recht übertragbar sei oder zu Ausübung überlassen werden könne (§ 857 Abs. 3 ZPO). Entscheidend sei, „daß sie (die sonstigen Vermögensrechte; Anm. des Verfassers) jeweils für sich allein *zu Geld gemacht werden können* und der Gläubiger (sich) folglich durch ihre Verwertung befriedigen kann."[701] Noch deutlicher wird die grundlegende Position von *Tiedchen,*[702] wenn sie ausführt, „denn was sich nicht in Geld zurückverwandeln läßt, hat keinen meßbaren Wert". „In einer vom Vorsichtsprinzip geprägten Bilanz dürfen solche Positionen nicht erscheinen." Trotz dieser Ansicht betont *Tiedchen* immer wieder das Fortführungsprinzip.[703] Entsprechend der Regelung für unübertragbare Forderungen gem. § 851 Abs. 2 ZPO gelte auch für die sonstigen Vermögensrechte gem. §§ 857 Abs. 1, 3 i.V.m. 851 Abs. 2 ZPO, daß „der vertragliche Ausschluß der Verwertungsfähigkeit eines Rechts seine Pfändbarkeit grundsätzlich nicht hindert."[704]

Bei obligatorischen Nutzungsrechten sei die Übertragbarkeit wegen des zwischen den Vertragsparteien bestehenden Treueverhältnisses von der Zustimmung des Überlassungsverpflichteten abhängig, und auch die Einräumung von Unternutzungsrechten bedürfe der Einwilligung des Überlassungsverpflichteten.[705] Obligatorische Nutzungsrechte sind danach „nur dann als Vermögensgegenstände anzusehen, wenn sie übertragen oder zur Ausübung überlassen werden können."[706] Letztlich sei also die vertragliche Vereinbarung der Vertragsparteien entscheidend dafür, ob eine Einzelzwangsvollstreckung möglich sei.[707] Handelt es sich dagegen um eine Einlage eines obligatorischen Nutzungsrechts in das Gesellschaftsvermögen, das weder übertragbar sei noch zur Ausübung überlassen werden könne, so käme „wegen der Notwendigkeit des Ausweises eines jeden eingelegten Gutes" „etwa ein Ausweis als Bilanzierungshilfe in Betracht."[708]

---

[700] Tiedchen, aaO., S. 55.
[701] Tiedchen, aaO., S. 56. (Hervorhebungen nicht im Original.)
[702] Die beiden folgenden Zitate bei Tiedchen, aaO., S. 57.
[703] Tiedchen, aaO., S. 32 f.: Das Fortführungsprinzip solle für Ansatz und Bewertung gelten. Unter dieser Prämisse sei es „bedenklich, die Ansatzfrage, was als Vermögensgegenstand anzusehen ist, mittels eines Kriteriums beantworten zu wollen, das gerade nicht von der Fortführung, sondern von der Zerschlagung des Unternehmens ausgeht." S. 53: Unvereinbarkeit von Fortführungsprinzip und Verwertungsfähigkeit im Konkurs.
[704] Tiedchen, aaO., S. 56.
[705] Tiedchen, aaO., S. 126.
[706] Tiedchen, aaO., S. 139.
[707] Tiedchen, aaO., S. 127 f.
[708] Tiedchen, aaO., S. 140.

Positiv ist an dieser Ansicht zu bemerken, daß dem Bilanzierenden - im Gegensatz zu den bisher dargestellten Ansichten - relativ wenig Gestaltungsspielräume einräumt werden. Allerdings kommt es bei den obligatorischen Nutzungsrechten auch nach *Tiedchen* entscheidend auf die vertragliche Vereinbarung der Vertragsparteien an. Damit setzt sich *Tiedchen* zu ihrer ausgegebenen Zielsetzung in Widerspruch, dem Bilanzierenden durch Vertragsgestaltungen keinen Einfluß auf die Bilanzierung einzuräumen.[709] Hervorzuheben ist auch, daß mit der Möglichkeit der Einzelzwangsvollstreckung – abgesehen von den erwähnten Gestaltungsspielräumen – ein eindeutiges Merkmal für die Bestimmung des Vermögensgegenstandsbegriffs gefunden wurde. Nicht einleuchtend ist dagegen der Weg, über das Inventar zur Bestimmung des Vermögensgegenstandsbegriffs zu kommen, weil – wie auch *Tiedchen* eingesteht – auch hier die Zwecke keinesfalls eindeutig sind.[710] Zudem wird später festgestellt, daß „das HGB für das Inventar ebensowenig wie für die Bilanz Anhaltspunkte ... (Anm. d. Verf.: dafür bietet), was als Vermögensgegenstand anzusehen ist".[711] Aufgrund dieser Erkenntnis bleibt völlig unklar, welchen Vorteil der Weg über das Inventar zur Bestimmung des Vermögensgegenstandsbegriffs gebracht hat.

Besonders sind aber zwei andere Umstände zu kritisieren. Der eine Ausgangspunkt ist hier die unbestrittene Tatsache, daß in der Bilanz nur Vermögensgegenstände auf der Aktivseite zu aktivieren sind, abgesehen von den aktiven RAP und den Bilanzierungshilfen.[712] Entsprechend der gesetzlichen Konzeption[713] besteht bzgl. der Bilanzierungshilfen ein „numerus clausus", es dürfen also nur solche Bilanzierungshilfen angesetzt werden, die gesetzlich vorgesehen werden. „Neben den Vermögensgegenständen, den Bilanzierungshilfen *ex lege* und den gesetzlich präzise festgelegten RAP gibt es keine weitere Aktivierungsmöglichkeit im Rahmen der Ansatzvorschriften."[714] Wenn *Tiedchen* einen aktiven Ansatz aller gesellschaftsrechtlichen Einlagen befürwortet, so ist dem mit den o-

---

709 Tiedchen, aaO., S. 28. Genau dieser Manipulationsspielraum ist ihre zentrale Kritik an der Ansicht, die auf die Verwertbarkeit abstellt (S. 43). Siehe S. 128 mit diesem Eingeständnis.

710 Tiedchen, aaO., S. 49.

711 Tiedchen, aaO., S. 52 (Klammerzusätze nicht im Original).

712 Förschle/Kofahl in: BeBiKom, § 247 Rn. 13.

713 Eine Aufzählung findet sich bei Budde/Karig in: BeBiKom, § 246 Rn. 65: Als wirkliche Bilanzierungshilfen, die zu einem Aktivausweis führen, sind nur die Aufwendungen für die Ingangsetzung des Geschäftsbetriebs (§ 269 HGB) und die Bilanzierungshilfe für künftige Steuerentlastungen (§ 274 Abs. 2 HGB) zu nennen. Ob auch der Firmenwert wegen des Aktivierungswahlrechts gem. § 255 Abs. 4 HGB dazugezählt werden muß, spielt hier keine Rolle (ablehnend s.o.).

714 Westerfelhaus, DB 1995, 885, 888 (Zitat: Hervorhebungen nicht im Original); Rückle, HuRB, S. 410.

ben[715] genannten Argumenten voll zuzustimmen. Diese Aussage gilt laut *Tiedchen* aber *unabhängig* von der Vermögensgegenstandseigenschaft. Allerdings fügt sich die Aktivierung durch *Tiedchen* trotz des Fehlens der Vermögensgegenstandseigenschaft nicht in die Konzeption des HGB ein. Bilanzierungshilfen können nicht einfach „erfunden" werden, wenn offensichtlich wird, daß die befürwortete Aktivierungskonzeption nicht mehr paßt. Eine Bilanzierungshilfe - „gesellschaftsrechtliche Einlagen, die die Vermögensgegenstandseigenschaft nicht besitzen" - gibt es aber nicht.[716] Vielmehr muß die Aktivierungskonzeption bei solchen Inkompabilitäten überdacht werden. Würde man dies anders sehen, dann könnte man sich bei jedem problematischen Aktivierungsfall die Klärung der Vermögensgegenstandseigenschaft sparen und einfach eine Bilanzierungshilfe annehmen. Würde diese Verfahrensweise extensiv angewendet, könnte sich das Verhältnis von Regel und Ausnahme bzw. von Vermögensgegenstand auf der einen und Bilanzierungshilfe und aktivem RAP auf der anderen Seite sogar umkehren. Meines Erachtens zeigt gerade das Bemühen einer Bilanzierungshilfe, daß die Möglichkeit zur Einzelzwangsvollstreckung kein tragfähiges Vermögensgegenstandsmerkmal ist.

Der zweite zentrale Kritikpunkt ergibt sich aus dem Bilanzverständnis, das zur Befürwortung des Aktivierungskriteriums führt. Zwar tritt *Tiedchen* mehrfach für die Geltung und Berücksichtigung des Fortführungsprinzips ein, und damit gegen die Geltung des Zerschlagungsprinzips,[717] aber es findet sich bei ihr andererseits mehrmals der Hinweis, daß der Gläubigerschutz es fordere, daß ein Gegenstand zu Geld gemacht werden kann. So führt sie gegen die Ansicht, die die abstrakte Aktivierungsfähigkeit fordert, aus: „Gegen diese Ansicht läßt sich jedoch einwenden, daß auf diese Weise der Gläubigerschutz vernachlässigt wird, denn auf einige der ... Gegenstände werden Gläubiger im Konkursfall nicht zugreifen können. .... Damit sind die Interessen der Gläubiger gefährdet, denn auch wenn gemäß § 252 Abs. 1 Nr. 2 HGB *grundsätzlich* von der Fortführung des Unternehmens auszugehen ist, so ist doch der Fall eines *Konkurses* nie völlig auszuschließen; auch in diesem Fall müssen aber die Interessen der Gläubiger gewahrt bleiben."[718] Aus dem Wort „grundsätzlich" ist wohl zu schließen, daß das Fortführungsprinzip durch das Zerschlagungsprinzip ergänzt oder ersetzt werden soll, wenn es für eine Krise *keine Anhaltspunkte* gibt. Das Fortführungsprinzip stellt – wie es auch *Tiedchen*[719] sieht – eine grundlegende Frage der

---

715 S.o. C. II. 4. e).

716 Folgefrage wäre, ob *Tiedchen* diese Bilanzierungshilfe auch auf die in dieser Arbeit diskutierten verdeckten Einlagen anwenden würde.

717 Tiedchen, aaO., S. 32 f., 53.

718 Tiedchen, aaO., S. 35. Ähnliche Ausführungen S. 40, sowie die bereits erwähnte Textstelle S. 57.

719 Tiedchen, aaO., S. 32 f.

Aktivierung dar, aber *Tiedchen* nimmt gerade in kritischen Fällen seine Nichtgeltung an. Bzgl. der Bewertung führt *Tiedchen* aus: „Was verwertbar ist, hat einen Wert, nämlich den, der durch die Verwertung zu erzielen ist.“[720] Danach würde das Fortführungsprinzip auch nicht für die Bewertung gelten. Das Gesetz läßt dagegen zweifelsfrei in § 252 Abs. 1 Nr. 2 HGB nur die Bewertung nach dem Fortführungsprinzip zu, „sofern nicht tatsächliche oder rechtliche Gegebenheiten entgegenstehen“. Damit befindet sich in der Darstellung ein unauflösbarer Widerspruch. Es wird nur formal für das Fortführungsprinzip eingetreten, tatsächlich liegt aber den Ausführungen der Gläubigerschutz im Sinne des Zerschlagungsprinzips oder der Schuldendeckungsfähigkeit zugrunde, deren Unvereinbarkeit mit dem Fortführungsprinzip schon herausgestellt wurde.[721] Unklar ist auch, was nach dieser Ansicht noch vom Fortführungsprinzip übrigbleiben soll, denn nach *Tiedchen* richtet sich der Wert von Vermögensgegenständen nach dem erlösfähigen Wert und ihr Ansatz nach der Möglichkeit, diese zu Geld zu machen. Hinter der Möglichkeit, Vermögenswerte zu Geld zu machen, steckt aber nichts anderes als die Schuldendeckungsfähigkeit,[722] die hier schon mehrfach abgelehnt wurde.

Damit ist zentral an dieser Ansicht zu kritisieren, daß sie die Aktivierung von Einlagen obligatorischer Nutzungsrechte, bei denen die Einzelzwangsvollstreckung scheitert, nicht erklären kann und daß sie sich nicht mit dem Fortführungsprinzip vereinbaren läßt. Sie ist deshalb abzulehnen.

eee) Die Ansicht der steuerlichen Rechtsprechung

Dem Steuerrecht ist der Begriff des Vermögensgegenstandes fremd, allerdings existiert dort der Begriff des Wirtschaftsgutes. Eine gesetzliche Definition fehlt auch für den Wirtschaftsgutsbegriff. Dieser soll nach der ganz h.M. in der

---

720 Tiedchen, aaO., S. 56 f.

721 S.o. D. I. 1. b) bb) bbb) und D. I. 1. c) aa) ccc) (3).

722 Ausdrücklich Tiedchen, aaO., S. 42.

Rechtsprechung[723] und Literatur[724] mit dem handelsrechtlichen Vermögensgegenstand identisch sein.[725] Der steuerliche Begriff des Wirtschaftsguts dürfe „nicht weitergehen als der handelsrechtliche Begriff des Vermögensgegenstands". [726] Das Steuerrecht enthält keine eigenen Ansatzvorschriften, es übernimmt vielmehr über den Maßgeblichkeitsgrundsatz gem. § 5 Abs. 1 EStG den handelsrechtlichen Ansatz.[727] Danach richtet sich die Frage, ob überhaupt ein Vermögensgegenstand bzw. Wirtschaftsgut vorliegt, nach den handelsrechtlichen GoB, während die Bewertungsfrage sich nach § 6 EStG richtet.[728] Nach Ansicht des Großen Senats des BFH[729] ergibt sich zwischen dem Wirtschaftsgut und der Frage nach dem Gegenstand von Einlagen eine unmittelbare Verbindung: „Gegenstand einer Einlage kann grundsätzlich nur sein, was auch Bestandteil des Vermögensvergleichs nach § 4 Abs. 1 S. 1 EStG sein kann. Hierzu zählen nur Wirtschaftsgüter, die in eine Bilanz aufgenommen werden können." Folgt man dieser Ansicht, so ergibt sich also mit der Entscheidung über die Wirtschaftsgutseigenschaft schon eine Vorentscheidung für die später zu diskutierende Frage der steuerlichen verdeckten Einlage.

Eine handelsrechtliche Rechtsprechung zum Vermögensgegenstandsbegriff ist nahezu nicht existent.[730] Durch die Verknüpfung von Handelsrecht und Steuerrecht über den Maßgeblichkeitsgrundsatz ist der Steuerrechtsprechung „in er-

---

723 BFH v. 26. 10. 1987, GrS 2/86, BFHE 151, 523, 532 = BStBl. II 1988, 348, 352; v. 26. 2. 1975, I R 72/73, BFHE 115, 243 = BStBl. II 1976, 13, 14; v. 6. 12. 1978, I R 35/78, BFHE 126, 549 = BStBl. II 1979, 262, 263; v. 24. 3. 1987, I R 202/83, BFHE 149, 542 = BStBl. II 1987, 705, 706; v. 26. 8. 1992, I R 24/91, BFHE 169, 163 = BStBl. II 1992, 997, 978, 979.

724 Aus der steuerlichen Literatur Weber-Grellet in: Schmidt, EStG, § 5 Rn. 93; Groh, DB 1988, 514. Aus der handelsrechtlichen Literatur: Förschle/Kofahl in: BeBiKom, § 247 Rn. 14; Knapp, DB 1971, 1121, 1122; Beisse, BB 1980, 637, 638 m.w.Nachw. Fn. 11; Westerfelhaus, DB 1995, 885, 889 m.w.Nachw. aus der Lit. Fn. 9; krit. Erfmeyer, Die Nutzungseinlage im Steuerrecht, S. 33; Costede, StuW 1995, 115, 116: Costede meint, daß man daran, daß die tatsächlichen Definitionen von Handelsrecht und Steuerrecht voneinander abweichen, erkennen könne, daß keine Identität zwischen ihnen bestände. Zudem verweist er auf die unterschiedlichen Zwecke der beiden Bilanzen. Hiergegen ist einzuwenden, daß das von ihm zugrunde gelegte handelsrechtliche Verständnis falsch ist, so daß ein inhaltliches Abweichen nicht erforderlich wird. Außerdem wird sich zeigen, daß auch die Zwecke der Bilanzen nicht auseinandergehen. Damit ist dieser Ansatz nicht weiter zu verfolgen.

725 Zu der anderen Ansicht sogleich.

726 BFH v. 26. 5. 1975, I R 72/73, BFHE 115, 243 = BStBl. II 1976, 13, 14.

727 Walz in: Heymann, HGB, Einl. Rn. 77. So wendet sich der BFH v. 26. 2. 1975, I R 72/73, ebenda, explizit gegen das Merkmal der selbständigen Verkehrsfähigkeit.

728 Z.B. v. 6. 12. 1978, I R 35/78, BFHE 126, 549 = BStBl. II 1979, 262, 263.

729 BFH v. 26. 10. 1987, GrS 2/86, BFHE 151, 523, 532 = BStBl. II 1988, 348, 352 unter C. I. 1. a).

730 Lamers, Aktivierungsfähigkeit und Aktivierungspflicht, S. 207.

heblichem Umfang die Last der Interpretation und Fortbildung des Handelsbilanzrechts zugefallen."[731] Im Regierungsentwurf zum BiRiLiG war sogar in § 241 Abs. 1 HGB-E vorgesehen, im Handelsrecht den Begriff „Vermögensgegenstand" durch den Begriff „Wirtschaftsgut" zu ersetzen,[732] um „eine Rechtsvereinheitlichung zu erreichen.[733] Davon wurde jedoch im Gesetzgebungsverfahren abgesehen.[734] Eine solche Begriffsverwendung hätte falsche Signale für die Geltung des Maßgeblichkeitsgrundsatzes ausgesendet, der auch nach dem BiRiLiG fortgelten sollte[735]. Trotzdem bleibt es dabei, daß die Steuerrechtsprechung durch die Entscheidungen zum Wirtschaftsgutsbegriff das Verständnis des Vermögensgegenstandsbegriffs erheblich mitprägt, obwohl handelsrechtliche Überlegungen in den BFH-Entscheidungen nahezu keine Rolle spielen.

Obwohl die steuerliche Rechtsprechung immer wieder die Identität von steuerlichem Wirtschaftsgut und handelsrechtlichem Vermögensgegenstand betont, orientiert sie sich nicht an den im Handelsrecht vertretenen Auffassungen zum Vermögensgegenstandsbegriff, sondern stellt eigene Voraussetzungen auf.[736] Dazu sagt *Lamers* kritisch: „Die Steuergerichte glauben, mit der Auslegung des Wirtschaftsgutbegriffes zugleich den Begriff „Vermögensgegenstand" authentisch zu fixieren."[737] Im Vordergrund steht aus steuerlicher Sicht die Bewertbarkeit, nicht zuletzt wegen des Vorrangs des Gewinnermittlungszwecks im Steuerrecht.[738] Hier ist festzustellen, daß es - wenn das Maßgeblichkeitsprinzip ernst genommen wird - keine Rechtfertigung für eine unterschiedliche Auslegung des Vermögensgegenstandsbegriffs im Handelsrecht und Steuerrecht gibt.[739] Aufgrund des eigenen steuerlichen Ansatzes der Rechtsprechung sollte statt von be-

---

731 Beisse, BB 1980, 637, 645.

732 Dazu A/D/S, § 246 Rn. 14.

733 Begr. zum Vorentwurf eines Bilanzrichtlinie-Gesetzes, S. 24, zit. nach Roland, DB 1981, 173 Fn. 7.

734 Dazu auch Roland, DB 1981, 173, der auf den Vorentwurf eines Bilanzrichtlinie-Gesetzes hinweist (Fn. 7, Begr. S. 24): „Eine inhaltliche Änderung dieser Begriffe ... ist damit jedoch nicht beabsichtigt".

735 Z.B. Roland, DB 1981, 173 f.: Wenn das Maßgeblichkeitsprinzip hätte betont werden sollen, wäre vielmehr eine Übernahme des Vermögensgegenstandsbegriffs ins Steuerrecht angezeigt gewesen. Hätte man sich wirklich für die Verwendung des Begriffs des Wirtschaftsguts auch im Handelsrecht entschieden, dann wären die unterschiedlichen Auffassungen zwischen handelsrechtlichem Vermögensgegenstandsverständnis und Auslegung des Wirtschaftsgutbegriffs durch die Steuerrechtsprechung nicht mehr aufrechtzuerhalten gewesen. Damit „wäre ein Anpassungsprozeß auf der Basis der steuerlichen Vorstellungen unvermeidlich" gewesen.

736 Förschle/Kofahl in: BeBiKom, § 247 Rn. 15.

737 Lamers, ebenda; in diese Richtung auch Kußmaul, BB 1987, 2053, 2054 m.w.Nachw. Fn. 22 f.

738 Dazu A/D/S, § 246 Rn. 13.

739 So auch Kußmaul, StuW 1988, 55.

stehender Identität der Begriffsinhalte besser davon gesprochen werden, ob sich eine identische Begriffsverwendung „herstellen“ läßt. Insoweit ist es durchaus zutreffend, wenn davon gesprochen wird, daß die Judikatur „unehrlich“ ist.[740]

(1) Exkurs: Die die Identität von Vermögensgegenstand und Wirtschaftsgut verneinende Ansicht

Bevor auf die einzelnen Voraussetzungen zum Wirtschaftsgutsbegriff einzugehen ist, soll kurz die Grundlage der Ansicht[741] dargestellt werden, die die Identität von Wirtschaftsgutsbegriff und Vermögensgegenstandsbegriff vollständig verneint. Falls sich herausstellt, daß diese Ansicht auf die hier zu untersuchende (abstrakte) Bilanzierungsfähigkeit keinen Einfluß hat, so kann die Frage nach der Identität hier (noch) offenbleiben.

Nach dieser Ansicht gewinnt die steuerliche Einlagefähigkeit entscheidende Bedeutung für das Verständnis des Wirtschaftsgutbegriffs. Da im Teil E der Arbeit ausführlich auf die steuerliche Einlagefähigkeit eingegangen werden soll, ist diese Ansicht hier nur kurz darzustellen. Sie entwickelt den steuerlichen Wirtschaftsgutsbegriff unabhängig vom Handelsrecht aus der Regelung und dem Zweck der steuerlichen Gewinnkorrekturvorschrift des § 4 Abs. 1 EStG. Nach dieser Ansicht umfaßt der steuerliche Wirtschaftsgutsbegriff über die handelsrechtlich (und damit auch steuerrechtlich) bilanzierungsfähigen Vermögenswerte hinaus *zusätzlich* weitere nicht bilanzierungsfähige Werte, deren Berücksichtigung die steuerlichen Gewinnkorrekturvorschriften gebieten. Der Begriff des Wirtschaftsguts wird auf die Gewinnermittlungsvorschrift des § 4 Abs. 1 EStG gestützt und ist damit vom Maßgeblichkeitsprinzip losgelöst. Nach § 4 Abs. 1 S. 2 EStG sind Entnahmen „alle Wirtschaftsgüter (Barentnahmen, Waren, Erzeug-

---

740 So Costede, StuW 1995, 115, 116.

741 Hundertmark/Herms, BB 1976, 80, 81 f.; Gocke, FR 1984, 606 ff.; ausführl. Erfmeyer, Die Nutzungseinlage im Steuerrecht, S. 31 ff., insbes. S. 39-41; Nieland in: Littmann/Bitz/Meinicke, §§ 4, 5 EStG Rn. 347. In diese Richtung auch BFH v. 20. 8. 1986, I R 41/82, BFHE 147, 502, 509 = BStBl. II 1987, 65, 69 unter III. 2. c) (Vorlagebeschluß zu BFH v. 26. 10. 1987, GrS 2/86): Zwar gibt der I. Senat die Identität von Wirtschaftsgut und Vermögensgegenstand *formal* nicht auf, meint aber, daß es im Bereich der Einlagen *nicht* darauf ankomme, ob ein Vermögensgegenstand selbst die Bilanzierungs*fähigkeit* hat. Vermögensgegenstände, denen die (abstrakte) Bilanzierungsfähigkeit fehlt, gibt es aber (handelsrechtlich) nicht. Damit hat sich der I. Senat de facto von der Identität verabschiedet. So auch Kußmaul, BB 1987, 2053, 2062: Kußmaul schließt aus diesem Begriffsverständnis des I. Senats, daß entweder eine Revolution der Definition der Begriffe Vermögensgegenstand und Wirtschaftsgut bevorstehe oder es käme zu einer Spaltung der Begriffe nach den jeweils verfolgten Zwecken, und zwar nach Bilanzierungszwecken und Einlagezwecken. Die Vertreter der h.M. wurden in den Fußnoten 731 f. genannt.

nisse, Nutzungen), die der Steuerpflichtige ... entnommen hat." Nach der Vorschrift des § 4 Abs. 1 S. 5 EStG sind Einlagen „alle Wirtschaftsgüter (Bareinzahlungen und sonstige Wirtschaftsgüter), die der Steuerpflichtige dem Betrieb im Laufe des Wirtschaftsjahrs zugeführt hat." Nach dieser Ansicht kommt der Unterschiedlichkeit der Klammerzusätze keine Bedeutung zu. Sie habe nur redaktionelle Gründe, so daß einlage- und entnahmefähige Wirtschaftsgüter übereinstimmen würden.[742] Damit seien „Nutzungen"[743] einheitlich als steuerliche Wirtschaftsgüter aufzufassen. Im Rahmen der steuerlichen Gewinnkorrektur spiele die Bilanzierbarkeit keine Rolle. Es wird von einer Spiegelbildlichkeit von Entnahmen und Einlagen ausgegangen: Alles, was Gegenstand einer Entnahme sein könne, müsse auch Gegenstand einer Einlage sein können. Bei der Entnahme bestünde aber kein Zweifel an der Berücksichtigung bloßer Nutzungen. So wird auf die Entnahme eines vollständig abgeschriebenen Wirtschaftsguts verwiesen. Zwar trete buchmäßig keine Veränderung des Vermögens ein, jedoch müsse trotzdem eine Gewinnkorrektur stattfinden, so daß die Bilanzierbarkeit „für die Gewinnkorrekturvorschriften ohne Belang" sei.[744] Diese Ansicht befürwortet die Gewinnkorrektur um (bloße) Nutzungen. Damit soll aber keine Aussage über die Bilanzierungsfähigkeit getroffen werden. Vielmehr gibt es danach einerseits bilanzierungsfähige und andererseits nur einlage- und entnahmefähige Wirtschaftsgüter.[745] Es können danach also auch Vermögenswerte, die nicht Gegenstand des Betriebsvermögensvergleichs sind, Gegenstand einer steuerlichen Einlage und damit Wirtschaftsgut sein. Durch die Darstellung dieser Mindermeinung ist deutlich geworden, daß auch nach dieser Meinung die Frage der Bilanzierungsfähigkeit sich nach den handelsrechtlichen GoB und damit dem Vermögensgegenstandsbegriff richtet. Ob der steuerliche Einlagenbegriff dagegen auch nicht bilanzierungsfähige Vermögenswerte aufgrund des steuerlichen Gewinnermittlungszwecks erfaßt, braucht hier nicht geklärt zu werden, soweit sich die Vermögensgegenstandseigenschaft von Nutzungs*rechten* ergibt. Die Einlagefähigkeit von Nutzungsrechten ergibt sich für diese Ansicht schon aus dem Maßgeblichkeitsgrundsatz. Der Maßgeblichkeitsgrundsatz droht durch diese Ansicht auch keinesfalls ausgehebelt zu werden, weil Ansatzfragen in der Steuerbilanz auch hiernach abschließend durch die handelsrechtlichen GoB bestimmt werden.

---

[742] Z.B. Hundertmark/Herms, BB 1976, 80, 81.

[743] Diese sind nicht identisch mit Nutzungs*rechten*. Gemeint sind die hier als „bloße Nutzungen" bezeichneten Vermögensvorteile.

[744] S. Erfmeyer, Die Nutzungseinlage im Steuerrecht, S. 31 f.

[745] Deutlich Erfmeyer, aaO., S. 31, 33, 43; Hundertmark/Herms, BB 1976, 80, 81; wohl auch Gocke, FR 1984, 606, 609: Es werde zwar jede handelsrechtliche Einlage durch § 4 Abs. 1 S. 5 EStG erfaßt, aber die steuerliche Einlage gehe noch darüber hinaus.

Damit ist deutlich, daß es sich hier ausschließlich um steuerliche Argumente handelt, die erst im Zusammenhang mit den steuerrechtlichen verdeckten Einlagen untersucht werden sollen. Auf die Frage nach der Bilanzierungsfähigkeit hat diese Ansicht keine Auswirkungen, so daß eine Streitentscheidung nur aufgrund steuerlicher Überlegungen – falls erforderlich – erfolgen kann.[746]

(2) Die Voraussetzungen des Wirtschaftsgutsbegriff nach der Rechtsprechung

Nach der auf den RFH[747] zurückgehenden Definition, die auch der BFH[748] unverändert übernommen hat, sind Wirtschaftsgüter nicht nur Gegenstände im Sinne des bürgerlichen Rechts, sondern auch tatsächliche Zustände, konkrete Möglichkeiten und sämtliche Vorteile für den Betrieb,

- „sofern sich der Kaufmann ihre Erlangung etwas kosten läßt,

- die Gegenstände nach der Verkehrsauffassung einer selbständigen Bewertung zugänglich sind und

- in der Regel eine Nutzung für mehrere Wirtschaftsjahre erbringen."[749]

An dieser Stelle sind die einzelnen Merkmale auf ihren Inhalt zu untersuchen.

---

746 Wird im folgenden der Begriff „Wirtschaftsgut" verwendet, so sollen damit nur die bilanzierungsfähigen Wirtschaftsgüter gemeint sein. Damit sind zumindest für die handelsrechtliche Betrachtung Vermögensgegenstand und Wirtschaftsgut gleich zu verstehen.

747 RFH v. 27. 3. 1928, I A 470/27, StuW II 1928, 705 = RStBl. 1928, 260, 261.

748 BFH v. 28. 5. 1979, I R 1/76, BFHE 128,367 = BStBl. II 1979, 734, 736; v. 9. 6. 1986, I R 218/82, BFHE 147, 412 = BStBl. II 1987, 14; v. 22. 7. 1988, III R 175/85, BFHE 154, 218, 222 = BStBl. II 1988, 995, 996 f; v. 13. 9. 1988, VIII R 236/81, BFHE 154, 358 = BStBl. II 1989, 37, 38; v. 16. 2. 1990, III B 90/88, BFHE 160, 364 = BStBl. II 1990, 794 f; v. 6. 12. 1990, IV R 3/89, BFHE 163, 126 = BStBl. II 1991, 346, 347.

749 BFH v. 6. 12. 1990, IV R 3/89, BFHE 163, 126 = BStBl. II 1991, 346, 347.

(a) Bewertbarkeit und Greifbarkeit

Nach ständiger Rechtsprechung[750] und auch nach den bereits dargestellten Ansichten zu den Voraussetzungen des Vermögensgegenstands[751] kann nur dann ein Vermögensgegenstand bzw. ein Wirtschaftsgut vorliegen, wenn eine selbständige Bewertung möglich ist. Daß es sich hierbei zweifelsfrei um ein Merkmal des Vermögensgegenstandes handelt, ergibt sich schon aus dem Einzelbewertungsgrundsatz (§ 252 Abs. 1 Nr. 3 HGB).[752] In Bezug auf immaterielle Vermögenswerte wird dieses Merkmal noch weiter dahin konkretisiert, daß sich ein immaterieller Wert nur dann zu einem immateriellen Wirtschaftsgut konkretisieren läßt, „wenn er als werthaltige *greifbare* Einzelheit gegenüber dem Geschäftswert abgegrenzt werden kann“[753] und bei einer gedachten Veräußerung werterhöhend ins Gewicht fällt.[754]

Fraglich ist, ob das Merkmal der Greifbarkeit – zumindest teilweise – ein notwendiges Merkmal zusätzlich zur Bewertbarkeit des Wirtschaftsguts darstellt. Die Greifbarkeit ist nur dann gegeben, wenn sich das Gut „nicht so ins Allgemeine verflüchtigt, daß es nur als Steigerung des good will des ganzen Unter-

---

750 Ständige Rspr. BFH v. 7. 8. 1970, III R 119/67, BFHE 100, 122 = BStBl. II 1970, 842; v. 10. 8. 1989, X R 176-177/87, BFHE 158, 53 = BStBl. II 1990, 15, 17.

751 S. Müller-Dahl, Betriebswirtschaftliche Probleme der handels- und steuerrechtlichen Bilanzierungsfähigkeit, S. 94: „Die selbständige Übertragbarkeit impliziert die selbständige Bewertbarkeit.“ In der Einzelverkehrsfähigkeit sowie Einzelverwertbarkeit ist das Merkmal der selbständigen Bewertbarkeit bereits enthalten. Deswegen macht es dort keinen Sinn dieses Merkmal als zusätzliches Erfordernis in den Vordergrund zu stellen.

752 S. bereits D. I. 1. c).

753 Zitat aus BFH v. 23. 11. 1988, II 209/82, BFHE 155, 132 = BStBl. II 1989, 82, 83 (Hervorhebungen nicht im Original); ebenso v. 10. 8. 1989, X R 176-177/87, BFHE 158, 53 = BStBl. II 1990, 15, 17. Zur Greifbarkeit bereits BFH v. 18. 6. 1975, I R 24/73, BFHE 116, 474, 478 = BStBl. II 1975, 809, 811: „Wird ein Herstellungsbetrieb im ganzen veräußert, so erweisen sich in aller Regel auch die seinem Betriebsvermögen zugehörigen selbstgeschaffenen immateriellen Wirtschaftsgüter als „greifbare Werte“, die bei der Bemessung des Kaufpreises „als Einzelheit ins Gewicht fallen“, es sei denn, daß sie im allgemeinen Geschäftswert aufgehen. Die Greifbarkeit erst erweist das Wirtschaftsgut und rechtfertigt (handelsrechtlich) und gebietet (steuerrechtlich) seine Aktivierung, soweit nicht nunmehr die Vorschriften des § 153 AktG (1965: Anm. d. Verf.) und des § 5 Abs. 2 EStG entgegenstehen.“ Anmerkung: Die Greifbarkeit hat nach der Rechtsprechung auch nach der Einführung der letztgenannten Vorschriften ihre Bedeutung beibehalten, weil dieses Merkmal die Funktion der Separierung außerhalb des Firmenwerts für immaterielle Vermögenswerte übernimmt. Das Problem der Separierung außerhalb des Firmenwertes besteht für eine Übertragung des gesamten Unternehmens fort. Die neuen Vorschriften ermöglichen nur die eindeutige Klärung der Einzelübertragung zu einem bestimmten Wert eines immateriellen Vermögenswertes.

754 BFH v. 28. 5. 1979, I R 1/76, BFHE 128, 367 = BStBl. II 1979, 734, 737.

nehmens in Erscheinung tritt.“[755] Die Greifbarkeit stellt bei Sachen und Rechten kein Problem dar, weil sich die einzelne Erfassung schon aufgrund ihrer gegenständlichen Natur ergibt. Auf ein Merkmal abzustellen, das automatisch immer vorliegt, macht keinen Sinn. Trotz (immer) vorhandener Greifbarkeit kann es (ausnahmsweise) an der Bewertbarkeit fehlen.

Dagegen liegt die Sachlage außerhalb gesicherter Rechtspositionen anders. Nach der Rechtsprechung können auch „bloße vermögenswerte Vorteile einschließlich tatsächlicher Zustände und konkreter Möglichkeiten“ Wirtschaftgüter sein.[756] Darunter fallen z.B. der Geschäftswert und der Kundenstamm.[757] Bei diesen bloßen Vorteilen ist die selbständige Bewertbarkeit *Voraussetzung* der Greifbarkeit,[758] denn ohne die Bewertbarkeit kann gar nicht festgestellt werden, ob überhaupt ein Vermögenswert zugegangen ist. Bei bloßen Vorteilen lassen sich die Fragen der Bewertbarkeit und Greifbarkeit nicht voneinander trennen. Liegt die Bewertbarkeit vor, ist auch immer die Greifbarkeit zu bejahen.[759] Moxter ist dagegen der Ansicht, daß es auch bloße Vorteile gäbe, deren Zugangswerte zwar bewertbar seien, denen es aber an der Greifbarkeit fehle, wie z.B. ein Werbefeldzug. Dem ist entgegenzuhalten, daß gerade im Fall des Werbefeldzuges sich nie *im Zeitpunkt* der Werbemaßnahme die zukünftigen Zugangswerte zum Vermögen ermitteln lassen, sondern nur die für die Maßnahme getätigten Ausgaben. Das Tätigen einer Ausgabe hat aber nicht automatisch die selbständige Bewertbarkeit in der Ausgabenhöhe zur Folge, denn es wird nicht die Ausgabe als solche, sondern das für sie Erlangte, also der Gegenwert, aktiviert.[760]

---

755 RFH v. 21 10. 1931, VI A 2002/29, RFHE 30, 142 = RStBl. 1932, 305.

756 S. BFH v. 13. 5. 1987, I B 179/86, BFHE 150, 136 = BStBl. II 1987, 777 f. m.w.Nachw. (Zitat); v. 6. 12. 1990, IV R 3/89, BFHE 163, 126 = BStBl. II 1991, 346, 347; ständige Rspr. bereits RFH v. 27. 3. 1928, I A 470/27, StuW 1928 II , 705 = RStBl. 1928, 260.

757 S. Moxter, Bilanzrechtsprechung, S. 11.

758 Moxter, aaO., S. 13.

759 Zu dem umgekehrten Fall, also der fehlenden Bewertbarkeit siehe BFH v. 28. 5. 1979, I R 1/76, BFHE 128, 367 = BStBl. II 1979, 734, 737: Eine Schallplattenfirma zahlte den Künstlern für eine Schallplattenaufnahme ein einheitliches Entgelt für die Darbietung, Aufnahme und den Verzicht auf urheberrechtliche Ansprüche. Erwogen wurden Anschaffungskosten für ein Wirtschaftsgut „erworbene Leistungsschutzrechte“. Der BFH sah das Entgelt für die Darbietung als untrennbar mit der Aufnahme und dem Recht zur Veröffentlichung verbunden, denn jeweils das eine ohne das andere wäre sinnlos. Damit verneinte er die selbständige Bewertbarkeit des Leistungsschutzrechts. Die *Greifbarkeit* wurde ebenfalls verneint, weil für einen gedachten Erwerber nur die produzierten Tonträger von Bedeutung wären, in denen die Einwilligung der Künstler aufgegangen sei. Meines Erachtens fehlt es dagegen an der Greifbarkeit, weil der Vermögenswert schon beim gedachten Veräußerer nicht selbständig bewertbar war.

760 Schon RFH v. 21. 9. 1927 VI A 383/27, StuW 1927 II, 803.

Damit stellt nach der hier vertretenen Auffassung die Greifbarkeit ein überflüssiges Merkmal sowohl bei Sachen und Rechten als auch bei den sonstigen vermögenswerten Vorteilen dar. Tritt eine neue problematische Bilanzierungsfrage auf, so kann allein auf der Grundlage der Greifbarkeit keine Erkenntnis über die Separierbarkeit außerhalb des Firmenwertes gewonnen werden. Ob ein Vermögenswert aus dem Firmenwert herausgelöst werden kann, ist allein eine Frage der selbständigen Bewertbarkeit. Das Merkmal der Greifbarkeit leistet keinen eigenen Beitrag zu Klärung der Frage nach der Vermögensgegenstandseigenschaft. Obwohl das Wort „greifbar" veranschaulicht, daß eine Sache, ein Recht oder ein bloßer Vorteil *selbständiger* Gegenstand von Bewertungsüberlegungen sein kann, führt es zu keinem Gewinn für die Frage nach dem Vorliegen eines Vermögensgegenstands. Deshalb sollte auf dieses Merkmal verzichtet werden.

Auf den konkreten Wertansatz von Nutzungsrechten soll erst später eingegangen werden. Damit geht es jetzt nur darum, ob grundsätzlich obligatorische Nutzungsrechte bewertbar sind. Diese Frage stellt sich hier entsprechend zur Frage des feststellbaren wirtschaftlichen Wertes bei gesellschaftsrechtlichen Einlagen, so daß auf die dortigen Ausführungen verwiesen werden kann.[761] Bloßen Nutzungsvorteilen kann wegen ihrer jederzeitigen Entzugsmöglichkeit kein konkreter Wert zugeordnet werden, so daß die Vermögensgegenstandseigenschaft ausscheidet. Dagegen sind die handelsrechtlichen Bedenken gegen die Bewertbarkeit von obligatorischen Nutzungsrechten unbegründet. Wegen des Rechtscharakters sind sie zumindest für die Mindestlaufzeit unentziehbar. Die Bewertungsfrage stellt sich hier nicht anders als in anderen Bewertungsfällen.[762] Dazu äußert Bieg: „So entspricht beispielsweise der Wertansatz beim Mieter völlig den Bewertungsbestimmungen beim Kauf von Vermögensgegenständen, denn dort wird das als Eigentum erworbene Nutzungsrecht mit den Anschaffungskosten aktiviert, während im Falle des Mietvertrages die zeitlich begrenzte Nutzungsberechtigung ebenfalls mit Anschaffungskosten (in der Form der für bestimmte Perioden zu zahlenden Mietzahlungen) bewertet wird." Richtig ist auch: „Die Bewertung bietet insbesondere bei Darlehenshingabe, aber auch bei Überlassung von anderen Gegenständen, für die marktübliche Miet- und Pachtzinsen feststellbar sind, keine Schwierigkeiten."[763]

---

761 C. II. 3.

762 Bieg, StuW 1976, 339, 348. Dies ebenfalls erwägend Lamers, Bilanzierungsfähigkeit und Bilanzierungspflicht, S. 238 f.

763 Hundertmark/Herms, BB 1976, 80, 81; a.A. Küting/Kessler, BB 1989, 25, 26: Meinen, daß die Herausrechnung bestimmter Erfolgsbeiträge zwar wünschenswert wäre, jedoch eine entsprechende bilanzielle Erfassung des Erfolgsbeitrags an „unüberwindbaren Bewertungsproblemen" scheitert. „So läßt sich beispielsweise der Wert eines unverzinslich gewährten Gesellschafterdarlehens für die Gesellschaft nur sehr schwierig ermitteln". S. dagegen C. II. 3.

Wie schon im Zusammenhang mit den offenen (= gesellschaftsrechtlichen) Einlagen festgestellt wurde, ist die Vereinbarung einer Mindestlaufzeit erforderlich,[764] innerhalb derer eine Kündigung nicht möglich ist. Bei unbefristeten Nutzungsverhältnissen kommt damit eine Aktivierung nur in Frage, wenn eine Kündigung erst zu einem bestimmten späteren Zeitpunkt möglich ist.

Mehrmals hat die Rechtsprechung schon die Vermögensgegenstandseigenschaft von obligatorischen Nutzungsrechten bejaht.[765] Während grundsätzlich im Zusammenhang mit der Einräumung des obligatorischen Nutzungsrechts die konkrete Aktivierungsfähigkeit im Hinblick auf den Grundsatz des Nichtausweises schwebender Geschäfte problematisch ist,[766] steht im Zusammenhang mit den im Zentrum dieser Arbeit stehenden Einlagen die Bewertbarkeit im Vordergrund: „Als Einlagen sind Nutzungsrechte nur dann geeignet, wenn sie die Eigenschaft eines Wirtschaftsguts besitzen. Das ist nur der Fall, wenn sie einen *feststellbaren wirtschaftlich Wert* haben.“[767] In derselben Entscheidung wurde ausdrücklich die Ansicht aufgegeben, die Nutzungsrechte unterlägen keiner AfA.[768] Ob über den feststellbaren wirtschaftlichen Wert hinaus weitere Vermögensgegenstandsmerkmale bestehen, soll im folgenden geklärt werden.

---

764 Allgemein Kußmaul, Nutzungsrechte an Grundstücken, S. 361. In diese Richtung wohl auch Fahrholz, Leasing in der Bilanz, S. 151, der kategorisch die Aktivierung von Mietverhältnissen ablehnt, weil eine Kündigung des Nutzungsrechts innerhalb einer kurzen Frist jederzeit möglich sei.

765 BFH v. 22. 1. 1980, VIII R 74/77, BFHE 129, 485 = BStBl. II 1980, 244, 246; v. 20. 11. 1980, IV R 117/79, BFHE 131, 516 = BStBl. II 1981, 68, 69. Die letztgenannten Entscheidungen betreffen beide die Einlage eines Nutzungsrechts, das die Ehefrau dem Ehemann an einem im Miteigentum stehenden Haus eingeräumt hat, in dem der Ehemann (auch) betrieblich tätig ist. Interessant ist, daß das Bestehen eines Nutzungsrechts nicht auf eine nachweislich vertragliche Grundlage gestützt wird, sondern auf die eheliche Mitwirkungspflicht gem. §§ 1353 ff. BGB (S. BStBl. II 1981, 69). Auch BFH v. 20. 1. 1983, IV R 158/80, BFHE 138, 53 = BStBl. II 1983, 413, 416 bejaht die Wirtschaftsgutseigenschaft eines Erbbaurechtes läßt jedoch die Bilanzierung am Nichtausweis schwebender Geschäfte scheitern: „Auch ein rein schuldrechtliches Nutzungsrecht, wie es durch den Abschluß eines Miet- oder Pachtvertrags entsteht, ist ein entgeltlich erworbenes immaterielles Wirtschaftsgut; gleichwohl unterliegt diese Rechtsverhältnis dem Grundsatz, daß schwebende Geschäfte nicht zu bilanzieren sind, ...“

766 Dazu ausführlich D. I. 2. b).

767 1. Leits. aus BFH v. 22. 1. 1980, VIII R 74/77, BFHE 129, 485 = BStBl. II 1980, 244, 246 (Hervorhebungen nicht im Original). Schon BFH v. 16. 11. 1977, I R 83/75, BFHE 124, 501 = BStBl. II 1978, 386, 387: Als steuerliche Einlagen kommen danach nur Wirtschaftsgüter in Frage, die auch nach handelsrechtlichen GoB in der Bilanz angesetzt werden dürfen. „Obligatorische Nutzungsrechte sind danach als Einlagen geeignet, wenn sie einen feststellbaren wirtschaftlichen Wert haben.“

768 BFH v. 22. 1. 1980, VIII R 74/77, BFHE 129, 485 = BStBl. II 1980, 244, 247.

(b) Erfordernis einer Ausgabe

Aus der Überlegung, daß ein vernünftiger Kaufmann nur dann etwas aufwenden wird, wenn er dafür einen entsprechenden Gegenwert erhält, ergibt sich das Merkmal des Tätigens von Aufwand.[769] Während allerdings der betriebswirtschaftliche Aufwandsbegriff sich auf den im Unternehmen im Rahmen der Abrechnungsperiode entstandenen Werteverzehr bezieht,[770] ist der von der Rechtsprechung verwendete Aufwandsbegriff[771] in der Nähe des allgemeinen Sprachgebrauchs i.S.d. „Ausgabe" angesiedelt. Umfaßt werden nicht nur tatsächliche Zahlungsvorgänge in Geld, da neben Anschaffungsgeschäften auch die Selbsterstellung von Anlagegütern dem Aufwandskriterium nach der Rechtsprechung genügen soll.[772] Nach *Freericks* läßt sich jede Aufwendung auf eine Ausgabe zurückführen, die „früher, zeitgleich oder später" erfolgen kann.[773] Zudem können nach der Rechtsprechung[774] die Aufwendungen dem Betriebsinhaber oder anderen Personen entstanden sein.

Besondere Schwierigkeiten hat dieses Merkmal mit dem unentgeltlichen Erwerb, denn es kann nicht zweifelhaft sein, daß ein Wirtschaftsgut nicht dadurch seine Wirtschaftsgutseigenschaft einbüßt, daß es unentgeltlich übertragen wird. Deswegen kann auch nicht auf die Aufwendungen des Betriebsinhabers abgestellt werden und nicht auf den Zeitpunkt des Gelangens in das Betriebsvermögen. Die beiden letzten Einschränkungen zum Aufwandsbegriff kann man prägnant mit den Worten von *Stapperfend* kritisieren, „irgendwann sind bei irgendwem sicherlich Aufwendungen angefallen".[775] Mit diesem Verständnis kann auch der unentgeltliche Erwerb erklärt werden, jedoch wird das Aufwandsmerkmal jedes aussagekräftigen Inhalts beraubt.[776]

Eine zentrale Schwäche dieses Kriteriums wird bei Einlagevorgängen deutlich. Im Zeitpunkt des Erhalts des eingelegten Vermögenswertes fehlt es bei der Gesellschaft gerade vollständig an Aufwand. Dieses gilt zwar schon für offene Ein-

---

769 Hommel, Bilanzierung immaterieller Anlagewerte, S. 220.

770 Freericks, Bilanzierungsfähigkeit und Bilanzierungspflicht, S. 314.

771 Für diesen tritt auch Westerfelhaus, DB 1995, 885, 888 ein, dazu führt er aus: „..., daß eine abgrenzbare und sichere Bewertungsgrundlage in Form von Anschaffungs- oder Herstellungskosten in jedem Fall zur Bilanzierungsfähigkeit gegeben sein muß."

772 Kußmaul, Nutzungsrechte an Grundstücken, S. 45.

773 Freericks, aaO., S. 317.

774 BFH v. 13. 2. 1970, III 156/65, BFHE 98, 273 = BStBl. 1970 II, 369 (zit. nach Freericks, aaO., S. 317 Fn. 61).

775 Stapperfend, Die steuer- und bilanzrechtliche Behandlung von Software, S. 29 Fn. 141.

776 Ähnlich Hommel, Bilanzierung immaterieller Anlagewerte, S. 228: Die angestrebte Objektivierung kann nur noch sehr eingeschränkt erreicht werden.

lagen,[777] ist aber noch deutlicher bei verdeckten Einlagen, da bei letzteren nicht einmal der Anschein einer irgendwie gearteten Leistung der Gesellschaft entsteht. Die Rechtsprechung hat noch nie die Wirtschaftsgutseigenschaft in den Fällen der verdeckten Einlage an dem Fehlen des Aufwandskriteriums scheitern lassen,[778] obwohl nach der Rechtsprechung nur Wirtschaftsgüter Gegenstand von steuerlichen Einlagen sein können. Dies zeigt deutlich, daß das Aufwandskriterium für die Bestimmung des Wirtschaftsgutsbegriffs untauglich ist.

(c) Nutzen für mehrere Jahre

Nicht weniger problematisch ist das Abstellen auf einen mehrjährigen Nutzen. Dieses Kriterium setzt sich aus zwei Aspekten zusammen, dem Nutzen einerseits und der Nutzungsdauer andererseits. Gerade das Fortführungsprinzips ergibt, daß es nicht darauf ankommt, ob auch nur *ein* Dritter bzw. Betriebsexterner einen Nutzen aus dem Wirtschaftsgut ziehen kann. Anders kann die allgemein bejahte Aktivierung von Spezialmaschinen auch nicht erklärt werden.[779] Entscheidend ist vielmehr, ob ein innerbetrieblicher Nutzen vorliegt.[780] Ist ein Unternehmen dagegen umgekehrt daran gehindert, eine fällige, einredefreie und abtretbare Forderung geltend zu machen, z.B. weil bei Bestehen auf der Zahlung sonst zukünftige Projekte mit demselben Kunden gefährdet würden, dann ist es auch nicht zur Bilanzierung der Forderung berechtigt. Diese Forderung hat damit einen allgemeinen Wert und könnte sogar verwertet werden, darf aber nicht bilanziert werden.[781] Damit ist nur auf den Nutzen für das bilanzierende Unternehmen abzustellen.

Fraglich ist aber, ob es auf einen Nutzen für mehrere Wirtschaftsjahre ankommt, wie von der Rechtsprechung immer wieder betont wird.[782] Ebenso wird in der Literatur, insbesondere in bezug auf obligatorische Nutzungsrechte, befürwortet, daß das Nutzungsrecht aus Gründen der Übersichtlichkeit nur ausgewiesen werden sollte, wenn die Laufzeit mindestens ein Jahr beträgt.[783]

---

777 S.u. D. I. 2. a) cc) bbb) (2).

778 So Hommel, aaO., S. 229.

779 Dazu schon s.o. D. I. 1. b) bb) bbb).

780 Stapperfend, FR 1993, 525, 527.

781 Dieses Beispiel stammt von Hommel, aaO., S. 60.

782 BFH v. 29. 4. 1965, IV 403/62 U, BFHE 82, 461 = BStBl. III 1965, 414, 415; v. 28. 5. 1979, I R 1/76, BFHE 128, 367 = BStBl. II 1979, 734, 737; v. 6. 12. 1990, IV R 3/89, BFHE 163, 126 = BStBl. II 1991, 346. Teilweise wird auch ein wesentlich über den Steuerabschnitt hinausreichender Wert für das Unternehmen gefordert: BHF v. 9. 6. 1986, I R 218/82, BFHE 147, 412 = BStBl. II 1987, 14 m.w.Nachw.; v. 22. 7. 1988, III R 175/85, BFHE 154, 218, 222 = BStBl. II 1988, 995, 997.

783 Fahrholz, Leasing in der Bilanz, S. 151.

Wichtig ist festzustellen, daß die Bilanz stichtagsbezogen ist, d.h. es sollen nur die Vermögensverhältnisse am Bilanzstichtag dargestellt werden. Die Verweildauer eines konkreten Vermögenswertes im Vermögen des Bilanzierenden kann dagegen nicht allgemeines Kriterium des Wirtschaftsgutsbegriffs bzw. Vermögensgegenstandsbegriffs sein. Eine in diese Richtung deutende Vorschrift existiert nur für die Gegenstände des Anlagevermögens in § 247 Abs. 2 HGB: Dort sind nur „Gegenstände auszuweisen, die bestimmt sind, dauernd dem Geschäftsbetrieb zu dienen." Auch diese Vorschrift verpflichtet nicht dazu, daß ein Vermögensgegenstand tatsächlich im Unternehmen verbleibt, sondern stellt nur auf die Verwendungsabsicht ab. Treffend äußert dazu Ley: „Selbst eine schon am Bilanzstichtag feststehende Veräußerung eines bilanzierten Aktivums einen Tag nach dem Bilanzstichtag würde einer Qualifizierung als Wirtschaftsgut ... nicht zuwiderlaufen, obwohl das Aktivum sicherlich keinen dauerhaften Nutzen für das Unternehmen hat".[784] Gegen dieses Verständnis kann man zwar einwenden, daß das Wirtschaftsgut auch nach seiner Veräußerung durch den damit erzielten Wert weiter Nutzen für das Unternehmen stiftet.[785] Jedoch ist dadurch gar nicht die Nutzungsdauer des Wirtschaftsgutes selber entscheidend, sondern ob ein Transformationsvorgang in der Lage ist, diesen längerfristigen Nutzen zu sichern. Zudem wird angeführt, von der Rechtsprechung würde „auf die allgemeine Lebensdauer des Vermögenswertes ... und nicht auf seine Restverweildauer im Unternehmen" abgestellt.[786] Auch dieser Einwand kann nicht überzeugen, denn er übersieht, daß sicherlich niemand die Vermögensgegenstandseigenschaft eines Apfels verneinen wird, obwohl er als verderbliches Gut unmittelbar keinen längerfristigen Nutzen hat. Ein besonderes Kriterium aber für das Anlagevermögen oder aber besonders für immaterielle Vermögensgegenstände muß schon wegen der Einheitlichkeit des Vermögensgegenstandsbegriffs abgelehnt werden.

Das Abstellen auf eine solche Frist ist willkürlich. Damit ein Nutzungsrecht in der Bilanz ausgewiesen werden kann, muß es am Bilanzstichtag noch bestehen. Darüber hinausgehende Anforderungen lassen sich nicht konstruieren.

---

784 Ley, Wirtschaftsgut, S. 103. Unter Umständen auch in diese Richtung Westerfelhaus, DB 1995, 885, 886: „..., daß zum Wesen des Vermögensgegenstands sein Übergang vom einen Wirtschaftsjahr in das nächste Wirtschaftsjahr gehört." Auch Kußmaul, Nutzungsrechte an Grundstücken, S. 361 meint, daß es ausreichend ist, wenn zwei Geschäftsjahre berührt werden.

785 In diese Richtung Hommel, aaO., S. 61 Rn. 290.

786 Hommel, ebenda.

(d) Übertragbarkeit mit dem ganzen Unternehmen

Während die Einzelveräußerbarkeit nicht Voraussetzung der Wirtschaftsgutseigenschaft sein soll,[787] wird häufig die Übertragbarkeit mit dem gesamten Betrieb gefordert.[788] Ein anzusetzendes Wirtschaftsgut liegt nur dann vor, „wenn ein fremder Dritter bei Fortführung des Unternehmens diesen Gegenstand im Rahmen der Kaufpreisbemessung berücksichtigen würde".[789] Fehlt es an der Übertragbarkeit, zumindest zusammen mit dem Betrieb, so soll ein Vermögenswert zu unsicher sein, um als Wirtschaftsgut bilanziell erfaßt zu werden.[790] In seinem Urteil zu dem Bierlieferungsrecht hat der I. Senat des BFH[791] das Merkmal der Veräußerbarkeit zusammen mit dem Betrieb zur Voraussetzung des Vermögensgegenstandes gemacht. Ein erhebliches Motiv war, daß es der wirtschaftlichen Wirklichkeit widerspräche, dem Warenzeichenrecht sowie dem Firmenwert die Vermögensgegenstandseigenschaft abzusprechen.[792] Wendet man diese Ansicht auf Nutzungsrechte an, müßte die Vermögensgegenstandseigenschaft

787 BFH v. 30. 5. 1984, I R 146/81, BFHE 141, 509 = BStBl. II 1984, 825; v. 22. 7. 1988, III R 175/85, BFHE 154, 218, 222 = BStBl. II 1988, 995, 997; a.A. in Bezug auf ein Warenzeichenrecht BFH v. 1. 8. 1990, II R 17/87, BFHE 161, 168 = BStBl. II 1990, 879, 880: „Die Verkehrsanschauung sieht immaterielle Werte nur dann als ansatzfähige immaterielle Wirtschaftsgüter an, wenn sie losgelöst vom Unternehmen und dem „ganzen dazu gehörigen Apparat" (vgl. RFH v. 28. 2. 1930, III A 84/88, RStBl. 1930, 287, 291). ...Demgegenüber sind Warenzeichen zivilrechtlich ... nicht einzeln übertragbar." Genau entgegengesetzt zum Warenzeichenrecht BFH v. 26. 2. 1975, I R 72/73, BFHE 115, 243 = BStBl. II 1976, 13, 14: Es widerspräche der wirtschaftlichen Wirklichkeit dem Warenzeichenrecht die Vermögensgegenstandseigenschaft abzusprechen.

788 BFH v. 26. 2. 1975, I R 72/73, BFHE 115, 243 = BStBl. II 1976, 13, 14; v. 31. 3. 1976, I R 85/74, BFHE 118, 456 = BStBl. II 1976, 475, 476 (obiter dictum); v. 26. 5. 1982, I R 180/80, BFHE 136, 222 = BStBl. II 1982, 695, 696; v. 13. 5. 1987, I B 179/86, BFHE 150, 136 = BStBl. II 1987, 777 f. m.w.Nachw.; v. 22. 7. 1988, III R 175/85, BFHE 154, 218, 222 = BStBl. II 1988, 995, 997; v. 22. 3. 1989, II R 15/86, BFHE 157, 211 = BStBl. II 1989, 644, 645; v. 10. 8. 1989, X R 176-177/87, BFHE 158, 53, 56 = BStBl. II 1990, 15, 16.

789 BFH v. 9. 6. 1986, I R 218/82, BFHE 147, 412 = BStBl. II 1987, 14; auch v. 10. 8. 1989, X R 176-177/87, BFHE 158, 53, 56 = BStBl. II 1990, 15, 16.

790 Moxter, Bilanzrechtsprechung, S. 12 sieht die Übertragbarkeit als Ausprägung des Greifbarkeitsprinzips. A.A. wohl BFH v. 20. 11. 1980, IV R 117/79, BFHE 131, 516 = BStBl. II 1980, 68, 70: Hier ging es um ein Nutzungsrecht, das eine Ehefrau ihrem Ehemann an einem im Miteigentum stehenden Haus unentgeltlich zur betrieblichen Nutzung eingeräumt hatte. Der BFH sah dieses Nutzungsrecht als nicht mit dem Gesamtbetrieb übertragbar an, mit „der Aufgabe des Betriebes durch den Ehemann würde es ersatzlos wegfallen." Danach hätte der BFH eigentlich die Wirtschaftsgutseigenschaft verneinen müssen. Dagegen entschied sich der BFH für eine modifizierte Bewertung zu den betrieblichen AfA, die die Ehefrau bei betrieblicher Nutzung hätte geltend machen können.

791 BFH v. 26. 2. 1975, I R 72/73, BFHE 115, 243 = BStBl. II 1976, 13, 14.

792 BFH, ebenda.

jedenfalls dann bejaht werden, wenn die Übertragbarkeit mit dem Unternehmen möglich ist. Die wohl ständige Rechtsprechung sieht sowohl dingliche als auch obligatorische Nutzungsrechte als selbständige Wirtschaftsgüter an.[793]

Das Abstellen auf die Übertragbarkeit mit dem gesamten Unternehmen ist aus zwei Gesichtspunkten besonders zu kritisieren: zum einen aufgrund der fehlenden Objektivierung eines konkreten Vermögenswertes im Rahmen des Ansatzes eines Gesamtkaufpreises, zum anderen aufgrund der Probleme, die sich für nicht übertragbare Vermögenswerte ergeben.

Das Kriterium der Übertragbarkeit mit dem gesamten Unternehmen hat den Zweck der *Objektivierung* der angesetzten Werte.[794] Zwar soll ein potentieller Erwerber im Rahmen eines Gesamtkaufpreises diesen Wert berücksichtigen, jedoch muß der Erwerber dem Gegenstand keinen konkreten Wert zuordnen. Das erkennt auch der BFH ausdrücklich an, wenn er in einem Fall zur Wirtschaftsgutseigenschaft von Güterfernverkehrsgenehmigungen im Zusammenhang mit dem Kriterium der Übertragbarkeit des gesamtem Unternehmens oder eines selbständigen Unternehmensteils ausführt: „Dabei kommt es nicht darauf an, ob bei dem Verkauf eines Unternehmens bei der Ermittlung des Kaufpreises die Güterfernverkehrsgenehmigungen einzeln bewertet werden. Vielmehr genügt es, daß diese Bewertung möglich ist."[795] An dieser Auffassung sind mehrere Umstände problematisch. Das erstrebte Ziel der Objektivierung eines konkreten, einzelnen Gegenstands kann im Rahmen eines Unternehmenskaufs nur dann erreicht werden, wenn diesem Gegenstand ein konkreter Wert zugeordnet ist oder dieser Wert zumindest ermittelbar ist. Soll nun aber durch die Bemessung des Gesamtkaufpreises eine Objektivierung des (mit)erworbenen Einzelguts stattfinden, muß eine genaue Bestimmung des von den Vertragsparteien *diesem* Wirtschaftsgut zugeordneten Wertes nach Mark und Pfennig möglich sein. Dies kommt nur dann in Betracht, wenn sich aus dem Kaufvertrag des Unternehmens

---

793 Deutlich in Bezug auf Einlagen in Kapitalgesellschaften BFH v. 26. 10. 1987, GrS 2/86, BFHE 151, 523, 532 = BStBl. II 1988, 348, 353; v. 16. 11. 1977, I R 83/75, BFHE 124, 501 = BStBl. II 1978, 386 f.; v. 22. 1. 1980, VIII R 74/77, BFHE 129, 485 = BStBl. II 1980, 244, 246; v. 20. 11. 1980, IV R 117/79, BFHE 131, 516 = BStBl. II 1981, 68, 69. S. auch BFH v. 20. 1. 1983, IV R 158/80, BFHE 138, 53 = BStBl. II 1983, 413, 416 allgemein zur Wirtschaftseigenschaft obligatorischer Nutzungsrechte. Sowie die älteren Entscheidung BFH v. 29. 4. 1965, IV 403/62 U, BFHE 82, 461 = BStBl. III 1965, 414; v. 2. 3. 1970, GrS 1/69, BFHE 98, 360 = BStBl. II 1970, 382; v. 28. 8. 1974, I R 66/72, BFHE 113, 448 = BStBl. II 1975, 56, 57 (Mieterzuschuß). Die Dauer des Nutzungsrechts ist eine Frage der Bewertbarkeit. Dazu Weber-Grellet in: Schmidt, § 5 Rn. 176.

794 S. Moxter, Bilanzrechtsprechung, S. 12.

795 BFH v. 22. 3. 1989, II R 15/86, BFHE 157, 211 = BStBl. II 1989, 644, 646. Ebenso BFH v. 26. 2. 1975, I R 72/73, BFHE 115, 243 = BStBl. II 1976, 13, 14 zum Bierlieferungsrecht.

ein Bewertungsschlüssel ergibt, aufgrund dessen dieser Wert genau ermittelt werden kann. Ist dagegen nur eine Bewertung nach üblichen Marktkonditionen möglich, so findet die Objektivierung nicht durch die Vertragsparteien, sondern durch eine *von außen* vorgenommene, autonome Bewertung statt. Dann wird die durch das Kriterium der Übertragbarkeit mit dem Gesamtunternehmen erstrebte Objektivierung gerade nicht durch den Gesamtkaufpreis vorgenommen, so daß dieses Merkmal verzichtbar ist. Im Regelfall ist davon auszugehen, daß für ein einzelnes Wirtschaftsgut im Rahmen des Unternehmenskauf gerade kein einzelner Wert angesetzt wird. Üblicherweise wird der Unternehmenskaufpreis nicht als Summe von einzelnen, individualisierbaren Vermögenswerten zuzüglich eines eventuellen Geschäfts- oder Firmenwerts ermittelt, sondern als Gesamtkaufpreis. Dieser Gesamtkaufpreis ist aber in der Regel das Ergebnis der Anwendung von (betriebswirtschaftlichen) Unternehmensbewertungsmethoden, die überwiegend auf den Ertragswert abstellen. Der aktuelle Wert des Unternehmens errechnet sich danach aus der zukünftigen Ertragserwartung des Unternehmens. Kann aber, entsprechend der Ansicht der Rechtsprechung, auf den Ansatz eines konkreten Wertes für einen konkreten Vermögenswert verzichtet werden, so findet die erstrebte Objektivierung gerade nicht mehr statt. Das Merkmal der Übertragung mit dem Gesamtunternehmen ist demnach überflüssig

Zudem ist zu kritisieren, daß das Merkmal der Übertragbarkeit mit dem Gesamtunternehmen von dem I. Senat des BFH im Bierlieferungsurteil wohl gar nicht als allgemeines Vermögensgegenstandskriterium gedacht war und nur von der Rechtsprechung später in dieser Richtung mißverstanden wurde.[796] Wie bereits angedeutet wurde, schien es dem I. Senat zentral die Vermögensgegenstandseigenschaft des Firmenwertes und des Warenzeichenrechts zu begründen und sich damit von dem Kriterium der Einzelverkehrsfähigkeit zu distanzieren. Ob der BFH tatsächlich allen nicht übertragbaren Rechten die Vermögensgegenstandseigenschaft versagen wollte, soll im folgenden untersucht werden.

Das Problem der fehlenden Übertragbarkeit mit dem gesamten Unternehmen tritt nicht bei den im Zentrum dieser Arbeit stehenden Kapitalgesellschaften auf. Hier vollzieht sich eine Übertragung des gesamten Unternehmens durch den Verkauf der Anteile. Der Rechtsträger aller dem Unternehmen zu Eigentum oder zur Nutzung zur Verfügung stehenden Vermögenswerte bleibt auch nach der Übertragung des Unternehmens bzw. der Gesellschaft weiter die Gesellschaft selbst. Damit spielt eine fehlende Übertragbarkeit insoweit keine Rolle. Anders stellt sich die Rechtslage allerdings beim Einzelkaufmann dar. Da von einem einheitlichen Vermögensgegenstandsbegriff für alle Kaufleute ausgegangen

---

796 In diese Richtung wohl auch Fahrholz, Leasing in der Bilanz, S. 121, der die Verallgemeinerung der betriebsbezogenen Veräußerbarkeit fürchtet.

wird, muß auch für ihn das Merkmal der Übertragung mit dem Gesamtunternehmen Anwendung finden können. Die Übertragung des Unternehmens vollzieht sich beim Einzelkaufmann als Einzelübertragung der im Unternehmen vorhandenen Wirtschaftsgüter. Damit muß der Kaufmann rechtlich in der Lage sein, jedes zum Unternehmen gehörende Wirtschaftsgut übertragen zu können. Eine besondere Bedeutung hat im Zusammenhang mit Nutzungsrechten das Abtretungsverbot gem. § 399 BGB. Eine Forderung ist danach nicht abtretbar, wenn eine Inhaltsänderung (§ 399 Alt. 1 BGB) oder ein vertragliches Abtretungsverbot, sog. pactum de non cedendo, (§ 399 Alt. 2. BGB) vorliegt. Eine gegen § 399 BGB verstoßende Abtretung ist unwirksam. Die fehlende Abtretbarkeit nimmt der Forderung die Verkehrsfähigkeit.[797] Besonders deutlich wird das Problem bei den hier behandelten obligatorischen Nutzungsrechten. So ist es wohl klar, daß es bei der Miete dem Vermieter besonders auf die Person des Mieters ankommt. Er entscheidet sich regelmäßig deswegen für einen Mieter, weil er darauf vertraut, daß der Mieter sorgsam mit dem Mietsache umgeht und regelmäßig die Miete zahlt. Deswegen stellt die Übertragung der Mietsache an einen Dritten eine Inhaltsänderung gem. § 399 Alt. 1 BGB dar. Für die Miete läßt sich darüber hinaus die Vorschrift des § 553 Abs. 1 S. 1 BGB[798] anführen. Hier wird die Untervermietung durch den Mieter von der Zustimmung des Vermieters abhängig gemacht. Dies zeigt, daß der Vermieter vor der Nutzung der Sache durch einen ihm nicht genehmen Dritten selbst dann geschützt ist, wenn der Hauptmieter ihm weiter den Mietzins zahlen muß. Auch die Veräußerung eines Einzelhandelsunternehmens führt – selbst bei Fortführung der Firma – zu einem Mieterwechsel, der der Zustimmung des Vermieters bedarf.[799] Deutlicher kann gar nicht das Recht des Nutzungsüberlassenden betont werden, sich seine Vertragspartner auszusuchen.[800] Geht man einmal davon aus, daß der obligatorisch Nutzungsberechtigte üblicherweise nicht zur Übertragung des Nutzungsrechts berechtigt ist, entweder, weil dies eine Inhaltsänderung bedeuten würde, oder weil eine solche Übertragung vertraglich ausgeschlossen ist, so würde auch die Vermögensgegenstandseigenschaft fehlen. Hiermit ist das Verhältnis von

---

797 H.M. BGH v. 14. 10. 1963, VII ZR 33/62, BGHZ 40, 156, 160; Palandt-Heinrichs, BGB, § 399 Rn. 11, § 134 Rn. 1: Es handelt sich um einen gesetzlichen Ausschluß der Übertragbarkeit einer Forderung.

798 Entspricht dem § 549 Abs. 1 S. 1 BGB i.d.F. vor dem MietRRG v. 19. 6. 2001 (BGBl. I, S. 1149).

799 Vgl. nur Palandt-Weidenkaff, BGB, § 549 Rn. 5.

800 A.A. Fahrholz, Leasing in der Bilanz, S. 113, der hierin keine Betonung eines allgemeinen Schutz des Nutzungsüberlassenden in der Wahl der Nutzungsberechtigten sieht, sondern eine Besonderheit der Wohnraummiete annimmt. Dagegen spricht schon, daß sich nur § 549 Abs. 2 BGB auf Wohnraum bezieht, nicht aber § 549 Abs. 1 BGB. Vielmehr ist bei Miete, die nicht Wohnraum betrifft, sogar eine Abbedingung jeglicher Untervermietung möglich, so daß hier noch strengere Regelungen zu erwarten sind. S. dazu Palandt-Weidenkaff, § 549 Rn. 1.

Einzelübertragbarkeit und Übertragbarkeit mit dem Gesamtbetrieb angesprochen. Letztere ermöglicht im Gegensatz zur Einzelübertragbarkeit zwar z.B. die Übertragbarkeit des Firmenwertes und sonstiger Rechte, die nur mit dem Gesamtunternehmen übertragbar sind. Außerhalb dieser Sonderfälle kommt es aber zu einem Gleichlauf mit dem Merkmal der Einzelübertragbarkeit. Nach beiden Ansichten wären alle nicht selbständig verkehrsfähigen Rechte notwendig keine Vermögensgegenstände.

Das Problem der Nichtübertragbarkeit von einzelnen Rechtspositionen wird in der Rechtsprechung nur sehr vereinzelt gesehen. Bereits in dem Bierlieferungsurteil des BFH, in dem die Übertragbarkeit mit dem Unternehmen als Voraussetzung des Wirtschaftsgutsbegriffs begründet wurde, äußerte der I. Senat: „Der Senat bezweifelt, ob der Ausschluß der Abtretung einer Forderung nach § 399 BGB, ..., allgemein geeignet ist, der Forderung die Eigenschaft eines Vermögensgegenstands zu nehmen.“[801] Also schon bei der erstmaligen Anwendung des Merkmals der Übertragbarkeit mit dem Gesamtunternehmen wurde eben dieses Merkmal gleich wieder in Zweifel gezogen. Dies stützt die These, daß dieses Merkmal nie als allgemeines Merkmal für den Vermögensgegenstandsbegriff gedacht war, obwohl es sich mit der Zeit dazu entwickelt hat. Da im Fall des Bierlieferungsrechts mit der Übertragung des Betriebs keine Inhaltsänderung gem. § 399 Alt. 2 BGB gegeben war, und somit der Übertragung zusammen mit dem Betrieb nichts entgegenstand, brauchte der Senat auf den Fall der fehlenden Abtretbarkeit nicht einzugehen.[802] Jedoch zeigt die Äußerung eines Mitglieds des Senats, daß auch die Übertragbarkeit zusammen mit dem Unternehmen verzichtbar sein könnte.[803] Am deutlichsten ist wohl die Aussage in der Entscheidung des I. Senats des BFH vom 30. 5. 1984 I R 146/81[804]: „So gibt es im Zivilrecht zahlreiche Rechtspositionen, die nicht übertragbar sind (vgl. §§ 399, 413, 1059 des Bürgerlichen Gesetzbuches – BGB –), deren Bilanzierung im

[801] BFH v. 26. 2. 1975, I R 72/73, BFHE 115, 243 = BStBl. II 1976, 13, 14.

[802] Dazu auch Fahrholz, Leasing in der Bilanz, S. 110.

[803] Urteilsanmerkungen in HFR 1976, 336: Danach ist „allenfalls“ Veräußerbarkeit zusammen mit dem Unternehmen erforderlich.

[804] BFH v. 30. 5. 1984, I R 146/81, BFHE 141, 509 = BStBl. II 1984, 825, 827. In diese Richtung auch BFH v. 14. 12. 1988, I R 44/83, BFHE 155, 368, 372 = BStBl. II 1989, 323, 325: Die Wirtschaftsgutseigenschaft einer unverfallbaren Pensionsanwartschaft scheiterte nicht daran, daß die Ansprüche aus der Versorgungszusage weder abgetreten noch verpfändet werden konnten.

Vermögen des Rechtsinhabers dennoch außer Zweifel steht."[805] All diese Urteile zeigen deutlich, daß die Rechtsprechung selber das Kriterium der Einzelübertragbarkeit gar nicht einheitlich auf alle Vermögensgegenstände anwendet, weil allgemein als Vermögensgegenstände angesehene Vermögenswerte sonst von der Aktivierung ausgeschlossen wären. Damit ist dieses Merkmal abzulehnen.

(e) Zwischenergebnis

Als Ergebnis der Untersuchung der einzelnen Merkmale der Rechtsprechung zum Wirtschaftsgutsbegriff steht fest, daß es nur auf einen feststellbaren wirtschaftlichen Wert als Voraussetzung des Wirtschaftsguts ankommt. Wie die Auswertung der Rechtsprechung gezeigt hat, ist in diesem Ergebnis keineswegs ein Widerspruch zu der BFH Rechtsprechung insgesamt zu sehen, sondern vielmehr der größte gemeinsame Nenner zwischen der Aufstellung der weiteren Wirtschaftsgutskriterien einerseits und ihrer (teilweisen) Nichtanwendung durch den BFH andererseits.

fff) Die Ansicht von Kußmaul

Abweichend von den bisher dargestellten Ansichten wendet sich Kußmaul gegen alle bis hierher dargestellten restriktiven Ansichten zum Vermögensgegenstandsbegriff.[806] „Als Vermögensgegenstand wird der durch ein Recht oder Rechtsverhältnis gesicherte Vorteil angesehen, der dem Bilanzierungssubjekt eine selbständige und einzeln erfaßbare und bewertbare, aktuelle Herrschaftsmöglichkeit über eine Sache oder einen unkörperlichen Gegenstand gewährt und ihm – bei Erfüllung seiner Verpflichtungen – einen gesicherten, d.h. rechtlich nicht entziehbaren Vorteil einräumt."[807] Kußmaul orientiert sich an der Fortführung des Unternehmens und stellt deswegen auf den typischen Geschehensab-

---

805 Die in BFH v. 16. 11. 1977, I R 83/75, BFHE 124, 501 = BStBl. II 1978, 386 f. anzunehmende, fehlende Übertragbarkeit wirkte sich nicht aus und wurde insgesamt nicht erörtert: Bzgl. des obligatorischen Nutzungsrecht, Kies auf einem fremden Grundstück auszubeuten, nahm der BFH mit keinem Wort dazu Stellung, daß die Wirtschaftsgutseigenschaft davon abhängig sein soll, daß das Recht – auch nur im Rahmen einer Gesamtunternehmensübertragung übertragbar sein muß. Daraus ist zu schließen, daß es auf diese Voraussetzung nach seiner Auffassung nicht ankam, denn eine Stellungnahme dazu, hätte in dem Fall nahegelegen. Hier räumte eine Mutter ihren Söhnen die Möglichkeit ein, zwei kiesführende Grundstücke auszubeuten. Es spricht viel dafür, daß sie eine Nutzung nur durch ihre Söhne im Zeitpunkt der Einräumung der Ausbeutemöglichkeit wollte.

806 S. zusammenfassend Kußmaul, BB 1987, 2053, 2058.

807 Kußmaul, Nutzungsrechte an Grundstücken, S. 440 sowie schon S. 361.

lauf ab.[808] Unter Zugrundelegung des typischen Geschehensablaufs spielt es keine Rolle, daß insbesondere bei obligatorischen Nutzungsrechten an Immobilien (Miete und Pacht) der Nutzungsrechtsinhaber die Nutzungsberechtigung bei Zwangsvollstreckung oder Insolvenz des Nutzungsüberlassenden verlieren kann.[809] Auf dieser Grundlage sei eine unterschiedliche Behandlung zwischen obligatorischen und dinglichen Nutzungsrechten nicht gerechtfertigt.[810] Soweit auf die selbständige Bewertbarkeit abgestellt wird, handelt es sich zweifelsfrei um ein Merkmal des Vermögensgegenstands.[811] Richtig ist auch die Forderung von Kußmaul, es seien „in Bilanzen nur Sachverhalte aufzunehmen, die einer objektiven Bewertung zugänglich sind."[812] Problematisch ist allerdings, daß nach dieser Definition tatsächliche Verhältnisse insgesamt aus dem Vermögensgegenstandsbegriff ausgeschlossen werden, auch wenn sie einen Vermögenswert verkörpern, wie z.B. das Geschäftsgeheimnis, Kundendatei/-stamm, Rezepte oder Erfindungen. Betrachtet man den Kundenstamm aus der Sicht der Praxis, so ist unbestritten, daß es sich dabei um einen ganz entscheidenden Faktor, z.B. bei dem Erwerb eines Unternehmens, handelt. Bei der Frage, ob hier auch die Vermögensgegenstandseigenschaft des Kundenstamms anzuerkennen ist, geht es praktisch nur darum, ob ein separater Wertansatz außerhalb des Geschäftswerts möglich ist.[813] Daß der Kundenstamm Vermögensgegenstand sein kann, ist auch in der Rechtsprechung anerkannt.[814] Auch bei Know-how handelt es sich um rechtlich nicht gesicherte Vermögensvorteile, trotzdem erkennt die Rechtsprechung[815] die Vermögensgegenstandseigenschaft an, und auch die Sacheinlagefähigkeit im Gesellschaftsrecht ist seit Jahrzehnten anerkannt[816]. Die Erstreckung des Vermögensgegenstandsbegriffs auch auf Vermögenswerte, die keine Rechte darstellen, findet auch eine gesetzliche Stütze. Die Gliederungsvorschrift des § 266 Abs. 2 A. I. 1. HGB spricht ausdrücklich von „Rechten und Werten". Auch wenn es sich hier nur um ein schwaches Argument handelt, so ist diese Formulierung nur dann sinnvoll, wenn „Werte" immaterielle Vermögensgegenstände darstellen, die nicht auf Rechtspositionen beruhen. Soll den Werten eine eigenständige Bedeutung zukommen, so muß hier gerade der Rechtscharakter fehlen. Zum anderen kann es sich bei Know-how, aber auch

---

808 Kußmaul, aaO., S. 358 und 360.

809 Dazu s.u. D. I. 1. c) dd).

810 Kußmaul, aaO., S. 358.

811 § 252 Abs. 1 Nr. 3 HGB: Einzelbewertungsgrundsatz.

812 Kußmaul, Nutzungsrechte an Grundstücken, S. 429.

813 Detaillierte Ausführungen zu den Möglichkeiten der Abgrenzung bei Schnicke/Reichmann in: BeBiKom, § 247 Rn. 411.

814 Seit BFH v. 20. 8. 1986, I R 151/82, BFH/NV 1987, 468: Unter 1.d) weist das Gericht darauf hin, daß auch die gesellschaftsrechtliche Sacheinlagefähigkeit zu bejahen ist. Ebenso BFH v. 20. 8. 1999, VB 74/99, BFH/NV 2000, 243.

815 Z.B. BFH v. 23. 11. 1988, II R 209/82, BStBl. II 1989, 82.

816 Budde/Müller in: BeBiKom, § 272 Rn. 202.

z.B. bei einer Kundenkartei, um einen Vermögensgegenstand handeln, ohne daß diesem eine Rechtsposition zugrunde liegt. In Bezug auf den Zweck der Einbeziehung von Nutzungsrechten, aber den Ausschluß von bloßen Nutzungsmöglichkeiten, ist dieses Verständnis nicht geboten, weil die bloßen Nutzungen schon durch die selbständige Bewertbarkeit ausgeschlossen sind. Verbleibt nur noch das Abstellen auf die aktuelle Herrschaftsmöglichkeit. Eindeutig ist, daß diese gegeben sein muß, damit die konkrete Aktivierungsfähigkeit bejaht werden kann. Allein fraglich ist, ob dieses in der Vermögensgegenstandsdefinition enthalten sein muß. Man könnte daran denken, daß durch die Berücksichtigung des Kriteriums der Nutzungsmöglichkeit schon an den Anwendungsbereich des konkreten Bilanzierungsverbots des Ausweises schwebender Geschäfte gedacht wird. Allerdings wird sich im Zusammenhang mit handelsrechtlichen Einlagen zeigen,[817] daß dieser Grundsatz bei Einlagen nicht gilt. Damit spricht das Kriterium der Nutzungsmöglichkeit nicht gegen die Definition von Kußmaul.

Das Nutzungsrecht muß hinreichend sicher sein und sein Wert zuverlässig bestimmt werden können.[818] „Bei Anerkennung des Fortführungsprinzips und damit auch des Abstellens auf den typischen Geschehensablauf ist als maßgebendes Sicherungsmerkmal die gesicherte Möglichkeit zur Nutzung – bei ordnungsgemäßer Vertragsabwicklung – für einen bestimmten oder bestimmbaren Zeitraum hervorzuheben."[819] Damit kommt Kußmaul zur Bejahung der Vermögensgegenstandseigenschaft obligatorischer Nutzungsrechte.

bb) Konformität der handels- und steuerrechtlichen Aktivierungskonzeption mit den Fällen wirtschaftlichen Eigentums

In der Darstellung des Streits um die Voraussetzungen des Vermögensgegenstands wurde eine Frage bis jetzt nahezu vollständig ausgeklammert, die weitreichende Bedeutung für die Vermögensgegenstandsdefinition hat. Dabei geht es um die Berücksichtigung der Fälle des wirtschaftlichen Eigentums im Rahmen der Bestimmung des Vermögensgegenstandes. Diese Frage hat sich in der allgemeinen Diskussion fast noch nicht niedergeschlagen.

Nach dem Wortlaut der §§ 238 Abs. 1 S. 1, 242 Abs. 1 S. 1 HGB hat der Kaufmann *sein* Vermögen darzustellen. Damit ist die Frage der persönlichen Zurechnung von Vermögensgegenständen zum Vermögen des Bilanzierenden angesprochen. Einige Sonderfälle sind durch die Einführung i.R.d. Bankbilanzrichtlinien-Gesetzes von 1990 in § 246 Abs. 1 S. 2 HGB kodifiziert worden: „Ver-

---

[817] D. I. 2. b) cc).
[818] Kußmaul, Nutzungsrechte an Grundstücken, S. 361.
[819] Kußmaul, Nutzungsrechte an Grundstücken, S. 379.

mögensgegenstände, die unter Eigentumsvorbehalt erworben oder an Dritte für eigene oder fremde Verbindlichkeiten verpfändet oder in anderer Weise als Sicherheit übertragen worden sind, sind in der Bilanz des Sicherungsgebers aufzunehmen.“ Danach bilanziert also der Käufer eine unter Eigentumsvorbehalt gekaufte Sache und der Sicherungsgeber eine zur Sicherheit übereignete Sache, obwohl weder Vorbehaltskäufer noch Sicherungsgeber zivilrechtlicher Eigentümer sind.[820] Aus diesen Vorschriften ergibt sich bereits, daß ein Bilanzansatz, abweichend vom zivilrechtlichen Eigentum,[821] nicht nur möglich ist, sondern auch geboten sein kann. Sehr anschaulich formuliert *Moxter*, die zivilrechtliche Vermögenszugehörigkeit sei „weder eine notwendige noch eine hinreichende Aktivierungsvoraussetzung“.[822] Damit ist deutlich, daß das HGB „nicht auf den Begriff des Eigentums, sondern auf den Begriff des *Vermögens*“ abstellt.[823]

Schon weit vor der Einführung des § 246 Abs. 1 S. 2 HGB hat der Gesetzgeber mit § 39 AO 1977 auf die Leasing-Rechtsprechung des BFH reagiert[824] und eine Regelung unter der Überschrift „Zurechnung“ eingeführt. Nach § 39 Abs. 1 AO sind Wirtschaftsgüter grundsätzlich dem zivilrechtlichen Eigentümer zuzurechnen. Allerdings befindet sich in § 39 Abs. 2 Nr. 1 folgende Einschränkung: „Übt ein anderer als der Eigentümer die tatsächliche Herrschaft über ein Wirtschaftsgut in der Weise aus, daß er den Eigentümer im Regelfall für die gewöhnliche Nutzungsdauer von der Einwirkung auf das Wirtschaftsgut wirtschaftlich ausschließen kann, so ist ihm das Wirtschaftsgut zuzurechnen.“ Hier wird *das wirtschaftliche Eigentum*[825] umschrieben, das zu einer Bilanzierung beim Nichteigentümer führt. Nach ganz überwiegender Auffassung stellt sich die handels-

---

820 Moxter, Bilanzrechtsprechung, S. 38 f. nennt als Fall des wirtschaftlichen Eigentums – Zurechnung nicht beim zivilrechtlichen Eigentümer - auch die in § 266 Abs. 2 HGB genannte Position „Bauten auf fremden Grundstücken“. Dagegen wendet sich überzeugend Knapp, DB 1971, 1121, 1125. Mit Hinweis auf die Rechtsprechung belegt sie, daß gem. § 95 BGB der Erbauer i.d.R. auch zivilrechtlicher Eigentümer sei, weil das Gebäude „entweder in Ausübung eines dinglichen Rechtes oder zu nur vorübergehendem Zweck errichtet wurde.“ Dies sei nach der Rspr. schon dann der Fall, wenn der Erbauer zum Abriß berechtigt oder sogar verpflichtet sei.

821 Allg. A/D/S, § 246 Rn. 190: Die Frage der Bilanzierung ist nicht abhängig vom „Übergang des rechtlichen Eigentums, sondern an *wirtschaftlichen Kriterien* orientiert.“

822 Moxter, Bilanzrechtsprechung, S. 39.

823 Kußmaul, Nutzungsrechte, S. 56 (Zitat: Hervorhebung nicht im Original); Fahrholz, Leasing in der Bilanz, S. 58.

824 Beisse, BB 1980, 637, 640 mit Nachw. zu den BFH-Urteilen.

825 Eigentlich beinhaltet der Begriff einen Widerspruch in sich selbst, weil Eigentum immer rechtliches Eigentum nach den §§ 903 ff. BGB ist. Trotzdem hat sich dieser Begriff eingebürgert. Siehe dazu schon Döllerer, BB 1971, 535. Ebenso Tipke/Kruse, AO, § 39 Rn. 4: Der Begriff „Eigentum“ ist also nicht privatrechtlich zu verstehen. Gegen die Bedenken gegen diese Begriffsverwendung nimmt Fahrholz, Leasing in der Bilanz, S. 44 Stellung.

rechtliche Frage der Vermögenszugehörigkeit und die steuerliche Frage nach wirtschaftlichem Eigentum in gleicher Weise,[826] so daß im folgenden einheitlich von wirtschaftlichem Eigentum die Rede sein soll.[827] Die Definition des wirtschaftlichen Eigentums ist sehr umstritten.[828] Übereinstimmung herrscht aber darin, daß auf den normalen Lauf der Dinge abzustellen ist.[829] Dabei steht im Zentrum des erwähnten Streits die Frage, welche Herrschaftsbefugnisse zu einer vom zivilrechtlichen Eigentum abweichenden Zurechnung ausreichen, insbesondere in Bezug auf die Begründung des wirtschaftlichen Eigentums des Leasingnehmers[830]. Auf die einzelnen Ansätze muß im Rahmen dieser Arbeit nicht eingegangen werden, weil bereits an den *unstreitig anerkannten* Fällen des wirtschaftlichen Eigentums das hier verfolgte Anliegen deutlich gemacht werden kann. Damit sind die Fälle des § 246 Abs. 1 S. 2 HGB angesprochen, also z.B. der Erwerb unter Eigentumsvorbehalt und die Sicherungsübereignung.

Nur wenn die Frage der Zurechnung in die Überlegungen um den Vermögensgegenstandsbegriff einbezogen werden kann, ist weiter zu untersuchen, wie sich dieses Verständnis auf die einzelnen Ansichten zum Vermögensgegenstandsbegriff auswirkt.

aaa) Beeinflussung der Aktivierungskonzeption durch die Vermögenszugehörigkeit

Im Zusammenhang mit den Voraussetzungen des Vermögensgegenstandes stellt sich die Frage, ob es stringent ist, auf einer ersten Stufe die Vermögensgegenstandseigenschaft als Problem der abstrakten Aktivierungsfähigkeit zu klären und

---

826 Fahrholz, Leasing in der Bilanz, S. 58; Kußmaul, Nutzungsrechte, S. 56. A.A. Knapp, DB 1971, 1121, 1128, die für den widerrechtlichen Eigenbesitz die steuerrechtliche Zurechnung bejaht, während sie nach Handelsrecht zu verneinen wäre, weil nach den GoB als Verhaltensregeln ehrenwerter Kaufleute gestohlene Sachen nicht bilanziert werden dürften.

827 Kropff in: Geßler/Hefermehl, § 149 Rn. 53; Bieg, Schwebende Geschäfte, S. 246; Budde/Karig in: BeBiKom, § 246 Rn. 4. S; Beisse, BB 1980, 637, 640 m.w.Nachw. Fn. 31 auch schon vor Einführung des § 246 Abs. 1 S. 2 HGB: „Das Handelsrecht enthält eine ausdrückliche Vorschrift dieses Inhalts nicht, aber es ist unbestritten, daß auch für die handelsrechtliche Bilanzierung das wirtschaftliche Eigentum erforderlich und ausreichend ist."

828 S. Darstellung der einzelnen vertretenen Ansichten z.B. Barth, Die Zurechnung von Leasingobjekten im Jahresabschluß, S. 150-167; Fahrholz, Leasing in der Bilanz, S. 44-69. Eine Definition der Rechtsprechung z.B. bei BFH v. 8. 8. 1990, X R 149/88, BFHE 162, 251 = BStBl. II 1991, 70; umfassende Rechtsprechungsnachw. Moxter, Bilanzrechtsprechung, S. 38-47.

829 S. Budde/Karig in: BeBiKom, § 246 Rn. 6.

830 Fahrholz, Leasing in der Bilanz und Barth, Die Zurechnung von Leasingobjekten.

auf einer zweiten Stufe die Zurechenbarkeit zum Vermögen des Bilanzierenden als Frage der konkreten Aktivierungsfähigkeit zu behandeln.[831] Alternativ käme die Behandlung der Zurechnung bereits im Rahmen der Vermögensgegenstandsvoraussetzungen - also der abstrakten Aktivierungsfähigkeit - in Frage.[832] Übereinstimmend findet nach beiden Vorgehensweisen ein tatsächlicher Bilanzausweis nicht statt, wenn dem Bilanzierenden ein Vermögensgegenstand nicht zugerechnet werden kann. Daß es sich beim „Vermögen“ um einen subjektiven Begriff handelt, der erst durch die Frage der Zurechnung zu einem Rechtssubjekt einen Inhalt erhält, wird ebenfalls nicht bestritten.[833]

Nach einer Ansicht soll diese Betrachtung auf den Vermögensgegenstandsbegriff keine Auswirkungen entfalten, weil *körperliche* Gegenstände keines Zuordnungsobjektes bedürften, wie die Dereliktion (§ 959 BGB) zeige.[834] Denn während die Sache herrenlos sei, könne sie zwar nicht bilanziert werden, verliere aber nicht die Vermögensgegenstandseigenschaft. Diese Argumentation ist sehr formalistisch, denn die Frage ist nicht, ob es im Recht insgesamt Vermögensge-

---

831 Tiedchen, Vermögensgegenstand, S. 68; faktisch findet sich diese Behandlung ganz überwiegend z.B. in der Kommentarliteratur dadurch, daß die Frage der Zurechnung vollständig getrennt wird von den Voraussetzungen des Vermögensgegenstandes, z.B.: Budde/Karig in: BeBiKom, § 246 Rn. 4 ff.; bei A/D/S, 3 246 ff. findet diese Frage bei der Darstellung der Vermögensgegenstandsvoraussetzung keine Erwähnung.

832 Eine besondere Schwierigkeit besteht darin, daß sich bei fast allen Autoren diese Aussage nicht in dieser Abstraktion findet, sondern nur aus ihrer konkreten Vorgehensweise ergibt. Deshalb finden sich im folgenden Nachw. aus denen diese Ansicht geschlossen wurde. Im Gegensatz dazu sehr deutlich Roland, DB 1981, 173, 177: „Eine Definition des Begriffs des Vermögensgegenstandes bedingt ... die gleichzeitige Konkretisierung der Frage der wirtschaftlichen Vermögenszugehörigkeit“. S. Kropff in: Geßler/Hefermehl, § 149 Rn. 53; auch Döllerer, BB 1971, 535, 536, der bzgl. des wirtschaftlichen Eigentums die Frage stellt, ob für die Aufnahme eines Vermögensgegenstandes (Wirtschaftsguts) erforderlich ist, „daß der Vermögensgegenstand (das Wirtschaftsgut) zu dem der Zwangsvollstreckung unterliegenden Vermögen des Kaufmanns gehört.“ Würde das wirtschaftliche Eigentum eine Sonderkategorie bilden, müßten die Voraussetzungen des Vermögensgegenstands eben gerade nicht erfüllt werden. Kußmaul, BB 1987, 2053, 2058 stellt fest, das Merkmal der Verwertbarkeit sei nicht in der Lage, die Aktivierung unter Eigentumsvorbehalt erworbener Sachen zu erklären (dazu s.u.); ebenso wohl auch Fabri, GoB entgeltlicher Nutzungsverhältnisse, S. 51 ff., der die wirtschaftliche Vermögenszugehörigkeit anhand des für den Vermögensgegenstandsbegriff entwickelten Merkmals überprüft. Auch Fahrholz, Leasing in der Bilanz, S. 116-118, der die fehlende Übertragbarkeit des Rechtes des bilanzierenden Leasingnehmers herausstellt und feststellt, der Ausschluß der Verkehrsfähigkeit einer Forderung oder eines Rechtes könne der Vermögenseigenschaft nicht entgegenstehen. In diese Richtung auch Moxter, Bilanzrechtsprechung, S. 39: „ Das Prinzip wirtschaftlicher Vermögenszugehörigkeit ist mithin das umfassende Prinzip, nicht etwa nur ein Prinzip mit ergänzender Wirkung.“

833 S. auch Tiedchen, aaO., S. 67 m.w.Nachw. Fn. 246.

834 Tiedchen, aaO., S. 68.

genstände gibt, die auch ohne Zurechnungssubjekt fortbestehen, sondern ob dieses Verständnis im bilanzrechtlichen Kontext sinnvoll ist. Zudem kommt eine Dereliktion nur bei körperlichen Gegenständen in Frage, so daß die Argumentation sich nicht auf alle Vermögensgegenstände übertragen läßt. Des weiteren scheidet die Dereliktion gerade auch bei körperlichen Gegenständen für die Fälle des wirtschaftlichen Eigentums aus, so daß dieses Argument gerade an dieser Stelle überraschen muß. Denn Ausgangspunkt dieser Ansicht ist, daß das bilanzierende Unternehmen derelinquiert. Dies ist ihm aber in den Fällen wirtschaftlichen Eigentums mangels der entsprechenden rechtlichen Befugnisse regelmäßig nicht möglich.

Auch eine Bezugnahme auf den Wortlaut der §§ 238, 242 HGB, die sich auf „seine" Vermögensgegenstände, also diejenigen des Kaufmanns, beziehen, steht auf sehr unsicherer Grundlage. Erfolgversprechender ist schon der Wortlaut des § 246 Abs. 1 S. 1 HGB, der anordnet, daß der Jahresabschluß „sämtliche Vermögensgegenstände" zu enthalten hat. Zwar wurde diese Formulierung – wie bereits erwähnt – 1990 durch einen Satz 2 ergänzt, der einige Fälle der Zurechnung regelt. Aber zum einen zählt dieser die Fälle des wirtschaftlichen Eigentums nicht abschließend auf, und zum anderen war auch schon vor seiner Einführung allgemeine Meinung, daß auch das wirtschaftliche Eigentum zu bilanzieren sei. Damit muß sich nach alter und nach neuer Rechtslage die Einbeziehung des wirtschaftlichen Eigentums aus dem in § 246 Abs. 1 S. 1 HGB niedergelegten Vollständigkeitsprinzip ergeben. Sieht man von den aktiven Rechnungsabgrenzungsposten und den Bilanzierungshilfen ab, so enthält die Bilanz „sämtliche Vermögensgegenstände", aber eben auch nur diese. Aufgrund dieser Überlegung muß auch ein „nur" im wirtschaftlichen Eigentum stehender Vermögenswert, Vermögensgegenstand im Sinne dieser Vorschrift sein. Diese Überlegung wird auch durch die in den einzelnen Ansichten vorgenommene Herleitung des jeweiligen Vermögensgegenstandsbegriffs aus den Bilanzzwecken gestärkt.

Die Voraussetzungen des Vermögensgegenstandsbegriffs wurden unter der Annahme aufgestellt, daß sie *abschließend* über den Ansatz auf der Aktivseite in der Bilanz entscheiden. Dieser Umstand erklärt sich daraus, daß nach allen hier dargestellten, handelsrechtlichen Ansichten das Vermögensgegenstandsbegriffsverständnis den mit der Bilanz verfolgten Zweck nicht nur widerspiegelt, sondern ihm auch zur Geltung verhelfen soll.[835] Zum anderen wäre es müßig, sich einerseits insbesondere für strenge Voraussetzungen einzusetzen und dann anderseits doch eine Aktivierung ohne die Erfüllung dieser Kriterien zu befürwor-

---

835 A.A. Fahrholz, Leasing in der Bilanz, S. 41 in Bezug auf die Tauglichkeit der Bilanzzwecke für die Entscheidung der Zurechnungsfrage.

ten. Denn so könnte die befürwortete Aktivierungskonzeption unterlaufen werden. Bezieht man nun in die Überlegungen ein, daß entscheidend für den Ansatz in der Bilanz die wirtschaftliche Vermögenszugehörigkeit ist, dann sind in der Bilanz *im Vermögen* auch die Fälle des wirtschaftlichen Eigentums auszuweisen. Wenn also durch ein besonderes Vermögensgegenstandsverständnis ein damit verfolgter, dahinterstehender Zweck verwirklicht werden soll, dann müssen sich die oben dargestellten Ansichten daran messen lassen, ob sie zumindest die anerkannten Fälle der Aktivierung wirtschaftlichen Eigentums erklären können. Obwohl dieser Ansatz naheliegend ist, fehlt es an einer Berücksichtigung dieses Umstandes in nahezu allen Ausführungen zu diesem Thema entweder vollständig, oder er wird nicht mit hinreichender Konsequenz berücksichtigt.[836]

bbb) Probleme der restriktiven Ansichten zum Vermögensgegenstandsbegriff mit den anerkannten Fällen des wirtschaftlichen Eigentums

An dieser Stelle sollen die bisher dargestellten Ansichten zum Vermögensgegenstandsbegriff darauf untersucht werden, ob sie sich mit den *anerkannten* Fällen wirtschaftlichen Eigentums vereinbaren lassen.

Legt man das Merkmal der konkreten *Einzelverkehrsfähigkeit* zugrunde, so kann z.B. die Bilanzierung einer unter Eigentumsvorbehalt gekauften Sache nicht erklärt werden. So überprüft *Knapp*[837] die Einzelveräußerbarkeit[838] einer unter Eigentumsvorbehalt erworbenen Sache für den Erwerber und erkennt, daß im Regelfall zwar der Verkäufer keine Verwertungsmöglichkeit habe, aber eben auch *nicht* der Erwerber. Diese fehlende Verwertungsfähigkeit soll sich aber nach Knapp nicht auf die Aktivierungsfähigkeit auswirken, wenn der Bedingungseintritt nach Lage der Dinge zu erwarten sei. Ebensowenig ist eine zur Sicherheit übereignete Sache für den Bilanzierenden einzeln veräußerbar. Auch in den anerkannten Fällen der Bilanzierung beim Leasingnehmer, scheidet unter Anwendung dieses Merkmals eine Bilanzierung aus, weil das Nutzungsrecht des Leasing-Nehmers entweder wegen Inhaltsänderung nach § 399 Alt. 1 BGB oder wegen die Übertragung ausschließender vertraglicher Vereinbarungen gem. § 399 Alt. 2 BGB dem Rechtsverkehr entzogen ist.[839] Auch die Leasingfälle sprechen also dafür, daß der „Ausschluß der Verkehrsfähigkeit einer Forderung bzw. eines Rechtes (§§ 399, 413 BGB)“ nicht ihrer Aktivierungsfähigkeit entge-

---

836 Deutlich aber z.B. Kußmaul, BB 1987, 2053, 2058.

837 Knapp, DB 1971, 1121, 1124.

838 Hierzu ist zu bemerken, daß bei Knapp der Ausdruck „verwerten“ verwendet wird, der aber als „einzelveräußerbar“ verstanden werden muß. Knapp, DB 1971, 1121, 1123: „Verwerten“ bedeutet „verkaufen“.

839 Fahrholz, Leasing in der Bilanz, S. 111 ff.

genstehen kann.[840] Zwar findet sich bei *Knapp* eine Aufzählung der Fälle, bei denen eine Bilanzierung beim Nichteigentümer trotz fehlender Einzelveräußerbarkeit stattfindet, jedoch zieht *Knapp* daraus keine Konsequenzen für den Vermögensgegenstandsbegriff. Nach *Knapp* soll für die Vermögensgegenstände die Möglichkeit entscheidend sein, damit konkret „Schulden (zu) bezahlen".[841] Diese Möglichkeit fehlt aber gerade in den genannten Fällen wirtschaftlichen Eigentums, so daß *Knapp* hier weder dem ihrer Aktivierungskonzeption zugrunde liegenden Gedanken noch dem konkreten Vermögensgegenstandsmerkmal der Einzelveräußerbarkeit treu bleibt. Damit ist diese Ansicht nicht stringent und deshalb abzulehnen.[842]

Ähnlich ist die Lage auch bei den Autoren, die die *konkrete Verwertungsfähigkeit* fordern. Nach *Lamers*[843] soll bei demjenigen bilanziert werden, „der das Verwertungsrecht für den Gegenstand hat." „Dieses Kriterium impliziert zugleich eine Zuordnungsregel und entspricht damit dem dem Vermögensbegriff immanenten Erfordernis der Zuordnung." Dieses Erfordernis ergibt sich für Lamers aus der Dominanz des Gläubigerschutzes.[844] Weitergehende Ausführungen zu der Zurechnungsfrage fehlen explizit.[845] Jedoch ist diese Ansicht im Zerschlagungsprinzip verwurzelt, die bei Lamers „moderiertes Zerschlagungsprinzip" genannt wird. Wendet man diese Ansicht z.B. auf eine unter Eigentumsvorbehalt erworbene Sache an, so wäre entscheidend, ob sie zugunsten der Gläubiger „im Zerschlagungsfalle in Geld transformierbar (ist), das zur Schuldendeckung verwendet werden kann." Nach §§ 107 Abs. 2 i.V.m. 103 Abs. 1 InsO steht bzgl. einer unter Eigentumsvorbehalt erworbenen Sache dem Insolvenzverwalter ein Wahlrecht zu. Entscheidet er sich gegen die Erfüllung, weil z.B. die noch zu zahlenden Raten den zu erwartenden Veräußerungserlös übersteigen, so fällt die Sache aus der Insolvenzmasse heraus.[846] Genauso liegt auch der Fall bei den Fällen des Leasing, in denen der Leasinggegenstand unstreitig beim

---

840 Fahrholz, Leasing in der Bilanz, S. 118.

841 Knapp, DB 1971, 1121, 1123.

842 Ähnlich die Kritik bei Fahrholz, Leasing in der Bilanz, S. 62; Fabri, GoB entgeltlicher Nutzungsverhältnisse, S. 53. Der Unterschied besteht darin, daß diese Autoren die Formel des wirtschaftlichen Eigentums von Knapp kritisieren, während hier ein Widerspruch zu den Vermögensgegenstandsvoraussetzungen gesehen wird.

843 Lamers, Aktivierungsfähigkeit und Aktivierungspflicht, S. 205.

844 Lamers, aaO., S. 204. Vgl. auch schon oben.

845 Lamers, aaO., S. 205 f.

846 Diese Beurteilung sieht Barth, Die Zurechnung von Leasingobjekten, S. 119 in Bezug auf das Leasingrecht im Insolvenzfall anders. Aus dem Wahlrecht des Insolvenzverwalters schließt er, daß das Nutzungsrecht „im Rahmen der Zwangsvollstreckung verwertbar" ist. Dies geht anscheinend von der grundsätzlichen, abzulehnenden Annahme der Wahl der Erfüllung aus.

Leasingnehmer zu bilanzieren ist.[847] Auch wenn sich der Insolvenzverwalter für die Erfüllung entscheidet, kommt es erst zu einem Verwertungsrecht durch die Herbeiführung des *Vollrechtserwerbs*. Eine aktuelle Verwertbarkeit besteht beim wirtschaftlichen Eigentum nicht, sondern höchstens eine unsichere zukünftige, die sich in jedem Fall nur durch die Aufwendung weiterer Mittel erzielen läßt. Damit können die Fälle wirtschaftlichen Eigentums schon aus rechtlichen Gründen nicht (unmittelbar) zur Schuldendeckung herangezogen werden. Das Ziel der Ermittlung der Schuldendeckungsfähigkeit und die anerkannten Fälle wirtschaftlichen Eigentums sind nicht miteinander vereinbar. Das mit der Schuldendeckungsfähigkeit verfolgte Ziel der Information über die Schuldendeckungsfähigkeit im Interesse der Gläubiger wird durch die Aktivierung der Fälle wirtschaftlichen Eigentums konterkariert. Die logische Konsequenz wäre, entweder sich vom Zweck der Schuldendeckungsfähigkeit zu verabschieden oder eine Aktivierung der Fälle wirtschaftlichen Eigentums zu verneinen. Da letzteres von niemandem ernsthaft befürwortet wird, weil damit nur noch zivilrechtliches Eigentum als Vermögen bilanziert werden dürfte, ergibt sich also auch aus diesem Grund eine Ablehnung der Funktion der Schuldendeckungsfähigkeit der Bilanz.

Zwar tritt auch *Fabri* für die Verwertungsfähigkeit von Vermögensgegenständen ein, geht aber anders als *Lamers* von der Fortführungsfiktion aus.[848] Weil mit der Liquidationsfiktion einige unbestrittene Fälle des wirtschaftlichen Eigentums nicht erklärt werden könnten, spricht er der Handelsbilanz die Fähigkeit ab, die Schuldendeckungsfähigkeit darstellen zu können.[849] Dieser Ansatz steht allerdings im Widerspruch zu seiner Aussage, daß die Vermögensgegenstandseigenschaft nur bejaht werden könne, „wenn etwas zur Begleichung von Schulden herangezogen werden könne",[850] denn die aktivierten Beträge müßten „im Fortführungsfall in Geld transformierbar sein".[851] Dies ergäbe sich auch aus dem Gläubigerschutzgedanken.[852] Im Zusammenhang mit der Frage der wirtschaftlichen Vermögenszugehörigkeit führt er aus, es sei „nur aktivierungsfähig, was bei dem Bilanzierenden *potentiell*[853] verwertet werden kann. Dies ist aber nur möglich, falls der Bilanzierende das Verwertungsrecht für eigene Rechnung bereits inne hat oder es durch entsprechende schuldrechtliche Absicherung erwer-

---

847 Dazu z.B. die Zusammenfassung der von der Rechtsprechung entwickelten Zurechnungskriterien in BFH v. 30. 5. 1984, I R 146/81, BFHE 141, 509 = BStBl. II 1884, 825. Bei wirtschaftlicher Betrachtung handelt es sich in diesen Fällen um ein Erwerbsgeschäft. So auch Moxter, Bilanzrechtsprechung, S. 41.

848 Fabri, GoB entgeltlicher Nutzungsverhältnisse, S. 57 ff.

849 Fabri, aaO., S. 59.

850 Fabri, aaO., S. 49.

851 Fabri, aaO., S. 48 f., 50.

852 Fabri, aaO., S. 50.

853 (Hervorhebung nicht im Original.)

ben kann *und* dies unter der Annahme des typischen Geschensablaufs *zwingend* zu erwarten ist."[854] Entscheidend ist danach, ob sich der Vollrechtsinhaber bei „wirtschaftlicher Betrachtung seiner Herrschaftsmacht für eigene Rechnung über den zuzurechnenden Vermögensgegenstand begeben hat. Damit ist deutlich, daß es für die Annahme wirtschaftlichen Eigentums *nicht* auf die rechtlichen Befugnisse am Abschlußstichtag ankommt, den Vermögensgegenstand zu verwerten".[855]

Wie bereits oben angedeutet soll hier gezeigt werden, daß auch *Fabri* – entgegen anders lautenden Ausführungen – selbst dem Gläubigerschutz i.S.d. Schuldendeckungsfähigkeit verhaftet ist und sich damit seine Ansicht ebenfalls nicht mit dem Fortführungsprinzip in Einklang bringen läßt. Diese Schlußfolgerung wird sich aus dem Abstellen auf die zukünftige Verwertbarkeit ergeben.

Mit seiner Ansicht kann *Fabri* nur scheinbar die zu aktivierenden Fälle des wirtschaftlichen Eigentums erklären. Denn in der Ansicht ist ein unauflösbarer Widerspruch enthalten. Zwar distanziert sich *Fabri* einerseits vom Zerschlagungsprinzip sowie dem Zweck der Schuldendeckungsfähigkeit, stellt aber andererseits u.a. aus Gläubigerschutzgesichtspunkten die Transformierbarkeit in Geld in den Vordergrund. Hier muß zunächst geklärt werden, was „Transformierbarkeit in Geld" überhaupt bedeutet. Dabei sind zwei getrennte Argumentationsstränge möglich, die beide separat verfolgt werden sollen.

Da sich nach *Fabri* die „Transformierbarkeit in Geld" aus dem Gläubigerschutz herleitet, ergäbe diese Anforderung an den Vermögensgegenstand nur dann eine sinnvolle Aussage, wenn damit gemeint ist, daß sich ein aktivierter Gegenstand *in seiner angesetzten Höhe* zu Geld machen ließe. Dann wäre das Merkmal der Transformierbarkeit identisch mit der Schuldendeckungsfähigkeit, so daß ihre Ablehnung bei *Fabri* ein bloßes Lippenbekenntnis wäre. Der Ansatz, u.a. von den Fällen wirtschaftlichen Eigentums zu fortgeschriebenen Anschaffungskosten, wäre nicht erklärbar. Die Aussage „Transformierbarkeit in Geld im Fortführungsfall" wäre also in sich widersprüchlich.

Alternativ könnte unter der „Transformierbarkeit" aber auch verstanden werden, daß ein Gegenstand nicht mit dem aktivierten Wert, sondern nach dem üblichen Lauf der Dinge *irgendwann* einmal zu einem noch für den Bilanzleser *völlig ungewissen* Wert zu Geld gemacht werden könnte. Nur unter Zugrundelegung dieses Verständnisses wäre es konsequent, die Fälle des wirtschaftlichen Eigentums bei gleichzeitigem Abstellen auf die Verwertbarkeit in der Bilanz zu erfassen.

---

[854] Fabri, aaO., S. 60. (Hervorhebungen im Original.)
[855] Fabri, aaO., S. 61.

Dem entsprechend spricht Fabri auch von der „potentiellen" oder zukünftigen Verwertbarkeit. Eine Verwertbarkeit ist in den Fällen des wirtschaftlichen Eigentums gerade von dem Vollrechtserwerb, also einem zukünftigen Ereignis, abhängig. Ein unter Eigentumsvorbehalt erworbener Gegenstand wird aber mit seinen gesamten Anschaffungskosten in der Bilanz des Käufers angesetzt und nicht in Höhe des Verwertungswertes nach einem in der Zukunft liegenden Vollrechtserwerb. Damit schlägt sich der Verwertungswert in keiner Weise in dem vorgenommenen Wertansatz nieder, so daß die Aktivierung und der Wertansatz in keiner Beziehung zueinander stünden. Bei diesem Verständnis würde die Transformierbarkeit in Geld nur eine Aussage über die Bilanzierung dem Grunde nach, nicht aber der Höhe nach, enthalten. Mit diesem Verständnis könnte zwar auf konstruierte Weise an der „Transformierbarkeit" festgehalten werden, jedoch würde von einer möglichen inhaltlichen Aussage nichts übrig bleiben, obwohl das Merkmal *Fabri* so zentral erscheint, daß er es mehrfach erwähnt. Dieses läßt sich sehr deutlich an der für die Fälle wirtschaftlichen Eigentums befürworteten potentiellen Verwertungsfähigkeit zeigen. Das Abstellen auf die zukünftige Verwertbarkeit macht keinen Sinn, weil weder die Verwertungshöhe noch der Verwertungszeitpunkt in irgendeiner Weise ersichtlich sind.

Meines Erachtens ist das Abstellen auf die „Transformierbarkeit in Geld" nur dann sinnvoll, wenn sie folgende Information liefert: Die in der Bilanz angesetzten Vermögensgegenstände sind in Höhe ihres angesetzten Wertes in Geld transformierbar. Diese Information kann die Bilanz aber gerade nicht liefern, was besonders deutlich die Fälle wirtschaftlichen Eigentums zeigen. Zudem kann aus der Bilanz nicht einmal abgelesen werden, ob es sich bei einem aktivierten Vermögensgegenstand um einen Fall wirtschaftlichen Eigentums handelt. Für den Fall der Sicherungsübereignung entspricht es der h.M., daß die durch die Sicherungsabrede gebundenen Vermögensgegenstände weder getrennt in der Bilanz aufzuführen sind, noch auf sonstige Weise besonders zu vermerken sind, und nicht einmal der Anhang über diese Frage Angaben enthalten muß.[856] Dasselbe gilt für die unter Eigentumsvorbehalt erworbenen Vermögensgegenstände und für die in der Bilanz des Leasingnehmers auszuweisenden Leasinggegenstände. Damit befinden sich in der Bilanz u.U. erhebliche Werte (maximal alle Vermögensgegenstände), die nicht zugunsten der Gläubiger in Geld transformiert werden können und für die darüber hinaus unklar ist, wann sie „potentiell" verwertbar werden.

Zusammenfassend läßt sich feststellen, daß die Ansicht von *Fabri* nicht überzeugen kann, egal welches Verständnis des Merkmals der „Transformierbarkeit in Geld" zugrunde gelegt wird. Bei dem ersten Argumentationsweg verstößt die

---

[856] Budde/Karig in: BeBiKom, § 246 Rn. 16.

Ansicht gegen das Fortführungsprinzip, weil sie auf die Transformierbarkeit in Geld zugunsten der Gläubiger (= Schuldendeckungsfähigkeit) abstellt. Folgt man dem zweiten Argumentationsweg, „verrät" die Ansicht die „Transformierbarkeit in Geld", indem sie diesem Merkmal jeglichen aussagefähigen Inhalt raubt, weil sie in den Fällen wirtschaftlichen Eigentums eine zukünftige Verwertungsfähigkeit ausreichen läßt. Wenn aber schon die zukünftige Verwertungsfähigkeit für eine Aktivierung ausreichen soll, bleibt die Frage, warum überhaupt ein so restriktives Vermögensgegenstandsmerkmal befürwortet wird. Damit ist die Ansicht inkonsequent und abzulehnen.

Die Ansichten, die eine irgendwie geartete Verwertbarkeit als Vermögensgegenstandskriterium fordern, sind also mit den Fällen der Aktivierung wirtschaftlichen Eigentums in der Bilanz nicht in Einklang zu bringen.

Zudem ist noch kurz auf die Ansicht von *Tiedchen*[857] einzugehen, nach der nur dann ein Vermögensgegenstand vorliegt, „wenn auf das fragliche Gut im Wege der Einzelzwangsvollstreckung wegen Geldforderungen zugegriffen werden kann." Weder der Vorbehaltsverkäufer noch der Sicherungseigentümer müßten aber eine Vollstreckung dulden, da sie als Eigentümer gem. § 771 ZPO ein die „Veräußerung hinderndes Recht" geltend machen könnten. Die Vollstreckbarkeit wäre erst mit Vollrechtserwerb beim Bilanzierenden möglich, so daß die gegen die zukünftige Verwertbarkeit geltend gemachten Bedenken hier ebenfalls gelten. Zudem ist auch hier zu kritisieren, daß das von Tiedchen verfolgte Ziel eines dominanten Gläubigerschutzes nicht erreicht werden kann.

Schließlich ist darauf einzugehen, wie sich das von der *Rechtsprechung* vertretene Vermögensgegenstandskriterium der Veräußerung mit dem Gesamtunternehmen mit den Fällen wirtschaftlichen Eigentums verträgt. Wie bereits oben[858] festgestellt wurde, hält die Rechtsprechung dieses Erfordernis nicht für unbedingt zwingend, und nach der hier vertretenen Ansicht ist es sogar überflüssig. Sehr deutlich wird dies in einem Fall zum Immoblilien-Leasing.[859] Hier anerkennt der I. Senat mittelbar, daß auch die Fälle wirtschaftlichen Eigentums einer Überprüfung anhand der Vermögensgegenstandskriterien standhalten müssen: „Andererseits erfordert die steuerliche Zurechnung eines Wirtschaftsgutes nicht dessen freie bürgerlich-rechtliche Übertragbarkeit durch den Vermögensinhaber. So gibt es im Zivilrecht zahlreiche Rechtspositionen, die nicht übertragbar sind (vgl. §§ 399, 413, 1059 des Bürgerlichen Gesetzbuches – BGB –), deren Bilan-

---

857 Tiedchen, Vermögensgegenstand, S. 55 ff. (57).

858 S.o. D. I. 1.c) eee) (2) (e).

859 BFH v. 30. 5. 1984, I R 146/81, BFHE 141, 509 = BStBl. II 11984, 825, 827.

zierung im Vermögen des Rechtsinhabers dennoch außer Zweifel steht.“[860] Sehr deutlich wird in dem Urteil, daß es beim wirtschaftlichen Eigentum auf eine irgendwie geartete Übertragbarkeit an Dritte gerade nicht ankommt. Der Fokus des wirtschaftlichen Eigentums liegt auf der exklusiven Nutzungsberechtigung *nicht* einer möglichen Verwertung. Wird dieses Urteil konsequent angewendet, so ergibt sich auch aus den Fällen wirtschaftlichen Eigentums, daß die Übertragbarkeit mit dem Gesamtunternehmen als Vermögensgegenstandskriterium abzulehnen ist.

ccc) Zwischenergebnis

Die dargestellten restriktiven Ansichten zur Definition des Vermögensgegenstandes können die Bejahung der Aktivierung der anerkannten Fälle wirtschaftlichen Eigentums nicht erklären und setzen sich in Widerspruch zu den von ihnen aufgestellten Zwecken der Bilanz. Damit sind sie abzulehnen.

cc) Gefahr einer Doppelaktivierung oder eines doppelten Wertansatzes bei Bejahung der Vermögensgegenstandseigenschaft obligatorischer Nutzungsrechte

Das hier zugrunde gelegte Vermögensgegenstandsverständnis birgt im Zusammenhang mit dem wirtschaftlichen Eigentum allerdings auch Probleme. Bewußt wurde hier davon abgesehen, einen eigenen Begriff des wirtschaftlichen Eigentums zu entwickeln. Müssen nun aber – wie gezeigt – die einzelnen Aktivierungskonzeptionen einer Überprüfung anhand der Fälle des wirtschaftlichen Eigentums standhalten, taucht die Frage auf, ob nicht doch eine Begriffsbestimmung des wirtschaftlichen Eigentums im Rahmen des Vermögensgegenstandsbegriffs erforderlich wird.[861] Tritt man so weitgehend wie hier für eine Bejahung der Vermögensgegenstandseigenschaft von obligatorischen Nutzungsrechten ein, stellt sich umgekehrt zu den bisherigen Überlegungen die Frage, ob darin nicht ein Verstoß gegen den Begriff des wirtschaftlichen Eigentums zu sehen ist. Dies läßt sich am besten am Beispiel des Leasing erläutern. Hier hängt es letzt-

---

860 BFH v. 30. 5. 1984, I R 146/81, BFHE 141, 509 = BStBl. II 11984, 825, 827. (Klammerzusatz auch im Original.)

861 So z.B. Kußmaul, Nutzungsrechte an Grundstücken, S. 440: „Als Vermögensgegenstand wird der durch ein Recht oder Rechtsverhältnis gesicherte Vorteil angesehen, der dem Bilanzierungssubjekt eine selbständige und einzeln erfaßbare und bewertbare, aktuelle Herrschaftsmöglichkeit über eine Sache oder einen unkörperlichen Gegenstand gewährt und ihm - bei Erfüllung seiner Verpflichtungen - einen gesicherten, d.h. rechtlich nicht entziehbaren Vorteil einräumt.“

lich von der Vertragsgestaltung ab, ob sich der Vertrag wie ein Ratenkaufvertrag darstellt und damit mit den Anschaffungskosten beim Leasingnehmer zu aktivieren ist, oder ob er wie ein Mietvertrag ein schwebendes Dauerschuldverhältnis darstellt.[862] Auf die genaue Trennlinie zwischen Ratenkauf und Dauerschuldverhältnis ist hier nicht einzugehen. Liegt die Nähe zum Mietvertrag vor, dann kommt es zu keinem Aktivansatz beim Leasingnehmer. Wird nun die Vermögensgegenstandseigenschaft des obligatorischen Nutzungsrechts befürwortet, könnte man meinen, hier würde die zum wirtschaftlichen Eigentum getroffene Entscheidung außer Kraft gesetzt, weil obligatorische Nutzungsrechte nur in den Fällen gleichzeitigen wirtschaftlichen Eigentums angesetzt werden dürften. Damit stellt sich die Frage, ob eine Aktivierung von Eigentum und Nutzungsrecht parallel überhaupt möglich ist und wenn ja zu welchem Wert.

Dem hier zugrunde gelegten Vermögensgegenstandsverständnis kann nicht entgegengehalten werden, daß ein Vermögenswert durch die Aktivierung von Eigentum und gleichzeitiger Aktivierung eines obligatorischen Nutzungsrechts „doppelt" würde.[863] Dem liegt die Vorstellung zugrunde, daß eine Bilanzierung nur bei einer Person, und zwar dem Eigentümer, in Frage kommt, während Dritten eingeräumte Nutzungsrechte per se nicht bilanzierungsfähig seien.[864] Daß diese Grundannahme so nicht stimmt, zeigt die heute nahezu allgemeine Anerkennung der Vermögensgegenstandseigenschaft des Erbbaurechts oder auch die fast einhellige Anerkennung des Nießbrauchrechts, sowie auch die zu bejahende Vermögensgegenstandseigenschaft obligatorischer Nutzungsrechte unter konsequenter Anwendung der einzelnen Ansichten zum Vermögensgegenstandsbegriff. Gegen diese wird nicht der Einwand geltend gemacht, daß der Eigentümer das Eigentum nicht mehr bilanzieren dürfe, weil er sich des Nutzungsrechts begeben habe und das Eigentum damit für die Nutzungszeit wirtschaftlich entwertet ist.

Zudem wird die Kategorie des wirtschaftlichen Eigentums weder aufgehoben noch nutzlos. Durch die Bejahung der Aktivierung von wirtschaftlichem Eigentum kommt es nämlich zu einer vom zivilrechtlichen Eigentum abweichenden Zuordnung der *Substanz*. Wem die Substanz zuzuordnen ist, muß aber auch bei einem weiten Vermögensgegenstandsbegriff geklärt werden. Die Substanz kann nur *einmal* ausgewiesen werden. Geht es dagegen um ein bloßes Nutzungsrecht, das die Kriterien des wirtschaftlichen Eigentums nicht erfüllt, so muß die Substanz weiter beim zivilrechtlichen Eigentümer bilanziert werden. Ein Ansatz eines obligatorischen Nutzungsrechtes, soweit keine konkreten Aktivierungsver-

---

862 S. BFH v. 30. 5. 1984, I R 146/81, BFHE 141, 509 = BStBl. II 1984, 825, 826; Weber-Grellet in: Schmidt, EStG, § 5 Rn. 724; Moxter, Bilanzrechtsprechung, S. 41.

863 Kußmaul, BB 1987, 2053, 2059; ders., Nutzungsrechte an Grundstücken, S. 417 f.

864 Dazu Bieg, Schwebende Geschäfte, S. 239.

bote entgegenstehen, hat dagegen eine *parallele* Bilanzierung zum zivilrechtlichen Eigentum zur Folge. So führt der Ansatz eines Erbbaurechts beim Erbbauberechtigten – soweit man einen solchen Bilanzansatz für möglich hält - nicht etwa dazu, daß der Eigentümer in seiner Bilanz nicht mehr das Eigentum ausweisen darf. Ebenso wenig kann dann etwas anderes gelten für die sonstigen obligatorischen Nutzungsrechte. Hier werden dann *zwei Vermögensgegenstände* angesetzt, einerseits das Nutzungsrecht und andererseits das Eigentum. Zudem befinden sich *alle* oben dargestellten Ansichten zum Vermögensgegenstandsbegriff im Einklang mit dem Ergebnis des fehlenden Konfliktes zwischen wirtschaftlichem Eigentum und der Bejahung der Vermögensgegenstandseigenschaft obligatorischer Nutzungsrechte. Sie lehnen nämlich nicht die Vermögensgegenstandseigenschaft obligatorischer Nutzungsrechte kategorisch ab, sondern machen sie nur von der Einzelübertragbarkeit, Verwertbarkeit oder Vollstreckbarkeit abhängig. Hierbei handelt es sich zwar nicht um die üblichen Fälle, sie können aber vorkommen, wie die jeweiligen Autoren auch überwiegend eingestehen. Zudem bestünde bei einem Ausweis in zwei Bilanzen auch nicht die Gefahr, daß ein falscher Eindruck entsteht, da ein geschulter Bilanzleser weiß, daß es sich bei einem Nutzungsrecht nicht um „Haftungsmasse“ handelt.[865]

Allerdings stellt sich die Frage, welchen Einfluß die Einräumung eines Nutzungsrechts auf den Wertansatz des Eigentumsrechts hat. Mit *Baur*[866] kann man das Eigentum als umfassendes Nutzungs- und Verwertungsrecht an einer Sache“ verstehen. Nach der Definition des § 903 BGB kann der Eigentümer, „soweit nicht das Gesetz oder Rechte Dritter entgegenstehen, mit der Sache nach Belieben verfahren und andere von jeder Einwirkung ausschließen.“ Räumt der Eigentümer einem anderen ein Nutzungsrecht ein, so ist er für die Nutzungszeit von der Einwirkung auf die Sache ausgeschlossen, so daß auch das Eigentumsrecht selbst oder zumindest sein *Wert* durch die Einräumung eines Nutzungsrechts beeinflußt sein könnte.

Einerseits könnte man erwägen, ob das Nutzungsrecht vom Eigentumsrecht abgespalten wird,[867] so daß für die Zeit der Nutzungsberechtigung – jedenfalls bei dinglichen Nutzungsrechten – das Eigentum nur in vermindertem Wert zurückbleibt. Andererseits könnte man auch in der Einräumung eines Nutzungsrechts eine zusätzliche Rechtsposition neben dem unverändert bestehenden Eigentums-

---

865 Leffson, DB 1976, 685, 686.

866 Soergel/Baur, BGB, vor § 903 Rn. 6.

867 Dieses Problem wurde schon in Fn. 19 (S. 6) angesprochen. S. Westermann, (Fn. 19); Baur, Sachenrecht, S. 15.

recht sehen,[868] denn die umfassenden Herrschaftsbefugnisse bestünden mit Ablauf des Nutzungsrechts in unverminderter Form. Danach würde die Einräumung des Nutzungsrechts den angesetzten Wert des Eigentums unberührt lassen.

Diese, eigentlich zum Zivilrecht entwickelten, Grundpositionen überträgt *Kußmaul*[869] auf die Bewertungsfrage im Bilanzrecht. Zu Recht weist *Werndl* [870]darauf hin, daß der Eigentümer die Sache durch die Einräumung eines entgeltlichen Nutzungsverhältnisses zwar nicht mehr unmittelbar, sehr wohl aber mittelbar nutzt, weil er sich von der Nutzungsüberlassung den größeren wirtschaftlichen Vorteil verspricht. Solange aber der Nutzungsüberlassung ein wirtschaftliches Äquivalent gegenübersteht, hat das Eigentum gerade nichts von seinem Wert eingebüßt.[871]

Gerade im Kontext von Einlagen des Gesellschafters, besonders für den Bereich der verdeckten Einlagen,[872] muß geklärt werden, ob auch dann ein unverminderter Wertansatz zu befürworten ist, wenn es sich um ein unentgeltliches Nutzungsverhältnis handelt. Versteht man den Begriff des wirtschaftlichen Äquivalents weit, so ist er bei einer unentgeltlichen Nutzungsüberlassung zwischen Gesellschafter und Gesellschaft gegeben, denn der Gesellschafter überläßt auch hier nicht aus uneigennützigen Motiven die Nutzung, sondern erhofft sich selber einen Vorteil. Selbst wenn man diesem Verständnis nicht folgt, ist zu bedenken, daß die Befürwortung der Wertminderung sehr weitreichende und zudem sehr unpraktikable Auswirkungen hätte. Dies läßt sich gut am Beispiel der allgemein anerkannten Vermögensgegenstandseigenschaft des Erbbaurechts veranschaulichen. Eine A-GmbH räumt einer B-GmbH ein Erbbaurecht an einem ihrer Grundstücke ein. Fände tatsächlich eine Wertminderung des Grundstücks durch die Einräumung des Erbbaurecht statt, so müßte der Wert des Grundstücks um den Wert des Erbbaurechts in der Bilanz der A-GmbH vermindert werden. Nach Ablauf der Nutzungszeit würde die unbeschränkte Nutzungsmöglichkeit wieder an die A-GmbH zurückfallen. Da das Grundstück keinen abnutzungsbedingten Wertminderungen unterliegt, müßte eine Zuschreibung wieder auf den alten Wert stattfinden. Den tatsächlichen Verhältnissen entspricht es wohl besser, wenn man davon ausgeht, daß das Grundstück über die gesamte Zeit nicht in seinem Wert gemindert war. Dem läßt sich auch nicht entgegensetzten, daß auch ein Nutzungsrecht über die gesamte Nutzungszeit das Eigentum vollständig aus-

---

868 Besonders ausführlich Kußmaul, Nutzungsrechte an Grundstücken, S. 152 ff. m.w.Nachw. Fn. 1 S. 152.

869 Kußmaul, aaO., S. 152 f.

870 Werndl, Wirtschaftliches Eigentum, S. 144; zust. Hommel, Bilanzierung immaterieller Anlagewerte, S. 72.

871 Werndl, ebenda; zust. Kußmaul, aaO., S. 154.

872 Zu diesem Begriff im Handelsrecht siehe B. II. 3. c) bb).

höhlen könnte,[873] denn dann wäre im Regelfall ein Fall wirtschaftlichen Eigentums gegeben.

Schließlich ist auch nicht der Ausweis aller obligatorischen Nutzungsrechte zu befürchten, so daß die hier vertretene Ansicht nur relativ beschränkte Auswirkungen hat. Geht man wie hier mit der ganz h.M.[874] davon aus, daß es sich bei dem Grundsatz des Nichtausweises schwebender Geschäfte um ein konkretes Bilanzierungsverbot handelt, dann steht der Schwebezustand nicht der Vermögensgegenstandseigenschaft z.B. eines Mietrechts entgegen, sondern nur seinem tatsächlichen oder konkreten Bilanzausweis. Es ist also klar zu trennen zwischen abstrakter und konkreter Aktivierungsfähigkeit. Die Bejahung der Vermögensgegenstandseigenschaft hat eben nicht automatisch die konkrete Aktivierung zur Folge, sondern nur die (abstrakte) Aktivierungs*fähigkeit.*[875] Damit hat die Einbeziehung obligatorischer Nutzungsrechte in den Vermögensbegriff nicht unabsehbare Folgen für das geltende Bilanzverständnis. Wie später noch näher zu begründen sein wird, hat der Grundsatz des Nichtausweises schwebender Geschäfte bei „normalen" Geschäftsvorfällen die Nichtbilanzierung zur Folge, während sich für Einlagenvorgänge eine Ansatzpflicht ergibt.[876]

---

873 Kußmaul, aaO., S. 159 schlägt für diesen Fall den Ansatz einer Verpflichtung vor. Damit würde der Verzicht auf das Nutzungsrecht den Wertansatz des Eigentums immer unberührt lassen.

874 Ausführlich D. I. 2. b).

875 Dieses verkennt Fabri, GoB entgeltlicher Nutzungsverhältnisse, S. 55: „Zudem würde selbst bei kurzfristigen Mietverträgen das zweifelhafte Phänomen auftreten, daß der Mieter das Mietgut zu bilanzieren hätte."

876 In diesem Zusammenhang gehört auch folgendes: Das hier vertretene weite Vermögensgegenstandsverständnis wird betriebswirtschaftlich von mehreren Autoren auf den betriebsfunktionellen Vermögensbegriff von Bartke (BFuP 1958, 327, 337) gestützt. Darunter wird der Inbegriff aller Vermögensgegenstände bzw. Wirtschaftsgüter aufgefaßt, „über die der Betrieb im Rahmen der für die Wirtschaftsgüter jeweils zugrunde liegenden Rechtsverhältnisse oder auf Grund der faktischen Verfügungsmöglichkeit für die Durchführung der Betriebsaufgaben disponieren kann." Dem zustimmend Bieg, Schwebende Geschäfte, S. 238 f.; Müller-Dahl, Betriebswirtschaftliche Probleme der handels- und steuerrechtlichen Bilanzierungsfähigkeit, S. 85; Kußmaul, Nutzungsrechte an Grundstücken, S. 417. Ablehnend aber Freericks, Bilanzierungsfähigkeit und Bilanzierungspflicht, S. 174 und Fabri, GoB entgeltlicher Nutzungsverhältnisse, S. 55, weil sie die Bilanzierung von Pacht bzw. Mietverhältnissen befürchten. Bei diesem Argument berücksichtigen sie nicht die Trennung von abstrakter und konkreter Bilanzierungsfähigkeit, so daß grundsätzlich gegen diesen Vermögensbegriff nichts einzuwenden ist.

dd) Keine Schutzlosigkeit des Nutzungsrechts

Hiermit ist noch einmal die bereits erwähnte Frage[877] nach der Sicherheit obligatorischer Nutzungsrechte angesprochen. Der Nutzende hat für die mit Sachbesitz verbundenen Nutzungsrechte das Recht, sowohl den Nutzungsüberlassenden als auch Dritte von der Nutzung auszuschließen, letztere insbesondere über §§ 861, 862 und 823 BGB. Der Schutz gegenüber einem Erwerber der Sache besteht grundsätzlich nach § 986 Abs. 2 BGB, ist allerdings bei unbeweglichen Sachen sehr eingeschränkt. Veräußert der Insolvenzverwalter einen unbeweglichen Gegenstand, den der Schuldner vermietet oder verpachtet hatte, so kann der Erwerber das Miet- oder Pachtverhältnis innerhalb der gesetzlichen Frist gem. § 111 InsO kündigen. Zudem hat der Erwerber auch bei Zwangsversteigerung der Sache gem. §§ 57, 57a ZVG die Möglichkeit, das Miet- oder Pachtverhältnis innerhalb der gesetzlichen Frist zu kündigen.
Damit ist zwar klar, daß das obligatorische Nutzungsrecht nicht in jeder Situation umfassend geschützt ist. Allerdings besteht auf den anderen Seite eine starke Rechtsposition gegenüber dem Nutzungsüberlassendem und möglichen Erwerbern sowie den Eingriffen unbefugter Dritter. Nicht nur der Eigentümer, sondern auch der unmittelbar Nutzungsberechtigte nutzen die Sache.[878]

Läßt man allerdings die besondere Situation von Insolvenz und Zwangsvollstreckung bei unbeweglichen Sachen außer Acht[879] und unterstellt zudem vertragsgemäßes Verhalten durch den Nutzungsüberlassenden, so hat der Nutzende bei obligatorischen Rechten eine dem *dinglichen Recht*, das sich durch einen absoluten Schutz auszeichnet, *angenäherte Rechtsposition*.[880] So muß zum Beispiel der Mieter während der Mietzeit nicht den Vermieter in seinen Räumen dulden oder ihm auch nur einen Schlüssel zur Verfügung stellen.

---

877 S.o. C. II. 4. e) bb) bbb).

878 Bieg, Schwebende Geschäfte, S. 238.

879 Kußmaul, Nutzungsrechte an Grundstücken, S. 433.

880 Walz, WM Sonderbeilage Nr. 10/1985 zu Nr. 40, S. 6: „die Position des Mieters ist in entscheidenden Hinsichten der eines dinglich Berechtigten angeglichen." Es gebe hier keine klare Trennlinie zwischen dinglich und obligatorisch. Fahrholz, Leasing in der Bilanz, S. 108 spricht bzgl. des Rechtes des Leasing-Nehmers von einer „auf dinglichen Rechtsschutz angelegten Dimension".; Kußmaul, Nutzungsrechte an Grundstücken, S. 336, 432 spricht von der „dinglichen Wirkung des Rechts zum Besitz". Allgemein Dulkeit, Die Verdinglichung obligatorischer Rechte, S. 21 ff.; auch Baur, Sachenrecht, § 30 I 4, S. 280: Er kommt dazu, daß die Miete einem beschränkt dinglichen Recht stark angenähert ist.

ee) Eigene Position aufgrund der Untersuchung

An dieser Stelle ist es an der Zeit, die eigene Position darzustellen. Bisher wurde mittels der vertretenen Ansichten eine Negativabgrenzung vorgenommen. Es hat sich gezeigt, daß keine der dargestellten Ansichten vollständig überzeugen kann, wobei allerdings die Auffassung von Kußmaul dem hier darzustellenden Ergebnis sehr nahe kommt. Der Vermögensgegenstandsbegriff muß in der Lage sein, anhand einer griffigen Definition – die idealerweise auch in der Praxis verwendbar ist – einerseits gewisse Schranken für den Vermögensgegenstandsbegriff aufzubauen, um den Begriff nicht uferlos werden zu lassen, andererseits so weit sein, daß sich die bisher allgemein anerkannten Vermögensgegenstände in das Begriffsverständnis einfügen. Das zentrale Problem vieler Literaturansichten ist, daß sie sich von einem dem Fortführungsprinzip widersprechenden Verständnis des Gläubigerschutzes leiten lassen. Zudem wird oft versucht, besonders enge Voraussetzungen des Vermögensgegenstandes aufzustellen, mit dem Ergebnis, daß sich diese Ansichten durch die Anerkennung einzelner Vermögensgegenstände selbst widerlegen. Hinzu kommt, daß das wirtschaftliche Eigentum sich nicht in der Vermögensgegenstandsdefinition widerspiegelt und damit nach den Autoren, die diese Ansicht vertreten, bilanziell beim wirtschaftlichen Eigentümer gar nicht in Erscheinung treten dürfte.

Die Darstellung der Rechtsprechungsansicht diente hier auch als Praxistest des Vermögensgegenstandsbegriffs. Es hat sich gezeigt, daß sich die Definition der Rechtsprechung erheblich reduzieren läßt und dann ein brauchbarer Rest verbleibt.

Nach der in dieser Arbeit vertretenen Ansicht setzt ein Vermögensgegenstand nur einen selbständigen abgrenzbaren Wert oder anders ausgedrückt, einen *feststellbaren wirtschaftlichen Wert* voraus. Damit wird die Definition der Sacheinlagefähigkeit aus dem Gesellschaftsrecht übernommen, sie hat jedoch ihre Wurzeln im Handelsrecht und ist von der Betonung der Informationswirkung durch den „true and fair view“ geprägt.

Diese Definition ist in der Lage, den Kundenstamm oder das Nutzungsrecht, aber auch die Fälle des wirtschaftlichen Eigentums zu erfassen. Zudem ist sie, wie die tägliche Praxis im Gesellschaftsrecht zeigt, auch praxistauglich und wegen der Übereinstimmung mit der Rechtsprechungsansicht, da dies den gemeinsamen Kern der Urteile des BFH zum Wirtschaftsgutsbegriff umfaßt, auch rechtsprechungserprobt. Schließlich droht durch die Einbeziehung z.B. auch des Rechts des Mieters zur Nutzung keine Änderung der bisherigen Bilanzierungsgewohnheiten, da für den Nichtausweis in der Bilanz der Grundsatz des Nichtausweises schwebender Geschäfte sorgt.

2. Konkrete Aktivierungsfähigkeit: Geschriebene und ungeschriebene Aktivierungsverbote

Nachdem die abstrakte Aktivierungsfähigkeit obligatorischer Nutzungsrechte bejaht wurde, stellt sich jetzt die Frage nach dem tatsächlichen Bilanzansatz. Als konkrete Bilanzierungsverbote[881] kommen im Hinblick auf obligatorische Nutzungsrechte das Verbot des Ansatzes nicht entgeltlich erworbener immaterieller Vermögensgegenstände (§ 248 Abs. 2 HGB) sowie das ungeschriebene Verbot der Bilanzierung schwebender Geschäfte in Frage. Im Gegensatz zur Vermögensgegenstandseigenschaft kommt es hier auch erheblich auf den Einlagencharakter an. Pointiert geht es an dieser Stelle um die Frage, ob handelsrechtlich die von der h.M. vorgenommene Ungleichbehandlung von offenen (gesellschaftsrechtlichen) und verdeckten (alle anderen Vermögenswertzuführungen) Einlagen gerechtfertigt ist.

a) § 248 Abs. II HGB

Nach § 248 Abs. 2 HGB dürfen immaterielle Vermögensgegenstände des Anlagevermögens nur dann aktiviert werden, wenn sie entgeltlich erworben wurden. Immaterielle Vermögensgegenstände des Umlaufvermögens sind also eindeutig nicht von dem Bilanzierungsverbot erfaßt,[882] sondern nur Vermögensgegenstände, die „dauernd dem Geschäftsbetieb zu dienen“ bestimmt sind (§ 247 Abs. 2 HGB).
Der Frage nach der Auslegung der Norm muß die Frage vorangestellt werden, was überhaupt immaterielle Vermögensgegenstände sind.

aa) Der Begriff des immateriellen Vermögensgegenstands

Betrachtete man die Unterscheidung nach immateriellen und materiellen Vermögensgegenständen allein nach dem allgemeinen Sprachgebrauch, so wären die materiellen Vermögensgegenstände als körperliche oder anfaßbare, die immateriellen dagegen als unkörperliche aufzufassen.[883] Nach diesem Verständnis

---

[881] Trennt man *nicht* zwischen abstrakter und konkreter Aktivierungsfähigkeit, so muß man den entgeltlichen Erwerb bei immateriellen Vermögensgegenständen als Voraussetzung des Vermögensgegenstandsbegriffs begreifen. So Roland, Vermögensgegenstand, S. 148. Der Gesetzeswortlaut läßt erkennen, daß schon ein Vermögensgegenstand vorgelegen haben muß. Das Merkmal der Entgeltlichkeit *kommt* noch *hinzu*.

[882] Hopt, HGB, § 248 Rn. 4; Budde/Karig, BeBiKom, § 248 Rn. 8; A/D/S, § 248 Rn. 23 m.w.Nachw.

[883] S. Fabri, GoB entgeltlicher Nutzungsverhältnisse, S. 96.

wären alle Forderungen als immaterielle Vermögensgegenstände einzuordnen, unabhängig davon, ob sie z.B. auf eine Geldleistung oder eine Sachleistung, z.B. eine Nutzungsüberlassung, gerichtet wären. Ein Blick in die Gliederungsvorschrift des § 266 Abs. 2 A. HGB zeigt aber deutlich, daß der Gesetzgeber eine andere Einteilung anstrebte. Denn sämtliche Finanzanlagen, sowohl des Anlagevermögens (§ 266 Abs. 2 A. III. HGB Abs. 2 A. III. HGB)[884] als auch des Umlaufvermögens in Form von Geldforderungen[885] (§ 266 Abs. 2 B. II. HGB), haben eindeutig selbständige Positionen in der Gliederung und sollen damit keine „immateriellen Anlagewerte" darstellen (§ 266 Abs. 2 A. I. HGB).[886] Zur Unkörperlichkeit muß also noch ein weiteres Merkmal hinzutreten, das die Abgrenzung zu den finanziellen Gütern herbeiführt. Bei Finanzgütern ist im Zeitpunkt ihrer Entstehung der Wert eindeutig konkretisierbar;[887] man könnte dies auch als *monetär* bezeichnen.[888] Damit fehlt es hier an dem besonderen Unsicherheitsmoment[889] bzgl. der Wertfindung im Zugangszeitpunkt, was schon die Regierungsbegründung zu § 153 Abs. 3 AktG (Vorläufernorm des § 248 Abs. 2 HGB) als charakteristische Eigenschaft für die immateriellen Anlagewerte ansah: „ Immaterielle Anlagewerte sind in der Regel schwer schätzbar und daher unsichere Werte. Sie sollen daher nur bei entgeltlichem Erwerb aktiviert werden dürfen,..."[890] Damit ergibt sich aus dem Gesetz eine Dreiteilung von immateriellen, materiellen und finanziellen Gütern.[891] Möchte man für den Anwendungsbereich des § 248 Abs. 2 HGB wieder zu einer Zweiteilung – entsprechend der allgemeinen Begriffsverwendung – zurückkehren, so umfassen die materiellen Vermögensgegenstände die körperlichen Gegenstände sowie die Finanzanlagen. Bei den immateriellen Vermögensgegenständen handelt es sich damit um den verbleibenden Rest.[892] Folglich handelt es sich bei den obligatorischen Nutzungsrechten eindeutig um immaterielle Vermögensgegenstände,[893] so daß § 248 Abs. 2 HGB zu beachten ist. Wie sich im folgenden genauer zeigen wird,

---

884 Anteile an verbundenen Unternehmen, Beteiligungen, Wertpapiere und Ausleihungen.

885 Eine Bezugnahme auf Forderungen insgesamt wäre ungenau, da sonst auch Forderungen auf Nutzungsüberlassungen als materielle Vermögensgegenstände einzuordnen wären. Dies wäre aber ein von niemandem vertretenes Resultat. S. Fabri, GoB entgeltlicher Nutzungsverhältnisse, S. 98.

886 Pfeiffer, StuW 1984, 326, 334.

887 Fabri, ebenda.

888 Küting/Ulrich, DStR 2001, 953, 954.

889 Fabri, GoB entgeltlicher Nutzungsverhältnisse, S. 97.

890 Kropff, Aktiengesetz, S. 244 zur Regierungsbegründung zum AktG 1965.

891 Diese Unterscheidung besteht auch im anglo-amerikanischen Schrifttum. Dazu Küting/Ulrich, ebenda.

892 Die allgemeinen Vermögensgegenstandskriterien müssen natürlich weiterhin nach den oben bestimmten Kriterien erfüllt werden.

893 Kußmaul, Nutzungsrechte an Grundstücken, S. 84: „Wohn- und Mietrechte nicht aber Geldforderungen u.ä. (gehören) zu den immateriellen Anlagewerten".

besteht im Rahmen des § 248 Abs. 2 HGB das Hauptproblem darin, ein konsequentes und einheitliches Konzept für die Behandlung von Einlagen im Bereich des § 248 Abs. 2 HGB zu finden. Deswegen sind zunächst die ursprünglich vom Gesetzgeber mit dem § 248 Abs. 2 HGB verfolgten Zwecke und sodann eine genaue Untersuchung der Behandlung von offenen und verdeckten Einlagen vorzunehmen.

bb) Auslegung nach dem Wortlaut und dem Willen des historischen Gesetzgebers

Vorläufervorschrift des § 248 Abs. 2 HGB war § 153 Abs. 3 AktG 1965. Wie sich aus den Gesetzesmaterialien ergibt, sollte mit der Einführung des Erfordernisses des entgeltlichen Erwerbs im § 153 AktG 1965 vorrangig das Ziel erreicht werden, *originäre* immaterielle Vermögensgegenstände des Anlagevermögens von der Aktivierung auszuschließen.[894] Eindeutig wäre die Nichtgeltung der Vorschrift im Bereich der Einlagen gewesen, wenn der Wortlaut das Bilanzierungsverbot auf die selbsterstellten immateriellen Vermögensgegenstände beschränkt hätte. Diese Absicht hat allerdings im Gesetzestext keinen Niederschlag gefunden.[895] Damit deutet die im Vergleich auf die Gesetzesmaterialien weiter gefaßte Gesetzesformulierung auf eine bewußte Einbeziehung der Einlagen in den Regelungsbereich der Vorschrift hin.[896]

In Bezug auf die Kapitalgesellschaften beruht die geltende Vorschrift des § 248 Abs. 2 HGB auf Art. 9 der Vierten EG-Richtlinie (Bilanzrichtlinie).[897] Art. 9 der Richtlinie sah ein Mitgliedstaatenwahlrecht vor, wonach entgegen der deutschen Umsetzung auch selbst erstellte immaterielle Vermögensgegenstände aktiviert werden können. Daraus kann aber nicht im Umkehrschluß hergeleitet werden, daß mit der Entscheidung des deutschen Gesetzgebers für den entgeltlichen Erwerb nur die selbsterstellten immateriellen Vermögensgegenstände von der Aktivierung ausgeschlossen werden sollten. Problematisch an den Einlagen im Be-

---

894 Kropff in: Geßler/Hefermehl, § 153 Rn. 40; Mutze, WPg 1965, 169, 170. Während vor der Geltung des AktG 1937 originär erworbene Rechte, soweit Aufwendung für sie gemacht wurden, für aktivierbar gehalten wurden, geriet diese Frage unter dem AktG 1937 in Zweifel und sollte durch die Einführung des § 153 Abs. 3 AktG klargestellt werden. Dazu Fahrholz, Leasing in der Bilanz, S. 139 f.

895 Hommel, Immaterielle Anlagewerte, S. 280; a.A. Lamers, Aktivierungsfähigkeit und Aktivierungspflicht, S. 237. Zum entsprechenden Willen des Gesetzgebers im Zusammenhang mit der dem § 248 Abs. 2 HGB entsprechenden Vorschrift des § 5 Abs. 2 EStG: Quack, DStR 1972, 131 sowie Nachw. in Fn. 1.

896 Döllerer, BB 1971, 1245, 1250.; a.A. Schneeloch, BB 1987, 481, 488: Keine Geltung für Einlagen.

897 ABL EG Nr. L 222 vom 14. 08. 1978, S. 11 f.

reich des § 248 Abs. 2 HGB ist, daß es sich weder um selbsterstellte noch um eindeutig entgeltlich erworbene Vermögensgegenstände handelt. Damit läßt sich der Wortlaut des § 248 Abs. 2 HGB nicht für eine Nichtanwendung auf Einlagevorgänge fruchtbar machen.

cc) Das Merkmal der Entgeltlichkeit

Wie bereits gesehen, führt das Merkmal der Entgeltlichkeit nicht zur Begründung eines Vermögensgegenstandes, sondern stellt ein zusätzliches Merkmal für immaterielle Vermögensgegenstände des Anlagevermögens dar, obwohl schon ein Vermögensgegenstand vorliegt.[898] Grund für diese zusätzliche Anforderung ist, daß immaterielle Vermögenswerte schwer nachweisbar, „schwer schätzbar und daher unsicher" sind,[899] solange sie nicht Gegenstand eines entgeltlichen Erwerbs durch *Dritte* gewesen sind.[900] Die Vorschrift zeigt, daß der Gesetzgeber den Voraussetzungen des Vermögensgegenstandes für den Bereich der immateriellen Vermögensgegenstände nicht vertraut hat, weil „deren Werthaltigkeit im allgemeinen von sehr subjektiven Urteilen abhängt"[901] und der damit verbundene „Mangel an Glaubhaftigkeit" gar nicht erst entstehen soll[902]. Aus diesen Gründen wird der Einblick in die Vermögenslage entgegen den Vermögensermittlungsprinzipien erschwert, indem eben nicht alle Vermögensgegenstände bilanziell erfaßt werden.[903] Durch den entgeltlichen Erwerb soll eine zusätzliche *Objektivierung* geschaffen werden. Während selbstgeschaffene immaterielle Vermögensgegenstände eindeutig nicht aktivierbar sind, ist unklar, ab wann ein entgeltlicher Erwerb angenommen werden kann. Sicher spielt es keine Rolle, ob der Gegenstand schon vorher bestanden hat oder erst – wie beim Rechtserwerb –

---

[898] Ähnlich Lamers, Aktivierungsfähigkeit und Aktivierungspflicht, S. 230. Interessant ist die Lage zu nach den bereits angesprochenen US-GAPP. Danach werden Vermögensgegenstände als mögliche zukünftige Nutzenpotentiale angesehen, egal ob materiell oder immateriell oder ent- bzw. unentgeltlich erworben. Dazu Winnefeld, 2. Aufl.; Einf. 305, Rn. 311.

[899] S. bereits oben D. I. 2. a) aa) die Begründung zum Regierungsentwurf zum AktG 1965, Kropff, Aktiengesetz, S. 244; Budde/Karig, BeBiKom, § 248 Rn. 7; Moxter, DB 1978, 1804; Freericks, Bilanzierungsfähigkeit und Bilanzierungspflicht, S. 380 verweist in Bezug auf die selbsterstellten immateriellen Anlagewerte darauf, daß sich ihre „zukünftige Erfolgswirksamkeit" nicht klar erkennen lasse.

[900] Niemann, Immaterielle Wirtschaftsgüter in Handels- und Steuerrecht, S. 4.; krit. Lamers, Aktivierungsfähigkeit und Aktivierungspflicht, S. 228, 236: Bei diesem Verständnis droht „entgeltlicher Erwerb" zur alleinigen Aktivierungsvoraussetzung zu werden, weil dieses Erfordernis die engsten Vermögensgegenstandsbegriffsverständnisse einschließe.

[901] Moxter, Bilanzlehre Bd. 2, S. 21.

[902] Hommel, Bilanzierung immaterieller Anlagewerte, S. 297.

[903] Hommel, aaO., S. 292.

im Rahmen des Erwerbs entsteht.[904] Zentraler Grundgedanke der Vorschrift ist, daß der Markt für den Gegenstand eine Bestätigung des Wertes abgegeben haben soll.[905] Danach sichert die Entgeltlichkeit aufgrund eines Gegenleistungsverhältnisses den Zugang eines angemessenen Werts. Diese angestrebte *Objektivierungs- oder Kontrollfunktion* des entgeltlichen Erwerbs kann nur dann stattfinden, wenn es zwischen den beiden beteiligten Parteien einen Interessengegensatz[906] gibt, der Übertragende also ein unabhängiger Dritter ist. Nur dann ist der gefundene Wert in einem so verstandenen Sinne glaubwürdig. Der entgeltliche Erwerb macht also als zusätzliches Erfordernis neben der Vermögensgegenstandsvoraussetzung der Bewertbarkeit nur dann einen Sinn, wenn er in der Lage ist, jedes andere Bewertungsverfahren zu ersetzen und damit eine zuverlässige Objektivierung erreicht. Während gegen diesen Ansatz als solchem zunächst nichts einzuwenden ist, ist sowohl anhand von Einlagevorgängen als auch an sonstigen Geschäften mit den Gesellschaftern genau zu überprüfen, ob dieses Ziel hier überhaupt erreicht werden kann. Dabei soll auch ein Blick auf die jeweilige steuerliche Behandlung geworfen werden, da sich hieraus Impulse für die handelsrechtliche Sichtweise ergeben können.

aaa) Bedeutung des § 5 Abs. 2 EStG bei verdeckten Einlagen

Während der BFH früher verdeckte Einlagen als unentgeltlich erworben ansah und deswegen die Aktivierung immaterieller Anlagewerte ausschloß,[907] sieht er heute unter ausdrücklicher Aufgabe der alten Rechtsprechung[908] „die Trennung des gesellschaftlichen vom betrieblichen Bereich, ... (Anm. d. Verf.: gegenüber)

---

904 So für die Einräumung eines Belieferungsrechts, BFH v. 26. 2. 1975, I R 72/73, BFHE 115, 243 = BStBl. II 1976, 13 = BFH NJW 93, 222; a.A. v. 25. 8. 1982, I R 130/78. BFHE 136, 409 = BStBl. II 83, 38; BFH v. 26. 8. 1992, I R 24/91, BFHE 169, 163 = BStBl. 1992, 997 m.w.Nachw.(Transferentschädigungen im Lizenzfußfall als nachträgliche Anschaffungskosten). Ganz h.M. s. nur A/D/S, § 248 Rn. 15; Budde/Karig, BeBiKom, § 248 Rn. 10; Hopt, HGB, § 248 Rn. 3; Lamers, Aktivierungsfähigkeit und Aktivierungspflicht, S. 238.

905 BFH v. 26. 2. 1975, I R 72/73, BFHE 115, 243 = BStBl. II 1976, 13, 14; v. 20. 8. 1986, I R 150/82, BFHE 149, 25 = BStBl. II 1987, 455; v. 26. 8. 1992, I R 24/91, BFHE 169, 163 = BStBl. 92, 977, 981.

906 Besonders Kropff in: Geßler/Hefermehl, § 153 Rn. 47 ff.

907 BFH v. 29. 1. 1975, I R 135/70, BFHE 115, 107 = BStBl. II 1975, 553; v. 19. 5. 1982, I R 107/79, BFHE 136, 105 = BStBl. II 1982, 631.

908 BFH v. 24. 3. 1987, I R 202/83, BFHE 149, 542 = BStBl. II 1987, 705, 706.

dem Aktivierungsverbot des § 5 Abs. 2 EStG“, als vorrangig an.[909] Damit kommt es sowohl bei offenen (= gesellschaftsrechtlichen) Einlagen als auch bei verdeckten Einlagen im Steuerrecht zu einem Abzug der Einlagen aufgrund der Einlagevorschrift gem. §§ 4 Abs. 1 S. 5 EStG i.V.m. § 8 Abs. 1 KStG, weil ohne diese Regelung ein nicht auf der betrieblichen Tätigkeit der Gesellschaft fußender Ertrag besteuert würde.[910] Die Besonderheiten, die sich im Bereich der verdeckten Nutzungsrechtseinlage ergeben, sollen in einem eigenen Teil der Arbeit behandelt werden.[911] Jedenfalls scheitert die Aktivierung der verdeckten Nutzungsrechtseinlagen nicht an § 5 Abs. 2 EStG.[912] Diese Behandlung im Steuerrecht gibt u.U. insoweit einen Impuls für das handelsrechtliche Verständnis der Vorschrift, als untersucht werden muß, wie wichtig die Trennung der Gesellschafter- von der Gesellschaftssphäre auch im Handelsrecht ist.[913] Zumindest besteht bei fehlender Erfassung der verdeckten Einlagen in der Handelsbilanz die Gefahr, daß Erträge ausgewiesen werden, die nicht auf der betrieblichen Tätigkeit der Gesellschaft beruhen und insoweit die Ertragslage verzerren.[914]

---

909 BFH v. 22. 1. 1980, VIII R 74/77, BFHE 129, 485 = BStBl. II 1980, 244; v. 20. 8. 1986, I R 150/82, BFHE 149, 25 = BStBl. II 1987, 455; v. 24. 3. 1987, I R 202/83, BFHE 149, 542 = BStBl. II 1987, 733; im Anschluß daran BFH v. 26. 10. 1987, GrS 2/86, BFHE 151, 523, 537 ff. = BStBl. II 1988, 348, 355: „..., weil nach dem steuerlichen Zweck der Einlageregelung auch immaterielle Wirtschaftsgüter Gegenstand einer Einlage sein können und in der Steuerbilanz der Kapitalgesellschaft zu aktivieren sind.“ Außerdem Abschnitt 31 a Abs. 2 S. 1 EStR. ebenso schon früh Quack, DStR 1972, 131: Der zu niedrige Ansatz von Einlagen führt zum Ausweis von Scheingewinnen, weil dann auch die Absetzungen für Abschreibungen (AfA) zu niedrig sind. Ebenso z.B. Bordewin, DStZ 1985, 11, 13.

910 Herzig/Förster, WPg 1986, 289, 297.

911 S. u. E.

912 Ebenso - trotz Ablehnung der Nutzungsrechtseinlage - BFH v. 26. 10. 1987, GrS 2/86, BFHE 151, 523, 537 ff. = BStBl. II 1988, 348, 353: Guter Überblick bei Weber-Grellet in: Schmidt, § 5 Rn. 164 ff.

913 Positiv Döllerer, BB 1986, 1857, 1860 f.

914 Ausführlich zu der Bedeutung und der Möglichkeit der richtigen Ertragserfassung im Hinblick auf Einlagevorgänge s. Ausführungen zu § 272 Abs. 2 Nr. 4 HGB unter D. II., sowie den die Diskussion erneut belebenden Fall der Deutschen Bank A. I. sowie ausführlich D. II. 2. Für erfolgsneutrale Erfassung z.B. Hommel, aaO., S. 275 ff. (S. 276); a.A. Küting/Kessler, BB 1989, 25, 34.

bbb) Behandlung gesellschaftsrechtlicher (offener) Einlagen

Es besteht Einigkeit darüber, daß § 248 Abs. 2 HGB für gesellschaftsrechtliche Einlagen kein Aktivierungsverbot bewirkt.[915] Von Interesse ist hier, ob das Fehlen des Aktivierungsverbots auf das Vorliegen eines entgeltlichen Erwerbs in Form eines „Markttestes" zurückzuführen ist, oder ob andere Gründe greifen. Zeigt sich, daß der durch § 248 Abs. 2 HGB angestrebte Schutzmechanismus bei gesellschaftsrechtlichen Einlagen nicht wirksam ist, muß anschließend untersucht werden, was dieser Umstand für die verdeckten Einlagen bedeutet. Eine mögliche Interdependenz zwischen offenen und verdeckten Einlagen ist schon deswegen angezeigt, weil sowohl in der Rechtsprechung[916] als auch in der Literatur[917] immer wieder geäußert wird, „daß verdeckt muß eingelegt werden können, was auch offen gegen Gewährung von Gesellschaftsrechten eingelegt werden kann".

(1) Anteile als Gegenleistung

Döllerer[918] hat drei Voraussetzungen für den entgeltlichen Erwerb entwickelt, die weitgehend Zustimmung erfahren haben:

- Es muß sich um einen „abgeleiteten Erwerb auf dem Markt handeln", also nicht um eine eigene Herstellung.
- Der Erwerb muß im Gegensatz zu einer Schenkung *entgeltlich* sein.
- Der immaterielle Anlagewert muß „als solcher Gegenstand des Erwerbsvorganges" sein.[919]

---

915 *Gesellschaftsrechtliches Schrifttum*: Röhricht in: Großkommentar zum AktG, § 27 Rn. 25 „von keiner Seite in Zweifel gezogene Sacheinlagefähigkeit sog Immaterialgüterrechte"; Bork, ZHR 154 (1990), 205, 232 „besteht Einigkeit"; selbst Lutter, der im Zusammenhang mit dem Erfordernis der Bilanzierungsfähigkeit die strengsten Anforderungen aufstellt, hält § 248 Abs. 2 HGB hier nicht für anwendbar, KK-Lutter, § 183 Rn. 10. *Handelsrechtliches Schrifttum*: A/D/S, § 248 Rn. 21 „(t)rotz gewisses Bedenken"; Hopt, § 248 Rn. 3: „h.L."; Budde/Karig in: BeBiKom, § 248 Rn. 12; Büchele, DB 1999, 2336. *Steuerrechtliches Schrifttum*: Siegers, Verdeckte Einlage immaterieller Wirtschaftgüter, S. 38 f.; Döllerer, Verdeckte Gewinnausschüttungen und ..., S. 191 – keine Entgeltlichkeit nur Gleichstellung damit; ders., BB 1986, 1857, 1860.

916 BFH v. 24. 3. 1987, I R 202/83, BFHE 149, 542 = BStBl. II 1987, 705, 707 (Zitat von hier).

917 Gocke, FR 1984, 606, 607 f.; Wassermeyer, StbJb 1985/86, 213, 221; Hommel, Bilanzierung immaterieller Anlagewerte, S. 303 f.; a.A. Siegers, Verdeckte Einlagen immaterieller Wirtschaftgüter, S. 134 ff.

918 Döllerer, BB 1969, 501, 505.

919 Zustimmend Moxter, DB 1978, 1804 f. Das letzte Kriterium dient dem Ausschluß von Zuschüssen, die aufgrund von einseitigen Erwartungen des Zuschußgebers geleistet werden.

Dieses – in Objektivierungsgesichtspunkten begründete – strenge Verständnis hat zur Konsequenz, ein synallagmatisches Austauschverhältnis im Sinne gegenseitiger Verträge (§§ 320 ff. BGB) zu fordern.[920] Ein weniger strenges Verständnis hätte zur Konsequenz, daß nur irgendein Erwerb gefordert würde mit der Folge, daß zu der Bewertbarkeit als Voraussetzung des Vermögensgegenstandes *keine zusätzliche* Objektivierung hinzutreten würde und damit der „entgeltliche Erwerb" überflüssig wäre. Im Rahmen der Gründung oder Kapitalerhöhung stellt sich die Sacheinlageleistung vordergründig so dar: Der Gesellschafter leistet eine Sacheinlage zu dem Zweck, Anteile an der Gesellschaft zu bekommen, und im Gegenzug gewährt die Gesellschaft Gesellschaftsanteile als Entgelt für die Leistung der Sacheinlage.[921] Diesem Verständnis liegt die Vorstellung eines Tausches[922] oder tauschähnlichen Vorgangs zugrunde, so daß darin ein entgeltlicher Erwerb gesehen werden könnte.[923]

(a) Synallagmatisches Austauschverhältnis

An einem *synallagmatischen Austauschverhältnis* fehlt es bei der gesellschaftsrechtlichen Einlage. „Mit Abschluß des Gesellschaftsvertrages sind die Vertragspartner eo ipso Gesellschafter, d.h. bei Kapitalgesellschaften Inhaber von Anteilen an der Gesellschaft".[924] Der Gesellschafter muß also die Einlage nicht mehr leisten, um die Anteile zu erlangen, sondern er hat die Anteile schon. Die Einlageleistung befreit den Gesellschafter nur von *seiner Einlageverpflichtung*. Die Gesellschaft kann also die Anteile als Gegenleistung für die Sacheinlage gar nicht gewähren, weil die Gesellschafter die Anteile automatisch erhalten. Damit ist deutlich, daß es an einem schuldrechtlichen Synallagma sowohl in Form

---

920 Vgl. BFH v. 3. 8. 1993, VIII R 37/92, BFHE 174, 31 = BStBl. II 1994, 444, 447 m.w.Nachw.; etwas weiter Urt. v. 26. 2. 1975, I R 72/73, BFHE 115, 243 = BStBl. 1976, 13, 14 (Bierlieferungsrecht): Die Gegenleistung muß sich „nach dem Inhalt des Vertrags (§§ 133, 157 BGB) oder jedenfalls *nach den Vorstellungen beider Vertragsteile* (subjektive Geschäftsgrundlage) als *Gegenleistung* für die erlangten Vorteile erweisen." (Hervorhebungen nicht im Original.)

921 Merkert, BB 1968, 826, 827: „Die Erbringung von Sacheinlagen ... werden nämlich nur deshalb als entgeltliche Vorgänge angesehen, weil sie *zufälligerweise der bildlichen Vorstellung zugänglich* sind, wie ein Gesellschafter Zug um Zug gegen Gewährung seiner Sacheinlage Gesellschaftsanteile erhält ..." (Hervorhebungen nicht im Original.)

922 Hinweis auf dieses Verständnis Hoffmann, GmbHG 1999, 452, 455.

923 Groh, BB 1982, 133, 135; Weber-Grellet in: Schmidt, EStG, § 5 Rn. 198.

924 Merkert, BB 1968, 826, 829.

eines Kaufes[925] als auch eines Tausches fehlt.[926] Auch der zwischen den Gesellschaftern geschlossene Vertrag ist nur auf unentgeltliche Leistung an die Gesellschaft gerichtet und bildet damit unter ihnen keinen Austauschvertrag, sondern einen Vertrag sui generis.[927] Dasselbe gilt auch für die Kapitalerhöhung, bei der ebenfalls nichts aus dem Gesellschaftsvermögen geleistet wird, sondern neue Anteile geschaffen werden.[928]

(b) „Tauschähnlicher Vorgang" im Steuerrecht – Bewertung offener Einlagen

Das Steuerrecht klassifiziert die Sacheinlage (zumindest aus einem Betriebsvermögen) gegen Gewährung von Anteilen an einer Kapitalgesellschaft als sog. *tauschähnlichen Vorgang.*[929] An dieser Stelle soll auf die steuerliche Behandlung von gesellschaftsrechtlichen Einlagen (sowohl aus dem Betriebsvermögen als auch dem Privatvermögen) eingegangen werden. Es stellt sich die Frage, ob aus der steuerlichen Verfahrensweise Erkenntnisse für die Objektivierung des Einlagewertes im Rahmen des § 248 Abs. 2 HGB gewonnen werden können. Dafür muß zunächst auf den Tausch und sodann auf den sog. tauschähnlichen Vorgang eingegangen werden.

Handelsrechtlich besteht nach der h.M. beim *Tausch* ein Wahlrecht, die angeschafften Anlagewerte erfolgsneutral mit dem Buchwert des hingegebenen Gegenstandes oder erfolgswirksam mit dem höheren Zeitwert anzusetzen. Ein Gewinnrealisierungszwang soll fehlen, weil dem Unternehmen „durch den Anlagentausch keine „konsumierbaren", für eine Gewinnausschüttung verfügbaren Mittel" zufließen.[930]

---

925 Es spielt hier keine Rolle ob Gesellschaftsverträge mit Sacheinlagevereinbarung als kaufähnliche Verträge eingestuft werden können. S. K. Schmidt, Gesellschaftsrecht, § 20 III 1. b) Fn. 62 (S. 579) m.w.Nachw. Sowie krit. § 20 III 3. d) (S. 584) für die Anwendung der Sach- und Rechtsmängelhaftung.

926 Ebenso Hommel, Immaterielle Anlagewerte, S. 260 ff.; Hoffmann, GmbHG 1999, 452, 455. Anderer Ansicht ist auch nicht Groh, DB 1997, 1983, 1684 wenn er davon spricht, daß „sich in bilanzrechtlicher Sicht durchaus von einem tauschähnlichen Geschäft sprechen" läßt.

927 Döllerer, WPg 1969, 333, 334.

928 Dazu Hommel, Immaterielle Anlagewerte, S. 262.

929 Zu dem neueren Begriffsverständnis sogleich. S. Weber-Grellet in: Schmidt, EStG, § 5 Rn. 636; auch Groh, DB 1997, 1683, 1685; Büchele, DB 1997, 2337.

930 Ellrott/Schmidt-Wendt in: BeBiKom, § 255 Rn. 131. Das Abstellen auf die Verfügbarkeit für eine Gewinnausschüttung deutet darauf hin, daß dieser Ansicht – entgegen der in dieser Arbeit vertretenen Auffassung das Verständnis des Bilanzvermögens als liquidierbare Haftungsmasse zugrunde liegt. Meines Erachtens wäre auch beim Tausch ein Zwang zur Gewinnrealisierung zu fordern, jedoch kann im Rahmen dieser Arbeit darauf nicht näher eingegangen werden.

Unter dem Begriff des tauschähnlichen Geschäfts[931] behandelt das Steuerrecht die offene Einlage als Gewinnrealisationstatbestand. Hier ist jetzt der neue § 6 Abs. 6 S. 1 EStG anwendbar, der auch auf offene Einlagen gilt.[932] Dabei bestimmt steuerlich nicht der Buchwert, sondern der gemeine Wert (§ 9 Abs. 2 BewG) des hingegebenen Wirtschaftsgutes die Anschaffungskosten für das erhaltene Wirtschaftsgut,[933] so daß im hingegebenen Wirtschaftsgut vorhandene stille Reserven mit dem Tausch grundsätzlich zu versteuern sind.[934] Wenn also z.B. Unternehmen A sein Grundstück (Buchwert: 50 GE[935]; Verkehrswert = gemeiner Wert 100 GE) gegen ein Grundstück des Unternehmens B mit einem Verkehrswert von 50 GE tauscht, muß A für das erworbene Grundstück Anschaffungskosten von 100 GE ansetzen. Dadurch kommt es zu einer Gewinnrealisierung von 50 GE. Auf Seiten der Gesellschaft soll ebenfalls eine Bewertung zum gemeinen Wert vorgenommen werden. Aus handelsrechtlicher Sicht ist nur entscheidend, daß das Steuerrecht einen handelsrechtlich möglicherweise zulässigen Wertansatz nicht einfach übernimmt, sondern vielmehr allein nach steuerlichen Bewertungsvorschriften entscheidet, die sich an objektiven Bewertungskriterien und nicht am Willen des Gesellschafters orientieren. Nach einer neuen Entscheidung des BFH[936] zeigt sich die Strenge der Bewertung deutlich auch für offene Einlagen. Legt danach ein Gesellschafter einen Vermögensgegenstand offen, also gegen Gewährung von Gesellschafterrechten, in die Gesellschaft ein, und erhält er dafür Anteile, die im Nennbetrag unterhalb des tatsächlichen Wertes des eingelegten Gutes liegen, so soll in Höhe dieses Differenzbetrages eine steuerliche verdeckte Einlage vorliegen. Diese Entscheidung zeigt einerseits, wie konsequent der objektive Wertansatz steuerlich verfolgt wird, und andererseits, daß sogar bei offenen Einlagen nicht dem handelsrechtlichen Bewertungsansatz gefolgt wird.

Während im Handelsrecht, als Folge der nach h.M. zulässigen Unterbewertung,[937] gesellschaftsrechtliche Einlagen in der Bilanz der Kapitalgesellschaft mit einem zu geringen Wert angesetzt werden können, entsteht dieses Problem im Steuerrecht gar nicht erst. Durch die Behandlung der gesellschaftsrechtlichen Einlage als tauschähnlichem Vorgang kommt es zu einer eigenständigen steuer-

---

931 Ausführlich s. unten E. VI. 1.

932 Glanegger in: EStG, § 6 Rn. 542.

933 S. Weber-Grellet in: Schmidt, EStG, 17. Auf. § 5 Rn. 632 m.Nachw. zur Rspr.; Ellrott/Schmidt-Wendt in: BeBiKom, § 255 Rn. 133.

934 Glanegger in: Schmidt: EStG, 20. Aufl., § 6 Rn. 540.

935 GE = Geldeinheiten.

936 BFH v. 19. 10. 1998, VIII R 69/95, BFHE 187, 434 = BStBl. 2000 II, 230 und 232 = BFH/NV 1999, 849 = DStR 1999, 366 und 367. Die zweite Seitenangabe bezieht sich auf umfassende Nachweise zu den bis zum Urteil vertretenen Ansichten sowie auf das Zitat. Ausführlich dazu unten E. VI. 1.

937 S. dazu Groh, BB 1990, 379, 381 m.w.Nachw.

lichen Bewertung der Einlage zum gemeinen Wert sowohl bei der Gesellschaft als auch dem Gesellschafter.[938] Diesen Erwerb als „entgeltlich" einzuordnen, ist aufgrund der objektiven Wertansätze auch angemessen. Anders als im Handelsrecht i.R.d. § 248 Abs. 2 HGB ist es für die steuerliche Beurteilung gar nicht erforderlich, einen Interessengegensatz zu konstruieren, der zwischen dem Gesellschafter und der Gesellschaft oder den Gesellschaftern untereinander besteht. Bei der Gesellschaft und dem Gesellschafter wird nicht etwa der Nennbetrag der Anteile[939] als zuverlässiges Entgelt im Sinne der erstrebten Objektivierung angesetzt, sondern der *gemeine Wert* des hingegebenen Vermögenswertes. Damit ist deutlich, daß das Steuerrecht nicht zivilrechtlichen Vereinbarungen beim Tausch oder dem Nennbetrag der Anteile bei der gesellschaftsrechtlichen Einlage „vertraut", sondern sich unabhängig davon für den gemeinen Wert als objektivem Wert entscheidet. Das Steuerrecht übernimmt keinen der handelsrechtlichen Wertansätze unbesehen. Deutlicher kann gar nicht gemacht werden, daß es an einem Markttest im Sinne des Erwerbs durch einen unabhängigen Dritten gerade fehlt.

Gegen diesen Ansatz kann eingewendet werden, daß es im Handelsrecht ausschließlich um Unterbewertungen *zu Gunsten* der Gesellschaft geht, so daß die Gesellschaft nicht einen zu geringen, sondern höchstens einen zu hohen Wert erhält, weil in dem eingelegten Gut stille Reserven vorhanden sind, so daß die durch den § 248 Abs. 2 HGB zu beseitigende Gefahr der Aktivierung eines Nonvaleurs nicht auftritt. Es ist aber auch möglich, daß sich durch den Ansatz des gemeinen Wertes im Steuerrecht herausstellt, daß der Wert des eingelegten Vermögensgegenstandes hinter dem Nennbetrag der erhalten Anteile zurückbleibt. Die steuerliche Einordnung der gesellschaftsrechtlichen Einlage als gewinnrealisierender Vorgang hat zumindest gezeigt, daß der Einlagevorgang nicht mit einem „Markttest" vergleichbar ist.

(2) Objektivierung aufgrund wirtschaftlicher Betrachtung

Das Ergebnis der formalen Verneinung eines entgeltlichen Erwerbs wegen des Fehlens eines Austauschvertrages könnte sich allerdings dadurch ändern, daß durch einen Interessengegensatz zwischen den an der Einlage beteiligten Parteien die dem § 248 Abs. 2 HGB zugrundeliegende Wertbestätigung am Markt erzielt werden könnte.

---

938 Oder zum Ansatz zum Teilwert gem. § 6 Abs. 1 Nr. 5 S. 1 1. Hs., der dem gemeinen Wert regelmäßig entspricht.

939 Die Bezugnahme auf den Nennbetrag ergibt sich daraus, daß die Anteile in der Betrachtung des § 248 Abs. 2 HGB das Entgelt für die eingelegten immateriellen Anlagewerte darstellen.

Im Zusammenhang mit Transferentschädigungen im Lizenzfußball hat es der BFH[940] ausreichen lassen, wenn das Entgelt „wirtschaftlich gesehen die Funktion einer Gegenleistung" erfüllt. Dies wurde darauf gestützt, daß „ein eigenständiger Transfermarkt" bestand und die Transferentschädigung „eine Wertbestätigung am Markt" bedeutete.[941] Überzeugend begründet *Kronner,*[942] daß dieser Ansatz des BFH nicht als Ersatz für das zu den sog. Zuschußfällen entwickelte Kriterium der *vertraglichen* Vorteilseinräumung gedacht ist, sondern nur eingreift, „wenn auf diesem Wege keine Entscheidung getroffen werden kann". Der BFH stand vor dem Dilemma, daß der ursprüngliche Verein aufgrund der Bestimmungen des DFB nicht in der Lage war, den Lizenzspielerstatus auf den erwerbenden Verein zu übertragen und daß sich deswegen die Ablösezahlung nicht als direkte Gegenleistung für die Spielererlaubnis darstellte. Die Tendenz, nicht formalistisch auf eine *vertragliche* Gegenleistung abzustellen, hatte sich auch schon in der Entscheidung des BFH[943] zu den Bierlieferungsrechten abgezeichnet. Hier sollte es für eine Gegenleistung ausreichen, daß sich die Bierlieferungsrechte, „jedenfalls *nach den Vorstellungen beider Vertragsteile* (subjektive Geschäftsgrundlage), als *Gegenleistung* für die erlangten Vorteile erweisen." Kennzeichnend ist für diese Fälle der zwischen den Parteien bestehende Interessengegensatz, der zu einem wirklichen Aushandeln der Vertragskonditionen führt. Genau dies ist aber bei Sacheinlagen sowohl bei der Gründung als auch bei einer Kapitalerhöhung fraglich.

(a) Keine Sicherung des Interessengegensatzes durch interne Kontrolle

Nach einer Ansicht geschehe die Einlage gegen die Gewährung von Beteiligungsrechten und werde nicht allein von der Gesellschaft festgelegt, so daß die durch § 248 Abs. 2 HGB zu beseitigende Gefahr angeblich nicht bestehe,[944] denn es sei „grundsätzlich davon auszugehen, daß sich die Beteiligten markt-

---

940 BFH v. 26. 8. 1992, I R 24/91, BFHE 169, 163 = BStBl. II 1992, 977, 981: Die Schwierigkeiten dieses Falles liegen in der Spielerlaubnis begründet. Diese wird vom DFB automatisch nach Abschluß eines Arbeitsvertrages mit dem Spieler erteilt, jedoch nur unter der Voraussetzung, daß kein anderer Vertrag dieses Spielers mit einem anderen Klub besteht. Die Transferentschädigung ist also durch das Zustandekommen der Erteilung einer Spielererlaubnis bei dem neuen Club veranlaßt.

941 BFH, ebenda.

942 Kronner, DStR 1996, 1185, 1187.

943 BFH v. 26. 2. 1975, I R 72/73, BFHE 115, 243 = BStBl. 1976, 13, 14. (Hervorhebungen nicht im Original.)

944 Bork, ZHR 154 (1990), 205, 232; für Entgeltlichkeit, Groh, FS f. Flume, S. 71, 75.

typisch verhalten, also Gesellschaftsrechte nicht etwa „verschenkt" werden."[945] Noch weitergehend ist die Äußerung des BFH,[946] daß der sacheinlegende Gesellschafter der Gesellschaft „wie ein fremder Dritter" gegenübersteht.

Diese Ansicht könnte bei der Kapitalgesellschaft auf die gegenläufigen Interessen der Mitgesellschafter gestützt werden, die schon dafür sorgen würden, daß nicht Anteile gewährt werden, die über dem Wert des immateriellen Vermögensgegenstandes liegen.[947] Dagegen spricht, daß es ohne weiteres vorstellbar ist, daß die Mitgesellschafter sich gegenseitig zugestehen, wertlose immaterielle Vermögenswerte der Gesellschaft zuzuführen. Auch interne Abreden zwischen den Mitgesellschaftern, wie das Versprechen eines Mitgesellschafters, für die Gesellschaft unentgeltlich tätig zu werden, können Mitgesellschafter „dazu veranlassen, den überhöhten Wertansatz des immateriellen Anlagewertes zu akzeptieren."[948]

Sich zur Sicherung der, mit der Entgeltlichkeit erstrebten, Wertobjektivierung[949] ausschließlich auf die Mitgesellschafter zu verlassen, scheidet im Kapitalgesellschaftsrecht auch aus einem anderen Grund aus. Denn bei den ausdrücklich gesetzlich zugelassenen Ein-Mann-Kapitalgesellschaften gem. §§ 1 GmbHG, 2 AktG *fehlt* es in jedem Fall an dem erforderlichen *Interessengegensatz*. Dieser Umstand gewinnt noch zusätzlich an Bedeutung durch die erhebliche

---

945 Siegers, Verdeckte Einlage immaterieller Wirtschaftsgüter, S. 39 und Fn. 5. Siegers nimmt diese Äußerung allerdings gleich im Folgesatz wieder zurück, denn diese Feststellung soll nicht so zu verstehen sein, „daß sich aus der Vereinbarung auch der zahlenmäßig objektive Wert des eingelegten Wirtschaftsgutes ergibt", denn „(h)ieran könnten ... in der Tat aus den verschiedensten Gründen Zweifel bestehen."

946 BFH v. 15. 7. 1976, I R 17/74, BFHE 119, 285 = BStBl. II 1976, 748, 749 (Urteil betraf eine oHG.).

947 Martens/Röttger, DB 1990, 1097, 1101; Hommel, Bilanzierung immaterieller Anlagewerte, S. 254, 268.

948 Hommel, aaO., S. 265. Allgemein gegen Interessengegensatz bei Gesellschaftsverträgen Bieg, Schwebende Geschäfte, S. 20 f.

949 Martens/Röttger, DB 1990, 1097, 1100: „Nur wenn Veräußerer und Erwerber voneinander unabhängige selbständige Willensträger sind, kann der typischerweise vorhandene Interessengegensatz zwischen ihnen einen annähernd objektiven Wert als Marktpreis ergeben.".

Verbreitung der Ein-Mann-Gesellschaften.[950] Bezüglich des fehlenden Interessengegensatzes ist die Lage bei körperlichen und immateriellen Vermögensgegenständen gleich,[951] so daß hierin keine besondere Gefahr durch die immateriellen Vermögensgegenstände gesehen werden kann.

Weitere Argumente gegen die Funktionsfähigkeit der internen Kontrolle ergeben sich – wie –im folgenden diskutiert wird – aus der handelsrechtlichen Behandlung normaler Erwerbsgeschäfte zwischen der Gesellschaft und verbundenen Personen sowie der allgemeinen Behandlung der Tausches i.R.d. § 248 Abs. 2 HGB.

Das Mißtrauen bzgl. eines Interessengegensatzes zwischen Gesellschafter und Gesellschaft zeigt sich besonders deutlich bei *normalen Erwerbsvorgängen* zwischen ihnen. Das Steuerrecht löst dieses Problem bei Geschäften zwischen Gesellschaft und Gesellschafter, indem ein Fremdvergleich herangezogen wird, der verdeckte Einlagen und verdeckte Gewinnausschüttungen aufdecken soll. Im Handelsrecht zeigt sich das entsprechende Problem beim Erwerb der Gesellschaft von einem Gesellschafter oder im Konzernunternehmen. Auch hier bestehen berechtigte Zweifel daran, ob wie von einem unabhängigen Dritten zu Marktpreisen erworben wird.[952] Die herrschende Meinung bejaht allerdings den entgeltlichen Erwerb.[953] Besonders deutlich wird die Problematik dieser Ansicht, wenn *A/D/S*[954] ausführt, „allerdings wird *besonders sorgfältig zu prüfen* sein, ob der Erwerbspreis etwa überhöht ist", oder wenn gesagt wird, daß „das dem veräußernden Unternehmen zugestandene Entgelt keine zwingende objektbezogene Richtigkeitsgewähr" bietet.[955] Sehr differenzierend geht *Kropff*[956] an

[950] Allg. Scholz-Westermann, GmbHG, Einl. Rn. 30 sowie Fn. 138 m.w.Nachw.: „Zahl der Ein-Mann-Gesellschaften im steigen begriffen". Er sieht die 1 millionste GmbH in Sicht. Siehe konkreter Kornblum, GmbHR 1997, 630, 638: Für 1996 kam er auf einen Anteil von Einmann-GmbHs von 39,7 %. Zudem geht er davon aus, daß der Anteil mittlerweile sogar noch größer ist (S. 639). Für 1996 kam er bei einem Bestand von geschätzten 650000 GmbHs auf einen Bestand von 258000 Einmann-GmbHs. Nimmt man diese beiden Quellen zusammen, kann wohl davon ausgegangen werden, daß jede zweite der ca. 1 Mio. GmbHs eine Einmann-GmbH ist, so daß diese bei allgemeinen Überlegungen nicht einfach ausgeklammt werden können.

[951] Schacht in: Sonderbilanzen, G 40.

[952] Dieses sowie das vorher angesprochene Mißtrauen des Steuerrechts sind keinesfalls spezielle Probleme der immateriellen Anlagewerte, sondern *betreffen* – zumindest soweit nicht eindeutige allgemeine bekannte Marktpreise bestehen – in gleichem Umfang *auch materielle Vermögensgegenstände.*

[953] S. A/D/S, § 248 Rn. 15 m.w.Nachw.; Kußmaul, Nutzungsrechte an Grundstücken, S. 91 m.w.Nachw. Fn. 3.

[954] A/D/S, ebenda. (Hervorhebungen nicht im Original.)

[955] Hommel, aaO., S. 269.

[956] Kropff in: Geßler/Hefermehl, § 153, Rn. 48.

diese Fragestellung heran. So soll etwa zwischen Unternehmen mit und ohne Beherrschungs- und/oder Gewinnabführungsvertrag unterschieden werden. Im ersten Fall ist die Aktivierung eines immateriellen Vermögensgegenstandes nur dann möglich, wenn der Verkäufer selbst den immateriellen Vermögensgegenstand entgeltlich erworben hat. Im zweiten Fall soll der Abschlußprüfer in Zweifelsfällen überprüfen, ob das Entgelt „wirklich „ausgehandelt" ist". Diese Beurteilung zeigt deutlich zwei Dinge: Eine Objektivierung des Werts von immateriellen Vermögensgegenständen wird durch das Entgelt bei diesen Geschäften gerade nicht erreicht. Muß hier das gewährte Entgelt selber noch einer Kontrolle unterzogen werden, wird deutlich, daß die mit dem Entgelt beabsichtigte Objektivierung für den Bereich der Erwerbsvorgänge von verbundenen Personen nicht von dem Entgelt, sondern von der selbständigen Bewertbarkeit abhängig ist.[957] Jedoch führt dieser Umstand eben nicht zum Ausschluß der Aktivierung, weil es vollständig den Bedürfnissen des Wirtschaftsverkehrs widersprechen würde,[958] alle Geschäfte mit immateriellen Vermögensgegenständen mit der Gesellschaft „verbundenen Personen" (Gesellschafter und Konzernunternehmen) von der Aktivierung wegen des Fehlens eines entgeltlichen Erwerbs auszuschließen. Hat man schon bei „normalen" Erwerbsgeschäften berechtigte Zweifel an der Objektivierung und bejaht ein Erwerbsgeschäft, dann überzeugt es nicht, für Einlagevorgänge allgemein einen Interessengegensatz zu konstruieren oder strengere Anforderungen an die Aktivierung anzulegen.

Ähnliche Objektivierungsprobleme wie beim Erwerb zwischen miteinander „verbundenen Personen" entstehen beim *Tausch*,[959] bei dem die h.M. trotzdem einen entgeltlichen Erwerb annimmt. Daß es sich hier im zivilrechtlichen Sinne um ein Erwerbsgeschäft handelt, wird schon hinreichend durch den Globalverweis auf die Kaufvorschriften in § 515 BGB deutlich. Das Problem beim Tausch wird offenkundig, wenn es um einen Tausch zweier immaterieller Vermögensgegenstände geht, die vorher auch in keinem Vermögen aktiviert waren.[960] Hier

---

957 In diese Richtung Moxter, BB 1987, 1846, 1849: ... ‚daß „das Prinzip des entgeltlichen Erwerbs erst durch das Prinzip der selbständigen Bewertbarkeit ... konkretisiert wird".

958 Kußmaul, aaO., meint, der Grund sei, daß ein „Leistungsaustausch mit einem Dritten – im zivilrechtlichen Sinne" ja stattgefunden habe. „Deshalb ist nur konsequent, wenn ein solcher Leistungsaustausch nicht grundsätzlich als Nicht-Erwerb deklariert wird." Im Ergebnis ist dem zuzustimmen, aber nicht aus dem Grund, daß man auf die Konditionen eines zivilrechtlichen Vertrages „vertrauen" kann.

959 Entgeltlicher Erwerb beim Tausch BFH v. 27. 5. 1970, IV R 222/69, BFHE 99, 474 = BStBl. II 1970, 734; v. 13. 7. 1971, VIII 15/65, BFHE 103, 61 = BStBl. II 1971, 731. Allgemein A/D/S, § 248 Rn. 16: „Möglichkeit eines Mißbrauchs ... nicht ausreichend, die Aktivierbarkeit grundsätzlich auszuschließen."

960 Trotzdem können beide immateriellen Vermögensgegenstände in einem Betriebsvermögen gehalten werden, z.B. wenn sie selbst erstellt wurden. Kußmaul, Nutzungsrechte an Grundstücken, S. 92; ebenso Clausen, JbFSt 1976/77, 120, 142.

soll jeweils ein unsicherer Wert[961] zur Objektivierung eines anderen unsicheren Wertes beitragen und umgekehrt. Diesem unlösbaren Bewertungszirkel kann man nur dann entrinnen, wenn man bspw. wie *Kronner*[962] zusätzlich die „Marktgängigkeit" eines immateriellen Vermögensgegenstandes fordert. Statt dessen soll auch der Nachweis des Kaufmanns über das ihm zugeflossene Nettoeinnahmenpotential anhand objektiver Kriterien ausreichend sein. Noch deutlicher wird die Schwierigkeit bei *Kußmaul:*[963] Ein entgeltlicher Erwerb wird „nur dann anerkannt, wenn der Marktwert *vergleichbarer* immaterieller Güter sicher erkennbar ist, d.h. wenn *ähnliche* Güter bereits Gegenstände des Rechtsverkehrs waren." Das Entgelt soll eigentlich das Objektivierungsproblem lösen. Beim Tausch werden dagegen zusätzliche Fragen aufgeworfen, wie z.B. die Frage, ob sich zwei immaterielle Vermögensgegenstände ähnlich sind, oder nach wie vielen Erwerbsvorgängen man von einer „Marktgängigkeit" sprechen kann. Auch beim Tausch ist das gewährte Entgelt nicht verläßlich, sondern muß selbst anhand von Fremdvergleichen geschätzt werden,[964] um den „objektiven Wert" zu ermitteln, so daß erneut dem Entgelt i.R.d. § 248 Abs. 2 HGB nicht die Funktion der endgültigen Objektivierung zufällt.

Ein weiteres Beispiel für die fehlende Objektivierung i.R.d. § 248 Abs. 2 HGB ergibt sich Erwerb beim *Erwerb eines ganzen Unternehmens*. Hier können nach h.M. einzelne immaterielle Vermögensgegenstände aktiviert werden, ohne daß ihnen ein gesondertes Entgelt bei der Kaufpreisbestimmung zugemessen wurde. Dabei wird wieder nur auf die Bewertbarkeit und die damit einhergehende „Objektivierung" abgestellt.[965]

Damit ist deutlich, daß die interne Kontrolle nicht die durch den entgeltlichen Erwerb erstrebte Objektivierung erreicht. Es wird nämlich keine über die Bewertbarkeit hinausgehende Objektivierung erzielt. Dem gezahlten Entgelt wird nicht „vertraut", sondern es wird auf ein sonstiges Bewertungsverfahren abgestellt. Unter Umständen wird der fehlende Interessengegensatz für den Bereich der offenen Einlagen aber durch eine (verpflichtende) externe Kontrolle ersetzt.

---

961 Als solches werden immaterielle Anlagegegenstände grundsätzlich eingestuft.

962 Kronner, DStR 1996, 1185, 1189f.; ebenso Clausen, ebenda.

963 Kußmaul, Nutzungsrechte an Grundstücken, S. 92 (Hervorhebungen nicht im Original); auch Kropff in Geßler/Hefermehl: § 153 Rn. 45.

964 Clausen, ebenda. Dieses Erfordernis der Schätzung veranlaßt ihn, für eine einschränkende Interpretation des § 5 Abs. 2 EStG (= § 248 Abs. 2 HGB) einzutreten.

965 Dazu nur Kußmaul, ebenda.

(b) Keine Sicherung durch gesellschaftsrechtliche Schutzmechanismen (externe Kontrolle)

In der obligatorischen Prüfung durch das Registergericht besteht eine gewisse „eingebaute Sicherung" in Form einer *externen Kontrolle*, die den Bewertungsmißbrauch verhindern soll.[966] Die Funktionsfähigkeit dieser Prüfung sollte allerdings nicht überbewertet werden. Das Registergericht ist auf eine Plausibilitätsprüfung des Sachgründungsberichts (§ 5 Abs. IV S. 2 GmbHG; § 32 AktG) beschränkt, der „die für die Angemessenheit der Leistungen für Sacheinlagen wesentlichen Umstände darzulegen" hat.[967] Der Umstand, daß i.d.R. Insolvenzverwalter grundsätzlich ganz besonders intensiv die Werthaltigkeit der Sacheinlagen überprüfen und häufig genug Forderungen aus der verschuldensunabhängigen Bardeckungspflicht (gem. § 9 Abs. 1 GmbHG) geltend machen,[968] zeigt, daß die Kontrolle des Registergerichts nur zum Ausschluß von abwegigen Wertansätzen ausreicht. Eine positive Bestätigung des Wertes in Höhe der gewährten Anteile kann darin keinesfalls gesehen werden. Es wird nur das Kriterium der selbständigen Bewertbarkeit geprüft, das auch Element des Vermögensgegenstandsbegriffs ist.[969]

---

966 Döllerer, Verdeckte Gewinnausschüttungen ..., S. 190: Besondere Vorschriften gegen Überbewertung sind §§ 27, 34 Abs. 1 Nr. 2, 38 Abs. 2 S. 2 AktG, §§ 5 Abs. 4, 8 Abs. 1 Nr. 5, 9 GmbHG. Für Funktionsfähigkeit der externen Kontrolle auch Ekkenga, ZHR 161 (1997), 599, 615.

967 Ein Sachgründungsbericht ist nach den gesetzlichen Vorschriften nur bei der Gründung, nicht dagegen bei der Kapitalerhöhung vorgesehen. Weder erklären die §§ 55 Abs. 4, 56 Abs. 2 GmbHG den § 5 Abs. 4 GmbHG für anwendbar, noch fordert die Vorschrift des § 57 Abs. 3 Nr. 3 GmbHG anders als die Gründungsvorschrift des § 8 Abs. 1 Nr. 4 GmbHG („Sachgründungsbericht") für die Anmeldung zum Handelsregister die Vorlage eines Berichts. Trotzdem entspricht es der h.M. in der Literatur und der Praxis der Registergerichte einen Bericht auch bei Kapitalerhöhungen zu verlangen. Dies kann mit einem Redaktionsversehen des Gesetzgebers sowie den sonst wegen §§ 9 c, 57 a GmbHG durch das Registergericht aufgrund seiner Prüfungspflicht erforderlichen Ermittlungen begründet werden. Vgl. Groh, BB 1982, 133 sowie Fn. 4 m.w.Nachw. Letztlich kann diese Frage hier offen bleiben, weil sich kein anderes Ergebnis ergibt, wenn ein Sachgründungsbericht erstellt werden muß.

968 Dazu auch Schmidt, Gesellschaftsrecht, § 34 II 3. a) aa) (S. 1007 f.): „Man muß sich darüber klar sein, daß die praktische Verwirklichung dieser Bardeckungspflichten weder lückenlos gewährleistet noch einfach zu bewerkstelligen ist. ... In aller Regel sind es Insolvenzverwalter, Liquidatoren oder pfändende Gläubiger, die die Bardeckungsansprüche geltend machen, und dies oft eine geraume Zeit nach der Gründung. Ist die Bewertung von Sacheinlagen schon am Stichtag eine schwierige Aufgabe, so gilt dies nur noch mehr, wenn die Sacheinlage rückwirkend bewertet werden soll." Eine Bardeckungspflicht besteht aber auch schon nach allgemeinem Kapitalaufbringungsrecht, so daß § 9 GmbHG auch für den Aktionär gilt. S. Schmidt, § 20 II 4. a) (S. 585) Fn. 98 m.w.Nachw.

969 Hommel, Bilanzierung immaterieller Anlagewerte, S. 268.

Dieser Umstand wird meines Erachtens auch durch die gesetzlichen Regelungen bestätigt: Obwohl die Sacheinlage vor der Anmeldung „zur freien Verfügung der Geschäftsführer“ stehen muß (§ 7 Abs. 3 GmbHG), zeigt § 9 Abs. 2 GmbHG (Verjährung des Bardeckungsanspruches fünf Jahre nach Eintragung ins Handelsregister), daß die Eintragung trotz nicht voller Werthaltigkeit der Sacheinlage durchaus vorkommt und auch unentdeckt bleiben kann.

Damit kann weder die interne Kontrolle durch die Mitgesellschafter noch die externe Kontrolle durch das Registergericht eine einem Markttest vergleichbare Situation herbeiführen.

(c) Die Verneinung der Entgeltlichkeit und ihre Folgen

Trotz der fehlenden Objektivierung bei gesellschaftsrechtlichen Einlagen würde es den Zweck des § 248 Abs. 2 HGB in sein Gegenteil verkehren, wenn immateriellen Vermögensgegenständen die gesellschaftsrechtliche Sacheinlagefähigkeit aberkannt würde. Der Gesellschafter könnte den immateriellen Vermögenswert zwar nicht mehr als Einlage leisten, er könnte aber den Vorgang in eine Bareinlage und in ein Erwerbsgeschäft aufspalten oder z.B. einen Gegenstand an die Gesellschaft verkaufen und hinterher die Kaufpreisforderung erlassen. Dadurch würde der Gläubigerschutzgedanke des § 248 Abs. 2 HGB in sein Gegenteil verkehrt, weil jetzt sogar die Plausibilitätskontrolle des Registergerichts entfiele und der Gesellschafter nicht mehr zur Rechtfertigung über die Wertansätze im Sachgründungsbericht gezwungen wäre. Auch eine Umgehung der Sacheinlagevorschriften läge darin nicht, weil davon nur dann die Rede sein kann, wenn ein Gegenstand der Sacheinlage fähig ist.[970] Darüber hinaus entfiele die präventive Werthaltigkeitskontrolle durch das Registergericht für alle Fälle, in denen die Nachgründungsvorschriften (§ 52 AktG) keine Anwendung finden.[971] Daher kann ohne weiteres zunächst eine Geldeinlage geleistet werden und hinterher entgeltlich etwas vom Gesellschafter erworben werden. Ob sich hier Leistung und Gegenleistung entsprechen, entzieht sich jeglicher Kontrolle. Sieht man dies anders, dann entfiele die Übertragungsmöglichkeit dieser, wegen § 248 Abs. 2 HGB nicht einlagefähigen, Vermögenswerte durch den Gesellschafter insgesamt.

---

970 KK-Lutter, § 183 Rn. 10. Hierauf soll unten noch ausführlicher eingegangen werden unter 2. b) dd) eee) (5).

971 Röhricht in: Großkommentar zum AktG, § 27 Rn. 24. Die Nachgründungsvorschriften finden in den außerhalb § 52 AktG liegenden Fällen sowie - mangels entsprechender Regelung - bei der GmbH keine Anwendung.

Bis jetzt wurde die Problematik des entgeltlichen Erwerbs ausschließlich auf die mangelnde Werthaltigkeit des immateriellen Vermögensgegenstandes gestützt, weil unterstellt wurde, daß die Anteile genau den Wert ihres Nennbetrags haben. Die genaue Bewertung der Anteile setzt ebenso wie die Bestimmung eines originären Firmenwerts die Bewertung des Unternehmens mit Hilfe eines Ertragswertverfahrens oder discounted-cash-flow Verfahrens voraus. Für den Fall eines negativen Geschäftswertes sind die hingegebenen Anteile weniger wert als die gewährten immateriellen Vermögensgegenstände. Nur für die Gründung kann ein negativer Geschäftswert ausgeschlossen werden. Hierbei geht es letztlich um die Frage, ob die für den immateriellen Anlagewert gewährten Anteile tatsächlich einen dem Nennbetrag gleichen Wert haben. Dieser Ansatz muß aber nicht weiterverfolgt werden, weil sich bei gesellschaftsrechtlichen Einlagen die „Preisfindung" genau umgekehrt zur Preisfindung bei den Alltagsgeschäften folgendermaßen darstellt: Der Wert der Sacheinlage bestimmt den Maximalbetrag der auszugebenden Anteile.[972] Nicht die hingegebenen Anteile bestimmen im Rahmen gesellschaftsrechtlicher Einlagen den Wert des Einlageobjekts, sondern die selbständige Bewertung des Einlageobjekts geht der Bestimmung der auszugebenden Anteile voraus.

Damit fehlt es auch wirtschaftlich an dem Vorliegen des entgeltlichen Erwerbs, weil die Festlegung des Wertes nicht mit dem normalen Aushandeln bei schuldrechtlichen Verträgen vergleichbar ist und es i.d.R. an dem typischen Interessengegensatz der Parteien fehlt.[973] Trotzdem bestehen an der Einlagefähigkeit und an der damit einhergehenden Aktivierung immaterieller Anlagewerte keine Zweifel.

(3) Bestandsaufnahme zum verbleibenden Anwendungsbereich der Entgeltlichkeit des Erwerbsvorgangs

Faßt man die i.R.d. entgeltlichen Erwerbs bisher dargestellten problematischen Fälle zusammen, so zeigt sich, daß eine *zuverlässige* Objektivierung scheitert, entweder bereits an praktischen Hindernissen bzgl. der Bewertung (z.B. Tausch zweier immaterieller Anlagewerte) oder daran, daß jedenfalls nicht ausnahmslos ein Interessengegensatz gegeben ist (Erwerbsvorgänge mit nahestehenden Personen; gesellschaftsrechtliche Einlagen). In diesen Fällen findet die Objektivie-

---

972 Küting/Kessler, BB 1989, 25, 34.

973 Röhricht in: Großkommentar zum AktG, § 27 Rn. 24; ebenso KK-Lutter, § 183 Rn. 10; Döllerer, FS Fleck, 35, 36 f.; deutlich auch Hommel, Bilanzierung immaterieller Anlagewerte, S. 300: Die Übertragung des entgeltlichen Erwerbs auf gesellschaftsrechtliche Austauschverhältnisse führt zu einer Scheinobjektivierung, „da die mit diesem Prinzip verbundene Manipulationsbeschränkung vielfach überschätzt wird."

rung nicht – wie es die Vorschrift des § 248 Abs. 2 HGB eigentlich beabsichtigt – aufgrund des gewährten Entgelts (Anteile, Tauschobjekt, Geldzahlung), sondern aufgrund einer selbständigen Bewertung statt. Trotzdem dehnt die h.M. den Anwendungsbereich des § 248 Abs. 2 HGB auf diese Fälle aus. Von Entgeltlichkeit im Sinne einer verläßlichen Objektivierung kann in diesen Fällen keine Rede sein, die erstrebte Objektivierung anhand des Entgelts verkommt hier zur bloßen Makulatur. Auch der Weg einer strengeren Anwendung des § 248 Abs. 2 HGB ist verschlossen, denn eine Aktivierung ist aus gesellschaftsrechtlicher Sicht geboten, und ein Ausschluß jeglicher Tauschvorgänge sowie der Erwerbsvorgänge von „nahestehenden Personen" aus der Bilanz widerspräche der wirtschaftlichen Wirklichkeit und hätte erhebliche Bilanzverzerrungen zur Folge. Vor diesem Hintergrund kann man sich die Frage stellen, ob die geltende Praxis nicht besser wiedergegeben würde, wenn sich das Aktivierungsverbot auf selbsterstellte Vermögensgegenstände beschränken würde, was auf eine teleologische Reduktion des § 248 Abs. 2 HGB hinausliefe. Zudem stellt sich die Frage, welche Bedeutung diese Beurteilung für die konkrete Aktivierungsfähigkeit verdeckt eingelegter immaterieller Anlagewerte hat.

ccc) Verdeckte Einlagen

Eine verdeckte Einlage liegt dann vor,[974] wenn ein Gesellschafter seiner Kapitalgesellschaft außerhalb gesellschaftsrechtlicher Vorschriften Vermögensvorteile zuwendet, die ein Nichtgesellschafter bei Anwendung der Sorgfalt eines ordentlichen und gewissenhaften Kaufmanns der Gesellschaft nicht eingeräumt hätte.[975]

(1) Exkurs: Tauschähnliches Geschäft i.S.d. Steuerrechts – Bewertung verdeckter Einlagen

An dieser Stelle[976] muß nicht auf das tauschähnliche Geschäft umfassend eingegangen werden. Es kann hier nur kurz und stark vereinfacht die steuerliche Bewertung dargestellt werden. Nach § 6 Abs. 1 Nr. 5 EStG werden verdeckte Einlagen bei der empfangenden Gesellschaft mit dem Teilwert angesetzt, und nach

---

974 S. schon Einleitungsteil.

975 Ständige Rechtsprechung: BFH v. 19. 2. 1970, I R 24/67, BFHE 98, 254 = BStBl. II 1970, 442; v. 9. 3. 1983, I R 182/78, BFHE 139, 139 = BStBl. II 1983, 744, 745; v. 14. 11. 1984, I R 50/80, BFHE 142, 453 = BStBl. II 1985, 227, 229; v. 24. 3. 1987, I R 202/83, BFHE 149, 542 = BStBl. II 1987, 705, 706 f.; v. 2. 9. 1988, BFH/NV 1990, 20; v. 21. 9. 1989, IV R 115/88, BFHE 158, 397 = BStBl. II 1990, 86.

976 Ausführlich s. E. VI. 2.

§ 6 Abs. 6 S. 2 EStG kommt es zu nachträglichen Anschaffungskosten in gleicher Höhe auf Seiten des Gesellschafters.[977] Insoweit wird deutlich, daß es sich auch bei der verdeckten Einlage um einen Gewinnrealisationstatbestand handelt, der in den gesetzlich geregelten Fällen zur Aufdeckung stiller Reserven im Betriebsvermögen bzw. zur Gewinnrealisation bei Anteilen im Privatvermögen gem. § 17 Abs. 1 S. 2, Abs. 2 S. 2 EStG (verdeckte Einlage einer wesentlichen Beteiligung), § 23 Abs. 1 S. 5 Nr. 2 EStG (verdeckte Einlage eines der in § 23 Abs. 1 S. 1 Nr. 1, Abs. 3 S. 2 a.E. EStG genannten Rechte innerhalb der genannten Spekulationsfristen) und § 21 Abs. 2 S. 1 Nr. 4, S. 2 UmwStG (verdeckte Einlage einbringungsgeborener Anteile) in Höhe des gemeinen Werts führt.

Abgesehen von den gesetzlich vorgesehenen Ausnahmefällen[978] führt die verdeckte Einlage also zur Gewinnrealisierung entweder durch den Ansatz des Teilwerts oder den Ansatz des gemeinen Wertes bei dem Gesellschafter. In dieser Arbeit wird davon ausgegangen, daß es sich auch bei der verdeckten Einlage um ein tauschähnliches Geschäft handelt.[979]

Im Zusammenhang mit der zu diskutierenden Entgeltlichkeit i.S.d. § 248 Abs. 2 HGB macht die verdeckte Einlage die Eigenständigkeit der steuerlichen Wertansätze noch deutlicher als die offene Einlage. Ein Markttest wird auch hier nicht herbeigeführt. Zudem erhält der Gesellschafter eine Wertsteigerung seiner Beteiligung, die sich an objektiven Bewertungsmaßstäben orientiert. Soweit der Begriff des tauschähnlichen Vorgangs dabei hilft, die verdeckte Einlage als Gewinnrealisationstatbestand zu sehen und die steuerliche Gleichstellung mit der offenen Einlage betont,[980] kann der Begriff gerade[981] nach der geltenden Gesetzeslage für die verdeckte Einlage verwendet werden.

---

977 Auf die Besonderheiten, die sich daraus ergeben können, daß die Beteiligung im Privatvermögen gehalten wird, soll erst unter E. VI. 2. eingegangen werden.

978 Zu den bereits genannten kommt nach der durch Art. 4 des Gesetzes zur Änderung des InvZulG 1999 v. 20. 12. 2000 (BGBl. I, 1850) neu eingefügte § 8b Abs. 2 S. 3 KStG hinzu, der die verdeckte Einlage einem Veräußerungsgeschäft gleichstellt, und damit die verdeckte Einlage eines Anteils an einer anderen Körperschaft oder Personenvereinigung von der Besteuerung freistellt.

979 S.u. E. VI. 2..

980 Die Fälle der verdeckten Nutzungsrechtseinlage sollen hier noch ausgeklammert werden.

981 Es überrascht, daß vor der Einführung der neuen Normen die Tauschähnlichkeit der verdeckten Einlage erheblich mehr vertreten wurde als jetzt.

(2) Ablehnung der die Entgeltlichkeit bejahenden Ansichten

Im Rahmen des § 248 Abs. 2 HGB stellt sich die Frage, ob eine Gegenleistung gewährt wurde, die eine „Bestätigung am Markt" darstellt. Nur dann kann von „Entgeltlichkeit" gesprochen werden. Obwohl die Gesellschaft offensichtlich gerade nichts an den Gesellschafter leistet, finden sich in der Literatur Stimmen, die die Entgeltlichkeit bejahen wollen.[982]

So wird in der verdeckten Einlage aus handelsrechtlicher Sicht ein Tausch der hingegebenen Sache gegen die nachträglichen Anschaffungskosten der Beteiligung beim Gesellschafter gesehen.[983] Die Beurteilung als Tausch oder tauschähnlicher Vorgang ist verständlich, wenn man sich vorstellt, daß es auf beiden Seiten zu einem Wertzuwachs in gleicher Höhe kommt. Die verdeckte Einlage wurde hier aus steuerlicher Sicht als tauschähnliches Geschäft eingeordnet, jedoch läßt sich daraus – wie gesehen – nichts für das hier vorliegende Objektivierungsproblem i.R.d. § 248 Abs. 2 HGB herleiten. Nur ein tatsächlich ausgehandelter Wertansatz kann über die notwendige Vermögensgegenstandseigenschaft der Bewertbarkeit hinaus eine zusätzliche Objektivierung schaffen. An einem solchen Wertansatz fehlt es hier aber gerade.

An die fehlende Objektivierung des Entgelts „Anteile" bei der gesellschaftsrechtlichen Einlage versuchen *Küting/Kessler*[984] anzuknüpfen. Zwar könne der Wertzuwachs der Gesellschaftsrechte bei der verdeckten Einlage[985] nur als „mittelbare Gegenleistung" nicht dieselbe Objektivierung wie eine Wertbestätigung am Markt erreichen. Jedoch beruhe auch bei der anerkannten gesellschaftsrechtlichen Einlage immaterieller Vermögensgegenstände die Objektivierung nicht auf dem Wert der gewährten Anteile, sondern auf dem festgestellten Wert der Sacheinlage, so daß der Unterschied zur verdeckten Einlage nur „formaler Art" sei und damit eine Gleichstellung zu befürworten sei. Richtig ist an dieser Ansicht die erstrebte Gleichstellung von offenen und verdeckten Einlagen, weil es bei beiden an einer zuverlässigen Gegenleistung fehlt. Geschieht schon bei der gesellschaftsrechtlichen Einlage die Objektivierung nicht auf Grundlage des „Entgelts", so kann das Fehlen der Gewährung von Anteilen schwerlich den verdeckten Einlagen entgegengehalten werden. Die Bezeichnung als „mittelbare

---

982 Meilicke/Meilicke, DB 1977, 927, 929 ohne weitere Begründung: „Die verdeckte Einlage kann ebenso wie die offene Einlage aktiviert werden." Ausdrücklich werden auch obligatorische Nutzungsrechte eingeschlossen.

983 Raupach, FS v. Wallis (1985), 309, 319. Oben wurde nur auf die steuerliche Sichtweise eingegangen.

984 Küting/Kessler, BB 1989, 25, 34.

985 Küting/Kessler, BB 1989, 25, 34 sprechen von einer „unentgeltliche(n) Zuwendung" aufgrund der Orientierung am Wortlaut des § 272 Abs. 2 Nr. 4 HGB.

Leistung" macht das eigentliche Problem dieses Ansatzes deutlich. Es wird etwas als Gegenleistung und Entgelt eingeordnet, das erklärtermaßen diese Begriffe gerade nicht erfüllt. Damit wird zwar ein richtiges Ergebnis, aber eben mit paradoxer Begrifflichkeit erzielt.

Teilweise wird auch versucht, aus der steuerlichen Behandlung von verdeckten Einlagen zwischen Tochter und beherrschender Kapitalgesellschaft die Entgeltlichkeit abzuleiten.[986] Will die Tochter der Mutter einen Vermögensvorteil verdeckt zuwenden, so muß dieser zunächst verdeckt aus der Tochtergesellschaft entnommen werden, bevor er in die Muttergesellschaft verdeckt eingelegt werden könne. Bei diesem Entnahmevorgang handelt es sich steuerlich um eine verdeckte Gewinnausschüttung, deren Höhe sich nach der „Hypothese des Fremdvergleichs" richte.[987] Man behandelt den Vorgang bei der verdeckt ausschüttenden Gesellschaft so, als hätte sie auf ein angemessenes Entgelt verzichtet. Der Objektivierungsmaßstab kann dann für die Entnahme, aber eben auch für die Einlage, als „hypothetisches Entgelt" herangezogen werden.[988] Kein Zweifel besteht daran, daß der Fremdvergleich eine Objektivierung herbeiführen kann. Diese geschieht aber *nachträglich* aufgrund von der Steuerverwaltung aufgestellter Hypothesen. Dagegen soll die „Entgeltlichkeit" i.R.d. § 248 Abs. 2 HGB den Wert des immateriellen Vermögensgegenstandes im Zeitpunkt des *Zugangs* bei der empfangenden Gesellschaft objektivieren. Auch stellt der hier entscheidende Fremdvergleich nur eine Konkretisierung des ohnehin zu erfüllenden Merkmals der Bewertbarkeit als Voraussetzung des Vermögensgegenstandes dar, so daß „jeder anhand des Fremdvergleichs selbständig bewertbare Vermögenswert die Voraussetzungen des entgeltlichen Erwerbs" erfüllen würde und damit der entgeltliche Erwerb keine zusätzliche Aktivierungsvoraussetzung darstellen würde.[989]

Während auf Gesellschafterseite bei der verdeckten Einlage wegen der Aktivierung nachträglicher Anschaffungskosten noch an eine Gegenleistung gedacht werden kann, verbietet sich diese Betrachtung für die Gesellschaft, da sie keinerlei Gegenleistung erbringt.[990] Zudem kann die Gesellschaft für den Wertzuwachs beim Gesellschafter nichts und kann auch keinen Einfluß darauf nehmen kann.[991] Weiter findet auch keine Form des Wertabflusses bei der Gesellschaft statt. Es fehlt an einem Interessengegensatz und das bloße Abstellen auf eine Bewertbarkeit würde letztlich dazu führen,, daß das Kriterium

---

986 Lang, JbFSt 1984/85, 515, 532.
987 Lang, ebenda.
988 Lang, aaO., S. 533.
989 Hommel, Bilanzierung immaterieller Anlagewerte, S. 274.
990 Hommel, Bilanzierung immaterieller Anlagewerte, S. 270 ff.; Marx, FR 1995, 453, 456; unentgeltlich auch Döllerer, BB 1986, 1857, 1860.
991 Kußmaul, Nutzungsrechte an Grundstücken, S. 256.

Bewertbarkeit würde letztlich dazu führen„ daß das Kriterium des entgeltlichen Erwerbs immer vorläge.[992] Damit fehlt es „bei der verdeckten Einlage zweifelsfrei an dem Merkmal der Entgeltlichkeit."[993]

(3) Vorrang des § 272 Abs. 2 Nr. 4 HGB

Döllerer[994] nimmt einen Vorrang des § 272 Abs. 2 Nr. 4 HGB gegenüber dem entgeltlichen Erwerb für alle Einlagen nach § 272 Abs. 2 Nr. 4 HGB an. Diese Norm ermöglicht „den Betrag von anderen Zuzahlungen, die Gesellschafter in das Eigenkapital leisten", in die Kapitalrücklage einzustellen. Zu dieser Ansicht neigt wohl auch *Glanegger*[995], wenn er ausführt, daß ungeklärt sei, „ob unentgeltliche Nutzungsrechte unter § 272 Abs. 2 Nr. 4 HGB fallen".[996] Im Ergebnis bedeutet dies, einer Passivierungsvorschrift Einfluß auf die Aktivierung einzuräumen. § 272 Abs. 2 Nr.4 HGB enthält keine Aussage über die möglichen Gegenstände einer Einlage, sondern eröffnet nur erstmalig die *Chance* zu einer erfolgsneutralen Erfassung ohnehin aktivierungsfähiger Gegenstände. Diese Fragen werden aber abschließend durch die bereits dargestellten Aktivierungsvorschriften beantwortet, eine neue Aktivierungskonzeption kann einer Passivvorschrift nicht eingeräumt werden.[997]

(4) Gründe für die Nichtanwendung

Deutlich ist, daß die steuerliche Einordnung als tauschähnlicher Vorgang nicht weiterhilft, das Merkmal der Entgeltlichkeit eindeutig abzulehnen ist und auch die Vorschrift des § 272 Abs. 2 Nr. 4 HGB zumindest nicht für eine Nichtanwendung des § 248 Abs. 2 HGB spricht. Es sind aber zwei mögliche Ansatzpunkte zu untersuchen, die trotzdem für die Nichtanwendung des § 248 Abs. 2 HGB sprechen könnten.

---

992 Hommel, aaO., S. 274.

993 Hommel, ebenda.

994 Döllerer, BB 1986, 1857, 1860.

995 Glanegger in: Schmidt, EStG, 20. Aufl., § 6 Rn. 440 „Gesellschaftsrechtliche Einlagen" (5).

996 BFH v. 27. 4. 2000, I R 58/99, BStBl. II 2001, 168 behandelt nur die Frage, ob beim Gesellschafter ein eigenständiges Wirtschaftsgut nach einer Leistung in die Kapitalrücklage nach § 272 Abs. 2 Nr. 4 HGB zu aktivieren ist. Diese Frage wird verneint (nachträgliche Anschaffungskosten auf die Beteiligung).

997 Hommel, aaO., S. 277; Groh, StbJb 1988/89, 187, 199; ähnlich Quantschnigg, DStJG 14 (1991), 47, 61 sieht darin eine „Überfrachtung des § 272 Abs. 2 Z 4 HGB".

(a) Schärfere Trennung von Gewinn und Kapital

Auch handelsrechtlich könnte ein Gebot bestehen, „Vermögensmehrungen der Kapitalgesellschaft, die ihre Ursache im Gesellschaftsverhältnis haben, von den übrigen Vermögensmehrungen der Kapitalgesellschaft zu trennen und auf diese Weise schärfer zwischen Kapital und Gewinn zu unterscheiden".[998] Eine diesem Gebot entsprechende, richtige Erfolgsdarstellung ist abhängig von zwei Umständen. Zum einen müßte eine Aktivierung aller durch den Gesellschafter zugeführten Vermögensgegenstände zum Zeitwert erfolgen. Um dies zu gewährleisten, dürfe das Aktivierungsverbot des § 248 Abs. 2 HGB keine Anwendung finden. Dies allein hätte aber nur eine erfolgserhöhende Wirkung. Deswegen müßte zum anderen auch noch eine passive Erfassung im Kapital stattfinden, um die Erfolgsneutralität zu gewährleisten. Hierfür bietet sich der bereits erwähnte § 272 Abs. 2 Nr. 4 HGB an. Deutlich ist, daß die Norm die *Chance* für eine erfolgsneutrale Erfassung der verdeckten Einlagen eröffnet. Ob auch die Pflicht zu einer Erfassung aller verdeckten Einlagen besteht, soll hier noch offengelassen werden.[999] Wie gesehen, kann allerdings die Nichtgeltung des § 248 Abs. 2 HGB nicht von einer Passivvorschrift abhängig gemacht werden. Eine Aktivierung kann nicht davon abhängig gemacht werden, ob in einem ersten Schritt die erfolgsneutrale Passivierung zum Zeitwert in Frage kommt, um dann in einem zweiten Schritt die Aktivierung in derselben Höhe bejahen zu können.[1000] Das heißt allerdings nicht, daß es hier nicht im Ergebnis trotzdem zu einer erfolgsneutralen Erfassung aller Einlagen kommen wird. Allerdings muß die Nichtgeltung des § 248 Abs. 2 HGB aus anderen Gründen hergeleitet werden.

Wie schon mehrfach erwähnt, wird i.R.d. § 248 Abs. 2 HGB das Vollständigkeitsprinzip zugunsten der Objektivierung zurückgedrängt. Dieses ist nach *Hommel*[1001] nur dann gerechtfertigt, wenn die Anwendung des § 248 Abs. 2 HGB der im Hinblick auf die Aktivierung aller immateriellen Anlagewerte befürchteten Manipulationsgefahr wirklich vorbeugen würde. Davon kann aber

998 Döllerer, BB 1986, 1857, 1860; ders., Verdeckte Gewinnausschüttungen und ..., S. 192; ders., DStR 1989, 331, 336 stützt diesen Zweck unmittelbar auf § 272 Abs. 2 Nr. 4; zustimmend Kußmaul, Nutzungsrechte an Grundstücken, S. 233; ders., BB 1987, 2053, 2057; Schacht in: Sonderbilanzen, G 40; in dieselbe Richtung wohl Quantschnigg, DStJG 14 (1991), 47, 62; a.A. Küting/Kessler, BB 1989, 25, 34: Ein solches *Gebot* gibt es im Handelsrecht nicht, durch den neuen § 272 Abs. 2 Nr. 4 HGB wurde „nur die *Möglichkeit* einer strikten Trennung von Gewinn und Kapital geschaffen." (Hervorhebung im Original.)

999 Dazu s.u. D. II. 3. d).

1000 A.A. Döllerer, BB 1986, 1857, 1860; ders., Verdeckte Gewinnausschüttungen und ..., S. 192; zustimmend Kußmaul, BB 1987, 2053, 2057; Schacht in: Sonderbilanzen, G 40; in dieselbe Richtung wohl Quantschnigg, DStJG 14 (1991), 47, 62.

1001 Hommel, Bilanzierung immaterieller Anlagewerte, S. 297 ff.

dann keine Rede sein, wenn eine Aktivierung des immateriellen Vermögensgegenstandes auch erreicht werden kann, ohne das die Gesellschaft im Ergebnis eigene Mittel für den Erwerb aufwenden muß. Wie schon im Zusammenhang mit der Nutzungseinlage im Gesellschaftsrecht erwähnt,[1002] kann das mit dem Einlagevorgang beabsichtigte Ergebnis auch ohne weiteres erzielt werden, wenn § 248 Abs. 2 HGB die Einlage des immateriellen Wirtschaftsguts ausschließt. Möglich ist eine (verdeckte) Bareinlage mit anschließendem entgeltlichen Erwerb oder eine entgeltliche Veräußerung des immateriellen Wirtschaftsguts mit anschließendem Verzicht auf die Kaufpreisforderung. Für diese Geschäftsvorfälle wird kein Ausschluß der Aktivierung aufgrund von § 248 Abs. 2 HGB diskutiert. Die im Gesellschaftsrecht zu diskutierende „verschleierte Sacheinlage" spielt hier keine Rolle, weil eine Umgehung der Sachgründungsvorschriften nur für die Einlage gegen Gewährung von Anteilen, nicht dagegen bei der verdeckten Einlage möglich ist.

Die Anwendung eines konkreten Aktivierungsverbots kann aber meines Erachtens nicht auf eine Passivvorschrift gestützt werden. Auch eine strenge Anwendung des § 248 Abs. 2 HGB führt im Ergebnis nicht zum Ausschluß der Aktivierung derjenigen Vorgänge, die wirtschaftlich betrachtet mit einer verdeckten Einlage identisch sind, so daß § 248 Abs. 2 HGB schon von daher nicht für verdeckte Einlagen gelten kann.

(b) Gleichbehandlung offener und verdeckter Einlagen

Ein starkes Argument für die Nichtanwendung des § 248 Abs. 2 HGB auf die verdeckten Einlagen ist die Behandlung der offenen Einlagen. Der § 248 Abs. 2 HGB greift bei gesellschaftsrechtlichen Einlagen nicht ein, obwohl weder die Gewährung der Gesellschaftsanteile noch interne oder externe Kontrollen eine zusätzliche Objektivierung des Wertes bewirken.[1003] Damit fällt gleichzeitig der einzige Grund für die Differenzierung zwischen offenen und verdeckten Einlagen im Bereich des § 248 Abs. 2 HGB weg. Entweder man bemüht sich im Gesellschaftsrecht wieder um eine restriktivere Handhabung der Einlagegegenstände, oder eine Gleichbehandlung offener und verdeckter Einlagen ist unausweichlich. Wie oben[1004] gezeigt, ist eine Eingrenzung der gesellschaftsrechtlichen Ein-

---

[1002] Eine sog. „verschleierte Sacheinlage" ist in der Bareinlage und anschließendem Erwerb des immateriellen Anlagewertes dann nicht zu sehen, wenn aufgrund von § 248 Abs. 2 HGB eine Aktivierung ausgeschlossen wird. Eine Umgehung der Sachgründungsvorschriften ist nur dann möglich, wenn die Sacheinlage überhaupt möglich ist.

[1003] Küting/Kessler, BB 1989, 25, 34; Döllerer, ebenda. Ausführlich dazu bereits D. I. 2. a) cc) bbb).

[1004] Zu den einzelnen Argumenten s. o. C. II. 4. e).

lagefähigkeit aus zahlreichen Gründen ausgeschlossen. Damit ist der Widerspruch zwischen Nichtanwendung des § 248 Abs. 2 HGB auf gesellschaftsrechtliche Einlagen und der Anwendung auf handelsrechtlich verdeckte Einlagen nicht hinnehmbar. Aufgrund der dargestellten Behandlung der gesellschaftsrechtlichen Einlagen bleibt nur die Nichtanwendung des § 248 Abs. 2 HGB auch auf den Bereich der verdeckten Einlagen. Damit kann das Fehlen einer zusätzlichen Objektivierung nicht gegen die konkrete Aktivierung der verdeckten Einlage ins Feld geführt werden. Daraus ergibt sich eine Nichtgeltung des § 248 Abs. 2 HGB für offene und verdeckte Einlagen gleichermaßen, so daß als Anwendungsbereich für den entgeltlichen Erwerb maximal[1005] die laufenden Geschäftsvorfälle verbleiben sowie die Selbstherstellung immaterieller Vermögensgegenstände.[1006]

(c) Erfordernis eines Ersatzkriteriums

Auch bei den sich nur auf die Vermögensgegenstandskriterien beschränkenden Ansichten gibt es teilweise Tendenzen, weitere, objektivierende Nachweise für den Bereich der Einlagen zu fordern. So meint z.B. *Kußmaul*,[1007] ein Vorrang der Einlageregeln vor dem Aktivierungsverbot des § 248 Abs. 2 HGB sei in den Fällen „überlegenswert", „in denen eine *externe Prüfung* dieser Sachverhalte – auch im Rahmen einer Jahresabschlußprüfung – vorgeschrieben ist, in denen eine gesicherte Bewertung des verdeckt zugeführten, gesicherten Vorteils – z.B. bei vertraglich gesicherten Lizenzeinnahmen – möglich ist und in denen nicht eine Schenkung, sondern eine zumindest mittelbar gewollte Erhöhung des Beteiligungswerts beabsichtigt ist." Diese Ansicht liefe auf eine Differenzierung der Ansätze zwischen prüfungspflichtigen und anderen Unternehmen hinaus. Eine Pflichtprüfung besteht gem. §§ 316 ff. HGB nur für mittlere und große Kapitalgesellschaften. Bei kleinen Kapitalgesellschaften fehlt trotzdem keinesfalls eine Prüfung vollständig, denn im Rahmen der Prüfung der Steuererklärung durch die Finanzverwaltung werden verdeckte Einlagen aufgedeckt. Zudem ist willkürliche Bilanzierung ja keinesfalls sanktionslos. Nach §§ 283 ff. StGB ist die Führung der Handelsbücher strafbar, wenn „die Übersicht über seinen Vermögensstand erschwert wird". Die Strafbarkeit steht zwar unter der objektiven Bedingung der Zahlungseinstellung oder der Eröffnung eines Insolvenzverfahrens oder der Abweisung mangels Masse (§ 283 Abs. 6 StGB). Die Strafbarkeit be-

---

1005 Kritisch dazu bereits oben D. I. 2. a) cc) bbb) (2) (a) zum Tausch und Erwerb von Konzernunternehmen.

1006 Ebenso Schacht in: Sonderbilanzen, G 40; Hommel, Bilanzierung immaterieller Anlagewerte, S. 303; ähnlich Küting/Kessler, ebenda. Im Ergebnis genauso die in Fn. 701 Genannten.

1007 Kußmaul, Nutzungsrechte an Grundstücken, S. 233.

deutet aber, daß kontinuierlich die Bücher korrekt zu führen sind, auch wenn die Strafbarkeit als ultima ratio nur in den genannten Fällen eintreten soll. Der Ansatz von Phantasiewerten ist mithin ohnehin unzulässig und verstößt auch gegen die gebotene Sorgfalt des Kaufmanns, so daß schon deswegen der Kaufmann darlegen können muß, wie er zu einem Wertansatz gekommen ist. Dieses wird praktisch so geschehen, daß der Kaufmann bei marktgängigen immateriellen Vermögensgegenständen einen vergleichbaren Wertansatz nachweist (z.B. Vergleichsmiete bei unentgeltlicher Nutzungsüberlassung einer Wohnung) und bei nicht marktgängigen immateriellen Anlagewerten seine Bewertung erklärt (oder von möglichen Interessenten Angebote einholt). In diesem Verfahren ist aber nicht eine besondere Bewertung, sondern die normale Verfahrensweise bei der Bewertung zu sehen.[1008]

(5) Ergebnis

Die Untersuchung hat gezeigt, daß Einlagen nur die Voraussetzungen des Vermögensgegenstandsbegriffs erfüllen müssen. Damit muß nur ein feststellbarer wirtschaftlicher Wert vorliegen. Das konkrete Aktivierungsverbot des § 248 Abs. 2 HGB findet keine Anwendung.[1009] Aufgrund der kritischen Betrachtung des Tausches und der Erwerbsvorgänge im Konzern ist zu erwägen, den Anwendungsbereich des § 248 Abs. 2 HGB ausdrücklich auf die Selbsterstellung immaterieller Anlagewerte zu beschränken, wie es auch der Gesetzgeber vom AktG 1965 für die Vorläufervorschrift des § 248 Abs. 2 HGB (§ 153 Abs. 3 AktG 1965) beabsichtigt hat.

Obwohl offene und verdeckte Einlagen steuerlich aufgrund der eigenständigen steuerlichen Bewertung als tauschähnliche Vorgänge einzuordnen sind, ergibt sich hieraus nichts für die mit § 248 Abs. 2 HGB erstrebte Objektivierung. Bei offenen Einlagen fehlt es an einem Austauschverhältnis, und auch externe und interne Kontrollen können die mit dem entgeltlichen Erwerb erstrebte Objektivierung nicht erreichen. Die trotzdem richtige Nichtanwendung der Vorschrift des § 248 Abs. 2 HGB muß sich auch auf verdeckte Einlagen erstrecken. Zudem könnte das Ergebnis der Aktivierung eingelegter immaterieller Anlagewerte auch durch wirtschaftlich mit der verdeckten Einlage gleichstehende Vorgänge erreicht werden, so daß im Aktivierungsverbot kein Vorteil liegen würde. Ob

---

[1008] Ähnlich u.U. Hommel, aaO., S. 301: Die Manipulationsgefahr könne nur dann eingeschränkt werden, „wenn der Bilanzierende unabhängig von der Art des jeweiligen Leistungsaustausches dazu verpflichtet ist, *konkret* nachzuweisen, daß der Gesellschaft ein isoliert greifbarer und bewertbarer Vermögensvorteil zugewandt wurde." (Hervorhebung nicht im Original.) Nicht klar ist, ob hier Hommel ein zusätzliches Kriterium meint.

[1009] Ebenso Hommel, aaO., S. 305.

dagegen auch noch die Möglichkeit einer erfolgsneutralen Erfassung durch die Vorschrift des § 272 Abs. 2 Nr. 4 HGB das hier gefundene Ergebnis bestätigt, muß erst noch geklärt werden.

Die Voraussetzung des feststellbaren wirtschaftlichen Werts für Einlagevorgänge stimmt nicht nur mit den Voraussetzungen der gesellschaftsrechtlichen Einlagefähigkeit, sondern auch mit den gefundenen Voraussetzungen der abstrakten Aktivierungsfähigkeit überein. Insoweit findet der in der Einleitung aufgeworfene Satz für den Bereich des § 248 Abs. 2 HGB Bestätigung, daß „verdeckt muß eingelegt werden können, was auch offen gegen Gewährung von Gesellschafterrechten eingelegt werden kann."

b) Verbot der Aktivierung schwebender Geschäfte

Nachdem die Vermögensgegenstandseigenschaft obligatorischer Nutzungsrechte bejaht wurde, und auch durch den § 248 Abs. 2 HGB der Aktivierung von Einlagen nichts im Wege steht, kann sich eine Verneinung der Aktivierung nur noch aus dem konkreten Bilanzierungsverbot[1010] des Nichtausweises schwebender Geschäfte ergeben. Wie sich noch genauer zeigen wird, kommt dem Grundsatz des Nichtausweises schwebender Geschäfte besondere Bedeutung für die obligatorischen Nutzungsrechte zu. Als Grundlage für die Diskussion soll zunächst auf den Begriff und die Grundlagen des schwebenden Geschäfts eingegangen werden, dann auf die Besonderheiten der Nutzungsrechte und schließlich auf die Behandlung der Nutzungsrechtseinlagen.

aa) Allgemein: Nichtausweis schwebender Geschäfte

Schon der RFH führte aus: „Schwebende Geschäfte sind in der Bilanz grundsätzlich weder auf der Aktiv- noch auf der Passivseite zu berücksichtigen, weil allgemein davon ausgegangen werden kann, daß die Rechte und Pflichten aus dem Geschäft sich gegenseitig ausgleichen".[1011] Wird das Gleichgewicht jedoch

---

1010 Ebenso Fahrholz, Leasing in der Bilanz, S. 109; ausführlich dazu Tiedchen, Vermögensgegenstand, S. 69 ff. zu w. Nachw. s. dort Fn. 251 f.; a.A. Fabri, GoB entgeltlicher Nutzungsverhältnisse, S. 108, der diesen Grundsatz als Unterpunkt des entgeltlichen Erwerbs ansieht.

1011 RFH v. 25. 3. 1925, VI A 67, 68, 69/25, RStBl. 1925, 166; ebenso BFH v. 26. 1. 1956, IV 566/54, BFHE 62, 305 = BStBl. III 1956, 113; v. 16. 9. 1970, I R 184/67, BFHE 100, 443 = BStBl. II 1971, 85; v. 3. 7. 1980, IV R 138/76, BFHE 131, 57 = BStBl. II 1980, 648, 650; v. 20. 1. 1983, IV R 158/80, BFHE 138, 53 = BStBl. II 1983, 413, 415; v. 23. 6. 1997, GrS 2 /93, BFHE 183, 199 = BStBl. II 1997, 735. Ebenso Clausen, JbFSt 1976/77, 120, 128 f.; A/D/S, § 249 Rn. 135; Budde/Raff in: BeBiKom, § 243 Rn. 14.

durch (Geld-) Vorleistungen oder drohende Verluste beeinträchtigt, kommt es trotz des Bestehens des Schwebezustandes zu einer Bilanzierung. Während Vorleistungen durch die Posten „erhaltene“ und „geleistete Anzahlungen“ bzw. die Rechnungsabgrenzungsposten erfaßt werden und letztlich die Gleichwertigkeit von Leistung und Gegenleistung unberührt lassen, fordert das HGB in § 249 Abs. 1 S.1 HGB eine Rückstellungsbildung für drohende Verluste aus schwebenden Geschäften. Der Bilanzierende muß eine Rückstellung bilden, wenn die durch ihn zu erbringende Leistung die zu erhaltene Geldleistung übersteigt, mithin ein Verpflichtungsüberhang entsteht.[1012] Damit ist der gesetzliche Hintergrund des schwebenden Geschäfts etwas beleuchtet, die genaue Eingrenzung des schwebenden Geschäfts sowie die dogmatische Grundlage müssen noch genauer betrachtet werden.

aaa) Begriff: Anfang und Ende des Schwebezustandes

Eine gesetzliche Definition des schwebenden Geschäfts fehlt. Durch die Erwähnung schwebender Geschäfte in § 249 Abs. 1 S. 1 HGB können aber keine Zweifel an der Geltung des Grundsatzes des Nichtausweises schwebender Geschäfte bestehen. Eine Bezugnahme auf die GoB im Sinne ungeschriebener Rechnungslegungsgrundsätze scheint nach dieser Gesetzeslage gar nicht mehr erforderlich[1013]. Nur wenn am Bilanzstichtag ein Vertrag oder ein Vorvertrag abgeschlossen ist oder die Annahme eines bindenden Vertragsangebots wahrscheinlich oder sogar sicher[1014] ist, tritt ein Geschäft in den Schwebezustand.[1015]

Ein schwebendes Geschäft ist nach h.M. ein gegenseitig verpflichtender Vertrag (Austauschvertrag gem. §§ 320 ff. BGB), bei dem der zur Sachleistung Verpflichtete seine Lieferung oder Leistung noch *nicht* voll erfüllt hat.[1016] Der Kaufmann darf den Geldanspruch erst aktivieren, wenn er seiner Sachleistungs-

---

[1012] Auch die Vorleistungen in Geld könnten hier als Störungen des Gleichgewichts betrachtet werden. Allerdings ermöglicht das Gesetz gerade ihre erfolgsneutrale Erfassung, so daß das Gleichgewicht unberührt bleibt.

[1013] A.A. h.M. Woerner, FR 1984, 289; Clemm/Nonnenmacher in: BeBiKom, § 249 Rn. 52.

[1014] So BFH v. 16. 11. 1982, VIII R 95/81, BFHE 137, 427 = BStBl. II 1983, 361.

[1015] Clemm/Nonnenmacher, aaO., § 249 Rn. 57.

[1016] BFH v. 3. 2. 1993, I R 37/91, BFHE 170, 247 = BStBl. II 1993, 441, 443 m.w.Nachw. aus der Rspr.; Hopt, HGB, 29. Aufl., § 252 Rn. 14, 16; Weber-Grellet in: Schmidt, EStG, § 5 Rn. 76; Woerner, FR 1984, 489, 490; ders., BB 1988, 769; Crezelius, FS Döllerer (1988), 81; Fabri, GoB entgeltlicher Nutzungsverhältnisse, S. 114; Tiedchen, Vermögensgegenstand, S. 69 m.w.Nachw. Fn. 254. Keinen Austauschvertrag i.S.d. §§ 320 ff. BGB zwingend fordernd und auch gesellschaftsrechtliche Rechtsverhältnisse einbeziehend A/D/S, § 249 Rn. 140.

verpflichtung so nachgekommen ist, daß die Preisgefahr übergegangen ist,[1017] also wenn die Pflicht des anderen besteht, auch bei Untergang der Sache die Gegenleistung (= Geldleistung) erbringen zu müssen. Nach dieser Ansicht ist es also irrelevant, ob der *nicht* zur Sachleistung Verpflichtete schon geleistet hat oder nicht.

Teilweise wird ein Schwebezustand nur dann bejaht, wenn ein gegenseitiger Vertrag von keiner Seite (vollständig) erfüllt worden ist.[1018] Danach würde auch die vollständige Leistung des Geldzahlungsverpflichteten den Schwebezustand beseitigen. Gegen diese Sichtweise ist einzuwenden, daß sowohl die Bilanzpositionen der geleisteten und erhaltenen Anzahlungen (§ 266 Abs. 2 Aktivseite A. I. 3., A. II. 4., B I. 4., Abs. 3 Passivseite C. 3. HGB) als auch der Rechnungsabgrenzungsposten gerade die Funktion der erfolgsneutralen Aufnahme von Zahlungsvorgängen haben. Diese Positionen lassen den Schwebezustand gerade unberührt, denn es wird nicht die Sachleistung aktiviert, sondern nur festgestellt, daß ein Zahlungsvorgang getätigt wurde.[1019] Damit ist diese Ansicht abzulehnen.

Eine beiderseitige vollständige Erfüllung als Ende des Schwebezustandes scheidet schon deswegen aus,[1020] weil damit die ausdrücklich gesetzlich vorgesehene Bilanzposition „Forderung aus Lieferungen und Leistungen" (§ 266 Abs. II B. II. 1. HGB) obsolet würde. Eine Forderung aus einer Sachleistung wäre nie aktivierbar, da zum Zeitpunkt der Aktivierung immer auch schon die Geldleistung eingetroffen sein müßte, und nach beiderseitiger Erfüllung bliebe keine Forderung mehr, die zu bilanzieren wäre.

Damit ist deutlich, daß das Ende des Schwebezustandes nur von der vollständigen Erbringung der Sachleistung (Dienst- oder Werkleistung) abhängig ist.

[1017] Z.B. BFH v. 27. 2. 1986, IV R 52/83, BFHE 146, 383 = BStBl. II 1986, 552. Budde/Geißler in: BeBiKom, § 252 Rn. 45; Woerner, BB 1988, 769, 770 ff. zu den anderen Ansichten insbesondere auf das deutliche Auseinanderfallen zwischen Leistung und Erfüllung beim Versendungskauf (§ 447 BGB). Daß die Kaufpreisforderung durch den Verkäufer bereits im Zeitpunkt der Übergabe an die Transportperson aktiviert werden muß, wird sehr deutlich, wenn man sich den Untergang der Sache vorstellt. Auch jetzt besteht die Kaufpreisforderung fort, obwohl der Käufer nicht die Sache erhält. Damit spielt es auf Seiten des Leistenden (Verkäufer) keine Rolle, ob der andere die Leistung erhält, sondern nur, ob der Gefahrübergang stattgefunden hat.

[1018] A/D/S, § 249 Rn. 139 m.w.Nachw.; Döllerer, BB 1980, 1334; Fahrholz, Leasing in der Bilanz, S. 142; Baier, DB 1991, 2349; umfassende Rechtsprechungsnachw. bei Woerner, FR 1984, 489, 491 Fn. 15.

[1019] BFH v. 10. 3. 1982, I R 75/79, BFHE 135, 383 = BStBl. II 1982, 426; v. 3. 7. 1980, IV R 138/76, BFHE 131, 57 = BStBl. II 1980, 648; Woerner, FR 1984, 489, 493; A/D/S, §249 Rn. 135; Clemm/Nonnenmacher in: BeBiKom, § 247 Rn. 545; Tiedchen, aaO., S. 69 f.

[1020] A. A. Maaßen, StBp 1965, 85.

bbb) Begründung des Nichtausweises schwebender Geschäfte

Bevor die Nutzungsverhältnisse sowie die Nutzungseinlagen dargestellt werden können, müssen die Grundlagen des Nichtausweises schwebender Geschäfte klargestellt werden. Nur so können auch mögliche Ausnahmen dieses Grundsatzes verständlich gemacht werden. Während das Ergebnis des Nichtausweises schwebender Geschäfte fast[1021] unbestritten ist, bestehen Streitigkeiten über die Begründung dieses Ergebnisses. Diesbezüglich gibt es im wesentlichen drei Ansätze.

(1) Realisationsprinzip und Vorsichtsprinzip

Nach der wohl überwiegenden Ansicht wird versucht, den Grundsatz des Nichtausweises schwebender Geschäfte auf das Realisationsprinzip oder zumindest auf das dahinter stehende Vorsichtsprinzip zu stützen. Obwohl das Vorsichtsprinzip das Realisationsprinzip mit umfaßt, sollen die hiermit verbundenen Argumente getrennt werden, so daß für die Behandlung der hier vorliegenden Argumente bei der Erwähnung des Vorsichtsprinzips das Realisationsprinzip ausgeklammert werden soll.

Das *Realisationsprinzip* (§ 252 Abs. 1 Nr. 4 HGB) besagt, daß Gewinne erst ausgewiesen werden dürfen, wenn sie am Abschlußstichtag realisiert sind. Als Zeitpunkt der Ertragsrealisierung wird überwiegend der Zeitpunkt der (Sach-) Leistungserbringung angesehen.[1022] In Bezug auf die schwebenden Geschäfte ergibt sich eindeutig, daß ihre *erfolgsneutrale* Erfassung nicht eine zu frühe Realisierung von Gewinnen zur Folge hätte, so daß das Realisationsprinzip unberührt bliebe.[1023] Eine Beziehung zum Realisationsprinzip kann sich damit nur dann ergeben, wenn eine erfolgsneutrale Erfassung nicht gelingt. Weist man die Forderung und die Schuld in der gleichen Höhe aus, so handelt es sich um eine erfolgsneutrale Buchung, es kann sich kein Saldo ergeben, so daß das Realisationsprinzip unbeeinträchtigt bleibt. Das Realisationsprinzip verbietet also nicht die erfolgsneutrale Erfassung, sondern gebietet, daß beide „Leistungen bilanziell als gleichwertig anzusehen sind"[1024]. Der Nichtausweis schwebender Geschäfte läßt sich damit nicht auf das Realisationsprinzip stütztet.

Vielleicht hat der Grundsatz des Nichtausweises schwebender Geschäfte aber seine Grundlage in dem hinter dem Realisationsprinzip stehenden *Vorsichtsprin-*

[1021] Zu der Gegenansicht hier unter (b).
[1022] Budde/Geißler in: BeBiKom, § 252 Rn. 45.
[1023] A.A. Clemm/Nonnenmacher in: BeBiKom, § 249 Rn. 52.
[1024] Fahrholz, Leasing in der Bilanz, S. 142.

zip. Diese Ansicht schließt sich *nicht* der Grundthese an, daß Leistung und Gegenleistung grundsätzlich ausgeglichen sind. Vielmehr bestünden auf der Seite des Sachleistungsverpflichteten im Zeitpunkt des Vertragsschlusses sowohl bei Absatz- als auch bei Beschaffungsgeschäften erhebliche *Risiken*.[1025] Der Anspruch auf den Kaufpreis oder den Werklohn könne z.B. noch durch die Unmöglichkeit der Hauptleistung erlöschen und sei wegen der Einrede des nichterfüllten Vertrages nach § 320 BGB nicht durchsetzbar.

Zweifellos bestehen die genannten Risiken für die Verwirklichung der Forderung solange der Schwebezustand fortbesteht. Allerdings ist fraglich, ob diese Beurteilung der Risiken es rechtfertigt, die Ausgeglichenheitsvermutung als Grundlage des schwebenden Geschäfts in Frage zu stellen. Schließlich handelt es sich hier *nicht* um besondere Risiken, sondern um die allgemeinen Risiken eines *jeden* Geschäfts. Ob es sich bei diesen allgemeinen Risiken tatsächlich um relevante Risiken im Rahmen des HGB handelt, läßt sich unmittelbar am Gesetz ablesen. Zu einer bilanziellen Berücksichtigung kommt es nach dem HGB erst dann, wenn gem. § 249 Abs. 1 S. 1 HGB Verluste „*drohen*" und nicht nur allgemein vorstellbar erscheinen. Der § 249 Abs. 1 S. 1 HGB geht davon aus, daß eine Bilanzierung nur für den Fall der Störung des Gleichgewichts von Leistung und Gegenleistung in Frage kommt, also ein Verpflichtungsüberhang entsteht. Diese Störung ist aber nicht als der Regelfall, sondern als Ausnahmefall konzipiert. Mit dem Bezug auf „drohende Verluste" ist deutlich, daß das Gesetz eindeutig alle anderen Risiken für schwebende Geschäfte für irrelevant erklärt. Daraus ergibt sich im Umkehrschluß, daß das Gesetz grundsätzlich von einem Gleichgewicht von Leistung und Gegenleistung ausgeht. Das Vorsichtsprinzip gibt eine, das Gleichgewicht störende (Über-) Bewertung allgemeiner Risiken gerade nicht her. Die Ansicht, die von der Ablehnung der Ausgeglichenheitsvermutung ausgeht, entlarvt sich selber als falsch, weil auch sie keine Konsequenzen aus den von ihr betonten allgemeinen Risiken in Form eines besonderen Risikoansatzes zieht. Damit wird deutlich, daß die erfolgsneutrale Erfassung und die ebenfalls erfolgsneutrale Nichterfassung schwebender Geschäfte beide ihre Grundlage in der grundsätzlichen Ausgeglichenheit von Leistung und Gegenleistung haben.

Teilweise wird aus dem Bestehen zivilrechtlicher Risiken bis zur Erfüllung durch den zur Sachleistung Verpflichteten gefolgert, daß sich bis zu dieser Erfüllung, „die Rechte und Pflichten ... noch nicht zu Vermögensgegenständen und

---

[1025] Döllerer, BB 1974, 1541, 1543; ders., BB 1980, 1333, 1335; Woerner, FR 1984, 489, 492; BB 1988, 769, 771; Baumbach/Hopt, HGB, 29. Aufl., § 252 Rn. 16 „keine hinreichende Sicherheit der Erfüllung".

Schulden ... verdichtet haben".[1026] Danach würde beim Ausweis schwebender Geschäfte ein zu hoher Vermögensstand ausgewiesen.[1027] Wenn die Frage aufgeworfen wird, ob es sich bei dem Nichtausweis schwebender Geschäfte um eine Ausnahme vom *Vollständigkeitsgrundsatz* (§ 246 Abs. 1 HGB) handelt[1028] oder ob dieser bei schwebenden Geschäften gar nicht gilt, geht es eigentlich darum, ob während des Schwebezustandes überhaupt schon Forderungen oder Verbindlichkeiten vorliegen.

Nur wenn die Forderung eines schwebenden Geschäfts selbst schon ein Vermögensgegenstand ist, findet der Vollständigkeitsgrundsatz überhaupt Anwendung.[1029] Nimmt man die Ansicht ernst, die für Forderungen aus schwebenden Geschäften die Vermögensgegenstandseigenschaft wegen der bestehenden Risiken verneint, so folgt daraus als *negatives Merkmal des Vermögensgegenstandes*, daß die Forderung nicht aus einem schwebenden Geschäft stammt. Ob diese logische Konsequenz von dieser Ansicht in der Absolutheit vertreten wird, ist äußerst zweifelhaft. Denn sie müßte auch auf obligatorische Nutzungsrechte angewendet werden, da diese nach h.M. bis zum Ablauf der Nutzungszeit als schwebende Geschäfte eingeordnet werden.[1030] Bezüglich dieser Nutzungsrechte vertritt aber der Begründer des Risikogedankens, *Döllerer*, daß sie Vermögensgegenstände[1031] sind, sofern sie in eine Kapitalgesellschaft eingelegt werden. Das Ergebnis dieser Behandlung wäre, daß ein obligatorisches Nutzungsrecht je nachdem, ob es eingelegt wurde oder anders durch die Kapitalgesellschaft erlangt wurde, nur im ersten Fall einen Vermögensgegenstand darstellen würde und im anderen Fall dagegen nicht. Daß ein und dieselbe Nutzungsmöglichkeit einerseits als Vermögensgegenstand eingeordnet wird und andererseits nicht, kann nicht überzeugen. Zwar ergibt sich diese unterschiedliche Behandlung nur bei den hier diskutierten Dauerschuldverhältnissen, so daß eine andere, eigenständige Behandlung der schwebenden Verträge, die auf eine Einmalleistung zielt, denkbar wäre. Jedoch kann es nicht zwei unterschiedliche Vermögensgegenstandsdefinitionen geben, von denen die eine den Nichtausweis schwebender

---

1026 Baier, DB 1991, 2349; erstmals in diese Richtung Döllerer, BB 1980, 1333, 1335: „... Anspruch vor Erfüllung mit derart hohen zivilrechtlichen Risiken behaftet ist, daß er die Eigenschaft eines Wirtschaftsguts (Vermögensgegenstand) noch nicht besitzt." Ebenso wohl Weber-Grellet, DB 1995, 2557, wenn er meint, nicht die Nichtbilanzierung schwebender Geschäfte, sondern die Wirtschaftsgutseigenschaft sei das Problem. Die gegenteilige Ansicht vertausche Begründung und Rechtsfolge.

1027 In diese Richtung Woerner, ebenda: „Der Ausweis der Forderung spiegelt – selbst wenn man der Forderung eine gleichhohe Verbindlichkeit gegenüberstellt – einen Vermögenswert vor, der noch unsicher ist."

1028 Z.B. Tiedchen, aaO., S. 74.

1029 S. § 246 Abs. 1 S. 1 HGB.

1030 Dazu s. unten.

1031 Döllerer, BB 1986, 1857, 1861.

Geschäfte mit einschließt, und die andere darauf verzichtet. Aufgrund dieser Überlegungen kann das Nichtvorliegen eines schwebenden Geschäfts nicht Vermögensgegenstandskriterium sein. Der Grundsatz des Nichtausweises schwebender Geschäfte ist eine außerhalb des Vermögensgegenstandsbegriffs liegende Frage.[1032] Ob der Grundsatz des Nichtausweises schwebender Geschäfte überhaupt für Einlagevorgänge gilt, spielt deshalb für den Vermögensgegenstandsbegriff keine Rolle. Nach der hier vertretenen Auffassung lassen die angeführten allgemeinen Risiken eines jeden Vertrages die Vermögensgegenstandseigenschaft der Forderung sowie das Bestehen einer Verbindlichkeit unberührt, so daß bereits Forderungen und Verpflichtungen im Schwebezustand bestehen.[1033] Damit ist die Ansicht, die sich auf das Vorsichts- und das Realisationsprinzip stützt, insgesamt abzulehnen.

(2) Bilanzierung des schwebenden Geschäfts

Aufgrund des bis jetzt Ausgeführten stellt sich die Frage, warum die schwebenden Geschäfte nicht doch bilanziert werden. Diesen Ansatz machen sich insbesondere *Bieg* und *Fahrholz* zu nutze.[1034]

Fahrholz sieht in dem Grundsatz des Nichtausweises schwebender Geschäfte eine Ausnahme vom Vollständigkeitsprinzip[1035]. Für alle Nutzungsrechte tritt er dafür ein, daß „die Regel, nämlich das Vollständigkeitsprinzip, beibehalten" wird.[1036] Dadurch würde die Informationsfunktion der Bilanz und ihre Transparenz verbessert.[1037] Allerdings befürwortet er einerseits eine Sonderlösung für Nutzungsrechte[1038] und andererseits eine Beschränkung der Bilanzierung von z.B. Mietverträgen auf solche mit einer einjährigen Mindestlaufzeit.[1039] An die-

---

1032 Ebenso Tiedchen, Vermögensgegenstand, S. 124.

1033 So auch BFH v. 27. 2. 1976, III R 64/74, BFHE 119, 77 = BStBl. II 1976, 529, 530: „Auch die Forderung aus einem schwebenden Geschäft ist ein Wirtschaftsgut."

1034 Zweifelnd für Finanzgeschäfte wegen aufgetretener Betrugsfälle Budde/Raff in: BeBiKom, § 243 Rn. 14.

1035 Zu dessen Bedeutung auch Woerner, BB 1988, 769, 772, der hier das Vollständigkeitsprinzip durch das Vorsichtsprinzip verdrängt sieht. Bzgl. dinglicher Nutzungsverhältnisse auch Clausen, JbFSt 1976/77, 120, 132.

1036 Fahrholz, Leasing in der Bilanz, S. 146. Gemeint ist mit diesem verkürzten Zitat, daß grundsätzlich vom Vollständigkeitsgrundsatz auszugehen sei. Beim Nichtausweis schwebender Geschäfte handele es sich um eine Ausnahme davon. Vom Nichtausweis schwebender Geschäfte gelte für Nutzungsrechte aber eine Ausnahme, so daß für diese Fälle das Vollständigkeitsprinzip wiederhergestellt sei.

1037 Fahrholz, aaO., S. 145 f.

1038 Fahrholz, aaO., S. 147.

1039 Fahrholz, aaO., S. 151. Dieses soll auch für Pacht und einfache Lizenz gelten.

ser Konzeption ist speziell das scheinbar willkürliche Herausnehmen einiger schwebender Nutzungsverhältnisse aus dem Grundsatz zu kritisieren.

Noch weitergehend ist die Forderung von *Bieg*,[1040] der durch die Bilanzierung aller schwebenden Geschäfte beabsichtigt, den Einblick in die Vermögenslage ohne Beeinträchtigung der Ertragslage zu verbessern. Auch wenn es richtig ist, daß durch die allgemeine Bilanzierung schwebender Geschäfte zentrale Informationen über die Lage des Unternehmens den Bilanzadressaten zur Verfügung gestellt würden, läßt sich diese Forderung mit der aktuellen Gesetzeslage nicht in Einklang bringen. Durch die in § 249 Abs. 1 S. 1 HGB geregelte Rückstellungsbildung für drohende Verluste aus schwebenden Geschäften ist klargestellt, „daß gerade auf die Bilanzierung der diesen Geschäften zugrundeliegenden Rechte und Pflichten verzichtet wird."[1041] § 249 Abs. 1 S. 1 HGB sieht nur den Ausweis eines Saldos vor. Dieser selbständige Ausweis wäre aber überflüssig, wenn schon Forderung und Verbindlichkeit bilanziert würden, denn dadurch könnten „Störungen des Gleichgewichts durch ... Abschreibung (der Forderung) oder Höherbewertung des Passivpostens berücksichtigt werden".[1042] Damit ist deutlich, daß eben nur der drohende Verlust, nicht aber Forderung und Verpflichtung beim schwebenden Geschäft ausgewiesen werden, so daß die Aufnahme von Forderung und Verpflichtung einen Verstoß gegen geltendes Recht darstellen würde.

(3) „Aufblähung" der Bilanz

Schließlich wird der Grund für den Grundsatz der Nichtbilanzierung schwebender Geschäfte darin gesehen, daß ihre Bilanzierung zu einer „Aufblähung der Bilanz" führen würde.[1043] Ohne den Grundsatz der Nichtbilanzierung schwebender Geschäfte würde die Bilanz stark an Übersichtlichkeit verlieren.[1044] Zudem wären zahlreiche zusätzliche Buchungen durch die Ausbuchung des schwebenden Geschäfts erforderlich.

Gegen diese Ansicht werden Bedenken geltend gemacht, die auf Problemen mit der erfolgsneutalen Erfassung der schwebenden Geschäfte beruhen. So geht z.B. *Woerner*[1045] davon aus, daß die Forderung höher sei als die Schuld, weil ein

[1040] Bieg, Schwebende Geschäfte, S. 356 f.
[1041] Fabri, GoB entgeltlicher Nutzungsverhältnisse, S. 144 f.
[1042] Zitat von Crezelius, FS Döllerer (1988), 81, 88 (Klammerzusatz nicht im Original); ebenso Tiedchen, Vermögensgegenstand, S. 74 f.
[1043] Schon Maaßen, StBp 1965, 85, 86.
[1044] Fabri, aaO., S. 144; Tiedchen, Vermögensgegenstand, S. 74.
[1045] Woerner, ebenda.

Gewinn erhofft werde. Wie *Tiedchen*[1046] richtig dazu bemerkt, stimmt diese Einschätzung vielleicht aus der Perspektive des Sachleistungsverpflichteten, für den Geldleistungsverpflichteten paßt diese Beurteilung jedenfalls nicht, sonst wäre er nicht bereit, den vereinbarten Preis zu zahlen. Vielmehr ist bei ihm i.d.R. von der Ausgeglichenheit von Leistung und Gegenleistung auszugehen. *Woerner* meint: „Ein Ausweis von Forderung und Schuld mit dem gleichen Betrag würde zu einer bilanzverfälschenden Erhöhung eines Passivpostens (Bilanzverlängerung auf der Passivseite)[1047] führen."[1048] Daran empfindet *Woerner* es störend, daß eigentlich ja die Forderung höher sei als die Schuld, denn nur so könne der erstrebte Gewinn erzielt werden. Zum einen setzt er sich damit in Widerspruch zu seinem für den Schwebezustand gefundenen Ergebnis der Betonung der mit der Sachleistung verbundenen Risiken, denn dann ist während des Schwebezustandes eher der Ausweis eines Verpflichtungsüberhangs als der Ausweis eines vielleicht zukünftigen Gewinns gerechtfertigt. Zum anderen ist genau dies das beabsichtigte Ergebnis einer erfolgsneutralen Behandlung des schwebenden Geschäfts, ob nun eine Bilanzierung oder keine stattfindet, so daß dieser Umstand der Erfolgsneutralität gerade nicht entgegengehalten werden kann. Anders ausgedrückt ist beim schwebenden Geschäft die Passivierung genauso richtig oder genauso falsch wie die Aktivierung. Damit greifen die gegen diese Ansicht geltend gemachten Bedenken nicht.

(4) Zwischenergebnis

Aus dem Bilden eines Saldos in § 249 Abs. 1 S. 1 HGB wird deutlich, daß eine vollständige Bilanzierung aller schwebender Geschäfte mit dem Gesetz nicht in Einklang zu bringen ist. Zudem belegt die Norm, daß für allgemeine Risiken auch der Gesetzgeber von der Ausgeglichenheitsvermutung von Leistung und Gegenleistung während des Schwebezustandes ausgegangen ist. Mit dem Realisationsprinzip und dem Vorsichtsprinzip hat der Nichtausweis nichts zu tun. Vielmehr ist der Grund für die Nichtbilanzierung tatsächlich in einer verbesserten Übersichtlichkeit sowie in Praktikabilitätserwägungen zu sehen.

1046 Tiedchen, Vermögensgegenstand, S. 72.

1047 Bei der erfolgsneutralen Verbuchung kommt es zu einer Bilanzverlängerung, d.h. Aktiv- und Passivseite verlängern sich. Eine Bilanzverlängerung auf der Passivseite gibt es nicht.

1048 Woerner, BB 1988, 769, 771. (Klammerzusatz auch im Original.)

bb) Einordnung der Dauerschuldverhältnisse

Bei den schwebenden Geschäften muß wegen ihrer unterschiedlichen Natur zwischen Einmalleistungen und Dauerschuldverhältnissen unterschieden werden.[1049] Ein Dauerschuldverhältnis liegt dann vor, wenn die geschuldete Leistung in einem dauernden Verhalten oder in wiederkehrenden, sich über einen längeren Zeitraum erstreckenden Einzelleistungen besteht,[1050] wobei der Gesamtumfang der erbrachten Leistungen mit dem Zeitlauf zunimmt. Damit handelt es sich bei den hier untersuchten Miet-, Pacht- und Lizenzverträgen eindeutig um Dauerschuldverhältnisse.[1051] „Obwohl das Dauerschuldverhältnis ein einheitliches aufgrund nur eines Vertragsschlusses ist, wird während seines „Schwebezustandes" periodisiert", d.h. es findet üblicherweise eine Einteilung in Abrechnungsperioden statt, die eine Erfüllung z.B. der Mietzinsverpflichtung nach § 362 BGB ermöglicht.[1052] Der Schwebezustand für die Zukunft wird durch diese teilweise Erfüllung nicht beseitigt.[1053]

Angemerkt sei an dieser Stelle, daß im Personengesellschaftsrecht ein ausscheidender Gesellschafter an den schwebenden Geschäften zu beteiligen ist (§§ 740 Abs. 1 S. 1 BGB, 105 Abs. 2, 161 Abs. 2 HGB). Um in solchen Fällen das Ziel der endgültigen Auseinandersetzung nicht zu gefährden, hat der BGH[1054] entschieden, daß Dauerschuldverhältnisse nicht zu den schwebenden Geschäften i.S.d. § 740 Abs. 1 S. 1 BGB gehören. Der Grund für diesen Ausschluß der Dauerschuldverhältnisse aus dem Anwendungsbereich der schwebenden Geschäfte hat damit allein mit den Besonderheiten der Abwicklung zu tun und muß für das allgemeine Verständnis des schwebenden Geschäftes und der Beurteilung der Dauerschuldverhältnisse nicht weiter berücksichtigt werden.[1055]

Bei der Einmalleistung stellt sich die Beendigung des Schwebezustandes, wie gesehen, relativ unproblematisch dar. So kann beim Kauf nach der Erfüllung der Sachleistungsverpflichtung ohne weiteres beim Verkäufer die Kaufpreisforderung aktiviert werden. Komplizierter stellt sich die Lage bei Dauerleistungsverhältnissen dar. Der Unterschied wird deutlich, wenn man eine typische Einmalleistung mit einem typischen Dauerschuldverhältnis vergleicht, z.B. einen Kauf mit einem Mietverhältnis. Unstreitig hat der Schwebezustand bei beiden Ver-

---

[1049] Crezelius, FS Döllerer (1988), 81, 83; Clemm/Nonnenmacher, aaO., § 249 Rn. 51.
[1050] Palandt-Heinrichs, Einl. vor § 241 Rn. 17.
[1051] Diese Einordnung auch bei Clausen, JbFSt 1976/77, 120, 130.
[1052] Crezelius, FS Döllerer (1988), 81, 84 f.
[1053] Weber-Grellet in: Schmidt, EStG, § 5 Rn. 461; Crezelius, FS Döllerer (1988), 81, 88; Fabri, GoB entgeltlicher Nutzungsverhältnisse, S. 117.
[1054] BGH v. 16, 12. 1985, II ZR 38/85, ZIP 1986, 301, 303.
[1055] Ebenso Crezelius, aaO., 81, 95.

tragstypen spätestens mit Vertragsabschluß begonnen. Während aber beim Kauf mit Lieferung der Sache der Verkäufer die Kaufpreisforderung aktivieren kann, muß nach h.M. der Vermieter, auch nach der Einräumung des Besitzes am Mietobjekt, die Sache noch weiter zur Verfügung stellen, so daß in der Einräumung der Nutzungsmöglichkeit keine Erfüllung zu sehen ist. Interessant ist auch die Frage, ob eine Einmalzahlung den Schwebezustand beseitigen kann. Während die überwiegende Ansicht die Leistung bei *obligatorischen* Nutzungsrechten erst mit vollständigem Ablauf der Nutzungszeit als erfüllt ansieht, findet bzgl. *dinglicher* Nutzungsrechte eine wesentlich kontroverser geführte Diskussion statt. Schließlich wird trotz der allgemeinen Beurteilung als schwebendes Geschäft eine Aktivierung eines Nutzungsrechts dann angenommen, wenn es sich um einen entgeltlichen Eintritt handelt. Auf diese Widersprüche soll im folgenden eingegangen werden. Nur wenn als Ergebnis die grundsätzliche Nichtaktivierung obligatorischer Nutzungsrechte feststeht, muß auf die Besonderheiten von Einlagevorgängen noch eingegangen werden.

aaa) Erfüllung mit Einräumung der Nutzungsmöglichkeit

Sähe man in der Einräumung der Nutzungsmöglichkeit (z.B. Besitz der Mietsache) bereits die Erfüllung der Sachleistungsverpflichtung, wäre die Betrachtung des Schwebezustandes bei obligatorischen Nutzungsrechten wenig unterschiedlich von typischen Einmalleistungsverhältnissen (z.B. Kauf). In beiden Fällen wäre dann der Schwebezustand beseitigt.

Entsprechend diesem Ansatz bejaht *Clausen*[1056] den Schwebezustand, z.B. bei der Miete, nur bis zur Gebrauchsüberlassung, danach schwebe das Geschäft nicht mehr, sondern es finde eine permanente Erfüllung statt. Diese Betrachtung will *Clausen* allerdings auf die laufende Periode beschränkt sehen, so daß für die Folgeperioden auch eine Rückstellung für drohende Verluste gem. § 249 Abs. 1 S. 1 HGB gebildet werden könne.

1056 Clausen, JbFSt 1976/77, 120, 136. Wichtig ist allerdings, daß auch Clausen nicht zu einer Aktivierung der obligatorischen Nutzungsrechte kommt, „weil allein die Aussicht auf fortlaufend entstehende und sich verbrauchende Ansprüche auf Nutzung zwar als wirtschaftliche Vorteile, nicht aber als gegenwärtiger Vermögensgegenstand angesehen werden kann.“ Damit ist die Verneinung des schwebenden Geschäfts durch Clausen nicht überzubewerten, weil das Ergebnis bzgl. der Nichtaktivierung im Einklang mit der h.M. steht.

Dagegen geht die h.M.[1057] davon aus, daß Dauerschuldverhältnisse für ihre gesamte Laufzeit als schwebende Geschäfte eingeordnet werden. Falls ein einheitliches Dauerschuldverhältnis in einzelne Abrechnungsperioden unterteilt ist, so bedeutet „vollständige Erfüllung", daß die jeweilige Abrechnungsperiode abgeschlossen ist.[1058] Damit fällt die Erfüllung zeitlich mit dem Ablauf der (periodischen) Nutzungsmöglichkeit zusammen, so daß eine Aktivierung ganz ausscheidet.

Auch *Clausen* sieht mit der Besitzeinräumung nicht den Schwebezustand für die gesamte Zukunft, sondern nur für die laufende Periode als beseitigt an, so daß der Unterschied zur h.M. gar nicht so groß ist. Für die Folgeperioden stimmen also die beiden Ansichten in der Einordnung der obligatorischen Nutzungsrechte als schwebende Geschäfte überein. Übernimmt man den Gedanken der laufenden Erfüllung, so wird deutlich, daß eine Nutzung auch in der laufenden Periode nicht mit der Gebrauchsüberlassung antizipiert werden kann, sondern immer nur eine Nutzung „im aktuellen Moment" möglich ist. Damit ist gezeigt, daß *Clausen* durch eine Sonderbehandlung der laufenden Periode letztlich in seiner eigenen Argumentation nicht stringent ist. Bereits oben wurde die vollständige Erfüllung der Sachleistungsverpflichtung als Voraussetzung für das Ende des Schwebezustandes festgelegt. Die Überlassung des Nutzungsobjekts ist ebensowenig wie die Begründung eines Nutzungsrechts zugunsten eines Lizenznehmers eine einseitige Erfüllung des Dauerschuldverhältnisses, vielmehr liegt darin „die Grundlage für den Beginn des in Rechten und Pflichten zunächst ausgeglichenen Vertrags."[1059]

bbb) Einfluß der Zahlungsmodalitäten

Aufgrund der Nähe zum Rechtskauf gem. § 433 Abs. 1 S. 2 BGB könnte auch bei Dauerschuldverhältnissen erwogen werden, ob durch eine Einmalzahlung der Schwebezustand beseitigt wird.[1060] Eine Einmalzahlung läge vor, wenn die

---

[1057] BFH v. 17. 2. 1971, I R 121/69, BFHE 101, 513 = BStBl. II 1971, 391, 392; v. 20. 1. 1983 IV R 158/80, BStBl. II 1983, 413, 416; Fahrholz, aaO., S. 143; Fabri, GoB entgeltlicher Nutzungsverhältnisse, S. 117 f.; Lamers, Aktivierungsfähigkeit und Aktivierungspflicht, S. 287; Tiedchen, Vermögensgegenstand, S. 129 f. Fn. 139 m.w.Nachw.

[1058] Zu der erstmaligen Aktivierung einer Mietzinsforderung s. BFH v. 20. 5. 1992, X R 49/89, BFHE 168, 182 = BStBl. II 1992, 904, 907: Steuerliche sei „für den jeweils vergangenen Zeitraum eine teilweise Erfüllung des Dauerschuldverhältnisses anzunehmen". (Auch dort Zitat.)

[1059] BFH v. 27. 2. 1976, III R 64/74, BFHE 119,77 = BStBl. II 1976, 529, 531 (Zitat); ähnlich Fabri, aaO., S. 118.

[1060] Clausen, JbFSt 1976/77, 120, 129 ff., der allerdings die Frage im Zusammenhang mit der Vermögensgegenstandseigenschaft untersucht.

Zahlung die gesamte Vertragslaufzeit abdecken würde, sonst nicht. Dagegen spricht jedoch, daß die Abgrenzung Rechtskauf zu Dauerschuldverhältnis anhand der Zahlungsmodalitäten willkürlich ist: Soll bei einer Gesamtlaufzeit eines Vertrages von 3 Jahren – bei einer Vorauszahlung für 2 Jahre – ein Dauerschuldverhältnis und damit ein nicht zu bilanzierender schwebender Vertrag vorliegen, dagegen ein Rechtskauf bei einer Laufzeit von ebenfalls 3 Jahren. Gegen den Einfluß der Zahlungsmodalitäten spricht zudem, daß durch die Vertragsgestaltung beeinflußt werden könnte, ob ein schwebender Vertrag vorliegt. So könnte bei einer beabsichtigten Gesamtlaufzeit von 10 Jahren diese Laufzeit z.B. in 5 Verträge zu je 2 Jahren aufgeteilt werden und immer am Anfang eines neuen Zweijahresvertrages könnte eine Vorauszahlung geleistet werden.

Nachdem bereits oben erläutert wurde, daß der Schwebezustand ausschließlich von der Sachleistung abhängt, ist schon deswegen klar, daß auch die Einmalzahlung der Gegenleistung auf den Schwebezustand keinen Einfluß haben kann. Das Gesetz sieht für Vorleistungen (in Bezug auf die Gegenleistung) in einem schwebenden Geschäft zwei Möglichkeiten zur Erfassung vor. Geht es um die Anschaffung eines Vermögensgegenstandes, so stehen für den Zahlenden die geleisteten Anzahlungen (§ 266 Abs. 2 A. I. 3., A. II. 4., B I. 4.) sowie der aktive RAP zur Aktivierung zur Verfügung. Diese Posten ermöglichen gerade die erfolgsneutrale Erfassung der Vorleistungen und sorgen andererseits für alle Zahlungsvorgänge vor Erfüllung der Sachleistung dafür, daß der Schwebezustand unberührt bleibt.

ccc) Unterscheidung zwischen dinglichen und schuldrechtlichen Nutzungsverhältnissen

Nicht selten findet sich in der Literatur die Ansicht,[1061] der Grundsatz des Nichtausweises schwebender Geschäfte fände im Gegensatz zu obligatorischen Nutzungsrechten auf dingliche Nutzungsrechte (Erbbaurecht, Grunddienstbarkeit und Nießbrauch) keine Anwendung oder jedenfalls dann nicht, wenn es um eine Einmalzahlung gehe[1062].

[1061] Unabhängigkeit von den Zahlungsmodalitäten: Allgemein Clausen, aaO., S. 131 f.; Lamers, Aktivierungsfähigkeit und Aktivierungspflicht, S. 288 f.; zur ausschließlichen Lizenz: Lamers, Aktivierungsfähigkeit und Aktivierungspflicht, S. 281; zum Erbbaurecht: Gast de Haan, DB 1976, 1347, 1349; Martin, DB 1982, 1077 f.; zur Grunddienstbarkeit und beschränkt persönlichen Dienstbarkeit: Clausen, DStZA 1976, 371, 375.

[1062] Aktivierung nur bei Einmalzahlung: zur ausschließlichen Lizenz: Döllerer, BB 1984, 2034, 2038 f.; zum Erbbaurecht: Fröhlich, DStR 1974, 748, 751; zum Nießbrauch: Fendt, Der Nießbrauch, Diss. 1966, S. 57 f.

Entgegen dieser Ansicht geht die h.M. in Rechtsprechung[1063] und Literatur[1064] davon aus, daß auch dingliche Nutzungsrechte als Dauerschuldverhältnisse schwebende Geschäfte darstellen, so daß sie genauso wie obligatorische Nutzungsrechte nicht bilanziert werden dürfen.

Hier ist zu klären, ob eine unterschiedliche Behandlung dinglicher und obligatorischer Nutzungsrechte gerechtfertigt ist.

Für die Geltung des Grundsatzes des Nichtausweises schwebender Geschäfte kann es nicht darauf ankommen, ob eine Einmalzahlung geleistet wurde.[1065] Denn wie bereits festgestellt wurde, kommt es für die Beseitigung des Schwebezustandes auf die Erfüllung der Sachleistungsverpflichtung an. Für die Erfassung von davor erfolgten Zahlungen hat der Gesetzgeber dagegen die Posten der geleisteten Anzahlung und die RAP vorgesehen. Auch der Hinweis, daß der Vollständigkeitsgrundsatz[1066] eine Aktivierung gebiete, hilft nicht weiter, sondern ist zirkulär. Nach der hier vertretenen Auffassung sorgt der Nichtausweis schwebender Geschäfte als konkretes Aktivierungsverbot immer für die Nichtaktivierung von *Vermögensgegenständen* und bildet somit eine Ausnahme vom Vollständigkeitsgrundsatz.[1067] Darin liegt aber keine Besonderheit dinglicher Rechte.

Am Beispiel des Erbbaurechts soll der Unterschied dinglicher und obligatorischer Nutzungsrechte betrachtet werden. Die zentrale Frage lautet, „ob der Erbbauverpflichtete mit der Bestellung und Eintragung des Erbbaurechts seine Leistung bewirkt (erfüllt) hat.“[1068]

Für die Leistungsbewirkung wird angeführt, daß der Erbbauzins nach § 9 Abs. 1 ErbbauVO für das dingliche Erbbaurecht und nicht für die Gebrauchsüberlassung gezahlt würde.[1069] Die Verpflichtung des Erbbauverpflichteten bestehe nur in der Einräumung des dinglichen Rechts, an Ansprüchen des Erbbauberechtigten auf Gebrauchsüberlassung wie bei Miete oder Pacht fehle es gerade.[1070] *La-*

1063 Zum Erbbaurecht: BFH v. 20. 11. 1980, IV R 126/78, BFHE 132, 418 = BStBl. II 1981, 398, 399; v. 20. 1. 1983, IV 158/80, BFHE 138, 53 = BStBl. II 1983, 413, 415. Zur ausschließlichen Lizenz BFH v. 27. 2. 1976, III R 64/74, BFHE 119, 77 = BStBl. II 1976, 529, 531.

1064 Fabri, GoB entgeltlicher Nutzungsverhältnisse, S. 130 ff.; Tiedchen, Vermögensgegenstand, S. 132 f.; Clemm/Nonnenmacher in: BeBiKom, § 249 Rn. 79;

1065 A.A. die in Fn. 766 Genannten.

1066 Clausen, JbFSt 1976/77, 120, 133.

1067 Tiedchen, aaO., S. 132 f.; im Ergebnis ebenso Fabri, S. 133.

1068 Fabri, GoB entgeltlicher Nutzungsverhältnisse, S. 123.

1069 Gast de Haan, DB 1976, 1347, 1348 f.; Martin, DB 1982, 1077 f.

1070 Gast de Haan, ebenda.

mers[1071] sieht die Aktivierung der dinglichen Rechte darin begründet, daß die Verfügungsmacht unabhängig von der Erfüllung der Zahlungsverpflichtungen besteht. Nach dieser Ansicht müßte das Erbbaurecht aktiviert und abgeschrieben werden.

Zivilrechtlich besteht kein Zweifel daran, daß z.B. das Erbbaurecht mit der Eintragung ins Grundbuch auf den Berechtigten übergegangen ist,[1072] so daß er tatsächlich über das Recht frei verfügen kann. Falsch ist dagegen die Ansicht, daß „die Verfügungsmacht bei dinglichen Rechten unabhängig davon (besteht), ob die Zahlungsverpflichtungen erfüllt worden sind."[1073] „Denn gerade bei laufenden Zahlungen werden die dinglichen Nutzungsrechte i.d.R. unter auflösender Bedingung (so bei Nießbrauch, Grunddienstbarkeit und beschränkt persönlicher Dienstbarkeit) bestellt, oder der Eigentümer des nutzungsbelasteten Vermögensgegenstandes läßt sich ein Heimfallrecht einräumen (so bei Erbbaurecht und Dauernutzungsrecht)."[1074] Die Folge des Nichtnachkommens der Zahlungsverpflichtungen durch den Nutzungsberechtigten ist bei der Vereinbarung einer auflösenden Bedingung das automatische Erlöschen der dinglichen Rechtsposition, so daß die Löschung aus dem Grundbuch verlangt werden kann, bzw. beim Heimfallrecht ein schuldrechtlicher Rückübertragungsanspruch besteht (z.B. §§ 2 Nr. 4, 9 Abs. 4 ErbbauVO). Mit dieser Vertragswirklichkeit ist auch unmittelbar in Zweifel gezogen, ob die Sachleistung wirtschaftlich betrachtet wirklich mit der Einräumung des dinglichen Rechts bewirkt ist.

Nach der Gegenansicht ist die Duldung der Nutzung durch den Grundstückseigentümer die eigentliche Leistung. Die Duldung sei der Grund z.B. für die Zahlung des Erbbauzinses.[1075] Die Einräumung des dinglichen Nutzungsrechts sei „ebensowenig eine einseitige Erfüllung des Dauerschuldverhältnisses"[1076] wie die Begründung eines Nutzungsrechts aufgrund von Miete oder Pacht. Die Begründung des Nutzungsrechts „ist vielmehr die Grundlage für den Beginn des in Rechten und Pflichten zunächst ausgeglichenen gegenseitigen Vertrages", so daß die Unterscheidung zwischen dinglichem und schuldrechtlichem Vertrag auf die Einordnung als schwebendes Dauerschuldverhältnis ohne Einfluß bliebe.[1077]

1071 Lamers, aaO, S. 289 f.

1072 Slomma, DB 1977, 1021, 1022; zust. Fabri, aaO., S, 124.

1073 So aber Lamers, aaO., S. 288 f.

1074 Fabri, aaO., S. 132.

1075 BFH v. 20. 11. 1980, IV R 126/78, BFHE132, 418 = BStBl. II 1981, 398, 399; v. 20. 1. 1983, IV 158/80, BFHE 138, 53 = BStBl. II 1983, 413, 415.

1076 Zitat BFH v. 27. 2. 1976, III R 64/74, BFHE 119, 77 = BStBl. II 1976, 529, 531 (ausschließliche Lizenz).

1077 BFH v. 27. 2. 1976, III R 64/74, ebenda.

Die genannten und üblicherweise verwendeten Möglichkeiten zur Entziehung des dinglichen Rechts zeigen, daß sich der Überlassungsverpflichtete nicht für die vereinbarte Vertragsdauer endgültig des Nutzungsrechts begeben hat, sondern weiterhin die Möglichkeit hat, dem dinglich Nutzungsberechtigten die Nutzungsmöglichkeit zu entziehen. Der Unterschied besteht nur darin, daß die dingliche Rechtsposition i.d.R. besser gesichert ist, wobei allerdings anzumerken ist, daß auch „Rechte, die mit Sachbesitz verbunden sind, über die Besitzvorschriften gegenüber Dritten Schutz genießen".[1078] Die gesteigerte Sicherheit des dinglichen Nutzungsrechts spielt aber für die Beurteilung des Dauerleistungscharakters keine Rolle. Damit ist die Ansicht widerlegt, die annimmt, daß die vereinbarte Leistung bereits mit der Einräumung des dinglichen Rechts endgültig bewirkt ist. Richtigerweise ist in der Duldung eine Dauerleistung zu sehen, so daß auch nach Eintragung des Erbbaurechts fortwährend noch ein Leistungsaustausch stattfindet. Zwar sind Vermieter und Verpächter gem. §§ 535 S. 1, 581 Abs. 1 S. 1 BGB zur Überlassung und damit zu einem aktiven Tun verpflichtet, jedoch ist der Unterschied zu der bloßen Duldungspflicht bei dinglichen Nutzungsverhältnissen nur formaler Natur, denn wirtschaftlich betrachtet liegt in dem Belassen des Gebrauchs nichts anderes „als ... das Dulden des Gebrauch durch den obligatorisch Nutzungsberechtigten."[1079]

Folglich sind dingliche und obligatorische Nutzungsrechte als Dauerschuldverhältnisse und damit als schwebende Verträge einzuordnen, so daß der Grundsatz des Nichtausweises schwebender Geschäfte die konkrete Aktivierungsfähigkeit verhindert. Eine Differenzierung nach der Natur des Nutzungsverhältnisses ist nicht gerechtfertigt.

ddd) Behandlung des Eintritts in schuldrechtliche Nutzungsverhältnisse

Nach dem bisherigen Ergebnis der Nichtbilanzierung obligatorischer Nutzungsrechte aufgrund ihres Schwebecharakters entsteht der Eindruck, daß es nach h.M. nie zu einer Aktivierung obligatorischer Nutzungsrechte kommt. Deswe-

---

1078 Fahrholz, Leasing in der Bilanz, S. 135 i.V.m. S. 108 insbesondere Fn. 352: Über die §§ 861, 862 und 823 BGB besteht ein Schutz gegenüber irgendwelchen Dritten und zudem besteht teilweise ein Schutz durch § 986 Abs. II BGB gegenüber dem Erwerber. Dort zitiert Baur, Sachenrecht, 9. Aufl., München 1977, § 30 I 4 = S. 280: „Nach *Baur* lasse sich „insgesamt" sagen, daß die Miete einem beschränkten dinglichen Nutzungsrecht stark angenähert sei." Ebenso Walz, WM 1985, Sonderbeilage 10 zu Nr. 48, S. 7 f., der von „Verdinglichungswirkungen" auch bei der Miete wegen der §§ 823 Abs. 1, 1004, 986 Abs. 2 BGB spricht.

1079 Fabri, aaO., S. 130; zust. Tiedchen, Vermögensgegenstand, S. 132 (Zitat).

gen mag es überraschen, daß die h.M.[1080] eine konkrete Aktivierung bejaht, wenn ein bestehendes Nutzungsrecht durch den Nutzungsberechtigten entgeltlich an einen Dritten abgetreten wird. In diese Richtung geht auch eine Entscheidung des BFH.[1081] Darin vergleicht er das Recht, einen Platz zur Aufstellung von Zigarettenautomaten zu benutzen, mit einem Mietrecht. „Werden für den Erwerb eines sich über Jahre hin erstreckenden Mietrechts *wegen der damit verbundenen geschäftlichen Vorteile* Anschaffungskosten aufgewendet, so sind diese ... als Anschaffungskosten eines immateriellen Einzelwirtschaftsguts zu aktivieren und auf die Dauer des Rechts linear abzuschreiben."[1082] In diesem Fall ging es um den Erwerb eines bestehenden Nutzungsrechts. Ob bereits alle Nutzungsentgelte durch den vormals Berechtigten entrichtet waren und mit dem Erwerb ebenfalls abgegolten waren, oder ob es sich hier nur um Zahlungen als „Ablöse" für die Nutzungsmöglichkeit und nicht als Nutzungsentgelt handelte, ergibt sich nicht eindeutig aus dem Urteil.[1083]

Da der ursprünglich Nutzungsberechtigte nicht die Nutzungsüberlassung, sondern nur die Abtretung des Rechts auf Gebrauchsüberlassung schuldet, hat er unter formaler Anwendung der oben gefundenen Definition des schwebenden Geschäftes mit der Abtretung seine Sachleistungsverpflichtung vollständig erfüllt, so daß sich die Aktivierungspflicht ergeben würde.[1084] Zutreffend stellt *Fahrholz*[1085] fest, daß der Dritte nach dem Erwerb genauso wie der ursprünglich Nutzungsberechtigte das Nutzungsrecht zur Verfügung hat. Durch den Übertragungsvorgang habe sich allein die Rechtsinhaberschaft geändert, nicht aber der Inhalt des Rechts. Das Nutzungsrecht bewahre seine Identität. Die Abtretung sei

---

[1080] So Clausen, JbFSt 1976/77, 120, 138; Tiedchen, Vermögensgegenstand, S. 135 f. m.w.Nachw.; Weber-Grellet in: Schmidt, EStG, § 5 Rn. 76: In Bezug auf schwebende Absatzgeschäfte werde ein immaterielles Wirtschaftsgut *neben* dem schwebenden Geschäft begründet; Hopt, HGB, § 252 Rn. 16; a.A. anscheinend Budde/Geißler in: BeBi-Kom, § 252 Rn. 47, wenn sie für den Verkauf einer Leasingforderung zu Refinanzierungszwecken weiterhin von einem schwebenden Vertrag ausgehen und bzgl. für die Zukunft vereinnahmte Erträge der Ansatz eines passiven RAP fordern, der über die verbleibende Vertragslaufzeit aufzulösen sei.

[1081] BFH v. 17. 3. 1977, IV R 218/72, BFHE 122, 70 = BStBl. II 1977, 595, 597 f.

[1082] BFH, ebenda (Hervorhebungen nicht im Original).

[1083] Da hier nicht von dem u.U. periodisch zu entrichtenden Nutzungsentgelt, sondern von anscheinend anderen wirtschaftlichen Vorteilen gesprochen wurde und wegen der Festlegung der Abschreibungsdauer auch die Nutzungszeit bekannt zu sein schien, spricht einiges dafür, daß in der Tat nur das Ablöserecht gemeint war. Demnach wären also Ablöse und Nutzungsentgelte unterschiedlich zu behandeln.

[1084] So in der Tat Tiedchen, Vermögensgegenstand, S. 135 f.

[1085] S. dazu Fahrholz, Leasing in der Bilanz, S. 132 f. Diese Argumentation bezieht sich eigentlich auf die Inkonsequenz, einerseits die Vermögensgegenstandseigenschaft zu verneinen, dann aber bei Abtretung doch zu bejahen.

nur die Form der Übertragung, erlangt und aktiviert würde aber die Forderung selbst. Zur Veranschaulichung der hier auftretenden Problematik zwei Beispiele:

Beispiel 1: Mieter (M) mietet von Vermieter (V) Geschäftsräume fest für 10 Jahre. In dem Vertrag wird M das Recht eingeräumt, die Räume an einen solventen neuen Mieter für die (dann verbliebene) Vertragslaufzeit zu überlassen. Nach einem Jahr Miete macht er von diesem Recht Gebrauch und vermietet an Dritten (D). D zahlt an M eine Abfindung in Höhe von 100.

Beispiel 2: Wie Beispiel 1, aber mit der Änderung, daß M die Miete für das 2. Jahr bereits an V vorausgezahlt hat. Deswegen zahlt D zusätzlich zu der Abfindung noch die Miete für das 2. Jahr an M.

Würde undifferenziert der von D an M gezahlte Betrag als Anschaffungskosten eines Nutzungsrechts aktiviert, so hingen die Anschaffungskosten bei ein und demselben Nutzungsrecht davon ab, in welcher Höhe M bereits für zukünftige Rechnungsperioden Miete im Voraus entrichtet hat. Dann ergäbe sich das merkwürdige Ergebnis, daß Vorauszahlungen auf zukünftige Mietperioden an den Vermieter (V) als aktiver RAP erfaßt würden, dieselben Vorauszahlungen – nur weil sie direkt an den Vormieter (M) entrichtet wurden, dagegen Anschaffungskosten für ein Nutzungsrecht darstellen würden, wenn M sie zuvor an V gezahlt hätte.

Deswegen muß klargestellt werden, worauf sich das Anschaffungsgeschäft bezieht, das zu einer Aktivierung eines Nutzungsrechts führt. Dabei muß im Auge behalten werden, daß nicht die Beurteilung der schwebenden Geschäfte durch geschickte Vertragsgestaltung der Willkür des Bilanzierenden unterworfen wird.[1086] *Fabri*[1087] macht deutlich, daß es sich bei den aktivierten Anschaffungskosten nicht um die Zahlung eines Nutzungsentgelts an den vormals Nutzungsberechtigten zum Zwecke der Freistellung von der Nutzungsgebühr gegenüber dem Überlassenden handelt, sondern um den „Abfindungsbetrag" oder die „Eintrittsgebühr". Hat also der ursprünglich Nutzungsberechtigte Vorleistungen für die Nutzungsgebühr gezahlt, so waren diese bei ihm als aktiver RAP erfaßt. Zahlt nun der Erwerber des Nutzungsrechts für diese vorausentrichteten Nutzungsgebühren ein Entgelt, so ist dies bei wirtschaftlicher Betrachtung genauso zu behandeln, als hätte er selbst das Nutzungsentgelt an den Sacheigentümer

---

1086 Es ist ohne weiteres vorstellbar, daß der überlassende Mieter (M) mit dem Erwerber (D) vereinbart, daß M weitere Vorauszahlungen für die Zukunft leistet, damit D ihm diese i.R.d. Abfindungsbetrages erstattet, damit D für die gesamte Vertragslaufzeit Anschaffungskosten für ein Nutzungsrecht in seiner Bilanz aktivieren kann.

1087 Fabri, GoB entgeltlicher Nutzungsverhältnisse, S. 155.

oder Rechtsinhaber gezahlt.[1088] Daraus ergibt sich, daß der Erwerber des Nutzungsrechts für die Abgeltung voraus entrichteter Nutzungsgebühren keine Anschaffungskosten eines Nutzungsrechts, sondern nur – ebenso wie der ursprünglich Nutzungsberechtigte – einen aktiven RAP ansetzen darf.

Die – von Fabri vorgenommene – Trennung zwischen Nutzungsabfindung und Entgelt für vorausentrichtete Nutzungsgebühren ist konsequent. Würde man dies anders sehen, ließe sich der Grundsatz des Nichtausweises schwebender Geschäfte auch beim ursprünglich Nutzungsberechtigten nicht mehr aufrechterhalten. Kann nämlich der Erwerber (D) vorausbezahltes Nutzungsentgelt als Nutzungsrecht aktivieren, so könnte der Nichtausweis schwebender Geschäfte auch nicht dem Übertragenden (M) entgegengehalten werden, denn bei wirtschaftlicher Betrachtungsweise handelt es sich in beiden Fällen um Vorauszahlungen in einem schwebenden Geschäft. Die Abtretung spielt für den Charakter als Dauerschuldverhältnis keine Rolle, so daß der Grundsatz des Nichtausweises schwebender Geschäfte durch die Bejahung der Aktivierung nach der Abtretung insgesamt für Nutzungsrechte ad absurdum geführt würde. Folglich bleibt der Schwebezustand des Nutzungsrechts gegenüber dem Überlassungsverpflichteten (V) von der Abtretung unberührt, so daß bzgl. dieses Nutzungsrechts eine Aktivierung weiter ausscheiden muß. Zudem kann die Beurteilung des Nutzungsrechts als schwebendes Geschäft nicht von dem Umfang der vorausentrichteten Nutzungsentgelte abhängen, weil sonst durch Vorleistungen der Umfang des Schwebezustands durch die Vertragsparteien willkürlich gesteuert werden könnte.

Trotzdem muß auch Kritik an der dargestellten Ansicht von *Fabri* angemeldet werden. Letztlich geht es dabei um die Frage, warum jemand bereit ist, eine Abfindung für den Eintritt in ein bestehendes Nutzungsverhältnis zu bezahlen. Ein wesentlicher Grund ist, daß ein Recht zur Nutzung eines Rechts oder einer Sache besteht, das so nicht am Markt verfügbar ist, an dem der Erwerber aber großes Interesse hat. Die mangelnde Verfügbarkeit kann z.B. daran liegen, daß aus seiner Sicht alle interessanten Nutzungsverhältnisse durch langfristige Verträge mit Dritten gebunden sind. Deswegen nützt es dem potentiellen Erwerber/Interessierten nichts, sich direkt mit einem finanziell interessanten Angebot an den Rechts- oder Sachinhaber zu wenden, da dieser aktuell und u.U. auch auf längere Sicht nicht über das Nutzungsrecht verfügen kann. Es entsteht ein Nachfrageüberhang, so daß mittelfristig eine Mieterhöhung zu erwarten ist.

[1088] Fabri, ebenda, 155 f.

Beispiel: Vermieter (V) vermietet an Mieter (M) Geschäftsräume im Januar 1990 in einer Randlage für 20 DM/qm auf 20 Jahre fest. Sie vereinbaren, daß M den Mietvertrag auch einem solventen Dritten (D) überlassen darf. Der solvente D interessiert sich Anfang Januar 2000 sehr für die Geschäftsräume des M, denn mittlerweile hat sich die Lage zu einem Top-Standort für Unternehmen im Geschäftsfeld des D entwickelt. Alle guten Geschäftsräume sind belegt. Von neueren Vertragsabschlüssen ist bekannt, daß jetzt allerdings der durchschnittliche Quadratmeterpreis bei 40 DM liegt. Entsprechend vereinbaren D und M, daß D den Differenzbetrag von 20 DM/qm für 10 Jahre zahlen muß.[1089] Zudem muß D die für ein Jahr dem M vorausentrichtete Miete bezahlen. D zieht in die Geschäftsräume ein.

Stimmt die Behandlung von *Fabri*, müßte D einen aktiven Rechnungsabgrenzungsposten in Höhe der vorausentrichteten Miete für das Jahr 2000 ansetzen. Des weiteren wäre ein Nutzungsrecht in Höhe der mit M vereinbarten „Abfindung" zu zahlen, die über die Nutzungszeit von 10 Jahren abzuschreiben wäre. Meines Erachtens zeigt dieses Beispiel, daß eine erhebliche Komponente der gezahlten Abfindungssumme wirtschaftlich betrachtet die Natur eines Nutzungsentgelts haben *kann*. Diese Sichtweise wird auch durch die Abschreibung über die Nutzungszeit gestützt, denn dadurch wird das Nutzungsrecht genauso aufgelöst wie eine Vorauszahlung auf die gesamte Nutzungszeit. Zudem wird ja nicht die Abfindungszahlung, sondern das Nutzungsrecht selber aktiviert. Daß aber ein und dasselbe Nutzungsrecht aufgespalten wird in ein schwebendes Geschäft, bei dem sich die Aktivierung verbietet, und ein aktivierungspflichtiges Nutzungsrecht, kann nicht überzeugen. Es kann nur einheitlich von einem schwebenden Geschäft oder einem aktivierungspflichtigen Nutzungsrecht ausgegangen werden. Für die Abfindungszahlung muß nicht deswegen ein Nutzungsrecht aktiviert werden, weil dies die einzige Möglichkeit der bilanziellen Erfassung ist. Gegen eine Vorauszahlung auf die Miete und damit den Ansatz eines aktiven RAP spricht allerdings, daß hierbei eine korrespondierende Bilanzierung beim Vermieter vorgenommen werden muß, bei dem die „Abfindungsgebühr" ja gerade nie ankommt. Jedoch kann die Abfindung statt als

---

[1089] Aus Vereinfachungsgründen soll außer acht gelassen werden, daß M den gesamten Betrag über die Jahre verzinslich anlegen könnte, so daß die Summe auf die Nutzungszeit abzuzinsen wäre.

abschreibbarer Vermögensgegenstand genauso gut als erfolgsmindernder Mietaufwand gesehen werden.[1090]

Aus dieser Argumentation ergibt sich, daß auch bei Abtretung eines bestehenden obligatorischen Nutzungsrechts von der Aktivierung des Nutzungsrechts abgesehen werden muß. Eine Aktivierung des Überlassungsanspruchs gegen den Überlassungsverpflichteten scheidet schon deswegen aus, weil damit auch der Grundsatz des Nichtausweises schwebender Geschäfte beim ursprünglich Nutzungsberechtigten aufgehoben werden müßte. Aber auch die Aktivierung nur der Eintrittsgebühr kann nicht überzeugen, da nicht die Eintrittsgebühr sondern das Nutzungsrecht selber aktiviert wird, so daß es zu einer Zersplitterung des Nutzungsrechts kommen würde.

eee) Zwischenergebnis

Alle Nutzungsrechte sind einheitlich als Dauerschuldverhältnisse einzuordnen. Weder die Einräumung der Nutzungsmöglichkeit noch die Zahlungsmodalitäten können den Schwebezustand beenden. Eine Unterscheidung zwischen dinglichen und schuldrechtlichen Nutzungsrechten ist nicht gerechtfertigt. Auch bei Abtretung eines Nutzungsrechts kann der Aktivierung entgegen der h.M. nicht zugestimmt werden. Die grundsätzliche Geltung des Grundsatzes des Nichtausweises schwebender Geschäfte zerstreut noch mehr die Bedenken gegen die Bejahung der Vermögensgegenstandseigenschaft von Nutzungsrechten. Damit besitzt das Nutzungsrecht zwar die abstrakte Aktivierungsfähigkeit, aber im Normalfall taucht es nicht in der Bilanz auf, weil die konkrete Aktivierungsfähigkeit aufgrund des Grundsatzes des Nichtausweises schwebender Geschäfte fehlt. Daher sind die praktischen Unterschiede zwischen der Bejahung und der Verneinung der Vermögensgegenstandseigenschaft nicht sehr groß. Auf dieser Behandlung der obligatorischen Nutzungsverhältnisse beruht auch die allgemeine Erfassung z.B. von Vorleistungen im Mietverhältnis als Rechnungsabgrenzungsposten.

[1090] A.A. wohl BFH v. 28. 8. 1974, I R 66/72, BFHE 113, 448 = BStBl. II 1975, 56, 57. In diesem Fall entschied der BFH, daß die Zahlung eines Zuschusses eines neuen Mieters dafür, daß er ein branchenfremdes Warenlager des Vormieters nicht zu übernehmen und – möglicherweise verlustbringend – zu verwerten braucht, weder als Wirtschaftsgut noch als Rechnungsabgrenzungsposten zu aktivieren ist. Aus den Ausführungen (S. 57) ergibt sich aber, daß das Gericht diese Frage wohl anders gesehen hätte, wenn die Zuschußzahlung Voraussetzung für die Überlassung des Mietrechtsobjektes gewesen wäre: „Diese (die zusätzliche Zahlung; Anm. des Verf.) kann nicht als verlorener Zuschuß zur Erlangung des Mietrechts aufgefaßt werden. Denn ohne die Zahlung hätte der Kläger den Abschluß des Mietvertrages gleichfalls erwirkt."

cc) Beurteilung von Einlagen obligatorischer Nutzungsrechte

Nach dem bisher gefundenen Ergebnis entsteht der Eindruck, daß das Verbot der Bilanzierung schwebender Geschäfte die Aktivierung aller Nutzungsrechte verhindert. Schon bei den Ausführungen zur gesellschaftsrechtlichen Einlagefähigkeit wurde aber darauf hingewiesen, daß dieses Verbot bei gesellschaftsrechtlichen Einlagen nicht gilt. Wie im Zusammenhang mit dem entgeltlichen Erwerb sind auch hier die Gründe für das Nichteingreifen des konkreten Bilanzierungsverbots zu untersuchen und die Auswirkungen auf die verdeckten Einlagen darzustellen.

aaa) Offene Einlagen

Wie oben ausführlich dargestellt, können obligatorische Nutzungsrechte auch dann Gegenstand einer gesellschaftsrechtlichen Einlage sein, wenn ein Gesellschafter seiner Gesellschaft ein obligatorisches Nutzungsrecht einräumt. Wie gezeigt, handelt es sich bei den obligatorischen Nutzungsrechten um Vermögensgegenstände, so daß nur noch das Verbot der Bilanzierung schwebender Geschäfte die konkrete Bilanzierbarkeit verhindern könnte.

Soweit die Einlagefähigkeit obligatorischer Nutzungsrechte bejaht wird, wird in dem Bilanzierungsverbot kein Bilanzierungshindernis gesehen. Eingehende Stellungnahmen in der Literatur zu dieser Frage fehlen fast vollständig. *Tiedchen*[1091] sieht in der Nichtanwendung des Bilanzierungsverbots – die Vermögensgegenstandseigenschaft vorausgesetzt – eine notwendige Ausnahme von der Nichtbilanzierung schwebender Geschäfte, die aber „nicht schwer" falle, da letztlich „dem Grundsatz des Nichtausweises schwebender Geschäfte nur Praktikabilitätserwägungen inne(wohnen)."[1092] Etwas anders geht *Bork*[1093] an die Frage heran. Zum einen fehle es bei gesellschaftsrechtlichen Einlagen an einem synallagmatischen Vertrag, so daß der Grundsatz des Nichtausweises schwebender Geschäfte hier schon gar nicht gelte, und zum anderen habe „der Gesell-

---

[1091] Tiedchen, Vermögensgegenstand, S. 138.

[1092] Tiedchen, ebenda. (Klammerzusatz nicht im Original.)

[1093] Bork, ZHR 154 (1990), 205, 232 f. Bork weist in Fn. 146 darauf hin, daß die von ihm befürwortete Aktivierung „möglicherweise unter Zuhilfenahme von Rechnungsabgrenzungsposten erfolgen muß". Dagegen muß eingewendet werden, daß nach dem hier zugrunde gelegten Verständnis das Verbot der Bilanzierung schwebender Geschäfte als Ausnahme vom Vollständigkeitsgrundsatz nur bei Vermögensgegenständen eingreift, so daß dieser Grundsatz immer erst dann zu untersuchen ist, wenn bereits die Vermögensgegenstandseigenschaft bejaht ist. Damit kann es bei Untersuchung des Grundsatzes nie zum Ausweis eines Rechnungsabgrenzungspostens kommen.

schafter die ihm gebührende „Gegenleistung", nämlich die Beteiligung, bereits erhalten, so daß das Nutzungsrecht nunmehr aktiviert werden kann."

Zunächst ist zu fragen, ob Einlagevorgänge überhaupt unter die Definition des schwebenden Geschäfts fallen. Nach ganz h.M. wird ein *synallagmatisches Austauschverhältnis* als Voraussetzung gefordert. Wie bereits im Zusammenhang mit dem entgeltlichen Erwerb gesehen, fehlt es bei Einlagevorgängen an einem solchen Austauschverhältnis. Wenn *A/D/S*[1094] ein synallagmatisches Austauschverhältnis als Voraussetzung des schwebenden Geschäfts verneinen und auch gesellschaftsrechtliche Rechtsverhältnisse in den Anwendungsbereich des schwebenden Geschäfts mit einbeziehen wollen, liegt das in der dort diskutierten Drohverlustrückstellung gem. § 249 Abs. 1 S. 1 HGB begründet. *A/D/S* wenden sich nur gegen den Austauschcharakter, nicht aber gegen das Erfordernis des gegenseitig verpflichtenden Vertrages.[1095] Auch an einem solchen fehlt es bei den offenen Einlagen, weil nicht die Gesellschaft zur Leistung der Sacheinlage verpflichtet ist, sondern der Gesellschafter die Einlage automatisch erhält.

Kennzeichnend für ein schwebendes Geschäft ist auch, daß es zumindest theoretisch auf jeder Vertragsseite zu einem Verpflichtungsüberhang kommen kann, der dann zu einer *Drohverlustrückstellung* gem. § 249 Abs. 1 S. 1 HGB führt. Wie aber die Betrachtung der Fälle offener Einlagen zeigt, werden die Einlagen vom Zeitpunkt der Eröffnungsbilanz sowohl auf der Aktiv- als auch auf der Passivseite bilanziert. Geht es um ausstehende Einlagen auf das Stammkapital, sind diese gem. § 272 Abs. 1 S. 2 HGB auf der Aktivseite vor dem Anlagevermögen auszuweisen und entsprechend zu bezeichnen.[1096] Nachdem die Einlage geleistet ist, ist diese ohnehin auf der Aktivseite aufzuführen. Aber auch in dem Fall, daß sich die geleistete Einlage als nicht werthaltig zum Zeitpunkt der Eintragung erweist, wird eine Barforderung gegen den Gesellschafter aktiviert. Entsprechend wird auf der Passivseite immer die Position „Stammkapital" ausgewiesen. Eben wegen dieses permanenten Ansatzes auf der Aktivseite, entweder der geleisteten Einlage oder der Forderung der Gesellschaft auf die Einlageleistung, kann hier durch Verminderung der Forderung ein Wertverlust berücksichtigt werden. Das Korrekturerfordernis der Rückstellung für drohende Verluste aus schwebenden Geschäften resultiert dagegen gerade daraus, daß weder ein aktiver noch ein passiver Ansatz stattgefunden hat.

[1094] § 249 Rn. 140.

[1095] § 249 Rn. 141.

[1096] Nicht eingeforderte Einlagen können auch alternativ auf der Passivseite erfaßt werden. S. § 272 Abs. 1 S. 3 HGB.

Wäre, anders als hier vertreten, die Grundlage des Nichtausweises im *Realisationsprinzip* zu finden, so käme es auch hiernach nicht zu einer Anwendung des Bilanzierungsverbots, da das Realisationsprinzip nur für laufende Geschäftsvorfälle gilt.[1097]

Sieht man wie Bork entgegen der hier vertretenen Auffassung die vollständige Leistung eines Teils als ausreichend für die Beseitigung des Schwebezustandes an, so müßte auch unter diesem Gesichtspunkt der Schwebezustand verneint werden, weil die Gesellschaft durch die „Gewährung“[1098] der Anteile ihre „Verpflichtung“ vollständig erfüllt hat.[1099]

Damit scheidet die Anwendung des Verbots des Ausweises schwebender Geschäfte für offene Einlagen vollständig aus. Folglich ist auch die im Zusammenhang mit der gesellschaftsrechtlichen Einlagefähigkeit angesprochene Ansicht[1100] abzulehnen, die in der „Gewährung der Anteile“ eine Vorleistung in einem schwebenden Geschäft sehen will. Es kommt also weder bei der Gesellschaft noch beim Gesellschafter zu dem Ansatz eines Rechnungsabgrenzungspostens. Zudem setzt das Gesellschaftsrecht die Bewirkung der Sacheinlage an die Gesellschaft derart voraus, daß die Sacheinlage *endgültig zur freien Verfügung* der Geschäftsführer steht (§ 7 Abs. 3 GmbHG). Für obligatorische Nutzungsrechte wird deshalb nur die Besitzüberlassung gefordert. Damit hat der Gesellschafter aber gesellschaftsrechtlich seine Einlageverpflichtung erfüllt und zudem auch automatisch die Anteile erhalten, so daß man gesellschaftsrechtlich auch davon ausgehen könnte, daß beide Parteien bei der Einlageleistung bereits vollständig ihren Verpflichtungen nachgekommen sind. Damit würde hier, selbst bei Geltung des Grundsatzes des Nichtausweises schwebender Geschäfte auf offene Einlagen, wegen der kapitalgesellschaftsrechtlichen Besonderheiten ohnehin kein schwebendes Geschäft vorliegen.

1097 Schacht in: Sonderbilanzen, G 40; auch Tiedchen, Vermögensgegenstand, S. 69 ff. nimmt in der Definition, immer Bezug zu Umsatzgeschäften, ordnet dann allerdings inkonsequent die Nichtanwendung des Bilanzierungsverbots als Ausnahme von diesem Grundsatz ein (S. 138).

1098 Wie schon mehrfach betont liegt hierin allerdings keine Leistung der Gesellschaft.

1099 Dies meint wohl auch Bork, ZHR 154 (1990), 205, 233.

1100 Z.B. Groh, StbJb 1988/89, 187, 192 bejaht zwar die abstrakte Aktivierungsfähigkeit eines obligatorischen Nutzungsrechts, sieht aber in der Einlage die beiderseitige Vorleistung in einem schwebenden Geschäft, so daß er eigentlich die konkrete Aktivierungsfähigkeit verneinen müßte. Trotz dieser Ansicht kommt er zur (konkreten) Aktivierung eines Vermögensgegenstands bei der Gesellschaft, der abgeschrieben wird. Als Grund gibt er an, dies bedeute „nichts anderes als die Aktivierung eines Rechnungsabgrenzungspostens und seine Abschreibung über denselben Zeitraum.“ Zur Kritik schon C. IV. 3.

Entgegen der Ansicht von *Tiedchen* liegt hier also nicht eine Ausnahme vom Verbot des Ausweises schwebender Geschäfte vor, sondern dieses Verbot gilt schon gar nicht für offene Einlagen.

bbb) Verdeckte Einlagen

Überträgt ein Gesellschafter ohne die Gewährung von Anteilen der Gesellschaft ein obligatorisches Nutzungsrecht, so fehlt es an dem Bestehen einer gegenseitigen Verpflichtung als Grundvoraussetzung des schwebenden Geschäft vollständig. Vielmehr wird hier einseitig nur der Gesellschafter verpflichtet. Wenn es nun bei der offenen Einlage für die Aktivierung ausreicht, daß der Gesellschafter bei Sachen der Gesellschaft den Besitz überläßt und insbesondere bei der einfachen Lizenz das Recht zur Nutzung einräumt, so können für die verdeckte Einlage keine strengeren Voraussetzungen gelten. Die durch die gesellschaftsrechtlichen Vorschriften gewährleistete Werthaltigkeitskontrolle hat auf die Beurteilung, ob ein schwebendes Geschäft vorliegt, keinen Einfluß, so daß dieser Unterschied zwischen offener und verdeckter Einlage nicht für eine unterschiedliche Behandlung der beiden angeführt werden kann. Allerdings sind bei der verdeckten Einlage eines obligatorischen Nutzungsrechts – den Nichtansatz in der Bilanz einmal unterstellt – keine drohenden Verluste auf Seiten der Gesellschaft denkbar, da sie durch die verdeckte Einlage keinerlei Verpflichtung übernommen hat. Deswegen paßt auch für die verdeckten Einlagen die Vorschrift des § 249 Abs. 1 S. 1 HGB nicht, so daß auch, ebenso wie bei den offenen Einlagen, eine Drohverlustrückstellung nicht denkbar ist. Zudem spricht für eine Nichtgeltung des Verbots des Ausweises schwebender Geschäfte auch bei verdeckten Einlagen, daß es merkwürdig wäre, die offenen und verdeckten Einlagen im Bereich des Verbots des Ausweises schwebender Geschäfte unterschiedlich zu behandeln, denn bzgl. eines eventuellen Schwebezustandes bestehen keine Unterschiede.

dd) Zwischenergebnis

Während der Grundsatz des Nichtausweises schwebender Geschäfte für laufende Geschäftsvorfälle zu einem konkreten Aktivierungsverbot für alle Nutzungsrechte führt, gilt dieser Grundsatz weder für offene noch für verdeckte Einlagen solcher Rechte. Damit müssen sie auf der Aktivseite als Vermögensgegenstände aktiviert werden.

c) Ergebnis

Die konkreten Bilanzierungsverbote gelten weder für die offenen noch die verdeckten Einlagen, so daß hier die Aktivierung nur von dem Vorliegen der abstrakten Aktivierungsfähigkeit abhängig ist, also von dem Vorliegen eines Vermögensgegenstandes. Damit steht der Aktivierung der offenen oder verdeckten Einlage obligatorischer Nutzungsrechte nicht nur nichts entgegen, sondern sie ist sogar zwingend.

II. Erfolgsneutrale Erfassung der handelsrechtlichen („verdeckten") Einlagen

1. Einleitung

Bis jetzt wurde nur die Pflicht zur Aktivierung offener und verdeckter Einlagen[1101] obligatorischer Nutzungsrechte herausgearbeitet, offengeblieben ist bisher in dieser Arbeit die passive Behandlung der verdeckten Einlagen. Wie bereits erwähnt wurde, ist für alle offenen Einlagen eine erfolgsneutrale Erfassung zwingend, dagegen ist die Lage bei verdeckten Einlagen schwieriger. Mit dem BiRiLiG wurde § 272 Abs. 2 Nr. 4 HGB eingefügt, der nach h.M.[1102] die Möglichkeit, aber nicht die Pflicht zur erfolgsneutralen Erfassung verdeckter Einlagen schafft. Demnach würde es sich also um ein faktisches Wahlrecht handeln. In vielen Darstellungen in der Literatur[1103] gewinnt man den Eindruck, daß § 272 Abs. 2 Nr. 4 HGB Einfluß auf die Gegenstände der Aktivierung haben könnte, insbesondere auf die Frage, ob obligatorische Nutzungsrechte im Rahmen verdeckter Einlagen aufgrund des § 272 Abs. 2 Nr. 4 HGB zu aktivieren sind. Diesem Ansatz ist von vornherein eine Absage zu erteilen. Wie bereits dargestellt,[1104] hängt die Aktivierung *ausschließlich* von den die Aktivseite betreffenden Vorschriften ab, insbesondere dem Verständnis des Vermögensgegenstandsbegriffs, eine Passivnorm kann dagegen keinen Einfluß haben. Deswegen handelt es sich bei dem hier zu behandelnden Fragenkreis auch nicht um eine spezielle Frage der obligatorischen Nutzungsrechte. Bei der verdeckten

---

1101 Zu den Begriffen s. B. II. 3.

1102 S.u. D. II. 3. c) bb).

1103 In diese Richtung z.B. Glanegger in: Schmidt, EStG, 17. Aufl., § 6 Rn. 440 Stichwort „Gesellschaftsrechtliche Einlagen": „Ungeklärt ist ferner, ob unentgeltliche Nutzungsrechte unter § 272 II Nr. 4 HGB fallen ..."; in dieselbe Richtung deuten auch die jeweils selbständigen Untersuchungen, ob auch Nutzungsrechte in den Anwendungsbereich des § 272 Abs. 2 Nr. 4 HGB fallen, so z.B. Döllerer, BB 1986, 1857, 1860 ff.; Küting/Kessler, BB 1989, 25, 35 f.; Schneeloch, BB 1987, 481, 486 f.: „ ..., ob unter Zuzahlungen im Sinne des § 272 Abs. 2 Nr. 4 HGB ... gegebenenfalls auch Nutzungen hierunter fallen."

1104 S.o. D. I. 2. a) cc) ccc) (3).

Einlage – nach dem Begriffsverständnis dieser Arbeit[1105] – überträgt ein Gesellschafter ohne die Gewährung zusätzlicher Anteile der Gesellschaft Vermögensgegenstände (Geld oder Sachen), liefert Vermögensgegenstände[1106] an die Gesellschaft unter Preis oder nimmt Lieferungen oder Leistungen von ihr über Preis ab.[1107] Kann ein *verpflichtender* Ansatz zum Zeitwert auf der Aktivseite unter gleichzeitiger, ebenfalls *verpflichtender* Passivierung einer Kapitalrücklage gem. § 272 Abs. 2 Nr. 4 HGB befürwortet werden, so ergibt sich eine notwendige Annäherung zwischen Handels- und Steuerbilanz. Dann bestünde eigentlich kein Anlaß mehr, überhaupt von *verdeckten* Einlagen zu sprechen,[1108] vielmehr wären sie bereits klar aus der Handelsbilanz abzulesen. Die tatsächlich in § 272 Abs. 2 Nr. 4 HGB einzustellenden Vermögenswertzuführungen sollen als *Gesellschafterzuführungen* bezeichnet werden, um eine klare Trennung von den verdeckten Einlagen zu ermöglichen.[1109] Ob diese Gesellschafterzuführungen identisch sind mit den verdeckten Einlagen, ist hier zu untersuchen.

Im folgenden soll ein besonders berühmtes Beispiel der Behandlung von Gesellschafterzuführungen sowohl in der Gesellschafts- als auch der Gesellschafterbilanz dargestellt werden. Danach wird auf die handelsrechtliche Behandlung der verdeckten Einlagen vor und nach Einführung des § 272 Abs. 2 Nr. 4 HGB eingegangen. Hier wird eine Auslegung der Norm nach Wortlaut, Zustandekommen, Systematik zu anderen Vorschriften und ihrem Sinn und Zweck vorgenommen. Anschließend müssen die Bewertungsansätze sowohl bei der empfangenden Gesellschaft als auch beim einlegenden Gesellschafter betrachtet werden.

1105 S.o. B. II. 3.

1106 Leistungen scheiden hier aus, weil die Vermögensgegenstandseigenschaft des von der Gesellschaft erhaltenen Vermögenswerts gefordert wird.

1107 Castedello, Freiwillige Einlagen, S. 207 führt hier eigene Begriffe ein. So soll mit dem Begriff „Zuschuß" nur die Zuführung weiterer liquider Mittel an die Gesellschaft mit dem Begriff „Zuwendung" nur die Zuführung von Sachen und Rechten gemeint ist. Zudem soll die Zuführung „offen" sein, wenn der Gesellschafter nichts erhält, dagegen „verdeckt", wenn eine vertragliche Vereinbarung zur Ungunsten des Gesellschafters besteht.
Hier wird diese Unterscheidung abgelehnt, weil der einzige Unterschied zwischen Geld und sonstigen Vermögensgegenständen, die unterschiedlich schwere Bewertbarkeit ist. Auch die Unterscheidung, ob ein die Zuführung verdeckendes Rechtsgeschäft vorliegt oder nicht hat auf die inhaltliche Beurteilung keine Auswirkungen. In Einzelfällen ist sogar umstritten, ob die Zuführung offen oder verdeckt ist. Auf die materielle Beurteilung wirkt sich diese Unterscheidung nicht aus.

1108 Z.B. Quantschnigg, DStJG 14 (1991), 47, 61: „Verschwinden des Begriffs der verdeckten Einlage".

1109 S.o. B. II. 3.

2. Beispiel

Bereits in der Einleitung dieser Arbeit wurde auf einen Fall hingewiesen, der in der Fachliteratur zu zahlreichen Stellungnahmen geführt hat[1110] und die Probleme mit § 272 Abs. 2 Nr. 4 HGB sehr gut veranschaulicht. Die 94%ige Tochter der Deutschen Bank, die Centralbodenkredit AG (CB), hatte gegen die Eheleute Schneider eine Forderung in Höhe von ca. 1 Mrd. DM. Aufgrund des Konkurses der Schneiders nahm die CB eine Einzelwertberichtigung in Höhe von 400 Mio. DM vor.[1111] Trotz der Wertberichtigung erwarb die Deutsche Bank die Forderung zu ihrem Nennbetrag in Höhe von 1 Mrd. DM und gewährte damit der Tochter bewußt einen Zuschuß in Höhe der vorgenommenen Wertberichtigung.[1112] Die unterschiedliche Behandlung des Zuschusses in der Handels- und in der Steuerbilanz der CB hatte „für die Aktionäre einen überraschenden Effekt."[1113] In der Handelsbilanz ergab sich – aufgrund der ergebniswirksamen Erfassung des Zuschusses als außerordentlicher Ertrag – ein Gewinn von ca. 103 Mio. DM, der in Höhe von 33 Mio. DM die Ausschüttung der Vorjahresdividende (DM 16,50 pro Aktie) sowie in Höhe von 70 Mio. eine Rücklagenstärkung ermöglichte.[1114] Dagegen wurde in der Steuerbilanz der CB ein Verlust von 395 Mio. DM ausgewiesen, da der Zuschuß im Rahmen der steuerlichen Gewinnermittlung als sog. verdeckte Einlage vom Ergebnis des Betriebsvermögensvergleichs abzuziehen war.[1115] Rückwirkend zum 1. 1. 1995 wurde die CB mit der Frankfurter Hypothekenbank verschmolzen.[1116]

Im Einzelabschluß der Deutschen Bank blieb der Zuschuß ohne Auswirkungen auf das Handelsergebnis. Während die erworbene Forderung in Höhe des werthaltigen Teils von 600 Mio. DM aktiviert wurde, wurden in Höhe des geleisteten Zuschusses nachträgliche Anschaffungskosten der Beteiligung an der CB angesetzt, so daß sich der Vorgang im Abschluß der Deutschen Bank wie ein Aktivtausch darstellte. Als Besonderheit ist hier zu erwähnen, daß der aktivierte Beteiligungsbuchwert nach der Zuschreibung noch erheblich unter dem Eigen-

---

1110 Hoffmann, DStR 1994, 1206 ff.; Marx, FR 1995, 453, 454; Castedello, Freiwillige Einlagen, S. 2, 182 ff.; sowie die Gastkommentare von Groh in DB, Heft 25/94, I sowie von Groh und Herzig in DB 28/94, I.

1111 In Wirklichkeit betrug die Forderung 1,029 Mrd. DM und der Wertberichtigungsbedarf lag bei 473 Mio. DM. S. dazu die Zitate aus dem Zwischenbericht der Centralbodenkredit AG bei Marx, FR 1995, 453, 454.

1112 Auf diesen Erwerb wies auch Hilmer Kopper in der Hauptversammlung der Deutschen Bank im Jahre 1994 hin und bezifferte damals die Differenz zwischen Nominal- und Zeitwert auf 400 Mio. DM. S. o.V., Handelsblatt v. 20./21.05. 1994, S. 14.

1113 O.V., Handelsblatt v. 7./8.04.1995, S. 24.

1114 Dazu o.V., Handelsblatt v. 7./8.04.1995, S. 24.

1115 S. Hoffmann, DStR 1994, 1208, 1210.

1116 O.V., Handelsblatt, ebenda.

kapital der Tochter lag, so daß eine Überbewertung durch die Zuschreibung auf den Beteiligungsansatz wohl ausgeschlossen war.[1117] Auch die Steuerbilanz folgte dem Ansatz der nachträglichen Anschaffungskosten, so daß hier gegenüber der Handelsbilanz keine Korrektur vorgenommen werden mußte.[1118]

Durch das von der h.M. i.R. des § 272 Abs. 2 Nr. 4 HGB angenommene Quasiwahlrecht zur erfolgswirksamen Erfassung der Gesellschafterzuführung blieb die Wertberichtigung der Forderung sowohl bei der Tochter als auch bei der Mutter ohne Auswirkungen auf die handelsbilanziellen Ergebnisse. Das Bilanzergebnis beider wurde so dargestellt, als hätte es einen Forderungsverlust in Höhe von 400 Mio. DM nie gegeben.[1119] Das Jahresergebnis der CB war in Höhe des Zuschusses besser, so daß die äußere Ergebnisbeeinflussung auch aus der Gewinn- und Verlustrechnung nicht ablesbar war. Der Ansatz zum Zeitwert in ihrem Abschluß zeigt die Kenntnis der Deutschen Bank vom wirklichen Wert der Forderung. Ob die Deutsche Bank diese nun zum Nennbetrag erworben hat, oder ob sie eine Einlage in Höhe von 400 Mio. DM und ein Erwerbsgeschäft in Höhe von 600 Mio. DM vorgenommen hat, spielt für die bilanzielle Beurteilung keine Rolle.[1120]

Am Rande kann noch die Motivation der Beteiligten für diese Vorgehensweise von Interesse sein. Zum einen war diese Vorgehensweise ergebnisneutral, so daß nicht „die Minderheitsgesellschafter (der CB) als besonders unangenehme Steithähne auf den Plan gerufen" wurden.[1121] Zum anderen zeigt die Ausschüttung der Dividende des Vorjahres, daß ein konstanter Ergebnisausweis den Beteiligten sehr wichtig war. Ein Verlust in Höhe von 395 Mio. DM hätte bei gleicher Ertragskraft auf Jahre den Ausweis eines Gewinns unmöglich gemacht und u.U. auch die Fusion mit der Frankfurter Hypothekenbank gefährdet.

[1117] O.V., Handelsblatt v. 20./21.05.1994, S. 14; auch Hoffmann, aaO., 1209.

[1118] Hoffmann, DB 1994, 1208, 1210; Castedello, Freiwillige Einlagen, S. 183.

[1119] Hoffmann, aaO., 1209; Marx, FR 1995, 453, 454; Castedello, Freiwillige Einlagen, S. 182 f.

[1120] Wie hier Castedello, aaO., S. 183; nur für die zweite Alternative Hoffmann, 1209 und 1210: Meint selbst wenn ein Kaufvertrag geschlossen worden wäre, würde die Auslegung gem. §§ 133, 157 BGB zu einem gemischten Vertrag führen.

[1121] Hoffmann, aaO., 1208 f. (Klammerzusatz nicht im Original).

3. Analyse der Rechtslage

a) Lage vor Einführung des § 272 Abs. 2 Nr. 4 HGB

Während bei der steuerlichen Gewinnermittlung seit der Rechtsprechung des RFH Vermögensmehrungen aus offenen (= gesellschaftsrechtlichen) und verdeckten Einlagen abgezogen werden, weil nur betrieblicher Gewinn der Körperschaftssteuer unterworfen werden soll,[1122] stellte sich die handelsrechtliche Rechtslage vor Einführung des § 272 Abs. 2 Nr. 4 HGB nach h.M.[1123] anders dar.

Nach dem AktG wurden Zuwendungen des Gesellschafters an seine Kapitalgesellschaft außerhalb offener Einlagen als außerordentliche Erträge angesehen, die den Jahresüberschuß und, soweit sie nicht in eine freie Rücklage eingestellt wurden, auch den Bilanzgewinn erhöhten.[1124] Da die gesetzlichen Rücklagen als abschließend betrachtet wurden, war eine direkte Zuführung durch Zuzahlungen zu diesen Rücklagen nicht möglich.[1125] Lediglich *Wilhelm*[1126] trat dieser Ansicht damit entgegen, daß die gewährten Zuschüsse nicht als unentgeltlich, sondern „causa societatis" gewährt würden, nämlich im Hinblick auf die gehaltene Gesellschaftsbeteiligung. Ob eine Gewährung von Vorzügen stattfände, sei für die bilanzielle Einordnung dagegen bedeutungslos. Dies schloß er aus dem Grundgedanken des § 150 Abs. 2 Nr. 2 - 4 AktG a.F. (entsprechen den § 272 Abs. 2 Nr. 1-3 HGB), nämlich daß es sich hier um Einlagen handelte, die „nicht Gewinn, sondern zusätzliches Kapital" darstellten, das „nicht zur Darstellung und Verteilung von Gewinn benutzt werden" dürfe. Von Interesse ist diese Ansicht insoweit, als auch schon nach der alten Rechtslage teilweise ein Bedürfnis gesehen wurde, als handelsrechtlichen Gewinn nur dasjenige auszuweisen, das die Gesellschaft selbst erwirtschaftet hat. Wegen des Fehlens einer entsprechenden Regelung für die GmbH wurde hier teilweise eine unmittelbare Zuführung zur Rücklage ohne Berührung der Gewinn- und Verlustrechnung für zulässig gehal-

---

1122 S. z.B. Döllerer, BB 1986, 1857, 1858 f. Intensiv wird auf die hiermit verbundenen Fragen im nächsten Teil der Arbeit eingegangen, dort auch schwerpunktmäßig auf die obligatorischen Nutzungsrechte als Gegenstand einer solchen steuerlich verdeckten Einlage.

1123 Zwei Fälle zu Zuschüssen des Aktionärs bei der AG: BFH v. 12. 7. 1972, I R 205/70, BFHE 107, 186 = BStBl. II 1973, 59, 62; v. 12. 1. 1977, I R 157/74, BFHE 121, 417, 420 f. = BStBl. II 1977, 439, 441; ebenso Döllerer, BB 1971, 1245, 1246; v. Wallis DStZ/A 1973, 71; Kropff in: Geßler/Hefermehl, AktG, § 150 Rn. 16.

1124 Zur Darstellung dieser Ansicht: Döllerer, BB 1986, 1858; ebenso Darstellung bei Herlinghaus, Forderungsverzichte ..., S. 10. Vertreter dieser Ansicht, die in der vorherigen Fußnote Genannten.

1125 Dazu Orth, GmbHR 1987, 195, 198; zustimmend Castedello, Freiwillige Einlagen, S. 80.

1126 Wilhelm, FS Flume (1978), Bd. II, 337, 366 ff. Zitat S. 368.

ten, wenn eine entsprechende Bestimmung durch den Gesellschafter getroffen wurde.[1127] Für die übrigen Fälle ergab sich dagegen kein Unterschied zur AG.

Damit bestanden schon nach der alten Rechtslage vereinzelte Bestrebungen, auch in der Handelsbilanz nur den von der Gesellschaft selbst erwirtschafteten Erfolg als Gewinn auszuweisen. Allerdings ermöglichte das AktG nur sehr eingeschränkt die Rücklagenbildung, und im GmbHG fehlte hierzu insgesamt eine verpflichtende Regelung, so daß hier noch weniger eine konsequente Trennung möglich war.[1128]

b) Entstehungsgeschichte

Mit dem BiRiLiG[1129] vom 19.12.1985 wurde einheitlich für alle Kapitalgesellschaften in § 272 Abs. 2 HGB eine Vorschrift für den Ausweis von Kapitalrücklagen eingeführt. Während im Regierungsentwurf[1130] die Regelung des § 248 Abs. 3 HGB-E noch auf die ehemals in § 150 Abs. 2 Nr. 2-4 AktG a.F. geregelten Fälle (jetzt: § 272 Abs. 2 Nr. 1-3 HGB) beschränkt war, schlug *Biener*[1131] in der öffentlichen Anhörung die Einführung einer Nr. 4 in den § 272 Abs. 2 HGB vor, um außerhalb gesellschaftsrechtlicher Einlagen gewährte „Kapitaleinlagen" erfassen zu können.

Danach ist gem. § 272 Abs. 2 Nr. 4 HGB als Kapitalrücklage auszuweisen „der Betrag von anderen Zuzahlungen, die Gesellschafter in das Eigenkapital leisten." Der Begriff der Zuzahlung erfaßt nicht, wie es der *Wortlaut* nahelegen könnte,[1132] nur Barzahlungen, sondern nach allgemeiner Ansicht auch Sachleistungen[1133] oder den Erlaß von Forderungen,[1134] entsprechend dem Verständnis des § 150 Abs. 2 Nr. 4 AktG a.F.,[1135] so daß „jede gesellschaftlich veranlaßte Vermögensmehrung" in Frage kommt.[1136] Die Ursächlichkeit des Gesellschafts-

---

1127 Zu dieser Ansicht aber auch zur Gegenansicht nach der früheren Rechtslage Orth, GmbHG 1987, 195, 198.

1128 Döllerer, BB 1986, 1857, 1858.

1129 Gesetz zur Durchführung der Vierten, Siebten und Achten Richtlinie des Rates der Europäischen Gemeinschaften zur Koordinierung des Gesellschaftsrechts, BGBl. I 1985, 2355 ff.

1130 BT-Drucks. 10/317; s. auch Helmrich, Bilanzrichtlinien-Gesetz, § 272 (S. 124 f.).

1131 Helmrich, Bilanzrichtlinien-Gesetz, S. 126.

1132 S. hierzu bereits die Einleitung B. II. 3. c) bb).

1133 Förschle/Kofahl in: BeBiKom, § 272 Rn. 67; Orth, GmbHR 1987, 195, 198; Döllerer, BB 1986, 1857, 1859; Groh, BB 1990, 379, 381.

1134 Förschle/Kofahl, ebenda; Orth, ebenda; Döllerer, ebenda.

1135 Entspricht § 272 Abs. 2 Nr. 3; Haarmann, JbFSt 1986/87, 427, 430.

1136 Herlinghaus, Forderungsverzichte ..., S. 12.

verhältnisses fehlt bei sog. Sanierungszuschüssen, weil hier jeder fremde Dritte auch ohne gesellschaftsrechtliche Beziehungen der Gesellschaft den Vorteil zugewendet hätte, „um auf diese Weise einen ansonsten drohenden höheren Schaden abzuwenden.“[1137] Die Vermögensmehrung kann auch darin bestehen, daß der Gesellschafter an die Gesellschaft aufgrund eines schuldrechtlichen Vertrages Lieferungen für unangemessen niedriges Entgelt erbringt (Unterpreislieferung) oder für unangemessen hohes Entgelt von ihr Lieferungen oder Leistungen abnimmt.[1138] Von „anderen“ Zuzahlungen wird in der Norm in Abgrenzung zu § 272 Abs. 2 Nr. 3 HGB gesprochen. Gemeint sind also diejenigen Zuzahlungen, die nicht bereits unter Nr. 3 fallen.[1139] Bereits in der Einleitung wurde der Begriff der „Gesellschafterzuführungen“ für die Anwendungsfälle des § 272 Abs. 2 Nr. 4 HGB vorgeschlagen, um eine klare Abgrenzung zu den verdeckten Einlagen zu ermöglichen.

c) Der Wille des Gesellschafters

An dieser Stelle soll auf das eigentliche Problem des § 272 Abs. 2 Nr. 4 HGB eingegangen werden. Umstritten ist, ob ein Wille des Gesellschafters zur Leistung „in das Eigenkapital“ erforderlich ist, worauf sich dieser Wille beziehen muß und wie er sich äußern muß. Von der Beantwortung dieser Frage hängt es ab, ob alle steuerlich verdeckten Einlagen erfolgsneutral in der Kapitalrücklage nach § 272 Abs. 2 Nr. 4 HGB zu erfassen sind, oder ob sich hier eine Diskrepanz zwischen Handels- und Steuerrecht ergibt. Nachdem die Entstehung des Problems im Gesetzgebungsverfahren nachgezeichnet wurde, sollen die einzelnen Auffassungen zum Willenserfordernis dargestellt werden, und es soll anschließend dazu Stellung genommen werden.

aa) Entstehung des Problems

Das Problem geht auf die Äußerungen im Rahmen der öffentlichen Anhörung zurück, in der die Einführung eines § 272 Abs. 2 Nr. 4 HGB erstmals gefordert

---

[1137] Zitat bei Küting/Kessler, BB 1989, 25, 31. Allerdings ist nicht jeder Zuschuß, um Einfluß auf die Gewinngröße zu nehmen, ein Sanierungszuschuß, sondern es kann auch eine Zuzahlung i.S.d. § 272 Abs. 2 Nr. 4 vorliegen. Budde/Müller, BeBiKom, § 272 Rn. 218.

[1138] Döllerer, BB 1986, 1857, 1859 f. Die eigentliche Schwierigkeit besteht hier im Bewertungsansatz bei der Gesellschaft.

[1139] So Orth, ebenda; auch BT-Drucks. 10/4268, S. 107 (§ 272 HGB): Spricht davon, daß sich die Fassung der Nummer 3 als zu eng erwiesen hat. Hieraus und aus dem Vorschlag von Forster (S. Helmrich, aaO., § 272 S. 127) die Worte „gegen Gewährung eines Vorzugs für ihre Anteile“ wegfallen zu lassen, ergibt sich die unmittelbare Verbindung der beiden Nummern.

wurde. *Biener* sah in seinem Vorschlag keine weiteren Einschränkungen vor. Sehr kritisch trat diesem Vorschlag *Döllerer*[1140] entgegen, der die Gleichstellung des § 272 Abs. 2 Nr. 4 HGB mit den steuerlichen verdeckten Einlagen fürchtete und eine solche als viel zu weitgehend ablehnte. Zudem verwies er auf die mit der Kapitalrücklagenbildung einhergehende Ausschüttungbeschränkung, wobei er wohl die Norm des § 150 Abs. 3 AktG vor Augen hatte. Aufgrund dieser unterschiedlichen Ansichten entschied sich der Rechtsausschuß[1141] für einen „Kompromiß". Er nahm die Nr. 4 zwar in den Gesetzestext auf, entschied sich aber bewußt gegen eine Einbeziehung in die gesetzliche Rücklage gem. § 150 Abs. 3 AktG. Im Bericht des Rechtsausschusses wird einerseits zu der Aufnahme der Nr. 4 in § 272 Abs. 2 HGB geäußert, daß sich die Nr. 3 als zu eng erwiesen habe. Andererseits fügte der Rechtsausschuß als einzigen Anhaltspunkt[1142] für das Verständnis dieser Norm folgenden Satz ein: „Die Leistung in das Eigenkapital muß gewollt sein, so daß verdeckte Einlagen oder auch verlorene Zuschüsse nicht ohne weiteres erfaßt werden." Anknüpfungspunkt für den Streit ist das Verständnis dieses Willenserfordernisses, das sich auf den Wortlaut „in das Eigenkapital" stützen kann. Falls ein Wille fehlt, bliebe dann nur die, schon nach alter Rechtslage vorgenommene, Erfassung als außerordentlicher Ertrag in der Gewinn- und Verlustrechnung.

bb) Vertretene Auffassungen

Die Folgerungen aus den Äußerungen des Rechtsausschusses sind sehr unterschiedlich weitreichend. Am weitestgehend sind die Äußerungen des 1. Senats vom 20.8.1986: „Im Schrifttum zum Gesellschaftsrecht besteht allerdings Einigkeit darüber, daß die Einlage die Vereinbarung einer Zuwendung „offen" als Beitrag des Gesellschafters voraussetzt. Dies gilt gleichermaßen für offene Einlagen gegen Gewährung von Gesellschaftsrechten als auch für sog. Zuzahlungen, analog § 272 Abs. 2 Nr. 4 HGB (vgl. BT-Drucks. 10/4268 S. 107). Verdeckte Einlagen, d. h. solche, die sich hinter einer anderen schuldrechtlichen Vereinbarung verbergen, werden gesellschaftsrechtlich entsprechend der nach

---

1140 S. Helmrich, ebenda.

1141 BT-Drucks. 10/426 (§ 272 HGB); auch Helmrich, aaO., S. 124.

1142 Mehrfach findet sich in der Literatur der Hinweis (z.B. Döllerer, Verdeckte Gewinnausschüttungen und ..., S. 186 ff.; Castedello, aaO., S. 44), daß mit der Einführung des § 272 Abs. 2 Nr. 4 HGB ursprünglich auch steuerliche Motive zur Vereinfachung des Anrechnungsverfahrens verfolgt wurden, so daß die Gliederung des Eigenkapitals einfacher geworden wäre. Durch die Erfassung aller damals als „EK 04" bezeichneten Fälle in § 272 Abs. 2 Nr. 4 HGB, wäre auf der steuerlichen Ebene ihre Ermittlung nicht mehr erforderlich gewesen. Von diesem Motiv hat sich das Bundesministerium der Finanzen aber nachher wieder verabschiedet, so daß allein hieraus noch keine Annäherung zwischen Handels- und Steuerbilanz geschlossen werden kann.

außen hin in Erscheinung tretenden schuldrechtlichen Vereinbarung als von der Gesellschaft erzielte Erträge behandelt."[1143] Nach dieser Formulierung sind insgesamt alle „Zuzahlungen", die sich aus schuldrechtlichen Verträgen zu Lasten des Gesellschafters ergeben, aus dem Anwendungsbereich des § 272 Abs. 2 Nr. 4 HGB ausgeschlossen. Dagegen bezieht die ganz h.M.[1144] diese „Zuzahlungen" grundsätzlich in den Anwendungsbereich des § 272 Abs. 2 Nr. 4 HGB ein, und sieht entgegen der eben dargestellten Ansicht des 1. Senats des BFH keinen Widerspruch zwischen dem Bestehen einer „verdeckten Einlage"[1145] und einer Zuzahlung i.S.d. § 272 Abs. 2 Nr. 4 HGB. Sie macht die Einstellung in die Kapitalrücklage in Anknüpfung an die Formulierung des Rechtsausschusses von dem Willen des Gesellschafters abhängig. Umstritten ist allerdings, wie dieser Wille hervortreten muß und worauf sich der Wille beziehen muß.

Nach einer anderen Auffassung kommt es darauf an, daß die Beteiligten die Vereinbarung[1146] getroffen haben, „den der Leistung entsprechenden Betrag bis auf weiteres in der Kapitalrücklage verbleiben zu lassen." Zentral ist nach dieser Ansicht, daß der Gesellschafter diesen Willen auch kundgetan hat[1147] oder anders ausgedrückt, daß der Gesellschafter „ausdrücklich eine Zuweisung in das Eigenkapital" erklärt hat.[1148] Aus der Erwähnung des Rechtsausschusses, daß nicht „ohne weiteres" eine verdeckte Einlage in § 272 Abs. 2 Nr. 4 HGB eingestellt werden könne, könne nur geschlossen werden, daß *zusätzlich* zu den Voraussetzungen der verdeckten Einlage noch „ein Wille zur „Leistung in das Eigenkapital" hinzukommen muß."[1149] Fehlt es dagegen an einer expliziten, positiven Willensäußerung zur Bildung einer Kapitalrücklage, unabhängig davon, ob hierzu gar kein Wille erkennbar ist oder der Gesellschafter sich ausdrücklich für eine erfolgswirksame Erfassung ausgesprochen hat, so ist die Zuzahlung erfolgswirksam zu vereinnahmen.[1150]

Weniger deutlich stellt sich eine weitere Ansicht dar, die das „Wissen und Wollen des Gesellschafters" und wohl auch der Kapitalgesellschaft fordert.[1151] Als

---

1143 Vorlagebeschluß zur Nutzungseinlage BFH v. 20. 8. 1986, I R 41/82, BFHE 147, 502 = BStBl. II 1987, 65, 70.

1144 Deutlich z.B. Schulze zur Wiesche, GmbHR 1987, 31, 36; Biener bei: Haarmann, JbFSt 1986/87, 427, 432: Entscheidend ist Vereinbarung, „auch wenn dies in verdeckter Form geschieht."

1145 Begriffsverwendung entsprechend dem Zitat des BFH v. 20. 8. 1986, I R 41/82, ebenda.

1146 Förschle/Kofahl in: BeBiKom, § 272 Rn. 67.; Scheldbauer, DB 1990, 997, 999 m.w.Nachw. Fn. 26; Biener bei: Haarmann, JbFSt 1986/87, 427, 432.

1147 Budde/Müller in: BeBiKom, § 272 Rn. 206.

1148 HFA 2/1996, 329, 336.

1149 Küting/Kessler, BB 1989, 25, 30.

1150 Küting/Kessler, BB 1989, 25, 30.

1151 Döllerer, BB 1986, 1857, 1862; Schulze zur Wiesche, GmbHR 1987, 31, 36.

Grund wird hier genannt, daß das Willenserfordernis auch eine Andeutung im Wortlaut gefunden hätte und auch die Nr. 1-3 des § 272 Abs. 2 HGB einen Willen erforderten.[1152]

Das *WP-Handuch*[1153] fordert zwar, daß der Gesellschafter seinen auf die Erhöhung des Eigenkapitals zielenden Willen erkennbar macht, so daß es sich empfiehlt, „daß der leistende Gesellschafter seine diesbezüglichen Absichten eindeutig gegenüber der Gesellschaft zum Ausdruck bringt. In Zweifelsfällen sollte aber dem Ausweis unter Nr. 4 der Vorzug gegeben werden." Auch *A/D/S*[1154] gehen in diese Richtung, wenn sie für die Feststellung des Willens die Auslegung genügen lassen.

Teilweise wird der Begründung des Rechtsausschusses auch gar keine Bedeutung beigemessen. So meint *Matschke*,[1155] daß der Wortlaut „durch die abschwächend gemeinten Formulierungen" des Rechtsausschusses „nicht wirklich eingeschränkt" sei. In dieselbe Richtung geht die Ansicht von *Schneeloch*.[1156] Er verzichtete zwar nicht auf das Willenserfordernis, meint aber entgegen der Begründung des Rechtsausschusses,[1157] daß verdeckte Vermögenszuwendungen „von den gesetzlichen Vertretern der begünstigenden und der begünstigten Gesellschaft" i.d.R. gewollt seien, so daß die Ausführungen des Rechtsausschusses in sich widersprüchlich seien. Gemeint ist damit wohl, daß bei jeder verdeckten Einlage von einem Willen auszugehen sei und damit jede verdeckte Einlage in die Kapitalrücklage einzustellen sei, so daß das Willenserfordernis keine Einschränkung bewirke. Zudem kritisiert er, daß nicht klar sei, was mit „nicht ohne weiteres"[1158] gemeint sei.

Castedello[1159] unterteilt dagegen den Willen, nämlich in den Willen der Gesellschaft, ohne Gegenleistung aufgrund des Gesellschaftsverhältnisses einen Vermögensvorteil zuzuführen, und den Willen zur bilanziellen Behandlung auf der Passivseite. Während ein Wille bezüglich der bilanziellen Erfassung eines Geschäftsvorfalls irrelevant sei, müsse ein Wille zur Zuführung eines Vermögensvorteils vorliegen. Liegt er vor, so ergebe sich eine zwingende Erfassung in § 272 Abs. 2 Nr. 4 HGB: Mit letzterem Erfordernis will Castedello primär die-

1152 Döllerer, BB 1986, 1857, 1862.
1153 WP-Handbuch 1985/86 II, S. 173. (Spätere Auflagen äußern sich dazu nicht oder nicht so klar.)
1154 A/D/S, § 272 Rn. 137.
1155 Matschke in: Bonner Hdb. d. Rechnungslegung, § 272 HGB Rn. 30. Zustimmend Marx, FR 1995, 453, 459.
1156 Schneeloch, BB 1987, 481, 486.
1157 BT-Drucks 10/4268, S. 106 f.; auch Helmrich, Bilanzrichtlinien-Gesetz, S. 124.
1158 Dazu s.o. Wortlaut der Äußerung des Rechtsausschusses.
1159 Castedello, Freiwillige Einlagen, S. 84 ff.

jenigen Vermögenswertzuführungen ausschließen, die auf einem unbeabsichtigten schlechten Geschäft beruhen. Allerdings schließt er aus dem Anwendungsbereich des § 272 Abs. 2 Nr. 4 HGB von vornherein diejenigen Vermögenswertzuführungen aus, die zum Zweck von Ausschüttungen zugeführt werden, denn bei ihnen fehle das für eine handelsrechtliche Einlage erforderliche Merkmal der Möglichkeit der Wertsteigerung der Beteiligung.[1160]

d) Stellungnahme

Die dargestellten Ansichten sollen kritisch hinterfragt werden. Dabei wird insbesondere eine Auslegung nach dem Wortlaut, der Systematik und dem Sinn und Zweck vorgenommen.

aa) Kein Bilanzgestaltungswille

Die sich aus der Erläuterung des Rechtsausschusses ergebenden Probleme müssen in drei Teile eingeteilt werden. Zunächst stellt sich die Frage, ob überhaupt ein Wille zur zumindest teilweise gegenleistungsfreien Vermögenswertzuführung vorhanden sein muß. Als Folgefrage ergibt sich, wie sich dieser Wille äußern muß. Schließlich ist fraglich, ob es darüber hinaus auch eines Willens zur erfolgsneutralen Erfassung bedarf.

aaa) Der Wille zur Zuführung

Nach dem *Wortlaut* des § 272 Abs. 2 Nr. 4 HGB geht es um Zuzahlungen, die Gesellschafter *in das Eigenkapital* leisten. Nach den Äußerungen des Rechtsausschusses muß die „Leistung in das Eigenkapital gewollt sein".[1161] *Döllerer*[1162] bejaht ein Willenserfordernis auch bei § 272 Abs. 2 Nr. 4 HGB, da auch in den Nr. 1-3 des § 272 Abs. 2 HGB ein Wille erforderlich sei. Dem ist insoweit zuzustimmen, als auch dort der Gesellschafter bewußt und gewollt eine Leistung erbringt, die nicht zur Entstehung weiteren Stammkapitals führt. Dagegen muß sich der Gesellschafter in den Nummern 1-3 jedenfalls keine Gedanken darüber machen, ob seine Leistung als Gewinn oder Kapital in der Bilanz behandelt wird. Eine entsprechende Äußerung wäre in den § 272 Abs. 2 Nr. 1-3 HGB auch völlig irrelevant. Daher kann dieses Argument jedenfalls nicht für den Willen zur erfolgswirksamen Erfassung geltend gemacht werden. Daraus ergibt sich,

---

[1160] Castedello, Freiwillige Einlagen, S. 95.
[1161] S. dazu bereits oben Fn. 1204.
[1162] BB 1986, 1857, 1862.

daß der Gesellschafter gewollt eine zumindest teilweise gegenleistungsfreie Vermögenswertzuführung vornehmen muß.

bbb) Äußerung des Willens

Damit kommt es auf die Folgefrage an, wie sich dieser Willen äußern muß. Zunächst muß hier die objektive Ausgangslage dargestellt werden: Der Gesellschafter liefert z.B. zu günstig oder kostenfrei an die Gesellschaft. Würde man einen objektiven Maßstab – wie bei der Ermittlung verdeckter Einlagen im Steuerrecht – anlegen, dann wäre entscheidend, ob auch ein Nichtgesellschafter bei Anwendung der Sorgfalt eines ordentlichen Kaufmanns der Kapitalgesellschaft diesen Vermögensvorteil gewährt hätte. Bei genauer Betrachtung handelt es sich hierbei nicht um eine losgelöste Objektivierung, sondern der Wille zur Zuschußleistung wird nur anhand eines Vergleichs festgestellt. Es wird also letztlich nicht auf das Willenserfordernis verzichtet, sondern man schließt auf den Willen nur anhand objektiver Kriterien. Dem liegt der Gedanke zugrunde, daß der Gesellschafter, bevor er der Gesellschaft z.B. einen Vermögensgegenstand verkauft, sich darüber Gedanken macht, ob der von ihm gefundene Preis marktangemessen ist. Diese Unterstellung aber kann bei allen am Wirtschaftsverkehr Beteiligten ohne weiteres gemacht werden. Es ist praktisch kaum vorstellbar, daß ein Gesellschafter *aus Versehen* ein Geschäft „zu seinen Lasten“[1163] abschließt.[1164] Von besonderen Ausnahmefällen abgesehen, kann also der richtigerweise geforderte Willen zur Zuschußleistung aus den objektiven Umständen, nämlich der fehlenden Äquivalenz zwischen Leistung und Gegenleistung, geschlossen werden. Dabei ist allerdings zu berücksichtigen, daß es eine Spannbreite von noch ausgeglichenen Leistungsverhältnissen geben kann, ohne daß es sich gleich um eine Gesellschafterzuführung handeln muß.

Einer besonderen Äußerung des Gesellschafters dahingehend, daß er der Gesellschaft etwas zukommen lassen möchte, bedarf es dagegen nicht. Wenn der BFH

[1163] Die Lasten sind natürlich so zu verstehen, daß der Vorteil eben nur deswegen gewährt wird, weil der Leistende Gesellschafter der Leistungsempfängerin ist.

[1164] Haarmann, JbFSt 1986/87, 427, 430 untersucht auch den Fall des Irrtums. Dafür nimmt er eine bilanzielle Nichterfassung der erlangten Vorteils wie bei einem besonders vorteilhaften Geschäft an. Praktisch besonders relevant dürfte dieser Fall nicht sein, denn er setzt voraus, daß die Gesellschaft ihren eigenen Gesellschafter übervorteilt oder aber, daß sich sowohl Gesellschaft als auch Gesellschafter hier irren. Keinesfalls ist Haarmann so zu verstehen, daß im Zweifelsfall ein Irrtum zu unterstellen ist, vielmehr muß ein Irrtum unzweifelhaft gegeben gewesen sein, so daß wohl die Beweislast beim Gesellschafter liegen wird. Unter diesen strengen Einschränkungen kann meines Erachtens der Ansicht von Haarmann zugestimmt werden.

in seiner Entscheidung v. 20.8.1986[1165] meint, solche Zuführungen, „die sich hinter einer anderen schuldrechtlichen Vereinbarung verbergen“, könnten nicht in die Kapitalrücklage nach § 272 Abs. 2 Nr. 4 HGB eingestellt werden, verkürzt diese Entscheidung den Anwendungsbereich der Norm zur Bedeutungslosigkeit.

ccc) Bilanzgestaltungswille

Als Folgefrage ist zu klären, ob es einer besonderen *Willensäußerung* des *Gesellschafters zur erfolgsneutralen Behandlung* bedarf. Wäre dem so, käme dies für die möglichen Anwendungsfälle des § 272 Abs. 2 Nr. 4 HGB einem faktischen Bilanzierungswahlrecht gleich.

Für ein besonderes Willenserfordernis spricht im *Wortlaut* die Erwähnung des Wortes „Eigenkapital“, während ein in den § 272 Abs. 2 Nr. 1-3 HGB eine solche Erwähnung fehlt. Für eine Bedeutung des Willens spricht nicht das Tatbestandsmerkmal „Eigenkapital“ an sich, sondern nur der Umstand, daß es hätte weggelassen werden können, wenn ihm nicht eine einschränkende Bedeutung zukommen sollte.[1166] Diese Formulierungslogik unterstellt allerdings, daß der Gesetzgeber nie überflüssige Zusätze macht, was sicherlich zu weit ginge. Jedoch spricht der Wortlaut gleichzeitig auch gegen ein solches faktisches Wahlrecht. Obwohl die Vorschrift des § 272 Abs. 2 Nr. 4 HGB als zwingende Vorschrift formuliert ist[1167] und für den Bereich der Nr. 1-3 zwingend nach allgemeiner Auffassung angewendet wird, würde hier ein „Bilanzgestaltungswille“ des Gesellschafters über die erfolgswirksame oder die erfolgsneutrale Erfassung entscheiden. Die Beantwortung dieser Frage kann aber nicht auf den beide Auffassungen zulassenden Wortlaut gestützt werden.

Ein eindeutiges Ergebnis ergibt sich auch nicht aus der *Äußerung des Rechtsausschusses*: „Die „Leistung in das Eigenkapital muß gewollt sein, so daß verdeckte Einlagen ... nicht ohne weiteres erfaßt werden.“ Sowohl der Wortlaut als auch ausdrücklich die Äußerung des Rechtsausschusses lassen eine Interpretation unter Einbeziehung der verdeckten Einlagen zu, denn die „verdeckten Zuwendungen werden in der Regel nämlich nicht ungewollt vorgenommen, sondern im Gegenteil gewollt, und zwar gewollt von den gesetzlichen Vertretern

---

1165 BFH v. 20. 8. 1986, I R 41/82, BFHE 147, 502 = BStBl. II 1987, 65, 70.

1166 Ähnlich Orth, GmbHR 1987, 195, 199. Hommel, Bilanzierung immaterieller Anlagewerte, S. 311 meint schon, daß das Willenserfordernis im Wortlaut der Norm keine Andeutung gefunden hätte.

1167 § 272 Abs. 2: „Als Kapitalrücklage *sind* ausweisen ...“ (Hervorhebung durch den Verfasser.) Dazu noch unten in diesem Gliederungspunkt.

der begünstigenden und der begünstigten Gesellschaft. Die Argumentation des Rechtsausschusses ist damit in sich widersprüchlich."[1168] Eine widersprüchliche Argumentation kann dann aber nicht den Ausschlag in dieser Frage geben, zumal auch unklar ist, was für ein Ziel mit der Äußerung eigentlich verfolgt wurde. Damit sind sowohl der Wortlaut als auch die Äußerungen des Rechtsausschusses ungeeignet, Aufschluß über das Verständnis des § 272 Abs. 2 Nr. 4 HGB zu geben.

Als systematisches Argument im Rahmen des § 272 Abs. 2 HGB läßt sich gegen ein besonderes Willenserfordernis der Vergleich mit § 272 Abs. 2 Nr. 1 HGB anführen. Wirtschaftlich gesehen handelt es sich beim Agio um dasselbe wie um eine sonstige Zuführung, dann kann aber nicht einmal eine erfolgsneutrale Erfassung geboten sein und das andere Mal eine erfolgswirksame.[1169]

Damit muß auf *systematische* Argumente sowie den *Sinn und Zweck* der Vorschrift im bilanziellen Gesamtkontext abgestellt werden. Hier liegt auch gleichzeitig der Hauptkritikpunkt an der Auseinandersetzung der oben dargestellten Auffassungen. Sie ermitteln zwar alle denkbaren Normverständnisse sowie Verständnismöglichkeiten der Äußerungen des Rechtsausschusses, lassen dabei aber den gesetzlichen Gesamtkontext und den Umstand außer acht, daß die Nr. 4 des § 272 Abs. 2 HGB ohne nennenswerte Diskussion in den Gesetzestext aufgenommen wurde, obwohl die sich aus dem von der h.M. vertretenen Wahlrecht ergebende Tragweite der Norm dies angezeigt hätte.

Sowohl die aktiven (z.B. § 255 Abs. 4 S. 1 HGB) als auch die passiven Ansatzwahlrechte (z.B. § 249 Abs. 2 HGB) sind im HGB dünn gesät.[1170] Die *Wahlrechte* zeichnen sich dadurch aus, daß sie gesetzlich geregelt sind und sich aus dem Gesetzeswortlaut eindeutig der Wahlrechtscharakter ergibt. So ist die Rede von „darf, dürfen oder brauchen".[1171] Dagegen hat das Handelsrecht grundsätzlich verpflichtende Natur. Dieses spiegelt sich auch im Wortlaut der jeweiligen

---

1168 Schneeloch, BB 1987, 486. Ebenfalls nach dem Wortlaut die Einbeziehung aller verdeckter Einlagen für möglich haltend Herlinghaus, Forderungsverzichte, S. 12.

1169 Hommel, Bilanzierung immaterieller Anlagewerte, S. 310.

1170 Eine Übersicht befindet sich bei Budde/Karig in: BeBiKom, § 246 Rn. 65 sowie in der folgenden Fußnote. Einzig das dort aufgezählte Ansatzwahlrecht für Einlagen besteht nicht, so daß dieses in der folgenden Fußnote wegzulassen war.

1171 Alle Folgenden Vorschriften aus dem HGB: §§ 247 Abs. 3 S. 1, 273: „Passivposten ... *dürfen* in der Bilanz gebildet werden." § 249 Abs. 1 S. 3, Abs. 2: „Rückstellungen *dürfen* ..." § 250 Abs. 1 S. 2: „Ferner *dürfen* ausgewiesen werden ..." § 250 Abs. 3 S. 1: „..., ferner *darf* ..." § 255 Abs. 4: „Als Geschäfts- oder Firmenwert *darf* ..." § 269: „Die Aufwendungen für die Ingangsetzung des Geschäftsbetriebs ... *dürfen* ..." § 274 Abs. 2 S. 1 „..., so *darf* ..." Art. 28 Abs. 1 EGHGB: „... *braucht* nicht gebildet zu werden, ...". (Hervorhebungen vom Verfasser.)

Vorschriften wieder. Auch § 272 Abs. 2 HGB spricht davon, daß die in den Nummern 1-4 aufgezählten Tatbestände als Kapitalrücklage auszuweisen *sind.* Für ein Wahlrecht gibt es von daher keinen Anhaltspunkt. Die Beschränkung von Wahlrechten im Handelsbilanzrecht insgesamt findet ihren Grund in der mit der Bilanz angestrebten Vergleichbarkeit, sowohl intern mit vorherigen Perioden des Unternehmens als auch extern mit Mitbewerbern. Jedes zusätzliche Wahlrecht gefährdet das Ziel der Bilanz, eine möglichst gute Information der Adressaten zu generieren. Bei dem Streit um das angebliche Wahlrecht in § 272 Abs. 2 Nr. 4 HGB geht es nicht darum, *ob* ein Geschäftsvorfall überhaupt bilanziell zu erfassen ist, sondern um die Frage, *wie* er zu erfassen ist. Hier soll sich ein Gesellschafter – also ein Außenstehender und nicht etwa die bilanzierende Gesellschaft selber – aussuchen können, ob ein und derselbe Geschäftsvorgang Gewinn oder Kapital sein soll. Ein solches Wahlrecht war dem Handelsbilanzrecht bis zur Einführung des § 272 Abs. 2 Nr. 4 HGB vollständig unbekannt. Könnte der Gesellschafter tatsächlich i.R.d. § 272 Abs. 2 Nr. 4 HGB frei über den Ausweis als Gewinn oder Kapital entscheiden, so hätte er es in der Hand, beliebig das Jahresergebnis zu steuern, das als einer der wesentlichen Anknüpfungspunkte bei der Beurteilung eines Unternehmens dient. Zudem muß überlegt werden, ob es irgendwelche schützenswerten Gründe gibt, dem Gesellschafter dieses Recht einzuräumen. Der Gesellschafter kann einen Beschluß der Gesellschafterversammlung bzw. Hauptversammlung anregen, die zugeführten Vermögenswerte sofort wieder an die Gesellschafter auszuschütten.[1172] Das einzige Interesse an der sofortigen Behandlung als außerordentlicher Ertrag kann also nur darin bestehen, die Herkunft der Erträge zu verschleiern. Ein solches Interesse bedarf aber keines Schutzes und lag auch zu keinem Zeitpunkt im Interesse des Gesetzgebers. Im Gegenteil sollte die neue Vorschrift gerade in diesem Bereich Klarheit über den externen Einfluß durch Offenlegung der Zuführung durch einen Gesellschafter schaffen. Zudem muß überlegt werden, wie sich ein solches Wahlrecht in die vom Gesetzgeber angestrebte Trennung von Gewinn und Kapital einfügt.

Aus der Systematik des Verhältnisses der einzelnen Nummern des § 272 Abs. 2 HGB zueinander, insbesondere Nr. 3 zu Nr. 4, ergibt sich nichts für ein restriktives Verständnis der Vorschrift.[1173] Mehr Aufschluß für das Normverständnis gibt da das Verhältnis zu § 272 Abs. 3 HGB, der die Voraussetzungen für die

---

1172 Dazu ausführlich D. II. 3. d) cc). Diese Vorgehensweise scheint auf den ersten Blick wirtschaftlich sinnlos. Jedoch ist zu bedenken, daß für den Fall, daß es sich nicht um eine Ein-Mann-Gesellschaft handelt, grundsätzlich die Ausschüttung allen Gesellschaftern nach ihrer Beteiligungsquote zugute kommt. So war es auch im Beispielsfall (D. II. 2.). Das Interesse der Deutschen Bank bestand darin, nicht Streit mit den Minderheitsaktionären zu bekommen und die geplante Fusion mit der Frankfurter Hyp zu gefährden.

1173 Herlinghaus, Forderungsverzichte ..., S. 13.

Transparenz. Erfolgsbeiträge, die von außen kommen, dürfen nicht in das Jahresergebnis einfließen.[1185] Diese Vorschrift erreicht nur dann die erstrebte Transparenz, wenn die streng und konsequent gezogene Trennlinie zwischen Gewinn und Kapital nicht dadurch durchbrochen werden kann, daß ein von außen kommender Erfolgsbeitrag als Gewinn dargestellt wird. Bei aller Mühe, die der Gesetzgeber aufgewendet hat, wäre es einigermaßen überraschend, wenn durch ein Wahlrecht die durch die Vorschriften der §§ 272 Abs. 2, 275 Abs. 4 HGB verfolgte Trennung ohne große Hindernisse jederzeit unterlaufen werden könnte. Damit spricht auch die Verbotsnorm des § 275 Abs. 4 HGB eindeutig gegen das von der h.M. propagierte Wahlrecht.

Zudem wird es wohl viele Gesellschafter auch auf direkte Nachfrage im Zuführungszeitpunkt überfordern, eine Antwort auf die Frage zu geben, ob sie eine erfolgsneutrale oder erfolgswirksame Erfassung der Zuführung wollen. Dieser Umstand zeigt aber, daß es auf einen solchen Willen nicht ankommen kann. Damit ist ein Bilanzgestaltungswille abzulehnen.

bb) Offenlegungspflicht

Nachdem soeben die Bedeutung der Informationsfunktion angesprochen wurde, stellt sich die Frage, zu welchen Informationen die externen Bilanzadressaten überhaupt Zugang haben und ob das hier befürwortete Ergebnis auch im Rahmen der Offenlegung positive Wirkungen entfaltet. Dies richtet sich zum einen nach den Pflichten zur Aufstellung einer Bilanz und zum anderen nach den Offenlegungspflichten. Was in der Bilanz anzugeben ist, ergibt sich aus dem Gliederungsschema gem. §§ 266 Abs. 2, 3 HGB. Dabei sind die Erleichterungen für kleine Kapitalgesellschaften (§ 267 Abs. 1 HGB) zu beachten. Nach § 266 Abs. 1 S. 3 HGB sind nur die mit Buchstaben und römischen Zahlen bezeichneten Posten gesondert anzugeben. Damit ist die unter Passivseite A. II. aufgeführte „Kapitalrücklage" also stets durch alle Gesellschaften anzugeben. Welche Unterlagen die Kapitalgesellschaften bzw. ihre gesetzlichen Vertreter zum Handelsregister einzureichen haben, ergibt sich aus §§ 325 ff. HGB. Während grundsätzlich der Jahresabschluß gem. § 264 Abs. 1 S. 1 HGB bestehend aus Bilanz, Gewinn- und Verlustrechnung und Anhang offenzulegen ist, gilt für kleine Kapitalgesellschaften auch hier eine Erleichterung. Sie müssen gem. § 326 HGB nur Bilanz und Anhang einreichen, während der Anhang keine Angaben zur Gewinn- und Verlustrechnung enthalten muß. Die Entscheidung, welche Unterlagen offenlegungspflichtig sind, kann auch für die Behandlung der Kapitalrücklage nach § 272 Abs. 2 Nr. 4 HGB fruchtbar gemacht werden. Wäh-

1185 Ähnlich Döllerer, Verdeckte Gewinnausschüttungen ..., S. 184.

rend alle Gesellschaften eine Angabe zu den Kapitalrücklagen machen müssen und wegen § 265 Abs. 2 HGB auch die jeweilige Angabe zu dem Vorjahresbetrag in der Bilanz angeben müssen, würden jegliche Angaben bzgl. des außerordentlichen Ertrags bei kleinen Kapitalgesellschaften überhaupt nicht offengelegt. Ein konkreter Vorteil der Untersagung der Behandlung von Zuwendungen des Gesellschafters als außerordentlicher Ertrag läge damit auch im Bereich der Offenlegung. Die Gesellschaften wären nicht in der Lage, durch Zuführungen das Jahresergebnis zu beeinflussen und dadurch mögliche Bilanzadressaten, die gem. § 9 Abs. 1 HGB Einsicht in die Bilanz nehmen,[1186] über die tatsächliche Ertragslage im Unklaren zu lassen. Zwar wird bei einer GmbH, anders als bei der AG gem. §§ 152 Abs. 2, 158 Abs. 1 S. 1 Nr. 2 AktG, der Anhang keinen Aufschluß über die Einstellungen und Entnahmen aus der Kapitalrücklage enthalten. Jedoch ergibt sich aus der Bilanz, oder im Falle der teilweisen oder vollständigen Verwendung des Jahresergebnisses gem. § 268 Abs. 1 HGB, aus dem Anhang, daß Jahreserfolg und Bilanzgewinn auseinanderfallen. Falls zudem eine Veränderung in der Höhe der Kapitalrücklage festgestellt wird, kann schon aufgrund der für alle Kapitalgesellschaften offenlegungspflichtigen Tatsachen festgestellt werden, daß der Bilanzgewinn aus der Kapitalrücklage gespeist wurde.[1187] Gerade weil es so wenige Anhaltspunkte für eine Beeinflussung des Gewinns für die externen Bilanzadressaten gibt, ist es unverzichtbar, ihnen diese letzte Ermittlungsgrundlage zu sichern. Dies ist nur möglich, wenn das Jahresergebnis unbeeinflußt bleibt.

cc) Anwendung auch bei sofortiger Ausschüttungsabsicht bzw. Deckung eines Verlustes

Das bisher gewonnene Ergebnis eines Pflichtausweises der verdeckten Einlagen in der Handelsbilanz kann nur dann überzeugen, wenn die dadurch gewonnene Transparenz nicht durch die u.U. sofortige Verwendung der Kapitalrücklage wieder verloren geht. Zudem darf die sofortige Erfassung als außerordentlicher Ertrag auch nicht sachgerechter bzw. genauso gut sein, denn dann würde die Er-

---

[1186] Anders als in § 34 FGG ist für die Einsichtnahme kein berechtigtes Interesse für die Einsichtnahme erforderlich. Hopt, HGB, § 9 Rn. 1.

[1187] Dagegen ist eine Verdeckung der Entwicklung der Kapitalrücklagenhöhe nicht ausgeschlossen, wenn im Zuführungsjahr in derselben Höhe aus der Kapitalrücklage Beträge entnommen werden. Da die Bilanz stichtagsbezogen ist, läßt sich eine solche „Verschleierung“ der Zuführung nicht ausschließen. Dies ist allerdings unschädlich, weil die noch im Zuführungsjahr wieder entnommenen Rücklagen sowohl das Jahresergebnis als auch den Bilanzgewinn unberührt lassen.

fassung in der Kapitalrücklage gem. § 272 Abs. 2 Nr. 4 HGB nur einen aufwendigen Formalismus darstellen.[1188]

Wie sich bereits aus dem oben Dargestellten ergibt, ist nach der Einstellung in die Kapitalrücklage gem. § 275 Abs. 4 HGB eine Ausweisung als Jahresergebnis ausgeschlossen. Zwar besteht nach § 277 Abs. 4 HGB die Pflicht, einen außerordentlichen Ertrag im Anhang nach Betrag und Art zu erläutern, soweit er nicht nur von untergeordneter Bedeutung ist. Die durch eine Erläuterung im Anhang erzielte Transparenz ist allerdings nicht mit dem vorübergehenden Ausweis in der Kapitalrücklage und ihrer anschließenden Auflösung zu vergleichen, denn dort bleibt das Jahresergebnis unverfälscht.[1189] Zudem ist über die Vorschriften der Offenlegung nach §§ 325 Abs. 1, 326 HGB sichergestellt, daß alle Kapitalgesellschaften zumindest ein unverfälschtes Jahresergebnis offenlegen müssen, während gem. § 326 HGB zum außerordentlichen Ertrag keine Angaben gemacht werden müssen. Zwar fehlt eine dem § 152 Abs. 2 AktG[1190] entsprechende Vorschrift für die GmbH, jedoch kann der Bilanzleser diese Informationen u.U. mittels einer „Überleitungsrechnung vom Jahresüberschuß/-fehlbetrag zum Bilanzgewinn/-verlust entnehmen".[1191] Die Erfassung in der Kapitalrücklage nach § 272 Abs. 2 Nr. 4 HGB verhindert die Aufnahme in das Jahresergebnis, nur der Bilanzgewinn wird beeinträchtigt, so daß der aufmerksame Bilanzleser die Herkunft des Ausschüttungsbetrages erkennen kann. Zumindest ist deutlich, daß sich ein Unterschiedsbetrag zwischen den beiden Größen nicht aus der Tätigkeit der Gesellschaft, sondern durch äußere Einflüsse ergibt. Aufgrund dieser Vorschriften ist es nicht ohne weiteres möglich zu erkennen, daß ein Bilanzgewinn auch aus Mitteln gespeist wurde, die – wie im Fall der Deutschen Bank[1192] – von einem Gesellschafter zugeführt wurden. Damit ist eine

---

[1188] Von den hier zu behandelnden Fragen sind allerdings die sog. Sanierungszuschüsse abzugrenzen. Sanierungszuschüsse liegen dann vor, wenn der Gesellschafter – anders als bei den Zuzahlungen nach § 272 Abs. 2 Nr. 4 HGB – wie ein fremder Dritter handelt, so daß es hier zu Entstehung außerordentlicher Erträge kommt. Mit BFH v. 30. 4. 1968 ist es als „Indiz gesellschaftsrechtlichen und nicht betrieblichen Handelns" auch für das Handelsrecht zu werten, „wenn nur der Gesellschafter und nicht auch fremde Kapitalgeber wesentliche Sanierungsbeiträge leisten." Budde/Müller in: BeBiKom, § 272 Rn. 218 f.

[1189] Unklar Schulze-Osterloh, FS für Claussen, 769, 779 f. Zwar lehnt er die vorübergehende Einstellung in die Kapitalrücklage als „unnötige Förmelei" ab, andererseits meint er, der Jahresergebnis dürfe durch Zuzahlungen eines Gesellschafter nicht verändert werden. Allerdings unklar, weil er Anders Döllerer, Verdeckte Gewinnausschüttungen ..., S. 188. Obwohl Döllerer auch um die Trennung von Gewinn und Kapital bemüht ist, verneint er bei Ausschüttungsabsicht überraschender weise die Einstellung in die Kapitalrücklage nach § 272 Abs. 2 Nr. 4 HGB.

[1190] S.o.

[1191] Küting/Kessler, BB 1989, 31.

[1192] Dazu s.o. D. II. 2.

treffende Äußerung von Biener[1193] angesprochen: „Ein Schönheitsfehler besteht darin, daß in der Bilanz Auflösungen aus Kapitalrücklagen in den Bilanzgewinn einbezogen wurden. Das macht kein anderes Land.“

Im Bereich der Kapitalrücklagen nach § 272 Abs. 2 Nr. 4 HGB wurde absichtlich von der Einbeziehung in die gesetzliche Rücklage abgesehen. Die Gesellschafterzuführungen können an die Gesellschafter ausgeschüttet werden oder zur Deckung eines Verlustes verwendet werden, nachdem sie zunächst in die Kapitalrücklage eingestellt wurden. Jedoch wird auch bei Ausschüttung u.U. nur eine juristische Sekunde nach der Buchung in die Kapitalrücklagen sichergestellt, daß eine Verfälschung des Jahresergebnisses nicht stattfindet.

In Betracht zu ziehen ist schließlich die Ansicht von Castedello, der die für Ausschüttungszwecke bestimmten verdeckten Einlagen vollständig aus dem Anwendungsbereich des § 272 Abs. 2 Nr. 4 HGB herausnimmt, weil es hier an dem für Einlagen zentralen Merkmal der „Möglichkeit der Wertsteigerung der Beteiligung“ fehle und „ein zur Ausschüttung bestimmter Zuschuß gerade nicht der dauerhaften Kapitalüberlassung dienen und somit kein zusätzliches Eigenkapital darstellen“ könne.[1194] Auch die Behandlung als außerordentlichen Ertrag hält er für falsch. Er kommt zu dem Ergebnis: „Für solche Zuzahlungen kann es im gesetzlichen Bilanzschema keine adäquate Position geben, da der Zuschuß für die Gesellschaft nur den Charakter eines durchlaufenden Postens besitzt.“[1195] Deswegen schlägt er einen Ausweis i.S.v. § 265 Abs. 5 S. 2 HGB nach den Gewinnrücklagen in einer gesonderten Position „für Ausschüttungen bestimmte Zuzahlungen“ vor.[1196]

Der Vorschlag muß sich an der bestehenden Rechtslage messen lassen. Solange gesetzlich keine Bindung der Kapitalrücklage nach § 272 Abs. 2 Nr. 4 HGB vorgesehen ist, kann der dort eingestellte Betrag, entsprechend dem Willen des Gesetzgebers,[1197] jederzeit ausgeschüttet werden.[1198] Diesem Willen des Gesetzgebers kommt größeres Gewicht zu, als bei der Frage nach der Pflichteinstellung in die Rücklage nach § 272 Abs. 2 Nr. 4 HGB, weil insoweit keine widersprüchliche, sondern eine eindeutige Äußerung des Rechtsausschusses vorliegt und auf eine Änderung der Norm des § 150 Abs. 2-4 AktG gerade verzichtet wurde. Wie der § 272 Abs. 2 Nr. 4 HGB i.V.m. § 150 Abs. 2-4 AktG zeigt, sieht der Gesetzgeber gerade keinen Widerspruch zwischen der systematischen Einordnung in

---

1193 Biener, JbFSt 1986/87, 427, 432.
1194 Castedello, aaO., S. 95.
1195 Castedello, aaO., S. 98.
1196 Castedello, ebenda.
1197 S.o. D. II. 3. c) aa).
1198 Dazu auch noch unten D. II. 4. cc) bbb) (1).

die Kapitalrücklage einerseits und die fehlende Einbeziehung in die gesetzliche Rücklage andererseits. Damit fehlt es aber auch an einem Bedürfnis für einen zusätzliche Position im Gliederungsschema gem. § 265 Abs. 5 S. 2 HGB.

Damit müssen auch zur Ausschüttung bestimmte Gesellschafterzuführungen zwingend in die Kapitalrücklage nach § 272 Abs. 2 Nr. 4 HGB eingestellt werden,[1199] da nur so der Informationswert der Größe „Jahresergebnis" sicherstellt werden kann.

dd) Mögliche Sanktionen zur Durchsetzung der hier vertretenen Ansicht

Die Pflicht zum Ausweis der verdeckten Einlagen in der Kapitalrücklage muß sich an den Rechtsfolgen messen lassen, die seine Verletzung hervorruft.[1200] Mit den Worten von *Lutter*[1201] ausgedrückt: „ Denn das Recht, wird es sanktionslos verletzt, bleibt in seiner Autorität und Würde geschmälert zurück." Kommt es zu einem Verstoß gegen § 272 Abs. 2 HGB, so ist der Jahresabschluß gem. § 256 Abs. 1 Nr. 4 AktG, der analog auch auf die GmbH anzuwenden ist, nichtig.[1202] Zudem besteht nach § 334 Abs. 1 Nr. 1 c) HGB die Möglichkeit, eine Geldbuße zu verhängen. Durch diese möglichen Rechtsfolgen besteht eine wirksame Handhabe gegen Verstöße gegen die oben dargestellte Einstellungspflicht in die Kapitalrücklage.

ee) Zwischenergebnis

Als Ergebnis ist also festzuhalten, daß ein Wille zu einer zumindest teilweise gegenleistungsfreien Vermögenswertzuführung erforderlich ist. Dieser ist aber schon aus dem Umstand abzuleiten, daß das Geschäft einem Fremdvergleich mit einem Geschäft eines Nichtgesellschafters nicht standhält. Dagegen ist ein „Bilanzgestaltungswille" dem Handelsbilanzrecht unbekannt und im Interesse der im Rahmen dieser Arbeit betonten Informationsfunktion der Bilanz abzulehnen. Ein Grund, warum es dem Gesellschafter möglich sein soll, das Jahresergebnis durch Gesellschafterzuführungen zu beeinflussen, existiert nicht. Nur mit dem hier zugrunde gelegten Verständnis kann die vom Gesetzgeber konsequent verfolgte Trennung von Gewinn und Kapital aufrechterhalten werden. Die Offenlegungsvorschriften sichern, daß ein unverfälschtes Ergebnis auch allen Bilanzad-

---

[1199] Im Ergebnis ebenso Marx, FR 1995, 453, 458 f.

[1200] Budde/Karig, BeBiKom, § 264 Rn.56.

[1201] Lutter, ZGR 1978, 372.

[1202] Herlinghaus, Forderungsverzichte, S. 10; Döllerer, Verdeckte Gewinnausschüttungen ..., S. 189.

ressaten zugänglich ist, die mittels einer Überleitungsrechnung vom Jahresergebnis die Bildung eines abweichenden Bilanzergebnisses ableiten können. Damit sind alle verdeckten Einlagen zwingend in die Kapitalrücklage einzustellen.[1203] Es ist festzuhalten, daß der hier eingeführte Begriff der Gesellschafterzuführung dem der verdeckten Einlage entspricht.

4. Wertansatz bei der Gesellschaft

Tätigt ein Gesellschafter eine Sacheinlage, entweder in Form der gesellschaftsrechtlichen oder der verdeckten Einlage, so stellt sich die Frage, mit welchem Wert die Gesellschaft diesen Vermögensgegenstand anzusetzen hat. Ob und in welcher Höhe bei den verdeckten Einlagen eine erfolgsneutrale Erfassung durch die Einstellung in die Kapitalrücklage nach § 272 Abs. 2 Nr. 4 HGB vorgenommen wird, hängt vor allem von der Höhe des aktiven Wertansatzes ab. Der aktive Wertansatz determiniert also, inwieweit überhaupt eine erfolgsneutrale Erfassung in Frage kommt. Betrachtet werden soll sowohl die steuerliche Bewertung, als Impulsgeber für den handelsrechtlichen Wertansatz, als auch die handelsrechtliche Bewertung der gesellschaftsrechtlichen und der verdeckten Einlagen.

a) Steuerrecht

Während im Zusammenhang mit dem tauschähnlichen Geschäft und der damit verbundenen Gewinnrealisierung sowohl bei gesellschaftsrechtlichen (offenen) wie auch bei verdeckten Einlagen klargestellt wurde, daß für das Steuerrecht der von den Beteiligten gewählte Wertansatz irrelevant ist, bestand vor Einführung des Steuerentlastungsgesetzes 1999/2000/2002[1204] Uneinigkeit, ob die empfangenen Wirtschaftsgüter bei der verdeckten Einlage mit dem Teilwert oder dem gemeinen Wert anzusetzen sind. Diese Frage wurde in den bisherigen Ausführungen noch offengelassen und ist hier zu entscheiden. Dabei ist allerdings darauf hinzuweisen, daß es hier um die allgemeinen Bewertungsgrundsätze gehen soll und die Besonderheiten (noch) ausgeklammert werden sollen, die sich aus den Entscheidungen des Großen Senats des BFH zur Nutzungseinlage[1205] sowie

---

[1203] Ebenso Quantschnigg, DStJg 14, 47, 62.

[1204] BGBl. I 1999, 402.

[1205] BFH v. 26. 10. 1987, GrS 2/86, BFHE 151, 523 = BStBl. II 1988, 348, 353: „Bei ihrer Bewertung ist jedoch dem Zweck der Einlagenregelung Rechnung zu tragen.“

zum Forderungsverzicht durch einen Gesellschafter bei einer nicht mehr voll werthaltigen Forderung[1206] ergeben.

Eine Unterscheidung im Bewertungsansatz zwischen offenen und verdeckten Einlagen[1207] wurde bisher ebensowenig vorgenommen wie eine Differenzierung zwischen Teilwert[1208] und gemeinem Wert[1209]. Bezüglich letzterer Frage wurde vielmehr unterstellt, sie wären identisch. Während der gemeine Wert dem Verkehrswert entspricht, also eine objektive Bewertung nach Marktbedingungen vorgenommen wird, stellt der Teilwert auf denjenigen Wert ab, den ein Unternehmenserwerber im Rahmen eines Gesamtkaufpreises für diesen konkreten Gegenstand ansetzen würde, es handelt sich also um einen subjektiven, auf das Unternehmen bezogenen Wert. Deswegen kann auch die Frage, ob sich Teilwert und gemeiner Wert entsprechen, nur danach entschieden werden, wie die wirtschaftliche Lage des Gesamtunternehmens ist. Liegt der Ertragswert des Unternehmens unter dem Substanzwert, ist also ein negativer Geschäftswert vorhanden, dann liegt der Teilwert unter dem gemeinen Wert. Die schlechte Lage des Gesamtunternehmens schlägt sozusagen auf die Bewertung des Einzelgutes durch. Allerdings handelt es sich hier um einen sehr theoretischen Fall, denn läßt sich durch Einzelveräußerung der im Unternehmen vorhandenen Wirtschaftsgüter ein höherer Wert erzielen, dann wird das Unternehmen im Veräußerungsfall nicht fortgeführt. Für den Ansatz der verdeckten Einlage zum Teilwert traten Literatur[1210] und Rechtsprechung[1211] ein mit dem Hinweis auf die Geltung des § 6 Abs. 1 Nr. 5 EStG auch für Kapitalgesellschaften aufgrund der Globalverweisung in § 8 Abs. 1 KStG. Dagegen sollen die Ausnahmevorschriften des § 6 Abs. 1 Nr. 5 Buchst. a, b EStG, die auf das Verhältnis des Privatvermögens na-

---

1206 BFH v. 9. 6. 1997, 1 GrS 1/94, BFHE 183, 187 = BStBl. II 1998, 307 = GmbHR 1997, 851.

1207 Ebenso Castedello, Freiwillige Einlagen, S. 146.

1208 Legaldefinition § 6 Abs. 1 Nr. 1 S. 3 EStG sowie § 10 S. 2 BewG: „Teilwert ist der Betrag, den ein Erwerber des gesamten Unternehmens im Rahmen des Gesamtkaufpreises für das einzelne Wirtschaftsgut ansetzen würde."

1209 Legaldefinition in § 9 Abs. 2 BewG: „Der gemeine Wert wird durch den Preis bestimmt, der im gewöhnlichen Geschäftsverkehr nach der Beschaffenheit des Wirtschaftsgutes bei einer Veräußerung zu erzielen wäre."

1210 Förschle/Kofahl in: BeBiKom, § 247 Rn. 199; Schulze zur Wiesche, GmbHR 1988, 31, 34, 36; ähnlich auch Groh, BB 1982, 133, 135; ders., DB 1988, 514, 522; ders., FR 1990, 529, 530; Schuhmann, StBP 1998, 34, 38; Döllerer, Verdeckte Gewinnausschüttungen ..., S. 207 ff. Die Ausnahmen des § 6 Abs. 1 Nr. 5a, b EStG wären dagegen auf das Verhältnis von Betriebs- und Privatvermögen einer natürlichen Person, eines Steuerpflichtigen, beschränkt. Unentschlossen Parczyk, BB 1998, 924, 926.

1211 BFH v. 9. 6. 1997, GrS 1/94, BFHE 183, 187 = BStBl. II 1998, 307 unter C. I. 3.; v. 26. 10. 1987, GrS 2/86, BFHE 151, 523 = BStBl. II 1988, 348 C. I. 1. b) aa); v. 24. 3. 1987, I R 202/83, BFHE 149, 542 = BStBl. II 1987, 705; v. 4. 10. 1966, I 1/64, BFHE 87, 31 = BStBl. III 1966, 690.

türlicher Personen zu einem Betriebsvermögen bezogen seien, in der Regel keine Anwendung finden.[1212] Dagegen nahm ein anderer Teil im Schrifttum[1213] den Ansatz des gemeinen Wertes bei der Gesellschaft an, da der Teilwert nur für die Übertragung von Wirtschaftsgütern zwischen ein und demselben Steuerpflichtigen passe und deswegen § 6 Abs. 1 EStG gar nicht anwendbar sei. Zudem würde auch bei verdeckten Gewinnausschüttungen der gemeine Wert angesetzt, der Ansatz des Teilwerts bei der verdeckten Einlage hätte aber das absurde Ergebnis zur Folge, daß ein und derselbe Vorgang gleichzeitig verdeckte Einlage und verdeckte Gewinnausschüttung sein könnte.[1214]

Dieser Streit könnte sich durch das Steuerentlastungsgesetzes 1999/2000/2002 erledigt haben. In der neuen Bewertungsvorschrift des § 6 Abs.6 S. 2 EStG ist die Bewertung der verdeckten Einlage beim einlegenden Gesellschafter zum Teilwert geregelt. Nach allgemein anerkannter Meinung[1215] gilt die Vorschrift zumindest für alle verdeckten Einlagen aus dem Betriebsvermögen einer natürlichen Person, Personengesellschaft oder Kapitalgesellschaft in eine Kapitalgesellschaft. Damit ist zum einen klar, daß der Gesetzgeber den § 6 EStG nicht nur auf die verschiedenen Vermögensbereiche eines Steuerpflichtigen angewendet sehen möchte, sondern der § 6 EStG auch für das Verhältnis zwischen Gesellschafter und Kapitalgesellschaft Anwendung finden kann, so daß durch die gesetzliche Regelung die Mindermeinung insoweit überholt ist. Zum anderen sind damit auch die Bedenken beseitigt, daß § 8 Abs. 1 KStG auf die Bewertungsvorschrift des § 6 Abs. 1 Nr. 5 EStG verweisen könnte. Damit ist auf Seiten der Kapitalgesellschaft jedenfalls bei einer Einlage aus einem Betriebsvermögen von dem Ansatz zum Teilwert bei der Kapitalgesellschaft auszugehen. Dies gilt sowohl für die offene wie die verdeckte Einlage.

[1212] Statt aller Döllerer, aaO., S. 207 f. und Groh, FR 1990, 528, 530.

[1213] Brezing, GmbHR 1972, 129, 131 f. nennt als Beispiele für das Auseinanderfallen die Einlage eines Grundstücks an dem die Gesellschaft ein besonders großes Interesse hat (Teilwert größer gemeiner Wert) oder die Einlage von auch durch die Gesellschaft selbst produzierter Güter (Teilwert kleiner gemeiner Wert). Raupach, FS v. Wallis (1985), 309, 318; Wismeth, FR 1990, 275, 277; Thiel, DStJG 14 (1991), 161, 169; Hoffmann, BB 1995, 614; Marx, FR 1995, 453, 457. In diese Richtung auch Roser, GmbHR 1998, 301, 303 mit dem Hinweis, daß § 6 Abs. 1 Nr. 5 EStG für Passivposten insgesamt nicht anwendbar sei.

[1214] Brezing, aaO., S. 132: Der Gesellschafter verkauft an seine Gesellschaft ein Grundstück zu 1000. Der gemeine Wert beträgt 900, so daß sich eine verdeckte Gewinnausschüttung in Höhe von 100 ergibt. Beträgt der Teilwert wegen des besonderen Interesses der Gesellschaft 1100, so liegt wegen des Teilwertansatzes bei der verdeckten Einlage eine solche in Höhe von 100 zusätzlich vor.

[1215] Glanegger in: Schmidt, EStG, § 6 Rn. 552. Umstritten ist nur, ob auch eine verdeckte Einlage aus einem Privatvermögen von der Vorschrift erfaßt wird. Ziel Betriebsvermögen kann aber immer nur dasjenige einer Kapitalgesellschaft sein.

Trotz dieser ungleichen Behandlung offener und verdeckter Einlagen auf Seiten des Gesellschafters[1216] sollte der Wertansatz nicht überbewertet werden, denn der Teilwert und der gemeine Wert werden sich *regelmäßig decken.*[1217] Zumindest muß einer der beiden Werte aufgrund des Prinzips der Leistungsfähigkeit angesetzt werden, weil sonst in Folgejahren die steuerliche Bemessungsgrundlage durch zu geringe Abschreibungen oder höhere Veräußerungserfolge verfälscht würde, es würde „Kapital der Gesellschaft als Gewinn versteuert werden."[1218]

Zentral im handelsrechtlichen Kontext ist vor allem, daß ein objektiver Bewertungsmaßstab von außen angelegt wird, der sich am tatsächlichen Wert orientiert und keinen Spielraum für beabsichtigte Unterbewertungen läßt.

b) Handelsrecht

Im Gegensatz zum Steuerrecht und der Behandlung z.B. nach dem östHGB fehlt es im Handelsrecht an speziellen Bewertungsvorschriften für Einlagen.[1219]

aa) Geltung der allgemeinen Bewertungsgrundsätze

Geht es um den Wertansatz von Vermögensgegenständen in der Handelsbilanz, sind grundsätzlich gem. § 253 Abs. 1 S. 1 HGB die Anschaffungskosten anzusetzen, so daß maßgeblicher Bewertungsmaßstab der getätigte Aufwand ist. Für die gesellschaftsrechtlichen Einlagen wurde bereits im Zusammenhang mit dem entgeltlichen Erwerb dargelegt,[1220] daß auch in der „Gewährung" der Anteile nicht eine Objektivierung des Wertes der Sacheinlage und auch keine Gegenleis-

---

1216 Dazu zusammenfassend D. II. 5.

1217 Brezing, GmbHR 1972, 129, 131: „..., denn die Sacheinlage ist ein Korrelat zum Erwerb auf dem Markt, und der Teilwert ist unter der Prämisse, daß der Erwerb soeben erfolgt, den Anschaffungskosten gleich, also dem Marktpreis (= gemeiner Wert) ..."; ebenso für die Betriebseröffnung Döllerer, Verdeckte Gewinnausschüttungen, S. 209.

1218 Castedello, Freiwillige Einlagen, S. 147.

1219 Schulze zur Wiesche, GmbHG 1988, 31, 33. Zum österreichischen Recht s. Quantschnigg, DStJG 14 (1991), 47, 61 f.: Nach § 202 östHGB besteht eine ausdrückliche Ansatz- und Bewertungsvorschrift, die auch im Bereich der verdeckten Einlagen den verpflichtenden Ansatz zum Zeitwert regelt und in § 229 Abs. 2 Ziff. 5 östHGB alle „sonstigen Zuzahlungen" in die Kapitalrücklage einzustellen sind. Durch diesen Ausweis, der „sich im Grundsatz mit § 6 Ziff. 14 östEStG" deckt, besteht nach der österreichischen Rechtslage ein einheitliches System, das schon die „verdeckten Einlagen" in der Handelsbilanz aufdeckt und diese damit dort schon verschwinden läßt.

1220 S. o. D. I. 2. a) cc) bbb) (1) (a).

tung gesehen werden kann, so daß auch diese als „Anschaffungskosten“ der Gesellschaft für die Sacheinlage ausscheiden. Noch viel weniger existieren Anschaffungskosten aber bei den verdeckten Einlagen. Konsequenterweise würde damit sowohl für gesellschaftsrechtliche als auch verdeckte Einlagen „ein Ansatz zu Null DM geboten“ sein.[1221] Wird – wie hier – der „Gewährung“ von Gesellschaftsrechten der Aufwandscharakter versagt, wird besonders deutlich, daß die Bewertung zu Anschaffungskosten nicht richtig sein kann: Alle geleisteten gesellschaftsrechtlichen Einlagen müßten mit Null angesetzt werden, was natürlich von niemandem befürwortet wird. Trotz des Fehlens jeglicher Ausgaben hält es die h.M. unter dem Begriff der „fiktiven Anschaffungskosten“ für zulässig, daß die unentgeltlich erworbenen Gegenstände mit den Kosten aktiviert werden, die die Gesellschaft bei einem entgeltlichen Erwerb aufgewendet hätte.[1222] Eine Pflicht zum Ansatz des Zeitwerts besteht danach aber nicht, vielmehr wird auch eine Unterbewertung sogar bis zum Ansatz von Null vorgeschlagen. Damit wird deutlich, daß die Norm des § 253 HGB bei der Bewertung der Einlagen in keiner Weise eine Hilfestellung leistet. Vielmehr stellt sich auch bei Bejahung von Anschaffungskosten die Frage nach der Bewertung der Einlagen, so daß die Anwendung des § 253 Abs. 1 S. 1 HGB hierfür keinen inhaltlichen Gewinn bringt. Damit wird auf eine Bewertungsvorschrift verwiesen, die nicht den beabsichtigten Bewertungsmaßstab liefert, so daß letztlich nur eine Worthülse übrig bleibt. Wohl nur *Döllerer*[1223] schlägt eine Nichtanwendung des § 253 HGB vor, der „durch die Grundsätze, die für die Bewertung von Einlagen gelten“ sollen, verdrängt wird. Inhalt dieser „Grundsätze“ ist nur, daß eine Bewertung zum Zeitwert zumindest zulässig ist, eine Aussage über die Zulässigkeit der Unterbewertung ist mit der Anwendung dieser Grundsätze allerdings noch nicht getroffen. Damit ist deutlich, daß es obsolet ist, sich für eine der beiden Ansichten zu entscheiden, weil sie beide zu dem tatsächlichen Bewertungsansatz nichts beitragen.

[1221] Allgemein Ellrott/Schmidt-Wendt in: BeBiKom, § 255 Rn. 100.

[1222] S. nur A/D/S, § 255 Rn. 96, 98;

[1223] BB 1986, 1857, 1859 f.; unklar Küting/Kessler, BB 1989, 25, 33: sehen zwar auch dadurch das Anschaffungswertprinzip verdrängt, halten aber die Nichtanwendung des § 253 HGB für nicht konsequent, weil der von Döllerer für das Verbot der Unterbewertung angeführte § 279 HGB ausdrücklich auf den § 253 HGB verweist. Diese Argumentation erscheint etwas spitzfindig, da es Döllerer um das grundsätzliche Verbot der Bildung stiller Reserven geht, das er aus § 279 HGB ableitet. Das Festhalten an § 253 HGB ist letztlich inhaltsleer.

bb) Offene (gesellschaftsrechtliche) Einlagen

Im gesellschaftsrechtlichen Teil der Arbeit[1224] wurde für die gesellschaftsrechtlichen Einlagen bereits aus handelsrechtlichen Gründen eine Unterbewertung abgelehnt. § 279 Abs. 1 S. 1 HGB[1225] verbietet die nach § 253 Abs. 4 HGB sonst zulässigen Abschreibungen „nach vernünftiger kaufmännischer Beurteilung", und § 280 Abs. 1 HGB gebietet die Zuschreibung von sich nachträglich als zu hoch erweisenden Abschreibungen. Mit diesen Vorschriften sind die Möglichkeiten zur Bildung stiller Reserven eingeschränkt worden.[1226] Unter der Herrschaft des Anschaffungskostenprinzips (§ 253 HGB), aber auch durch das Aktivierungsverbot nicht entgeltlich erworbener immaterieller Vermögensgegenstände (§ 248 Abs. 2 HGB) als Ausflüsse des Vorsichtsprinzips, bestehen auch weiterhin Möglichkeiten zur Bildung stiller Reserven. Allerdings ergibt sich weder aus dem Vorsichtsprinzip selbst, noch aus den genannten Ausprägungen, daß eine Bewertung nach Belieben des Bilanzierenden oder seines Gesellschafters möglich sein soll. Vielmehr muß für die nicht ausdrücklich geregelte Möglichkeit der Bildung stiller Reserven die Regel der §§ 279, 280 HGB gelten, die auch für den Bereich gesellschaftsrechtlicher Einlagen ein allgemeines Verbot der Bildung von Willkürreserven beinhaltet. Zudem entstehen durch zu niedrige Wertansätze in den Folgejahren entweder zu geringe Abschreibungen, oder es entstehen bei einer Veräußerung zu hohe Gewinne, so daß in beiden Fällen die Ertragslage zu positiv dargestellt wird. Als verpflichtender Ansatz ist der Zeitwert zu nennen, da es im Handelsrecht keine Unterscheidung zwischen Teilwert und gemeinem Wert gibt, der Zeitwert diesen beiden aber im wesentlichen entspricht.[1227] In dieselbe Richtung geht auch eine Entscheidung des BFH zum tauschähnlichen Geschäft.[1228] Danach ist bei einer gesellschaftsrechtlichen Sacheinlage, bei der die ausgegebenen Anteile unterhalb des Wertes des eingelegten Vermögensgegenstandes liegen, in Höhe der Unterbewertung von einer verdeckten Einlage auszugehen.[1229] Im Falle der Unterbewertung einer gesellschaftsrechtlichen Sacheinlage wäre danach der Einlagevorgang aufzuspalten in eine offene Einlage und eine verdeckte Einlage. Hierbei handelt es sich zwar um ein steuerrechtliches Urteil, jedoch zeigt sich, daß auch im Steuerrecht starke Widerstände gegen Unterbewertungen von gesellschaftsrechtlichen Einlagen bestehen, die steuerlich gefährlich sein können.

[1224] S.o. C. V.

[1225] Beide Vorschriften eingeführt durch das BiRiLiG v. 19. 12. 1985. Die Abschreibungen waren nach §§ 154 i.V.m. 153 Abs. 1 AktG a.F. zulässig.

[1226] Zweifelnd Castedello, Freiwillige Einlagen, S. 148.

[1227] Darauf ist gleich noch genauer einzugehen.

[1228] BFH v. 19. 10. 1998, VIII R 69/95, BStBl. II 2000, 230.

[1229] BFH, ebenda, S. 233.

cc) „Zuzahlungen" i.S.d. § 272 Abs. 2 Nr. 4 HGB

Wenn auch für die „anderen Zuzahlungen" eine Aktivierung zum Zeitwert verpflichtend wäre, könnte der bestehende Unterschied zwischen Steuerrecht und Handelsrecht bzgl. der Behandlung der verdeckten Einlagen beseitigt werden. Dafür sind kurz die i.R.d. § 272 Abs. 2 Nr. 4 HGB vorgeschlagenen Wertansätze darzustellen.

Auf den handelsrechtlichen Bewertungsansatz könnte der § 272 Abs. 2 Nr. 4 HGB einen Einfluß haben. Dies wäre dann der Fall, wenn man aus dieser Norm einen handelsrechtlichen aktiven Ansatzzwang zum Zeitwert auf der Aktivseite ableiten wollte. *Biener*[1230] ist der Meinung, daß sich durch das BiRiLiG nichts an der bisher gängigen Praxis der (Unter-) Bewertung von offenen und verdeckten Einlagen ändern sollte. In eine etwas andere Richtung deutet da schon die Aussage des Rechtsausschusses[1231]: „Aus der Sicht des Unternehmens entspricht den Anschaffungskosten der Wert, der den Gegenständen im Zeitpunkt der Einlage zukommt." Diese Formulierung deutet eher auf den Ansatz zum Zeitwert hin.[1232] Eindeutig ist der Wille des Gesetzgebers diesbezüglich keinesfalls, mit *Quantschnigg*[1233] ist allerdings davon auszugehen, daß diese Änderung der Bewertung nicht in § 272 Abs. 2 Nr. 4 HGB hineingelesen werden kann, sondern darin eine Überfrachtung der Bedeutung der Norm zu sehen wäre. Vielmehr ist dort nur die Passivierung geregelt.

aaa) Vertretene Auffassungen

Nach einer in der Literatur vertretenen Ansicht besteht bei Gesellschafterzuführungen eine Bewertungsmöglichkeit von Null bis zum Zeitwert, falls es sich um eine vollständig unentgeltliche Vermögenswertüberlassung handelt.[1234] Der Ansatz zum Zeitwert wird für möglich gehalten, wobei der Begriff der „fiktiven Anschaffungskosten" verwendet wird.[1235] Damit sind die Kosten gemeint, die die Gesellschaft bei einem entgeltlichen Erwerb aufgewendet hätte. Teilweise wird formuliert, daß ein Wahlrecht zur Unterbewertung bestehe, weil sich Gesellschaft und Gesellschafter über den Wert des Gegenstandes einigen müß-

---

1230 Biener, JbFSt 1986/87, 432 f.
1231 BT-Drucks. 10/4268, S. 101.
1232 Döllerer, BB 1986, 1857, 1960.
1233 DStJG 14 (1991), 47, 61 f.
1234 Budde/Müller in: BeBiKom, § 272 Rn. 206. Zur Zulässigkeit von Unterbewertungen auch Groh, FR 1990, 529, 530 m.w.Nachw. Fn. 11.
1235 A/D/S, § 255 Rn. 96, 98.

ten.[1236] Weiter wird der grundsätzliche Ansatz zu den effektiven Anschaffungskosten vorgeschlagen, weil eine Einstellung des die effektiven Anschaffungskosten übersteigenden Betrages nur bei einem ausdrücklichen Willen des Gesellschafters in Frage komme, dieser Wille aber in der Regel fehlen würde.[1237]

bbb) Stellungnahme insbes. anhand der Bilanzzwecke

Die Ausführungen zu den gesellschaftsrechtlichen Einlagen ergeben sich nicht aus ihrer Natur, sondern aus allgemeinen handelsrechtlichen Überlegungen, so daß sie ohne weiteres auch auf die „Zuführungen" i.S.d. § 272 Abs. 2 Nr. 4 HGB übertragen werden können. Schon in der Einleitung zu diesem Abschnitt wurde darauf hingewiesen, daß der Begriff der Anschaffungskosten für diesen Bereich nicht paßt und auch die Anwendung der §§ 253, 255 HGB keine Hilfestellung bei der Beantwortung der Frage nach dem richtigen Wertansatz leistet. Fraglich ist, ob sich darüber hinaus noch weitere Argumente für den Ansatz zum Zeitwert ergeben.

Merkwürdigerweise wird die Ungleichbehandlung von Sacheinlagen im Verhältnis zu Bareinlagen in Bezug auf Unterbewertung – soweit ersichtlich – nicht kritisiert. Während Gesellschafterzuschüsse in Geld eine Aktivierung zum Nennwert zur Folge hatten und damit eine Unterbewertung schon nach alter Rechtslage ausgeschlossen war,[1238] besteht nach wohl h.M. für Sachzuschüsse ein kaum zu überbietender Gestaltungsspielraum zwischen einem Ansatz von Null und dem Zeitwert. Dieser Behandlungsweise liegt wohl der Gedanke der Unsicherheit des Wertes von Sachen insgesamt zugrunde. Warum allerdings einerseits die Bildung stiller Reserven gesetzlich eingeschränkt wird und das Anschaffungskostenprinzip klare Vorgaben für die Bewertung von Vermögensgegenständen macht, andererseits aber eine Bewertungswillkür mit der Bildung stiller Reserven möglich sein soll, leuchtet nicht ein. Nicht hinreichend beachtet wird, daß die Unzulässigkeit der Unterbewertung nicht eine riskante oder sonst unvorsichtige Bewertung zur Folge hat, sondern nur den Ansatz des vorsichtig ermittelten, tatsächlichen Wertes. Dabei ist mit „vorsichtig" nicht der Ansatz von Phantasiewerten, sondern der Ansatz des sicheren Wertes gemeint. Stellt also der Gesellschafter G seiner Kapitalgesellschaft z.B. einen PKW im Wege der Einlage (offen oder verdeckt) zur Verfügung und bestehen am Gebrauchtwagenmarkt für ein genau entsprechendes Model Wertansätze zwischen 10.000

1236 Döllerer, DStR 1989, 331, 335.
1237 Budde/Müller in: BeBiKom, § 272 Rn. 206.
1238 Groh, BB 1990, 379.

DM und 15.000 DM,[1239] so kann nicht die Bewertung von 15.000 DM aus Vorsichtsgründen befürwortet werden, eine plausible Erklärung zum Ansatz unterhalb von 10.000 DM gibt es dagegen ebenfalls nicht. Auch Wertabschläge für mögliche unentdeckte Mängel sind nicht zulässig, denn hier gibt es keine Orientierungsgröße für den Wertabschlag. Läßt sich ein Wert dagegen nicht finden, fehlt es schon an der Vermögensgegenstandsvoraussetzung der Bewertbarkeit, so daß es schon an einem Vermögensgegenstand fehlt. Bewertungsschwierigkeiten durch Phantasie-Wertabschläge zu kompensieren kommt dagegen nicht in Betracht.

Zu dieser Argumentation kommt noch die zentrale Bedeutung der Bilanzzwecke hinzu. Um die Auswirkungen auf die Bilanzzwecke zu verdeutlichen, muß man sich klar machen, welche Gewinnauswirkungen eine Unterbewertung der Einlagen hat.[1240] Ein zu niedriger Wertansatz eines abnutzbaren Gegenstandes bewirkt in den Folgejahren geringere Abschreibungsmöglichkeiten, so daß ein zu hoher Gewinn ausgewiesen wird.[1241] Auch die Veräußerung eines unterbewerteten Gegenstandes führt zu einem, nicht auf der Geschäftstätigkeit der Gesellschaft beruhenden, zu hohen Erfolgsausweis im Rahmen des Jahresergebnisses.

(1) Ausschüttungsbemessungsfunktion

Castedello[1242] sieht durch den Ansatz der verdeckten Einlagen unterhalb des Zeitwertes eine Beeinträchtigung der Ausschüttungsbemessungsfunktion des Jahresabschlusses, jedenfalls für den Bereich der AG.[1243] Für den Anwendungsbereich des § 272 Abs. 2 Nr. 4 HGB tritt er für eine Vermögensbindung i.S.d. § 150 Abs. 3 und 4 AktG ein, weil sonst die Gefahr bestünde, daß dieses Kapital zu einem späteren Zeitpunkt ausgeschüttet würde. Eine erfolgswirksame Erfassung dieser Einlagen hätte zur Konsequenz, daß diese Vermögensbindung um-

---

[1239] Falls hier als Anknüpfungspunkt für Kritik der Gebrauchtwagenmarkt und dessen Bewertungsunsicherheiten genommen werden, kann der Gegenstand der Sacheinlage auch ohne weiters durch Gold, Silber oder andere währungsähnliche Sachen angenommen werden.

[1240] Anschaulich Groh, StbJb 1988/89, 187, 190 f.: „Das AktG 1965 und das Bilanzrichtliniengesetz haben viel für den Ausweis des „wahren“ Gewinns getan; im Verhältnis zu den Gesellschaftern besteht jedoch eine offene Flanke, die zu *Gewinnmanipulationen durch Unterbewertung* herausfordert.“ (Hervorhebungen nicht im Original.)

[1241] Haarmann, JbFSt 1986/87, 427, 436.

[1242] Freiwillige Einlagen, S. 151 ff. und S. 94 f.

[1243] Siehe D. I. 1. a) bb) aaa) (3) zur allgemeinen Kritik an dem bisherigen Verständnis und der Einordnung der Ausschüttungsbemessungsfunktion. Diese kann hier allerdings vernachlässigt werden.

gangen würde, worin eine Beeinträchtigung der Ausschüttungsbemessungsfunktion des handelsrechtlichen Jahresabschlusses liegen würde.[1244]

Problematisch an *Castedellos* Ausführungen ist, daß eine nicht bestehende Rechtslage zur Bedingung der Argumentation gemacht wird und damit ein Zirkelschluß vorliegt. Die Ausschüttungsbemessungsfunktion kann nur bei *bestehender* Kapitalbindung eingreifen. [1245] Klarzustellen ist hier noch einmal, daß der § 272 Abs. 2 Nr. 4 HGB nach geltender Rechtslage gerade nicht in den Anwendungsbereich des § 150 Abs. 3 und 4 AktG einbezogen ist, sondern nur die § 272 Abs. 2 Nr. 1-3 AktG. Wie bereits erwähnt, wurde von einer Vermögensbindung des § 272 Abs. 2 Nr. 4 HGB vom Gesetzgeber bewußt abgesehen. Nur wenn also diese Vermögensbindung durch Gesetzesänderung eingeführt würde – wofür es keine Anhaltspunkte gibt – käme es zu einer Beeinträchtigung der Ausschüttungsbemessungsfunktion, wenn es in Höhe der Zuzahlung nicht zu einer erfolgsneutralen Erfassung in der Kapitalrücklage käme. Zudem erkennt auch *Castedello*,[1246] daß eine Vermögensbindung der Kapitalrücklagen für die GmbH insgesamt nicht besteht. Allein schon deswegen ist eine Betonung der Ausschüttungsbemessungsfunktion fernliegend. Damit ist gezeigt, daß diese Argumentation für das gesamte Kapitalgesellschaftsrecht ausscheidet.

(2) Bedeutung der Informationsfunktion - § 264 Abs. 2 HGB

Schon im Zusammenhang mit dem Verständnis des Vermögensgegenstandes wurde festgestellt, daß der § 264 Abs. 2 HGB zu einer Betonung der Informationsfunktion der Bilanz führt.[1247] Entsprechend dem Willen des Gesetzgebers ist der „true and fair view" „heranzuziehen, wenn Zweifel bei der Auslegung und Anwendung einzelner Vorschriften entstehen".[1248] Der „true and fair view" infiltriert das deutsche Bilanzrecht, weil er im Interesse besserer Information zur Beantwortung unklarer Rechtsfragen heranzuziehen ist. Um den Informationswert der Größe „Jahresergebnis" für die Bilanzadressaten zu sichern, muß sich der „true and fair view" dahingehend auswirken, daß eine willkürliche Gestaltung dieser Größe durch Zuführungen des Gesellschafters ausgeschlossen ist,

[1244] Castedello, aaO., S. 95.
[1245] D. I. 1. b) aa) ccc).
[1246] Castedello, aaO., S. 153.
[1247] S. ausführlich D. I. 1. b) cc), insbesondere (1) (a).
[1248] BR-Drucks. 257/83, S. 76.

damit sind Unterbewertungen nicht zulässig.[1249] Auch unabhängig vom „true and fair view" kommt der Informationsfunktion der Bilanz eine zentrale Rolle zu, so daß auch hieraus ein Verbot der Verfälschung des Jahresergebnisses folgt.[1250] Nur beim Ansatz der Gesellschafterzuführungen (=verdeckten Einlagen) zum Zeitwert findet keine Verfälschung aktueller und zukünftiger Ergebnisse statt.[1251] Bei einer Einstellung unterhalb des Zeitwertes fielen bei abschreibbaren Vermögensgegenständen die jährlichen Abschreibungen geringer aus, so daß das Jahresergebnis entlastet würde. Zudem würde im Falle der Veräußerung des zugeführten Vermögensgegenstandes u.U.[1252] ein zu hoher Veräußerungsgewinn erzielt, der dann als außerordentlicher Ertrag verbucht werden müßte.

Damit kann die mit der verpflichtenden Einstellung in die Kapitalrücklage gem. § 272 Abs. 2 Nr. 4 HGB gewonnene Transparenz nur dadurch aufrechterhalten werden, daß damit auch ein verpflichtender aktiver und passiver Ansatz zum Zeitwert einhergeht.

5. Bilanzielle Behandlung der verdeckten Einlage beim Gesellschafter

Wie schon angesprochen, enthält das Steuerrecht für die verdeckten Einlagen eindeutige Regelungen für den Bewertungsansatz auf Seiten des Gesellschafters. So regelt § 6 Abs. 6 S. 2 EStG jedenfalls[1253] für die verdeckte Einlage aus einem Betriebsvermögen, daß auf Seiten des Gesellschafters nachträgliche Anschaffungskosten in Höhe des Teilwerts entstehen. Bei verdeckter Einlage einer wesentlichen Beteiligung aus dem Privatvermögen entstehen gem. § 17 Abs. 2 S. 2 EStG nachträgliche Anschaffungskosten auf die Beteiligung in Höhe des gemeinen Wertes und ebenso für private Veräußerungsgeschäfte gem. § 23 Abs. 1 S. 5 Nr. 2 EStG. In all diesen Fällen führt also die verdeckte Einlage zur Realisation stiller Reserven bzw. eines die bisherigen Anschaffungskosten übersteigenden

---

1249 Haarmann, JbFfSt 1986/87, 427, 431. Ähnlich Schulze-Osterloh, FS für Claussen, 769, 776 ff. Er bezieht den § 264 Abs. 2 S. 1 HGB auf die Auslegung des § 272 Abs. 2 Nr. 4 HGB und kommt zu dem Ergebnis, daß das Einblicksgebot eine subjektive Komponente der Norm verbietet. Zudem befürwortet Schulze-Osterloh, S. 775 f., unter dem Stichwort „Trennungsprinzip" aber auch die strikte Trennung der Bereiche von Gesellschafter und Gesellschaft, so daß er einer Ergebnisbeeinflussung durch Unterbewertung wohl ebenfalls widersprechen würde.

1250 So Hommel, Bilanzierung immaterieller Anlagewerte, S. 311.

1251 In diese Richtung auch Castedello, aaO., S. 153. Betonung der Informationsfunktion auch Marx, FR 1995, 453, 459.

1252 Z.B. bei nicht abschreibbaren Vermögensgegenständen.

1253 Zu der Frage, ob die Vorschrift auch auf Einlagen aus einem Privatvermögen Anwendung findet Glanegger in: Schmidt, EStG, § 6 Rn. 551 und 436.

Wertes. Auch nach dem neuen Recht wird der BFH wohl darauf abstellen, daß die Aufwendungen des Gesellschafters geeignet sein müssen, den Wert der bereits erworbenen Anteile zu erhöhen.[1254] Jedenfalls im Steuerrecht verlangt der Begriff der Anschaffungskosten nicht, wie sich z.B. aus § 6 Abs. 6 S. 2 EStG ergibt, daß sie sich auf eine Gegenleistung beziehen. Erneut ist die handelsrechtliche Lage schwieriger. Zwar enthält § 255 Abs. 1 S. 2 HGB scheinbar eine diesbezügliche Regelung, indem er auch nachträgliche Anschaffungskosten zu den Anschaffungskosten zählt. Ob diese Regelung aber auf verdeckte Einlagen anzuwenden ist, ist umstritten.

a) Nachträgliche Anschaffungskosten

Sowohl in der Rechtsprechung[1255] als auch in der Literatur[1256] wird der Ansatz von nachträglichen Anschaffungskosten auf die Beteiligung befürwortet. Nach der Entscheidung des BGH vom 31.10.1978[1257] kann der Gesellschafter auch bei verdeckten Einlagen „nachträgliche Anschaffungskosten" auf seine Beteiligung aktivieren. Allerdings soll von der Aktivierung abgesehen werden, „wenn sich die Zuwendung von vornherein als nutzlos erweist und der Wert der Beteiligung nicht erhöht wird."[1258] Nach der Entscheidung soll die Werterhöhung nur über das „ob" der Aktivierung entscheiden, die Höhe der Aktivierung soll dagegen nicht davon abhängig sein, ob der Beteiligungswert erhöht wird.[1259] Zu erwähnen ist, daß es sich in dem Fall um Sanierungszuschüsse und Forderungsverzichte handelte, die einer Gesellschaft gewährt wurden, die sich in wirtschaftlichen Schwierigkeiten befand. Auch in der Literatur[1260] wird diese Ansicht befürwortet. Mit dem § 255 Abs. 1 S. 2 HGB habe der Gesetzgeber des Bilanzrichtlinien-Gesetzes sich der Auffassung des BFH und des BGH anschließen wollen. Dem-

---

1254 Zum alten Recht Döllerer, Verdeckte Gewinnausschüttungen ..., S. 213.

1255 BGH v. 31. 10. 1978 KZR 5/77, BB 1979, 387; BFH v. 27. 4. 2000 – I R 58/99, BB 2000, 2136.

1256 Döllerer, Verdeckte Gewinnausschüttungen ..., S. 218; Groh, FR 1990, 528, 530; Marx, FR 1995,453, 457; Castedello, Freiwillige Einlagen, S. 169 allerdings unter Beschränkung auf die bei ihm sog. „freiwilligen Einlagen", die sich schon durch die Möglichkeit der Wertsteigerung der Beteiligung auszeichnen.

1257 BGH v. 31. 10. 1978 KZR 5/77, BB 1979, 387.

1258 BGH, ebenda.

1259 Dazu Groh, FR 1990, 528, 530. Kritisch dazu Goerdeler/Müller, WPg 1980, 313, 318, weil hier der Ansatz und die Bewertung vermengt wurde, während die Ansatzfrage unabhängig von der Bewertung zu entscheiden sei.

1260 Döllerer, Verdeckte Gewinnausschüttungen ..., S. 218; Groh, FR 1990, 528, 530 f.; ähnlich Castedello, Freiwillige Einlagen, S. 165 f., der allerdings die Wertsteigerung dahingehend präzisiert, „daß eine Möglichkeit zur Erhöhung des Ertragswertes bzw. der Summe der absoluten Einnahmenüberschüsse der Beteiligung bestehen muß."

nach bestünde kein Zweifel, daß § 255 Abs. 1 S. 2 HGB auch die verdeckten Einlagen erfassen solle.[1261] Erst nach der Erhöhung der Anschaffungskosten ist dann über eine mögliche Abschreibung zu entscheiden.[1262] Während lange Zeit eine Entscheidung zu § 272 Abs. 2 Nr. 4 HGB fehlte, hat der BFH[1263] jetzt erstmalig eine Entscheidung gefällt, die ausdrücklich Bezug nimmt auf das Handelsbilanzrecht. Eine Kapitalzuführung gem. § 272 Abs. 2 Nr. 4 HGB auf Seiten der Gesellschaft führe zur Entstehung „zusätzlicher Anschaffungskosten". In dem entschiedenen Fall ging es um eine Geldzuführung zur Kapitalrücklage. Hier bejahte der BFH auch handelsrechtliche Anschaffungskosten auf die Beteiligung in Höhe des zugeführten Betrages auf Seiten des Gesellschafters.

b) Herstellungskosten

Nach der Gegenansicht[1264] ist entscheidend, daß es sich um einen bereits existierenden und dem Gesellschafter bereits gehörenden Vermögensgegenstand handelt. Anschaffungskosten könnten nur solche Kosten sein, die ein „Wirtschaftsgut ... von einer fremden in die eigene wirtschaftliche Verfügungsgewalt .. überführen",[1265] alle späteren Aufwendungen würden dagegen der Erhaltung dienen.[1266] Damit entscheide sich die Frage der Aktivierung nach der Abgrenzung von (nachträglichen)[1267] Herstellungskosten und Erhaltungsaufwand.[1268] Eine Aktivierung komme nur dann in Frage, wenn die Gesellschafterzuführung die Beteiligung wesentlich verbesserte.[1269] Dies wäre nur dann der Fall, wenn sich der Verkehrswert der Beteiligung erhöhe. Dabei sei zum einen zu berücksichtigen, daß sich die Vermögensmehrung bei einer nicht 100 %igen Beteiligung auch nur anteilig auswirken könnte, zum anderen würde eine Wertsteigerung des Verkehrswertes nicht primär vom Substanzwert, sondern von den Ertragserwartungen des Unternehmens abhängen. Damit käme eine Aktivierung der Gesellschafterzuführung „nur insoweit in Betracht, als sich der Ertragswert der Beteiligung erhöht".[1270] Die dargestellte Entscheidung des BGH wird deswegen kriti-

---

1261 Döllerer, ebenda, m.w.Nachw. Fn. 601; Groh, ebenda, S. 531.
1262 Groh, ebenda; Castedello, Freiwillige Einlagen, S. 169 f.
1263 BFH v. 27. 4. 2000 – I R 58/99, BB 2000, 2136 ff..
1264 Goerdeler/Müller, WPg 1980, 313, 317 ff.; Ellrott/Gutike in: BeBiKom: § 255 Rn. 162; Hoffmann, DStR 1994, 1208, 1209.
1265 Eigentlich ein Zitat aus BFH v. 22. 8. 1966, GrS 2/66, BFHE 86, 792 = BStBl. II 1966, 672; wörtlich auch bei Goerdeler/Müller, aaO., S. 319.
1266 Goerdeler/Müller, aaO., S. 318.
1267 Dieser Begriff kann sich anders als derjenige der nachträglichen Anschaffungskosten nicht auf den Gesetzestext stützen.
1268 Ellrott/Gutike, ebenda.
1269 Goerdeler/Müller, aaO., S. 320; Ellrott/Gutike, ebenda, Rn. 164.
1270 Ellrott/Gutike, ebenda.

siert, weil hier das „ob“ der Aktivierung nicht hinreichend von dem „wie“ getrennt würde.[1271]

c) Stellungnahme

Zunächst stellt sich die Vorfrage, ob es tatsächlich auf die Möglichkeit der Werterhöhung ankommt. Nimmt man die Möglichkeit der Werterhöhung der Anteile ernst, so würde dieses Kriterium zu einer wirklichen Beschränkung des Ansatzes von nachträglichen Anschaffungskosten führen. Dann müßte man tatsächlich davon sprechen, daß die Anschaffungskosten in die Nähe der Herstellungskosten gerückt werden,[1272] denn nach § 255 Abs. 2 S. 1 HGB werden Aufwendungen als Herstellungskosten nur bei einer „über seinen ursprünglichen Zustand wesentlichen Verbesserung“ angesetzt. Das Kriterium der Möglichkeit der Werterhöhung wird nur klar, wenn man einen Forderungsverzicht betrachtet. Hier stellt sich nämlich die Frage, ob aufgrund der wirtschaftlichen Lage der Gesellschaft überhaupt eine vollständige Rückzahlung in Frage kommt oder die Forderung nur teilweise werthaltig ist. Bezeichnenderweise bezog sich das oben genannte Urteil auch genau auf einen solchen Fall. Wird dagegen ein Vermögensgegenstand der Gesellschaft zugeführt, stellt sich nicht nur ihre bilanzielle, sondern auch ihre tatsächliche Vermögenslage in Höhe des Wertes des zugeführten Gegenstandes besser dar, so daß sich diese Fragen gar nicht stellen.

Entsprechend der neueren steuerlichen Beurteilung[1273] entstehen bei der verdeckten Einlage durch Forderungsverzicht nur noch nachträgliche Anschaffungskosten in Höhe des Teilwerts. Ist die Forderung wertlos, betragen die nachträglichen Anschaffungskosten also Null[1274]. In die Bewertung zum Teilwert – oder handelsrechtlich ausgedrückt zum Zeitwert – fließt automatisch die wirtschaftliche Lage der Gesellschaft ein, so daß ein Abstellen auf eine mögliche Werterhöhung der Anteile überflüssig ist. Geht es dagegen um Sanierungszuschüsse,[1275] dann scheidet eine Wertsteigerung der Beteiligung ohnehin von vornherein aus, weil diese ja auch bei einem Dritten nicht in Frage käme, der einen Sanierungszuschuß gewährte. Damit ist deutlich, daß das Kriterium der Möglichkeit der Werterhöhung überflüssig ist, weil es bereits im Rahmen des Bewertungsansatzes hinreichend berücksichtigt ist.

[1271] Goerdeler/Müller, WPg 1980, 313, 318.

[1272] So Döllerer, Verdeckte Gewinnausschüttungen ..., S. 213 in Bezug auf die steuerliche Behandlung.

[1273] BFH v. 9.06.1997 GrS 1/94, BFHE 183, 187 = BStBl. II 1998, 307.

[1274] Marx, ebenda, S. 458.

[1275] Definition s. bereits oben D. II. 3. b).

Gegen ein Wortlautargument des Inhalts, Anschaffungskosten könnten nur den erstmaligen Erwerb umfassen, spricht schon der Begriff der nachträglichen Anschaffungskosten. Zudem ist nicht erkennbar, daß der Gesetzgeber mit dem Bilanzrichtlinien-Gesetz von der dargestellten BGH Entscheidung abweichen wollte. Schließlich ist anzuführen, daß das strenge Wortlautverständnis auch schon vor Einführung des § 255 Abs. 1 S. 2 HGB zunehmend weniger streng geworden ist.[1276] Zudem sieht der steuerliche Gesetzgeber das Wortlautverständnis offensichtlich genauso wie hier vertreten, denn er hat sich im Zusammenhang mit verdeckten Einlagen für den Begriff der nachträglichen Anschaffungs- und nicht Herstellungskosten z.B. in §§ 6 Abs. 6 S. 2, 17 Abs. 2 EStG entschieden.

Praktikabilitätserwägungen sprechen gegen die Beurteilung nach den für die Herstellungskosten maßgeblichen Kriterien und die Bewertung nach Ertragsgesichtspunkten. Es läßt sich kaum errechnen, welchen konkreten Ertragsbeitrag z.B. ein i.R. einer Gesellschafterzuführung eingelegtes Auto leistet.[1277] Zudem ist eine Beteiligungsbewertung nach Ertragsgesichtspunkten in der Praxis relativ aufwendig und auch nicht sehr zuverlässig. Schließlich ist anzuführen, daß man auch i.R.d. gesellschaftsrechtlichen Einlage z.B. bei einer Kapitalerhöhung auf eine solche Bewertung verzichtet, obwohl aus Ertragswertgesichtspunkten die Beteiligung durchaus auch unterhalb des Nennbetrags der gewährten Anteile liegen kann.[1278] Des weiteren muß es überraschen, wenn sich eine werthaltige Gesellschafterzuführung nicht auf den Beteiligungswert auswirken soll. Falls es tatsächlich keine Wertauswirkungen geben sollte, deutet dieser Umstand darauf hin, daß der Wertansatz der Beteiligung im Zuführungszeitpunkt zu hoch gewesen ist. Nachträgliche Anschaffungskosten sind ungeeignet, solche Versäumnisse der Vergangenheit durch ihren Nichtansatz zu korrigieren.

Ist der Gesellschafter dagegen nicht Alleingesellschafter, so kann die Gesellschafterzuführung nicht nur ihm alleine zugute kommen, sondern auch den Mitgesellschaftern, es handelt sich dann um eine sog. disproportionale Einlage.[1279] Damit führt hier die Zuführung nicht nur zu einer Wertsteigerung seiner Beteili-

---

1276 S. dazu Döllerer, FS v. Wallis, 293, 296.

1277 Ähnlich praktische Schwierigkeiten sieht wohl auch Castedello, S. 168: „Zwischen der Höhe der Ausgabe des Gesellschafters und der Höhe der dadurch bewirkten erwarteten künftigen Einnahmenüberschüsse besteht kein eindeutiger funktionaler Zusammenhang." Im folgenden veranschaulicht er anhand eines Beispiels, daß auch bei einer Beteiligung unter 100 % die erwarteten Einnahmenüberschüsse aus dieser Einlage die getätigte Gesamtausgabe übersteigen können. Dies ist zwar richtig, jedoch kann es sich auch genau umgekehrt verhalten.

1278 Nicht immer wird mit einer Kapitalerhöhung gleichzeitig ein Kapitalschnitt vorgenommen, um die Anteile wieder voll werthaltig zu machen.

1279 S. dazu Castedello, Freiwillige Einlagen, S. 168 f. m.w.Nachw. Fn. 320.

gung, sondern auch zur einer Wertsteigerung der Beteiligung der Mitgesellschafter entsprechend der Beteiligungsquote. Trotzdem soll hier entsprechend der steuerlichen Behandlung von einem Wertansatz zu den vollen nachträglichen Anschaffungskosten ausgegangen werden.[1280] Eventuell zu hohe Wertansätze können durch eine nachträgliche Abschreibung korrigiert werden, um die Praktikabilität des Lösungsansatzes zu gewährleisten.

6. Lösung des Beispielsfalls nach hier vertretener Auffassung

Nach dem hier gefundenen Ergebnis war die Tochter der Deutschen Bank, die CB, verpflichtet, den Zuschuß der Deutschen Bank in Höhe von ca. 400 Mio. DM in der Kapitalrücklage gem. § 272 Abs. 2 Nr. 4 HGB auszuweisen. Dadurch wäre das Jahresergebnis um diesen Betrag schlechter ausgefallen, und es wäre die zwingende Trennung von Gewinn und Kapital erfolgt. Trotzdem wäre der Ausweis eines Bilanzgewinns in gleicher Höhe möglich gewesen, wie er von der Deutschen Bank als Jahresüberschuß ermittelt wurde. Auch einer Ausschüttung aus der Kapitalrücklage hätte nichts entgegengestanden.[1281]

Dagegen ist der auf Seiten der Deutschen Bank vorgenommene Ansatz von nachträglichen Anschaffungskosten in Höhe des Zuschusses nicht zu beanstanden.

1280 Marx, FR 1995, 453, 457.

1281 An dieser Stelle zeigt sich eine Inkonsequenz in den Ausführungen von *Castedello*. Er behandelt nämlich den Zuschuß der Deutschen Bank vollständig als bei ihm sog. „freiwillige Einlage" (Castedello, Freiwillige Einlagen, S. 187). In der Definition der „freiwilligen Einlage" sind aber solche Zuschüsse von vornherein ausgeschlossen, die zur Ausschüttung bestimmt sind (Castedello, ebenda, S. 95 sowie s.o. D. II. 3. d) cc)). Hier wollte die Deutsche Bank von Anfang an einen Teil des zugeführten Betrages ausschütten, um die Kleinaktionäre nicht „auf den Plan zu rufen". (Dazu s. oben D. II. 2.)

III. Ergebnis

Die Möglichkeit des Gesellschafters, das Jahresergebnis durch verdeckte Einlagen zu beeinflussen, besteht seit der Einführung des Bilanzrichtlinien-Gesetzes nicht mehr. Die Gesellschaft ist verpflichtet, auf der Aktivseite durch den Gesellschafter zugeführte Vermögensgegenstände mit dem Zeitwert zu bewerten, und soweit dieser Leistung keine Gegenleistung gegenüber steht, den Differenzbetrag in die Kapitalrücklage gem. § 272 Abs. 2 Nr. 4 HGB einzustellen. Damit müssen alle bisher sogenannten verdeckten Einlagen schon im Rahmen der Handelsbilanz offen gelegt werden, so daß dieser Begriff hinfällig geworden ist. Die hier als Gesellschafterzuführungen bezeichneten Beträge sind also mit den verdeckten Einlagen identisch. Bei obligatorischen Nutzungsrechten handelt es sich ebenfalls um Vermögensgegenstände. Werden sie der Gesellschaft im Rahmen von verdeckten oder offenen Einlagen zugeführt, so steht dem weder das Verbot der Bilanzierung immaterieller Anlagewerte noch das Verbot der Bilanzierung schwebender Geschäfte entgegen, weil diese Bilanzierungsverbote für Einlagen nicht gelten. Auf der Seite des Gesellschafters entstehen nachträgliche Anschaffungskosten auf seine Beteiligung in Höhe des Zeitwertes der Gesellschafterzuführung.

E. Behandlung der verdeckten Einlage obligatorischer Nutzungsrechte im Steuerrecht

I. Einleitung

Aufgrund der handelsrechtlichen Untersuchung steht fest, daß obligatorische Nutzungsrechte Vermögensgegenstände sind, die – wenn sie Gegenstand von offenen oder verdeckten Einlagen sind – mit ihrem Zeitwert in der Handelsbilanz zu aktivieren und in gleicher Höhe zu passivieren sind. Wegen des verpflichtenden Ausweises auch der sog. verdeckten Einlagen im Handelsrecht, bedarf es hier eigentlich keiner steuerlichen Korrektur, da nichts mehr „verdeckt“ ist.[1282] Trotz dieses Ergebnisses wird eine eigenständige steuerrechtliche Untersuchung notwendig, denn das Steuerrecht übernimmt nicht einfach das handelsrechtliche Ergebnis. Vielmehr wird der steuerliche Gewinn gem. § 4 Abs. 1 S. 1 EStG durch Betriebsvermögensvergleich ermittelt.

Nach der Aufnahme des Begriffs der verdeckten Einlage und der Erläuterung des Verhältnisses von Handels- und Steuerbilanz, soll die Entwicklung der steuerlichen Rechtsprechung zur verdeckten Nutzungsrechtseinlage dargestellt werden. Anhand einer intensiven Auseinandersetzung mit der Rechtsprechung hierzu soll geklärt werden, ob die bisherige Nichtanerkennung der verdeckten Einlage obligatorischer Nutzungsrechte konsequent ist. Dabei soll zunächst überlegt werden, ob sich ihre Anerkennung schon aus der steuerlichen Behandlung von Nutzungen und Nutzungsrechten im Rahmen der verdeckten Gewinnausschüttung ergibt, die verdeckte Einlage also das Spiegelbild der verdeckten Gewinnausschüttung ist. Schließlich soll untersucht werden, ob bei der steuerlichen Gewinnermittlung der Abzug einer Nutzungsrechtseinlage bei offenen Einlagen sowie die Anerkennung der verdeckten Einlage eines Forderungsverzichts auf der einen Seite, mit der Nichtanerkennung der verdeckten Nutzungsrechtseinlage auf der anderen Seite, auf eine überzeugende Grundlage gestellt werden können. Hierbei ist auch zu berücksichtigen, daß die „verdeckte Einlage“ handelsrechtlich bereits aufgedeckt ist.

[1282] Klarzustellen ist, daß die handelsrechtliche Aufdeckung der „verdeckten Einlagen“ keine Auswirkungen auf die steuerliche Terminologie der offenen und verdeckten Einlagen hat. Ähnlich für die i.R.d. § 272 Abs. 2 Nr. 4 HGB ausgewiesen „Zuzahlungen“ Döllerer, DStR 1989, 331, 335: „Sie sollten ... auch steuerrechtlich nicht mehr als verdeckte Einlagen bezeichnet werden.“

II. Begriff der verdeckten Einlage und die Systeme der Besteuerung

Bevor auf die Probleme der verdeckten Einlage von obligatorischen Nutzungsrechten eingegangen wird, sollen die Ausführungen zum Begriff der verdeckten Einlage sowie zu den beiden Besteuerungsverfahren der Körperschaftsteuer ins Gedächtnis gerufen werden.

1. Begriff der verdeckten Einlage

Um eine Besteuerung entsprechend dem Prinzip der Leistungsfähigkeit vorzunehmen, also nur dasjenige zu besteuern, was der Betrieb selbst erwirtschaftet hat, ist der durch Betriebsvermögensvergleich ermittelte Gewinn gem. § 8 Abs. 1 KStG i.V.m. § 4 Abs. 1 S. 1, 5 EStG um die Einlagen zu korrigieren.[1283] Hierzu gehören die offenen und die verdeckten Einlagen. Zur besseren Verständlichkeit der folgenden Ausführung soll das dieser Arbeit zugrunde gelegte Begriffsverständnis wiederholt werden. Unter offenen Einlagen sind solche zu verstehen, für die der Gesellschafter gesellschaftsrechtliche Ansprüche erlangt. Damit stimmt der Begriff mit den im Gesellschaftsrecht sog. gesellschaftsrechtlichen Einlagen überein. Nach § 36a Abs. 1 KStR liegt eine verdeckte Einlage vor, „wenn ein Gesellschafter oder eine ihm nahe stehende Person der Kapitalgesellschaft einen einlagefähigen Vermögensvorteil zuwendet und diese Zuwendung durch das Gesellschaftsverhältnis veranlaßt ist. ... Der Vermögensvorteil kann in einer Vermehrung von Aktiven oder einer Verminderung von Schulden bestehen. ... Die Veranlassung durch das Gesellschaftsverhältnis ist gegeben, wenn ein Nichtgesellschafter bei Anwendung der Sorgfalt eines ordentlichen Kaufmanns den Vermögensvorteil der Gesellschaft nicht eingeräumt hätte." Der Kritik von Thiel,[1284] der meint, daß die Definition auch ohne weiteres offene Einlagen umfaßt, ist entgegenzusetzen, daß auch ein Nichtgesellschafter gegen Gewährung von Gesellschafterrechten eine Einlage (u.U.) leisten würde. Trotzdem können die offenen Einlagen auch zur Klarstellung explizit aus der Definition der verdeckten Einlage ausgeschlossen werden.[1285]

1283 Ausführlicher mit Nachw. bereits B. II. 2. hierzu und zu dem folgenden.

1284 S. bereits Fn. 91.

1285 Die Definition der verdeckten Einlage würde dann lauten: Eine verdeckte Einlage liegt vor, wenn ein Gesellschafter oder eine ihm nahestehende Person der Kapitalgesellschaft außerhalb gesellschaftsrechtlicher (offener) Einlagen einen einlagefähigen Vermögensvorteil zuwendet und diese Zuwendung durch das Gesellschaftsverhältnis veranlaßt ist.

2. Die körperschaftsteuerlichen Verfahren

Die Funktionsweise des seit 1977 geltenden Anrechnungsverfahrens sowie diejenige des durch das Steuersenkungsgesetz[1286] eingeführten Halbeinkünfteverfahrens[1287] wurden bereits ebenso dargestellt,[1288] wie ihre Auswirkungen auf die Behandlung der verdeckten Einlage, so daß es hier ausreicht auf das Ergebnis zu verweisen. Die Umstellung vom Anrechnungsverfahren auf das Halbeinkünfteverfahren hat an der Nichtbesteuerung der verdeckten Einlage auf der Ebene der Kapitalgesellschaft ebenso wenig etwas geändert, wie an der grundsätzlichen Nichtbesteuerung der Rückzahlung der verdeckten Einlage auf der Ebene des Gesellschafters gem. § 20 Abs. 1 Nr. 1 S. 3 EStG.[1289]

III. **Das Verhältnis von Handels- und Steuerbilanz**

1. Maßgeblichkeitsprinzip: Geltung und Tragweite

Der in § 5 Abs. 1 S. 1 EStG niedergelegte Maßgeblichkeitsgrundsatz bestimmt für Gewerbetreibende, die freiwillig oder aufgrund gesetzlicher Vorschriften Bücher führen und regelmäßig Abschlüsse machen, daß sie das Betriebsvermögen anzusetzen haben, „das nach handelsrechtlichen Grundsätzen ordnungsgemäßer Buchführung auszuweisen ist." Durch diese Regelung wird die Steuerbilanz unmittelbar mit der Handelsbilanz verknüpft. Insbesondere die Frage des Ansatzes von Wirtschaftsgütern wird allein nach Handelsrecht entschieden.[1290] Dagegen richtet sich die steuerliche Bewertung jedenfalls für diejenigen Fälle allein nach dem Steuerrecht, in denen der steuerlichen Bewertungsvorschrift ausdrücklich Vorrang vor den GoB eingeräumt wird.[1291] Für die hier interessierenden Einlagen sieht § 5 Abs. 6 EStG vor, daß die Vorschriften über Einlagen und Entnahmen sowie deren Bewertung (insbesondere § 6 EStG) zu befolgen sind. Diese Vorschriften gelten über § 8 Abs. 1 KStG auch für die hier behandelten Körperschaften. Damit wird im folgenden vor allem die steuerliche Bewertung der obligatorischen Nutzungsrechtseinlagen Gegenstand der Überlegungen sein, da hier das handelsrechtlich gefundene Ergebnis nicht einfach übernom-

---

1286 StSenkG v. 23. 10. 2000 (BGBl. I, S. 1433).

1287 Zur Kritik am Halbeinkünfteverfahren s. Heinicke in: Schmidt, EStG, § 3 ABC Stichwort „Halbeinkünfteverfahren" 1. b) ee) mit zahlreichen Nachw. Hauptkritikpunkte sind die niedrigere Besteuerung der Gewinne der Kapitalgesellschaften im Vergleich zu den Personengesellschaften und die Steuerbefreiung der Kapitalgesellschaften als Gesellschafter von der Halbeinkünftebesteuerung nach § 8b KStG.

1288 S.o. B. II. 2.

1289 Zu den Ausnahmen und Streitigkeiten s. bereits oben B. II. 2., Fn. 71.

1290 Döllerer, BB 1987 Beil. 12, 12 f.

1291 Döllerer, aaO., S. 14.

men werden kann. Damit ist die Bedeutung des Maßgeblichkeitsgrundsatzes im hier interessierenden Zusammenhang de lege lata geklärt.

2. Exkurs: Zukunftsfähigkeit des Maßgeblichkeitsprinzips

Der Maßgeblichkeitsgrundsatz sieht sich zunehmender Kritik ausgesetzt. Im Hinblick hierauf soll auf die mittelfristige Entwicklung des Steuerrechts hingewiesen werden. Insbesondere durch die zahlreichen Durchbrechungen des Maßgeblichkeitsprinzips,[1292] die in der Einführung[1293] der umgekehrten Maßgeblichkeit der steuerlichen Bewertungswahlrechte in § 5 Abs. 1 S. 2 EStG gipfelte, wurde der Maßgeblichkeitsgrundsatz immer mehr aufgeweicht. Durch diese Aushöhlungen des Regel-Ausnahme-Verhältnisses stellt sich zwar die Frage, ob der Maßgeblichkeitsgrundsatz irgendwann nur noch auf dem Papier besteht,[1294] starker Handlungsbedarf ergibt sich auch von anderer Seite. Durch die Verknüpfung von Handels- und Steuerbilanz und die Zuständigkeit des EuGH für Fragen des Handelsbilanzrechtes hat sich der EuGH auch für Fragen des deutschen Steuerbilanzrechts für zuständig gehalten, und auch die Finanzgerichte verschärfen diese Entwicklung durch Vorlagen nach Art 234 EGV.[1295] Wegen der fehlenden Harmonisierung der direkten Steuern in der Europäischen Union wäre, falls sich die Ansicht durchsetzen würde, daß der EuGH auch für Fragen der steuerlichen Gewinnermittlung zuständig sei, der Maßgeblichkeitsgrundsatz aufzugeben.[1296] Zudem besteht wegen der Internationalisierung der Rechnungslegung, die langfristig auch auf den Einzelabschluß Einfluß haben wird und nicht – wie durch § 292a HGB schon geschehen – auf den Konzernabschluß beschränkt bleiben wird, weiterer Bedarf der Loslösung der steuerlichen Gewinnermittlung von der Handelsbilanz.[1297] Dies ergibt sich schon aus dem fehlenden Rechtscharakter der internationalen Rechnungslegungsgrundsätze sowie aus dem Umstand, daß bei einer weiteren Abhängigkeit der Steuer- von der Handelsbilanz internationale Rechnungslegungsausschüsse über deutsches Steuerrecht mittelbar entscheiden würden. Die zur Trennung der beiden Abschlüsse gemachten Vorschläge reichen von einer vollständigen Neugestaltung der steuerlichen Gewinnermittlung, durch Übertragung einer der Gewinnermittlung nach

[1292] Eine Aufzählung der Abweichungen der Steuer- von der Handelsbilanz findet sich bei Schulze-Osterloh, ZGR 2000, 594, 598 f.

[1293] Eingef. durch das Gesetz zur steuerlichen Förderung des Wohnungsbaus und zur Ergänzung des Steuerreformgesetzes 1990 vom 22.12.1989, BGBl. I/1989, 2408.

[1294] Dziadkowski, DStZ 2001, 9 spricht davon, daß die Handelsbilanz „infolge der Öffnungsklauseln zum Teil ein rein steuerliches Anlitz“ erhielt.

[1295] EuGH GmbHR 1999, 1146 ff.

[1296] Dazu Schulze-Osterloh, ZGR 2000, 594, 600 f. sowie zum Streit um die Zuständigkeit des EuGH s. Fn. 41 m.w.Nachw.

[1297] Ebenso Schulze-Osterloh, aaO., S. 602.

§ 4 Abs. 3 EStG ähnlichen Methode auf alle Gesellschaften, bis hin zu einer Gewinnermittlung nur auf Basis eines Zahlungsüberschusses. Bei allen Schwierigkeiten mit dem Maßgeblichkeitsprinzip ist allerdings zu beachten, daß sich auch eine vollständige Loslösung der steuerlichen Gewinnermittlung vom Handelsrecht, soweit an der Einkommensteuer festgehalten wird, „ohne internationales Vorbild" ist.[1298] Diese Aussage macht klar, daß mittelfristig von einer Beibehaltung des Maßgeblichkeitsprinzips auszugehen ist. Zudem ist zu bedenken, daß sich das jetzige System „eingespielt" hat.

V. Die Entwicklung der steuerlichen Rechtsprechung

1. Der Wirtschaftsgutsbegriff

Hier soll die Entwicklung der steuerlichen Rechtsprechung sowohl zu den obligatorischen Nutzungsrechten als auch zu ihrer verdeckten Einlage nachgezeichnet werden. Dadurch wird deutlich werden, woran eine verdeckte Nutzungsrechtseinlage aus Sicht der Rechtsprechung scheitert. Am Ende dieses Abschnitts sollen einige Beispiele aufgeführt werden, die Unstimmigkeiten der Rechtsprechung verdeutlichen. Im handelsrechtlichen Teil[1299] dieser Arbeit wurde ausführlich auf die Ansicht der steuerlichen Rechtsprechung zum Wirtschaftsgutsbegriff eingegangen. Die steuerliche Rechtsprechung geht von der Identität der Begriffe Wirtschaftsgut und Vermögensgegenstand aus. Die Untersuchung der von der Rechtsprechung aufgestellten Kriterien des Wirtschaftsgutsbegriffs hat gezeigt, daß nur es nur auf einen feststellbaren wirtschaftlichen Wert ankommt, während die sonst aufgestellten Kriterien der Rechtsprechung überflüssig sind und auch von der Rechtsprechung nicht konsequent eingehalten werden. Dementsprechend handelt es sich auch bei obligatorischen Nutzungsrechten um Wirtschaftsgüter, soweit sie zumindest für eine Mindestdauer überlassen sind.[1300] Auch der Große Senat des BFH hat in seiner Entscheidung v. 26. 10. 1987[1301] ausdrücklich klargestellt, daß auch Nutzungsrechte als Wirtschaftsgüter anzusehen sind. Dagegen handele es sich bei bloßen Nutzungen nicht um Wirtschaftsgüter,[1302] weil sie nicht Gegenstand des Vermögensvergleichs gem.

[1298] Hierzu und zu den vorgenannten Ansichten s. Dziadkowski, DStZ 2001, 9, 15 f., der auf eine Untersuchung von Sigloch, BFuP 2000, 157 ff. , 179, verweist.

[1299] D. I. 1. c) aa) eee).

[1300] Ausdrücklich so BGH v. 15. 5. 2000, II ZR 359/98, BGHZ 144, 290 = NJW 2000, 2356 ff. = GmbHR 2000, 870 ff. (sog. „adidas-Entscheidung") zu gesellschaftsrechtlichen Einlagen, siehe bereits oben C. II. 4. d). Die ständige Rechtsprechung bejaht die Wirtschaftsgutseigenschaft obligatorischer Nutzungsrechte: S. Fn. 778.

[1301] BFH v. 26. 10. 1987, GrS 2/86, BFHE 151, 523 = BStBl. II 1988, 348 C. I. 1. c).

[1302] S. D. I. 1. c) aa) eee) (2) (a).

§ 8 Abs. 1 KStG i.V.m. § 4 Abs. 1 S. 1 EStG sein könnten.[1303] Dazu wären nur bilanzierungsfähige Wirtschaftsgüter geeignet, so daß bloße Nutzungen ausschieden.

2. Rechtsprechung zu § 5 Abs. 2 EStG

Schon im Zusammenhang mit § 248 Abs. 2 HGB wurde darauf hingewiesen,[1304] daß der BFH früher verdeckte Einlagen immaterieller Wirtschaftsgüter von der Aktivierung ausschloß, weil er sie als unentgeltlich erworben ansah, während er jetzt, unter ausdrücklicher Aufgabe dieser Rechtsprechung, das Aktivierungsverbot durch das übergeordnete steuerliche Gebot verdrängt sieht, und den Bereich der Kapitalgesellschaft und den Bereich des Gesellschafters voneinander trennt. Der Große Senat des BFH hat in seiner Entscheidung zur Nutzungseinlage v. 26.10.1987[1305] ausdrücklich von der früheren Begründung Abstand genommen, eine verdeckte Einlage eines Nutzungsrechts scheitere an § 5 Abs. 2 EStG wegen ihrer Unentgeltlichkeit. Damit kann die Versagung der steuerlichen Berücksichtigung der verdeckten Nutzungsrechtseinlage jedenfalls nicht auf das konkrete Aktivierungsverbot des § 5 Abs. 2 EStG gestützt werden. Zudem haben die Überlegungen zu § 248 Abs. 2 HGB ergeben, daß das Erfordernis des entgeltlichen Erwerbs auf offene und verdeckte Einlagevorgänge keine Anwendung finden kann.[1306] Es hat sich gezeigt, daß nicht durch das Kriterium der Entgeltlichkeit, sondern durch die eigenständige steuerliche Bewertung eine Objektivierung des Wertes erzielt wird. Aufgrund des eigenständigen steuerlichen Wertansatzes ist die Vorschrift des § 5 Abs. 2 EStG für Einlagevorgänge verzichtbar.

3. Behandlung der verdeckten Einlage durch den Großen Senat des BFH

Damit muß erläutert werden, warum der verdeckten Nutzungsrechtseinlage die steuerliche Berücksichtigung durch den BFH dennoch versagt wird. Hier soll auf die zur verdeckten Einlage zentralen Entscheidungen des Großen Senats eingegangen werden.

[1303] BFH v. 26. 10. 1987, aaO., C. I. 3. b).

[1304] S.o. D. I. 2. a) cc) aaa). BFH v. 22. 1. 1980, VIII R 74/77, BFHE 129, 485 = BStBl. II 1980, 244; v. 20. 8. 1986, I R 150/82, BFHE 149, 25 = BStBl. II 1987, 455; v. 24. 3. 1987, I R 202/83, BFHE 149, 542 = BStBl. II 1987, 733.

[1305] BFH v. 26. 10. 1987, GrS 2/86, BFHE 151, 523 = BStBl. II 1988, 348, C. I. 3. e).

[1306] S.o. D. I. 2. a) sowie Zusammenfassung unter cc) ccc) (5).

a) BFH v. 26.10.1987 GrS 2/86

In der Entscheidung vom 26.10.1987 geht der Große Senat davon aus, daß jede Überlassung eines Wirtschaftsguts zur Nutzung zur Gewinnerhöhung bei der Gesellschaft führt.[1307] Grundlage der Gewinnermittlung sei § 4 Abs. 1 S. 1. EStG. „Gegenstand einer Einlage kann grundsätzlich nur sein, was auch Bestandteil des Vermögensvergleichs nach § 4 Abs. 1 Satz 1 sein kann. Hierzu zählen nur Wirtschaftsgüter, die in eine Bilanz aufgenommen werden können."[1308] Auch aus dem Wortlaut des § 4 Abs. 1 S. 2 EStG, der ausdrücklich (bloße) Nutzungen aufzählt, ergebe sich nichts anderes. Denn die Vorschriften über den Ansatz (§ 5 EStG) und die Bewertung von Wirtschaftsgütern (§§ 6 ff. EStG) geböten, nur bilanzierungsfähige Wirtschaftsgüter als Einlagen zu berücksichtigen, weil nur diese Gegenstand des Vermögensvergleichs gem. § 4 Abs. 1 S. 1 EStG sein könnten. Ausgeklammert hat der BFH die Frage, „ob auch das Nennkapital durch eine ... Nutzungsüberlassung aufgebracht werden kann und welche steuerlichen Wirkungen sich daraus für die Gesellschaft und die Gesellschafter ergeben."[1309] Ausdrücklich hat der BFH ausgesprochen, daß dingliche oder obligatorische Nutzungsrechte als selbständige Wirtschaftsgüter anzusehen sind und damit auch grundsätzlich für eine Einlage i.S.v. § 4 Abs. 1 S. 1 EStG geeignet sind. „Bei ihrer Bewertung ist jedoch dem Zweck der Einlagenregelung Rechnung zu tragen."[1310] Den sieht der BFH darin, „daß vom Steuerpflichtigen steuerfrei gebildetes oder bei ihm bereits besteuertes Vermögen nach seiner Einbringung in den Betrieb nicht durch eine Erhöhung der Gewinneinkünfte der Besteuerung unterworfen wird."[1311] Die Berücksichtigung einer verdeckten Nutzungsrechtseinlage scheitere aus steuerlichen Überlegungen. Ein Nutzungsrecht müßte über die Dauer der Nutzungszeit abgeschrieben werden. Dadurch würden die gezogenen Nutzungen der Besteuerung entzogen, denn dem „Gesellschafter, der Privatmann ist, würden aus der Nutzungsüberlassung auf Grund eines solchen Rechts mangels einer Gegenleistung der Gesellschaft keine Einkünfte entstehen; die Erhöhung des Wertes der Beteiligung ist keine Einnahme i.S. der §§ 8, 20, 21 EStG."[1312] Auch aus der Anerkennung der verdeckten Gewinnausschüttung in Gestalt von Nutzungen ergebe sich kein anderes Ergebnis, denn bei der Regelung der Hinzurechnung der verdeckten Gewinnausschüttung gem. § 8 Abs. 3 S. 2 KStG handele es sich um eine spezialgesetzliche Regelung.[1313] Außerhalb ihres Anwendungsbereiches gelte dagegen wieder der

[1307] BFH v. 26.10.1987 GrS 2/86, BFHE 151, 523 = BStBl. II 1988, 348 (C. I.).
[1308] BFH, aaO., C. I. 1. a).
[1309] BFH, aaO., C. I. 3..
[1310] BFH, aaO., C. I. 1. c).
[1311] BFH, ebenda (C. I. 1. b) aa)).
[1312] BFH, aaO., 355 (C. I. 3. e)).
[1313] BFH, aaO., C. I. 3. b).

§ 4 Abs. 1 EStG mit dem Erfordernis eines bilanzierungsfähigen Wirtschaftsgutes.

b) BFH v. 9.06.1997 GrS 1/94 BFH v. 9.06.1997 GrS 1/94

Als einziger Grund für die Nichtanerkennung verdeckter Einlagen obligatorischer Nutzungsrechte verbleibt damit nach der Ansicht des Großen Senats die Nichtbesteuerung der Nutzungsrechtseinlage bei einer im Privatvermögen gehaltenen Beteiligung. In diesem Kontext ist die Entscheidung des Großen Senats vom 9.6.1997[1314] zum Forderungsverzicht von Interesse. Darin hat er entschieden, daß der Verzicht des Gesellschafters auf eine Forderung gegenüber seiner Kapitalgesellschaft bei dieser zu einer Einlage in Höhe des Teilwerts der Forderung gem. § 6 Abs. 1 Nr. 5 EStG führt und zwar auch dann, wenn die entsprechende Verbindlichkeit bei der Gesellschaft auf abziehbare Aufwendungen zurückzuführen ist.[1315] Stammt die Einlage des Gesellschafters aus Leistungen des Gesellschafters, „die bei der Gesellschaft zu Aufwand geführt haben," so führt die Absetzung der Einlage zum Teilwert auf der Ebene der Gesellschaft dazu, „daß insoweit der Aufwand aus der Gesellschafterleistung gewinnwirksam bleibt."[1316] Die Besteuerung der verdeckten Einlage findet beim Forderungsverzicht auf der Ebene des Gesellschafters statt und zwar ebenfalls in Höhe des Teilwerts.[1317] Der Abzug der Einlage ist nach Ansicht des BFH insgesamt unabhängig von der Gewinnermittlung beim Gesellschafter, denn die Leistungen aus der Nutzungsüberlassung würden in jedem Fall versteuert. Falls der Gesellschafter Gewinneinkünfte gem. § 2 Abs. 1 Nr. 1-3 EStG aufgrund der erbrachten Leistungen habe und die Einkünfte durch Vermögensvergleich gem. § 4 Abs. 1 S. 1 EStG ermittele, so wäre die erlassene Forderung bereits vor dem Forderungserlaß gewinnerhöhend zu berücksichtigen gewesen.[1318] Aber auch für den Bereich der Überschußeinkünfte gem. § 2 Abs. 1 Nr. 4-7 EStG oder bei der Gewinnermittlung nach § 4 Abs. 3 EStG würden durch den Verzicht Einkünfte auf Seiten des Gesellschafters erzielt. Verzichte der Gesellschafter auf eine Forderung gegen Gewährung von Beteiligungsrechten, so führe der Verzicht zum Zufluß des Forderungswertes auf Seiten des Gesellschafters, denn hierin werde ein

---

1314 BFH v. 9.06.1997 GrS 1/94, BFHE 183, 187 = BStBl. II 1998, 307.

1315 BFH, ebenda, 1. Leitsatz.

1316 BFH, ebenda, C. I. 4.

1317 BFH, ebenda, 2. Leitsatz.

1318 Anmerkung: Die verdeckte Einlage hat nachträgliche Anschaffungskosten zur Folge, wie es jetzt auch ausdrücklich in § 6 Abs. 6 S. 2 EStG geregelt ist. Damit findet auf der Ebene des Gesellschafters ein Aktivtausch statt. Die Forderung wird ausgebucht und gleichzeitig in Höhe des Teilwerts als nachträgliche Anschaffungskosten auf die Beteiligung aktiviert. Damit bleibt die bei der erstmaligen Bilanzierung der Forderung eingetretene Gewinnrealisierung erhalten.

ein Tausch gesehen, durch den der Wert der erlassenen Forderung realisiert werde.[1319] Bei Überschußeinkünften ergebe sich ein Zufluß gem. § 11 EStG. Im Ergebnis ist nach dem BFH die Beurteilung bei der verdeckten Einlage genauso. Dasselbe Ergebnis erzielt der BFH auch für den Fall, daß auf einen Pensionsanspruch durch den Gesellschafter verzichtet wird. Mit der Pensionszusage erlange der Gesellschafter ein Anwartschaftsrecht, das einen Bestandteil seines Vermögens bilde. Bei der Gesellschaft sei eine entsprechende Einlage abzusetzen, beim Gesellschafter von einer Realisation der Anwartschaft auszugehen.[1320] Dieses „steuerrechtliche Ergebnis kann nicht davon abhängig gemacht werden, daß die Gesellschaft die Pensionsverpflichtung ablöst und der Gesellschafter den Ablösungsbetrag wieder einzahlt."

c) Zwischenergebnis

Obligatorische Nutzungsrechte stellen, soweit sie für eine Mindestdauer überlassen sind, nach der Rechtsprechung Wirtschaftsgüter dar, deren steuerliche Berücksichtigung auch nicht an dem Verbot der Aktivierung nicht entgeltlich erworbener immaterieller Anlagewerte scheitert. Damit sind sie grundsätzlich geeignet, Gegenstand einer steuerlichen Einlage i.S.v. § 4 Abs. 1 S. 1 EStG zu sein, die im Rahmen der steuerlichen Gewinnermittlung abzuziehen wäre. Offene Einlagen führen aufgrund ihres Tauschcharakters jedenfalls beim Forderungsverzicht ohne weiteres zum Zufluß, auch bei der im Privatvermögen gehaltenen Beteiligung. Bei der verdeckten Einlage ist dagegen zu differenzieren. Während eine verdeckte Einlage durch den Ansatz eines Nutzungsrechtes, das bei der Gesellschaft über die Nutzungsdauer abgeschrieben
werden muß, nicht möglich ist, weil es auf der Ebene des Gesellschafters nicht zu Einnahmen i.S.d. §§ 8, 20, 21 EStG bei einer im Privatvermögen gehaltenen Beteiligung komme, führe ein Forderungsverzicht auch auf eine Forderung, die bei der Gesellschaft zu Aufwendungen geführt habe, zu einem Zufluß i.R.d. Überschußeinkünfte.

d) Beispiele

Im Zentrum der folgenden Untersuchung wird der Vergleich verschiedener Fälle offener und verdeckter Einlagen stehen, die einen Bezug zu obligatorischen Nutzungsrechten aufweisen. Dabei wird die Frage zu beantworten sein, ob ihre unterschiedliche Behandlung durch die steuerliche Rechtsprechung gerechtfer-

---

[1319] BFH, ebenda, C. II. 1. b).
[1320] BFH, aaO., C. II. 3.

tigt ist. Um klar zu machen, um welche konkreten Fälle es sich handelt, sollen zunächst die unterschiedlichen Fälle dargestellt werden.

Dem Gesellschafter stehen verschiedene Möglichkeiten offen, der Gesellschaft obligatorische Nutzungsrechte einzuräumen. Diese Möglichkeiten sollen hier an einem Beispiel der Überlassung von Geschäftsräumen zur Nutzung veranschaulicht werden. Die jährliche Nutzungsgebühr am Markt soll für entsprechende Räume 5.000 EURO betragen.

aa) Offene Einlage[1321]

Im Rahmen einer Sachgründung oder Sachkapitalerhöhung räumt der Gesellschafter der Gesellschaft ein Nutzungsrecht für 5 Jahre ein. Dafür erhält er Gesellschaftsanteile in Höhe von 25.000 EURO. Die offene Einlage wird steuerlich anerkannt.

bb) Verdeckte Einlage durch Forderungsverzicht

Der Gesellschafter und die Gesellschaft schließen einen Nutzungsvertrag für 5 Jahre zu einer Nutzungsgebühr von 5.000 EURO pro Jahr. Nach 5 Jahren verzichtet der Gesellschafter gegenüber der solventen Gesellschaft auf die Mietzinsforderung.[1322] Es handelt sich um eine verdeckte Einlage

cc) Keine verdeckte Einlage eines obligatorischen Nutzungsrechts

Entsprechend Fall 1 und 2 wird eine feste Nutzungsüberlassung für 5 Jahre vertraglich vereinbart. Allerdings verzichtet der Gesellschafter von vornherein auf jedes Entgelt. Nach der Rechtsprechung liegt hierin keine verdeckte Einlage, so daß ein Abzug der ersparten Nutzungsentgelte bei der Gesellschaft ausscheidet.

[1321] Genauer zur Behandlung s.u. E. VI. 1. c).

[1322] Als Motivation des Gesellschafters kommt in Betracht, daß er die Gesellschaft veräußern will. Von dieser Maßnahme erhofft er sich, daß – entgegen der hier vertretenen Auffassung – sich die handelsrechtliche Ertragslage besser darstellt.

V. Ungleichbehandlung verdeckter Gewinnausschüttungen und verdeckter Einlagen

Wirft man einen Blick auf die „Schwester" der verdeckten Einlage, nämlich die verdeckte Gewinnausschüttung, stellt man fest, daß dort Nutzungen und Nutzungsrechte ohne weiteres anerkannt sind als verdeckte Gewinnausschüttungen.[1323] Gem. § 8 Abs. 3 S. 2 KStG mindern verdeckte Gewinnausschüttungen das Einkommen nicht. Die Folge einer verdeckten Gewinnausschüttung ist eine Gewinnerhöhung außerhalb der Bilanz in Höhe der unzutreffenden Gewinnminderung.[1324] Da ebenso wie bei der verdeckten Einlage eine gesetzliche Definition fehlt, kann wieder auf die Körperschaftsteuerrichtlinien zurückgegriffen werden. Nach § 31 Abs. 3 KStR ist eine verdeckte Gewinnausschüttung „eine Vermögensminderung oder verhinderte Vermögensmehrung, die durch das Gesellschaftsverhältnis veranlaßt ist, sich auf die Höhe des Einkommens auswirkt und nicht auf einem den gesellschaftsrechtlichen Vorschriften entsprechenden Gewinnverteilungsbeschluß beruht." Eine Veranlassung ist dann zu bejahen, wenn der Leistungsaustausch einem Fremdvergleich nicht standhält.[1325] Vereinfacht gesagt erhält der Gesellschafter bei der verdeckten Gewinnausschüttung „von der Kapitalgesellschaft etwas, was er als Fremder nicht erhalten würde."[1326] Damit stellt sich die Frage, ob die verdeckte Einlage das Spiegelbild der verdeckten Gewinnausschüttung darstellt[1327] und somit auch Nutzungen und Nutzungsrechte bei der verdeckten Einlage anzuerkennen sind.

1. Gleichlauf von Einlagen und Entnahmen

Schon im Zusammenhang mit dem steuerlichen Verständnis des Wirtschaftsgutsbegriffs wurde auf eine Mindermeinung hingewiesen, die den Wirtschafts-

---

1323 Z.B. Gesellschafter erhält ein Darlehen von der Gesellschaft zinslos oder zu zu niedrigen Zinsen BFH v. 23. 6. 1981, VIII R 102/80, BStBl. II 1982, 245, 246. Mit einem Beispiel der Zahlung zu hoher Mietzinsen als verdeckte Gewinnausschüttung Döllerer, DStR 1989, 331. Ausführlich zur verdeckten Gewinnausschüttung: Döllerer, Verdeckte Gewinnausschüttungen ..., S. 1 ff.; guter Überblick Wassermeyer, DStR 1990, 158 ff.

1324 Heinicke in: Schmidt, EStG, § 20 Rn. 75.

1325 § 31 Abs. 3 S. 3 KStR: „Eine Veranlassung durch das Gesellschaftsverhältnis liegt dann vor, wenn ein ordentlicher und gewissenhafter Geschäftsleiter die Vermögensminderung oder verhinderte Vermögensmehrung gegenüber einer Person, die nicht Gesellschafter ist, unter sonst gleichen Umständen nicht hingenommen hätte."

1326 v. Wallis, FR 1968, 460, 461.

1327 Döllerer, FS v. Wallis, 293; Wolter, Gesellschafterfremdfinanzierung, S. 184.

gutsbegriff über die bilanzierungsfähigen Wirtschaftsgüter hinaus ausweitet.[1328] Nach dieser Ansicht sind die Begriffe des Vermögensgegenstandes und des Wirtschaftsgutsbegriffs nicht identisch.[1329] Vielmehr umfasse der Wirtschaftsgutsbegriff nicht nur die bilanzierungsfähigen Vermögensgegenstände, sondern darüber hinaus noch nicht bilanzierungsfähige Wirtschaftsgüter, die im Rahmen der steuerlichen Gewinnkorrektur als Einlagen und Entnahmen zu berücksichtigen seien. Es gibt nach dieser Ansicht also Wirtschaftsgüter, die eingelegt werden können, aber nicht bilanzierbar sind. Diesem Verständnis könnten auch nicht die Vorschriften der §§ 5, 6 EStG entgegengehalten werden, weil sie nur für die bilanzierungsfähigen Wirtschaftsgüter gelten würden und damit bilanzierungsfähige Wirtschaftsgüter voraussetzen würden.[1330] „Die handelsrechtliche Terminologie beschreibt eben nur erschöpfend die Objekte der Bilanzierung, enthält aber keine Aussage darüber, ob beide Begriffe identisch definiert werden."[1331] Die Begriffe der Einlage und Entnahme seinen allein nach steuerlichen Gesichtspunkten auszulegen,[1332] und damit spiegelbildlich zu verstehen.[1333] Nur auf diese Weise könne der steuerlich zutreffende Gewinn ermittelt werden und damit die Gleichmäßigkeit der Besteuerung sichergestellt werden.[1334] Die Ansicht stützt sich dabei vor allem auf den Wortlaut des § 4 Abs. 1 EStG.[1335] Darin wird für die Ermittlung des Gewinns mittels Betriebsvermögensvergleich die Korrektur um Einlagen und Entnahmen angeordnet. In § 4 Abs. 1 S. 2 EStG heißt es, „Entnahmen sind alle Wirtschaftsgüter (Barentnahmen, Waren, Erzeugnisse, Nutzungen und Leistungen, ..." Dazu formuliert § 4 Abs. 1 S. 5 EStG: „Einlagen sind alle Wirtschaftsgüter (Bareinzahlungen und sonstige Wirtschaftsgüter), ...". Die unterschiedlichen Klammerzusätze hätten nur redaktio-

---

[1328] Dazu bereits D. I. 1. c) aa) eee) (1). v. Wallis, FR 1968, 460, 461; Pezzer, StuW 1975, 222, 229 f.; Hundertmark/Herms, BB 1976, 80, 81 f.; Gocke, FR 1984, 606 ff.; Wassermeyer, StbJb 1985/86, 213, 219 ff.; ausführl. Erfmeyer, Die Nutzungseinlage im Steuerrecht, S. 31 ff., insbes. S. 39-41; Nieland in: Littmann/Bitz/Meinicke, §§ 4, 5 EStG Rn. 347; Wolter, Gesellschafterfremdfinanzierung, S. 187 ff. In diese Richtung auch BFH v. 20. 8. 1986, I R 41/82, BFHE 147, 502, 509 = BStBl. II 1987, 65, 69 unter III. 2. c) (Vorlagebeschluß zu BFH v. 26. 10. 1987, GrS 2/86).

[1329] Zu den Argumenten und Nachw. s. bereits oben D. I. 1. c) aa) eee) (1).

[1330] Wolter, aaO., S. 193.

[1331] Wolter, aaO., S. 188; ebenso Erfmeyer, Die Nutzungseinlage im Steuerrecht, S. 28.

[1332] Gocke, FR 1984, 606, 607; Wolter, Gesellschafterfremdfinanzierung, S. 189.

[1333] Hundertmark/Herms, BB 80, 81; Gocke, aaO., S. 609; Wassermeyer, StbJb 1985/86, 213, 219.

[1334] Wolter, ebenda. Ebenso Wassermeyer, StbJb 1985/86, 213, 231: Die Steuerfreiheit von Einlagen sei gleichermaßen beim Einzelunternehmer und der Personengesellschaft „einerseits und im Recht der Kapitalgesellschaft andererseits Ausdruck eines im Ertragsteuerrecht allgemein geltenden Trennungsgrundsatzes zwischen dem privaten und dem betrieblichen Bereich bzw. zwischen dem Gesellschafter- und dem Gesellschaftsbereich."

[1335] Hundertmark/Herms, BB 1976, 80, 81; Gocke, FR 1984, 606, 607; Wassermeyer, StbJb 1985/86, 213, 219; Wolter, Gesellschafterfremdfinanzierung, 190 ff.

nelle Gründe, so daß einlage- und entnahmefähige Wirtschaftsgüter übereinstimmen würden,[1336] zudem hätten die beiden Sätze bis 1980 direkt hintereinander gestanden, so daß mit dem verkürzten Klammerzusatz nur Wiederholungen vermieden werden sollten.[1337] Nach dem eindeutigen Wortlaut könne damit eine bloße Nutzung sowohl Gegenstand einer Entnahme als auch Gegenstand einer Einlage sein.[1338] Wende man – wie dies die Rechtsprechung befürwortet – über § 8 Abs. 1 KStG auch die Gewinnermittlungsvorschrift des § 4 Abs. 1 S. 1 EStG an, so müsse eine Korrektur um alle betriebsfremden Vermögenszuflüsse und Vermögensabflüsse vorgenommen werden, denn der § 4 Abs. 1 S. 1 EStG diene dem Zweck, nur den auf betrieblicher Tätigkeit beruhenden Gewinn der Besteuerung zu unterwerfen,[1339] und müsse einheitlich für Kapitalgesellschaften, Personengesellschaften und Einzelunternehmen gelten.[1340] In Bezug auf die hier untersuchten Kapitalgesellschaften wird plakativ ausgedrückt, alles was Gegenstand einer verdeckten Gewinnausschüttung sein kann, könne auch Gegenstand einer verdeckten Einlage sein.[1341] Da allgemein anerkannt ist, daß Gegenstand einer verdeckten Gewinnausschüttung gem. § 8 Abs. 3 S. 2 EStG auch Nutzungen und Nutzungsrechte sein können, müsse dies auch für die verdeckte Einlage gelten. Zudem werden Fiktionen zur Hilfe genommen, um eine verdeckte Einlage zu begründen. Der Gesellschafter habe mit der Gesellschaft ein angemessenes Entgelt vereinbart, auf das der Gesellschafter hinterher verzichtet habe, so daß von einer verdeckten Einlage auszugehen sei.[1342]

2. Argumente der Rechtsprechung und der Literatur

Die Rechtsprechung und ein Teil der Literatur stellen sich dieser Ansicht entgegen. Gegenstand einer Einlage könne nur sein, was auch Gegenstand des Betriebsvermögensvergleichs sein könne. Hierzu würden nur die bilanzierungsfähigen Wirtschaftsgüter zählen.[1343] Insoweit ergebe sich allein schon aufgrund der unterschiedlichen Definitionen von verdeckter Einlage und verdeckter Gewinnausschüttung, daß sie nicht spiegelbildlich sind. Aus der Sicht der Recht-

---

[1336] Hundertmark/Herms, BB 1976, 80, 81.

[1337] Pezzer, StuW 1975, 222, 229; Wassermeyer, StbJb 1985/86, 213, 220.

[1338] Wolter, aaO., S. 190; Gocke, FR 1984, 606, 607.

[1339] Gocke, FR 1984, 606, 609.

[1340] Gocke, aaO., S. 607.

[1341] Wassermeyer, StbJb 1985/86, 213, 219. Wolter, aaO, S. 224 ff.

[1342] Hundertmark/Herms, ebenda, 82.

[1343] BFH v. 26.10.1987 GrS 2/86, BFHE 151, 523 = BStBl. II 1988, 348, C. I. 1. a). S. bereits oben E. IV. 3. a). Ebenso aus der Literatur z.B. Groh, DB 1988, 514, 520; Döllerer, DStR 1989, 331, 335; Wassermeyer, DStR 1990, 158, 163; Paus, DStZ 1987, 535, 537; Söffing, DB 1989, 399, 402.

sprechung stellt sich nur die Frage, wie die unterschiedliche Behandlung begründet werden kann.

Dem Argument, aufgrund des Wortlauts der Klammerzusätze in § 4 Abs. 1 S. 2 und 5 EStG müßten auch Nutzungen Wirtschaftsgüter im steuerlichen Sinne sein, tritt der BFH explizit entgegen. „Diese allein am Wortlaut orientierte Auslegung würde sich in einen Gegensatz zu den Vorschriften über den Ansatz (§ 5 EStG) und die Bewertung von Wirtschaftsgütern (§§ 6 ff. EStG) stellen; diese lassen sich auf Nutzungen nicht anwenden."[1344] Deswegen könne auch nicht davon ausgegangen werden, daß der § 4 Abs. 1 S. 5 EStG[1345] eine allgemeine Vorschrift für das Vorhandensein und den Ansatz von Wirtschaftsgütern enthalte. Von dem Verständnis, daß nur bilanzierungsfähige Wirtschaftsgüter Gegenstand einer Einlage sein können, könne aufgrund besonderer Regelungsbedürfnisse des Steuerrechts abgewichen werden. So müsse es wegen § 4 Abs. 4 EStG, der Betriebsausgaben als durch den Betrieb veranlaßte Aufwendungen versteht, eine Einlage darstellen, wenn einem Einzelunternehmen oder einer Personengesellschaft ein Gegenstand zur Nutzung durch den Steuerpflichtigen überlassen werde, da es um die betriebliche Nutzung betriebsfremden Vermögens gehe. Hier käme es notwendig zu einer Einlage in Höhe der Aufwendungen, obwohl diese nicht im Betriebsvermögensvergleich angesetzt werden könne.[1346] Nur vor diesem Hintergrund wäre der § 4 Abs. 1 S. 5 EStG zu verstehen. Dagegen erziele der Gesellschafter einer Kapitalgesellschaft aus der Nutzungsüberlassung keine Einnahmen, so daß die Kapitalgesellschaft auch nicht die Aufwendungen des Gesellschafters als „Aufwandseinlage" abziehen könne.[1347]

Auch der Umstand, daß die Überlassung einer Nutzung an die Gesellschafter eine verdeckte Gewinnausschüttung sein könne, ergäbe kein anderes Ergebnis, denn bei § 8 Abs. 3 S. 2 KStG handele es sich um eine Sonderregelung, die die Einlagenregelung des § 4 Abs. 1 S. 2 EStG verdränge.[1348] Damit müßte bei den Kapitalgesellschaften – anders als bei Einzelunternehmen und Personengesellschaften – die durch die unentgeltliche Nutzungsüberlassung entstandene Minderung des Einkommens, also in Höhe von sonst erzielter Einnahmen und nicht nur in Höhe ersparter Aufwendungen, durch Hinzurechnung korrigiert werden.[1349] Dagegen bliebe für die Einlagen die Regelung des § 4 Abs. 1 S. 5 EStG

[1344] BFH, ebenda, C. I. 1. a) aa).
[1345] Anmerkung: Im Urteil wird Bezug auf den damaligen gleichlautenden § 4 Abs. 1 S. 3 EStG a.F. genommen.
[1346] BFH, ebenda, C. I. 1. b) bb).
[1347] Dieser Begriff bei Groh, DB 1988, 514, 520. Es droht also auch hier keine Doppelbesteuerung.
[1348] BFH, aaO., C. I. 3. b).
[1349] Zu dieser Erläuterung Söffing, DB 1989, 399, 403.

bestehen.[1350] Damit wird deutlich, daß der BFH nicht von einer Spiegelbildlichkeit von verdeckter Gewinnausschüttung und verdeckter Einlage ausgeht, weil bei letzterer mangels Wirtschaftsgutseigenschaft eine Einlage von bloßen Nutzungen gerade ausscheidet. Auch Fiktionen erteilt der BFH eine eindeutige Absage. Eine „Gegenleistung läßt sich auch nicht durch eine Fiktion des Inhalts ersetzen, der Gesellschafter habe zunächst ein angemessenes Entgelt erhalten und eingelegt", denn „Einkunftstatbestände können nur durch ein tatsächliches oder rechtliches, nicht aber durch ein vorgestelltes Geschehen verwirklicht werden. Fiktionen müßten gesetzlich angeordnet sein".[1351]

3. Stellungnahme

Falls die zunächst dargestellte Ansicht[1352] richtig ist, so könnten obligatorische Nutzungsrechte ohne weiteres Gegenstand verdeckter Einlagen sein, so daß der Streit hier zu entscheiden ist.

a) Das Prinzip der Leistungsfähigkeit

Für die Berücksichtigung von bloßen Nutzungen spricht, daß der Gesellschafter die Möglichkeit hat, Gewinne dadurch auf die Gesellschaft zu verlagern, daß er ihr unentgeltlich Gegenstände zur Nutzung überläßt.[1353] In diesem Fall versteuert die Gesellschaft den zusätzlichen Gewinn in Höhe der ersparten Aufwendungen. Damit versteuert die Gesellschaft Gewinn, der nicht auf ihre eigene Leistungsfähigkeit zurückzuführen ist, sondern auf außerbetriebliche Einflüsse.[1354] Wegen der fehlenden Bilanzierungsfähigkeit von unentgeltlichen oder teilweise unentgeltlichen Nutzungsüberlassungen hat sich der Große Senat insoweit gegen das Prinzip der Leistungsfähigkeit entschieden. Dagegen führt *Quantschnigg*[1355] an, es sei nicht überzeugend, „daß relativ „kleine" verdeckte Sacheinlagen mit großer Selbstverständlichkeit bei der Gewinnermittlung der Körperschaft neutralisiert werden, währenddessen umfangreiche Nutzungseinlagen, die u.U. erst den Betrieb der Körperschaft ermöglichen, ohne Konsequenzen bleiben sollen." In der Tat ist dieser Umstand im Hinblick auf die grundsätzliche Besteuerung nach dem Prinzip der Leistungsfähigkeit zunächst überraschend. Letztlich kann dieses

---

1350 BFH, aaO., C. I. 3. b).

1351 BFH, aaO., D.I. 3. c)).

1352 Im folgenden Mindermeinung genannt.

1353 Dazu und zum folgenden Wassermeyer, DStR 1990, 158, 163; Söffing, DB 1989, 399, 402; Groh, DB 1988, 514, 524.

1354 S. auch Quantschnigg, DStJG 14 (1991), 47, 60.

1355 Quantschnigg, ebenda.

aber nur insoweit Berücksichtigung finden, als es auch im Gesetz einen Ausdruck gefunden hat. Damit muß ermittelt werden, ob der Wirtschaftsgutsbegriff tatsächlich auf (bilanzierungsfähige) Wirtschaftsgüter zu beschränken ist.

b) Der Wortlaut des § 4 Abs. 1 S. 5 EStG

Während Einigkeit über die Anwendbarkeit der Gewinnermittlungsvorschrift des § 4 Abs. 1 S. 1 und S. 5 EStG in Bezug auf Einlagen besteht, herrscht Streit darüber, welche Schlußfolgerung aus dem Wortlaut bzgl. des steuerrechtlichen Verständnisses des Wirtschaftsgutsbegriffs gezogen werden kann. Problematisch an der Mindermeinung ist, daß sie das steuerliche Verständnis des Wirtschaftsgutsbegriffs alleine aus den Klammerzusätzen in § 4 Abs. 1 S. 2 und 5 EStG abzuleiten versucht. Dieses ist schon deswegen problematisch, weil auch von der Mindermeinung erkannt wird, daß der Wortlaut des § 4 Abs. 1 S. 2 EStG „sprachlich mißglückt" ist.[1356] So wird die Entnahme als Wirtschaftsgut bezeichnet, obwohl es sich nach allgemeinem Sprachverständnis bei dem Wirtschaftsgut um den Gegenstand der Entnahme handelt und die Entnahme selbst einen Vorgang der Überführung eines Wirtschaftsguts aus dem Betriebs- in das Privatvermögen darstellt.[1357] Zudem lassen sich weder aus dem Wortlaut noch der Systematik noch der Entstehungsgeschichte irgendwelche Hinweise dafür ableiten, daß der Wirtschaftsgutsbegriff in §§ 5 Abs. 2, 6 EStG anders als in § 4 Abs. 1 S. 2 und 5 EStG verstanden werden soll.[1358] Die §§ 5, 6 EStG gelten nach allgemeiner Ansicht nur für bilanzierungsfähige Wirtschaftsgüter. Zudem verweist zwar § 8 Abs. 1 KStG grundsätzlich auf die Vorschriften des Einkommensteuerrechts, jedoch nur soweit es im KStG keine Regelung gibt. Da in § 8 Abs. 3 S. 2 KStG die verdeckte Gewinnausschüttung geregelt ist, geht die Verweisung auf die Entnahmevorschrift des § 4 Abs. 1 S. 2 EStG ins Leere.[1359] Zudem ist der § 4 Abs. 1 S. 1 EStG auf die Körperschaft zwar anwendbar,[1360] allerdings darf im Hinblick auf die Klammerzusätze nicht ganz außer acht gelassen werden, daß die Norm für verschiedene Vermögensbereiche ein und desselben Steuerpflichtigen konzipiert ist. Damit muß ein einheitlicher Begriff des Wirt-

---

[1356] So ausdrücklich der BGH v. 20. 6. 1986, I R 41/82, BFHE 147, 502 = BStBl. II 1987, 65, A. 1. b).

[1357] Paus, DStZ 1987, 535, 536 zu dieser und zu weiteren sprachlichen Ungenauigkeiten. So wird darüber hinaus auch die Aufzählung im Klammerzusatz des § 4 Abs. 1 S. 3 EStG kritisiert. So ständen Waren mit Nutzungen nicht auf einer Stufe, weil es sich bei letzteren um einen Vorgang handele.

[1358] Paus, ebenda, 537.

[1359] Paus, ebenda, 538.

[1360] Groh, DB 1988, 514, 522.

schaftsguts für das gesamte Einkommensteuerrecht gelten, der auch für Einlagen ein bilanzierungsfähiges Wirtschaftsgut voraussetzt.

c) Die „Nutzungseinlage" durch § 4 Abs. 4 EStG

Auch die Berücksichtigung von Betriebsausgaben gem. § 4 Abs. 4 EStG als Einlage, trotz der fehlenden Wirtschaftsgutseigenschaft in Form des Abzugs von Aufwendungen bei einer Personengesellschaft oder einem Einzelunternehmer, stellt keinen Widerspruch zur Verneinung der steuerlichen Wirtschaftsgutseigenschaft von Nutzungen dar. Eine Verlagerung der Aufwendungen vom Gesellschafter in die Kapitalgesellschaft ist nicht möglich, weil sie gesetzlich nicht vorgesehen ist.[1361] Die Vorschrift des § 4 Abs. 4 EStG paßt nicht auf das Verhältnis von zwei Steuerpflichtigen. Sie ist konzipiert für zwei Vermögensbereiche desselben Steuerpflichtigen. Hält der Gesellschafter die Beteiligung im Betriebsvermögen, können hier Betriebsausgaben abgezogen werden; hält er die Beteiligung im Privatvermögen, kann er Werbungskosten geltend machen.[1362] Aufgrund dieser Zusammenhänge ist es nicht erforderlich und führt auch nicht weiter, die steuerliche Behandlung der im Anwendungsbereich des § 4 Abs. 4 EStG vorhandenen „Aufwandseinlage"[1363] auch bei Nutzungen oder Nutzungsrechten näher zu betrachten. Damit sind die Ausführungen des Großen Senats diesbezüglich konsequent.

d) Auswirkungen der Bewertungsvorschrift des § 6 Abs. 6 S. 2 EStG

Ein weiteres Argument für die Beschränkung des Wirtschaftsgutsbegriffs auf bilanzierbare Wirtschaftsgüter, auch im Rahmen der verdeckten Einlage, ergibt sich aus § 6 Abs. 6 S. 2 EStG, der durch das Steuerentlastungsgesetz 1999/2000/2002[1364] eingefügt wurde. Danach erhöhen sich bei der Übertragung eines Wirtschaftsgutes im Wege der verdeckten Einlage die Anschaffungskosten der Beteiligung an der Kapitalgesellschaft um den Teilwert des eingelegten Wirtschaftsgutes.

1361 BFH v. 26.10.1987 GrS 2/86, BFHE 151, 523 = BStBl. II 1988, 348, C. I. 3. d).

1362 BFH, ebenda.

1363 Hier erfolgt im beim Einzelunternehmer bzw. bei der Personengesellschaft die Buchung „*per* Aufwand *an* Eigenkapital". Die Einlagenhöhe bestimmt sich aber im Gegensatz zur verdeckten Gewinnausschüttung nicht an den erzielbaren Einnahmen, sondern an den tatsächlich im Privatvermögen durch den Steuerpflichtigen getätigten Aufwendungen.

1364 Steuerentlastungsgesetz v. 24. 3. 1999, BGBl. I 1999, 402.

Aus dieser Vorschrift lassen sich zwei Argumente ableiten, die zusammengenommen für eine Beschränkung der verdeckten Einlage auf bilanzierungsfähige Wirtschaftsgüter fruchtbar gemacht werden können.

Zum einen ergibt sich aus der Einfügung der Regelung in die Bewertungsvorschrift des § 6 EStG, daß sich die Vorschrift nur auf bilanzierungsfähige Wirtschaftsgüter bezieht. Dieses Verständnis folgt auch daraus, daß sich die nachträglichen Anschaffungskosten der Beteiligung nach dem *Teilwert* des verdeckt eingelegten Wirtschaftsgutes bemessen sollen. Der Teilwert kommt nur dann in Frage, wenn das eingelegte Wirtschaftsgut überhaupt einen Teilwert haben kann. Der Teilwert ist nach der Legaldefinition des § 6 Abs. 1 Nr. 1 S. 3 EStG derjenige Wert, den ein Erwerber des ganzen Betriebs im Rahmen des Gesamtkaufpreises für das einzelne Wirtschaftsgut ansetzen würde. Für bloße Nutzungen würde der Unternehmenserwerber keinen Wert ansetzen bzw. einen höheren Preis für das Unternehmen zahlen, weil sie ihm keine gesicherte Rechtsposition oder einen anderen für die Zukunft bewertbaren wirtschaftlichen Vorteil geben. Damit haben bloße Nutzungen keinen Teilwert.[1365] Ein Teilwert kann nur für bilanzierungsfähige Wirtschaftsgüter in Frage kommen.[1366]

Zum anderen läßt sich für das Verständnis des Wirtschaftsgutsbegriffs der Umstand fruchtbar machen, daß mit § 6 Abs. 6 S. 2 EStG erstmals eine Bewertungsvorschrift für verdeckte Einlagen geschaffen wurde. Wie gesehen, kann sich diese Bewertungsvorschrift nur auf bilanzierungsfähige Wirtschaftsgüter beziehen. Dieser Umstand hat den Gesetzgeber aber nicht daran gehindert, nur eine Bewertungsvorschrift für die verdeckte Einlage von bilanzierungsfähigen Wirtschaftsgütern zu schaffen. Eine Bewertungsvorschrift für nicht bilanzierungsfähige Wirtschaftsgüter sucht man dagegen vergebens. Es wäre nun sehr merkwürdig, wenn hier einerseits eine allgemeine Bewertungsvorschrift für die verdeckte Einlage von bilanzierungsfähigen Wirtschaftsgütern geschaffen worden wäre und es andererseits verdeckte Einlagen geben würde, die nie – wegen mangelnder Bilanzierungsfähigkeit – Gegenstand dieser Vorschrift sein können. Aufgrund der ausschließlichen Bezugnahme der Vorschrift auf bilanzierbare Wirtschaftsgüter ist vielmehr davon auszugehen, daß es weitere darüber hinausgehende Gegenstände verdeckter Einlagen nicht gegen kann. Ansonsten hätte es nahegelegen, außerhalb des § 6 EStG eine Bewertungsvorschrift für die Auswirkungen der übrigen verdeckten Einlagen zu schaffen.

Nimmt man den Umstand, daß es sich bei § 6 Abs. 6 S. 2 EStG um eine allgemeinen Bewertungsvorschrift für verdeckte Einlagen handelt, mit dem Umstand

[1365] Wolter, ebenda.
[1366] Wolter, Gesellschafterfremdfinanzierung, S. 200.

zusammen, daß sich diese Bewertungsvorschrift nur auf bilanzierungsfähige Wirtschaftsgüter bezieht, ergibt sich als logische Schlußfolgerung, daß der Gesetzgeber für den Bereich der verdeckten Einlage *insgesamt* nur bilanzierbare Wirtschaftsgüter als einlagefähig angesehen hat. Werden hier für den Bereich der verdeckten Einlage nur bilanzierungsfähige Wirtschaftsgüter allgemein als Gegenstände verdeckter Einlagen anerkannt, und ist im EStG[1367] von einem einheitlichen Wirtschaftsgutsbegriff auszugehen, so kann auch dieser einheitlich nur bilanzierungsfähige Wirtschaftsgüter umfassen. Da bzgl. der Bilanzierungsfähigkeit die Begriffe des Vermögensgegenstandes und des Wirtschaftsgutes unstreitig identisch sind, müssen sie auch insgesamt identisch sein.

Damit hat sich der Streit um das steuerliche Verständnis des Wirtschaftsgutsbegriffs durch die Einführung des § 6 Abs. 6 S. 2 EStG erledigt.

e) Zwischenergebnis

Zwar erscheint es im Hinblick auf das Prinzip der Leistungsfähigkeit durchaus richtig, daß der Gewinn des Steuerpflichtigen um äußere Einflüsse zu korrigieren ist, dieses ist jedoch technisch nur möglich im Rahmen des (gesetzlich) vorgegebenen Gewinnermittlungsrahmens. Letzterer ist für den Bereich der Kapitalgesellschaften auf die Berücksichtigung von Einlagen beschränkt, die selber bilanzierungsfähige Wirtschaftsgüter sind und damit im Betriebsvermögensvergleich nach § 4 Abs. 1 S. 1 EStG selbst angesetzt werden können. Eine Korrektur um eingelegte Nutzungen scheidet damit – in Übereinstimmung mit dem BFH - für Kapitalgesellschaften aus. Dies ergibt sich seit dem Steuerentlastungsgesetz 1999/2000/2002 eindeutig aufgrund des § 6 Abs. 6 S. 2 EStG. Aufgrund dieses Ergebnisses sind auch die Begriffe Wirtschaftsgut und Vermögensgegenstand identisch, weil der Wirtschaftsgutsbegriff über die bilanzierungsfähigen Wirtschaftsgüter hinaus keinen weiteren Anwendungsbereich hat.

Damit existiert zwischen verdeckter Einlage und verdeckter Gewinnausschüttung keine Spiegelbildlichkeit für den Bereich bloßer Nutzungen, so daß aus der Anerkennung von Nutzungen und Nutzungsrechtsüberlassungen als Gegenstände der verdeckten Gewinnausschüttung keine Rückschlüsse auf die Fälle der verdeckten Einlage gemacht werden können.

[1367] Auch aufgrund der Verweisung in § 8 Abs. 1 KStG wird das EStG angewendet, so daß es hier nicht erwähnt werden muß.

VI. Steuerliche Behandlung offener Einlagen obligatorischer Nutzungsrechte

Aufgrund der bisherigen Untersuchung sowie der Darstellung der Rechtsprechung ist klar, daß Gegenstand steuerlich verdeckter Einlagen nur Wirtschaftsgüter sein können.[1368] Zu den Wirtschaftsgütern zählen auch die obligatorischen Nutzungsrechte. Zudem steht auch das konkrete Aktivierungsverbot des § 5 Abs. 2 EStG einer steuerlichen Einlage immaterieller Wirtschaftsgüter nicht im Wege. Damit stellt sich die Frage, warum die obligatorischen Nutzungsrechte keine Gegenstände verdeckter Einlagen sein können. Nach der Ansicht des Großen Senats des BFH v. 26. 10. 1987[1369] scheitert die Berücksichtigung einer verdeckten Nutzungsrechtseinlage allein an folgender Überlegung : Ein Nutzungsrecht müßte über die Dauer der Nutzungszeit bei der empfangenden Gesellschaft abgeschrieben werden. Dem „Gesellschafter, der Privatmann ist, würden aus der Nutzungsüberlassung aufgrund eines solchen Rechts mangels einer Gegenleistung der Gesellschaft keine Einkünfte entstehen; die Erhöhung des Wertes der Beteiligung ist keine Einnahme i.S. der §§ 8, 20, 21 EStG.“[1370] Ob diese Aussage wirklich einen Grund bildet für die Nichtanerkennung der verdeckten Einlagen obligatorischer Nutzungsrechte, soll im folgenden untersucht werden. Dafür werden – ausgehend von der oben dargestellten Rechtsprechung des BFH[1371] - offene Einlagen obligatorischer Nutzungsrechte dargestellt. Das dort gefundene Ergebnis soll Ausgangspunkt der Frage sein, ob verdeckt eingelegt werden kann, was auch offen eingelegt werden kann.[1372] Neben der Frage, ob die verdeckte Einlage ein tauschähnliches Geschäft darstellt, soll der Verzicht auf eine Forderung, die sich aus Überlassung eines Gegenstandes zur Nutzung ergibt, auf ihre Besteuerungsfolgen untersucht werden. Anschließend soll auf die Auswirkung der Aufdeckung der „verdeckten Einlagen“ in der Handelsbilanz eingegangen werden. Auf dieser Grundlage muß dann ermittelt werden, wie und ob sich die verdeckte Einlage obligatorischer Nutzungsrechte in diesen Kontext einfügt.

1. Steuerliche Behandlung der offenen Einlage obligatorischer Nutzungsrechte

Der Große Senat hat in seiner Entscheidung v. 26. 10. 1987 ausdrücklich die offenen Einlagen von Nutzungsrechten aus seinen Überlegungen ausgeklam-

---

[1368] Im folgenden erübrigt sich die Bezeichnung „bilanzierungsfähige Wirtschaftsgüter“, weil alle Wirtschaftsgüter nach der hier vertretenen Auffassung bilanzierungsfähig sind.

[1369] BFH v. 26. 10. 1987, GrS 2/86, BFHE 151, 523 = BStBl. II 1988, 348.

[1370] BFH, aaO., 355 (C. I. 3. e)).

[1371] E. IV. 3.

[1372] Wassermeyer, StbJb 1985786, 213, 220.

mert.[1373] Dagegen hat der Große Senat in der Entscheidung vom 9. 6. 1997[1374] ausdrücklich auf die offene Einlage Bezug genommen und hier überhaupt keine steuerlichen Probleme gesehen, auch nicht bei der im Privatvermögen gehaltenen Beteiligung. Damit stellt sich die Frage, wie der BFH bei offenen Nutzungsrechtseinlagen die Besteuerungslücke umgeht, die bei verdeckten Nutzungsrechtseinlagen gerade zu deren Verneinung führten.

a) Berücksichtigung aller offenen Einlagen

Die Rechtsprechung macht im Zusammenhang mit verdeckten Einlagen die Möglichkeit der Aktivierung auch obligatorischer Nutzungsrechte aus Besteuerungsüberlegungen zunichte . Überraschenderweise bestehen entsprechende Schwierigkeiten bei der offenen Einlage obligatorischer Nutzungsrechte nicht. Dies ergibt sich daraus, daß für den Bereich der offenen Einlagen uneingeschränkt auch eine steuerliche Einlage angenommen wird mit der Folge, daß die offenen Einlagen gem. §§ 4 Abs. 1 S. 1 EStG i.V.m. § 8 Abs. 1 KStG den steuerlichen Gewinn nicht erhöhen dürfen.[1375] Aufgrund dieses unterschiedlichen Meinungsbildes für offene und verdeckte Einlagen könnte man pointiert formulieren, wenn es um eine offene Einlage geht, findet die Gewinnkorrekturvorschrift des § 4 Abs. 1 S. 1 EStG *für alle Wirtschaftsgüter* Anwendung. Geht es dagegen um eine verdeckte Einlage, soll dies *nicht* zutreffen, wenn es sich um *Nutzungsrechte* handelt. Damit muß es bei den offenen Einlagen einen auf der Besteuerungsebene liegenden Unterschied zur verdeckten Einlage geben, der hier die Aktivierung von Nutzungsrechten ermöglicht.

b) Tauschähnlicher Vorgang

Bevor auf den tauschähnlichen Vorgang eingegangen wird, soll kurz der Tausch dargestellt werden, um die Begriffsherkunft besser zu verstehen. Das Steuerrecht betrachtet den Tausch als Umsatzakt und Realisationstatbestand.[1376] Die Gewinnrealisierung ergibt sich daraus, daß steuerlich nicht der Buchwert, sondern der gemeine Wert (§ 9 Abs. 2 BewG) des hingegebenen Wirtschaftsgutes die Anschaffungskosten für das erhaltene Wirtschaftsgut bestimmt,[1377] so daß im hingegebenen Wirtschaftsgut vorhandene stille Reserven mit dem Tausch

---

[1373] BFH v. 26. 10. 1987, GrS 2/86, BFHE 151, 523 = BStBl. II 1988, 348, C. I. 3.
[1374] BFH v. 9.06.1997 GrS 1/94, BFHE 183, 187 = BStBl. II 1998, 307, C. II. 1. b).
[1375] Döllerer, BB 1986, 1857; Bordewin, DStR 1988, 227, 231; Thiel, DStJG 14, 161, 181.
[1376] Wassermeyer, DB 1990, 855; Hoffmann, GmbHR 1999, 452, 454.
[1377] S. Weber-Grellet in: Schmidt, EStG, 17. Auf. § 5 Rn. 632 m.Nachw. zur Rspr.; Ellrott/Schmidt-Wendt in: BeBiKom, § 255 Rn. 133.

grundsätzlich zu versteuern sind.[1378] Wenn also z.B. Unternehmen A sein Grundstück (Buchwert: 50 GE[1379]; Verkehrswert = gemeiner Wert 100 GE) gegen ein Grundstück des Unternehmens B mit einem Verkehrswert von 50 GE tauscht, muß A für das erworbene Grundstück Anschaffungskosten von 100 GE ansetzen. Dadurch kommt es zu einer Gewinnrealisierung von 50 GE. Eine Ausnahme von der Gewinnrealisierung sollte nach dem sog. Tauschgutachten des BFH v. 16. 12. 1958[1380] beim Tausch und der Einbringung von art-, wert- und funktionsgleichen Wirtschaftsgütern, insbesondere Anteilen an Kapitalgesellschaften, bestehen. Durch die Möglichkeiten zur Buchwertfortführung nach §§ 20 Abs. 1 S. 2 und § 23 UmwStG hatte schon nach der alten Rechtslage das Tauschgutachten weitgehend an Bedeutung verloren.[1381] [1382] Im Rahmen des Steuerentlastungsgesetzes 1999/2000/2002[1383] hat der Gesetzgeber die Bewertungsvorschrift des § 6 Abs. 6 S. 1 EStG neu eingefügt: „Wird ein einzelnes Wirtschaftsgut im Wege des Tausches übertragen, bemessen sich die Anschaffungskosten nach dem gemeinen Wert des hingegebenen Wirtschaftsguts." Damit hat sich der Gesetzgeber vom „Tauschgutachten" verabschiedet[1384] und die dargestellten Tauschregeln grundsätzlich für allgemein anwendbar erklärt.[1385]

1378 Glanegger in: Schmidt: EStG, 20. Aufl., § 6 Rn. 540.

1379 GE = Geldeinheiten.

1380 BFH v. 16. 12. 1958, I D 1/57 S, BFHE 68, 78 = BStBl. III 1959, 30. Zum Tausch und zur Einbringung von Kapitalanteilen s. BMF v. 9. 2. 1998, BStBl. I, 163 ff. Krit. z.B. Wassermeyer, DB 1990, 855 der meint, darin lag Verstoß gegen Art. 20 Abs. 3 GG.

1381 Die genannten Vorschriften ermöglichen unter der Voraussetzung der Gewährung neuer Anteile und des Erwerbs der Stimmehrheit an der Gesellschaft, deren Anteile eingebracht werden, die Bewertung zum Buchwert bei der aufnehmenden Kapitalgesellschaft, so daß es nicht zu einer Gewinnrealisierung kommt. Weber-Grellet in: Schmidt, § 5 Rn. 634; zu den verbleibenden Anwendungsfällen bei Einbringung von Anteilen an einer Kapitalgesellschaft BMF v. 9. 2. 1998, 164 (Rn. 18-21).

1382 Nach § 8b Abs. 2 S. 1 KStG, der durch das InvZulG 1999 v. 20. 12. 2000 eingefügt wurde (BGBl. I 1850), bleiben Gewinne aus der Veräußerung eines Beteiligungsanteils an einer anderen Gesellschaft außer Ansatz. Damit findet auch in diesem Bereich keine Gewinnrealisierung statt. § 8 b Abs. 2 S. 3 KStG stellt klar, daß eine Veräußerung im Sinne der Vorschrift auch eine verdeckte Einlage ist.

1383 BGBl. I 1999, 402.

1384 BT-Drucks. 14/23, S. 173 f.: Der Gesetzgeber wollte „mit Rücksicht auf den Grundsatz der Gleichmäßigkeit der Besteuerung" einen steuerneutralen Tausch von im Betriebsvermögen gehaltenen Anteilen an Kapitalgesellschaften ausschließen. BR-Drucks. 978/98, damals befand sich die Regelung in Abs. 5. S. Hoffmann, GmbHR 1999, 542; Weber-Grellet in: Schmidt, EStG, 20. Aufl., § 5 Rn. 634; Herrmann in: Frotscher, EStG, § 6 Rn. 526.

1385 Hoffmann, GmbHR 1999, 452, 454; Hörger/Mentel/Schulz, DStR 1999, 565, 573 f. Die dargestellten Ausnahmen nach Umwandlungssteuergesetz (§§ 20, 23 UmwStG) bestehen fort.

Unter einem „tauschähnlichen Vorgang" verstand man früher die offene (= gesellschaftsrechtliche) Einlage aus einem *Betriebsvermögen* in eine Kapitalgesellschaft. Die durch den Gesellschafter erlangten Anteile sollten mit dem gemeinen Wert der hingegebenen Wirtschaftsgüter aktiviert werden, so daß es in der Höhe der Differenz zwischen Buchwert und gemeinem Wert entsprechend der Behandlung beim Tausch beim Gesellschafter zur Gewinnrealisierung kommt.[1386] Der Begriff des tauschähnlichen Vorgangs ergibt sich daraus, daß es sich zwar nicht um einen zivilrechtlichen Tausch handelt, die ertragsteuerliche Behandlung aber der des Tausches entspricht.[1387] Die Gewinnrealisierung im Herkunftsbetriebsvermögen stützt sich heute unmittelbar auf die Vorschrift des § 6 Abs. 6 S. 1 EStG.[1388] Obwohl die Vorschrift eigentlich nur eine Aussage für die Bewertung im Herkunftsbetriebsvermögen enthält (also beim Gesellschafter), muß auch die empfangende Kapitalgesellschaft die eingelegten Wirtschaftsgüter mit dem gemeinen Wert als „Anschaffungskosten" ansetzen,[1389] so daß hier die Bewertungsvorschrift des § 6 Abs. 1 Nr. 5 EStG keine Anwendung findet. Damit ergibt sich für die gesellschaftsrechtliche Einlage aus einem *Betriebsvermögen* in die Kapitalgesellschaft eine *korrespondierende Bewertung*.[1390]

Nachdem die Einlage aus einem Betriebsvermögen dargestellt wurde, soll jetzt auf die Einlagen aus dem *Privatvermögen* eingegangen werden. Obwohl der BFH in der Entscheidung vom 19. 10. 1998[1391] erwähnt, daß die Sacheinlage aus dem Privatvermögen in eine Kapitalgesellschaft „schon bisher" als tauschähnlicher Vorgang beurteilt wurde, hatte diese Beurteilung in der Literatur

1386 S. nur Weber-Grellet in: Schmidt, EStG, 17. Aufl., § 5 Rn. 636.

1387 Herrmann in: Frotscher, EStG, § 6 Rn. 525 spricht in diesem Zusammenhang von „Tausch".

1388 Glanegger in: Schmidt, EStG, 20. Aufl., § 6 Rn. 440 „Gesellschaftsrechtliche Einlagen" (3); Herrmann, ebenda.

1389 Glanegger, ebenda; ebenso für die Einlage aus einem Privatvermögen BFH v. 19. 10. 1998, VIII R 69/95, BFHE 187, 434 = BStBl. 2000 II, 230 = BFH/NV 1999, 849 = DStR 1999, 366.

1390 Diese wird auch als Zweck des neuen § 6 Abs. 6 EStG aufgefaßt: S. auch Hoffmann, GmbHR 1999, 452.

1391 BFH v. 19. 10. 1998, VIII R 69/95, BFHE 187, 434 = BStBl. 2000 II, 230 und 232 = BFH/NV 1999, 849 = DStR 1999, 366 und 367. Die zweite Seitenangabe bezieht sich auf umfassende Nachweise zu den bis zum Urteil vertretenen Ansichten sowie auf das Zitat.

bis dahin kaum Niederschlag gefunden.[1392] Der BFH, und dem folgend die Finanzverwaltung,[1393] hat im Zusammenhang mit der Einlage eines Wirtschaftsgutes aus dem *Privatvermögen* in eine Personengesellschaft gegen die Gewährung eines Mitunternehmeranteils, entgegen der damals h.M., einen *tauschähnlichen Vorgang* angenommen. Dieser führe beim Gesellschafter zu einem Veräußerungsgeschäft und bei der empfangenen Personengesellschaft zu „Anschaffungskosten" für das eingelegte Wirtschaftsgut mit der Folge ihrer Aktivierung in Höhe des gemeinen Wertes. Damit findet § 6 Abs. 1 Nr. 5 EStG nur noch für *nicht* gesellschaftsrechtliche Einlagen Anwendung.[1394] Hierbei ist nicht auf den ersten Blick klar, wie es bei der Einlage aus dem Privatvermögen zur Gewinnrealisierung kommen kann, da grundsätzlich die Veräußerung von Privatvermögen einkommensteuerrechtlich irrelevant ist.[1395] Nur im Rahmen der Einlage in den Fällen des § 17 EStG (Veräußerung einer wesentlichen Beteiligung), § 23 Abs. 1 S. 5 Nr. 1 EStG (private Veräußerungsgeschäfte: Einlage von Grundstücken und Weiterveräußerung innerhalb einer Spekulationsfrist) sowie § 21 UmwStG (Veräußerung sog. einbringungsgeborener Anteile) kann es zu einer Gewinnrealisierung kommen.[1396] Ob außerhalb dieser Fälle bei der gesellschaftsrechtlichen Einlage aus dem Privatvermögen von einem tauschähnlichen Geschäft gesprochen werden sollte, ist zweifelhaft. Dabei geht es im Ergebnis um die Frage, ob § 6 Abs. 1 Nr. 5 EStG für gesellschaftsrechtliche Einlagen (Bewertung der Einlage bei der Gesellschaft) insgesamt keine Anwendung findet,[1397] denn auf der Seite des Gesellschafters kommt dem Wertansatz außerhalb der genannten Fälle keine steuerliche Bedeutung zu, da eine Gewinnrealisierung ausscheidet. Ordnet man diese Fälle der gesellschaftsrechtlichen Einlage als tauschähnlichen

---

[1392] Nur in Bezug auf Einlagen aus Betriebsvermögen z.B. Weber-Grellet in: Schmidt, 17. Aufl., § 5 Rn. 636; Groh, DB 1997, 1683, 1685 spricht davon, daß das Steuerrecht die Sacheinlage gegen Gewährung von Gesellschaftsrechten „seit jeher" als tauschähnlich eingeordnet wird; ders., DB 1988, 514, 522 spricht direkt von der Nutzungsrechtseinlage. Jedoch wird nicht der gemeine Wert des hingegebenen (Sacheinlage) sondern des erlangten Wirtschaftsgutes (Beteiligung) für die Bilanzierung nach Tauschgrundsätzen bei der Einlage aus dem Privatvermögen angesetzt. Dagegen ist einzuwenden, daß diese Sichtweise gerade eine Umkehrung der Tauschgrundsätze bedeutet.

[1393] BMF v. 29. 03. 2000, BStBl. I 2000, 462.

[1394] Glanegger in: Schmidt, EStG, 20. Aufl., § 6 Rn. 440 „Gesellschaftsrechtliche Einlagen" (2).

[1395] Zu diesem Grundsatz Weber-Grellet in: Schmidt, EStG, 17. Aufl., § 17 Rn. 2.

[1396] Märkle, DStR 2000, 797, 806; Düll/Fuhrmann/Eberhard, DStR 2000, 1713, 1717.

[1397] So ausdrücklich BMF v. 29. 3. 2000, BStBl. I 2000, 462 (II 1. a) soweit es um eine Wertentsprechung von Anteilen und Sacheinlage geht.

Vorgang ein,[1398] so spricht nichts gegen die Anwendung des § 6 Abs. 6 S. 1 EStG, so daß sich diese Behandlung schon unmittelbar aus dem Gesetz ergeben würde.[1399] Teilweise wird der Anwendungsbereich des § 6 Abs. 6 S. 1 EStG dagegen auf Einlagen aus einem Betriebsvermögen beschränkt.[1400] Die Bedeutung dieser Frage sollte allerdings nicht überbewertet werden, da die Anwendung der sonst gültigen Vorschrift des § 6 Abs. 1 Nr. 5 S. 1 1. Hs. EStG grundsätzlich zum Ansatz von Einlagen mit dem Teilwert führt, der sich im Regelfall nicht vom gemeinen Wert (Anschaffungskosten bei der Gesellschaft) unterscheidet.[1401] Damit käme es grundsätzlich auch bei einer Anwendung des § 6 Abs. 1 Nr. 5 EStG zu einem korrespondierenden Wertansatz.[1402] Für die Fälle des tauschähnlichen Vorgangs hätte die empfangende Kapitalgesellschaft das eingelegte Wirtschaftsgut entgeltlich angeschafft.[1403]

c) Besonderheiten bei obligatorischen Nutzungsrechten

Damit ist klar, daß es bei der offenen Einlage zur Gewinnrealisierung durch Aufdecken stiller Reserven kommt, soweit die Anteile in einem Betriebsvermögen gehalten werden, und zur Besteuerung eines Veräußerungsgewinns im Privatvermögen, wenn einer der Besteuerungstatbestände der §§ 17 Abs. 1 S. 1, 23 Abs. 1 S. 5 Nr. 1 EStG, § 21 Abs. 1 UmwStG gegeben ist. Diese Behandlung als Veräußerungsgeschäft mit der damit verbundenen Gewinnrealisierung paßt nicht ohne weiteres zu der offenen Einlage von Nutzungsrechten. Das Nutzungsrecht

---

1398 Eine Ausnahme muß allerdings für Einlagen aus dem Betriebsvermögen in eine Personengesellschaft gemacht werden. Hier ist § 6 Abs. 5 S. 3 EStG vorrangig (str.), der eine Buchwertfortführung ermöglicht. S. Glanegger in: Schmidt, EStG, 20. Aufl., § 6 Rn. 440 „Gesellschaftsrechtliche Einlagen" (1), Rn. 531; ausführlich Düll/Fuhrmann/Eberhard, DStR 2000, 1713, 1714.

1399 So wohl Märkle, DStR 2000, 797, 806: „Der Abs. 6 des § 6 EStG gilt damit unzweideutig auch für Tauschvorgänge die sich im reinen Privatbereich ... abspielen."; Glanegger in: Schmidt, 20. Aufl., § 6 Rn. 440 „Gesellschaftsrechtliche Einlagen" *erwähnt* in diesem Zusammenhang § 6 Abs. 6 S. 1 EStG gar *nicht*.

1400 In diese Richtung, aber doch unentschlossen, Weber-Grellet in: Schmidt, EStG, 20. Aufl., Rn. 542. Er spricht davon, daß die Vorschrift nur für Vorgänge des Betriebsvermögens gelte. Trotzdem spricht er anschließend von einer Anwendung des § 6 Abs. 6 S. 1 EStG, auch wenn das Einlagegut aus dem Privatvermögen stammt.

1401 Bei Einlagen handelt es sich um ein einzelne Wirtschaftsgüter, so daß sich der Teilwert (§ 6 Abs. 1 Nr. 1 S. 3) - also „der Betrag, den ein Erwerber des ganzen Betriebes im Rahmen eines Gesamtkaufpreises für das einzelne Wirtschaftsgut ansetzen würde" - und der gemeine Wert (§ 9 BewG), also letztlich der Verkehrswert, in der Regel entsprechen.

1402 Allerdings werden dann die Ausnahmen in § 6 Abs. 1 Nr. 5 S. 1 2. Hs. außer Acht gelassen.

1403 Weber-Grellet in: Schmidt, EStG, § 5 Rn. 636.

wird sich in Form tatsächlicher Nutzung für die Gesellschaft erst in der Zukunft realisieren.

aa) Behandlung bei der Gesellschaft

Da das Nutzungsrecht als Vermögensgegenstand anerkannt ist, ergeben sich keine Besonderheiten.[1404] Die Gesellschaft muß das eingelegte Nutzungsrecht mit dem gemeinen Wert[1405] oder mit dem Teilwert[1406] ansetzen. Die Gesellschaft hat das Nutzungsrecht über die gewöhnliche Nutzungsdauer ertragsmindernd abzuschreiben.

bb) Behandlung beim Gesellschafter

Die Aktivierung und Abschreibung auf Seiten der Gesellschaft steht nicht im Widerspruch zu der Entscheidung des Großen Senats vom 26. 10. 1987, denn der Gesellschafter hat die erhaltenen Gesellschafterrechte zu versteuern.[1407] Wie dies geschieht, soll getrennt danach dargestellt werden, ob die Beteiligung im Betriebs- oder im Privatvermögen gehalten wird.

aaa) Beteiligung im Betriebsvermögen

Hält der Gesellschafter die Beteiligung im Betriebsvermögen, stellen sich aus Besteuerungsüberlegungen keine besonderen Probleme. Legt der Gesellschafter wie im Beispiel[1408] das Nutzungsrecht offen in die Kapitalgesellschaft ein, so erhält er dafür Gesellschaftsanteile, die er gem. § 6 Abs. 6 S. 1 EStG in Höhe des gemeinen Wertes zu aktivieren hat.[1409] Da der Gesellschafter bisher das Nutzungsrecht noch nicht in seinem Vermögen angesetzt hatte, kommt es bei ihm zur Vermögensmehrung in Höhe der erhaltenen Anteile, so daß er in dieser Höhe Gewinn realisiert. Um allerdings eine Verteilung der Einnahmen über die Nutzungszeit zu erreichen, muß er nach h.M.[1410] einen passiven Rechnungsab-

---

1404 Bordewin, DStR 1988, 227, 233.

1405 Glanegger in: Schmidt, EStG, § 6 Rn. 440 „Gesellschaftsrechtliche Einlagen (offene Einlagen). Meint § 6 Abs. 6 S. 1 EStG müsse auch auf Seiten der Gesellschaft gelten, wenn das Einlagegut aus dem Betriebsvermögen kommt.

1406 Groh, DB 1988, 514, 522; Thiel, DStJG 14, 161, 181: Ansatz mit dem Teilwert.

1407 S. z.B. Thiel, DStJG 14, 161, 181 f.

1408 S.o. E IV. 3. d) aa).

1409 S. Thiel, DStJG 14, 161, 182 Fn. 100.

1410 Bordewin, DStR 1988, 227, 233; Groh, DB 1988, 514, 522; ders., StbJb 1988/89, 187, 192; Thiel, DStJG 14, 161, 182 Fn. 100; Weber-Grellet in: Schmidt, EStG, § 5 Rn. 203.

grenzungsposten gem. § 5 Abs. 4 Nr. 2 EStG bilden, den er über die Nutzungszeit ertragserhöhend auflöst.

bbb) Beteiligung im Privatvermögen

Auch wenn der Gesellschafter die Beteiligung im Privatvermögen hält, soll die vom Großen Senat des BFH befürchtete Besteuerungslücke nicht entstehen. Der Erhalt der Beteiligungsrechte gegen Gewährung von Gesellschafterrechten soll zu Einkünften aus Vermietung und Verpachtung gem. § 21 EStG[1411] bzw. zu Einkünften aus Kapitalvermögen gem. § 20 EStG führen.[1412] Fraglich ist, woraus sich der Wertansatz auf Seiten des Gesellschafters ergibt. Sieht man in § 6 Abs. 6 S. 1 EStG eine allgemeine Bewertungsvorschrift für alle offenen Einlagen auch aus dem Privatvermögen, so ergibt sich der Ansatz zum gemeinen Wert. Daß hier im Privatvermögen Einnahmen erzielt werden, ergibt sich aus § 8 Abs. 1 EStG.[1413] Da im Privatvermögen eine Verteilung der Einnahme „Erhalt von Gesellschafterrechten" auf verschiedene Rechnungsperioden nicht möglich ist, muß ein sofortiger Zufluß gem. § 11 EStG im Zeitpunkt des Erhalts der Anteile angenommen werden. Damit kommt es zu Einkünften aus Vermietung und Verpachtung, wenn der Gesellschafter wie im Beispiel[1414] ein obligatorisches Nutzungsrecht an Geschäftsräumen einräumt, und zu Einkünften aus Kapitalvermögen, wenn ein Gesellschafter einen Geldbetrag zinslos überläßt. [1415] Es entstehen also Einkünfte aus §§ 8, 20, 21 EStG, soweit einer der dort geregelten Besteuerungstatbestände einschlägig ist. Räumt der Gesellschafter der Kapitalgesellschaft im Rahmen einer offenen Einlage z.B. das Nutzungsrecht an einem PKW ein, dann ist keiner der Besteuerungstatbestände des § 21 Abs. 1 EStG einschlägig, so daß eine Besteuerung hier ausscheidet.

cc) Zwischenergebnis

Damit steht für die offenen Einlagen obligatorischer Nutzungsrechte fest, daß es sowohl bei der im Privatvermögen als auch der im Betriebsvermögen gehaltenen Beteiligung zur Besteuerung kommt. Beim Privatvermögen ergibt sich die Besteuerung aus §§ 8, 20, 21 EStG. Es sind also genau diejenigen Normen einschlägig, die den Großen Senat an der Anerkennung der verdeckten Nutzungsrechtseinlage gehindert haben.

1411 Thiel, DStJG 14, 161, 182;

1412 S. Groh, DB 1988, 514, 522; Döllerer, Verdeckte Gewinnausschüttung ..., S. 181.

1413 Groh, DB 1988, 514, 522; ebenso Döllerer, Verdeckte Gewinnausschüttungen ..., S. 181.

1414 E. IV. 3. d) aa).

1415 Die Beispiele von Groh, ebenda.

2. Auswirkung der Behandlung offener Einlagen auf die verdeckten Einlagen

Nachdem die vollständige steuerliche Anerkennung der offenen Einlagen obligatorischer Nutzungsrechte feststeht, stellt sich die Frage, ob nicht verdeckt eingelegt werden können muß, was auch offen eingelegt werden kann. Der positiven Beantwortung der Frage steht nur die Begründung der Besteuerung der Nutzungsrechte bei der verdeckten Einlage auf der Ebene des Gesellschafters im Wege. Hier soll zunächst gefragt werden, ob es sich auch bei der verdeckten Einlage um ein tauschähnliches Geschäft handelt. Im Anschluß daran wird dargestellt, welche Auswirkung der § 6 Abs. 6 S. 2 EStG auf diese Frage hat. Im Anschluß an diese Frage ist das Urteil des Großen Senats diesbezüglich zu würdigen, und schließlich muß noch geklärt werden, ob sich aus der handelsrechtlichen Einstellung des Wertes des Nutzungsrechts in die Kapitalrücklage gem. § 272 Abs. 2 Nr. 4 HGB Einflüsse auf die steuerliche Behandlung ergeben.

a) Die verdeckte Einlage als tauschähnliches Geschäft

Anders als bei den gesellschaftsrechtlichen Einlagen wird von der Steuerrechtsprechung die verdeckte Einlage nicht als tauschähnlicher Vorgang[1416] eingestuft. Zwar erhöht sich als Folge der verdeckten Einlage der Wert der Anteile des Gesellschafters, darin wird jedoch steuerlich ganz überwiegend nur ein „Reflex“[1417] und nicht eine Gegenleistung gesehen.[1418] Hieraus ergibt sich die Beurteilung der verdeckten Einlage als unentgeltliche Übertragung.[1419] Diskutiert man die Frage, ob es sich bei den verdeckten Einlagen um ein tauschähnliches Geschäft handelt, geht es um die Frage der Gleichstellung der offenen mit den verdeckten Einlagen im Steuerrecht. Vor diesem Hintergrund soll untersucht werden, ob sich aus der steuerlichen Perspektive gravierende Unterschiede zwischen den beiden Einlagen ergeben.

1416 Zu diesem Begriff schon oben. Für Tauschähnlichkeit z.B. Quantschnigg, DStJG 14 (1991), 47, 63; ebenso das BMF in seiner Äußerung zu den Forderungsverzichten s. BFH v. 9. 6. 1997, GrS 1/94, BFHE 183, 187, 191 (A. III. 3. b) = BStBl. II 1998, 307.

1417 Groh, DB 1988, 514, 523. Ebenso BFH v. 18. 12. 1990, VIII R 17/85, BFHE 163, 352 = BStBl. II 1991, 512, 513.

1418 BFH v. 26. 10. 1987, GrS 2/86, BFHE 151, 523, 537 = BStBl. II 1988, 348, 355; v. 24. 3. 1987, I R 202/83, BFHE 149, 542 = BStBl. II 1987, 705, 707; v. 27. 7. 1988, I R 147/83, BFHE 154, 218 = BStBl. II 1989, 271, 273; v. 18. 12. 1990, VIII R 17/85, BFHE 163, 352 = BStBl. II 1991, 512, 513. Weber-Grellet, DB 1998, 1532,1536, ders. in: Schmidt, EStG, § 5 Rn. 639; Frotscher in: Frotscher/Maas, KStG, § 8 Rn. 83. Herrmann in: Frotscher, EStG, § 6 Rn. 529.

1419 BFH v. 9. 7. 1997, VIII B 40/97, BFH/NV 1998, 23; ebenso Herrmann in: Frotscher, EStG, § 6 Rn. 531.

Wie bereits oben gesehen, sind die Kernmerkmale des sog. tauschähnlichen Geschäfts zum einen das Bestehen eines gewinnrealisierenden Vorgangs und zum anderen ein korrespondierender Wertansatz bei der Gesellschaft und dem Gesellschafter.

aa) Disquotale Einlage als Problem

Die offene Einlage zeichnet sich nicht durch ein tatsächlich bestehendes Gegenleistungsverhältnis aus, so daß das Fehlen einer solchen Gegenleistung nicht den verdeckten Einlagen im Sinne der steuerlichen Betrachtung entgegengehalten werden kann. Ein relevanter Unterschied besteht aber zwischen der offenen und der verdeckten Einlage. Der Wertzuwachs der Anteile beim Gesellschafter umfaßt nicht notwendig den vollen Wert des verdeckt eingelegten Gutes. Deutlich wird dies, wenn der Einlegende nicht Alleingesellschafter ist. Bei dieser sog. disquotalen Einlage kommt es nach früher h.M. beim Einlegenden nur in Höhe seiner prozentualen Beteiligung zu nachträglichen Anschaffungskosten.[1420] Hier sind also der Wertzuwachs bei der Gesellschaft und derjenige beim Gesellschafter nicht identisch, vielmehr erhalten auch die Mitgesellschafter entsprechend ihrer Beteiligung einen Wertzuwachs. Teilweise wird auch vorgeschlagen, eine vollständige Aktivierung zuzulassen, wenn der Gesellschafter z.B. zum Zwecke der Rettung der Gesellschaft „(vorrangig) im eigenen Interesse handelt".[1421] Fraglich ist aber, inwieweit dieses Argument noch als relevant angesehen werden kann, nachdem der § 6 Abs. 6 S. 2 EStG eingeführt wurde.

Nach dem neuen § 6 Abs. 6 S. 2 EStG erhöhen sich für eine verdeckte Einlage bei einer im Betriebsvermögen gehaltenen Beteiligung[1422] „die Anschaffungskosten der Beteiligung an der Kapitalgesellschaft um den Teilwert des eingelegten Wirtschaftsguts." Bei Einlagegut aus Privatvermögen oder einer im Privat-

[1420] In diese Richtung BFH v. 24. 3. 1987, I R 202/83, BFHE 149, 542 = BStBl. II, 705, 707 (verdeckte Einlage eines Geschäftswerts): Danach müsse es in voller Höhe des eingelegten Gutes beim einlegenden Gesellschafter zur Gewinnrealisierung kommen. Dies schiede aber bei einem Wertzuwachs nur in Beteiligungshöhe aus. BFH v. 29. 7. 1997, VIII R 57/94 BFHE 184, 63 = BStBl. II 1998, 652. Weber-Grellet, StB 2000, 122, 127; a.A. BFH v. 18. 7. 1985, IV R 135/82, BFHE 144, 166 = BStBl. 1985, 635; zust. Döllerer, BB 1986, 1857, 1863.

[1421] Weber-Grellet, ebenda.

[1422] § 6 Abs. 6 S. 2 EStG gilt nur für Einlagen in eine Kapitalgesellschaft, wenn die Beteiligung an der Kapitalgesellschaft im Betriebsvermögen gehalten wird. S. Glanegger in: Schmidt, EStG, 20. Aufl., § 6 Rn. 440 „Verdeckte Einlagen" (1) und (2).

vermögen gehaltenen Beteiligung gilt § 6 Abs. 6 S. 2 EStG nicht,[1423] jedoch kann aus dieser Regelung abgeleitet werden, daß sich die Anzahl der Gesellschafter gerade nicht auf die Höhe der anzusetzenden Anschaffungskosten auswirkt. Es entstehen vielmehr Anschaffungskosten in voller Höhe des Teilwerts. Damit ist der Weg zu einem korrespondierenden Wertansatz beim Gesellschafter und der Gesellschaft offen.

bb) Verdeckte Einlage als Gewinnrealisierungstatbestand

Bezüglich der Gewinnrealisierung im Zusammenhang mit der verdeckten Einlage muß zwischen verdeckten Einlagen aus dem Betriebsvermögen und solchen aus dem Privatvermögen unterschieden werden.

Der bereits erwähnte § 6 Abs. 6 S. 2 EStG hat für Einlagen aus dem *Betriebsvermögen*[1424] bei einer im Betriebsvermögen gehaltenen Beteiligung[1425] eindeutig geregelt, daß es sich bei der verdeckten Einlage eines Wirtschaftsgutes um einen Gewinnrealisationstatbestand handelt.[1426] Nachträgliche Anschaffungskosten kann es zwar auch bei einer im Privatvermögen gehaltenen wesentlichen Beteiligung geben, allerdings macht der Begriff des Teilwerts nur bei einer im Betriebsvermögen gehaltenen Beteiligung Sinn. Die mit der Vorschrift beabsichtigte Gewinnrealisierung kann zudem nur bei aus dem Betriebsvermögen stammenden verdeckten Einlagen generell angeordnet werden, weil die verdeckte Einlage aus dem Privatvermögen nur in Ausnahmefällen zur Gewinnrealisierung führt. Damit ist die Voraussetzung für die Anwendung des § 6 Abs. 6 S. 2 EStG tatsächlich, daß das Einlagegut aus dem Betriebsvermögen stammt und die Beteiligung ebenfalls im Betriebsvermögen gehalten wird. Damit sind in diesen Fällen also nachträgliche Anschaffungskosten beim Gesellschafter in Höhe des Teilwerts anzusetzen. Zu beachten ist allerdings, daß gem. § 6 Abs. 6 S. 3 EStG die Anschaffungskosten sich für die Fälle des § 6 Abs. 1 Nr. 5 S. 1 Buchst. a EStG nach dem Einlagewert des Wirtschaftsguts richten. Diese Regelung wird zu Recht kritisiert, denn danach kommt es bei der Bewertung darauf an, ob das verdeckt eingelegte Gut vorher in ein Betriebsvermögen eingelegt wurde, dann

[1423] Glanegger, ebenda. Ähnlich Herrmann in: Frotscher, EStG, § 6 Rn. 530 und 534: Das Einlagegut muß aus dem Betriebsvermögen stammen und die Beteiligung muß im Betriebsvermögen gehalten werden.

[1424] Nach Korn, KÖSDI 3/2000, 12352 gilt § 6 Abs. 6 S. 2 EStG auch dann wenn das Einlagegut aus dem Privatvermögen stammt und nur die Beteiligung an der Kapitalgesellschaft im Betriebsvermögen gehalten wird. Dafür spricht, daß Bezugsobjekt der verdeckten Einlage immer die Gesellschafterstellung ist, die hier im Betriebsvermögen gehalten wird.

[1425] Korn, KÖSDI 3/2000, 12352.

[1426] S. z.B. Herrmann in: Frotscher, EStG, § 6 Rn. 530.

ist nämlich der historische Einlagewert maßgebend. Ist dagegen das Wirtschaftsgut zunächst entgeltlich erworben worden und dann verdeckt eingelegt worden, kommt es zur Gewinnrealisierung.[1427]

Daß es sich bei verdeckten Einlagen um Gewinnrealisationstatbestände handelt, und welcher Wertansatz beim Gesellschafter bei einer im *Privatvermögen* gehaltenen Beteiligung[1428] der richtige ist, läßt sich am besten an der Entwicklung zu der verdeckten Einlage einer wesentlichen Beteiligung i.S.d. § 17 EStG illustrieren.

Vor dem Steueränderungsgesetz 1992 (Einführung des § 17 Abs. 1 S. 2 EStG) fehlte es an einer gesetzlichen Regelung der verdeckten Einlage. Die u.U. sogar h.M. betrachtete die verdeckte Einlage als Veräußerungsgeschäft.[1429] Als Veräußerungspreis sah die h.M. den gemeinen Wert der verdeckt eingelegten Anteile an. Es kam also in Höhe der Differenz zwischen gemeinem Wert und historischen Anschaffungskosten zur Gewinnrealisierung.[1430] Danach konnte die verdeckte Einlage ohne weiteres als tauschähnlicher Vorgang eingeordnet werden. Die Tauschähnlichkeit besteht nicht – wie es teilweise in den Stellungnahmen der Literatur anklingt – in dem Austausch von Leistung und Gegenleistung. Dies

---

1427 Im Anschluß an Patt in: Herrmann/Heuer/Raupach wendet sich Herrmann in: Frotscher, EStG, § 6 Rn. 536 f. mit folgendem (hier leicht modifizierten) Beispiel gegen diese Regelung: Erwirbt A ein Grundstück im Jahr 1980 für 100 GE und legt es darauf zu diesem Teilwert in sein Betriebsvermögen ein, aus dem er es verdeckt im Jahr 2000 in seine A-GmbH einlegt, soll dort gem. § 6 Abs. 6 S. 3 EStG weiter eine Bewertung zu 100 GE stattfinden, obwohl der Teilwert mittlerweile 1000 GE beträgt. Es ist danach also der Teilwert des Jahres 1980 maßgeblich. Hätte A das Grundstück dagegen gleich für sein Betriebsvermögen zu 100 GE erworben, dann hätte die verdeckte Einlage zum Teilwert im Jahr 2000 in Höhe von 1000 GE erfolgen müssen. Es wäre nach § 6 Abs. 6 S. 2 EStG zu einer Gewinnrealisierung in Höhe von 900 GE (1000 GE - 100 GE) gekommen.

1428 Gemeint ist hier, daß auch das Einlagegut aus dem Privatvermögen stammt. Stammt das Einlagegut aus einem Betriebsvermögen und wird die Beteiligung im Privatvermögen gehalten, so muß das Einlagegut zunächst aus dem Betriebsvermögen zum Teilwert gem. § 6 Abs. 1 Nr. 4 EStG entnommen werden. Dann befindet sich das Einlagegut ebenfalls im Privatvermögen, so daß auch hierfür die folgenden Überlegungen gelten. Dazu Korn, KÖSDI 3/2000, 12352, 12353. In der Zusammenschau mit Fn. 963 ergibt sich, daß für die Anwendung der Vorschriften zur verdeckten Einlage nicht entscheidend ist, aus welchem Vermögen das Einlagegut stammt, sondern, ob die Beteiligung im Privat- oder Betriebsvermögen gehalten wird.

1429 S. nur BFH v. 12. 2. 1980, VIII R 114/77, BFHE 130, 378 = BStBl. II 1980, 494, 496 m.w.Nachw. Aus der aktuellen Literatur so Weber-Grellet in: Schmidt, EStG, 20. Aufl., § 5 Rn. 639.

1430 Umfassende Nachw. aus der Literatur s. BFH v. 9. 7. 1997, VIII B 40/97, BFH/NV 1998, 23, II. 2. b).

wäre nicht tausch*ähnlich*,[1431] sondern ein Tausch, der auch bei offenen Einlagen nicht vorliegt, da es keine Gegenleistung gibt. Was die Gleichstellung mit dem Tausch durch diesen Begriff der Tauschähnlichkeit rechtfertigt, ist die Gewinnrealisierung.

Der Betrachtung der verdeckten Einlage als Veräußerungsgeschäft erteilte der BFH v. 27. 7. 1988 eine eindeutige Absage.[1432] Da in § 17 Abs. 1 EStG aber nur die „Veräußerung" einer wesentlichen Beteiligung als steuerlicher Tatbestand geregelt war, hätte die verdeckte Einlage einer wesentlichen Beteiligung keine Besteuerungsfolgen gehabt. Mit dieser Einschätzung wurde ein „Steuersparmodell" heraufbeschworen, das mit folgendem Beispiel veranschaulicht werden soll:

Gesellschafter G hält im Privatvermögen eine wesentliche Beteiligung an der A-GmbH, von der er sich möglichst steuerfrei trennen möchte. Die Anschaffungskosten betrugen 50 GE und der Zeitwert (gemeiner Wert = Verkehrswert) beträgt 100 GE. Bei einer direkten Veräußerung an den Interessenten I zum Zeitwert müßte er den Gewinn in Höhe von 50 GE gem. § 17 Abs. 1 EStG a.F. versteuern. Da nach der dargestellten neuen BFH Rechtsprechung die verdeckte Einlage keinen Veräußerungstatbestand darstellen soll, gründet er eine B-GmbH und legt verdeckt seine Beteiligung an der A-GmbH ein. Dies führt in Höhe des gemeinen Wertes der Anteile an der A zu nachträglichen Anschaffungskosten der Beteiligung an der B, so daß die gesamten Anschaffungskosten der B dem tatsächlichen Wert der B entsprochen hätten. Darauf hätte G seine Beteiligung an der B steuerneutral an I veräußern können.

Als Folge der Rechtsprechungsänderung und der Gefahr des dargestellten Steuersparmodells wurde nicht mehr der Ansatz von nachträglichen Anschaffungskosten in Höhe des gemeinen Wertes bei dem Gesellschafter und gleichzeitig in gleicher Höhe bei der Gesellschaft befürwortet. Da eine Besteuerung der im Privatvermögen gebildeten stillen Reserven bei dem Gesellschafter ausschied, wurde eine Verstrickung der stillen Reserven bei der Gesellschaft erreicht. Zu diesem Zweck wurde – entgegen der oben dargestellten früheren h.M. – eine Bewertung bei der aufnehmenden Gesellschaft mit den historischen Anschaffungskosten des einlegenden Gesellschafters gem. § 6 Abs. 1 Nr. 5 S. 1 2. Hs.

[1431] Bei dem Begriff „tauschähnlich" muß man sich fragen, ob dieser Begriff nicht mehr verwirrt, als daß er zur Simplifizierung der Materie beiträgt. Weder bei der offenen noch bei der verdeckten Einlage besteht ein echtes Gegenleistungsverhältnis, so daß gerade *kein* Tausch vorliegt.

[1432] BFH v. 27. 7. 1988, I R 147/83, BFHE 155, 52 = BStBl. II 1989, 271 Leitsatz 2; ebenso Seibold, DStR 1990, 719.

Buchst. b EStG befürwortet.[1433] Der Bewertungsansatz bei der Gesellschaft diente hier also nur dazu, die Besteuerung zu sichern. Soweit dieses Problem gelöst ist, braucht dieser Bewertungsansatz also nicht weiter verfolgt zu werden. Kritisch ist zu diesem Lösungsansatz anzumerken, daß eine Besteuerung von stillen Reserven bei der Gesellschaft stattfindet bzw. stattfinden kann, obwohl sie beim Gesellschafter gebildet wurden. Entgegen dem Prinzip der Leistungsfähigkeit wird eine Besteuerung beim falschen Steuerpflichtigen vorgenommen.

Zur Schließung dieser (möglichen)[1434] Besteuerungslücke wurde mit dem StÄndG 1992 der § 17 Abs. 1 S. 2 EStG eingefügt, der die verdeckte Einlage einem Veräußerungsgeschäft gleichstellte,[1435] so daß die Betrachtung als tauschähnliches Geschäft eigentlich wieder Auftrieb hätte erhalten müssen, entsprechend der vor dem genannten BFH-Urteil bestehenden h.M.[1436] Veräußerungspreis ist gem. § 17 Abs. 2 S. 2 EStG der gemeine Wert der Anteile, und in derselben Höhe entstehen nachträgliche Anschaffungskosten auf die Beteiligung. Auch der Wertansatz bei der Gesellschaft stimmt hiermit überein, denn ein niedriger Wertansatz würde die Bildung stiller Reserven bedeuten und damit die Gefahr der Doppelbesteuerung in sich bergen.

Mittlerweile wird die verdeckte Einlage in eine Kapitalgesellschaft aus dem Privatvermögen in allen Fällen, in denen eine Veräußerung zur Besteuerung führt,[1437] einem Veräußerungsgeschäft zum gemeinen Wert gleichgestellt und führt damit zur Gewinnrealisierung – soweit die Anschaffungskosten überstiegen werden: § 17 Abs. 1 S. 2, Abs. 2 S. 2 EStG (verdeckte Einlage einer wesentlichen Beteiligung), § 23 Abs. 1 S. 5 Nr. 2 EStG (verdeckte Einlage eines der in § 23 Abs. 1 S. 1 Nr. 1, Abs. 3 S. 2 a.E. EStG genannten Rechte innerhalb der genannten Spekulationsfristen) und § 21 Abs. 2 S. 1 Nr. 4, S. 2 UmwStG (verdeckte Einlage einbringungsgeborener Anteile). Außerhalb dieser Ausnahmefälle führt allerdings die verdeckte Einlage ebensowenig wie die Veräußerung aus dem Privatvermögen zu einem Veräußerungsgewinn, denn wo keine stillen Reserven gebildet werden können, können sie auch nicht aufgedeckt werden.

[1433] Döllerer, DStR 1989, 331, 337; Ludwig Schmidt, FR 1989, 113; Wassermeyer, DStR 1990, 158, 163; Groh, FR 1990, 528, 531; Knobbe-Keuk, JbFSt 1990/91, 394; Wismeth, FR 1990, 275, 276.

[1434] Entweder weil dem soeben dargestellten Bewertungskonzept nicht gefolgt wird, oder weil eine Realisierung der stillen Reserven bei der Gesellschaft nicht stattfindet.

[1435] Zur Schließung dieser möglichen Steuerumgehung im Bereich des § 17 EStG durch das StÄndG 1992 Thiel, DStR 1992, 1, 6 mit Beispiel.

[1436] Ebenso BMF zu Forderungsverzichten s. BFH v. 9. 6. 1997, GrS 1/94, BFHE 183, 187, 191 = BStBl. II 1998, 307 (A. III. 3. b).

[1437] Die Veräußerung einer Beteiligung und auch die verdeckte Einlage einer solchen führt nach § 8b Abs. 2 S. 3 KStG nicht zu einer Besteuerung des Veräußerungsgewinnes.

Abgesehen von den gesetzlich vorgesehenen Ausnahmefällen[1438] führt die verdeckte Einlage also zur Gewinnrealisierung entweder durch den Ansatz des Teilwerts oder den Ansatz des gemeinen Wertes bei dem Gesellschafter.

cc) Korrespondierender Wertansatz bei der Gesellschaft

Bei Einlagen aus dem *Betriebsvermögen* findet bei dem Gesellschafter ein Wertansatz zum Teilwert statt. Korrespondierend dazu muß bei der Gesellschaft ebenfalls ein Wertansatz zum Teilwert stattfinden. Ob dieses Ergebnis aus § 6 Abs. 6 S. 2 EStG, der eigentlich nur den Wertansatz der nachträglichen Anschaffungskosten beim Gesellschafter regelt, oder aus der Anwendung des § 6 Abs. 1 Nr. 5 S. 1 1. Hs. EStG abgeleitet wird, spielt keine Rolle. Für die Fälle des § 6 Abs. 6 S. 3 EStG findet bei Gesellschaft und Gesellschafter ein Wertansatz mit dem „Einlagewert" statt. Bei den genannten Einlagen aus dem *Privatvermögen* entstehen nachträgliche Anschaffungskosten auf die Beteiligung in Höhe des gemeinen Wertes. Folgt man dem Großen Senat,[1439] so hat die Gesellschaft bei der verdeckten Einlage immer die Einlagenbewertungsvorschrift des § 6 Abs. 1 Nr. 5 EStG anzuwenden. Diese gilt sowohl für Einlagen aus dem Betriebs- als auch dem Privatvermögen. Danach hat die Gesellschaft den Teilwert der verdeckten Einlage anzusetzen. Grundsätzlich kann allerdings von einer Entsprechung von gemeinem Wert und vom Teilwert ausgegangen werden, so daß diese Unterscheidung nicht zentral ist. Damit ist auch für die verdeckten Einlagen aus dem Privatvermögen eine korrespondierende Bilanzierung bei der Gesellschaft und dem Gesellschafter erreicht.

Auch bei offenen (gesellschaftsrechtlichen) Einlagen wird – wie bereits dargestellt – keinesfalls der in der Satzung zugrunde gelegte Wertansatz „hingenommen", sondern es wird eine eigenständige steuerliche Bewertung zum gemeinen Wert vorgenommen, denn eine Gegenleistung im Sinne eines Tausches besteht in der Gewährung der Anteile nicht. Für die Beurteilung als tauschähnliches Geschäft spricht die Entscheidung des Großen Senats zum Forderungsverzicht.[1440]

[1438] Zu den bereits genannten kommt nach der durch Art. 4 des Gesetzes zur Änderung des InvZulG 1999 v. 20. 12. 2000 (BGBl. I, 1850) neu eingefügte § 8b Abs. 2 S. 3 KStG hinzu, der die verdeckte Einlage einem Veräußerungsgeschäft gleichstellt, und damit die verdeckte Einlage eines Anteils an einer anderen Körperschaft oder Personenvereinigung von der Besteuerung freistellt.

[1439] BFH v. 9. 6. 1997, GrS 1/94, BFHE 183, 187 = BStBl. II 1998, 307 unter C. I. 3. Die alle Geltung dieser Bewertungsvorschrift auf Seiten der Gesellschaft für alle verdeckten Einlagen ergibt sich daraus, daß im Gegensatz zu der Bewertung beim Gesellschafter keine Differenzierung nach dem Herkunftsvermögen vorgenommen wird.

[1440] BFH v. 9. 6. 1997, GrS 1/94, BFHE 183, 187 = BStBl. II 1998, 307. So auch Groh, DB 1997, 1683, 1687.

Während die h.M für den Fall der verdeckten Einlage in Form eines Verzichts auf eine nicht voll werthaltige Forderung bei der Gesellschaft eine Einlage zum Nennwert und bei dem Gesellschafter nachträgliche Anschaffungskosten zu dem niedrigeren Teilwert annahm,[1441] ging der Große Senat vom Ansatz des Teilwerts sowohl beim Gesellschafter als auch bei der Gesellschaft aus. Damit ist der korrespondierende Wertansatz auch für den Fall einer nicht voll werthaltigen Forderung sichergestellt.

Damit ist hier dieselbe Ausgangslage geschaffen wie beim tauschähnlichen Geschäft bzgl. offener Einlagen, so daß kein Grund ersichtlich ist, für die verdeckten Einlagen einen anderen Begriff zu verwenden. Sowohl die Gewinnrealisierung als auch der korrespondierende Wertansatz finden in allen steuerlich relevanten Fällen statt. Dagegen wird die „Gegenleistung" auch im Gesellschaftsrecht nicht als zuverlässige Wertobjektivierung der eingelegten Wirtschaftsgüter akzeptiert, so daß die fehlende Gewährung von Anteilen für die steuerliche Einordnung keine Rolle spielen kann.

dd) Zwischenergebnis

Ein „tauschähnliches Geschäft" für die verdeckte Einlage allein deswegen zu verneinen, weil es an einer Gegenleistung der Gesellschaft fehlt, überzeugt nicht. Denn eine Gegenleistung fehlt auch bei den gesellschaftsrechtlichen Einlagen, die gerade nach h.M. den einzigen Anwendungsfall des tauschähnlichen Geschäfts darstellen. Die Grundlage des „tauschähnlichen Geschäfts" ist nicht eine tatsächliche Gegenleistung, sondern vielmehr, daß ein steuerlicher Realisationstatbestand gegeben ist, der zur Aufdeckung stiller Reserven führt. Diese können natürlich *nicht* dort aufgedeckt werden, wo die Bildung stiller Reserven gar nicht möglich ist, nämlich im Privatvermögen. Dieser Umstand hat aber die neuere Rechtsprechung nicht daran gehindert, hier trotzdem von einem tauschähnlichen Vorgang zu sprechen. Hier verbleibt für die Tauschähnlichkeit nur die Eigenschaft, daß die verdeckte Einlage auch bei der im Privatvermögen gehaltenen Beteiligung zu nachträglichen Anschaffungskosten führt. Diese führen z.B. im Rahmen der Veräußerung einer wesentlichen Beteiligung nach § 17 Abs. 1 EStG zu einer Minderung der Veräußerungsgewinns.[1442] Damit stellt sich aber die steuerliche Lage bei offenen und verdeckten Einlagen gleich dar, so daß kein Grund besteht, in der Bezeichnung zu differenzieren.

[1441] Umfassende Nachw. in BFH v. 9. 6. 1997, GrS 1/94, BFHE 183, 187 = BStBl. II 1998, 307 unter C. I. 2.

[1442] S. Weber-Grellet in: Schmidt, EStG, 17. Aufl., § 17 Rn. 164.

Allerdings ist festzustellen, daß die Einordnung als tauschähnlich nicht ohne weiteres hergibt, daß auch bei der verdeckten Einlage eines obligatorischen Nutzungsrechts es entsprechend der Behandlung der offenen Einlage zu einer Einnahme gem. §§ 8, 20, 21 EStG kommt. Stark dafür spricht, daß in allen Fällen, in denen eine Besteuerung der offenen Einlage angenommen wird, es auch zu einer Besteuerung der verdeckten Einlage kommt. Zudem ergibt sich aus den angewendeten Vorschriften der §§ 20, 21 EStG nichts für die Behandlung von Einlagen. Dagegen stellt sich der Wertzuwachs im Privatvermögen bei der verdeckten Einlage ähnlich dar wie bei der offenen. Trotzdem soll das hier gefundene Ergebnis, daß nämlich aus der Tauschähnlichkeit der verdeckten Einlage eine Gleichbehandlung mit der offenen Einlage hergeleitet wird, zunächst noch vorläufig sein. Um diese Frage besser beurteilen zu können, sollen die Behandlung des Forderungsverzichts sowie die handelsrechtliche Aufdeckung der verdeckten Einlagen mit einbezogen werden.

b) Die Zuflußfiktion des Großen Senats v. 9. 6. 1997

Schon im Zusammenhang mit der Entwicklung der Rechtsprechung wurde deutlich gemacht, daß in den beiden Entscheidungen des Großen Senats Fiktionen unterschiedlich gehandhabt werden. Dieser Umstand hat unmittelbare Bedeutung für die Behandlung der verdeckten Einlage obligatorischer Nutzungsrechte.

Der Große Senat v. 26. 10. 1987 führte aus, eine „Gegenleistung läßt sich auch nicht durch eine Fiktion des Inhalts ersetzen, der Gesellschafter habe zunächst ein angemessenes Entgelt erhalten und eingelegt“, denn „Einkunftstatbestände können nur durch ein tatsächliches oder rechtliches, nicht aber durch ein vorgestelltes Geschehen verwirklicht werden. Fiktionen müßten gesetzlich angeordnet sein“.[1443]

Ausdrücklich nimmt der BFH vom 9. 6. 1997 in seiner Entscheidung zum Forderungsverzicht auf die Entscheidung des Großen Senats vom 26.10.1987 Bezug und sagt, daß auf den Abzug einer Einlage auf Seiten der Gesellschaft zu verzichten sei, wenn dem durch die Einlage entstehenden Aufwand keine entsprechenden Einkünfte auf Seiten des Gesellschafter gegenüber stünden; dieses sei in diesem Fall allerdings nicht zu besorgen.[1444] Ein Zufluß wäre zwar zu verneinen, „wenn der Gläubiger gegenüber dem Schuldner auf bestehende oder auf zukünftige Ansprüche *ohne Ausgleich* verzichtet und er dadurch eine Vermögenseinbuße erleidet.“[1445] Hier bewirke der Verzicht allerdings eine Stärkung

---

[1443] BFH, aaO., 354 (C. I. 3. c)).
[1444] BFH, ebenda, C. I. 4..
[1445] BFH, aaO., C. II. 1. b). (Hervorhebung nicht im Original.)

der Gesellschafterrechte und der Gesellschafter erreiche „eine Umschichtung seines Vermögens".

Der BFH ließ in dem ersten Urteil die verdeckte Einlage gerade an einem Einkunftstatbestand scheitern, weil dem Gesellschafter, der die Beteiligung im Privatvermögen hält, mangels einer Gegenleistung der Gesellschaft keine Einkünfte entstehen sollen und auch die Erhöhung des Wertes der Beteiligung *keine* Einnahme i.S. der §§ 8, 20, 21 EStG sei. Dagegen hat der BFH vom 9. 6. 1997 zum Forderungsverzicht ausgeführt, daß es auch bei Einkünften nach § 2 Abs. 1 Nr. 4-7 EStG zu einem Zufluß bei einem Forderungsverzicht bei einer im Privatvermögen gehaltenen Beteiligung kommt. Der Zufluß wird hier auf die Wertsteigerung der Gesellschaftsrechte gestützt. Damit befindet sich der BFH im Einklang mit der Annahme nachträglicher Anschaffungskosten.

Während der Große Senat vom 26. 10. 1987 für mögliche Besteuerungslücken im Privatvermögen Fiktionen eine Absage erteilt, hat der Große Senat vom 9. 6. 1997 gerade eine Fiktion im Bereich der verdeckten Einlage angenommen, um die Besteuerung auch bei der im Privatvermögen gehaltenen Beteiligung zu sichern. Betrachtet man den Fall des Forderungsverzichtes, so muß klar sein, daß es sich dabei auch z.B. um Mietzinsen handeln kann. Also entsprechend dem Beispiel[1446] wird auf die Forderung aus einer Nutzungsrechtsüberlassung für die Vergangenheit verzichtet. Dies kann bei wirtschaftlicher Betrachtungsweise aber nicht anders zu beurteilen sein, wenn der Gesellschafter wie im 3. Beispiel auf eine zukünftige Forderung verzichtet. Vermietet der Gesellschafter der Gesellschaft Geschäftsräume für 5 Jahre, so führt ein Verzicht nach 5 Jahren automatisch zu einer verdeckten Einlage. Dabei ist es dem Gesellschafter unbenommen, mit seiner Gesellschaft inoffiziell genau diese Verfahrensweise schon im Zeitpunkt des Vertragsabschlusses zu vereinbaren. Zudem ergeben sich auch sonst zwischen Forderungsverzicht für die Zukunft und Verzicht für die Vergangenheit keine großen Unterschiede. Hat die Gesellschaft eine Verbindlichkeit für die ausstehenden Mietzinszahlungen passiviert, und nimmt man dann eine verdeckte Einlage an, dann hat die Gesellschaft bereits einen Aufwand gebucht, dessen ergebnismildernde Wirkung erhalten bleibt. Genau dasselbe Ergebnis würde man erzielen, wenn man auf Seiten der Gesellschaft, entsprechend der Verfahrensweise bei den offenen Einlagen, ein Nutzungsrecht ansetzt, das über die Nutzungsdauer abgeschrieben wird. Kommt es also beim Forderungsverzicht durch eine Fiktion zum Zufluß auf Seiten des Gesellschafters, so muß dieser Zufluß konsequenterweise auch für den „Verzicht für die Zukunft" angenommen werden, nämlich für die verdeckte Einlage eines obligatorischen Nutzungsrechts.

[1446] S.o. E. IV. 3. d) bb).

c) Die Aufdeckung in der Kapitalrücklage gem. § 272 Abs. 2 Nr. 4 HGB

Ein neueres Argument für die Berücksichtigung auch verdeckter Einlagen obligatorischer Nutzungsrechte ergibt sich aus § 272 Abs. 2 Nr. 4 HGB. In seiner Entscheidung vom 26. 10. 1987 mußte der Große Senat diese Vorschrift nicht berücksichtigen, weil es sich um einen Fall aus der Zeit vor der Einfügung der Vorschrift handelte.[1447] Aufgrund der handelsrechtlichen Aufdeckung der verdeckten Einlage hält eine Ansicht die Gleichbehandlung mit den offenen Einlagen für geboten oder jedenfalls für angezeigt.[1448] Dies wäre dann der Fall, wenn aus § 272 Abs. 2 Nr. 4 HGB zu folgern ist, daß die verdeckte Einlage der gesellschaftsrechtlichen gleich zu stellen wäre.[1449] An dieser Stelle können keine steuerlichen Überlegungen ins Feld geführt werden, sondern es geht um die Frage, ob das Steuerrecht die handelsrechtliche Entscheidung der Behandlung der Gesellschafterzuführung *wie* eine offene Einlage respektiert. Neben der Tauschähnlichkeit der verdeckten Einlage ergibt sich ein weiteres Argument, das der verdeckten Einlage obligatorischer Nutzungsrechte zum Durchbruch verhelfen sollte, aus dem Umstand, daß wirtschaftlich betrachtet der Forderungsverzicht für die Zukunft dasselbe ist, wie ein Verzicht auf eine bereits entstandene Forderung.

d) Bewertung der verdeckten Einlagen obligatorischer Nutzungsrechte

Da die verdeckte Einlage mit der offenen gleich behandelt werden soll, ergeben sich hier keine Besonderheiten zu der oben[1450] dargestellten Situation.

[1447] Dazu Döllerer, Verdeckte Gewinnausschüttungen ..., S. 181; Bordewin, DStR 1988, 229, 232.

[1448] Döllerer, ebenda; Bordewin, aaO., S. 231.

[1449] Groh, DB 1988, 514, 523.

[1450] E. VI. 1. c).

3. Ergebnis

Damit ergibt sich sowohl aus der Tauschähnlichkeit der verdeckten Einlage als auch der wirtschaftlichen Identität von Forderungsverzicht für die Vergangenheit und Ansatz eines Wirtschaftsgutes für die Zukunft, daß es auch bei verdeckten Einlagen bei einer im Privatvermögen gehaltenen Beteiligung zum Zufluß gem. §§ 8, 20, 21 EStG auf Seiten des Gesellschafters kommen muß. Damit wird hier der Entscheidung des Großen Senats vom 9. 6. 1997 gefolgt, die sich nach der hier vertretenen Auffassung im Widerspruch zu der Entscheidung des Großen Senats vom 26. 10. 1987 befindet. Aus Besteuerungsüberlegungen kann dann die verdeckte Einlage obligatorischer Nutzungsrechte nicht abgelehnt werden, da sie genauso wie die offene zu behandeln ist.

F. Schlußbetrachtung und Zusammenfassung

In dieser Arbeit wurden offene und verdeckte Einlagen obligatorischer Nutzungsrechte in ihrer Behandlung nach Gesellschaftsrecht, Handelsbilanzrecht und Steuerrecht dargestellt. Die Untersuchung hat zu folgendem Ergebnis geführt:

Gesellschaftsrechtliche Sacheinlagen sind allein von einem feststellbaren wirtschaftlichen Wert sowie der freien Verfügbarkeit für die Gesellschaft abhängig. Damit können obligatorische Nutzungsrechte gesellschaftsrechtliche Sacheinlagen sein, wenn sie für eine Mindestdauer eingeräumt werden. Im Gesellschaftsrecht sind entgegen der h.M. Unterbewertungen unzulässig. (C.)

Seit der Einführung des Bilanzrichtlinien-Gesetzes ist der sog. „true and fair view" gem. § 264 Abs. 2 S. 1 HGB Grundlage für die Beantwortung streitiger Bilanzfragen und übernimmt damit eine Art „Lückenfüllungsfunktion". Er führt zu einer Betonung der Informationsfunktion der Bilanz und zu einer Zurückdrängung des Bilanzzwecks des Gläubigerschutzes. (D. I. 1. a), b))

Auf dieser Grundlage wurde gezeigt, daß der Vermögensgegenstandsbegriff ebenso wie im Gesellschaftsrecht allein von einem feststellbaren wirtschaftlichen Wert abhängt. Nur dieses Verständnis gewährt einerseits eine praxisnahe Formel zur Beurteilung der Vermögensgegenstandseigenschaft und grenzt andererseits nicht allgemein anerkannte Vermögensgegenstände aus dem Anwendungsbereich der Formel aus. Zudem wird durch dieses Verständnis die Integration der Fälle des wirtschaftlichen Eigentums in den Vermögensgegenstandsbegriff sichergestellt. Auf dieser Grundlage können obligatorische Nutzungsrechte ohne weiteres Vermögensgegenstände sein. (D. I. 1. c))

Das konkrete Bilanzierungsverbot der Aktivierung unentgeltlich erworbener immaterieller Vermögensgegenstände des Anlagevermögens gem. § 248 Abs. 2 HGB gilt weder für offene noch für verdeckte Einlagen. Schon bei offenen Einlagen führen weder externe noch interne Kontrollen zu einem sicheren Interessengegensatz zwischen Gesellschafter und Kapitalgesellschaft. Allein ein solcher Interessengegensatz kann aber die mit der Vorschrift erstrebte Objektivierung erreichen. Fehlt es an dem Interessengegensatz schon bei den offenen Einlagen, so gilt dies erst recht für die verdeckten. (D. I. 2. a))

Auch das Verbot der Aktivierung schwebender Geschäfte ist weder auf offene noch auf verdeckte Einlagen anwendbar. Der Grundsatz des Nichtausweises schwebender Geschäfte führt im Rahmen von Alltagsgeschäften immer zur Nichtbilanzierung obligatorischer Nutzungsrechte. Bei Einlagen dagegen fehlt es sowohl an einem synallagmatischen Austauschverhältnis als auch an der zumindest theoretischen Vorstellbarkeit einer Drohverlustrückstellung, denn bei Einlagen kann es zu keinem Verpflichtungsüberhang kommen. (D. I. 2. b))

Entgegen der h.M. im Handelsrecht besteht seit der Einfügung des § 272 Abs. 2 Nr. 4 HGB die Pflicht, alle Vermögenswertzuführungen des Gesellschafters an die Gesellschaft außerhalb gesellschaftsrechtlicher (offener) Einlagen, die einem Fremdvergleich nicht standhalten, in der Kapitalrücklage auszuweisen. Das nach der h.M. bejahte faktische Wahlrecht zwischen Erfassung als außerordentlicher Ertrag oder als Kapital besteht nicht, denn auf den Willen des Gesellschafters kommt es hier nicht an. Die Gesellschaft muß den empfangenen Vermögensgegenstand mit dem Zeitwert ansetzen und in Höhe der Gegenleistungsfreiheit in die Kapitalrücklage einstellen. Eine Möglichkeit zur Unterbewertung besteht nicht. Auf Seiten des Gesellschafters entstehen nachträgliche Anschaffungskosten auf die Beteiligung in Höhe des Zeitwerts des eingelegten Gutes.

Durch diese Sichtweise kommt es bereits in der Handelsbilanz zur Aufdeckung der verdeckten Einlagen. Durch die zwingende Einstellung in die Kapitalrücklage, sogar in Fällen der sofortigen Ausschüttungsabsicht, wird durch wenig Aufwand sichergestellt, daß das Jahresergebnis unbeeinflußt von „verdeckten Einlagen" bleibt. (D. II.)

Aus steuerlicher Sicht ergibt sich, daß der Inhalt der Begriffe Wirtschaftsgut und Vermögensgegenstand identisch ist, und sie nur bilanzierungsfähige Wirtschaftsgüter erfassen. Das ergibt sich zumindest mittelbar aus der neuen Vorschrift des § 6 Abs. 6 S. 2 EStG. Damit folgt die Anerkennung der verdeckten Einlage obligatorischer Nutzungsrechte nicht schon aus einer Spiegelbildlichkeit zur verdeckten Gewinnausschüttung. Die steuerliche Anerkennung der offenen Einlage obligatorischer Nutzungsrechte beruht auf der Annahme eines tauschähnlichen Vorgangs. Dieser wird auch für die verdeckte Einlage hier vertreten. Während sich der Große Senat in seiner Entscheidung v. 26. 10. 1987 gegen die verdeckte Einlage von Nutzungsrechten wegen fehlender Einkünfte bei der im Privatvermögen gehaltenen Beteiligung entschieden hat, steht dazu die Entscheidung des Großen Senats v. 9. 6. 1997 im Widerspruch, weil hier nur aufgrund der Wertsteigerung der Beteiligung Einnahmen auch für die im Privatvermögen gehaltenen Beteiligungen fingiert wurden. Auf Grundlage dieser Fiktion ergibt sich noch weniger ein Grund, der verdeckten Nutzungsrechtseinlage die steuerliche Anerkennung zu versagen. Hinzu kommt, daß handelsrechtlich alle verdeckten Einlagen in der Kapitalrücklage gem. § 272 Abs. 2 Nr. 4 HGB wie offene Einlagen ausgewiesen sind, so daß auch eine steuerliche Gleichbehandlung geboten ist. (E.)

Zusammenfassend läßt sich festhalten, daß sich ein Gleichlauf zwischen Handels- und Steuerrecht für den Bereich der Einlagen ergibt. Dabei gilt, was offen (gegen Gewährung von Gesellschafterrechten) eingelegt werden kann, kann auch verdeckt eingelegt werden. Offene und verdeckte Einlagen lösen auch steuerrechtlich dieselben Folgen aus.

FSC
www.fsc.org
MIX
Papier | Fördert gute Waldnutzung
FSC® C083411

Kolibri 360 GmbH
Ferdinand-Jühlke-Straße 7
99095 Erfurt, Deutschland
produktsicherheit@kolibri360.de

Druck:
CPI Druckdienstleistungen GmbH
im Auftrag der
Kolibri 360 GmbH
Ferdinand-Jühlke-Str. 7
99095 Erfurt